IWAN-MICHELANGELO
D'APRILE

FONTANE

EIN JAHRHUNDERT
IN BEWEGUNG

ROWOHLT VERLAG

Für Dorothee, Jakob und Bruno

3. Auflage November 2019
Copyright © 2018 by Rowohlt Verlag GmbH,
Reinbek bei Hamburg
Satz aus der Abril bei Dörlemann Satz GmbH, Lemförde
Druck und Bindung CPI books GmbH, Leck, Germany
ISBN 978 3 498 00099 8

INHALT

EINLEITUNG 7

I APOTHEKER AUF DER FLUCHT

GLANZ UND ELEND DES APOTHEKERS
Fontanes Labor 19
Kindheit und Familie 36
Bankrotte und Erbschaften 58

EISENBAHN IM TUNNEL
Schienen, Straßen, Kneipen, Clubs 75
Liebe und Freundschaft 99
Der erste Tourist 118

BARRIKADE UND BALLADE
Der Revolutionär 128
Popularität auf Preußisch 143
Lost in Denmark 161

II JOURNALIST IM DIENST

NACHRICHTENWELTEN UND WELTNACHRICHTEN
Die Praxis des Journalisten 181
Realismus und Welthorizonte 199
Rückkehr über Schottland 211

KORRESPONDENZEN DES KRIEGSJAHRZEHNTS

Redaktion im Regierungsviertel 227
Provinzialkorrespondenz und Heimatexpedition 248
Bismarcks Depeschen und Lazarus' Telegramme 264

KÜNDIGUNG IM KAISERREICH

Stationen eines Ausstiegs 280
Neupositionierung als Kulturjournalist 296
Historischer Roman und Zeitkritik:
Sturm – Storch – Schach 314

III ROMANCIER DER HAUPTSTADT

ROMANE IN SERIE

Im Romanschriftsteller-Laden 335
Berliner Gesellschaftsroman 353
Ordnung und Gewalt 368

ALTER UND AVANTGARDE

Auf freier Bühne 387
Medienbeobachter und Zeitungsmensch 407
Der große Zusammenhang der Dinge 424

ERBE UND WAHLVERWANDTSCHAFTEN

Das Testament 438
Alters-Antisemitismus? 444
Von Neuruppin nach Neuruppin 455
Epilog: Fontane-Retterinnen 466

ANHANG

Dank 473
Kurztitelliste 475
Anmerkungen 480
Personenregister 532
Bildnachweis 542

EINLEITUNG

Im Jahr 1889 bat der Berliner Verlagsbuchhändler Friedrich Pfeilstücker deutsche Autoren, ihm eine Liste der ihrer Meinung nach «100 besten Bücher aller Zeiten und Litteraturen» zu schicken. Die Idee hatte er von britischen Zeitungen übernommen, die ihre Abonnenten schon seit einigen Jahren regelmäßig nach deren «100 best books» fragten und kurze Zeit später auch die ersten Bestsellerlisten veröffentlichten.

Als Pfeilstücker seine erste Umfrage verschickte, stieß er allerdings auf breite Ablehnung. Durch ein «briefliches Plebiszit» eine Art Kanon der Weltliteratur oder auch nur eine Empfehlungsliste «zur Beratung des lesenden Publikums» ermitteln zu wollen, erschien den meisten Autoren als «spleenig und sportartig», berichtet der Herausgeber in seiner Vorrede: «Das Ergebnis war eine geringe Anzahl von Listen und eine überwiegende Menge von Äußerungen über den Anglizismus des Unternehmens.» Moniert wurde die «Unthunlichkeit» einer Umfrage auf einem «Gebiete, mit dem die Individualität des Urteils unzertrennlich verwachsen» sei, wie es ganz gemäß des klassisch-romantischen Literaturverständnisses vielfach hieß.[1]

Die meisten Befragten weigerten sich zu antworten. Andere machten sich daran, die Liste gründlich zu systematisieren und in Kategorien zu unterteilen. Sie bildeten Klassen und Gruppen nach Epochen, Weltregionen, Gattungen oder Sachgebieten. Erst nach einem zweiten Versuch kamen schließlich mit 35 Einsendungen genug Antworten für die Veröffentlichung der Broschüre zusammen.[2]

Theodor Fontane, gleichermaßen Zeitungs- wie Großbritannien-geschult, nahm die Sache mit Humor und Ernsthaftigkeit zugleich. Er sandte, mit einem Augenzwinkern, eine Liste ein, die praktisch alle Bücher und Autoren enthielt, die für seine eigene literarische Entwicklung von Bedeutung waren. Sie präsentiert eine wilde Mischung aus sogenannter klassischer Literatur und populärer Unterhaltungsliteratur, wobei er auf jegliche Klassifizierung oder einleitende Erklärungen verzichtete – ein Klassenwahlrecht auf dem Gebiet der Literatur kannte Fontane nicht.

Auf Platz eins bis vier der wichtigsten Bücher der Weltliteratur setzte er: 1. Polnische Räubergeschichten des Berliner Unterhaltungsblatts *Beobachter an der Spree*. 2. Die Abenteuerromane *Cortez* und *Pizarro* des Aufklärungspädagogen Joachim Heinrich Campe, der im späten 18. Jahrhundert sehr erfolgreich internationale Romane in deutschsprachige Jugendbuchfassungen seiner zwölfbändigen *Kleinen Kinderbibliothek* adaptiert hatte. Auf Platz 3 folgen James Fenimore Coopers *Der letzte Mohikaner* (1826) und weitere Titel aus dessen *Lederstrumpf*-Romanzyklus, mit dem der US-amerikanische Autor die Western-Literatur begründete. An vierter Stelle stehen populäre Bilderbücher zur Weltgeschichte. Erst auf den weiteren Plätzen folgen Autoren von Gottfried August Bürger und Friedrich Schiller bis William Shakespeare und Walter Scott, Charles Dickens und Émile Zola. Ab Nummer 71 hatte Fontane keine Lust mehr und brach ab.[3]

Fontane war ein Listen-Fuchs. Über alle Phasen seines an Bankrotten, Brüchen, Seiten- und Positionswechseln wahrlich nicht armen Lebens hinweg bekam er es immer wieder mit Listen zu tun. Als Apotheker-Gehilfe musste er Vorratslisten für Medikamente anlegen und für seine Prüfungen Listen von Pflanzenarten, Heilkräutern und Rezepten auswendig lernen. Während seiner jahrzehntelangen Erwerbstätigkeit als preußischer Presse-Berichterstatter fertigte er unzählige Listen, Statistiken und Exzerpte deutscher und englischer Zeitungen und Zeitschriften an. Fontanes Listen von Interieurs adliger Landhäuser und Kirchen, die er in den *Wanderungen durch die Mark Brandenburg* veröffentlichte, sind bis heute eine wichtige historische Quelle. Manche Provenienzen oder Bestandsverzeichnisse von Gemäldesammlungen lassen sich nur noch dank seiner Aufzeichnungen rekonstruieren. Wie wir sehen werden, sind Listen-Gedichte eine eigene Fontane'sche Form. Und Listen gehörten zum festen Inventar seines «Romanschriftsteller-Ladens», mit dem er sich im Alter von knapp sechzig Jahren selbständig machte.[4] Für seine literarische Serienproduktion legte er fortan zahllose Listen mit Szenen, Figuren, Anekdoten und Schauplätzen an, die er je nach Markt- und Verlagsbedürfnissen kombinierte und kompilierte.[5]

In seinem letzten Roman *Der Stechlin*, in dem er ein Epochenporträt des ausgehenden 19. Jahrhunderts entwirft, werden kürzlich verstorbene Persönlichkeiten wie der portugiesische Volkspädagoge João de Deus, der englische Maler John Everett Millais, der Wasserkur-Erfinder Sebastian Kneipp, der preußische Gründer des Weltpostvereins Heinrich von Stephan oder die schwedische Opernsängerin Jenny Lind aufgelistet. Am Ende des Romans steht ein fiktives Album mit politischen Akteuren des Jahrhunderts von Otto von Bismarck und Heinrich von Moltke über Giuseppe Mazzini und Giuseppe Garibaldi, Karl Marx und Ferdinand Lassalle bis zu August Bebel und Wilhelm Liebknecht. Solche Listen dienen der Bestandsaufnahme, Archivierung und Sammlung dessen, was eine Epoche ausmacht, und beglaubigen den Realismusanspruch des Romanautors Fontane.[6]

Wem auffällt, dass es sich bei den Gelisteten hauptsächlich um Männer handelt, kann diesen eine Aufreihung von Fontanes Romantiteln zur Seite stellen: Von siebzehn Romanen sind sieben nach Frauen benannt (*L'Adultera*, *Grete Minde*, *Cécile*, *Stine*, *Frau Jenny Treibel*, *Mathilde Möhring* und – natürlich – *Effi Briest*). Auch sonst sind, wie im Fall der drei Schwestern Poggenpuhl und ihrer Mutter, meist Frauen die Hauptfiguren. Nur *Graf Petöfy* und *Schach von Wuthenow* heißen ausnahmsweise nach männlichen Protagonisten – und beide nehmen sich das Leben. Theodor Fontane, bis heute durch seine Romane als Klassiker des bürgerlichen Realismus bekannt und mit seinen *Wanderungen durch die Mark Brandenburg* insbesondere nach der deutschen Wiedervereinigung als Reise- und Heimatschriftsteller vermarktet, wird in diesem Buch im Kontext der tiefgreifenden Verwandlung und Modernisierung der Welt im 19. Jahrhundert porträtiert.[7] Die sämtliche Lebensbereiche betreffenden Umbrüche durch technische Erfindungen, beschleunigte Globalisierungsprozesse, neue Verkehrs- und Kommunikationsmittel, Medienrevolutionen und soziale und politische Emanzipationsbewegungen hat Fontane nicht nur hautnah miterlebt, sie prägen auch unmittelbar seine literarische Praxis.

Epochale Ereignisse, Schreiben und Leben bilden bei Fontane eine untrennbare Einheit. Ohne Vormärz und Teilnahme an den Berliner Barrikadenkämpfen wäre er kein politischer Journalist geworden. Ohne die gegenrevolutionäre staatliche Pressepolitik hätte es den regierungsamtlichen Korrespondenten Fontane nicht gegeben. Ohne den Krimkrieg (1853–1856) wäre Fontane nicht als preußischer Presseagent nach London entsandt worden, wo er zugleich zum Reiseschriftsteller wurde. Ohne die Einigungskriege von 1864, 1866 und 1870/71 gäbe es nicht den Zeithistoriker Fontane, der seine Kriegsbücher als wichtige Vorschule für die späteren Romane betrachtete.

Nach dem väterlichen Bankrott und dem damit verbundenen Ende der Apothekerlaufbahn im Alter von dreißig Jahren zum Berufswechsel gezwungen, arbeitete Fontane sein gesamtes Erwerbsleben bis zur Pensionierung mit siebzig als professioneller Journalist. Dies muss man bedenken, will man den Schriftsteller Fontane verstehen. Beinahe alle seine Texte sind in Zeitungen oder Zeitschriften erschienen – von den ersten literarischen Versuchen des Apothekerlehrlings der späten 1830er Jahre im *Berliner Figaro* und Übersetzungen britischer Arbeiterdichtung in der Leipziger Literaturzeitung *Die Eisenbahn* im Vormärz bis zu den späten Romanen, die zuerst als Serien in den großen regionalen sowie überregionalen Zeitungen und Kulturzeitschriften des Kaiserreichs veröffentlicht wurden.

Anders als es die heutige Rezeption von Fontanes Werken als «Klassiker» im Buchformat suggeriert, handelt es sich dabei größtenteils um «offene» journalistische Arbeiten, die auf Auftraggeber, Zielgruppen und Profile der Zeitungen und Zeitschriften, auf Verleger- und Redaktionsvorgaben sowie Marktverhältnisse Rücksicht nahmen und reagierten. Welche Gattungen, Formen, Themen oder selbst Stilebenen Fontane wählte und warum, war in allen seinen Lebensphasen von den journalistischen und literarischen Feldern geprägt, in denen er sich bewegte.

Seine Balladen stehen in untrennbarer Wechselwirkung mit dem Literaturverein *Tunnel über der Spree* und der englischen Korrespondententätigkeit, seine Fortsetzungsromane mit dem sich wandelnden Pressemarkt der neuen Reichshauptstadt Berlin. Als Autor, der vom Schreiben leben musste, war Fontane auf Zweitverwertungen seiner journalistischen «Brotarbeiten» angewiesen oder kombinierte sie geschickt mit eigenen literarischen Projekten. So nutzte er seine Kompetenzen als Korrespondent, Redakteur und Nachrichtenagenturgründer, um für die englischen und schottischen Reiseberichte, die *Wanderungen durch die Mark Brandenburg* oder die umfangreichen Kriegsbücher ein weitumspannendes Informationsnetz aufzubauen. Diese haben vielfach den Charakter von Kompilationen, in denen beträchtliche Teile nur teilweise oder sogar gar nicht von ihm geschrieben wurden. Die klassisch-romantische Idealisierung des Autors als schöpferisches Genie, das aus seiner Individualität heraus sein Werk «organisch» hervorbringt, geht an Fontanes Schreibrealität vorbei.[8]

Ein origineller Autor war Fontane jedoch allemal. Als Autodidakt, der nur sehr unregelmäßig zur Schule gegangen ist und weder das Abitur gemacht noch studiert hatte, begriff er die zunehmend massenmedial vermittelte und vernetzte Welt als Bildungschance und Horizonterweiterung. Zeit seines Lebens ließ er sich auf wechselnde Berufsfelder ebenso wie auf fremde Länder neugierig ein, immer auf der Suche nach literarischen Stoffen, Themen und Formen: Gleich auf seiner ersten, halb touristisch, halb zum Ausloten von Auswanderungsmöglichkeiten unternommenen Englandreise sammelte er Balladenstoffe, mit denen er nach seiner Rückkehr in Berlin reüssieren konnte. Es gibt in Fontanes Leben keine Reise, auf der er nicht geschrieben und das Geschriebene beruflich genutzt oder literarisch vermarktet hätte. Immer bereitete er sich akribisch vor, und meist spielte er einen Teil der Reisekosten durch die Publikation von Reisefeuilletons wieder ein. Noch während seiner Kriegsgefangenschaft in Frankreich verfasste er bereits die Artikel über seine Erlebnisse. Und selbst die Sommerfrischen und Kurreisen im Alter dienten beinahe mehr als der Erholung dem Schreiben. Vielfach sind deren Aufenthaltsorte als Schauplätze und Handlungsepisoden in seine Romane eingegangen.

Die neuen Medienformate seiner Zeit hat sich Fontane dabei überaus kreativ literarisch anverwandelt. Die Form der Liste, in der die moderne Bürokratie, die statistische Erfassung einer zunehmend komplexen Gesellschaft, aber auch Demokratisierungsprozesse (etwa in Wahllisten, Umfragen und Mehrheitsentscheidungen) des 19. Jahrhunderts zum Ausdruck kommen, ist dafür nur ein Beispiel. Vergleichbares gilt für Fontanes Umgang mit der Zeitung, dem ersten Massenmedium der modernen Welt, mit der neuen Reklame oder mit Postkarten und Telegrammen, die zu alltäglichen Kommunikationsmitteln wurden. So wie es eine Poetik der Liste bei Fontane gibt, gibt es in seinem Werk auch eine Poetik der Zeitung oder eine Poetik der Reklamesprache.

Fontane lässt sich so geradezu als Reporter und Zeithistoriker seines Jahrhunderts verstehen, der den vielstimmigen öffentlichen Diskurs in seiner Literatur gleichsam «verdoppelt» und verdichtet hat.[9] Mit seinem an Zeitungen geschulten Blick widmet er dabei scheinbar Alltäglichem und Nebensächlichem dieselbe Aufmerksamkeit wie Großereignissen, bildet das thematische Allerlei der Zeitung in den unzähligen Gesprächen seiner Romanfiguren ab, sucht zu jeder Position meist auch die Gegenposition und lässt unterschiedliche Stimmen und Perspektiven zu Wort kommen.

Den wechselseitigen Verschränkungen von Epoche, Biographie und Werk bei Fontane versucht die folgende Darstellung auch in der Form gerecht zu werden. Sie folgt mit ihrer Gliederung in drei große Teile den drei Lebensabschnitten Fontanes als Apotheker, preußischer Pressearbeiter und Romancier. Auch die Einzelkapitel verlaufen entlang von Lebensjahrzehnten und -stationen. Anhand dieser Stationen werden jeweils historische und mediale Kontexte, literarische Felder und Gattungsentwicklungen auch über die strikte Chronologie hinaus diskutiert: die Bedeutung der Sozialisation als Apotheker für Fontanes literarischen Bildungsweg und späteres Autorenverständnis, die Rolle von Verkehrsrevolutionen und Literaturvereinen für Fontanes literarische Anfänge im Vormärz, der Zusammenhang und zugleich das Spannungsverhältnis von Revolutionsengagement und Balladendichtung um 1848, Globalisierungserfahrungen während seiner Großbritannien-Aufenthalte in den 1850er Jahren, Querverbindungen zwischen der Redaktionstätigkeit bei der regierungsnahen *Neuen Preußischen (Kreuz-)Zeitung* und den *Wanderungen durch die Mark Brandenburg* und der Arbeit an den Kriegsbüchern in den 1860er Jahren, die Umorientierung und Neupositionierung als Kulturjournalist, Theaterkritiker und Romanautor in den Gründerjahren, die serielle Romanproduktion auf dem expandierenden Literaturmarkt des Kaiserreichs und der rasant wachsenden Reichshauptstadt der 1880er Jahre, die Situierung von autobiographischen Rückblicken und Alterswerk innerhalb der Avantgardebewegungen und ihrer neuen Medienformate während seines letzten Lebensjahrzehnts. Ausgehend von Fontanes Testament schließt die Darstellung mit einem Ausblick auf die unmittelbare Überlieferungsgeschichte seines Nachlasses ab, die auch eine Geschichte der Nichtüberlieferung und selektiven Veröffentlichung ist.

Für ein solches kontextualisierendes Verfahren sprechen im Fall Fontane noch weitere Gründe. Die biographischen Brüche, Berufs- und Seitenwechsel und die häufig prekäre und widersprüchliche, teilweise aber auch selbstgewählte Position «zwischen den Stühlen» bringen es mit sich, dass Fontanes Selbstaussagen nur sehr bedingt und nur nach gründlicher quellenkritischer Analyse zur Rekonstruktion seiner Biographie taugen. Man steht hier vor dem Dilemma, dass für viele Lebensabschnitte hauptsächlich Zeugnisse von ihm selbst überliefert sind, er aber zugleich ein besonders unzuverlässiger Zeuge ist. Nicht nur seine autobiographischen Schriften, auch seine Briefe und Tagebücher wimmeln von Stilisierungen, Verschleierungen und Versteckspielen. Fontanes eigenem Verfahren der Vielstimmigkeit und pluralen Perspektivierung folgend, wird daher möglichst häufig der Abgleich mit Äußerungen von Zeitgenossinnen und anderen Beteiligten gesucht. Nur ein besonders augenfälliges, aber durchaus auf andere Aspekte übertragbares Beispiel ist die Frage nach den Einkommensverhältnissen der Familie Fontane, für die es in jedem Fall ratsamer ist, Emilie Fontanes Aufzeichnungen zu konsultieren als die von Theodor.

Dies bringt es mit sich, dass in diesem Buch nicht nur Fontanes, sondern viele weitere unterschiedliche Stimmen zu Wort kommen. Vermeintlichen Nebenpfaden wird manchmal mehr Aufmerksamkeit gewidmet, als altbekannte Stilisierungen Fontanes zu reproduzieren. Offene Fragen, ungelöste Probleme oder Spuren werden manchmal nur angedeutet, ohne den Anspruch zu erheben, sie erschöpfend auszudiskutieren. Ohnehin ist im Wissen um Detailfragen die spezialisierte Fontane-Forschung, vor allem aber auch eine große Zahl von interessierten Laien und Fontane-Liebhabern unschlagbar – dies lässt sich mit Hilfe der weiterführenden Literaturhinweise im Anhang nachverfolgen. Anhand ausgewählter repräsentativer Beispiele werden die unterschiedlichen Gattungen, Werkgruppen, Schreibweisen und Stilmittel Fontanes vorgestellt. Dabei werden auch unbekanntere Texte, unvollendete Entwürfe und zu Lebzeiten unveröffentlichte Werke diskutiert, deren vermeintlich peripherer Charakter manchmal gerade ins Zentrum seiner schriftstellerischen Praxis weist.

Die angestrebte Balance zwischen Biographie und Epochenporträt, Werk und Kontext, Historisierung und aktuellen Frageperspektiven, Wissenschaft und Verständlichkeit soll zuallererst Neugier und Interesse wecken, den Klassiker des bürgerlichen Realismus Theodor Fontane neu zu entdecken. Dies heißt nicht, dass man bei ihm unmittelbare Antworten auf die Fragen des 21. Jahrhunderts finden wird – auch wenn die Herausforderungen des 19. Jahrhunderts fortwirken. Er selbst hätte als historisch denkender Mensch diesen Anspruch nicht erhoben. Die bildungsbürgerliche Idealisierung der kanonischen Autoren des 18. Jahrhunderts, bei denen sich vermeintlich ewige Wahrheiten fänden, nannte er «Klassiker-Popanz» und verwies darauf, dass Lessing zu seinen Lebzeiten als «Blasphemist», Schiller als «Anarchist» und Goethe als «Pornograph» galten.[10] Biographien, die sich nach dem üblichen «Rezept» das «‹beautifying for ever› zur Aufgabe stellen», wie er es in einer für ihn typischen Faszination für den Werbeslogan einer neuen Schönheitscreme formuliert, waren ihm «unerträglich».[11] Interessant wird der Autor Fontane hingegen sowohl als Diagnostiker wie als Symptom der Widersprüche und Ungleichzeitigkeiten seines bewegten Jahrhunderts.

I
APOTHEKER AUF DER FLUCHT

GLANZ UND ELEND
DES APOTHEKERS

«Auch die Rückseite!»
(Arbeitsanweisung an sich selbst, um 1877)

FONTANES LABOR

Theodor Fontanes erster Berliner Gesellschaftsroman *Allerlei Glück* sollte ein Apothekerroman werden. «Roman meines Lebens» nennt Fontane den Entwurf, der 1877/78 parallel zu den Abschlussarbeiten an seinem Romandebüt *Vor dem Sturm* entstand, gegenüber dem anvisierten Verleger: «Zeitroman. Mitte der siebziger Jahre; Berlin und seine Gesellschaft, besonders die Mittelklassen, aber nicht satirisch, sondern wohlwollend behandelt. Das Heitre vorherrschend, alles Genrebild. Tendenz: es führen viele Wege nach Rom, oder noch bestimmter: es giebt *vielerlei Glück*, und wo dem Einen Disteln blühn, blühn dem Andern Rosen [...] die Tugend- und Moralfrage verblaßt daneben. Dies wird an einer Fülle von Erscheinungen durchgeführt, natürlich ohne dem Publikum durch Betonungen oder Hinweise lästig zu fallen. Das Ganze: der Roman meines Lebens oder richtiger die Ausbeute desselben.»[1] Wir wissen nicht, wie das von Fontane mit der Gattungsbezeichnung «New Novel» überschriebene Werk am Ende ausgesehen hätte, aber es wäre wohl ein buntes Großstadtpanorama geworden, in dem alle Figuren einen «Knacks» haben, aber vom Erzähler nicht dafür verurteilt werden – also irgendwo zwischen Fontanes britischem Modellroman *Jahrmarkt der Eitelkeit* (1847/48) von William Thackeray und Woody Allens New-York-Komödien. Erst kommt das Leben, dann die Moral. Oder wie es bei Fontane heißt: «allerlei Moral» – «allerlei Glück».[2]

Der Apothekerroman-Entwurf entsteht an einem der entscheidenden Wendepunkte in der an Brüchen nicht armen Biographie Fontanes. Kurz zuvor hatte er den Staatsdienst aufgekündigt und mit Ende fünfzig den Entschluss gefasst, sich als Schriftsteller selbständig zu machen. Dies ist der Beginn des Romanautors Fontane: einer der Begründer und bis heute meistgelesenen Vertreter des modernen realistischen Romans. Im letzten Lebensdrittel wird der Roman als Gattung zu Fontanes bevorzugtem Reflexionsmedium gesellschaftlicher, aber auch biographischer Spannungen und Widersprüche. *Allerlei Glück* stellt eine wichtige werkbiographische Scharnierstelle dar, von der aus die Verbindungslinien zwischen den unterschiedlichen Lebensphasen und Tätigkeitsbereichen, zwischen den vermeintlichen Brotberufen des Apothekers und Journalisten und dem «eigentlichen» Fontane als Klassiker des bürgerlichen Realismus sichtbar werden.

Im Sinne der von Fontane erwähnten «Ausbeute» seines Lebens finden sich in dem Entwurf zahlreiche Reminiszenzen an die Schauplätze seiner Kindheit und Jugend und an seine Sozialisation als Apotheker.[3] Zugleich ist das Fragment eine der ersten Arbeitsproben des Romanciers, in dessen Schreibpraktiken, Stilmittel und Erzählverfahren nicht zu geringem Teil berufliches Erfahrungswissen und praktisches *know how* des Apothekers und Journalisten eingehen. Pharmazeutische Verfahren – von der Stoffsammlung über das botanisch-naturwissenschaftliche Wissen bis zur Misch- und Rezeptarskunst – spielen dabei ebenso eine Rolle wie unternehmerische Fähigkeiten des zwischen Handel, Handwerk und Medizin angesiedelten Lehrberufs Fontanes. Wer den Romanautor Fontane verstehen will, kommt um den Apotheker Fontane nicht herum.

Im Mittelpunkt des Romanentwurfs steht die Apothekerfamilie Brose, eine nur um einen Laut verschlüsselte Version der Berliner Apothekerdynastie Rose, in deren «Apotheke zum Weißen Schwan» Fontane von 1836 bis 1840 seine Lehrjahre verbracht hatte. Wie meist bei Fontane geht es um Familienkonstellationen und Familienkonflikte, die ihr Vorbild im wahren Leben haben: Der historische Wilhelm Rose führte eine große Berliner Apotheke, litt aber trotz geschäftlichen Erfolgs und Wohlstands unter Komplexen, weil seine Brüder, der Chemiker Heinrich und der Mineraloge Gustav, als Wissenschaftler, Universitätsprofessoren und Akademiemitglieder Erfolge feierten: «Unter diesen Berühmtheiten bewegte er sich als ein Unberühmter, immer beinahe krampfhaft bemüht, sich durch irgend'was Apartes als ein Ebenbürtiger neben ihnen einzureihn. Das führte denn natürlich zu lauter Halbheiten, unter denen sein Geschäft, sein guter Verstand und auch sein Charakter zu leiden hatten», erinnert sich Fontane in seiner literarisierten Autobiographie *Von Zwanzig bis Dreißig* (1898).[4]

In der Romanversion leidet der Apotheker zudem unter seiner Ehefrau, die als «Göttinger Professor-Tochter» «viel feiner, superior» ist als Brose und ihn dies auch ständig spüren lässt.[5] Brose kompensiert seine Komplexe durch bourgeoise Großmannssucht und Weltreisen, über die er dann angeberhafte Vorträge vor der gehobenen Berliner Damenwelt hält. Neben dem für Fontanes Gesellschaftsromane typischen Personaltableau – ein deutschtümelnder Germanistikprofessor, Militärs, Salondamen wie Pomponia von Pomponinski – tritt in dem ehemaligen Apothekergehilfen Lampertus Distelmeyer eine weitere «Hauptfigur»[6] auf: Distelmeyer ist «ehemaliger *Apothekergehülfe*, der sich kurze Zeit etablirte, bankrutt machte und nun von Aushülfe-Stellungen, Erfindungen und künstlicher Bärme [Hefe] und von Pulvern gegen Epilepsie und Magenkrampf lebt. Wegen Medizinalpfuscherei war er mehrmals verklagt und verurtheilt worden, aber, weil er ein sehr guter Kerl war, immer mit 'nem blauen Auge davon gekommen. Er las viel, wie nur ein Apotheker lesen kann [...] Wenn er etwas las, so schnitt er es aus, klebte es in sein ‹Motoren-Buch› oder ‹Anregungs-Buch› und schrieb in der Regel gleich eine Bemerkung bei. [...] Shelley und Byron sind seine Lieblingsdichter.»[7] In den englischen Wendungen, die Distelmeyer ständig gebraucht («where there is a will there is a way») zeigt er sich als unternehmerischer Pioniergeist mit einem Faible für «Entdeckungen und Naturwissenschaften» und als «entzückend Ungläubiger»: Er glaubt an «‹große Kräfte› (von diesen spricht er immer; alles immer so unpersönlich wie möglich) aber nicht an Gott, Christum oder irgend eine geoffenbarte Religion»[8].

Vom bankrottgegangenen Apothekergehilfen über den Vielleser und unermüdlichen Stoffsammler und den leidenschaftlichen Anhänger von Anglizismen als der Sprache der Moderne bis hin zum neugierigen und weltoffenen Entdeckergeist enthält der Text zahlreiche Hinweise darauf, dass Distelmeyer auch eine Art «Selbstporträt des Verfassers» ist.[9] Daneben kann man die Konstellation Brose-Distelmeyer aber auch als Anspielung auf zwei wichtige Protagonisten des europäischen realistischen Romans lesen: Demnach wäre Brose eine fontanisch-gemilderte Version von Gustave Flauberts Apotheker Homais aus *Madame Bovary* (1856), dem Antipoden der tragischen Hauptfigur Emma und Repräsentanten der im Aufstieg begriffenen Bourgeoisie, den Flaubert so satirisch-treffend gestaltete, dass nicht nur die Sittenpolizei, sondern auch die Apotheker des Département Seine-Maritime einen Prozess gegen den Roman anstrengten.[10]

Und der Gehilfe Distelmeyer spielt auf die Hauptfigur aus Honoré de Balzacs Romantrilogie *Verlorene Illusionen* (*Illusions perdues*, 1837–1843) an, den Apotheker-Journalisten Lucien Chardon (deutsch: «Distel»), den Fontane sozusagen in die deutsche Literatur eingemeyert hat. Chardon, verarmter Sohn eines bankrottgegangenen Provinzapothekers, nutzt bei Balzac sein gutes Aussehen und seine angenehme Erscheinung, um sich als windiger Schriftsteller und opportunistischer Journalist abwechselnd von royalistischen und republikanischen Blättern bezahlen zu lassen (auch das eine Erfahrung, die Fontane teilte). Gefördert wird er dabei von seinem Schulfreund David Séchard, mit dem zusammen er ein chemisches

Verfahren zur kostengünstigen Papierherstellung auf pflanzlicher Basis entwickelt hat und der damit die gewachsene Nachfrage nach erschwinglichen Büchern auf dem expandierenden Massenmarkt bedienen will. Beide scheitern, und im dritten Teil der Trilogie *Glanz und Elend der Kurtisanen* (*Splendeurs et misères des courtisanes*, 1838–1844) begeht Chardon – bankrott, verarmt und auf allen Seiten diskreditiert – Selbstmord.[11]

Zugleich schreibt sich Fontane in *Allerlei Glück* in den naturwissenschaftlich-technischen Diskurs von der Botanik über die Pharmazie bis zur industriellen Brennstoffgewinnung seiner Zeit ein – nicht ohne auch diesen literarisch-symbolisch aufzuladen. Mit den Namen der beiden Protagonisten sind, wie Fontanes Erläuterung an den Verleger unterstreicht, halbironisch symbolische Zuschreibungen der glänzenden Königin der Blumen auf die großbourgeoise Brose/Rose-Dynastie und der stachelig-stoppeligen Distel auf den materiell weniger begünstigten Gehilfen verbunden. Wenn man will, kann man mitlesen, dass die Distel zugleich auch als schottische Wappenpflanze der englischen Tudor-Rose entgegengesetzt ist und die Konstellation so auch auf einer kulturgeographischen Bedeutungsebene funktioniert – dem reichen, machtstrotzenden und elitären Zentrum des Welthandels und seiner kargen und armen Peripherie im Norden. Zum Pflanzenreich, vor der Erzeugung synthetischer Medikamente immer noch wichtigstes Handelsprodukt der Apotheker, hatte Fontane eine intime Beziehung. Während seines ungesicherten Berufslebens verschickte er unter anderem Bewerbungen als Sekretär beim *Königlich-Preußischen Gartenbauverein*, und einer seiner ersten Korrespondenzberichte als Redakteur der *Preußischen Kreuzzeitung* widmete sich der jährlichen Berliner Blumenausstellung. Von den gelben Immortellen in *Irrungen, Wirrungen* bis zu den blauen Kornblumen im *Stechlin* bilden Pflanzen symbolische Leitmotive in Fontanes Romanen.

Distelmeyers Geschäftsideen mit «künstlicher Bärme» und Magenpulvern verweisen wiederum auf zur Zeit der Abfassung des

Romans hochaktuelle medizinisch-technische Entwicklungen, die mit Louis Pasteurs Entdeckung der Hefe-Mikroben im Jahr 1858 einsetzten. Als Fontane seinen Roman schrieb, hatte der Rostocker Unternehmer Friedrich Witte, den Fontane 1845 während seiner Ausbildung in der «Polnischen Apotheke» in Berlin kennengelernt hatte und dem er lebenslang freundschaftlich eng verbunden blieb, gerade mit seinem aus Schweinemägen isolierten und als Digestif und Magenreiniger dienenden Enzym Pepsin ein pharmazeutisch-industrielles Großunternehmen aufgebaut: Sein Präparat hatte er 1873 auf der Weltausstellung in Chicago erstmals vorgestellt und war damit rasch von Russland bis in die USA zum Weltmarktführer aufgestiegen. Wittes auf der Basis von Pepsin hergestelltes Pepton diente auch als chemische Nährlösung zur Bakterien- und Hefeproduktion, welche wiederum Robert Koch für seine bahnbrechenden Forschungen zur Identifizierung des Tuberkulose-Erregers nutzte, die ihm schließlich im Jahr 1882 gelang. In einem Brief an seine Frau Emilie vom 19. August 1877, in dem Fontane zum ersten Mal die Arbeit an seinem neuen Roman erwähnt, bedankt er sich zugleich für das zugesandte Pepsin aus Wittes Produktion.

Aber nicht nur in Fontanes Berliner Lehrjahre weist der Entwurf des Apothekerromans zurück, sondern auch in seine Swinemünder Kindheit. Distelmeyer lernt nämlich im Wassergarten im Schloss Bellevue den Torfinspektor Magnus Brah kennen. Als er diesen im Swinemünder Torfmoor besucht, tut sich eine wahre industrielle Tagebaulandschaft auf: «Das Torfstechen, die großen schwarzen Löcher. Die Torfmaschine. Dampfmaschine. Ein Mahlkasten, in dem die Torferde zerrieben wird, der schwarze Brei, wie eine Schlange heraus, die nun zerstückt wird. Und die Stücke werden zum Trocknen gelegt. [...] Torfmoor mit Torfpyramiden eine gute halbe Meile lang.»[12] Torfinspektor Brah, halb an den frühneuzeitlichen dänischen Astronomen Tycho Brahe angelehnt, der mit Kepler und Kopernikus das Weltbild revolutionierte, ist aber auch eine

Reminiszenz an den Weltreisenden Adelbert von Chamisso, der 1818 auf der Rückkehr von seiner Reise um die Welt in Swinemünde zum ersten Mal wieder preußischen Boden betreten hatte. In Fontanes Geburtsjahr 1819 wurde Chamisso zum Direktor des Berliner Botanischen Gartens ernannt und 1825 im Auftrag der preußischen Regierung als Torfinspektor an die Ostsee geschickt, um einen Bericht *Ueber die Torfmoore bei Colberg, Gnageland und Swinemünde* zu verfassen – kurz bevor die Familie Fontane dort ihre Apotheke eröffnete.[13]

Gleich zu Beginn der einsetzenden Industrialisierung in Preußen war Torf als wichtigster fossiler Brennstoff sehr gefragt: Damit wurden bald Dampflokomotiven, städtische Öfen und Ziegelbrennereien, die das rasch expandierende Berlin der Gründerzeit mit Baumaterial versorgten, beheizt (erst Ende des 19. Jahrhunderts wurde Torf durch Kohle ersetzt). Torf war multifunktional verwendbar und konnte für heilende Bäder ebenso wie für die Whisky-Produktion eingesetzt werden. All dies schlägt sich in Fontanes Schriften und Briefen nieder. Am Hafen von Swinemünde treffen Distelmeyer und Brah auf den Wasserbau-Inspektor Oliver Francis Fraude, «Gentleman», «Spezialist in Rettungsapparaten» und Hafenbauer «von englischer oder schottischer Abstammung [...] und zwar von den Froud's» («dieser Name ist gut», lobt sich Fontane in der Randbemerkung). Fraude berichtet Distelmeyer und Brah über verschiedene technische Großprojekte wie Luftwasserschiffe oder Unwetter-Frühwarnsysteme: «Ein Sturm, den ich vorausberechne, ist kein Sturm mehr, ebensowenig wie ein vorausberechneter Bombenwurf noch eine Bombe ist, man geht ihr aus dem Wege.» Distelmeyer wusste sofort: «Das war sein Mann!»[14]

Wie für alle seine folgenden Romane benutzte Fontane schon für *Allerlei Glück* Zeitungsmeldungen und Annoncen, die er ausschnitt und zwischen den rund 300, meist beidseitig beschriebenen Manuskriptseiten mit Figurenlisten und Szenen einklebte. Hier kreuzt sich die Apothekerthematik (Distelmeyers «Motoren- oder Anregungs-Buch») mit den Praktiken von Fontanes zweitem Berufsleben als Journalist, in dem er während seiner Tätigkeit als Korrespondent von 1850 bis 1870 vor allem mit dem Ausschneiden, Aufkleben und Glossieren von Zeitungsmeldungen beschäftigt war. Zwei Zeitungsnachrichten inspirierten die Swinemünder Großbauprojekt-Szene: Am 21. Mai 1879 berichtete die *Vossische Zeitung* über die zweite Trojanische Ausgrabungsexpedition von Heinrich Schliemann. Der Großunternehmer und sein Begleiter, der Gesundheitsreformer Rudolf Virchow, tauchen verschlüsselt in vielen Werken Fontanes auf. Und aus der *Gegenwart*, einer *Wochenschrift für Literatur, Wirtschaftsleben und Kunst*, entnahm Fontane einen Artikel vom 14. Juni 1879 über den geplanten Bau eines Kanals in Panama, der sich zu einem der größten Infrastrukturprojekte des 19. Jahrhunderts auswuchs und erst nach fünfundzwanzigjähriger Bauzeit, in deren Verlauf mehr als 20000 Arbeiter ihr Leben verloren, im Jahr 1914 eröffnet wurde.[15]

Neben diesen beiden Artikeln fand Fontane auch eine Apothekerreklame für ein «Universal-Heil- und Fluß-Pflaster» des Hamburger Unternehmers Dietrich Blome so beachtenswert, dass er auf dem Ausschnitt ausdrücklich vermerkt, beim Schreiben «auch die Rückseite!» nicht zu vergessen.[16] Wie der Name sagt, verspricht das Universalpflaster, das mit einer braunschwarzen Paste aus Pech, Kampfer, Harzen und Ölen bestrichen war, durch bloßes Auflegen Heilung gegen beinahe alles: Brust- und Lungengeschwüre, Gliederschmerzen, Blutungen, Kopf- und Zahnschmerzen, alle Entzündungen und hitzige Augen, Wundbrand «heilet es in sechs Tagen», Hühneraugen, «verfrohrne Glieder», auch «Tumoribus», Krebs oder Fisteln, und nicht zuletzt (auf der Rückseite) wird es als Mittel gegen Hoden- und Geschlechtskrankheiten wie die «veneria Testiculi» beworben. Man kann davon ausgehen, dass das Universalpflaster für *Allerlei Glück* als ein für Fontanes folgende Romane charakteristisch werdendes Realsymbol fungiert hätte, das heißt als ein konkretes Objekt, in dem sich die verschiedenen Bedeutungsebenen des Romans (Pharmazie, Geschäftssinn und Sehnsucht nach Heilung) verdichten: vergleichbar der Schaukel in *Effi Briest*, dem Treibhaus in *L'Adultera* oder dem chemischen Farbstoff «Berliner Blau» in *Frau Jenny Treibel*. Er glaube nur an Hamburger Universal-Pflaster, lässt Fontane einen Apothekergehilfen in Broses Diensten sagen.

Als literarisches Motiv war das «Heil- und Flußpflaster» Fontane spätestens seit 1873 bekannt, als er sich intensiv mit Laurence Sternes *Tristram Shandy* (*The Life and Opinions of Tristram Shandy*, 1759–1767) beschäftigte. In einem ebenfalls nur als Manuskript überlieferten Entwurf zu seiner Besprechung von Sternes Roman hebt Fontane die «Kunst des *Retardierens*», das «geschickte Abbrechen und Einschieben, [...] das bloße Hinhalten, so daß der *Weg* die Hauptsache ist und nicht das Ziel» des «Tausendkünstlers» Sterne hervor.[17] Wie Balzac und Flaubert hatte auch Sterne in seinem Roman einen Zusammenhang zwischen Pharmazie und Literatur hergestellt, indem er das Heilöl des Fluß-Pflasters durch Druckerschwärze ersetzte. Dem immer kranken Yorick rät sein Freund Eugenius, der meist die Stimme des autoreflexiven Literaturdiskurses vertritt: «Am besten, Sie schicken zum nächsten Buchdrucker und vertrauen Ihre Heilung einem so einfachen Mittel wie ganz frisch bedrucktem Papier an und legen ein Blatt davon um die fragliche Stelle herum. Das ist alles. – Feuchtes Papier, sagte Yorick [...] hat wie ich weiß, diese erfrischende Kühle – aber meiner Ansicht nach ist es nicht mehr als der Träger davon, denn das Öl und die Druckerschwärze sind es, die jene wohltätige Wirkung hervorbringen. – So ist es in der Tat, meinte Eugenius; zudem ist es von allen Mitteln, die ich zu empfehlen wagen wollte, das mildeste und ungefährlichste.»[18]

Für Fontane selbst waren Pechpflaster, Pepsin und Literatur während der Arbeit an *Allerlei Glück* Therapeutika, mit denen er sich von den seit seiner Kündigung der Beamtenstelle an der Akademie der Künste immer noch andauernden Reibereien mit Emilie inklusive einhergehender Nervenerkrankung während eines Kuraufenthalts in Thale im Harz erholte. Am 13. August 1877 berichtet Fontane von dort an Emilie: «Zu vermelden ist nicht viel. Heute früh war ich in der Apotheke, um mir ein Pechpflaster zu bestellen.»[19] Sechs Tage später folgt der erwähnte Brief mit der Mitteilung zum neuen Romanprojekt und dem Dank für das Pepsin.[20]

Der auffällig häufige Gebrauch von Reklame in Fontanes Romanen ist kein Zufall: Seit den Anfängen der Zeitungsreklame im 18. Jahrhundert stammte der weitaus größte Anteil der Werbeannoncen von Apothekern, die hier ihre Gesundheits- und Schönheitsmittel anpriesen.[21] Das Beobachten aktueller Marktentwicklungen und Trends war unabdingbarer Teil des Apothekerberufs. Und auch in seiner folgenden Journalistentätigkeit war der Anzeigenteil von Zeitungen, der seit dem Jahrhundertbeginn meist mehr als die Hälfte des Umfangs eines Blattes einnahm, für Fontane eine gleichwertige Informationsquelle neben den redaktionellen Nachrichten. Als er von der preußischen regierungsamtlichen Pressestelle 1856 den Auftrag erhielt, einen Überblicksbericht der britischen Presselandschaft nach politischer Ausrichtung und Parteizugehörigkeit zu erstellen, teilte er seinen verdutzten Auftraggebern mit, dies sei leider nicht möglich, weil die britischen Zeitungen im Unterschied zu den deutschen keine Parteizeitungen seien. Viel eher könne man die Londoner Blätter nach ihrem Anzeigenteil gruppieren: im *Morning Herald* und der *Times* dominierten «Auktionsanzeigen», im *Public Ledger* fänden sich «allerhand Anzeigen über die Abfahrt und Ankunft von Schiffen und über den Engros-Verkauf von Schiffsladungen», die *Morning Post* sei auf Pferde und Wagen-Verkaufsanzeigen spezialisiert und der *Morning Chronicle* auf Bücherreklame.[22]

Schließlich verweist die verunglückte Veröffentlichungsgeschichte von *Allerlei Glück* exemplarisch auf Fontanes Stellung im literarischen Feld seiner Zeit und die Publikationsstrategien des nach dem Schritt in die Selbständigkeit auf Aufträge von Zeitschriftenherausgebern und Verlegern angewiesenen Romanciers

GLANZ UND ELEND DES APOTHEKERS 29

Fontane. Dass Fontane seinen Lebensroman nicht vollendete, lag nicht am erlahmenden Interesse seinerseits, sondern daran, dass er keinen Abnehmer fand. Der Herausgeber von *Westermann's Illustrierten Monatsheften* Gustav Karpeles, an den sich Fontane mit der eingangs zitierten Produktbeschreibung wandte, entschied sich gegen den Berliner Gesellschaftsroman und kaufte Fontane stattdessen im März 1880 die ebenfalls im Entwurf feilgebotene historische Novelle *Ellernklipp* ab, die in der Harzer Provinz des 18. Jahrhunderts spielt. «Ich glaube, daß sie richtig gewählt haben», gab Fontane notgedrungen klein bei, nachdem er noch kurz zuvor gegenüber Karpeles betont hatte: «Am meisten am Herzen liegt mir mein neuer Roman.»[23]

Der Literaturwissenschaftler Erich Auerbach hat 1946 in seinem Standardwerk zur europäischen realistischen Literatur *Mimesis* die relative Provinzialität und Verspätung des deutschen Realismus gegenüber seinen westeuropäischen und russischen Ausprägungen konstatiert. Wie nicht nur *Allerlei Glück* zeigt, heißt dies nicht, dass anderes nicht geschrieben worden wäre, aber es hat viel mit einem erst nach der Reichsgründung 1871 expandierenden, sich allmählich modernisierenden und bei allen andauernden Repressionen zögerlich liberalisierenden Zeitungs- und Zeitschriftenmarkt zu tun.[24]

Tatsächlich stößt man, wenn man nach dem Apothekermotiv im deutschen Realismus sucht, zuerst auf Werke, die Auerbachs These zu stützen scheinen: In Wilhelm Raabes ebenfalls in *Westermann's Monatsheften* erschienenen Harzer Apothekererzählung *Zum wilden Mann* (1885) treibt ein geheimnisvoller Fremder den örtlichen Apotheker Philipp Kristeller im Beisein von Pastor Schönlank und Förster Ulebeule in den Bankrott, weil er den vor dreißig Jahren gewährten Kredit zurückfordert, mit dem Kristeller seinerzeit die Apotheke finanziert hatte. Und in Theodor Storms Husumer Hefe-Novelle *Im Brauer-Hause* (1880) ruinieren die Dorfbewohner den Wirt mit ihrem Getratsche darüber, ob dieser den Finger eines

Toten in sein Bier hänge, damit die Hefe besser aufgehe. Auch Fontane schätzte gut gemachte Dorfgeschichten und wäre der Letzte gewesen, der diesen Werken ihre literarische Qualität und narrative Finesse abgesprochen hätte. Daneben hat Fontane noch auf die realistische Psychologie in Hermann Heibergs heute vergessenem Apothekerroman *Apotheker Heinrich* (1885) aufmerksam gemacht.[25] Aber ein großstädtischer Apotheker-, Pharmazielabor- und Torfindustrieroman hätte der deutschen Literatur dieser Zeit rückblickend auch gut zu Gesicht gestanden.

Auch wenn Fontanes Lebensroman aufgrund mangelnden Verlegerinteresses unvollendet blieb, diente er ihm nach dem ursprünglichen griechischen Wortsinn von *apothēkē* als «Aufbewahrungsort, Speicher, Lager, Ablage, Depot», woraus sich seine folgenden Werke speisten. Als viele Jahre später noch einmal über eine Veröffentlichung des Entwurfs diskutiert wurde, entschied sich Fontane mit der Begründung dagegen, dass inzwischen fast alle Ideen und Stoffe für andere Romane verbraucht seien.[26]

Die Szenerie des Berliner Gesellschafts- und Unternehmerlebens ging in den heiter-erotischen Ehescheidungsroman *L'Adultera* (1880, im Manuskript eingeklebt die Zeitungsannonce, mit der die Familie Ravené nach der Scheidung ihre Pflanzen- und Palmensammlung zur Versteigerung anbot) ebenso ein wie in *Frau Jenny Treibel* (1892), die ursprünglich den Titel *Frau Bourgeois* tragen sollte. Der Motivkomplex Ingenieure und Großprojekte wurde in *Cécile* (1886) verarbeitet, mit Robert von Leslie-Gordon als global operierendem Spezialisten für Telegraphenkabel. Und in *Stine* (1890) fragt Pauline Pittelkow ihre Schwester halb ironisch, ob Pechpflaster auch gegen Ärger über lärmende Nachbarn helfen. Am ausführlichsten hat Fontane das Apotheker-Motiv aus *Allerlei Glück* in seinem erfolgreichsten Roman *Effi Briest* (1894/95) wieder aufgenommen, der nicht zufällig ebenfalls an Fontanes Jugendorte Swinemünde und Berlin als Schauplätze der Handlung zurückführt. Mit dem halb liebenswürdigen, halb lächerlichen Swinemünder Provinzapotheker Alonzo

Gieshübler hat Fontane hier nach Lambertus Distelmeyer noch einmal eine Apothekerfigur literarisch gestaltet. Schon in dessen Namen ist die südländische Exotik der seereisenden Vorfahren mit der Provinzialität seiner Existenz verbunden. Gieshüblers kleine Wohnstube dient ihm zugleich als Labor mit «allerlei Kolben und Retorten» und voller alphabetisch geordneter «Kästen, in denen die Rezepte lagen».[27] Einerseits bucklig-verwachsener, devoter und von den Qualen des Lebens gezeichneter Sonderling, wird er andererseits von allen anderen Romanfiguren von Innstetten über Krampas bis zur Sängerin Trippelli als «der einzige vernünftige Mensch hier» angesehen und ist für Effi ein wichtiger Gesprächspartner in der Swinemünder Einsamkeit. Gieshübler versorgt die junge Ehefrau nicht nur mit exotischen Pflanzen und Früchten wie Feigen oder Datteln aus seinem Treibhaus, sondern auch mit Schokoladentafeln aus seiner «Mohren-Apotheke». Daneben wird er als ein «eifriger und aufmerksamer Zeitungsleser» vorgestellt, der «an der Spitze des Journalzirkels stand» und Effi regelmäßig Pakete «mit allerhand Blättern und Zeitungen, in denen die betreffenden Stellen angestrichen waren, meist eine kleine, feine Bleistiftlinie, mitunter auch dick mit Blaustift und ein Ausrufungs- oder Fragezeichen daneben» schickt.[28] Der für Effi lebenserhaltende Austausch mit ihrem «alchymistischen Geheimkorrespondenten» Alonzo Gieshübler ist ein spiegelbildliches Motiv der heimlichen Krampas-Korrespondenz, die sie «ganz unten» in ihrem verschlossenen Nähtisch aufbewahrt und deren zufällige Entdeckung durch ihren Ehemann zum Anlass für den tödlichen Ausgang des Romans wird.[29]

Hatte sich Fontane mit *Allerlei Glück* in den Apothekerdiskurs der europäischen Romantradition von Sterne über Balzac bis Flaubert eingeschrieben, so kommen in *Effi Briest* vor allem Motivkomplexe in der Art von Henrik Ibsens psychologischen Sozialdramen hinzu. Ibsen begann seit den 1880er Jahren mit Hilfe des in Berlin weilenden dänischen Literaturkritikers Georg Brandes seinen internationalen Siegeszug als Idol der neuen naturalistischen Literaturbewegung.[30] Fontane, inzwischen um die siebzig, verfolgte diesen Trend mit Sympathie und unterstützte ihn in seiner Tätigkeit als Theaterkritiker. «Up to date» und neugierig war Fontane bis ins hohe Alter nicht nur hinsichtlich zeitgenössischer Werbung, sondern auch in Bezug auf literarische oder andere kulturelle Innovationen. Mit Ibsen teilte Fontane nicht nur die biographische Parallele der Herkunft aus einem insolventen Apothekerhaushalt, sondern auch das Interesse für die durch falsche gesellschaftliche Konventionen («jenes uns tyrannisierende Gesellschafts-Etwas») erzeugten psychischen Deformationen, «Angstapparate», Gespenster und nervösen Krankheiten, gegen die keine Pillen oder Universalpflaster helfen und unter denen bei Ibsen wie Fontane in den allermeisten Fällen die Frauen zu leiden haben.

Verdichtet werden diese Zusammenhänge zwischen Medizindiskurs und Herrschaftskonventionen in einem Gespräch Effis und Innstettens über den «Chinesen-Spuk» auf dem Swinemünder Dachboden, der sich später als vom Ehemann inszenierte Disziplinierungsmaßnahme herausstellt. Während Innstetten beschwichtigend anmerkt, dass die unsichtbar in der Luft herumfliegenden Bazillen «viel schlimmer und gefährlicher als diese ganze Geistertummelage» seien, erweisen sich am Ende gerade die gespenstischen Konventionen für beide als fatal.

Noch einmal kehren in diesem Zusammenhang die Apothekergespenster seiner Jugend zu Fontane zurück. Über einen Besuch des westfälischen Unternehmers und Schriftstellerkollegen Emil Rittershaus, der wie Fontane Novellen für verschiedene Familienzeitschriften verfasste, berichtet er im September 1889 seiner Tochter Martha: «Betreffs Ibsens muß ich doch noch eine gute Bemerkung anfügen, die Emil Rittershaus (der mich gestern auf 2½ Stunde besuchte) über Ibsen machte. ‹Haben Sie nicht bemerkt› sagt er ‹daß Ibsen ganz wie ein Apotheker wirkt; er ist den Apotheker nicht losgeworden und das spukt nun in seinen Stücken, seinen Problemen und Tendenzen, und auch in seiner Conversation. Er ist immer ein kleiner Apotheker, der abwartet und dribbelt und auf der Lauer liegt.› Es ist vollkommen richtig, und ich mußte laut lachen, schon um hinter der großen Lache meine eigne Angst zu verbergen.»[31] Zwei Wochen später kommt Fontane in einem Brief an den Herausgeber der *Vossischen Zeitung* Friedrich Stephany noch einmal auf die Situation zurück: «Wie mir dabei zumute wurde, können Sie sich denken; im Hause des Gehenkten spricht man nicht vom Strick. Aber trotz dieses Angstgefühls, trotzdem ich mir die Frage vorlegen mußte: ‹wie steht es denn mit dir? merkt man es auch?› trotz alledem fand ich es vorzüglich.»[32] Ein anderer Besucher des alten Fontane in dessen Wohnung in der Potsdamer Straße berichtet, dass Fontane während des Gesprächs ununterbrochen Kästchen geklebt hat: «Er *klebte*. Er hatte eine große Handfertigkeit in der Herstellung von Kästen. ‹Eine mechanische Beschäftigung›», die ihm «‹von der Apothekerzeit her zur zweiten Natur geworden›» sei.[33]

Tatsächlich glich Fontanes Arbeitszimmer – wie Gieshüblers Wohnstube – einem veritablen Apothekerlabor. Was man auf den kurz vor und nach Fontanes Tod in der *Berliner Illustrirten Zeitung* veröffentlichten, inszenierten und erst nach einer «Möbelverrückung» aufgenommenen Photographien des alten Dichters an seinem Schreibtisch nicht sieht, wissen wir aus der detaillierten Beschreibung des väterlichen Arbeitszimmers durch seinen Sohn Friedrich.[34] Hier entpuppt sich Fontanes Schreibtisch an der Rückseite, hinter einem die Arbeitsfläche begrenzenden Schmuckgeländer, als regelrechter Apothekerschrank: «Worauf ich aber besonders hinweisen möchte das ist, daß auch die nach den Fenstern zugekehrte Front des Tisches zahlreiche Kästen aufweist. Er war also von zwei Seiten aus benutzbar. [...] Zum Beispiel befanden sich in dem obersten Kasten rechts [...] wiederum andere Kästchen und Schächtelchen, die die merkwürdigsten Dinge enthielten.» Laborartig gestaltete sich auch der umgebende Raum: «Zwischen beiden Fenstern: ein gerahmtes darüberhängendes Photo meines Großvaters, des ehemaligen Apothekers. An der anderen Längswand zunächst ein

Vertikow, un- und halbfertige Manuskripte enthaltend.» Außerdem «zwei Regale, das größere, höhere sehr praktisch: die untere Hälfte tiefer, damit Karten, Pläne, Zeitungen usw. ungeknickt aufbewahrt werden konnten. Die Mitte des Regals bilden vier Kästen, wieder mit allem Möglichen – die Natronschachtel durfte natürlich nicht fehlen – angefüllt. Oberhalb ein ganzes Sortiment von extra angefertigten Pappkästchen zur Aufbewahrung der allernotwendigsten Korrespondenz. [...] Auf dem kleineren ebenfalls Bibliotheks-Regal eine Hausapotheke vom Schwager Sommerfeldt».

Als Auftragsschriftsteller und Betreiber eines «Romanschriftsteller-Ladens» verfügte Fontane nach 1876 mit seinen in den Kästen aufbewahrten Manuskriptkonvoluten über ein ganzes Arsenal von Entwürfen mit Stoffen, Motiven, Szenen und Figuren.[35] «Mit einem Lager, dessen Bestände kein Ende nehmen wollten», konnte er jederzeit «wohlassortiert» vors Publikum treten.[36] Gleichsam einen literarischen Sortimentshandel betreibend, kombinierte und kompilierte er auf dieser Basis das Material je nach den Marktanforderungen und Verkaufsmöglichkeiten. Er selbst spricht in Bezug auf seine Arbeitsweise davon, dass er seine Werke «nach Rezept» «zusammenleimt».[37] Dies ermöglichte dem von Aufträgen abhängigen Autor die nötige Flexibilität für seine spezifischen literarischen Mischkalkulationen. Sah er eine Verkaufsmöglichkeit, mischte er einen ersten Entwurf «im brouillon» an, als Rohkonzept, das er auf dem literarischen Markt anbot. Nur wenn sich dafür ein Verleger fand, formulierte er es zu einem Werk aus, das er «in time» zu liefern versprach.[38] Ansonsten wanderte es wie *Allerlei Glück* und unzählige weitere Entwürfe und Fragmente in die Stoffsammlung zurück, wurde wieder in seine Elemente zerlegt und ging in andere Produkte ein.

Erst nach erteiltem Auftrag folgte so das die Hauptarbeit seines Schreibprozesses ausmachende «Dribbeln», Rühren und Feilen, bis die Mischung «stimmte» – wie einer von Fontanes Lieblingsberolinismen lautete (man muss sich dieses «stimmt» gesprochen mit einem «sch»-Laut am Wortanfang und einem leicht ins «ü»-gehenden «i» vorstellen), der zugleich zu den poetologischen Kernbegriffen seines Realismusverständnisses zählt. Zu dieser Mischarbeit gehört die komplexe, aber unaufdringliche Verweis- und Anspielungskunst und die hin und her wendende Darstellung der Gegenstände aus unterschiedlichen Perspektiven ebenso wie die genau abgemessene Häufigkeit einer unscheinbaren Partikel wie «und», je nach Gegenstand des Romans. Gegenüber dem Herausgeber Karpeles insistierte Fontane bei Einsendung der anstelle von *Allerlei Glück* geschriebenen Novelle *Ellernklipp*: «aber meine ‹und›s, wo sie massenhaft auftreten, müssen Sie mir lassen», denn «ich schreibe [...] Mit-und-Novellen und Ohne-und-Novellen, immer in Anbequemung und Rücksicht auf den Stoff. Je moderner, desto und-loser, je schlichter [...], desto mehr ‹und›.»[39] Selbst auf einzelne Buchstaben und Laute konnte es dabei für Fontane ankommen («Jenseit» statt «Jenseits» im schottischen Reisebuch, «Rubehn» statt «Ruben» in *L'Adultera*). Wie als Apotheker wusste Fontane auch als Literat, dass die richtige Dosierung entscheidet, ob ein Stoff zum Gift oder Heilmittel taugt. Analog war für Fontane eine realistische Darstellung in der Literatur immer auch eine Frage nach den richtigen Mischverhältnissen – etwa in seiner Figurenzeichnung der «gemischten Charaktere».

Hierin mag man ein Hauptcharakteristikum des Apotheker-Literaten Fontane erkennen: Anders als der Chirurgensohn Gustave Flaubert und später die Naturalisten wie Émile Zola, die analytisch die Wirklichkeit so lange sezieren und «objektiv» mit klinischer Präzision physiologisch genau ausleuchten in der Hoffnung, dass sie irgendwann ihr Geheimnis preisgibt, ist Fontane der Autor der Mischverhältnisse, der Grauzonen, der versteckten Andeutung und des gekonnten Weglassens. Physiologische Großaufnahmen oder gar die Darstellung von ‹anstößiger› Körperlichkeit wird man bei ihm nicht finden.[40] Körperreaktionen, bei den Physiologen und Naturalisten im Fokus, werden bei Fontane im Höchstfall der Gefühle lediglich durch ein leichtes Zittern und Erröten angedeutet. Und wollte man Fontanes Verfahren in *Allerlei Glück* und seinen folgenden realistischen Romanen – um sie auch ideengeschichtlich im angemessen weiten Kontext zu situieren – mit seinen beiden berühmten Zeitgenossen Karl Marx und Friedrich Nietzsche vergleichen, wäre er der Dialektiker des unscheinbaren Details und der Moralkritiker ohne Hammer.

KINDHEIT UND FAMILIE

Im März 1819 zog das frisch verheiratete junge Berliner Ehepaar Henri und Emilie Louise Fontane, geborene Labry, aus der 200000 Einwohner zählenden preußischen Hauptstadt in die gerade erworbene Apotheke «Zum goldenen Löwen» in die kleine Garnisons- und Kreisstadt Neuruppin mit knapp 5000 Einwohnern. Die gerade einundzwanzigjährige Emilie Louise war im fünften Monat schwanger und sollte dort am 30. Dezember 1819 ihren ersten Sohn Theodor zur Welt bringen. Die erfolgreiche Entbindung wurde vom stolzen Vater in den *Berlinischen Nachrichten von Staats- und gelehrten Sachen* (*Spenersche Zeitung*) annonciert.[41]

Als Theodor Fontane zur Welt kam, war die Zeit der Napoleonischen Kriege gerade vier Jahre vorüber, die er später in seinen beiden historischen Romanen *Vor dem Sturm* (1878) und *Schach von Wuthenow*» (1882/83) literarisiert hat. Auch wenn der «kurze Traum der Freiheit» der Hardenberg'schen Reformzeit spätestens mit den im August 1819 im böhmischen Kurort Karlsbad beschlossenen Repressionen und Zensurmaßnahmen der Wiener Kongressmächte schon wieder ausgeträumt war, fand sich Preußen doch eindeutig auf der Gewinnerseite wieder.[42] Mit den umfangreichen Gebietszuwächsen nach dem Frieden von Paris 1814 und dem Wiener Kongress von 1814/15 kamen neben Pommern (vom Königreich

Schweden) und der Provinz Posen (aus dem Herzogtum Warschau) mit dem nördlichen Teil Sachsens und dem Rheinland wirtschaftlich, technisch und konstitutionell entwickelte Regionen an Preußen, die zum Motor der Modernisierung und Industrialisierung des Agrarstaats wurden.

Zudem befand sich Preußen international in der günstigen Situation, dass es von den beiden nach der napoleonischen Niederlage verbliebenen imperialen Siegermächten Russland und Großbritannien gleichermaßen protegiert wurde. Seit dem Frieden von Tilsit 1807, als der Zar die gänzliche Auflösung des Staates Preußen verhindert hatte, stand die Hohenzollern-Monarchie in russischer Schuld und wurde bis weit ins 19. Jahrhundert hinein zum engsten Verbündeten – oder aus liberaler Sicht – Vasallen des Zarenreichs. Viele Angehörige des preußischen Adels stellten in der russischen Armee bei Napoleons Russlandfeldzug 1812 hohe Generäle. Nach dem Sieg über die napoleonischen Truppen wurde die Allianz durch die dynastische Verbindung der Hohenzollern mit der Zarenfamilie der Romanows befestigt. Am 13. Juli 1817 wurde die preußische Prinzessin Charlotte mit dem russischen Großfürsten Nikolaus Pawlowitsch verheiratet, der als Zar Nikolaus I. von 1825 bis 1855 Russland regierte. Prinzessin Charlotte von Preußen, älteste Tochter von Friedrich Wilhelm III. und Königin Luise, amtierte fortan unter dem Namen Alexandra Fjodorowna als russische Zarin. Die preußischen Monarchen Friedrich Wilhelm III. und IV. betonten bei jeder sich bietenden Gelegenheit, dass die Preußen Russland auf ewig dankbar sein werden, und die preußische Armee begrüßte den Zaren bei seinen Besuchen in der preußischen Hauptstadt mit dem Zuruf: «Du bist der beste Preuße.»[43] Unabhängigkeitsbestrebungen und Aufstände im 1815 aufgelösten Polen wurden von 1830 bis 1863 von der russischen und der preußischen Armee immer gemeinsam niedergeschlagen.

Aber auch Großbritannien stützte das nach Westen verschobene Preußen als Bollwerk gegen den gerade besiegten alten imperialen

Konkurrenten Frankreich, das den Wiener Siegermächten während des gesamten 19. Jahrhunderts als potenzieller Revolutionsherd galt. In der Folge stiegen die Handelsbeziehungen zwischen Großbritannien und Preußen vom britischen Korn- und Getreideimport aus der ostelbischen Agrarwirtschaft bis zum Export von Technik und *know how* für den auch in Preußen bald einsetzenden Eisenbahnbau sprunghaft an. 1841 stammte von einundfünfzig Dampflokomotiven in Preußen nur eine nicht aus britischer Produktion – und just diese eine funktionierte nicht.[44] Insgesamt konnten so die Kriegsschäden, die Preußen in den Napoleonischen Kriegen bis an den Rand des Staatsbankrotts gebracht hatten, rasch kompensiert werden, und «hinter der Fassade» der politischen Restauration setzte durchaus eine Phase der wirtschaftlichen Dynamik und Prosperität ein.[45]

Fontanes Eltern stammten aus der gut situierten hugenottischen Berliner Bürgerschicht. Ihre Vorfahren gehörten zur ersten Generation der seit 1685 mit dem Potsdamer Toleranz- und Anwerbeedikt vom Großen Kurfürsten ins Land geholten knapp 20 000 französischen Glaubensflüchtlinge, von denen sich rund 7000 in Berlin ansiedelten. Obwohl die «Refugiés» in vielen brandenburgischen Regionen jeden dritten und in der preußischen Hauptstadt mehr als jeden fünften Einwohner stellten, sprach damals niemand von einer «Flüchtlingsschwemme». Durch ihre handwerklichen und kaufmännischen Fähigkeiten, ihre europaweiten Vernetzungen, ihre Sprachkenntnisse – in ganz Europa war im 18. Jahrhundert Französisch die Sprache des Hofes und des Adels – und ihre calvinistische Konfession, zu der sich auch die Brandenburgischen Kurfürsten seit dem 16. Jahrhundert bekannten, bildeten sie in Preußen eine eigene Art *haute bourgeoisie* und waren mit zahlreichen Privilegien ausgestattet. Sie standen dem Königshaus nahe, und zahlreiche Hofämter und hohe Beamtenstellen (Hofprediger, Prinzenerzieher, Lehrer oder Professoren an den königlichen Akademien) wurden mit Hugenotten besetzt. Obwohl bürgerlich, galten sie bei entsprechendem Wohlstand selbst beim zumeist lutherischen Adel als gute Heiratspartien. Neben bürgerlichem Selbstbewusstsein und «Koloniestolz» waren Königstreue und Staatsfrömmigkeit – ein Begriff, der hier wegen des spezifischen Amalgams von Krone, Kirche und Konfession genau trifft – unter den Hugenotten traditionell weit verbreitet, weshalb sie auch als «staatsunmittelbare Preußen» charakterisiert wurden.[46] Porträts vom einstigen Retter in der Not, dem Kurfürsten Friedrich Wilhelm, und vom frankophilen Gründer des modernen Preußen Friedrich II. gehörten zur seriellen Standardausstattung eines hugenottischen Wohnzimmers in Preußen ebenso wie eine Standuhr aus Familienbesitz, neben dem Kreuz das wohl eindeutigste Symbol der Genfer Uhrmacher-Konfession, und eine Reliefkarte der französischen Heimat – alles Gegenstände, die sich auch im Arbeitszimmer des alten Fontane finden. Häufig kam noch ein gerahmter Stammbaum hinzu, der, wie sonst nur bei Adligen üblich, die Ahnen- und Familiengeschichte genau dokumentierte. Nicht zufällig rekrutierte sich im 19. Jahrhundert aus den Nachfahren der hugenottischen Zuwanderer eine überproportionale Anzahl von Vertretern der patriotischen Heimatdichtung – auch wenn Friedrich de la Motte Fouqué, Willibald Alexis, der Lieblingsdichter des preußischen Militärs Christian Friedrich Scherenberg oder eben Theodor Fontane im Einzelnen sehr Unterschiedliches darunter verstanden. Noch nach der Reichsgründung bezeichnete Bismarck die Hugenotten gelegentlich als «die besten Deutschen».[47] Gleiches hätte er auch über den Zuwandererpatriotismus der jüdischen Preußen sagen können, die von Julius Hitzig über Wilhelm Hertz und Moritz Lazarus bis zu Julius Rodenberg, um nur einige Vertreter auf dem Gebiet der Literatur und des Verlagswesens zu nennen, ebenfalls nach Kräften zur «Erfindung der Nation» beitrugen.[48]

Durchaus repräsentativ für die hugenottischen Preußen gehörten zu den aus Süd- und Westfrankreich stammenden Fontanes und

Labrys zunächst Handwerker, Textilmanufakturisten, Schlossermeister, Zinngießer, Wundärzte, Uhrmacher und Kaufleute. Fontanes Großeltern, die vierte Zuwanderergeneration, finden wir dann schon in hohen Hofämtern und politischen Funktionen. Fontanes Großvater väterlicherseits, Pierre Barthélemy Fontane (1757–1826), war Prinzenerzieher der Kinder Friedrich Wilhelms II. und nach dem Thronwechsel Kabinettssekretär und Zeichenlehrer bei Königin Luise. Der Großvater mütterlicherseits, Jean François Labry (1767–1810) führte in Berlin einen Seidenwaren-Großhandel mit angeschlossenem Kaufhaus in der Brüderstraße – eine der besten Berliner Adressen – und war als Stadtverordneter Stellvertreter des Berliner Oberbürgermeisters von Gerlach. Dessen Söhne Leopold und Ernst von Gerlach gehörten als Gründer der konservativen Partei und der *Neuen Preußischen Kreuz-Zeitung* zu den einflussreichsten politischen Vertretern eines ständischen und christlichen Fundamentalkonservativismus in Preußen. Sie sollten auch in Theodor Fontanes Leben noch eine Rolle spielen.

In die Zeit des preußischen Kriegseintritts gegen Frankreich fallen die ersten Risse in der bis dahin ziemlich kontinuierlichen Aufstiegsgeschichte der Familien Fontane und Labry. Fontanes Vater Louis Henri (1796–1867) brach 1809 die standesgemäße Schulbildung am Gymnasium zum Grauen Kloster ab und begann eine Apothekerausbildung, mutmaßlich, weil ihm das als ein auch in Kriegszeiten sicherer Beruf erschien. Als im Winter 1812/13 die napoleonischen Armeen auf dem Russlandfeldzug vernichtend geschlagen wurden, vollzog der preußische König gerade noch rechtzeitig den Seitenwechsel zur antifranzösischen Koalition, um nicht wie etwa der sächsische König bei den Rückzugsgefechten auf deutschem Boden auf der falschen Seite zu stehen. Im Zuge der folgenden Mobilmachung meldete sich auch der sechzehnjährige Henri Fontane bei den «Freiwilligen Jägern zu Fuß». Die Bezeichnung «freiwillig» bei den preußischen militärischen Dienstgraden ist nicht wörtlich zu verstehen, sondern gehörte zur Legende des von der ganzen Nation getragenen Befreiungskrieges, zu dem die Aufrufe *An die Deutsche Nazion* des österreichischen Erzherzogs Karl von 1809 und dessen Nachahmung *An mein Volk* von 1813 durch den preußischen König die Stichwortgeber waren. Mit Pflicht und gesellschaftlichem Zwang hingegen begründet Fontane in seinen Erinnerungen den Kriegseintritt seines Vaters, der zeit seines Lebens bei allem Patriotismus auch ein begeisterter Napoleon-Verehrer war – eine Haltung, die er mit vielen weiteren bürgerlichen Deutschen von Goethe bis Hegel teilte.[49] Nach Kriegsende absolvierte Henri Fontane seine Gesellenjahre und schloss die Ausbildung im Januar 1819 mit dem Apothekerexamen «Zweiter Klasse» ab.

Der Vater von Fontanes Mutter Emilie Louise Labry war schon 1810 im Alter von zweiundvierzig Jahren verstorben. Emilie Louise wurde, mit einem auskömmlichen Erbe ausgestattet, 1813 in das gehobene Pensionat der hugenottischen Familie Lionnet in der Französischen Straße in Berlin gegeben, zu dessen Gästen und Hausfreunden unter anderem der zu dieser Zeit noch angehende Literat und spätere Naturforscher Adelbert von Chamisso gehörte. Dort lernten sich Fontanes Eltern kennen und heirateten an Emilie Louises 21. Geburtstag am 24. März 1819 in der Französischen Kirche in Berlin – rechnet man nach, dürfte Theodor ein Kind der Hochzeitsnacht gewesen sein. Als Startkapital bekam das junge Brautpaar von Henris Vater ein Darlehen für den Kauf der Apotheke in Neuruppin.

Mit Henris Apothekerexamen «Zweiter Klasse» war nicht nur die berufliche Zukunft entschieden, sondern auch eine folgenreiche Festlegung für die künftigen Wohnorte der Familie getroffen. Denn nach den verschiedenen königlichen Medizinaledikten des 18. Jahrhunderts und der «Revidirten Ordnung, laut derer die Apotheker in den Königlichen Preußischen Landen ihr Kunst-Gewerbe betreiben sollen» galt in Preußen ab 1801 eine genau definierte Zwei-Klassen-Medizin: Nur examinierte Apotheker «Erster Klasse» durften in größeren Städten praktizieren. In § 10 werden diejenigen Städte im Einzelnen benannt, die Apothekern «Erster Klasse» vorbehalten waren: «Aurich, Berlin, Brandenburg, Bialystock, Bromberg, Cleve, Crossen, Cüstrin, Culm, Danzig, Duisburg, Elbing, Emden, Frankfurth, Graudenz, Halberstadt, Halle, Hamm, Kalisch, Königsberg in Preußen, Lissa, Magdeburg, Marienburg, Marienwerder, Minden, Plock, Posen, Potsdam, Stargard in Pommern, Stettin, Thorn, Tilsit, Warschau, Wesel und Züllichau.» Übrig blieben für Zweite-Klasse-Apotheker damit nur Apotheken in Provinzstädten mit weniger als 5000 Einwohnern.

Tatsächlich sollten Fontanes Eltern, nachdem sie als junges Paar Berlin verlassen hatten, nie wieder in einer größeren Stadt leben. Die auf Neuruppin (1819–1827) folgenden Stationen waren Swinemünde an der Ostsee (1827–1837) mit rund 3500 Einwohnern, Mühlberg an der Elbe im von Preußen 1815 annektierten nördlichen Sachsen (1837–1838) mit unter 3000 Einwohnern, schließlich Letschin im Oderbruch (1838–1850), ein Dorfensemble, das, wenn man die verschiedenen Ortsteile zusammenrechnet, rund 2000 Einwohner zählte. Den absteigenden Einwohnerzahlen entsprach proportional der finanzielle Niedergang der Fontanes. Nach dem endgültigen Bankrott und der Trennung der Eltern 1850 tauchte der Vater im Niemandsland von Schiffmühle bei Freienwalde an der Oder unter (Einwohnerzahl großzügig gerechnet maximal 300), während die Mutter zurück nach Neuruppin zog – für beide die Endstationen ihrer «tour de province», wo sie in den späten 1860er Jahren starben.

Fontane selbst hat in hohem Alter in seinem wunderbaren «autobiografischen Roman» *Meine Kinderjahre* von 1893 seine Kindheit in Neuruppin und Swinemünde beschrieben. Auch wenn man diesen als stilisierende Literarisierung lesen muss, vermittelt er einen Eindruck von den ersten zwölf Lebensjahren und den prägenden Widersprüchen seiner Kindheit. Insgesamt beschreibt Fontane diese als eine Zeit großer Freiheit, verschweigt aber auch die dunklen Seiten nicht: die Spannungen zwischen dem Leben in der Provinz und dem darüber hinausweisenden großstädtischen und weltläufigen Habitus des Vaters und den repräsentativen Ansprüchen der Mutter, den elterlichen Dauerkonflikt und schließlich die sich mit dem finanziellen Niedergang einstellenden psychischen Leiden in Form von Nervenzusammenbrüchen bei der Mutter und als Phasen der Depression beim Vater. Die Ahnung der später bewusst formulierten Einsicht, «in Verhältnissen» groß geworden zu sein, «in denen überhaupt nie was stimmte», gehörte bei aller Freiheit und Sorglosigkeit zu Fontanes frühen Kindheitserfahrungen.[50]

Die Fontanes hielten in der Provinz an durchaus großstädtischen Allüren fest. Henri verkehrte an allen genannten Orten mit den höchsten Honoratioren, Kreisräten, Kaufleuten, Gutsbesitzern und Bürgermeistern, in Swinemünde wurde er 1829 zum Ratsherrn gewählt. Obwohl Französisch längst nicht mehr Familiensprache war und mehr passiv als aktiv beherrscht wurde, renommierte er mit Originalzitaten aus der französischen Literatur, lud zu erlesenen französischen Weinen ein und fuhr mit den jeweils neuesten und teuersten Kutschen über die zu allermeist noch nicht gepflasterten Kleinstadtstraßen. Das aktuellste und modernste pharmazeutische Standardwerk, die *Pharmacopoea borussica* von 1799, die im Auftrag des preußischen Königs nach den Grundsätzen des Begründers der modernen Chemie Antoine Lavoisier verfasst worden war, kannte er nach eigenen Angaben auswendig. Als regelmäßiger Leser internationaler Zeitungen und des *Brockhaus'schen Konversationslexikons*, das damals in Form von monatlich aktualisierten Heftlieferungen erschien, hielt er sich über das aktuelle politische Geschehen auf dem Laufenden. Wenn es um Zeitgeschichte, Geographie oder Politik gehe, zitiert Fontane seinen Vater, stecke er «zehn Studierte in den Sack».[51]

Als Kosmopolit richtete sich Henri Fontane an der Kultur sowohl des napoleonischen wie des britischen Empire aus. Die Romane Walter Scotts, die nach 1819 in ganz Europa Furore machten und den Literaturbetrieb revolutionierten, indem sie die Kluft «zwischen der Lektüre der Gebildeten und dem ‹Lesefutter› der Massen überwanden», gehörten auch bei den Fontanes zur Hauslektüre.[52] «Ganz Berlin», berichtet 1822 etwa der junge Heinrich Heine in seinen Korrespondenzberichten für die *Westfälische Zeitung*, spreche von Walter Scott: «von der Gräfin bis zum Nähmädchen, vom Grafen bis zum Laufjungen, liest alles die Romane des großen Schotten.»[53]

In allem so ziemlich das Gegenteil eines knickerigen Kleinbürgers und Provinzlers, war Henri Fontane aber auch anfällig für einen anderen internationalen Exportschlager der Britischen Empire-Kultur: Parallel zu Scotts Romanen breitete sich mit ähnlich durchschlagenden Erfolgen das Whistspiel aus, eine ältere Kartenspielvariante von Bridge und Rommé, die nicht nur in Europa, sondern auch im Orient und Indien zum festen Bestandteil der neuen Gentleman-Lebensart wurde. Henri Fontanes Kartenpassion wuchs sich schnell zur Spielsucht aus, die zur Hauptursache für den Niedergang des Familienunternehmens werden sollte.

Bereits in den ersten sechs Neuruppiner Jahren verspielte Henri nach eigener Schätzung um die 10000 Taler, also mehr als den Kaufpreis seiner Apotheke.[54] Seine bevorzugten Spielpartner beim *Whist en trois* waren der Gastwirt Michel Protzen und der Gutsherr Ernst Scherz – Namen, die nach Fontane'scher Erfindung klingen, aber historisch bezeugt sind. Beide personifizieren die spezifische Mischung aus Neureichtum und Provinzialität in Neuruppin. Neben der Kaserne gab es hier die Verwaltungsbehörden des einwohnerschwachen Kreises Ruppin, ein Schullehrerseminar, ein Gymnasium, die erste kurmärkische «Irrenanstalt» (1797 gegründet) und ein Landgericht. Nach einem Brand im späten 18. Jahrhundert fast vollständig neu aufgebaut, erinnert Fontane sie als eine problematische «kleine Provinzialstadt»: «Sie gleicht einem auf Auswuchs gemachten großen Staatsrock, in den sich der Betreffende, weil er von Natur klein ist, nie hineinwachsen kann. Dadurch entsteht eine Öde und Leere, die zuletzt den Eindruck der Langenweile macht.»[55]

Langeweile, Leere und eine zu früh geschlossene, unglückliche Ehe gab rückblickend kurz vor seinem Tod auch Henri Fontane gegenüber seinem Sohn als Ursachen für seine Spielsucht an. Michel Protzen wird von Fontane in den *Wanderungen durch die Mark Brandenburg* als typisch grobschlächtiger Gastwirt dargestellt, der populär, aber nicht beliebt ist, weil dafür zu viel Angst und Brutalität im Spiel sind. Ernst Scherz hatte sein Gut Krenzlin II 1815 unmittelbar nach der Freigabe des Gutsbesitzerwerbs im Zuge der Hardenberg'schen Reformen als Fidei-Kommiss – also vererbbar – erworben und war, obwohl bürgerlich, auch Mitglied des ständischen Kreisrats. Mit den Spielgewinnen aus dem *Whist en trois* mit Fontanes Vater konnte er sein Gut um Krenzlin III erweitern, später erwarben seine Nachkommen weitere Güter bei Frankfurt an der Oder. Ernst Scherz' Sohn Hermann war ein Jahr älter als Theodor Fontane und gehörte zu dessen ersten Spielkameraden. Später zahlte er einen Bruchteil des Spielgewinns seines Vaters zurück – in Form von Reisezuschüssen für Fontanes erste Englandreise 1844, einer Taufpatenschaft für Fontanes Tochter Martha sowie einer finanziellen Unterstützung des Theologiestudiums von Fontanes Sohn Theodor junior. Trotz der sich daraus ergebenden «Herzensverpflichtung» lehnte Fontane nach Hermann Scherz' Tod 1888 die Teilnahme an dessen Begräbnis ab, weil ihm mit dem Wissen um die Vorgeschichte «der Anblick des offiziellen Preußenthums und nun gar des offiziellen Preußenthums aus der 5. Rangklasse [...] ganz unerträglich» erschien.[56] Tatsächlich lernte Fontane märkische «Junker», die in seinen *Wanderungen durch die Mark Brandenburg* und in seinen Romanen eine so große Rolle spielen sollten, zuerst in Gestalt von Ernst und Hermann Scherz kennen – also nicht als Quitzow'schen Raubritter-Adel, sondern als Scherz'sche Glücksspiel-Gutsbesitzer.

Während seiner kurzen Gymnasialzeit in Neuruppin kam als zweiter angehender märkischer Rittergutsbesitzer, den Fontane kennenlernte, dann noch der Sohn des Inhabers eines kleinen

Eisen- und Kurzwarengeschäfts, Alexander Gentz, hinzu, der später als Torfbaron und Gründer der Grafschaft Gentzrode Furore machte: «Eine Figur, wie die seinige, war nur in der Mark und innerhalb dieser vielleicht nur wieder im Ruppinschen möglich, denn er hatte nicht bloß kleinbürgerliche Verhältnisse (wie sie dieser Grafschaft eigentümlich sind) zur Voraussetzung, sondern baute seinen Reichtum auch auf etwas spezifisch Ruppinschem auf: auf dem *Torf*.»[57] Wie Ernst Scherz im *Whist* fand Gentz in dem Brennstoff der Frühindustrialisierung die «Stecknadel», mit der er sich später das «Adels- respektive Grafendiplom an ihre Gobelinwand» heftete.[58]

Diesen Erfahrungshintergrund muss man mitdenken, wenn man Fontanes spätere literarische Darstellungen des märkischen Adels liest, um sie als das zu verstehen, was sie sind: poetisierende Erfindungen eines aus Fontanes Sicht von den Entwicklungen des 19. Jahrhunderts längst überholten Standes, der allerdings in Preußen ungebrochen Herrschaftsansprüche, «Bevorzugungen» und «Ausnahmestellungen» beanspruchte. Dies und nicht die Tatsache, dass sich die Klasse der Rittergutsbesitzer inzwischen vielfältig gestaltete und eher ökonomisch als ständisch definierte, nennt Fontane rückblickend die «ungemütliche Kehrseite» der vermeintlich so gemütlich-biedermeierlichen «Stagnations-Epoche» der Wiener Ordnung.[59]

Im Jahr 1827 führte die Spielsucht Henri Fontane zum ersten Bankrott, und er musste die Neuruppiner Apotheke verkaufen, um seine Schulden decken zu können. Der erste Zwangsverkauf von vielen folgenden endete noch glimpflich, und Henri Fontane erzielte einen so guten Kaufpreis, dass er seinen Vater auszahlen konnte und noch genügend Barschaft für den Ankauf einer neuen Apotheke übrig blieb. Zum ersten Mal sah er sich nicht «in der ‹Bredouille›», wie seine Standardformulierung zur Beschreibung seiner Situation lautete.[60]

Während sich Vater und Sohn 1827 frohgemut zur neu erworbenen Apotheke nach Swinemünde aufmachten, wo Henri seine glücklichste Zeit verlebte und sich Theodor buchstäblich ganz neue Welten erschlossen, brach für Fontanes Mutter zum ersten Mal eine Welt zusammen, und sie begab sich zur «Nervenkur» beim berühmt-berüchtigten Chefarzt an der Berliner Charité, Dr. Ernst Horn.[61] Nach dem Tod einer Patientin hatte dieser 1811 wegen seiner «gefahrvollen Kurmethoden gegen Gemüthskrankheiten» einen der ersten ärztlichen Kunstfehlerprozesse in Preußen ausgelöst. Zu seinen Behandlungsmethoden gegen «Nervenkrankheiten», so das damalige diagnostische Passepartout bei allen psychischen Störungen, gehörten zahlreiche Torturen und Apparaturen: neben «Ekelkuren, vollen Brechmitteln, [...] Speichelflußkuren, Hungerkuren, Blutentziehung, künstlichen Geschwüren» auch «komplizierte Fesselungsbetten, Fesselungsapparate, Zwangssitz- und Zwangsstehgeräte und Drehschaukeln».[62] In Horns Rechtfertigungsbericht finden sich Zeichnungen von Wasserbädern, die nach einer Art Waterboarding-Folter aussehen, bei der einem buchstäblich bis zum Hals im Wasser sitzenden Patienten Wasser über den Kopf gegossen wird («Hydrotherapie»).[63] Auch findet man hier Drehschaukeln und Drehbetten, auf denen die Patienten festgeschnallt und mit bis zu 120 Umdrehungen pro Minute herumgewirbelt wurden. Dr. Horn und seine Methoden wirken wie eine Horrorversion der Figur des Doktor Rummschüttel und des Schaukelmotivs aus *Effi Briest* nach dem Muster von Robert Louis Stevensons *Dr. Jekyll und Mr. Hyde* (1886). Allerdings erscheint Fontanes fiktiver Doktor Rummschüttel als ziemlich vernünftiger Arzt, während sich bei dem echten Doktor Horn wahre Abgründe auftun. Über den Erfolg von Horns mehrere Monate dauernden Behandlung von Fontanes Mutter ist nichts bekannt, jedenfalls überlebte sie und kam schließlich auch in Swinemünde an.

Gegenüber den «von engsten Philisteranschauungen beherrschten kleinen Städten der Binnenprovinzen» wie Neuruppin erscheint Swinemünde in Fontanes Erinnerungen in den *Kinderjahren* geradezu als Tor zur Welt: «Daß die Bewohnerschaft allem

Spießbürgertum so durchaus fremd war, hatte sicher in manchem seinen Grund, vorwiegend aber wohl darin, daß die gesamte Bevölkerung von ausgesprochen internationalem Charakter war. In den umliegenden großen und reichen Dörfern wohnten vielleicht noch wendisch-pommersche Autochthonen aus den Tagen von Julin und Vineta her; in Swinemünde selbst aber, zumal in der Oberschicht der Bewohnerschaft, war alles derart durcheinandergewürfelt, daß man den Repräsentanten aller nordeuropäischen Völker daselbst begegnete, Schweden, Dänen, Holländern, Schotten, die hier früher oder später hängengeblieben waren, die meisten wohl zu Beginn des Jahrhunderts, zu welcher Zeit die bis dahin sehr unbedeutende Stadt überhaupt erst einen Aufschwung genommen hatte.»[64]

Swinemünde war als preußischer Ausweichhafen erst 1746 unter Friedrich dem Großen gegründet worden, weil der für den Kornhandel über die Oder wichtige Ostseehafen in Stettin seit dem Westfälischen Frieden zu Schweden gehörte. Während des Baseler Friedensjahrzehnts zwischen 1795 und 1805 erlebte der Ort einen ersten zaghaften Aufschwung, der durch die napoleonische Kontinentalsperre unterbrochen wurde. Als nach dem Wiener Kongress und dem Gewinn Pommerns der preußische Ostseehandel mit Russland und Großbritannien florierte, wurde der Ausbau der Swinemündung verstärkt fortgesetzt, allerdings fungierte der Hafenort da nur noch als Durchgangsstation der Schiffe, die erst im nun preußischen Stettin be- und entladen wurden.

Wichtigstes ökonomisches Standbein des Ortes wurde nun der Status als Seebad. In Fontanes Geburtsjahr 1819 waren erste polizeiliche Anordnungen für das Baden erlassen worden, 1822 gründete sich ein lokaler Verein für die Einrichtung eines offiziellen Bades, 1825, zwei Jahre bevor die Fontanes sich an der Ostsee niederließen, kam es zur feierlichen Eröffnung der Swinemünder See- und Solbadeanstalten, inklusive eines Gnadengeschenks des preußischen Königs in Höhe von 5000 Reichstalern. Der königliche Gartendirektor aus Potsdam, Peter Joseph Lenné, wurde beauftragt, einen Plan zu entwerfen, nach dem aus der Hafenanlage ein Park werden sollte. Stege von den Dünen zum Wasser wurden angelegt, Badehütten gebaut und ein Warmbad eingerichtet. Und pünktlich zu Henri Fontanes Ankunft 1827 eröffnete im Pavillon gleich neben dem Sommergästehaus für Honoratioren und Ehrengäste auch ein einem Kurort angemessenes schönes neues Spielkasino.[65] Dass zu den Epochenmerkmalen der Karlsbader Kurort- und Kongresspolitik neben den Kontrollexzessen auch das Kasino untrennbar hinzugehört, hat Fontanes russischer Generationsgenosse Fjodor Dostojewski (1821–1881) in seinem Roman *Der Spieler* (1867) literarisch auf den Punkt gebracht.

Swinemünde gehörte zu den ersten deutschen Seebädern nach dem Muster des 1750 gegründeten englischen Seebads Brighton. Der Göttinger Aufklärer und Englandreisende Georg Christoph Lichtenberg hatte dort die Bedeutung der Seebäder für die öffentliche Gesundheit erkannt und 1793 im *Hannöverschen Magazin* die Frage aufgeworfen: «Warum hat Deutschland noch kein öffentliches Seebad?» Seine Frage blieb nicht ungehört, und kurz darauf kam es auch in Deutschland zu den ersten Seebadgründungen an der Ostsee: auf Heiligendamm (1793), Travemünde (1801) und Boltenhagen (1803) folgte bald Swinemünde, kurze Zeit später entstanden die drei Usedomer «Seebad-Schwestern» Ahlbeck, Heringsdorf und Bansin. Zunächst vor allem auf die Erholung von Königen, des Adels und sehr wohlhabender Großbürger beschränkt, weitete sich der Seebadtourismus im 19. Jahrhundert rasch aus. Hätte Fontanes Vater nicht schon 1837 wieder alles verspielt und die nächste Pleite erlebt, würde er noch von der nur fünf Jahre später erfolgten Eröffnung der Eisenbahnverbindung Berlin–Stettin, einer der ersten deutschen Eisenbahnlinien überhaupt, profitiert haben. Nun strömten die Berliner Touristen zu Tausenden nach Swinemünde, bei Fontanes Tod 1898 zählte das Seebad bereits über 20000 Sommerbadegäste jährlich.

Schon während des Swinemünder Aufenthalts der Fontanes

begannen sich diese Entwicklungen abzuzeichnen. Ausführlich berichtet Fontane in seiner Autobiographie von schottischen Ingenieuren, die mit Hilfe englischer Dampfbagger die Fahrrinne der Swine aushoben, und von Handels- und Dampfschiffen aus St. Petersburg und England, die auch die neuesten Weltnachrichten brachten.[66] Verkehrssprache war hier Englisch, dessen erste Kenntnisse sich Fontane erwarb und das für ihn Zielfremdsprache Nummer eins blieb. Anglizismen bilden – wie bereits angedeutet – ein eigenes Stilmerkmal in Fontanes Werken. Von nun an ist Großbritannien Fontanes Sehnsuchtsort, den er bei erster sich bietender Gelegenheit besuchen wird und an dem er in den 1850er Jahren für mehrere Jahre lebt. Zu seinen ersten eigenen literarischen Arbeiten gehören in den frühen 1840er Jahren Übersetzungen britischer Literatur, Shakespeare und Scott bleiben lebenslang seine größten literarischen Idole.

Die von den Dampfschiffen mitgebrachten Zeitungen las Fontane als Zehnjähriger in der väterlichen Apotheke ausgestreckt «hinter dem Rezeptiertische» immer dann besonders ausgiebig, wenn es seinen Vater ins nahegelegene Kasino zog. Mit ihnen eignete sich Fontane auch seine erste politische und zeitgeschichtliche Bildung an, die mit den Epochenereignissen der Jahre 1830/31 zusammenfiel.[67] Frankreichs Krieg gegen Algerien verfolgte er ebenso gespannt wie die Pariser Juli-Revolution, bei der an drei glorreichen Tagen weitgehend friedlich die alte Bourbonen-Dynastie abgelöst wurde. Und wie andernorts viele Deutsche in den sich überall bildenden Polen-Vereinen oder auf öffentlichen Festen wie in Hambach sympathisierte er mit den polnischen Aufständischen gegen das Zarenreich. Unmittelbar auf die Niederschlagung des polnischen Aufstandes folgte die große Choleraepidemie. Das von russischen Truppen eingeschleppte Bazillus hatte auch in Preußen verheerende Folgen – unter den rund 40000 Opfern befand sich auch der Berliner Philosoph Georg Wilhelm Friedrich Hegel. Als preußische Truppen in Swinemünde stationiert wurden, die einen militärischen Sperrgürtel als Cholera-Kordon gegen die Ausbreitung der Epidemie bilden sollten, war Fontanes Vater als pharmazeutischer Experte und städtisches Ratsmitglied direkt beteiligt. Buchstäblich neue Welthorizonte eröffneten sich Fontane auch durch seine ersten Lektüreerfahrungen in Swinemünde. Die Polenlieder Nikolaus Lenaus, Karl von Holteis, August von Platens und Ludwig Uhlands wurden beinahe täglich rezitiert. Bei seinem Hauslehrer Lau zählte Goethes in Fontanes Geburtsjahr bei Cotta in orientalischer Prachtausgabe erschienener *West-östlicher Divan* neben den in deutschen Bürgerschulen allgegenwärtigen Balladen Schillers zum bevorzugten Unterrichtsstoff. Der in Goethes *Divan* erwähnte persische Dichter Firdusi (940–1020) sollte für Fontane, vermittelt über Heinrich Heines gleichnamige Ballade im *Romanzero*, noch eine besondere Bedeutung als lebenslanges literarisches Alter Ego bekommen. Am Hafen von Swinemünde begegnete Fontane durchreisenden Schriftstellern wie August von Witzleben, der unter dem Pseudonym A. v. Tromlitz eine ganze Serie populärer Romane im Stile Walter Scotts veröffentlicht hatte. Und nicht zuletzt war Swinemünde auch Chamisso-Stadt, hatte doch Adelbert von Chamisso hier am 17. Oktober 1818 auf der Rückkehr von seiner Reise um die Welt erstmals wieder preußischen Boden betreten. Mit dem Weltreisenden, Naturwissenschaftler, Direktor des Berliner Botanischen Gartens und Autor von *Peter Schlemihls wundersamer Geschichte* (1814) verband Fontane weit mehr als nur der französisch-preußische Doppelhorizont. Die Erkenntnis des *Peter Schlemihl*, dass ein Leben ohne Schatten auch kein Leben wäre, konnte Fontane die Widersprüche in seinem Elternhaus erklärlicher und vielleicht auch erträglicher machen. Und Chamissos Gedichte regten den fünfzehnjährigen Fontane zu ersten lyrischen Versuchen unter dem Titel der von Chamisso bereisten und literarisierten Pazifikinsel *Salas y Gomez* an.[68]

Die unterschiedlichen Erfahrungen, die Fontane an seinen beiden Kindheitsorten machte – die Garnisons- und Verwaltungsstadt

Neuruppin, in die er als Zwölfjähriger noch einmal kurz zurückkehrte, und der internationale Hafen Swinemünde –, bildeten für ihn auch später ein strukturbildendes Deutungsmuster aus Gegensatzpaaren: Land und Meer, Provinzialität und Weltoffenheit, Militär und Handel. Der märkische Heimatdichter Fontane blieb zugleich einer der schärfsten Kritiker des bornierten Provinzialismus, insbesondere preußischer Prägung, und überhaupt von allem «Popeligen», wie sein bevorzugter Ausdruck für Phänomene dieser Art lautete. Diese Lebenserfahrung gab er noch im Alter an seinen Sohn Friedrich weiter, als dieser seine Ausbildung zum Verlagsbuchhändler in Oldenburg antrat: «Du wirst noch weiterhin die Wahrnehmung machen, daß alles, was an dem Küstenstriche von Nord- und Ostsee liegt, viel schöner, reicher, feiner ist als das Binnenland, ganz besonders als die Provinz Brandenburg, die nun mal – so lieb ich sie habe – den alten Popelinski-Charakter noch immer nicht loswerden kann. An der Küste hin schmeckt alles nach England, Skandinavien und Handel, in Brandenburg und Lausitz schmeckt alles nach Kiefer und Kaserne.»[69]

Überschattet wurde aber auch die Swinemünder Zeit von ständigen Ehestreitigkeiten der Eltern und deren Zusammenbrüchen. Wenn der Vater wieder einmal alles beim Spiel verloren hatte und der nächste Krach gefolgt war, lag er tagelang depressiv vor sich hin starrend «ausgestreckt auf dem Sofa», wo ihn das verschreckte Kind fand: «Wenn ich dann an das Sofa herantrat und seine Hand streichelte, sah ich, daß er geweint hatte [...] und ich armes Kind stand, an der Tischdecke zupfend, verlegen neben ihm und sah tief erschüttert auf den großen, starken Mann, der seiner Bewegung nicht Herr werden konnte.»[70] Als die Eltern im Jahr 1849, bereits in Trennung lebend, ihren dreißigsten Hochzeitstag begingen, verglich Fontane in einem Widmungsgedicht deren Ehe nur halb scherzhaft mit dem Dreißigjährigen Krieg.[71] Die zahllosen unglücklichen Ehen und Familienkatastrophen, die Fontane später literarisiert hat, haben hier ihren biographischen Ursprung.

Die gegensätzlichen Charaktere seiner Eltern hat Fontane in allen Einzelheiten geschildert und sicher auch zugespitzt: Während der Vater seit dem Wegzug aus Berlin nirgendwo richtig ankam und es stets sein Wunsch war, «sein Lebelang in der Welt umherzukutschieren, immer auf der Suche nach einer Apotheke, ohne diese je finden zu können», sehnte sich die früh verwaiste Mutter vor allem nach stabilen Verhältnissen.[72] Der Vater wird als jovialer und weltmännischer Genussmensch vorgestellt, der als überzeugter Autodidakt einer sokratischen Lehrmethode des Selbstlernens anhängt oder sogar keine Erziehung für die beste Erziehung hält, weil Lernen in Freiheit am besten gedeiht. Die Mutter wird durch südfranzösische Strenge und «Heftigkeit» charakterisiert, mit einem ausgeprägten Sinn für Zucht, Ordnung und Disziplin, die mit Sittenstrenge und buchstäblich «harter Hand» regiert – körperliche Züchtigungen gehörten bei ihr zum Alltag. Der Vater öffnet ihm die Welt durch Literatur, Geschichte und Zeitungslektüre, die Mutter hält Lektüre wie auch alle anderen spielerischen Beschäftigungen, die kein Geld einbringen, tendenziell für überflüssig und legt stattdessen Wert auf standesgemäße Repräsentation und gutes Aussehen. Ihrem Lieblingssohn kämmt sie die langen blonden Haare «mit dem engen Kamm», bis es blutete. Während Fontane mit dem Vater die Namen von Napoleons bürgerlichen Generälen («Schneider und Schuster») auswendig lernte und Polenlieder sang, bekam er von der Mutter zu Weihnachten 1831 zu seinem Entsetzen eine russische Leder-Riemenpeitsche, ein «Kantschu», geschenkt, ein von Kosaken gegen die polnischen Aufständischen eingesetztes Züchtigungsinstrument, das Mutter Fontane als Warnzeichen ganz unten in den Geschenkkarton gelegt hatte.[73]

Fontanes Bildungsgang liest sich wie ein einziges Hin und Her, bei dem einem wie auf der Horn'schen Drehschaukel schwindlig werden kann: Während der Vater den Sohn nach der Ankunft in Swinemünde an der Stadtschule anmeldete, wo er gemeinsam mit allen Schichten, auch den «barfüßigen und ungekämmten Jungs in Fries- und Leinwandjacken» lernen sollte, nahm ihn die nachkommende Mutter sofort von der aus ihrer Sicht unstandesgemäßen Schule und organisierte Privatunterricht oder ließ ihren Sohn im Hause des Geheimen Kommerzienrats Krause, des obersten Stadtpatriziers und eigentlichen «Königs von Swinemünde», mitlernen.[74] Zu Ostern 1832 schickte die Mutter den Zwölfjährigen auf das Gymnasium in Neuruppin, wo Theodor in der Pfarrei des lokalen Pastors wohnte. Nach nur knapp einem Jahr meldete ihn der Vater wieder ab und schickte ihn stattdessen auf die Klöden'sche Gewerbeschule in Berlin, weil er dort für den Apothekerberuf nützlicheres Wissen und naturwissenschaftliche Kenntnisse erwerben konnte. In Berlin wohnte der junge Fontane nun für drei Jahre bis zum Abschluss der Schulzeit 1836 beim Halbbruder des Vaters, August Fontane, in einem Umfeld, das in allem das Gegenteil der Neuruppiner Pfarrei war und in dem Künstler, Schauspieler, Prostituierte, gestrandete polnische Exilanten, Kleinkriminelle und mehr oder weniger windige Projekte- und Geschäftemacher verkehrten.

Noch lange nachdem Fontane das Elternhaus verlassen hatte, setzte sich das Wechselbad fort. Als der inzwischen achtundzwanzigjährige Fontane im März 1848 während der Revolution auf die Barrikaden geht und wie sein Onkel August Fontane als Wahlmann für das erste frei gewählte deutsche Parlament kandidiert, kommt sofort Henri zu Besuch: «Und dann, Papa, was die Hauptsache ist, ich bin ja so gut wie ein Revolutionär», teilt der Sohn seinem Vater stolz mit.[75] Parallel organisiert seine Mutter für ihn eine Anstellung als Apothekerinnen-Ausbilder im Diakonissenheim Bethanien, das vom ultraorthodoxen Pastor Ferdinand Schultz geleitet wird. Schultz war nicht nur ihr Vertrauter und Trennungsberater, sondern zugleich ein berüchtigter antirevolutionärer Hardliner und Mitinitiator der altständisch-reaktionären *Neuen Preußischen (Kreuz-)Zeitung*. Von hier aus lassen sich Verbindungslinien bis zu Fontanes eigener Anstellung bei der *Kreuzzeitung* nach 1860 – von der Mutter erleichtert begrüßt – und seiner Kandidatur für die Konservative Partei 1862, zu den streng königstreuen Kirchenkreisen um den hugenottischen Gemeindepastor August Fournier und den unter Friedrich Wilhelm IV. reaktivierten Johanniterorden Balley Brandenburg erkennen, der zu den Hauptsponsoren des Diakonissenheims Bethanien gehörte. Nach seiner endgültigen Rückkehr aus England publizierte Fontane nicht nur regelmäßig in der Wochenschrift des Ritterordens, sondern wohnte bis zu seinem Tod auch in einem dem Orden gehörenden Mietshaus.

In Fontanes Familiengeschichte waren damit bestimmte Dispositionen, Optionen und Milieus angelegt, von denen er im Laufe seines Lebens sehr unterschiedliche und häufig auch gegensätzliche aktiviert und realisiert hat. Bürgerstolz und Barrikade gehören ebenso dazu wie Staatsdienst, konservative bis reaktionäre Netzwerke und Unterwerfungsakte unter die preußischen Autoritäten. Welche dieser Optionen zum Tragen kamen und warum, ist nur in Bezug auf die jeweilige spezifische Situation zu verstehen, wobei Subsistenzfragen bis hin zu finanziellen Notlagen ebenso zu berücksichtigen sind wie Statusunsicherheiten und -gewinnaussichten. Von Fontane selbst werden die frappierenden Seitenwechsel mal als schändliche Selbsterniedrigung und Selbstverrat, mal als Überzeugungstat gedeutet, immer aber eher als Ergebnis von Wahrscheinlichkeitsrechnungen denn als vermeintlich moralische und wunschgemäße «freie Willensakte». Wie bei allen Lebensentscheidungen spielen dabei neben politischen und beruflichen Fragen auch persönliche Aspekte eine Rolle, zum Beispiel der Wunsch, eine Familie zu gründen. Und ohnehin sind sie zu allererst von den sich bietenden Möglichkeiten abhängig. Mindestens genauso wichtig ist daher bei einem Leben wie demjenigen Fontanes, das nicht dem «Normalarbeitsverhältnis» des lebenslangen durch den Vater vorgegebenen Berufes folgte, nicht nur die Frage, wie man irgendwo hineinkommt, sondern auch wie man ohne zu viele Beschädigungen, sei es in Form von psychischen Deformationen oder von

Imageschäden auf dem literarischen Markt, wieder herauskommt. Fontane hat sich im Laufe seines Lebens beiden Herausforderungen mit mindestens gleich großem Aufwand gestellt.

In diesen Kindheitserfahrungen mag die häufig bemerkte «Einerseits und Andererseits»-Disposition Fontanes begründet sein, die sich bis in seinen literarischen Stil nachvollziehen lässt: die Haltung einer gewissen Äquidistanz zwischen zwei gegebenen Alternativen, ein früh ausgebildetes feines Sensorium für Heucheleien auf beiden Seiten sowie die Unsicherheit und ein unmittelbar sich einstellendes Misstrauen gegenüber den eigenen Sympathien. Haben sich diese nicht auf Verhältnisse bezogen, die sich als scheinhaft und instabil herausgestellt haben, siehe Vater und Onkel August, während die «zu harte und zu strenge» Mutter «am Ende meistens Recht» behalten hat? Und haben nicht auch die als «ledern», rückständig und gewalttätig eigentlich abgelehnten preußischen Autoritäten das Recht des Funktionierens auf ihrer Seite? Wie sehen die Alternativen aus? Ließ es sich nicht «unter Muckern, Orthodoxen und Pietisten» und «Adligen von der junkerlichsten Observanz» – so und ähnlich umschreibt Fontane durchgehend bis ins Alter das Bethanien-, *Kreuzzeitungs*- und Johanniterorden-Umfeld – doch besser leben, und war es nicht einfacher und angebrachter, die eigenen Überzeugungen anzupassen?[76] Einerseits und andererseits. Aber vor allem weder noch.

Denn drittens hat Fontane aus seiner Kindheit neben solchen Ängsten und Unsicherheiten auch den Mut, das Selbstwertgefühl und die Unabhängigkeit des ziemlich frei und relativ autonom aufgewachsenen Autodidakten mitgenommen, der sich neugierig und selbstbewusst zwischen den unterschiedlichen Lagern bewegt und, wann immer es geht, zu Reisen an unbekannte Orte aufbricht, um sich selbst ein Bild zu machen.[77] Gepaart mit dem kulturellen Kapital des bürgerlichen Oberschichtkindes und der Risikobereitschaft des Unternehmer- und Spielersohns, ermöglichte ihm dies neben den Unterwerfungsakten auch die couragierten Entscheidungen von 1849 (mit dem Entschluss, es neben der Apothekerlaufbahn auch auf schriftstellerischem Gebiet zu versuchen) und vor allem von 1876 mit der Kündigung der erst kurz zuvor nach jahrzehntelangem Regierungsdienst endlich erlangten preußischen Beamtenstelle und dem späten Gang in die Selbständigkeit: nun allerdings nicht mehr mit einer Apotheke, sondern mit einer Romanmanufaktur. Ohne diesen Mut des Selbstkündigers und passionierten Ausbrechers hätte es den Klassiker des bürgerlichen Realismus Theodor Fontane nicht gegeben.

Zunächst sehen wir jedoch, als Fontane im Alter von zwölf Jahren das Elternhaus bis auf einige sporadische spätere Aufenthalte für immer verlässt, nur einen Jungen, der neben für sein Alter bemerkenswerten Geschichts-, Politik- und Literaturkenntnissen eine ausgeprägte Leidenschaft für Papierbastelarbeiten und eine wahrhafte «Versteckspiel-Passion» hat. Später werden wir die auf dem heimischen Dachboden oder in der freien Natur in «Störtebekers Kul» ausgebildete Meisterschaft im Versteckspiel wiedererkennen – etwa während seiner Tätigkeit als preußischer Regierungsagent oder bei der Kandidatur als Wahlmann der konservativen Partei 1862, wo das «Phantom» Fontane auf den Wahlzetteln spukt und die Fontane später aus allen Zeugnissen getilgt hat. Tatsächlich erweisen sich neben der bereits erwähnten Versteckspiel-, Auslassungs- und Anspielungskunst in seinen Romanen insbesondere seine Texte der Gattungen «Lebenslauf», «Bewerbungsschreiben» und «Autobiographie», auch wo Fontane sie nicht wie *Meine Kinderjahre* als «autobiografischen Roman» kennzeichnet, als notorisch unzuverlässig in Bezug auf die Fakten und sehr situationsbedingtes Versteckspiel.

Im Gepäck hat das Kind weiterhin drei Bücher, die ihm seine Eltern zu seinem letzten Geburtstag geschenkt haben: Neben einer Lateingrammatik für den anstehenden Gymnasialbesuch in Neuruppin bekommt er mit Karl Friedrich Beckers *Weltgeschichte für Kinder*, seit 1804 in mehreren Überarbeitungen und Neuauflagen erschienen, und Adolf Stielers *Hand-Atlas über alle Theile der Erde und über das Weltgebäude*, seit 1817 mit über fünfzig Karten der Standardatlas dieser Zeit, zwei Bücher, die er auch später immer wieder benutzen wird. Sie erweitern mit ihrer globalen Perspektivierung seinen intellektuellen Horizont und tragen dazu bei, dass Fontane in einem anderen Sinn als sein Vater zum «Kartenmenschen» wird. Zu beiden Büchern wird bald ein Reliefglobus hinzukommen, den ihm sein Schwiegervater, der Berliner Globen- und Kartenfabrikant Karl Wilhelm Kummer, schenkt und der zu den zentralen Erinnerungsstücken in seinem Arbeitszimmer gehören wird.

Von Fontane selbst ist aus seiner Kindheit nur ein einziges Schriftzeugnis überliefert: ein «Geschichten-Buch», das er als Elfjähriger geschrieben hat. Es enthält einen in feinsäuberlicher Handschrift verfassten Durchgang durch die europäische Geschichte von der Teilung des Karolingischen Reiches bis zum Spanischen Erbfolgekrieg. Das Heft schließt mit den Worten: «Das Geschichten Buch ist aus. Theodor Fontane hat es aus geschrieben gans allein es ist gewiß war ihr könnt es mir glauben alle samt und sonders denn ich lüge nicht das könt ihr glauben er ist ein ehrlicher Neuruppiner.»[78] Gerade in der auffälligen fünffachen Häufung der Wahrhaftigkeitsbekräftigung scheint sich schon hier ein Problem auszusprechen, eine Ahnung, dass etwas nicht stimmen könnte. Oder, um es mit Fontanes Lieblingsdrama zu sagen: «Etwas ist faul im Staate Dänemark».[79]

BANKROTTE UND ERBSCHAFTEN

Anfang Oktober 1849 trifft bei Bernhard von Lepel ein vom 5. des Monats datierter Brief seines Freundes Theodor Fontane ein, der meldet: «der Bankrutt bricht herein – jetzt *kann* Niemand mehr helfen. – Ich habe von Haus sehr trübe Nachrichten, die wenig geeignet sind, mich frei und froh in die Zukunft blicken zu lassen.»[80] Die Spielschulden des Vaters, die sich durch die sich aneinanderreihenden Verkäufe der Apotheken in Neuruppin, Swinemünde und Mühlberg noch hatten auffangen lassen, waren nun nicht mehr zu decken. Die immer neuen Hypotheken, die auf die Apotheke in Letschin aufgenommen worden waren, überstiegen weit deren Wert. Jetzt half auch kein Notverkauf mehr. Endstation.

Um die Tragweite dieser Nachricht zu verstehen, muss man sich vergegenwärtigen, wie stark die Familienzwänge im 19. Jahrhundert noch waren. Das Wort «Familienbande» trifft es, wenn man diese im Sinne eines festen Stricks versteht. In der Familie wirkte die alte patriarchale Ständeordnung, in der die Geburt den Platz in der Gesellschaft bestimmte, noch das gesamte 19. Jahrhundert hindurch fort. Zentrale Fragen wie die Berufswahl oder die Wahl der Lebenspartner waren weit mehr als heute noch Familienangelegenheiten: Unternehmen waren Familienunternehmen, die von Generation zu Generation vom Vater auf den Sohn übergingen. Dies gilt für die berühmten Industriellendynastien wie Siemens, Borsig und Krupp, die bekannten Verlage Cotta, Brockhaus und Baedeker genauso wie für die großen Apotheken von Rose, Neubert und Struve. Im Fall der Apotheken wurde dies noch durch die Gesetzgebung verstärkt, nach der die für die Eröffnung einer Apotheke nötige Konzession vererbbar war. Aber auch in anderen Branchen wurde das ständische Patriarchat durch allerlei Privilegierungsregeln gesetzlich aufrechterhalten.

Eine Eheschließung wiederum war wie in den Jahrhunderten zuvor nur möglich, wenn für die materielle Absicherung gesorgt war. Zwar wurde man nicht mehr unbedingt direkt von den Eltern und nach Stand verheiratet, aber beides spielte eine nicht hoch genug einzuschätzende Rolle – das spiegelt sich nicht zuletzt in Fontanes Romanen. Wie eng Berufs- und Heiratsfragen zusammenhingen, kann man aus den umfangreichen Umstrukturierungen in der Familie Fontane erschließen, die unmittelbar auf den Bankrott des Vaters folgten. April 1850: Verlobung der ältesten Tochter Jenny mit dem Apotheker Hermann Sommerfeldt. 5. September 1850: Hochzeit. 10. Oktober 1850: Unterzeichnung des Kaufvertrags durch Sommerfeldt, mit dem dieser Henri Fontanes Apotheke mitsamt allen Schulden übernimmt. 1. August 1850: Berufswechsel des ältesten Sohnes Theodor und Eintritt in den Staatsdienst beim *Literarischen Cabinet* mit monatlichem Festgehalt von 40 Talern. 16. Oktober: Hochzeit Theodors mit Emilie Rouanet-Kummer, nun schon unter der neuen Berufsbezeichnung «littéraire».[81] Parallel zu dieser Doppelhochzeit, mit der die beiden ältesten Kinder «unter die Haube» gebracht wurden, vollzog sich die endgültige Trennung der Eltern im Sommer 1850, da mit der Verantwortung für die Kinder nun auch die wahrscheinlich allerletzte Gemeinsamkeit der Ehepartner wegfiel. Auf eine formale Ehescheidung verzichtete Emilie Louise – laut älterer Fontane-Forschung, weil ihr der befreundete Pastor Schultz ins Gewissen redete, laut gesundem Menschenverstand, weil durch die erfolgreiche Verheiratung von Jenny Henris Schulden wegfielen, für die sie mit haftbar gewesen war.

Doch bis es so weit gekommen war, hatte der nun dreißigjährige Theodor zunächst alle Stufen der Berufsausbildung gemäß der «Revidierten Preußischen Apothekerordnung» durchlaufen. Schon während der Zeit auf der Gewerbeschule hatte er parallel Vorträge in Chemie und Pharmazie gehört. Zu den anschließenden vier Lehrjahren kamen sieben Gesellen- oder Gehilfenjahre hinzu und mit dem erfolgreichen Abschluss des Examens «Erster Klasse» 1847 überholte er sogar den Vater auf dessen eigenem Gebiet. Zwei kurze befristete Anstellungen in Berlin, in der Jung'schen Apotheke und im Krankenhaus Bethanien, schlossen sich an.[82]

Es waren nicht irgendwelche Apotheken, in denen Fontane seine Lehr- und Gesellenjahre verbrachte, sondern mit Rose in Berlin (1836–40), Neubert in Leipzig (1841–1842) und Struve in Dresden (1842–43) die besten Adressen in Deutschland und Zentren der pharmazeutisch-chemischen Forschung, in deren Laboren die Anfänge des Aufstiegs des späteren Deutschen Reiches zu einer weltweiten Spitzenstellung in der Pharmaindustrie, der chemischen Industrie und der medizinischen Forschung am Ende des 19. Jahrhunderts lagen. Roses Apotheke «Zum weißen Schwan» war eine in der zweiten Hälfte des 18. Jahrhunderts gegründete Hof- und Prachtapotheke der preußischen Hauptstadt, die von Valentin Roses Adoptivsohn Karl Friedrich Schinkel ausgebaut wurde und in der beispielsweise Martin Heinrich Klaproth, der erste Professor für Chemie an der 1810 gegründeten Berliner Universität und Mitautor sowohl der *Pharmacopoea Borussica* (1799) als auch der «Revidierten Apothekerordnung» von 1801, sein Handwerk gelernt hatte. Personell eng verflochten war die Apotheke mit den städtischen medizinischen Verbänden und Einrichtungen wie der Charité, dem Ober-Medicinal Colleg und der Gesellschaft für Natur- und Heilkunde.[83] Fontane zeigte sich noch im Jahr 1860 in seinen Artikeln «Heinrich Rose» und «Gustav Rose» für das biographische Lexikon *Männer der Zeit* bestens informiert über diese wissenschaftsgeschichtlich bedeutsamen Zusammenhänge. Heinrich Rose nennt er hier den «Vater der analytischen Chemie» in der Tradition Lavoisiers und legt sachkundig dar, dass ohne ihn die Forschungen eines Justus Liebig, des Begründers der «organischen Chemie» und internationalen Stars der pharmazeutischen Gesellschaften, nicht denkbar gewesen wären.[84]

Provisor, also Geschäftsführer bei Rose, war Conrad Heinrich Soltmann, der zusammen mit dem Dresdener Friedrich Adolf August Struve zu den Pionieren der künstlichen Mineralwasserproduktion gehörte, das heißt der Möglichkeit, Wasser durch Zugabe von chemischen Substanzen wie Kohlendioxid, Mineralien und Geschmacksstoffen zu reinigen und anzureichern (zuvor dienten wegen der Infektionsgefahr durch verunreinigtes Wasser meist Bier und andere Alkoholika als Alltagsgetränk). Nach Struves Dresdener Vorbild gründete er 1823 die erste Mineralwasserfabrik Berlins mit angeschlossenem Kurgarten und Trinkwasseranstalt. Im gleichen

Jahr erhielten Struve und Soltmann das Patent auf künstliches Mineralwasser, und das Unternehmen wuchs schnell zu einem bald international agierenden Struve-Soltmann'schen Chemie- und Wasserimperium mit Filialen in Brighton, Königsberg, Warschau, Moskau, St. Petersburg und Kiew. In einem rückblickenden Brief an seine Schwester Elise hat Fontane später in der ihm eigenen kulturgeschichtlichen Zusammenschau von Ernährungsgewohnheiten, Technisierung und Sprachwandel die Erfindung des künstlichen Mineralwassers in ihrer Bedeutung für die zivilisatorischen Fortschritte des 19. Jahrhunderts auf eine Stufe mit der Verkehrsrevolution durch die Eisenbahn gestellt. Über einen eben erhaltenen Brief seines 17-jährigen Sohnes George berichtet Fontane seiner Schwester im Oktober 1868: «Seine Art zu schreiben ist allerliebst; alles frisch, knapp, humoristisch, völlig ungesucht. Mit Schaudern denk' ich daran zurück, was ich alles zusammengeschwögt habe, als ich 17 Jahr alt war. Aber die Menschen sind jetzt anders; Eisenbahnen und Sodawasser haben alles umgewandelt.»[85]

Tatsächlich hatte in den 1840er Jahren auch Fontanes Vater im nahen und doch fernen Letschin von dem boomenden Mineralwassermarkt profitieren wollen. Gemeinsam mit seinem Sohn und Rezeptar-Gehilfen Theodor versetzte er Brunnenwasser aus dem nahegelegenen Schloss Gusow mit allerlei Aromen, füllte es in Flaschen ab und verkaufte es als fahrender Händler als Schönheits- und Heilmittel in der Umgebung. Zumindest das Wortspiel für Markennamen und Flaschenetikett war schnell gefunden: «Aqua Fontana». Den Bankrott konnte allerdings auch diese Geschäftsidee nicht abwenden.[86]

Ebenfalls über die Rose'schen Kontakte lernte Fontane den zehn Jahre älteren Herrmann Schweitzer in Brighton und dessen sehr viel jüngeren Cousin Julius in London kennen, seine wichtigsten Bezugspersonen während seiner drei England-Aufenthalte. Auch die Schweitzers betrieben ein weltweit operierendes Pharmazie-Unternehmen, zu dem eine Dependance Heinrich Schweitzers in St. Petersburg ebenso gehörte wie eine später von Julius und Heinrich eröffnete Filiale in New York. Herrmann Schweitzer war ehemaliger Apothekergehilfe und angeheirateter Neffe Roses.

Es waren diese internationalen Apothekernetzwerke, die Fontane im Jahr 1844 im Alter von dreiundzwanzig Jahren zum ersten Mal aus Preußen herausführten. Anders als in der Autobiographie *Von Zwanzig bis Dreißig* dargestellt, in der an dieser Stelle wie so oft der Versteckspieler über den Aufrichtigkeitsapostel die Oberhand gewonnen hat, war Fontanes erste Englandreise nicht einfach nur eine auf Zuruf seines Jugendfreundes Hermann Scherz unternommene spontane Vergnügungsreise nach London. Bereits für diese erste Reise gilt wie für alle folgenden, dass man Erklärungen und Motive – neben Neugier und Fluchtreflexen – immer auch in sehr konkreten Kosten-Nutzen-Kalkulationen hinsichtlich der materiellen Existenzsicherung und des beruflichen Fortkommens suchen muss. Dies gilt für alle England-Aufenthalte ebenso wie für die Schottlandreise 1858 (die von Anfang an im Hinblick auf ihre Literarisierung akribisch vorbereitet und geplant wurde) bis hin zu den beiden ausgedehnten Italien-Reisen Fontanes in den 1870er Jahren, die im Zusammenhang mit mannigfachen Aktivitäten Fontanes stehen, sich als Kunstkenner im Hinblick auf die anvisierte Akademie-Anstellung zu positionieren.

Auch 1844 hatte sich Fontane gut vorbereitet und von Roses Apotheke ein Empfehlungsschreiben an den ehemaligen Mitarbeiter Schweitzer im Gepäck, der seit Mitte der 1830er Jahre im Seebad Brighton ansässig war. Tatsächlich handelte es sich bei Fontanes erster Auslandsreise zugleich um den ersten Testballon für weitere folgende Ansiedlungsversuche in England. So erklärt sich auch der im touristisch organisierten Programm der Reise gar nicht vorgesehene zweitägige Abstecher Fontanes aus London mit dem Dampfwagenzug nach Brighton, den er ohne die Reisegruppe unternahm – immerhin ein Viertel des achttägigen, sehr kostspieligen Aufenthaltes in England.

In Brighton hatte Schweitzer nach dem Vorbild von Struves und Soltmanns Trinkwasser-Anstalten einen Kur- und Brunnengarten eingerichtet, den seine Ehefrau als Direktorin leitete, während in der gemeinsamen Apotheke *Royal Chemists and Druggists Brew and Schweitzer* das Geschäft mit dem Verkauf von künstlichem Mineralwasser, Meersalz für die Herstellung von Salzwasserkuren und unterschiedlichen Kräuterextrakten florierte. Daneben wurde «Schweitzer's Cocoatina» zum wichtigsten Produkt, ein Kakaogetränk, das bei Magenschwäche helfen sollte und besonders schmackhaft durch die Beimengung von Brandy oder Wein sein sollte, wie eine Reklameanzeige in *Pearce's Brighton Guide* empfahl.[87] Später wurde die ganze Firma von Schweitzers Nachfahren in *Schweitzer Cocoatina Company Ltd.* umbenannt und hatte bis ins 20. Jahrhundert mit der nun als ideales Frühstücksgetränk beworbenen «Cocoatina» großen Erfolg.

Der allererste England-Bericht Fontanes vor den erst später folgenden englischen Reisefeuilletons und den Reportagen über die Kunst- und Industrieausstellung in Manchester, das englische Pressewesen oder das englische Theater handelt dementsprechend von der «Pharmazie in England» und findet sich in seinem an den Vater gerichteten Reisetagebuch von 1844.[88] Alle diese Texte sind nicht zuletzt deshalb für ein Verständnis Fontanes so interessant, weil sie die in der Fontane-Rezeption lange vernachlässigten Querverbindungen zwischen seinen beruflichen Tätigkeiten und seinen im engeren Sinn literarischen Werken sichtbar werden lassen und zeigen, dass seine literarische England-Begeisterung in vergleichbare Orientierungen auf anderen oder angrenzenden Gebieten eingebettet ist: als Journalist in Bezug auf die britische Presse, als Theater- und Kunstkritiker – und zuallererst eben auch als Apotheker.

Man sieht bereits dem Bericht über das englische Apothekenwesen von 1844 durchaus literarische Ambitionen an, und es lassen sich schon einige strukturelle und stilistische Merkmale der später folgenden Reiseberichte erkennen (tatsächlich hat Fontane Teile des Reisetagebuchs in die zehn Jahre später erschienene Buchpublikation *Ein Sommer in London* aufgenommen). Wie in den späteren Englandschriften steht der Vergleich der englischen mit den preußischen Verhältnissen im Zentrum: «Im allgemeinen sind die deutschen und namentlich die preußischen Apotheken maßlos arrogant, a priori annehmend, daß ihre sogenannte Kunst nirgendwo so trefflich gehandhabt würde wie in ihrem Lande.» Einige Berechtigung hätte diese Arroganz lediglich in Bezug auf die geregelte Ausbildung, deren Nachahmung Fontane den in allen anderen Hinsichten moderneren Apotheken in England empfiehlt. Wenn diese «nur examinierte Gehilfen jene Gewerbefreiheit benutzen lassen, die anjetzt jeden versoffenen Schlächtergesellen berechtigt, seine Schlachtopfer unter den Menschen zu suchen, so dürfte den englischen Apotheken alsbald der Vorzug vor den unsrigen gebühren. Man findet selbst in den kleineren Städten eine Eleganz und Sauberkeit, die nicht bloß auf Scharlatanerie beruht, sondern nur eine allgemeine Abneigung gegen jene abscheuliche Schmiererei bekundet, die sich in mancher deutschen Apotheke wahrhaft in Blüte befindet.»[89] Aufmerksam beobachtet Fontane ihm aus der Heimat nicht bekannte Phänomene, wie den Verkauf von Zahnbürsten oder den Gebrauch eines Schaufensters zu Werbezwecken. Insbesondere das Angebot «medizinischer Kolonialwaren wie Rhabarber, Moschus, China[öl], Harze und Gummata» und die «hohe Vortrefflichkeit der Drogen» beeindruckt ihn und «übertrifft großenteils unsere deutschen Waren. Namentlich bezieht sich das auf alle überseeischen Produkte, gleichviel ob Ost- oder Westindien ihre Heimat ist. Erst was die Engländer nicht wollen, kommt über Hamburg zu uns.»[90]

Auch die noch aus dem mittelalterlichen Zunftwesen stammenden Wappen und Tierzeichen für Apotheken gibt es in England nicht mehr: «Jene äußren Abzeichen wie Löwe, Adler, Schwan, Sonne usw. haben die englischen Apotheken nicht: überhalb des Schaufensters liest man den Namen, dem ganz kurz ein ‹Chemist and Druggist› (Chemiker und Drogist) folgt. Der Titel ‹Apothecary› (Apotheker), obschon im Shakespeare öfters vorkommend, scheint nicht mehr gebräuchlich zu sein.»[91] Am Schluss kann Fontane seinem Vater noch eine freudige Mitteilung hinsichtlich seiner beruflichen Auswanderungspläne machen: «über das Versprechen, das mir Mr. Schweitzer mehrfach gegeben hat: eine Defekturstelle nämlich für mich ausfindig zu machen, sobald ich ihm Nachricht erteilen werde, daß ich zur Überfahrt nach England bereit bin.»[92]

Auch wenn sich diese Auswanderungspläne nicht realisierten, blieben die Schweitzers Fontanes wichtigste Kontaktpersonen in England. Während seiner Aufenthalte in London in den Jahren 1852 und 1855 bis 1858 hat Fontane wohl niemanden so oft getroffen wie Herrmanns Cousin Julius Schweitzer.[93] Dieser war dort im Dienst der Londoner *Pharmaceutical Society Great Britain*, am London Hospital in Whitechapel und in der Apotheke «Savory and Moore» tätig und unterstützte mehrmals wöchentlich Fontane als Landeskundeberater, Stadtführer und Englischlehrer.[94] Schweitzer vermittelte Fontane auch den Kontakt zum schottischen Arzt James Morris, der mit seiner Familie als Portier im Haus der *Pharmaceutical Society* wohnte. Fontane war hier, im Zentrum der internationalen pharmazeutischen Forschung, zunächst als Deutschlehrer von Morris' Kindern, dann auch als Freund der Familie ständiger Gast. Er blieb später noch bis zu seinem Tod in regem Briefkontakt mit Morris, der ihn in den späten Berliner Jahren regelmäßig mit den neuesten britischen Zeitschriften versorgte.[95]

Neben den Schweitzers und Morris blieb der bereits erwähnte Friedrich Witte aus der gemeinsamen Lehrzeit in der «Polnischen Apotheke» in Berlin Fontane lebenslang besonders eng verbunden.[96] Witte nahm nach seiner Ausbildung ein Chemiestudium in Berlin auf, wohnte Anfang der 1850er Jahre zeitweise bei dem frisch verheirateten Ehepaar Fontane in der Luisenstraße und wurde von Fontane in den literarischen Sonntagsverein *Tunnel über der Spree* eingeführt. Nachdem Witte 1854 die väterliche Apotheke in Rostock übernommen hatte, baute er sie zu einem «Droguen-Engros»-Großhandel aus, gründete eine pharmazeutische Fabrik und machte mit der Produktion von Verdauungsmitteln wie Pepsin, aber auch Wachmachern wie Coffein, das er 1871 auf den Markt brachte, weltweit Furore.[97] Wer übrigens bei Pepsin und Coffein unwillkürlich an die amerikanische Limonadenmarke *Pepsi-Cola* denken muss, liegt genau richtig. Es war der amerikanische Provinzapotheker Caleb Bradham, der 1890 in seinem kleinen Laden in New Bern im Bundesstaat North Carolina wie viele andere Apotheker eine «soda-machine» zur Anreicherung von Wasser mit Kohlensäure führte. Nach mehreren Experimenten der geschmacklichen Anreicherung des Mineralwassers brachte er 1893 eine mit Wittes Pepsin, Coffein, Zucker und weiteren Zutaten versetzte Limonade auf den Markt, die er sich 1898 unter dem Namen «Pepsi Cola» patentieren ließ.[98] Eine amerikanische Erfolgsversion von Henri und Theodor Fontanes Letschiner «Aqua Fontana»-Projekt fünfzig Jahre zuvor.

Witte selbst wurde 1878 als Vertreter der Nationalliberalen Partei in den Reichstag gewählt, dem er bis zu seinem Tod durchgehend angehörte. Während seiner Berlin-Aufenthalte als Reichstagsabgeordneter war er Fontanes Gast und informierte diesen über die aktuellen Parlamentsdebatten. Als «Onkel Witte» gehörte er zu den vielen Ersatzfamilienmitgliedern der Fontanes, während Fontanes Tochter Martha häufig monatelang bei den Wittes in Rostock wohnte.[99] Sogar das durch den Bankrott des Vaters ausgebliebene Apotheker-Erbe kam über Witte unverhofft in die Familie Fontane zurück. In seinem Testament vermachte Friedrich Witte im Jahr 1893 Fontanes Tochter Martha eine Erbschaft in Höhe von 12000 Reichsmark, deren jährlicher Zinsertrag in Höhe von 600 Reichsmark ihr die finanzielle Unabhängigkeit sicherte.[100] Fontane erwähnt diese Apotheker-Erbschaft nirgends. Im Tagebuch notiert er nach Wittes Tod lediglich: «In Witte haben wir einen Freund verloren; bei kleinen Marotten und Eitelkeiten war er ein ganz ausgezeichneter Mensch, von seltener Integrität und großer Güte.»[101] Uneingeschränkte und gar öffentliche Danksagungen ohne kleinere oder größere Dosen Giftbeimischung waren nicht Fontanes Stärke – eine Erfahrung, die viele seiner Freunde und Weggefährten machen mussten.

Spuren der Witte'schen Erbschaft jedoch findet man wie so oft in den von autobiographischen Motiven wimmelnden späten Romanen Fontanes. Am Schluss der *Poggenpuhls* (1896), eines Romans, der insgesamt um das Thema «Erbschaft» kreist, tritt als Wittes *alias* Josephine Pogge von Poggenpuhl auf.[102] Diese – wie Witte aus bürgerlichem Haus stammend – vermacht nach dem Tod ihres Mannes dem verarmten Berliner Zweig der Familie, Albertine und ihren Töchtern Therese, Sophie und Manon, überraschend eine Erbschaft. Bei aller literarischen Verkleidung wird Fontane hier in den Details sehr genau und konkret und lässt Josephine erklären: «Die Summe selbst beträgt bis zur Stunde nicht mehr als etwa siebzehntausend Thaler – ich rechne noch nach Thalern – von denen ich zwölftausend Thaler in fünfprozentigen Papieren bei meinem Bankier in Breslau deponiert habe. Sie werden davon, vom ersten Oktober an, die vierteljährlichen Zinsen empfangen, so daß sich Ihre Jahreseinnahmen um etwa sechshundert Taler verbessern werden. Das Kapital ist unkündbar» und geht bei Heirat anteilig an die Töchter über.[103] Selbst dass die Zinsen aus der Erbschaft gegenüber Wittes Testament vierteljährlich statt nur jährlich ausgeschüttet werden, ist wohl kein Zufall, da im Roman nicht nur eine Martha Fontane, sondern vier Poggenpuhls zu versorgen waren.

Fontanes Erfahrungen und Kontakte aus seinen Apotheker-Jahren weisen also weit über die Ausbildungszeit und vor allem auch räumlich über die Enge der Heimat hinaus. Apotheker-Netzwerke bildeten eine wichtige Basis während seiner drei England-Aufenthalte ebenso wie in seinen späteren Berliner Jahren nach der Rückkehr aus London. Auch hat man sich die Entscheidung zum Berufswechsel nach dem Bankrott des Vaters nicht als einen klaren Schnitt vorzustellen. Beides – Schriftsteller- und Apothekerexistenz – lief noch einige Jahre nebeneinanderher, die letzten Versuche Fontanes, eine Apotheke zu erwerben, sind von 1852 aus London überliefert, die Schriftstellerexistenz bot erst ab 1855 ein einigermaßen gesichertes Einkommen.

Wie das Beispiel von Fontanes jüngerem Bruder Max (1826–1860) zeigt, war trotz des Bankrotts des Vaters die Apothekerlaufbahn nicht völlig versperrt. Max Fontane hat 1857 genau diesen Weg eingeschlagen und nach der Ausbildung seine eigene Apotheke in Kriescht, einem Dorf an der Warthe zwischen Posen und Stettin (heute Krzeszyce in Polen), das noch eine Nummer kleiner als Letschin war, eröffnet. Auch seinen schriftstellerischen Neigungen konnte Max nebenbei frönen und immer sonntags nach Berlin zum Literaturverein *Tunnel über der Spree* fahren, wo er selbst als Sohn eines Pleiteunternehmers unter dem pompösen Vereinspseudonym «Lorenzo di Medici» die Erinnerung an die Herkunft aus der Großbourgeoise wachhalten konnte. Nur wären die realistischen Zielorte und Lebensmittelpunkte Theodor Fontanes in seinem Lehrberuf trotz «Erster-Klasse»-Examen eben Orte wie Burg bei Magdeburg («Das langweiligste Loch der Erde»[104]), Letschin («Klein-Siberien»[105]) oder etwas noch kleineres, Kriescht-artiges gewesen. Erst sehr viel später, mit gehörigem Sicherheitsabstand und festem Wohnsitz in Berlin, ließen sich solche Ortsnamen, wie in den *Wanderungen durch die Mark Brandenburg*, in schönen lautmalerischen Gedichten poetisieren:

«Bamme, Damme, Kriele, Krielow,
Petzow, Retzow, Ferch am Schwielow,
Zachow, Wachow und Groß Behnitz,
Marquardt-Uetz an Wublitz-Schlänitz,
Senzke, Lentzke und Marzahne,
Lietzow, Tietzow und Reckahne,
Und zum Schluß in dem leuchtenden Kranz:
Ketzin, Ketzür und Vehlefanz.»[106]

Aber hier leben? Als Optionen für ein Dasein als Provinzapotheker hatten sie auf Fontane, der 1849 schon die Kulturzentren, Großstädte und Metropolen Dresden, Leipzig, Berlin und London kennengelernt hatte, bloß abschreckende Wirkung.

Dass Fontane die eigene Apotheker-Vergangenheit im Rückblick klein und verborgen hält und als etwas empfindet, dessen man sich schämen muss, liegt zuallererst daran, dass sie mit Blick auf das Sozialprestige eines Schriftstellers vor allem Makel und Verspätung bedeutete. Die lange Ausbildung war in dem neuen Berufsfeld völlig wertlos. Im Gegenteil bedeutete sie: Realschulabschluss, ergo kein Abitur, ergo kein Studium. Sowohl eine akademische Karriere als auch eine höhere Beamtenlaufbahn waren dadurch außer Reichweite. Selbst im noch wenig formalisierten und institutionalisierten Journalistenberuf, der Intellektuellen aller Art Verdienstmöglichkeiten bot, blieb Fontane damit ein Außenseiter unter achtzig Prozent Studierten.[107]

Von jetzt an war er ein Spätkommender und Unberufener unter Scharlatanerie-Verdacht: als Neuling in den verschiedenen Literaten-Klubs, in denen Jüngere wie Paul Heyse reüssierten, im journalistischen diplomatischen Dienst in England, wofür er sich, *learning by doing*, neben allem anderen überhaupt erst die nötigen aktiven Sprachkenntnisse aneignen musste und wo er auf journalistische Profis wie Lothar Bucher oder Max Schlesinger traf, denen er hoffnungslos unterlegen war, oder – zuletzt – an der Berliner Akademie der Künste, wo er als sechsundfünfzigjähriger Sekretär dem gerade dreiunddreißigjährigen Anton von Werner unterstellt wurde. Mit knapp dreißig, als Fontane in die Literatenlaufbahn wechselte und seine ersten Buchveröffentlichungen vorlegte, war ein Georg Büchner schon tot, und Heinrich Heine oder Georg Herwegh hatten in diesem Alter bereits große Publikumserfolge gefeiert.

Während er von den bourgeoisen Großliteraten und Meinungsführern seiner Zeit wie Gustav Freytag oder Julian Schmidt «immer nur von oben herab» behandelt und von Karl Gutzkow als bloßer literarischer Dilettant wahrgenommen wurde, konnte er andererseits mit den Publikumserfolgen der von ihm künstlerisch eigentlich als unterlegen angesehenen Unterhaltungsschriftsteller nicht mithalten: «Die Sachen von der Marlitt, von Max Ring, von Brachvogel, Personen die ich gar nicht als Schriftsteller gelten lasse, erleben nicht nur zahlreiche Auflagen, sondern werden auch wo möglich ins Vorder- und Hinter-Indische übersetzt; um mich kümmert sich keine Katze.»[108] Fontane hingegen musste bis zu seinem vorletzten Roman *Effi Briest* kurz vor seinem Tod auf einen wirklichen Publikumserfolg warten. Als Autorentypus ist Fontane in den meisten Lebensphasen viel eher heutigen prekären Verhältnissen intellektuell Tätiger vergleichbar: Projektexistenzen, die in einer sich rasant verändernden Medienlandschaft versuchen, ihre künstlerischen und sprachlichen Fähigkeiten zu Geld zu machen. «Tagelöhner mit dem Geiste» nennt Fontane treffend diese Existenzform.[109]

Früh entwickelte Fontane Allergien gegen Bildungs- und Professorendünkel, Karrieristen und bourgeoise Großmannssucht, die sein Leben lang anhielten und in denen er den Realismus-Begriff der Mutter wiederfand, die allein das «Examenfähige» als das «Reelle» anerkannte.[110] Hier wird der große Abwäger und Zauderer zum Kämpfer: «Denn ich bekämpfe den Satz und werd ihn bis zum letzten Lebenshauche bekämpfen, daß der Normalabiturient oder der durch sieben Examina gegangene Patentpreuße die Blüte der Menschheit repräsentiere. Das Beste, was wir haben, ist ohne diese vorgängigen Proben geleistet worden.»[111] Klassenspezifische bürgerliche Distinktions- und Beißzwänge ‹nach unten› sind bei ihm dagegen seltener zu finden. Dies gilt auch noch für seine Schriften der mittleren konservativen Phase, die er im Sinn eines «volkstümlichen» Konservativismus der kleinen Leute, der Landbevölkerung und der Modernisierungsverlierer verstanden wissen wollte.

Durchaus biographische Wurzeln hat deshalb auch die Sympathie für Außenseiter und Outlaws, von Hoppemarieken in *Vor dem Sturm* über den Förster-Mörder Lehnert Menz und den Pariser Exkommunarden Camille L'Hermite in *Quitt*, den Feuerteufel *Grete Minde* in der gleichnamigen historischen Novelle, Stine und ihre Schwester Pauline Pittelkow oder Lene Nimptsch und ihre Nachbarin Suse Dörr in *Irrungen, Wirrungen*, Roswitha Gellenhagen in *Effi Briest* bis hin zu Klaus Störtebeker im unvollendet gebliebenen letzten *Likedeeler*-Fragment.

Insgesamt entsprach Fontanes Bildungsweg weit weniger dem der literarisch-akademischen Eliten als dem des Lesepublikums auf dem sich rasch entwickelnden literarischen Massenmarkt: der vielen Handwerker, Seidenwirker, Tischler- und Schlossergesellen, Maschinenbauer und Handlungsdiener, mit deren Mandat Fontane 1848 als Wahlmann für die Deutsche Nationalversammlung kandidierte.[112] Aber auch die zunehmend an Relevanz gewinnenden Unternehmer und Ingenieure waren in der Regel nicht akademisch sozialisiert. Die Abiturientenquote in Preußen betrug 1850 lediglich um die 2,5 Prozent.[113] Vollkommen ausgeschlossen von der gymnasialen und akademischen Bildung waren Frauen, obwohl diese die Mehrheit des Lesepublikums stellten. Wenn Fontane später an die Redaktion der seinerzeit meistverkauften Familienzeitschrift *Die Gartenlaube* über ein von ihm eingesandtes Manuskript schreibt, dass die «Schüssel, aus der 300.000 Deutsche essen», selbstverständlich auch für ihn gut genug sei und die Redaktion deshalb mit seinem Text «frei schalten» solle, ohne ihm etwaige Anpassungen an den Publikumsgeschmack noch einmal vorzulegen, ist das vor diesem Hintergrund nicht nur Koketterie, sondern lebensgeschichtlich sehr konkret fundiert.[114]

Wie die meisten dieser 300 000 Leserinnen und Leser hatte sich Fontane seine Allgemeinbildung weitgehend autodidaktisch aus populären Lesestoffen angeeignet: aus dem *Brandenburgischen Kinderfreund* (Auflage über eine Million), aus Beckers *Weltgeschichte für Kinder* (Auflage mehrere Hunderttausend), aus den Lieblingsautoren der Leihbibliotheken wie Walter Scott, James Fenimore Cooper oder Friedrich Schiller. Als Wissenskompendium diente

Fontane lebenslang das in monatlichen Heftlieferungen erscheinende *Brockhaus'sche Konversationslexikon*, das durch diese innovative Publikationsform bereits ab den 1820er Jahren eine Auflage von über 300 000 Exemplaren erreichte.[115] Von der ersten Lektüre im Alter von zehn Jahren bis zu seinem Tod waren Zeitungen und Zeitschriften Fontanes wichtigstes Bildungsmedium.

Nahmen auch in den Zeitungen bildliche Darstellungen und Illustrationen ab den 1840er Jahren zunehmend Raum ein, hatte Fontane von Anfang an ein besonderes Faible für visuelle Medien wie die bereits erwähnten Land- und Weltkarten oder Gustav Kühns *Neuruppiner Bilderbögen*. Seiner Erinnerung nach dienten die kolorierten Einblattdrucke in seiner Jugend als eine Art ‹Times für Arme› und lieferten Bilder aus Weltgegenden, von wo aus sonst keine Nachrichten kamen: Sie waren «der dünne Faden, durch den weite Strecken unseres eigenen Landes [...] mit der Welt draußen zusammenhängen» und ohne deren Vermittlung wir von «Delhi und Kanpur, von Magenta und Solferino nichts wissen würden».[116]

Seine literarische Sozialisation erfuhr Fontane nicht in der Schule oder an der Universität, sondern in den Berliner Lesecafés, in literarischen Klubs und Vereinen und nicht zuletzt in Apotheken. Traditionell standen Apotheken in Preußen wie auch alle Behörden, Schulen, Kirchen, Klöster, Wirts-, Kaffee- und Billardhäuser seit dem 18. Jahrhundert unter «Intelligenzzwang», was bedeutet, dass diese Einrichtungen Zwangsabonnenten der regierungsamtlichen Verlautbarungspresse und der staatlichen Anzeigen- und Mitteilungsblätter (der sogenannten «Intelligenzblätter») waren.[117]

Der Apotheker Wilhelm Rose etwa betrieb während Fontanes Lehrzeit in den 1830er Jahren einen Lesezirkel, für den «jeden dritten oder fünften Tag [...] moderne Bücher in merkwürdig guten Einbänden» und aktuelle Literaturzeitschriften erschienen, die der junge Gehilfe Fontane in Empfang nahm.[118] Nach Fontanes Erinnerung gehörte er zu den wenigen, die die Neuerscheinungen auch tatsächlich gelesen haben: «Der einzige, der wirklichen Nutzen davon zog, war ich. Mit besondrer Regelmäßigkeit erschien zu meiner großen Freude Gutzkows ‹Telegraph› [...] Beinah alles, was ich vom ‹jungen Deutschland› weiß, weiß ich aus der Zeit her, und Mundt, Kühne, Laube, Wienbarg – Gutzkows selbst ganz zu geschweigen – waren damals Haushaltsworte für mich.»[119] Beim monotonen Einrühren von Queckenextrakt hat er sich seine ersten eigenen Erzählungen ausgedacht, die er dann in den Arbeitspausen niederschrieb. Vergleichbares gilt für die Neubert'sche Apotheke «Zum weißen Adler» in Leipzig und die Dresdener «Salomonis»-Apotheke, durch die Fontane mit zahlreichen Vormärz-Literaten und später berühmten 1848er-Revolutionären in Kontakt kam, die die beiden Apotheken als «Lesehalle, Doktorbörse, Klublokal» nutzten.[120]

Der Autor Theodor Fontane tritt ab seinem zwanzigsten Lebensjahr buchstäblich aus den Hinterzimmern der Apotheken an das Licht der literarischen Öffentlichkeit.

EISENBAHN IM TUNNEL

«ein Billet zur dritten Wagenklasse nach Berlin.»
(*Zwei Post-Stationen*, 1844/45, letzter Satz)

«Thale, Zweiter ... – Letzter Wagen, mein Herr.»
(*Cécile*, 1886, erster Satz)

SCHIENEN, STRASSEN, KNEIPEN, CLUBS

Ende der 1980er Jahre wurde im Archiv des Cotta-Verlags in Marbach beim Katalogisieren der Manuskripte, die an das *Morgenblatt für gebildete Leser* meist anonym eingesandt wurden, eine Erzählung mit dem Titel *Zwei Post-Stationen* gefunden, die mit «Th. Fontane» signiert war. Wie unzählige andere unaufgefordert eingeschickte Manuskripte war die Erzählung seinerzeit nicht gedruckt worden und in der Ablage gelandet. Zwar hatte das *Morgenblatt* bereits zwei oder drei Fontane'sche Gedichtübertragungen englischer Poesie anonym veröffentlicht. Aber für eine längere Erzählung in drei Folgen eines völlig unbekannten Apothekergehilfen aus Berlin reichte es in der damals wichtigsten überregionalen Literatur- und Unterhaltungszeitschrift des Klassiker-Verlegers Cotta noch nicht. So kommt es, dass einer der frühen Erzähltexte des jungen Fontane erst 1991 publiziert wurde.[1] Die Geschichte des Manuskripts von *Zwei Post-Stationen* steht nicht nur exemplarisch für den schwierigen Beginn der Laufbahn des Autors Fontane. Darüber hinaus zeigt die Erzählung, wie sehr seine Anfänge nicht nur zeitlich in die Literatur des Vormärz fallen, sondern auch thematisch und formal der neuen Literaturbewegung verbunden sind.

Als Fontane in den 1840er Jahren die literarische Bühne betritt, kommt er nicht nur aus den Hinterzimmern der Apotheken, sondern er fährt sozusagen direkt mit der Eisenbahn ein – und das nicht nur, weil eine Leipziger Literaturzeitschrift mit dem Namen *Die Eisenbahn* zunächst sein Hauptpublikationsorgan wurde. «Bald wird ein Eisenbahn-Netz den gebildeten Theil Europa's umschlingen; schon in diesem Augenblick sind der Segnungen unzählige, welche die Menschheit der großartigsten Erfindung unsrer Tage verdankt», setzt die Erzählung *Zwei Post-Stationen* mit einem emphatischen Moderne-Bekenntnis des Erzählers ein, um dann auch gleich die Zielscheibe der satirischen Kritik zu benennen: eine rückwärtsgewandte Postkutschenromantik der «Feinde des Fortschritt's», die elegisch und kulturkritisch den vermeintlichen Verlust der Poesie im Eisenbahnzeitalter beklagen: «... und dennoch lassen sich heisre Stimmen hören, die diesen neuen Triumph des menschlichen Geistes verwünschen, und für die ‹deutsche Postschnecke› in die Schranken treten. – Die Entrüstung jedes Kärrner's und Lohnkutscher's will ich mit Freuden verzeihn; zum Lachen aber ist es, wenn man aufrichtigen Herzen's das allmälige Schwinden der Postwagen-Poësie beweint, und die schönen Tage meklenburgischer Rädermaschinen, die den Namen eines Postwagens usurpirten, zurückerfleht.»[2]

In der folgenden Erzählung wird der Ich-Erzähler durch die Farce einer Postkutschenreise auf dem Rückweg vom Besuch des Vaters an einem Ostseebad zurück nach Berlin geführt. «Der Postillon» – so die Überschrift des ersten Teils der Erzählung – ist der dauerbetrunkene Kutscher Jochen, königlicher Beamter zweiten Grades und nach eigener Aussage («Ick bin ja Eener von de Schillschen») als Held des 1813er-Krieges der «Schrecken Napoleon's». Mürbe gemacht von den «immer wiederkehrenden Rippenstößen» in dem «Rumpelkasten, der sich königlich preußische Fahrpost schelten ließ» und müde von den Heldenerzählungen des Kutschers, schläft der Fahrgast ein.[3] Allerdings gilt Gleiches auch für den Kutscher –

der Alkohol tat sein Übriges, sodass die Kutsche sich am nächsten Morgen im Straßengraben findet, wo Kutscher und Fahrgast von einem Bauern geweckt werden.

Beinahe noch schlimmer kommt es im zweiten Teil der Erzählung mit dem Titel *Die Passagierstube*. Diese befindet sich an einem Ort im Nirgendwo mit dem sprechenden Namen O.W. Es ist kalt, zieht durch alle Ritzen, und der Erzähler wird mit einem ungenießbaren, entfernt kaffeeartigen «Gebräu» und einer «Bouillon» gequält, die statt Erwärmung neue Leiden bringen. Dem entspricht das Niveau des Interieurs der Raststätte: «da hing die Loyalität, und vor allen der Patriotismus in ganzen Schubkarren-Ladungen an der Wand.» Weder fehlte Königin Luise, die «ihren Reifrock segnend über alle Hohenzollern» ausbreitet, noch der Alte Fritz, der «mit dem Krückstock» droht. «Auf dem Ofen standen die Büsten dreier Majestäten, so daß er mir wie der Monarchen-Hügel bei Leipzig erschien, von wo aus die Schaaren befehligt wurden, die sich an den Wänden auf so und so viel Bildern umhertummelten.» Hier schon zum «Eisenbahn-Enthusiasten, und zum unversöhnlichen Feinde aller deutschen Postschnecken nebst Zubehör (wohin vor allen die Passagierstuben gehören)» geworden, ist er froh, als am folgenden Tag die Fahrt mit der nächsten Post weitergeht.[4]

Im dritten Teil, *Im Kabriolet*, hat der Erzähler allerdings das Pech, dass im Wageninneren ein Greifswalder Student gerade mit einem jungen Mädchen anbändelt. Mit den Worten «Zeit ist kostbar» und «Sie sind hier überflüssig» wird er vom Studenten rüde des Wagens verwiesen und muss draußen auf der Kutsche Platz nehmen, während sich die beiden anderen Fahrgäste ihrem Techtelmechtel widmen. Mit immer drängenderen Bitten wendet sich der Wind und Regen ausgesetzte Erzähler an die Liebenden («sputen Sie sich ein wenig, denn es regnet», «meine Herrschaften, wie weit sind Sie gediehn?»[5]), während der Student zunächst mit romantischen Floskeln antwortet («Welche philiströse Gesinnung! Hier im Wagen finden sich zwei Seelen, die Gott für einander bestimmt hat, und Sie wollen [...] unsre Liebesandacht durch Ihre unheilige Gegenwart stören!»), um dann ganz prosaisch mit einer Duellforderung zu drohen, falls der Mitreisende es wagen sollte, ins Kutscheninnere zu kommen. «Naß wie eine Katze», gemartert und erschöpft erreicht der Erzähler den Bahnhof, um endlich erleichtert mit der Eisenbahn nach Berlin weiterzufahren.[6]

Motivisch und stilistisch orientiert sich Fontane mit seiner Erzählung an Vorbildern wie Ludwig Börne oder Heinrich Heine, dessen *Reisebilder* aus dem *Buch der Lieder* (1827) anzitiert werden.[7] In seiner *Monographie der deutschen Postschnecke. Beitrag zur Naturgeschichte der Mollusken und Testaceen* hatte Börne bereits 1821 in Form einer Parodie gelehrter Abhandlungen minutiös von Schlagbaum zu Schlagbaum die über vierzig Stunden dauernde Postkutschenfahrt von Frankfurt nach Stuttgart protokolliert und mit einer Kritik an den Karlsbader Beschlüssen von 1819 verbunden, in deren Folge die Post zunehmend zum Überwachungssystem ausgebaut wurde: Der Erzähler muss während der Fahrt einen Spitzelbericht über sich selbst anfertigen und sämtliche seiner «verdächtigen Schritte» festhalten.[8] Spätestens seit Börnes Erzählung wurde die Schnecke in der Literatur und in zahlreichen Karikaturen zum Gegenbild der technischen Beschleunigung und zum Symbol der politischen Stagnation.

Der Wiener Vormärz-Dichter Anastasius Grün hatte in einem Eisenbahngedicht *Poesie des Dampfes* von 1835 die Angst vor dem angeblichen Poesieverlust durch die neuen Verkehrsmittel in der romantischen Dichtung («Daß Poesie, entsetzt, nun fliehen werde, / Auf schnurgerader Eisenbahn entjagen, / Entführt auf Dampffregatten unsrer Erde, / Auf Dampfkarossen ferne fortgetragen!») mit der Tierquälerei der alten Pferdeverkehrs-Wirtschaft konterkariert («Und knebelt mit Gebiß und Strang und Eisen / Das Roß, das edle, freie, vor den Wagen!»)[9]. Er verwies damit dichterisch auf den nicht mehr zu leugnenden Widerspruch zwischen adliger Pferderomantik, in der das Pferd wie kein anderes Tier ein aristokratisches Statussymbol darstellte (der «Ritter» war seit jeher ein «Reiter»), und einer Realität, in der die inzwischen in Millionenzahl im Verkehrswesen eingesetzten Pferde angesichts der größeren Handelsentfernungen zu immer neuen Höchstleistungen getrieben wurden und auf den Schnellpoststationen reihenweise verendeten.[10] «[Mass] destruction of animal power» nannte Nicholas Wood in seinem zeitgenössischen Standardwerk *A Practical Treatise on Rail-Roads, and Interior Communication in General* schon 1825 den mörderischen Raubbau an den Tieren.[11]

Vor allem aber lieferte Georg Herwegh mit Gedichten wie *Leicht Gepäck* (1840) oder *Der Freiheit eine Gasse* (1841, mit dem Schlussvers: «Und durch Europa brechen wir / Der Freiheit eine Gasse!») Hymnen auf das neue Eisenbahnzeitalter und wurde dessen unangefochtener Star.[12] Herwegh brachte das allgemeine Zeitgefühl auf seinen treffenden lyrischen Ausdruck, dass die gerade entwickelten Dampfzüge als Vorreiter der zu erkämpfenden Freiheit in Deutschland anzusehen seien. Tatsächlich muss man sich die zeitgenössische Wirkung der frühen Herwegh'schen Lieder ähnlich durchschlagend vorstellen wie die seines 1863 für den *Allgemeinen Deutschen Arbeiterverein* gedichteten *Bundesliedes*, das man auch die «deutsche Marseillaise» des Industriezeitalters genannt hat: «Mann der Arbeit, aufgewacht! / Und erkenne deine Macht! / Alle Räder stehen still, / Wenn dein starker Arm es will.»[13]

Mit seinen *Gedichten eines Lebendigen* erzielte Herwegh im Sommer einen riesigen Verkaufserfolg. Der Band brachte es in den ersten anderthalb Jahren auf sieben Auflagen und fast 20000 verkaufte Exemplare.[14] Wie bei Grün beginnt der Zyklus mit einer programmatischen Abgrenzung zu einer überlebten Ritterromantik, als deren Repräsentant – etwas ungerecht – im Auftaktgedicht Hermann von Pückler-Muskau und dessen *Briefe eines Verstorbenen* aufs Korn genommen werden: «O Ritter, toter Ritter, / Leg' Deine Lanze ein! / Sie soll in tausend Splitter / Von mir zertrümmert sein.»[15]

Aus seinem Schweizer Exil begab sich Herwegh 1842 auf eine vielbeachtete Deutschlandtournee, die ihn von Köln auch nach Berlin führte, wo er den 1840 inthronisierten preußischen König Friedrich Wilhelm IV. für eine Republikanisierung Deutschlands zu gewinnen suchte. Zwar erhielt Herwegh tatsächlich eine Audienz, allerdings war das Ergebnis ein Publikationsverbot und die Verbannung aus Preußen – eine Erfahrung, die er mit dem kurz vorher angereisten demokratischen Politiker Johann Jacoby aus Königsberg teilte, der für seine dem König vorgelegten *Vier Fragen eines Ostpreußen* zur Einführung einer Verfassung mit einer mehrjährigen Zuchthausstrafe büßte. Ähnlich erfolglos waren die Abgesandten des Paulskirchen-Parlamentes aus Frankfurt, die im April 1849 dem preußischen König vergeblich die deutsche Kaiserkrone antrugen. Herwegh, 1817 in Stuttgart geboren und kaum älter als Fontane, wurde von diesem als literarisches Vorbild einer ganzen Generation geschätzt. Rückblickend gab er der Epoche den Namen «Herwegh-Zeit».[16]

Die Entstehung von Fontanes *Zwei Post-Stationen* lässt sich ziemlich genau auf die Zeit um 1844/45 datieren, weil Fontane später selbst auf die diesbezügliche Diskussion im Berliner literarischen Sonntagsverein *Tunnel über der Spree* hingewiesen hat.[17] In seiner Erzählung parodiert Fontane das Gedicht *Eisenbahn und immer Eisenbahn* von Christian Friedrich Scherenberg, dem Lieblingsdichter des «Romantikers auf dem Thron» Friedrich Wilhelm IV. In fünf Strophen, die jeweils auf einen sich steigernden Untergangs-Refrain enden, hat Scherenberg hier alle Elemente der konservativ-romantischen Kulturkritik an der neuen Technik versammelt: den Verlust räumlicher Wahrnehmung durch das beschleunigte Reisen («Zusammen eng geschmiedet wird der Raum, / Gebrochen seine Rechte an die Zeit»; «Wir haben nicht Tiefen, wir haben nicht Höhen, / Ins Flache, ins Flache muß Alles vergehen»; «Wir sehen Alles und sehen doch Nichts»), die tote Maschine gegenüber dem lebendigen Postkutschenreisen («Mit Todten-Schnelle geht es fort», «Jedwedes Leben scheucht der schnelle Leichenzug») oder die Gleichmacherei durch das neue Massenreisen («Die Stunde pfeift, in Massen schiebt man sich hinein [...] in Massen schiebt man sich hinaus», «Und das Gewühl saust mit uns hin»). Schließlich führe die technische Utopie der Eisenbahn zum Tod aller Poesie und Träume («Die Wirklichkeit sie wird zum Traum, / Und unser Traum stirbt an der Wirklichkeit»).[18]

In der umfassenden Studie *Christian Friedrich Scherenberg und das literarische Berlin von 1840 bis 1860*, die zuerst 1884 in der *Vossischen Zeitung* und dann auch als Buch erschienen ist, reflektiert Fontane rückblickend die unterschiedlichen Positionen innerhalb des damaligen literarischen Eisenbahndiskurses: «Poeten wie Anastasius Grün, Karl Beck, Emanuel Geibel haben die Eisenbahn besungen [...] Aber wie man auch das Thema fassen möge, man darf es keinesfalls bloß sentimental und unter Anrufung der alten Postwagenpoesie betrachten. Der moderne Mensch hat hier die Pflicht, modern zu empfinden und den großen Zusammenhang herauszufühlen, in den die Eisenbahn die Menschen bringt. Scherenberg bleibt aber vor dem großen Gegenstande klein und dürftig.»[19]

Mit der Eisenbahn kam buchstäblich Bewegung in die Stagnationsepoche. Zum Pionier des deutschen Eisenbahnwesens avancierte der 1835 aus dem amerikanischen Exil zurückgekehrte liberale Ökonom Friedrich List, der zum Vordenker eines gesamtdeutschen und sogar europaweiten Verkehrs- und Wirtschaftsraums wurde. In Artikeln wie *Über Eisenbahnen und das deutsche Eisenbahnsystem* und seiner Zeitschrift mit dem Namen *Eisenbahn-Journal* forderte er die deutschen Fürsten auf, sich das englische und amerikanische Eisenbahnsystem zum Vorbild zu nehmen.[20] Die mit dem Artikel abgedruckte Karte entwirft ein Liniennetz, das von Hamburg nach Basel, von Berlin nach München auf der Nord-Süd-Achse und von Berlin nach Köln und von Dresden nach Frankfurt auf der Ost-West-Achse reichte.

Liberale und Sozialisten verbanden mit der Dampfkraft die Hoffnung auf die Auflösung der Ständeordnung und die Demokratisierung der Gesellschaft: von der Leipziger *Zeitung für die elegante Welt* («Es ist eine wahrhaft demokratische Macht in diesen Eisenbahnen. Dampf und Eisenbahn sind demokratische Mächte des Lebens», 1836) bis zu Karl Marx' und Friedrich Engels' *Manifest der Kommunistischen Partei* («Alles Ständische und Stehende verdampft», 1848).[21] Und das *Brockhaus'sche Konversationslexikon* sah in der Auflage von 1838 in der Eisenbahn den Vorboten eines allgemeinen Weltfriedens.[22] Ganz andere zukünftige Möglichkeiten erkannten hingegen manche preußische Militärs in der neuen Technik. Helmuth von Moltke wies in einer Artikelserie von 1843 mit dem etwas bürokratisch-verdrehten Titel *Welche Rücksichten kommen bei der Wahl der Richtung von Eisenbahnen in Betracht?* auf die strategische Bedeutung des kommenden Transportmittels hin, weshalb die Investition in die neue Technik lohnender sei als der Bau vieler neuer Festungen.[23] Als Generalstabschef sah Moltke seine Visionen dann zwanzig Jahre später in den preußischen Einigungs- und Expansionskriegen bestätigt.

Die Mobilitätsschübe betrafen alle Bereiche der Gesellschaft: ökonomische Verhältnisse, Klassenstruktur, Stadt- und Land-Topographien und nicht zuletzt auch die Geschlechterverhältnisse. In bis dato undenkbarem Ausmaß war es nun Frauen möglich, alleine zu reisen. Neben der Erfindung des Pedalfahrrads am Ende des Jahrhunderts hat wohl keine verkehrstechnische Entwicklung die weiblichen Mobilitätschancen im öffentlichen Raum in gleichem Ausmaß verbessert wie die Eisenbahn. Neben vielen anderen Frauen wurden Fontanes Ehefrau Emilie und die gemeinsame Tochter Martha zu regelmäßigen Alleinreiserinnen: Emilie etwa auf touristischen Reisen mit einer Freundin nach Dresden und in die Sächsische Schweiz oder nach England 1870, wo sie auch schon mit der in den 1860er Jahren eröffneten Londoner Untergrundbahn fuhr – eine Erfahrung, die ihrem Mann versagt blieb.[24] Mit der

Eisenbahn breitete sich auch die neue Kommunikationstechnik des elektrischen Telegraphen aus, die vor allem für Tunneldurchfahrten gebraucht wurde, für die das ältere optische Telegraphensystem untauglich war. Ohne die Verkehrs- und Kommunikationsrevolution der 1830er und 1840er Jahre wären die 1848er-Revolutionen nicht möglich gewesen, als die Nachrichten von der Februar-Revolution in Paris sich über die Telegraphenlinien in ganz Europa ausbreiteten und binnen weniger Wochen und Monate auf dem gesamten europäischen Kontinent die Regierungen abgesetzt wurden.

An den drei Orten, an denen Fontane zu dieser Zeit hauptsächlich lebte – Berlin, Leipzig und Dresden –, konnte man diese Umbrüche unmittelbar miterleben. Sie wurden mit den Eröffnungen der Berlin-Potsdamer Bahn (1838) und der Berlin-Anhaltinischen Bahn (1840/41, zunächst bis Dessau und Wittenberg) sowie der Sächsischen Bahn zwischen Leipzig und Dresden (erstmals durchgehend befahrbar 1839) zu Knotenpunkten im sich rasant entwickelnden Verkehrsnetz.

Berlins Einwohnerzahl hatte sich 1840 seit Fontanes Geburtsjahr auf rund 400000 verdoppelt, gleiches gilt für die räumliche Ausdehnung des Stadtgebiets. Die alte, vier Meter hohe Stadtmauer, deren Tore nachts noch immer verschlossen wurden, bekam durch die Expansion von innen und die Eisenbahnen von außen Löcher. Nun musste man nicht mehr durch eines der acht Stadttore, an denen man gründlich visitiert wurde, einreisen, sondern kam direkt am Bahnhof in der Innenstadt an, wo man im Gewimmel trotz der vielen Regierungsspitzel viel weniger leicht kontrollierbar war. Die Einreise mit der Bahn und das Ankommen am städtischen Bahnhof wurden zu einem durchgehenden Topos in der Literatur bis über die Revolutionszeit hinaus.[25] «Der Freiheit eine Trasse» ließe sich Herweghs Gedichttitel im Hinblick auf die veränderte politische Topographie der Stadt im Eisenbahnzeitalter umformulieren.

Der innerstädtische Raum veränderte sich nicht nur durch die modernen Bahnhofsgebäude, sondern auch die ersten Lokomotiven- und Telegraphenfabriken: Borsigs *Eisengießerei und Maschinenbau-Anstalt*, 1837 mit 50 Arbeitern gegründet, hatte 1847 schon rund 1200 Beschäftigte. Siemens' *Telegraphen Bau-Anstalt* folgte 1847.[26] Mit der funktionslos gewordenen alten Stadtmauer lockerte sich auch die in vielem noch mittelalterliche rigorose Sozialdisziplinierung: Nur ein seinerzeit besonders debattiertes Beispiel war das damals herrschende innerstädtische Rauchverbot. Genau umgekehrt zu heute durfte man bis zu dessen Abschaffung nach der 1848er- Revolution nur «drinnen» rauchen, in den Kaffeehäusern, Kneipen oder Konditoreien, während das öffentliche Rauchen auf der Straße strikt untersagt war.[27]

Zwar waren Leipzig mit rund 50000 Einwohnern und Dresden mit rund 80000 Einwohnern kleiner als Berlin, aber sie verfügten über ein mindestens ebenso pulsierendes kulturelles Leben und eine deutlich größere öffentliche Freiheit. Preußen hatte auf dem Wiener Kongress vergeblich eine Annexion ganz Sachsens angestrebt; nur der Nordteil ging 1815 an Preußen, und so bildete das selbständig verbliebene ‹Restsachsen› eine Art Freiheitskorridor zwischen den drei Mächten der «Heiligen Allianz» Russland, Österreich und Preußen. Durch die geographische Lage genau zwischen der preußischen und der österreichischen Hauptstadt und mit einer direkten Grenze zum russischen Zarenreich, das sich das sogenannte «Kongresspolen» faktisch einverleibt hatte, wurden Dresden und Leipzig zu Passagen für Händler, Regenten und Diplomaten auf der Durchreise zu den böhmischen Kurorten. Vor allem aber wurden sie nach 1831 zu bevorzugten Fluchtpunkten für verfolgte polnische Aufständische, russische Exilanten und ungarische oder böhmische Freiheitskämpfer aus der Habsburgermonarchie.

Die alte Handelsstadt Leipzig baute ihre Stellung als deutsches Verlags- und Buchhandelszentrum aus. Der liberale Brockhaus-Verlag, in dem außer dem *Konversationslexikon* zahlreiche Zeitschriften erschienen, und Otto Wigand, der wichtigste Verleger der Junghegelianer um Arnold Ruge, Ludwig Feuerbach, Friedrich Engels und Max Stirner, hatten hier ebenso ihren Sitz wie der 1825 gegründete *Börsenverein der Deutschen Buchhändler*, der sich für überregionale Handelsmöglichkeiten und Gesetzesregelungen zum Urheberrecht einsetzte. Daneben war Leipzig auch die Metropole der deutschen Polen-Vereine und der Demokratiebewegung. Hier diskutierten der spätere Parlamentarier der Frankfurter Paulskirche und 1848 in Wien hingerichtete Robert Blum und die Vorkämpferin der Frauenemanzipation Louise Otto öffentlich über die politische Stellung der Frau – Louise Otto vertrat dabei die weit über die Realitäten ihrer Zeit hinausweisende Position, dass die Teilnahme der Frau an den Interessen des Staates nicht nur ein Recht, sondern sogar eine Pflicht sei.[28] Und hier besuchte in den frühen 1840er Jahren Ferdinand Lassalle die Handelsschule und gründete 1863 den *Allgemeinen Deutschen Arbeiterverein* (ADAV), die Vorläuferorganisation der noch heute bestehenden *Sozialdemokratischen Partei Deutschlands* (SPD).

Die als Regierungssitz eines geschrumpften Fürstentums politisch bedeutungslos gewordene Residenzstadt Dresden wurde vor allem zum kulturellen Zentrum mit einer lebendigen Theater- und Musikszene. Im von Gottfried Semper errichteten Hoftheater war der polnische Komponist Frédéric Chopin Dauergast, weil er sich unglücklich in die Künstlerin und Exilantin Maria Wodzińska verliebt hatte, bevor es ihn nach Paris zog, wo er sich mit George Sand liierte – wir verdanken Chopins unglücklicher Dresdener Liebe einige traurig-schöne Kompositionen. Franz Liszt triumphierte in Dresden 1840 auf seiner Europatournee, mit der er eine regelrechte ‹Lisztomania› auslöste. Und hier trafen sich regelmäßig der russische Berufsrevolutionär Michail Bakunin und der angehende Kapellmeister der Dresdener Hofoper Richard Wagner.

Fontanes Biographie ist von Anfang an untrennbar mit der vibrierenden Literatur-, Kneipen- und Klubszene an diesen drei Orten verbunden. In Berlin verkehrte er ab 1840 im *Lenau-Klub* um Julius Faucher und Hermann Maron in der Nähe des Hackeschen Marktes. Faucher, wie Fontane aus der Hugenottischen Gemeinde kommend, gründete Mitte der 1840er Jahre den *Berliner Freihandelsverein* und ging nach der Revolution ins Londoner Exil, wo er eine beeindruckende journalistische Karriere machte: 1851 gab Faucher anlässlich der Londoner Weltausstellung eine deutschsprachige Ausgabe der *London Illustrated News* heraus, wurde Redakteur des zweimal täglich erscheinenden *Morning and Evening Star* und war als Privatsekretär des wichtigsten liberalen Oppositionspolitikers Richard Cobden bestens vernetzt. Nach der Rückkehr nach Preußen wurde er Abgeordneter der Fortschrittspartei. Maron, wie Faucher aktiv im Berliner Freihandelsverein, nahm 1860–1862 an der preußischen Ostasien-Expedition in Japan und China teil und wurde Gründungsmitglied des Berliner *Vereins zur Förderung der Erwerbsfähigkeit des weiblichen Geschlechts*, ab 1872 umbenannt in *Lette-Verein zur Förderung der Frauenausbildung und Frauenerwerbsarbeit*. Fontane blieb mit beiden lebenslang in Kontakt.

Über Faucher und Maron kam Fontane in Kontakt zu den Berliner *Freien*, die sich meist in der Hippel'schen Weinstube in der Dorotheenstraße trafen. Als loser Zusammenschluss von rebellischen Studenten und wegen politischer Unbotmäßigkeit entlassenen Akademikern zeichnete sich diese Gruppe unter anderem durch die herausragende Rolle aus, die Frauen in ihr spielten. Neben der Berliner Hutmachertochter und Fauchers späterer Ehefrau Karoline Sommerbrodt bildeten vor allem Marie Dähnhardt und Louise Aston deren inneren Kreis.

Marie Dähnhardt finanzierte die Treffen der größtenteils mittellosen Intellektuellen, indem sie mit dem stattlichen Erbe, das ihr aus dem Verkauf der väterlichen Apotheke zugefallen war, eine lokale Milchwirtschaft aufbaute – eine Vorform der Meierei, die durch die von den Milchkutschern gesungene Moritat *Bolle reiste jüngst zu Pfingsten* in das kollektive Stadtgedächtnis eingegangen ist. 1843 heiratete Dähnhardt in einer selbstorganisierten Trauung Max Stirner, merkte aber rasch, dass mit dem bekennenden Solipsisten kein Zusammenleben möglich war. In seinem philosophischen Hauptwerk *Der Einzige und sein Eigentum* (1845) vertrat Stirner die These, dass nur das eigene Ich real sei («Mir geht nichts über Mich!»).[29] Nachdem er das Vermögen seiner Frau «verspielt und verschwimelt» hatte, ging sie 1846 als Lehrerin nach England, wurde dort zur ersten Anlaufstelle für viele deutsche Revolutionsflüchtlinge und schloss sich 1852 einer kleinen Auswanderergruppe nach Australien an, wo sie sich in Melbourne, inzwischen vollkommen verarmt, als Waschfrau durchschlug.[30] Anfang der 1870er Jahre kehrte sie nach London zurück und verstarb dort hochbetagt am 30. Dezember 1902. Marie Dähnhardt rauchte nach Zeitzeugenaussagen leidenschaftlich Zigarren, spielte ausgezeichnet Billard und trank «das Münchener Bier, das damals in Berlin aufkam, ebenso gern und aus ebenso grossen Seideln wie die Männer».[31]

Ähnlich emanzipiert war Louise Hoche, die aus der Nähe von Magdeburg stammte und im Alter von siebzehn Jahren mit dem englischen Fabrikanten Samuel Aston verheiratet worden war. Nach der frühen Scheidung kam sie 1844 nach Berlin. Hier schloss sie sich den *Freien* an, kleidete sich im George-Sand-Look, ignorierte möglichst ausgiebig und auffällig das öffentliche Rauchverbot auf der Straße und veröffentlichte erotische Gedichte. Ein mutmaßlich 1847 entstandenes zeitgenössisches Porträt des österreichischen Malers Johann Baptist Reiter mit dem Titel *Die Emanzipierte* zeigt Louise Aston als moderne Frau, die schon etwas vom Berlin der 1920er Jahre vorwegnahm. Nachdem Louise Aston 1846 als «staatsgefährliche Person», wie es im preußischen Behördendeutsch hieß, aus Berlin ausgewiesen worden war, gründete sie während der Revolution den *Club Emanzipierter Frauen* und nahm wie Fontane als freiwillige Arzthelferin am Aufstand in Schleswig-Holstein teil. Weitere politisch aktive Frauen waren den *Freien* lose verbunden, wie etwa Emma Siegmund, Tochter des wohlhabenden Berliner Kaufmanns Johann Gottfried Siegmund. Emma Siegmund heiratete 1842 den durchreisenden Georg Herwegh und teilte und finanzierte mit der Mitgift des Vaters dessen Vagabundendasein auf der ständigen Flucht und im Exil.

Zählt man die bekannten Schriftstellerinnen, Musikerinnen und Salonnièren dieser Jahre, wie Bettina von Arnim, Fanny Hensel oder Ludmilla Assing, hinzu, versteht man, dass Fontane gegenüber seinem Freund Wilhelm Wolfsohn – wie immer bei aller Begeisterung mit einem leichten Naserümpfen – gerade diesen Aspekt des Berliner öffentlichen Lebens betont: «Führe Deinen Plan aus, und komme nach Berlin [...] Berlin ist groß, und wimmelt zu allen Zeiten von Literaturfreunden beiderlei Geschlecht's; dilettirende Lieutenants, Studenten mit erster Liebe und poëtischen Frühgeburten, sentimentale Jungfrauen im Schillerstadium, und emancipationssüchtige mit der George Sand auf der Lippe und der Hahn-Hahn [gemeint ist die Orientreisende und Schriftstellerin Ida Hahn-Hahn] in der Tasche – füllen hier bald einen Hörsaal.»[32] Die Bedeutung, die emanzipierte Frauenfiguren in Fontanes Romanen haben (wie Corinna in *Frau Jenny Treibel*, die Tiermalerin Rosa in *Cécile*, Melusine im *Stechlin* oder Mathilde Möhring im gleichnamigen Roman), basiert auch auf diesen frühen Berliner Erfahrungen.

Entsprechend ihrer Zusammensetzung gehörten für die *Freien* der Kampf um freie Presse, freie Ehe, freie Bildung und ein selbstbestimmtes Leben untrennbar zusammen. So gründeten sie eine kurzlebige *Freie Universität* ohne akademische Standesschranken und offen für beide Geschlechter.[33] Erfolgreichen Widerstand leisteten die *Freien* gegen das Lieblingsprojekt des 1840 inthronisierten neuen Königs Friedrich Wilhelm IV., der als Säule seines orthodox-pietistischen Re-Christianisierungsprogramms gleich nach Regierungsantritt das Ehe- und Scheidungsrecht verschärfen wollte. Nach dessen Vorstellungen sollten Ehescheidungen nur noch «durch das Zuchthaus gehen».[34] Mindestens aber sollte die «unüberwindliche gegenseitige Abneigung» als Scheidungsgrund aus dem Eherecht gestrichen werden. Die Stilisierung des Königs als «Romantiker auf dem Thron» darf man nicht auf irgendwie geartete Vorstellungen eines romantischen Liebesverständnisses beziehen. Die *Freien* spielten den von Friedrich Carl von Savigny und Ernst Ludwig von Gerlach ausgearbeiteten Gesetzesentwurf vom Oktober 1842 dem Redakteur der *Rheinischen Zeitung* Karl Marx zu, der ihn sofort publik machte. Er wurde so zum Gegenstand einer breiten öffentlichen Kritik und musste schließlich zurückgezogen werden.[35]

Literarisch mit Abstand am bedeutendsten wurde für Fontane der Leipziger *Herwegh-Klub*, der sich beim Kneipenwirt Koch in der Fleischergasse traf. Der Herwegh-Klub war der nach dem Treffpunkt *Kochei* benannten wichtigsten radikaldemokratischen Burschenschaft des Vormärz um Hermann Kriege und Robert Blum eng verbunden, deren Erkennungszeichen eine rote Mütze mit schwarz-rot-goldener Kokarde war. Den *Herwegh-Klub* bildeten der Verleger und Zeitschriftenherausgeber Robert Binder, Robert Blums Schwager Georg Günther, der spätere Oxforder Orientalistikprofessor Max Müller und der aus Odessa kommende russisch-jüdische Schriftsteller Wilhelm Wolfsohn.

Die von Robert Binder seit 1841 herausgegebene und von Georg Günther als Redakteur geleitete Leipziger Literaturzeitschrift *Eisenbahn. Unterhaltungsblatt für die gebildete Welt* wurde zum wichtigsten Publikationsorgan des vormärzlichen Fontane. Hier erschienen bis 1844 fast alle seine Texte. Die *Eisenbahn* kam dreimal wöchentlich heraus und enthielt neben deutschsprachiger und übersetzter Belletristik auch eine Rubrik «Feuilleton» mit «Correspondenzen» aus verschiedenen deutschen Städten und Regionen, «Theater und Concert»-Besprechungen, politischen und kulturellen Neuigkeiten unter der Überschrift «Hört! Hört!» und Nachrichten der Sparte «Allerlei» – also vergleichbar der heutigen Zeitungsrubrik «Vermischtes». Neben eigenen Gedichten und Übersetzungen aus dem Englischen hat Fontane hier bereits einige Korrespondenzberichte über die Theaterszene in Dresden oder die Lage der Öffentlichkeit in der preußischen Provinz, aber auch Reflexionen über den eigenen Standpunkt angesichts der sich herausbildenden politischen Parteien beigetragen – Formate, die er 1849/50 als Korrespondent der *Dresdner Zeitung* weiterverfolgte und die dann sein ganzes späteres Journalistenleben sein wesentliches Metier bleiben sollten. Die Anfänge des Politik- und Kulturjournalisten Fontane finden sich bereits in seiner Leipziger Zeit. Sogar die Redaktion der *Eisenbahn* wurde Fontane 1842 von Binder und Günther angeboten. Für Fontane war dies die erste Möglichkeit, professionell in die Literatenlaufbahn zu wechseln. Zur Enttäuschung seiner Leipziger Förderer sagte Fontane ab und entschied sich, die Ausbildung zum Apotheker abzuschließen, anstatt einen alles andere als sicheren Posten bei einer jungen Literaturzeitschrift zu übernehmen, der dann auch tatsächlich nur eine kurze Lebensdauer beschieden war. Der Redaktion und der Leserschaft der Zeitschrift gegenüber rechtfertigte er in einem aus der väterlichen Apotheke in Letschin geschriebenen Korrespondentenbericht die eigene Entscheidung wortreich mit seinem Mangel an parteipolitischer Anpassungsfähigkeit: «Man kann ein freiheitglühend Herz im Busen tragen und vermag es dennoch nicht, unter einer Fahne zu kämpfen, die Uniformen verlangt. Ich aber lasse mir meine Gedanken vielleicht noch weniger gern zustutzen und verschneiden wie meine Haare.»[36] Für die Entscheidung zum Berufswechsel brauchte es erst den väterlichen Bankrott von 1849. Als sich Fontane in den Krisenjahren um 1850 in großer Not sogar als Eisenbahnschaffner bewarb, mag er die Entscheidung von 1842 bereut haben. Jedenfalls schreibt er in dieser Zeit an seinen Freund Wolfsohn: «vergiß nie, daß mir eine *Redaction* (namentlich eines politischen Blattes) über alles gehn würde; wenn Du also was hörst, so denk' an mich.»[37]

Zwei größere schriftstellerische Arbeiten sind direkt aus Fontanes Leipziger Zeit hervorgegangen. Eine Sammlung von 46 Gedichten schickte er unter dem Titel *Gedichte eines Berliner Taugenichts* noch im Jahr der Ankunft in Leipzig 1841 an Julius Fröbel, den Verleger von Herweghs *Gedichten eines Lebendigen*. Fröbels 1840 gegründeter Verlag *Literarisches Comptoir Zürich und Winterthur* hatte vom relativ sicheren Boden der republikanischen Schweiz aus bald schon beinahe die gesamte in Deutschland verbotene demokratische Literatur im Sortiment: neben Herwegh etwa auch die politische Dichtung von August Heinrich Hoffmann von Fallersleben und Gottfried Keller sowie die Schriften praktisch aller Junghegelianer.

Mit dem Titel der Gedichtsammlung ruft Fontane ein seit dem romantischen Antikapitalismus in Joseph von Eichendorffs *Aus dem Leben eines Taugenichts* (1826) bekanntes Aussteigermotiv gegen den «homo oeconomicus» und den Bourgeois der Frühindustrialisierung auf.[38] Mit den Worten «wenn ich ein Taugenichts bin, so ist's gut, so will ich in die Welt gehen und mein Glück machen», verlässt Eichendorffs Titelfigur die väterliche Mühle.[39] Der Taugenichts steht somit von Beginn an in untrennbarer Verwandtschaftsbeziehung zum Reisenden: Der Taugenichts ist «der Mensch als Wanderer, der immer unterwegs und immer auf der Reise ist; das Wandern ist seine Lebensform, er ist der homo viator».[40] Das romantische Taugenichtsmotiv wurde in Herweghs Protestsongs zur Karriere-Verweigerung als einzig aufrecht gangbarer Haltung im Karlsbader System der Unfreiheit umgedeutet: «Ich durfte nur, wie Andre, wollen, / Und wär' nicht leer davongeeilt, / Wenn jährlich man im Staat die Rollen / Den treuen Knechten ausgetheilt; / Allein ich hab' nie zugegriffen, / So oft man mich herbei beschied, / Ich habe fort und fort gepfiffen, / Mein ganzer Reichthum ist mein Lied.»[41]

In diese Tradition stellt Fontane auch seine erste Gedichtsammlung. Im titelgebenden Gedicht *Der Taugenichts* wendet sich das lyrische Ich des «eingesperrten Taugenichts» an seine «Leidensbrüder», «Du deutsches Volk von allen Orten», das wie er angesichts der Verhältnisse zur Tatenlosigkeit verdammt ist.[42] Ein Widmungsgedicht richtet sich direkt *An Georg Herwegh*. In der Mehrzahl der Gedichte steht die politische und satirische Kritik an staatstragenden Schichten im Zentrum, so etwa in *Mönch und Ritter* oder *Die beiden Schulmeister*. Die Rolle Preußens in den politischen Debatten der Zeit wird reflektiert in dem Gedicht *Zwei Preußen*: Der erste Preuße, das lyrische Ich, betritt eine Leipziger Studentenkneipe. Die zechenden Studenten haben an ihrem Stammtisch den Totenschädel eines preußischen Soldaten aus der Leipziger Völkerschlacht aufgebahrt – der zweite Preuße. Sofort kommt das Gespräch auf die brennenden politischen Tagesfragen nach Freiheit und Einigkeit des Vaterlandes. Die Studenten weisen auf die wie immer enttäuschten Hoffnungen nach dem Regierungswechsel zu Friedrich Wilhelm IV. hin: «In Preußen Freiheit! / An des Königs Bahre / Hat jüngst das ganze Volk darauf gehofft; / Es war umsonst und bleibt's noch viele Jahre, / Und wer da hofft, der täuschet sich noch oft.» Der Preuße widerspricht: Der Fürst habe «seine Zeit erkannt», «freies Wort» und «freie Presse beglücken bald mein liebes Heimatland». Die Leipziger verweisen ihn lakonisch auf den zweiten Preußen, dessen Tod für die enttäuschten Hoffnungen nach der Völkerschlacht steht, während der Totenschädel das lyrische Ich im letzten Vers «voller Hohn» angrinst.[43] Aber auch der Zustand der Opposition in Preußen, der ganz der dortigen Rückständigkeit der politischen Verhältnisse entspricht, wird thematisiert, etwa in der Kritik am halbherzigen Liberalismus *(Die Faust in der Tasche)* oder in einem humoristischen Gedicht im Stil des Satirikers Adolf Glaßbrenner und der biedermeierlichen Berliner Witzperiode mit dem Titel *Berliner Republikaner*: In der Nähe des Berliner Schlosses versammelt sich allabendlich eine Gruppe jugendlicher Demonstranten und ruft: «Wir brauchen keenen Kenig nich, / Wir wollen keenen haben.» Von einem Polizisten zur Rede gestellt, wird der Re-

frain sogleich umgedichtet zu: «Wir brauchen keenen Kenig nich, /
Weil – wir schon eenen haben.»⁴⁴

Der Taugenichts als politische Protestfigur wird von Fontane
mit dem Titel der Gedichtsammlung über Herwegh hinaus programmatisch
großstädtisch gewendet. Er rückt damit bereits in
die Nähe seines metropolitanen Verwandten, des «Bummlers» oder
«Flaneurs», der in Grimms Wörterbuch als «müsziggänger, der
sich auf den straszen umtreibt», definiert wird.⁴⁵ In zahlreichen
Karikaturen – etwa des Berliner Satiremagazins *Kladderadatsch* –
löst der Bummler als neuer Typus des Stadtbewohners den älteren
«Eckensteher Nante» ab. Im Umfeld der 1848er-Revolution wird der
Bummler dann von der reaktionären Presse zum gefährlichen, weil
aufrührerischen Subjekt erklärt: «Juden», «Polen», «Franzosen»
und «Bummler» wurden von ihr laut Robert Springers zeitgenössischer
Reportage *Berlins Straßen, Kneipen, Clubs im Jahr 1848* für die
revolutionären Umtriebe verantwortlich gemacht.⁴⁶

Wie kurze Zeit später die *Zwei Post-Stationen* bei Cotta gelangten
auch die *Gedichte eines Berliner Taugenichts* bei Fröbel nicht zur
Veröffentlichung – der Verleger schickte die Sammlung ungelesen
zurück.⁴⁷ Erstmals wurden 1924 in der *Vossischen Zeitung* einige
Gedichte Fontanes unter diesem Titel publiziert.⁴⁸ Das Fontane
noch lange begleitende Dilemma zwischen einer dem Anspruch
nach «volkstümlichen» und zugleich kritischen Literatur im preußisch-berlinischen
Lokalkolorit, die in Preußen gar nicht erscheinen
konnte, aber für den überregionalen Markt wiederum nicht
attraktiv genug war, deutet sich schon hier an.

Bereits beim einundzwanzigjährigen Fontane wird ein Gespür
für das Potenzial des literarischen Taugenichtsmotivs erkennbar:
von Gottfried Kellers Novellenzyklus *Die Leute von Seldwyla*
(1853–55) bis zu den beiden berühmten Figuren Bartleby (von Herman
Melville, 1853), einem Angestellten in einem Wertpapierbüro
in der New Yorker Wall Street, dessen Standardantwort auf alle
Fragen «I would prefer not to» («Ich möchte lieber nicht») lautet,

und dem russischen Gutsbesitzer Oblomow (der Hauptfigur des gleichnamigen Romans von Iwan Gontscharow, 1859), der die gesamte erste Hälfte des Romans lethargisch auf dem Bett oder Diwan verbringt.[49] Mit dem *Berliner Taugenichts* hat sich Fontane früh ein literarisches Image entworfen, das für ihn ein prägendes Handlungsmuster bleiben wird: Es manifestiert sich als Zaudern und Nicht-mit-dem-Strom-Schwimmen, als passiver Widerstand ebenso wie als Weiterwandern, statt auf der väterlichen oder beruflichen Scholle zu bleiben. Als zögernden Neinsager haben wir Fontane – damals noch junger Apothekergeselle, der das Angebot der Leipziger *Eisenbahn* ausschlug, um zunächst seine Ausbildung abzuschließen – kennengelernt. Als Bartleby wird uns Fontane 1858 bei der preußischen Presseabteilung in London, 1870 in der Redaktion der *Kreuzzeitung* und 1876 in der Berliner Akademie der Künste wiederbegegnen.

Die soziale und ökonomische Gesellschaftskritik, im *Berliner Taugenichts* nur ansatzweise vorhanden, steht in dem 1842/43 entstandenen sogenannten *John Prince-Manuskript* über den gleichnamigen englischen Arbeiterdichter im Zentrum. Dieser Text zeigt, wie intensiv sich Fontane mit der sozialkritischen realistischen Literatur aus Großbritannien auseinandergesetzt hat. Das 123 Quartseiten umfassende Manuskript blieb zu Lebzeiten unveröffentlicht, gilt seit dem Zweiten Weltkrieg als verschollen und ist nur in Abschrift überliefert. Kurze Auszüge daraus wurden erst 1924 bezeichnenderweise in der sozialistischen Wochenschrift *Die Glocke* veröffentlicht. Die 40 Seiten umfassende Einleitung wurde Ende der 1960er Jahre in Westdeutschland in Helmuth Nürnbergers *Der frühe Fontane* und in der DDR in Helmut Richters *Der junge Fontane* publiziert, die Gedichtübertragungen finden sich in der Nymphenburger Fontane-Ausgabe. Bis heute liegt keine Gesamtpublikation des Manuskripts vor.[50]

Das Manuskript wurde angeregt durch Robert Binders und Georg Günthers publizistische Kampagne, den zeitgenössischen politisch-literarischen Diskurs in Großbritannien auch in Deutschland bekannt zu machen. In einer Artikelserie in der *Eisenbahn* über *Die geistigen Vorkämpfer des Radikalismus in England* im Dezember 1841 und in Robert Binders Zeitschrift *The German and Continental Examiner*, die sich im Untertitel *Journal for Lovers of the English Language and Literature* nennt, wurden deutsche Leserinnen und Leser sehr zeitnah und umfassend über aktuelle politische, kulturelle und literarische Entwicklungen in Großbritannien wie den demokratischen Frühsozialismus der Chartisten-Bewegung informiert, die 1838 in ihrem Manifest *People's Charter* ein freies und allgemeines Wahlrecht gefordert hatte und ihren Forderungen in Massenpetitionen an das britische Unterhaus Nachdruck verlieh – im Mai 1839 wurden 1,3 Millionen Unterschriften zur Unterstützung der *People's Charter* übergeben. Die in der Folge von den Chartisten erzwungenen sozialen Reformen wie die Arbeiterschutzgesetze von 1842 und 1844, die Gründung von Konsumgenossenschaften 1844, die Aufhebung der Kornzölle 1846 und die Einführung des Zehn-Stunden-Tages 1847 gelten im historischen Rückblick als einer der Hauptgründe, warum Großbritannien als beinahe einziger europäischer Staat 1848 keine Revolution erlebte.[51] Neben den tagespolitischen Debatten wurden in den beiden Leipziger Zeitschriften auch Auszüge aus dem frühen britischen Sozialroman oder den «Industrial Novels» von Charles Dickens, John Trollope und anderen sowie die englische und schottische Arbeiterdichtung des «Fabrikbarden» («Factory Bards») John Critchley Prince, des «Anti Cornlaw-Rhymers» Ebenezer Elliott und Schottlands «zweitem Robert Burns» Robert Nicholl abgedruckt.[52]

Fontanes Manuskript enthält neben einem biographischen Abriss zu John Prince und Übertragung von Gedichten von Prince, Elliott und Nicholl auch eine Abhandlung zur Bedeutung der frühen britischen Arbeiterliteratur. John Prince, der 1808 als Sohn eines Spulenmachers in Wigan westlich von Manchester geboren wurde und dort von Kindheit an das Weber-Elend der Frühindustrialisierung erlebte, wird von Fontane als «Sänger des Sozialismus» eingeführt, der durch seine unermüdlichen Lese- und Bildungsanstrengungen schließlich zum «Poet for the People» werden konnte.[53] In Analogie zum Begriff des «socialen Romans», der genau in dieser Zeit als Gattungsbezeichnung für die Dickens'schen Romane aufkommt, beschreibt Fontane Prince' Lyrik treffend als «soziale Gedichte», womit immer beides gemeint ist: die realitätsnahe Darstellung der Wirklichkeiten großer Teile der Bevölkerung als auch die Kritik an den sozialen Ungleichheiten.[54]

In seiner Vorrede weist Fontane auf den Widerspruch hin, dass in England mit seiner fortschrittlichen Verfassung zwar politische Freiheiten viel weitergehend als in Kontinentaleuropa etabliert seien, dass diese aber noch nicht zu einer größeren sozialen Freiheit der Bevölkerungsmehrheit geführt hätten: «Der Vollgenuß politischer Freiheit schützt tausende von Arbeitern zu Manchester und Liverpool oftmals kaum vor dem Hungertode.»[55] Das «Schneidende solcher Kontraste» zwischen Arm und Reich werde daher dort besonders sichtbar: «Es gilt die Emanzipation vieler Millionen, deren Leben voll Entbehrungen und Sorgen aller Art einer ewigen Nacht zu vergleichen, während sich die Reichen im Sonnenschein des Glücks ergötzen.»[56] Die Bedeutung von Prince' Literatur bestehe darin, diese «Scheidewand» durch Arbeiterbildung, Lektüre und Bücher sowie eine realitätsnahe Literatur «niederzureißen». Es gehe ihm also um eine «Reform durch den Geist», und die von den Regenten heraufbeschworene Gefahr, die angeblich von solcher politischen Dichtung und generell Worten wie «Reform» oder «Sozialismus» ausgehe, sei nur eine «Gespensterfurcht» – Fontane schreibt dies wohlgemerkt rund fünf Jahre vor den berühmten Eingangssätzen des Kommunistischen Manifests («Ein Gespenst geht um in Europa»).[57] In einer Anmerkung verweist Fontane darauf, dass er zwar grundsätzlich mit Prince' Programm übereinstimme, seine eigenen politischen Ansichten allerdings «minder

Theodor Fontane.
Kreidezeichnung von Hermann Kersting, 1843

Innenansicht der Löwen-Apotheke in Neuruppin.
Darstellung von Carl Zopf, 1877

Das Obere Bollwerk in Swinemünde. Stahlstich von Friedrich Rosmäsler, 1884

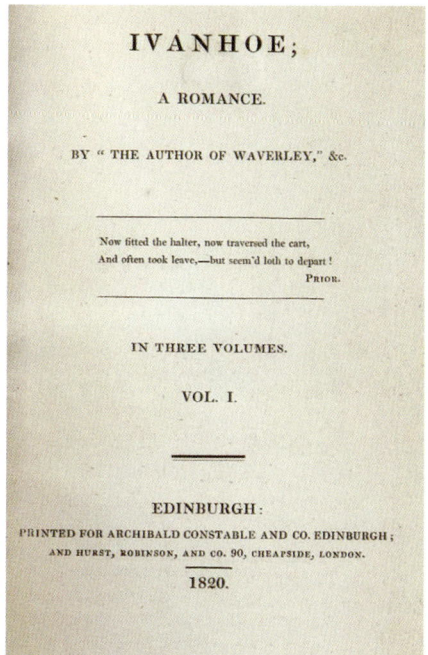 

Walter Scott: «Ivanhoe; A Romance». Titelblatt der Erstausgabe, Edinburgh 1820

Adelbert von Chamisso in der Südsee. Aquarell von Ludwig Choris, 1817

Johann Wolfgang Goethe: «West-oestlicher Divan». Titelblatt der Erstausgabe, Stuttgart 1819

 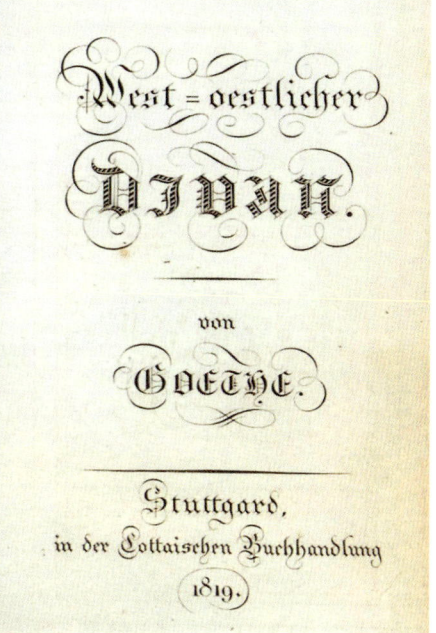

Das Diakonissenkrankenhaus Bethanien. Photographie von Leopold Ahrendts, 1856

Borsig's Maschinenbau-Anstalt zu Berlin.
Gemälde von Carl Eduard Biermann, 1847

Fanny Lewald. Zeichnung von Heinrich Lehmann, 1848

Emilie Rouanet-Kummer. Pastell von Theodor Hillwig, 1848

Rosa Bonheur mit einem Stier. Gemälde von Edouard Louis Dubufe, 1857

«Die Emanzipierte» (Bildnis Louise Aston). Gemälde von Johann Baptist Reiter, 1847

Eisenbahnfahrt / Auf der Fahrt durch die schöne Natur.
Gemälde von Adolph Menzel, 1892

Die Berlin-Potsdamer Eisenbahn. Gemälde von Adolph Menzel, 1847

Titelseite der «London Illustrated News», 19. Oktober 1844

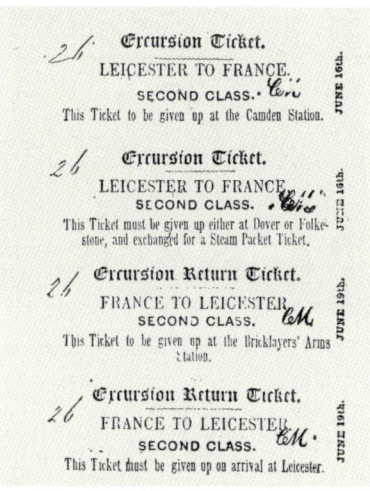

Reproduktion des ersten Thomas-Cook-Tickets für eine Exkursion auf den europäischen Kontinent, 1850

The German Spa in Queen's Park, Brighton. Kupferstich von J. Newman nach einer Zeichnung von F. W. Woledge, 1841

Gustav Kühns Neuruppiner Bilderbogen: Barrikadenkämpfe in Berlin in der Breiten Straße am Rathaus, 18. März 1848

Aufbahrung der Märzgefallenen mit ausgekratztem König. Unvollendetes Gemälde von Adolph Menzel (1848)

friedlich» seien. In politischen Verhältnissen, wo es nicht nur – wie in Großbritannien – um die Abschaffung einzelner Missstände gehe, kann es auch drastischerer Mittel bedürfen. Hier wechselt Fontane in einem seltenen Moment in die Sprache des Chirurgen und des «Entweder-oder»: «Auch ein Staat vermag sich in einem Krankheitszustande zu befinden, der durch Aderlaß oder Amputation beseitigt werden, bei einer langsam einschreitenden homöopathischen Kur aber zum Tode führen kann. Eine Pestbeule ist nicht allmählich zu heilen; entweder – oder; – man schneide sie fort, oder sterbe!»[58]

Der frühe Fontane steht damit ganz am Anfang einer Entwicklung in der deutschen Literatur seit den 1840er Jahren, in der die soziale Ungleichheit als die entscheidende Frage des Jahrhunderts erkannt und thematisiert wird: mit Blick auf die englischen Verhältnisse in den Sozialreportagen Georg Weerths *Skizzen aus dem politischen und sozialen Leben der Briten* (1843) oder Friedrich Engels' *Die Lage der arbeitenden Klasse in England* (1845), aber mit der fortschreitenden Industrialisierung in Deutschland auch auf die heimatlichen Verhältnisse bezogen: in Bettina von Arnims Sozialreportagen aus den Berliner Armenvierteln der «Vogtland» genannten nördlichen Vororte in *Dies Buch gehört dem König* (1843), in Heinrich Heines *Die schlesischen Weber* (1844), in den Berlin-Büchern von Friedrich Saß und Ernst Dronke über das städtische Proletariat, Obdachlose und Prostituierte (1846) oder in Sozialromanen wie Louise Ottos *Schloss und Fabrik* (1846). Erst vor diesem Hintergrund versteht man die rückblickende Einschätzung von Fontanes Leipziger Herwegh-Klub-Kamerad Max Müller: «Er hätte ein zweiter Heine werden können».[59] Die ökonomischen, sozialen und politischen Veränderungen gehören für Fontane von Beginn an zum «großen Zusammenhang», in dem man die Technik- und Kommunikationsrevolution des Eisenbahnzeitalters sehen muss.

Großbritannien bleibt von nun an für Fontane literarisch das Maß der Dinge sowohl für seine Balladen als auch seine späteren Gesellschaftsromane. Seit jenen Jahren schaute er «wie die Juden in Ägypten auf Kanaan» auf England als das Gelobte Land, wie er es bereits 1844 formuliert.[60] Die England-Begeisterung des frühen Fontane spiegelt sich zudem in seiner Übersetzung der «fashionable novel» *The Money-Lender* (1843) von Catherine Grace Gore und seiner Hamlet-Übertragung. Vor allem aber zählen hierzu auch die Romane und Balladen Walter Scotts, die Fontane seit seiner Kindheit kannte und die auf der gleichen Linie einer realistischen «people's poetry» rezipiert wurden, wie es plakativ von Wolfgang Menzel 1827 in seinem *Morgenblatt*-Artikel über *Walter Scott und sein Jahrhundert* auf den Punkt gebracht wurde: «Die Walterscottisirenden Romane repräsentiren das Volk, die älteren Heldengeschichten die Monarchie oder Aristokratie.»[61] Jede Beschäftigung mit Fontanes «Realismus» hat hier anzusetzen und nicht erst bei seiner theoretischen Programmschrift *Unsere lyrische und epische Poesie* von 1853 oder gar bei der Analogie zur Bismarck'schen «Realpolitik». Fontanes erste anonyme Veröffentlichungen in Cottas *Morgenblatt* sind seine John-Prince-Übersetzungen, mit denen er auch sein Debüt im Berliner Literaturverein *Tunnel über der Spree* im Juli 1844 bestritt. Sie bilden eine Grundlage für seine preußisch-schottische Balladendichtung in den folgenden Jahren.

Berliner Taugenichts (1841), *John Prince-Manuskript* (1843), *Zwei Post-Stationen* (1844/45) – die bedeutendsten Werke des frühen Fontane blieben unpubliziert oder gelangten nur in Spurenelementen an die Öffentlichkeit und wurden erst im 20. Jahrhundert entdeckt. Der Fontane des Vormärz, wie wir ihn heute kennen, ist ein anderer als der, den das zeitgenössische Publikum wahrnehmen konnte, und auch ein anderer als der Vormärz-Fontane, den er in seiner Autobiographie *Von Zwanzig bis Dreißig* rückblickend präsentierte. Auf der Habenseite von Fontanes Publikationsliste standen bis Mitte der 1840er Jahre neben den genannten Gedichten und Artikeln für die Leipziger *Eisenbahn* und den anonymen Übersetzungen in Cottas *Morgenblatt* nur erste literarische Gehversuche im dünnen Berliner Literaturblatt *Figaro*: neben einigen Liebesgedichten die pathetisch aufgeladene Erzählung *Geschwisterliebe*, die zum Jahreswechsel 1839/40 erschien und deren Bedeutung Fontane später vor allem darin sah, dass er durch sie seinen Namen zum ersten Mal in der Zeitung lesen konnte.

LIEBE UND FREUNDSCHAFT

In den frühen 1840er Jahren ist Fontane Anfang zwanzig, und es ist Liebesbriefzeit. Gedichtzeilen, Porträtzeichnungen und Herzensbekundungen fliegen hin und her. Fontane erhält im Oktober 1843 die folgenden «Meinem Theodor» gewidmeten empfindsamen Verse: «Doch immer denke dessen, daß ich Dich nie vergaß / Und nie Dich kann vergessen, / Den ich so ganz besessen, / Und der mich ganz besaß! / O könntest Du mich sehen / So nah', wie kaum Du meinst, / An Deinem Herzen stehen, / Mit Dir in Schmerz vergehen / Und weinen, wenn Du weinst – /». Der Absender möchte sich abwechselnd an Theodors «Brust schmiegen» und dann wieder «stürmend mit ihm fliegen», bevor das Gedicht mit einem Treueschwur endet.[62] Die Sendung antwortete auf ein Schreiben Fontanes, der «in der Menge und doch allein» auf den Dresdener Brühl'schen Terrassen sitzend, «Deiner in Liebe und Freundschaft gedacht» hatte.[63] Fontane wiederum revanchiert sich für die Zuneigungsbriefe und schickt ein gerade entstandenes Porträt von sich – eine Kreidezeichnung von Hermann Kersting: Man sieht einen Jüngling mit großen Augen und Kirschmund, unterschrieben mit einer Widmung und den Schlussversen aus einem Gedicht des «widerspenst'gen Taugenichts».[64] Gemeinsam hatten sich die beiden Briefeschreiber bereits im Mai 1843 auch von David Ottensooser porträtieren lassen: Ottensoosers Aquarell zeigt Fontane als bleichen jugendlichen «beau» im Chopin-Look.

Der oben zitierte Liebes- und Freundschaftsbrief kam nicht etwa von einer Verehrerin Fontanes oder seiner späteren Ehefrau, sondern von Wilhelm Wolfsohn aus Odessa. Auch die beiden Porträts – die ersten überlieferten von Fontane überhaupt – verdanken sich dieser Bekanntschaft.[65] Und vergleichbar intime und leidenschaftliche Korrespondenzen wie die mit Wolfsohn in den frühen 1840er Jahren, lassen sich bei Fontane ansonsten schwerlich finden. Wilhelm Wolfsohn und Bernhard von Lepel sind die beiden großen Jugendfreundschaften Fontanes, die – mit unterschiedlich begründeten Unterbrechungen – ein Leben lang hielten.

Wilhelm Wolfsohn (1820–1865), von Fontane im Rückblick als das intellektuelle Haupt des Leipziger *Herwegh-Klubs* charakterisiert, war knapp zehn Monate jünger als Fontane, kam aus der jüdischen Gemeinde in Odessa und war nach dem Besuch des dortigen deutschsprachigen jüdischen Reformgymnasiums im Oktober 1837 zu seinem siebzehnten Geburtstag von der Schwarzmeerküste zum Medizinstudium nach Leipzig gekommen.[66] Schon als Achtzehnjähriger veröffentlichte er erste journalistische Arbeiten und wechselte nach wenigen Semestern in das Literaturstudium. Wolfsohn schloss sein Studium 1843 mit einer Promotion zum Thema *Die schönwissenschaftliche Literatur der Russen* ab. Er wurde Korrespondent der Zeitschrift *Europa. Chronik der gebildeten Welt* (bis 1855), gründete 1851 zusammen mit Robert Prutz die Literaturzeitschrift *Deutsches Museum*, war anschließend von 1855 bis 1860 als regelmäßiger Beiträger der *Leipziger Zeitung* für die Rubrik *Culturbriefe* verantwortlich und gab seit 1862 bis zu seinem Tod 1865 die *Russische Revue* heraus, in der die wichtigsten russischen Gegenwartsautoren wie Turgenjew, Dostojewskij, Herzen, Tolstoi und viele mehr dem deutschen Publikum bekannt gemacht wurden. Daneben verfasste er seit den 1850er Jahren auch einige relativ erfolgreiche Bühnenstücke wie *Zar und Bürger* (1850) oder das historische Drama *Die Osternacht. Schauspiel in fünf Akten* (1859), das sich mit der Judenverfolgung während der spanischen Inquisition auseinandersetzt.

Der russische Student und der Berliner Apothekergehilfe fühlten sich sofort zueinander hingezogen, als sie sich 1841 im *Herwegh-Klub* kennenlernten. Wolfsohn, der bis dahin bereits mehrere Bücher publiziert hatte (*Journalistenspiegel*, 1839, *Veilchen. Für seine Freunde nah und fern*, 1840, und das Taschenbuch *Jeschurun*, 1840), war der Erste, der Fontanes literarisches Talent erkannte, und wurde zu dessen unermüdlichem Förderer. Er führte ihn in die «Gesamtbelletristik der Deutschen, Franzosen und Russen» ein, unter anderem in die Werke von Lermontow, Gogol und Puschkin, und ermutigte ihn zu eigenen Publikationen.[67] Während seiner Aufenthalte in Russland hielt er Vorträge über «allerjüngste deutsche Dichter», wie vorzugsweise Fontane, sodass dieser «in Petersburg und Moskau bereits ein Gegenstand eines kleinen litterarischen Interesses war, als [ihn] in Deutschland noch niemand kannte, nicht einmal in Berlin», wie Fontane rückblickend feststellte.[68] Wolfsohn hielt sich oft bei Fontane in Berlin auf, begleitete diesen in den *Tunnel* und vermittelte den Kontakt zu dem Dessauer Verleger Moritz Katz, bei dem Fontanes frühe Buchpublikationen vom Romanzenzyklus *Von der schönen Rosamunde* (1850) über das belletristische Jahrbuch *Argo* (1854) bis zu *Ein Sommer in London* (1854) erschienen sind. In Fontanes schweren Krisenjahren 1849 und 1850 organisierte Wolfsohn ihm eine Stelle als Korrespondent bei der *Dresdner Zeitung*, die ihn finanziell einigermaßen über Wasser hielt. Im Februar 1851 verfasste Wolfsohn in einem Zeitschriftenartikel die erste ausführliche überregionale Würdigung des Schriftstellers «Theodor Fontane», den bis dahin außerhalb des Berliner *Tunnels* und des preußischen Schulwesens praktisch noch niemand kannte, auf der Basis der drei gerade erschienenen Werke: «Rosamunde, Preußenlieder und Gedichte sind allesammt besprochen.»[69] Anschließend empfahl er Fontane bei der *Deutschen Allgemeinen Zeitung*, der *Leipziger Zeitung* und dem *Deutschen Museum*, immer bemüht, ihn «ins deutsche Publikum einzuschmuggeln».[70] Nach Fontanes endgültiger Rückkehr aus England 1858/59, die für diesen mit erneuter beruflicher Unsicherheit verbunden war, verschaffte ihm Wolfsohn Aufträge für Artikel in Lorcks parallel erscheinenden Lexika *Männer der Zeit* und *Frauen der Zeit*, zu denen Fontane etwa vierzig Artikel beisteuerte.[71] Wolfsohns Drama *Nur eine Seele* von 1857, in dem die in Russland zu dieser Zeit immer noch bestehende Leibeigenschaft kritisiert wird, ist auf dem Titelblatt «Meinem Freunde Theodor Fontane gewidmet».[72]

Wolfsohn und Fontane teilten ihre ersten Liebeserfahrungen während der Leipziger Zeit ebenso wie den schwierigen Weg zur Heirat – beide mit einer Emilie. Während Fontane in Leipzig noch auf der Suche nach der großen Unbekannten war, «nach der mein Herz in unglücklicher Liebe schmachtet», wie er Anfang Juli 1842 dem Freund mitteilt, fühlte er sich spätestens ab 1844 immer mehr zu Emilie Rouanet-Kummer (1824–1902) hingezogen.[73] Diese war als uneheliches Kind der Müllroser Pfarrerswitwe Thérèse Rouanet und des durchziehenden preußischen Bataillonsarztes Georg Bosse am 14. November 1824 in Dresden geboren worden – «heimlich» und «zu keines Menschen Freude», wie sie später schreibt.[74] Als Dreijährige wurde Emilie 1827 per Zeitungsannonce in der *Vossischen Zeitung* zur Adoption freigegeben. Sie wurde vom Berliner Globen- und Kartenfabrikanten Karl Wilhelm Kummer und dessen Frau Marie Dorothee aufgenommen, wuchs aber nach dem Tod ihrer Adoptivmutter im Jahr 1831 weitgehend unter der ‹Obhut› von deren Dienstmädchen auf, das nebenbei als Prostituierte arbeitete: «Erschien dann der soldatische Liebhaber», schildert Fontane die Zustände im Hause Kummer, «so wurde das arme [...] Kind an einen Bettpfosten gebunden» oder gleich «mit in die Kaserne genommen, wo sie nun auf dem großen, quadratisch von Hinter- und Seitenflügeln umstellten Hofe herumstand, bis das Liebespaar wieder erschien und den Rückweg antrat.» Noch im Erwachsenenalter wurde Emilie von Albträumen geplagt, in denen sie, alleine auf einem Kasernenhof liegend, den grinsenden Blicken von hunderten Grenadieren aus den umliegenden Fenstern ausgesetzt war.[75]

Etwas mehr Ruhe kehrte für Emilie erst ein, nachdem sich Fontanes Tante Philippine ihrer annahm, die einen Einblick in die Kummer'schen Verhältnisse hatte, weil ihr Mann und Kummer sich regelmäßig zum Kartenspiel trafen. In Philippine Fontanes Haus lernte Emilie im Alter von zehn Jahren auch den fünf Jahre älteren Theodor kennen, der dort während seiner Schulzeit wohnte. Zunächst romantisierte der Gewerbeschüler Emilie als eine Art verwilderte Mignon aus den Abruzzen und nannte sie «Ciocciaren-Kind».[76] Nach der Rückkehr aus Dresden stellten sich bei beiden rasch tiefere Gefühle ein. Während eines nächtlichen gemeinsamen Spaziergangs kam es im Dezember 1845 auf der Berliner Weidendammbrücke zum ersten Kuss und zum Verlobungsversprechen.

Allerdings blieb Emilies und Theodors Liebesbeziehung weiterhin offen. Denn Fontanes erotische Suche manifestierte sich nicht nur in den dem Freund brieflich mitgeteilten Dresdener Liebesqualen, sondern auch sehr konkret in zwei unehelich gezeugten Kindern. Fontane selbst und seine Familie haben später alles getan, um dies zu verschleiern. Dies begann gleich nach Fontanes Tod, als Emilie die gemeinsame Korrespondenz bis Frühjahr 1852 praktisch vollständig vernichtete.[77] Ganze acht dünne Briefe sind von den beiden passionierten Briefschreibern aus der Zeit von September 1844 bis zur Hochzeit im Herbst 1850 überliefert – und selbst diese nur in zensierter Form. Im Schreiben von Theodor an Emilie vom 9. April 1849 an «Meine liebe süße Emilie» etwa wurde der Bogen nach ein paar selbstgedichteten, an das eigene Herz gerichteten Zeilen («Und Herze, willst Du ganz genesen, / Sei immer wahr, sei immer rein; / Was wir in Welt und Menschen lesen, / Ist nur der eigne Wiederschein») abgerissen, bevor es damit weitergeht, dass Fontane sich für Emilies Nachsicht bedankt.[78] Die Stelle dazwischen, an der es hätte spannend werden können, fehlt. Noch als Fünfundsiebzigjähriger kurz vor seinem Tod hat Fontanes Sohn Friedrich – ironischerweise selbst Vater zweier unehelicher Kinder – den Abdruck des Briefes an Lepel vom 1. März 1849 verhindert, in dem Fontane die Mitteilung macht, dass er zum wiederholten Mal auf einem anderen Feld produktiver war als mit seiner Feder (wir befinden uns immer noch in der Zeit vor Fontanes erster Buchpublikation): «Enthüllungen N° II; zum zweiten Male unglückseliger Vater eines illegitimen Sprößlings. Abgesehn von dem moralischen Katzenjammer, ruf' ich auch aus: ‹Kann ich Dukaten aus der Erde stampfen usw.› Meine Kinder fressen mir die Haare vom Kopf, eh die Welt weiß, daß ich überhaupt welche habe. O horrible, o horrible, o most horrible! Ruft Hamlets Geist und ich mit ihm. Das betreffende interessante Aktenstück (ein Brief aus Dresden) werd' ich Dir am Sonntage vorlegen, vorausgesetzt, daß Du für die Erzeugnisse meines penes nur halb so viel Interesse hast wie für die meiner Feder.»[79]

Seitdem stochert die Fontane-Forschung im Dunkeln. Die unterschiedlichen, sämtlich spekulativen Vermutungen hat Bernd Seiler zusammengefasst – bis hin zur Literarisierung der Geschichte in Günter Grass' Roman *Ein weites Feld*, in der als Mutter der unehelichen Kinder Fontanes eine achtzehnjährige Dresdener Gärtnerstochter auftritt. Während in der Forschung bis dahin angenommen worden war, dass beide Kinder dieselbe Mutter hatten und 1843 und 1849 in Dresden zur Welt kamen, vermutet Seiler einen kürzeren Abstand zwischen den Geburten. Demnach hätten beide Kinder unterschiedliche Mütter: Das erste Kind wäre um 1846 in Berlin geboren, das zweite 1849 in Dresden. Als Mutter des zweiten Kindes, einer Tochter, identifiziert er auf der Grundlage einer Analyse der Dresdener Geburtsregister die 1812 geborene Schankwirt-Tochter Adelheid Freygang. Allerdings hat Seilers Deutung den Nachteil, dass es keinen Beleg für eine Bekanntschaft zwischen Adelheid Freygang und Fontane gibt. Auch über einen Aufenthalt Fontanes in Dresden in den Jahren 1848/49 ist trotz der inzwischen sehr genau rekonstruierten Chronik von Fontanes Leben bislang nichts bekannt. So bleibt auch Seiler auf Analogieschlüsse aus Fontanes Romanen angewiesen: Sind es bei Grass Analogien zu Lene Nimptsch in *Irrungen, Wirrungen*, sind es bei Seiler solche zu Pauline Pittelkow in *Stine*. Seine Thesen zum ersten Kind leitet er aus dem *Stechlin* her, in dem die Frage unehelich geborener Kinder in den Dialogen auch explizit thematisiert wird.[80]

Über eine Affäre Fontanes in diesen Jahren hatte zumindest seine Verlobte Emilie Gewissheit, wie wir aus ihrem Brief an Wilhelm Wolfsohn vom 14. April 1850 erfahren. Bezeichnenderweise versuchte die Familie auch die Veröffentlichung dieses Briefes, wie die gesamte Fontane-Wolfsohn-Korrespondenz, deren Inhalt «sehr intim» sei, zu verhindern.[81] Auf den Versuch der Familie, die Fontane-Rezeption zu lenken und bestimmte Fontane-Bilder zu prägen, wird später zurückzukommen sein. Dies betrifft nicht zuletzt die Korrespondenzen mit seinen jüdischen oder aus dem Judentum konvertierten Freunden und Briefpartnern. Wolfsohns Sohn Wilhelm Wolters setzte sich glücklicherweise über die bis zu juristischen Drohungen gehenden Bedenken der Fontane-Familie hinweg und publizierte zumindest den in seinem Besitz befindlichen Teil der Korrespondenz 1910 im Berliner Verlag Georg Bondi. Zwei weitere Editionen folgten erst Ende des 20. und zu Beginn des 21. Jahrhunderts.[82] Der Verbleib der Briefe Wolfsohns, die sich im Besitz der Familie Fontane befanden, ist hingegen weiter ungeklärt. Ein großer Teil wird bereits zusammen mit der Emilie-Theodor-Korrespondenz der Verlobungszeit vernichtet worden sein.

Im Frühjahr 1850 schrieb Emilie also an Wolfsohn, dass «die Eifersucht, die mich durch Fr[au] v. M[elgunow] erfüllte, [...] leider jetzt gerechtfertigt ist»[83]. Anscheinend hatte Theodor ihr vor der geplanten Hochzeit alles gestanden. Bei der Genannten handelt es sich um Sophie Melgunow, die beinahe genau einen Monat nach Fontane am 30. Januar 1820 in Koblenz geboren und auf den Namen Maria Josephine Sophia von Connermann getauft wurde. Nach dem Tod des Vaters zog sie im Jahr 1833 mit ihrer Mutter nach Berlin. Siebzehnjährig verlobte sie sich mit dem russischen Adligen, Schriftsteller und Musikkritiker Nikolaj Alexandrowitsch Melgunow, den sie 1844 auch heiratete. 1856 wurde die anscheinend unglückliche und von langen Trennungsphasen geprägte Ehe mit dem sechzehn Jahre älteren Mann wieder geschieden. 1898, im Jahr ihres Todes, erschien ein Gedichtband von ihr mit dem bezeichnenden Titel *Aus der Einsamkeit*, der lauter traurige Abschiedsgedichte versammelt.[84] Ein Gedicht trägt den Titel von Fontanes literarischem Alter Ego *Firdusi* und enthält die Zeilen «Von der Lieb' der Nachtigall / Hat Firdusi uns erzählet [...] Doch von seinem eignen Fühlen, / Seinen zarten Herzenstrieben / Und von seinem Liebeskummer / Hat der Dichter nichts geschrieben.»[85]

Nikolaj Melgunow hielt sich laut *Dresdner Anzeiger*, Rubrik «Ankommende Fremde», vom 1. Juli 1842 an mit seiner Verlobten in Dresden auf und gehörte zu Wolfsohns Bekanntenkreis russischer Exilliteraten.[86] Fontane traf das Ehepaar spätestens bei deren gemeinsamem Aufenthalt in Berlin 1846. In einem Brief an Wolfsohn vom November 1847 erkundigt sich Fontane nach den «liebenswürdigen Melgunoffs».[87] 1848 und 1849 besuchte Fontane Sophie Melgunow, die während dieser Zeit jeweils über mehrere Monate allein in Berlin lebte, dann regelmäßig.[88] Lepel schreibt Anfang 1849 an Fontane: «Grüße die schöne Russin von mir». Und er suchte Fontane laut seinem Brief vom 6. April 1849, als er diesen über mehrere Tage an dessen Wohn- und Arbeitsort in Bethanien nicht antreffen konnte, nicht bei Emilie, sondern bei Sophie Melgunow.[89] ‹Offiziell› und nach den biographischen Zeugnissen ihres Mannes hielt sich Sophie Melgunow in diesen Jahren wegen ihrer Krankheit alleine in Berlin auf, während er in Moskau weilte. In allen Briefen Fontanes, Wolfsohns und Lepels ist jedoch nie von irgendeiner Krankheit die Rede. Im November 1849 wird Fontane durch den Berliner Gerichtsassessor Riem geboten, bei Sophie Melgunow zu erscheinen, die seit einigen Tagen wieder in Berlin sei.[90]

Auffällig sind die Parallelen zu der *ménage à trois* zwischen Fontanes großem literarischen Vorbild Georg Herwegh, Alexander Herzen und dessen Ehefrau Natalie – nur dass in seinem Fall nicht wie bei Herwegh-Herzen die gesamte europäische Exilanten-Community von Felice Orsini, Michail Bakunin, Giuseppe Mazzini bis zu Karl Marx Anteil nahm, sondern nur Emilie Rouanet-Kummer, Wilhelm Wolfsohn und Bernhard von Lepel. Bei zwei Kindern, die Natalie Herzen während dieser Zeit zur Welt brachte, hoffte Herwegh der Vater zu sein, was er bis hin zu einer Duell-Forderung an Alexander Herzen durchzusetzen versuchte. Auch die Melgunows, 1852 inzwischen in Paris ansässig und eng mit den Herzens befreundet, traten als Vermittler auf.[91] Fontanes Affäre mit Sophie Melgunow scheint einem durchaus zeittypischen Muster von Beziehungsexperimenten des Vormärz und der Revolutionszeit gefolgt zu sein – allerdings auf seine Fontane'sche Versteckspielerart.[92] Ob aus der Beziehung zu Sophie Melgunow auch die beiden unehelichen Kinder hervorgegangen sind oder ob Fontane daneben noch weitere folgenreiche Affären hatte, bleibt weiter eine offene Frage.[93]

Wilhelm Wolfsohn wiederum hatte sich bereits 1840 mit der Leipziger Tischlertochter Emilie Gey verlobt, bei deren Familie in der Schrötergasse Wolfsohn seit seiner Ankunft wohnte. Bei Fontane und Emilie Rouanet-Kummer dauerte es von der Verlobung 1845 bis zur Hochzeit wegen der ungesicherten finanziellen Situation und eventuell auch wegen Fontanes anderweitiger Liebschaft fünf Jahre, Wolfsohn und Emilie Gey mussten aus juristischen und konfessionellen Gründen sogar geschlagene elf Jahre auf ihre Heirat warten. Wolfsohn hatte als «kaiserlich-königlicher russischer Unterthan» mit jenem absurden Teufelskreis zu kämpfen, der auch heute noch vielen Emigranten vertraut ist: Für die Erlangung der Staatsbürgerschaft und Aufenthaltsgenehmigung in einem deutschen Fürstentum benötigte er einen «Emigrationsschein» der zaristischen Regierung, der wiederum nicht zu bekommen war, weil Auswanderung im Zarenreich seit 1834 verboten war und als «Capitalstaatsverbrechen» angesehen wurde.[94] Adlige durften sich seither mit behördlicher Genehmigung maximal fünf, Bürgerliche maximal drei Jahre im Ausland aufhalten. Diese Spanne war mit Wolfsohns Promotion 1843 bereits weit überschritten, weshalb nun eine wahre Odyssee einsetzte: Von 1843 bis 1845 reiste Wolfsohn in die Heimat und versuchte zwei Jahre lang vergeblich, die erforderlichen Dokumente zu erhalten. Schließlich kehrte er im Dezember 1845 notgedrungen als «Illegaler» zu Emilie Gey zurück und bemühte sich in unterschiedlichen Fürstentümern um eine Aufenthaltsgenehmigung.

Erschwerend hinzu kamen nun jedoch die Verschärfungen der Gesetzgebung in den deutschen Fürstentümern der Reaktionszeit nach den niedergeschlagenen Revolutionen von 1848/49. Mit der Rücknahme der 1848er-Verfassungen, die der jüdischen Bevölkerung gleiche Rechte verbürgt hatten, wurde auch die Möglichkeit sogenannter christlich-jüdischer «Mischehen» behindert oder ganz abgeschafft. Wie Fontane anschaulich in seiner Autobiographie schildert, reisten Wolfsohn und Emilie Gey in einem albtraumhaften Hase-und-Igel-Rennen von Fürstentum zu Fürstentum – wo immer sie auch ankamen, war gerade die Verfassung geändert worden: «Immer wenn unser Brautpaar aufs Neue Schritte that, traf sich's so, daß der Kleinstaat, auf den man gerade seine Hoffnung gesetzt, just wieder den freiheitlichen Gesetzesparagrafen aufgehoben hatte. Nummer auf Nummer fiel.»[95] Nach Stationen im preußischen Rheinland, wo sie auf die seit der napoleonischen Zeit stärkeren Verfassungstraditionen hofften, in Braunschweig und weiteren Kleinstaaten landeten sie schließlich in Dessau und heirateten schnell noch am Silvestertag 1851 standesamtlich, bevor auch dort 1852 eine revidierte restriktive Verfassung in Kraft trat.[96] Die folgende Eheschließung nach israelitischem Ritus, obwohl Emilie

Gey protestantisch blieb, war zudem nur möglich, weil sich in Dessau eine liberale jüdische Gemeinde befand.

Fontane und Wolfsohn haben ihre Hochzeiten gemeinsam gefeiert. Wolfsohn reiste auf Fontanes Einladung am 16. Oktober 1850 zur Trauung nach Berlin. Fontane sandte, nachdem er die Nachricht von Wolfsohns endlich geglückter Eheschließung erhalten hatte, am 21. Januar 1852 ein emphatisches Glückwunschschreiben unter dem Motto «Todestag Ludwig's XVI. Auferstehungstag Wolfsohn-Fontane'scher Liebe u. Freundschaft» (Fontane vergleicht die gegen alle Widerstände der Reaktion durchgesetzte Trauung mit der Niederlage des *ancien régime* 1793) und nimmt Anfang Februar sofort den Zug zu den Wolfsohns nach Dessau.[97] Auch danach blieben beide Familien verbunden: Emilie war bei den Wolfsohns zu Gast, als sie 1854 mit einer Freundin nach Dresden und in die Sächsische Schweiz reiste – ein Gegenbesuch Wolfsohns bei Familie Fontane in Berlin folgte im August.[98] Wie Fontane an seine Mutter berichtet, hatte Wolfsohn spätestens jetzt einen festen Platz auch in Emilies Herzen.[99] Fontane hielt auch noch nach Wolfsohns Tod zu dessen Kindern und Emilie Gey Kontakt, die er als Frau, die «aus dem Volke kommt», besonders schätzte. Und er unterstützte Wolfsohns Sohn Wilhelm bei dessen literarischen Unternehmungen und empfahl ihn an den Herausgeber der *Deutschen Rundschau* Julius Rodenberg.[100]

Vor der Verlobung hatte Fontane jedoch – wie Emilie in ihren Albträumen – zunächst in die Kaserne einrücken müssen. Das preußische «Gesetz über die Verpflichtung zum Kriegsdienste vom 3. September 1814» galt für alle jungen Männer: Der Militärdienst musste spätestens mit dreiundzwanzig angetreten werden und dauerte im Normalfall drei Jahre beim stehenden Heer, anschließend kamen zwei bis vier Jahre Ersatzreserve bei der Landwehr hinzu.[101] Ausnahmeregelungen galten für Abiturienten und Akademiker, die sich als «Einjährig-Freiwillige» melden konnten und neben der verkürzten Dienstzeit auch dadurch privilegiert waren, dass sie sich

Waffengattung und Regiment aussuchen konnten und nicht in der Kaserne wohnen mussten.[102] Hier wird die immer noch streng ständisch-hierarchische Ordnung der preußischen Gesellschaft des 19. Jahrhunderts in ihren lebenspraktischen Konsequenzen sehr konkret sichtbar.

Erstaunlich einmütig folgen vor diesem Hintergrund die meisten Fontane-Biographien sowohl aus der DDR als auch aus der alten Bundesrepublik, die sich sonst doch um das Fontane-Erbe teils heftig beharkten, bei der Darstellung seiner Wehrdienstzeit einseitig dem stilisierten und anekdotisch verklärten Rückblick des alten Fontane in *Von Zwanzig bis Dreißig* – obwohl auch damals schon durch die *grande dame* der Fontane-Forschung Charlotte Jolles bekannt war, dass die Autobiographie zum «großen Irrtums-Buch» wird, wenn man sie für die ganze historische Wahrheit nimmt.[103] Dem wichtigsten DDR-Biographen Hans Heinrich Reuter, dessen zweibändige Biographie von 1968 lange Zeit maßgebend war und die auf der bis dato umfassendsten Breite des gesichteten Quellenmaterials basiert, fällt noch auf, dass Fontane seinen Dienst im selben Kaiser-Franz-Regiment absolvierte wie ein Jahr zuvor Friedrich Engels. Christa Schultze, eine ausgezeichnete Fontane-Kennerin, meinte sogar, dass der Wehrdienst für Fontane geradezu eine «Rettung» in einer Zeit der Unschlüssigkeit gewesen sei.[104] Aber auch die grundlegende Darstellung zum *Frühen Fontane* in der alten Bundesrepublik von Helmuth Nürnberger folgt der Erzählung des alten Fontane vom «biedermeierlich-behäbigen» Wehrdienst, bei dem viel Zeit für die Lektüre blieb, man lustige alte Veteranen aus der Zeit der 1813er-Kriege kennengelernt habe und einige Abenteuer mit Berliner Torf-Diebesbanden erlebte. Nürnberger folgert, man könne «annehmen, daß Fontane die militärische Disziplin mit einem gewissen Stolz bejahte und daß er nicht ungern Soldat war». Schließlich vermutet er noch, nun beinahe schon im Ton eines Rekruten-Abschlusszeugnisses der damals in der Bundesrepublik erst seit einigen Jahren bestehenden Wehrpflicht: «Auf Fontanes körperliches Befinden, das in den vergangenen Jahren wiederholt zur Sorge Anlaß gegeben hatte, übte das Militärjahr offensichtlich eine sehr günstige Wirkung aus.»[105]

Das sagt letztlich mehr über die Entstehungszeit der genannten Biographien im Kalten Krieg aus als über den historischen Gegenstand und die Wehrdienstfrage im 19. Jahrhundert. Diese zählte zu den zentralen politischen Konfliktfeldern: Die geplante erneute Verlängerung der Dienstzeit auf drei Jahre war um 1860 neben der Anhebung des Militäretats der Hauptstreitpunkt im so folgenreichen Epochenereignis des preußischen Verfassungskonflikts. Für die «soziale Militarisierung» (Hans-Ulrich Wehler) und die preußische Mentalitätsgeschichte hatte der Wehrdienst, wie etwa Ute Frevert in ihrer Studie *Die kasernierte Nation* rekonstruiert hat, eine nicht zu unterschätzende Bedeutung.[106]

Auch für Fontane war der Wehrdienst ein einschneidendes Ereignis, wie die Quellen aus den 1840er Jahren zeigen. 1843 war Fontane dreiundzwanzig, aber er war weder Abiturient noch Akademiker. Allein der Kampf um die Zulassung zum Einjährig-Freiwilligen-Dienst gestaltete sich höchst kompliziert und nahm die gesamte Familie Fontane in Anspruch. Es begann ein Ringen mit der preußischen Bürokratie, das sich über mindestens acht Monate von August 1843 bis April 1844 hinzog. In mehreren Briefen wandten sich zunächst sowohl Fontane als auch sein Vater an die unterschiedlichsten zuständigen Behörden: die *Departements-Prüfungs Commission* zu Berlin, den Landrat in Lebus, das Oberpräsidium der Provinz Brandenburg, die Kreisverwaltung in Frankfurt an der Oder. Fontane wollte seine Tauglichkeits- und Zulassungsprüfung unbedingt in Berlin absolvieren und nicht beim landrätlichen Militärarzt. Parallel versuchte er, das Abitur nachzuholen.

Ende August berichtete seine Tante Philippine aus Berlin an Wolfsohn: «Unser Theodor ist jetzt daheim, im Kreise der Seinen.

Leider hat bis jetzt seine Militär-Angelegenheit noch keine günstige Wendung genommen. Mit betrübter Seele sage ich es: ich fürchte, diese Sache werde noch hindernd seiner Laufbahn in den Weg treten.»[107] Mitte September unterrichtete Fontane die zuständige Behörde in Frankfurt an der Oder, dass aus der Provinzialverwaltung immer noch kein Gutachten zu seiner Berechtigung auf einen Einjährig-Freiwilligen-Dienst eingegangen sei. Am 1. Oktober 1843 erhielt er stattdessen eine Einberufung zur dreijährigen Dienstpflicht als Militär-Pharmazeut an der Dispensier-Anstalt in Koblenz, von der er eine Zurückstellung erwirkte. Während Fontane am 29. Februar 1844 schon voreilig an Wolfsohn meldete, dass er von April an in Berlin Pharmazie studieren werde, erreichte ihn das Zulassungsschreiben: Zum 1. April 1844 «durfte» er als Einjährig-Freiwilliger ins *Kaiser-Franz-Garderegiment* in Berlin eintreten. Sein Vater Henri hatte vorher noch schnell ein Zeugnis gefälscht, das seinem Sohn den Abschluss einer einjährigen Defektarstelle in Letschin attestierte. Dadurch wurde wenigstens die fünfjährige Apotheker-Lehrzeit komplettiert, die zur Zulassung zum Examen «Erster Klasse» berechtigte – als es später an die Anmeldung zum Examen ging, wurde das Zeugnis glücklicherweise vom Küstriner Kreisphysikus beglaubigt.[108] Dass dies trotz alledem für Fontane kein Jubeltag war, lässt seine Darstellung der Vorgänge und deren Bedeutung für den eigenen Werdegang gegenüber dem Herausgeber des Cotta'schen *Morgenblatts* Gustav Schwab aus dem Jahr 1850 erkennen: «Wohl möglich, daß jetzt bereits ‹Doctor, praktischer Arzt und Geburtshelfer› an meinem Klingelschilde stünde, wenn mich nicht das Gesetz allgemeiner Wehrpflichtigkeit beim Schopf genommen und in ein Garde-Regiment gesteckt hätte. Diese Unterbrechung meiner Studien entschied über mein Studium überhaupt.»[109]

Fontane musste sich nun doch die langen Haare abschneiden und sich in eine Uniform pressen lassen. Er kompensierte dies in zornigen Versen, die während der Wehrdienstzeit entstanden und zu seinen Lebzeiten unpubliziert blieben. Im Gedicht *Als Grenadier* (erschienen erstmals 1929) beklagt er sein Verstummen, nachdem ihm «des Gefreiten Schere» seine «Locken fortgeputzt» hat. Das Gedicht endet auf den Vers: «Und ging's, man nähte die Gedanken / Auch gern in Uniformen ein.»[110] Zur Uniform gehörte die gerade von Friedrich Wilhelm IV. persönlich per «Allerhöchster Kabinettsordre» im preußischen Heer eingeführte Pickelhaube. Der König hatte sich für den aus Leder gefertigten Helm mit der namensgebenden Metallspitze kurz zuvor bei einem Zarenbesuch inspirieren lassen. Bei den Garderegimentern ersetzten zusätzlich auch wieder Lederriemen die im 18. Jahrhundert eingeführten Stofftroddeln. Dies wird von Fontane sarkastisch in dem Gedicht *Zwei Lieder vom Lederriem* (erstmals veröffentlicht 1924) kommentiert: Das Gedicht zitiert zu Beginn die offizielle Bekanntmachung der Kabinettsordre, die von der grenzenlosen «Freude der Beschenkten» kündet. Im ersten Liedteil flucht der König über die Opposition in seinen Landen: «Ja, die Erzrepublikaner / Sind in ihrem ew'gen Zorn, / Wie die Heiden, Hegelianer, / Meinem Aug ein wahrer Dorn». Der zweite Liedteil ist aus der Sicht der beschenkten Soldaten gesungen: «Gott lohn es ihm, Gott segn es ihm, / Wir haben nun wieder den Lederriem; […] Nun wagt euch, Franzosen, noch über den Rhein, / Wir jagen euch wie in die Katzbach hinein, / Wir ziehen für alte, für heilige Rechte, / Wir ziehen begeistert hinaus zum Gefechte / […] Wir kämpfen ohn irgendein Freiheitsversprechen, / Und Schwüre mag er zu Dutzenden brechen, / Er mag uns gebrauchen, den Thron ihm zu retten, / Und schmieden zum Dank uns in geistige Ketten.» In der letzten Strophe wird dann das spätere Niederschießen der Revolution schon vorweggenommen, für das die Pickelhaube weit über Preußen hinaus nach 1848/49 zum Symbol wurde: «Und wenn einst der Pöbel die Kette zerbricht, / Ob Vater, ob Bruder, das kümmert uns nicht, / Wir stürmen hinein in die feindlichen Glieder / Und stoßen und schlagen und schießen sie nieder; / Das sind wir ihm schuldig, das schulden wir ihm: / Dem wiedergewonnenen Lederriem.»[111]

«Ledern» wird seit dem Militärdienst zu einem der meistgebrauchten Adjektive Fontanes, wenn es um die Charakterisierung des offiziellen Preußen geht: von den «Ledernheiten» in den preußischen Geschichtsvereinen über den «ledernen Stil» im geschraubten Kanzleideutsch bis hin zur «ledernen» blauen Kornblume als Symbol des chauvinistischen Militarismus.[112] Aber auch Fontanes Darstellungen des Garnisonsalltags lesen sich in Zeugnissen, die aus der Zeit des Wehrdienstes selbst stammen, anders als im Altersrückblick. Nicht als literarisches Bataillon erscheinen die Einjährig-Freiwilligen etwa in einem Bericht an den Vater von 1844, sondern als «Schund aller Regimenter», der zusammen mit «den Lahmen» und «den Schneidern» zum Wachdienst abkommandiert wurde, wenn der Rest der Kompanie zu den glanzvollen Militärparaden ging.[113]

Mit dem Militärdienst kommt mit Bernhard von Lepel der zweite wichtige und lebenslange Freund Fontanes ins Spiel. Welche Rolle genau Lepel bei den Wirren der Einberufung gespielt hat, ist nicht ganz klar. Sicher ist, dass die beiden seit Juli 1843 in engerem Kontakt standen, nachdem Lepel Fontane zum ersten Mal als Gast zu einer Sitzung des Berliner Sonntagsvereins *Tunnel über der Spree* mitgenommen hatte, bei dem Lepel bereits seit 1839 unter dem Pseudonym «Max von Schenkendorf» Mitglied war. Mit ziemlicher Sicherheit hat Lepel auch im Hintergrund daran mitgewirkt, dass Fontane seinen Wehrdienst als Einjährig-Freiwilliger absolvieren konnte. Er war zu dieser Zeit Offizier und Gardeleutnant im Berliner Kaiser-Franz-Regiment und somit Fontanes direkter Vorgesetzter. Im September 1844 schlug Lepel seinen Bekannten als Mitglied im *Tunnel* vor, ein Jahr später, im September 1845, wechselten die beiden zum freundschaftlichen «Du».[114]

Wie Fontane und Wolfsohn war auch Lepel ein Aussteiger – allerdings aus dem Erste-Klasse-Waggon. 1818 in Meppen im Königreich

Hannover geboren, stammte Lepel aus einem alten Adelsgeschlecht. Obwohl er seit seiner Jugend eher künstlerisch-literarische Interessen hatte, wurde er vom Vater in die standesgemäße Offizierslaufbahn gezwungen. Nachdem er bereits als Neunjähriger das erste Mal nach Italien gereist war, folgte er bei zwei weiteren Reisen 1840 und 1846 den Spuren seines großen literarischen Vorbilds August von Platen, zu dessen Grab er nach Sizilien pilgerte. Im Stile Platens veröffentlichte Lepel 1840 einen ersten Gedichtband mit dem Titel *Lieder aus Rom*. Auf der dritten italienischen Reise lernte er Fanny Lewald und Adolf Stahr kennen. Laut Fontane blieb Lepel lebenslang ein «Italianissimus», der sich auch in Berlin bei einem italienischen Lebensmittelhändler mit «Sardinen, Feigen und Datteln» versorgte.[115]

Anders als für Fontane und Wolfsohn gab es für Lepel keine Hürden bei der Eheschließung – eher im Gegenteil. Standesgemäß heiratete er im Oktober 1847 seine Cousine Hedwig von Lepel-Wieck.[116] Zwar ermöglichte ihm Hedwigs Vermögen neben dem Tod des Vaters 1848 den Ausstieg aus der ungeliebten Militärlaufbahn, aber die Ehe blieb von Anfang an unglücklich, weil beide vollkommen unterschiedliche Interessen hatten. Hedwig pflegte sowohl die frommen protestantisch-pietistischen Traditionen als auch den Standesdünkel ihrer Familie, und für Bernhards religionskritische Ansichten und seine literarischen Ambitionen fehlte ihr jegliches Verständnis.[117] Auch Lepels Freundschaft mit dem Apothekergehilfen Fontane passte ihr nicht – wenn dieser zu Besuch kam, verließ sie das Haus oder blieb, wenn es nicht anders ging, nur «mit sichtlichem Widerstreben u übler Laune»[118]. Bei Lepels Hochzeit führte dies zu Komplikationen. Nachdem Lepel Fontane am 18. September 1847 mit den Worten «Es wäre mir eine große Freude, wenn Du auf meiner Hochzeit (am 9^t Oct) sein könntest» eingeladen hatte, zog er die Einladung fünf Tage später mit langen Erklärungen über den Zustand der Braut wieder zurück.[119] Fontane sagte nach erneut erfolgter Einladung schließlich lieber selbst ab, um dem Freund

Konflikte am Hochzeitstag zu ersparen.[120] Für viele Fontane-Figuren von der Baronin Cesarine Storch von Adebar («die Störchin»[121]) im gleichnamigen Romanfragment bis zu Sidonie von Grasenabb in *Effi Briest* dürfte Hedwig – neben der Frau des späteren preußischen Kultusministers Adelheid von Mühler – Modell gestanden haben.

Beides, sowohl Lepels geplante Literatenlaufbahn als auch seine Ehe, endete im Fiasko.[122] Emilie Fontane teilte 1856/57 ihrem in London weilenden Mann mit, dass Lepels «Ehe unglücklicher denn je» sei und Hedwig, «frömmer denn je», «nur noch Kirche u. Vereine» besuche. Fontane antwortete trocken, dass ihm Lepels vermeintliches Unglück einer Trennung lieber sei, als dass er Hedwig «den Triumph gönne, einen vernünftigen Menschen mit ihrem frommen Quark (der nie und nimmer wahre Frömmigkeit ist) vermuckert zu haben»[123]. Hedwig zog sich Ende der 1850er Jahre zu ihrer Familie nach Wieck zurück, 1866 wurde die endgültige Trennung vollzogen. Aber auch auf literarischem Gebiet lief es nicht gut für Lepel. Sein Drama *König Herodes*, an dem er über fünf Jahre lang gearbeitet hatte und das endlich für den literarischen Durchbruch sorgen sollte, wurde im Januar 1858 am Königlichen Berliner Schauspielhaus nach drei Pflichtaufführungen schnellstmöglich wieder abgesetzt. «*Völlige Unklarheit* in der Conception des Stoffes», lautete eines der einhellig vernichtenden Urteile der Rezensenten.[124]

Ohne das Geld aus Hedwigs Familie war der gescheiterte Autor Lepel 1866 schließlich gezwungen, in den Militärberuf zurückzukehren. Er erhielt eine Stelle beim Berliner Landwehrkommando. 1879 wurde er in die Prenzlauer Provinz versetzt – oder degradiert –, um dort seine Laufbahn als Verwaltungskommandeur einer Invalidenkompanie zu beschließen. In Prenzlau ist er 1885 auch verstorben. Bis zum Schluss blieb Lepel im *Tunnel über der Spree*, wodurch er die längste Mitgliedschaft von allen Vereinsangehörigen überhaupt erreichte.[125] Während viereinhalb Dezennien trug er dort mehr als zweihundert selbstverfasste Texte vor und hatte mehrfach die Vereinsämter «Angebetetes Haupt», «Stellvertretendes Haupt» und «Sekretär» inne. Wie kein Zweiter personifiziert Bernhard von Lepel den Berliner Sonntagsverein – obwohl er es sich anders vorgestellt hatte. Am Beispiel Lepels, der am Anfang seiner vielfältigen Beziehungen zum altständischen Adel stand, konnte Fontane lernen, dass es aus beiden Richtungen nicht ganz einfach war, die starren Standesschranken zu durchbrechen. Auch das wird ein Dauerthema in seinen Romanen werden.

Mit Lepel tauschte sich Fontane in den *Tunnel*-Jahren am intensivsten über literarische Fragen aus. Bis weit in die 1850er Jahre half Lepel Fontane auch finanziell, wenn es mal wieder ganz eng wurde. «Pumpen» ist während der ersten Jahre der Fontane-Lepel-Korrespondenz eines der häufig vorkommenden Wörter. Misslich war nur, dass bei größeren Summen, die etwa zum Kauf einer Apotheke gereicht hätten, ausgerechnet die Familie Lepel-Wieck gefragt werden musste.[126] An der Finanzierung von Fontanes zweiter Englandreise 1852 beteiligte sich selbstredend auch Lepel. Zusammen mit späteren Freunden wie Wilhelm von Merckel, Moritz Lazarus, Friedrich Eggers, Richard Lucae oder Karl Zöllner, die in Fontanes Leben noch eine bedeutende Rolle spielen sollten, war Lepel Mitglied der 1852 gegründeten Literaturvereine *Rütli* und *Ellora*. Bei Letzterem waren auch die Ehefrauen aktiv – mit Ausnahme von Hedwig von Lepel-Wieck natürlich. Für das dazugehörige Literaturjournal *Argo* übernahm Lepel beinahe alle Redaktionstätigkeiten. 1858 begleitete er Fontane auf der Reise nach Schottland, Fontanes daraus hervorgegangene Buchpublikation *Jenseit des Tweed* ist, wie schon sein Band *Gedichte* (1851), Lepel gewidmet. Auch die ersten Wanderungen in die Mark Brandenburg unternahmen sie 1859 gemeinsam. Nicht zuletzt war Lepel 1870 zusammen mit Friedrich Eggers und Moritz Lazarus auch an den Aktivitäten zur Befreiung des in französische Kriegsgefangenschaft geratenen Fontane beteiligt, für die Lepel seine Kontakte ins preußische Kriegsministerium nutzte.

Wie in Emilie und Wolfsohn fand Fontane in Lepel einen unermüdlichen Unterstützer. In allen drei Fällen kann man sich des Eindrucks nicht erwehren, dass die gegenseitige Unterstützung nicht ganz symmetrisch verteilt war.

DER ERSTE TOURIST

Mit der Industrialisierung des Verkehrs durch Eisenbahn und Dampfschiff und der Entstehung des modernen Massentourismus brach eine neue Ära an – und Fontane hätte, wie bei so vielen anderen epochalen Ereignissen des 19. Jahrhunderts, mit Fug und Recht von sich behaupten können: «Ich bin dabei gewesen.»[127] Der Beginn des modernen Tourismus wird auf den 5. Juli 1841 datiert, als Thomas Cook eine Eisenbahnreise von Leicester in das 25 Kilometer entfernte Loughborough, das gerade an das Schienennetz angeschlossen worden war, organisierte. Die Fahrt, an der 570 Menschen teilnahmen, beinhaltete für den auch für Arbeiter erschwinglichen Preis von einem Shilling nicht nur Hin- und Rückfahrt, sondern auch «food and entertainment in Form von belegten Broten, Tee und anderen nichtalkoholischen Getränken, Spiel und Tanz sowie eine Kapelle».[128] Am Ziel fand eine Versammlung der *Temperenzler*, einer baptistischen Abstinenzbewegung gegen den übermäßigen Alkoholkonsum, statt.

Thomas Cook wurde 1808, im selben Jahr wie der Arbeiterdichter John Prince und unter ähnlichen Lebensumständen, als Tischlersohn in Nordengland geboren. Der Vater starb, als er vier Jahre alt war, der Onkel, bei dem er seither lebte, hat sich noch während Thomas Cooks Lehrzeit totgesoffen. Wie Prince mit seinen *Hours with the muses* versuchte Cook mit seinen Reisen den Arbeitern eine

Abwechslung vom monotonen Fabrikalltag zu verschaffen. Zuerst noch religiös motiviert, wuchs sich das Ganze schnell zu einem ungeahnten Verkaufserfolg aus. Die 1845 organisierte mehrtägige Gesellschaftsreise über immerhin schon 250 Kilometer von Leicester nach Liverpool war lange zuvor ausverkauft und wurde wegen der großen Nachfrage zwei Wochen später wiederholt. Sehr beliebt waren auch Cooks sogenannte «Mondscheinfahrten», bei denen die Arbeiter an den Sommerwochenenden am Samstag nach Feierabend in der Fabrik abgeholt wurden, den Sonntag an einem der britischen Seebäder verbrachten, anschließend mit dem Nachtzug wieder zurückgefahren und am Montagmorgen direkt am Fabriktor abgesetzt wurden. Es herrschte damals die Sechs-Tage-Woche, Jahresurlaub war noch lange ein Fremdwort, und «Freizeit» war für die Arbeiter ein rares Gut.[129]

Mit der Londoner Weltausstellung von 1851 expandierte Cooks Unternehmen zu einem regelrechten Reisebüro für massenhafte Pauschalreisen. Cook organisierte für 165000 Besucher die Anreise, das Hotel inklusive Frühstück, Handtuch und Seife, Transfer zum Glaspalast und das Eintrittsbillett. Zusätzlich gab es für die Reisenden einen Führer durch die Ausstellung *(The Exhibition Advertiser)*, aus dem später eine regelmäßige Kundenzeitschrift des Unternehmens wurde *(The Traveller's Gazette)*. Rasch wurde das Unternehmen internationalisiert. Der ersten Auslandsreise zur Pariser Weltausstellung 1855 folgte ein Jahr später die erste Rundreise auf dem europäischen Kontinent: Neben Antwerpen und Brüssel durfte ein Besuch auf den Schlachtfeldern von Waterloo nicht fehlen. Anschließend ging es mit dem Dampfschiff auf dem Rhein über Köln entlang der romantischen Schauplätze des Mittelrheins (Loreley) und Baden-Baden – mit einem Zwischenstopp im Kasino – bis nach Straßburg, von wo aus über Paris die Rückreise mit der Eisenbahn erfolgte. In nur einer Reise waren somit die wichtigsten touristischen Reisetypen des 19. Jahrhunderts vereint: Städtereisen, Kurort-Reisen, romantische Reisen und «battlefield tourism».[130]

Zwei Jahrzehnte nach seiner ersten organisierten Reise hatten bereits über eine Million Touristen Cooks Dienste in Anspruch genommen. Neben den Fabrikarbeitern nutzten insbesondere Frauen die neuen Reisemöglichkeiten, wovon zahllose Dankesbriefe allein reisender Frauen zeugen, die sich heute in *Cooks Travel Archive* in London befinden.[131] 1867 wurden die ersten Europareisen für Touristen aus New York organisiert, kurze Zeit später sicherte sich Cook das Monopol für Passagierfahrten auf dem Nil, was natürlich nur auf der Grundlage der britischen Kolonialherrschaft in Ägypten möglich war. Bereits 1872 brach eine aus zehn Personen und Cook selbst bestehende Gruppe zu einer ersten Reise um die Welt auf – einen Wimpernschlag vor dem Erscheinen von Jules Vernes Bestseller-Roman *In 80 Tagen um die Welt* im Januar 1873.[132] Als Cook 1892 im Alter von 84 Jahren starb, hinterließ er ein Millionenvermögen und das größte Reiseunternehmen der Welt.

Theodor Fontane hat noch während seines Wehrdienstes zu Pfingsten 1844 an einer der ersten touristisch organisierten Reisen von Deutschland nach London teilgenommen – also nur knapp drei Jahre nach Cooks Auftakt, aber fast ein Vierteljahrhundert bevor der ehemalige Postinspektor und später «deutscher Cook» genannte Carl Stangen 1868 das erste Reisebüro in Berlin eröffnete. Die Reise wurde von der *Hamburg-Magdeburger Dampfschifffahrts-Gesellschaft* organisiert und in mehreren deutschen Zeitungen annonciert – unter anderem in der *Vossischen Zeitung* vom 27. April 1844.[133] Sie dauerte 14 Tage und sollte 36 Taler kosten. Da Hotels und Verpflegung nicht inbegriffen waren, beliefen sich die tatsächlichen Kosten auf knapp 150 Taler, etwa das Jahresgehalt eines mittleren Beamten. Dementsprechend setzte sich die Reisegruppe nach Fontanes Bericht aus Offizieren, Gutsbesitzern, Kaufleuten, Fabrikanten, Juristen und begüterten Studenten zusammen, insgesamt 97 zahlende Gäste, davon 43 aus Berlin.[134] Fontane konnte sich die Reise nur dank einer Reisekostenbeihilfe von Hermann Scherz aus

Krenzlin leisten, der sich erinnerte, wem er einen Teil seines Vermögens zu verdanken hatte.

Die Reisezeiten lassen sich genau rekonstruieren: Die Tour begann am 25. Mai 1844 am noch im Bau befindlichen Anhalter Bahnhof in Berlin, von wo aus jedoch schon Züge nach der Anhaltinischen Residenz Köthen fuhren. Hier nahm man den Anschlusszug nach Magdeburg (Reisezeit knapp sieben Stunden). Noch am Nachmittag ging die Reise von Magdeburg per Flussdampfer auf der Elbe weiter. Neunzehn Stunden später wurde am Pfingstsonntag, dem 26. Mai, um 11 Uhr morgens, Hamburg erreicht. Von hier aus legte abends das Dampfschiff nach London ab, unter Begleitung einer Blaskapelle, winkenden Zaungästen und den Blicken der Hamburger Großkaufleute, die den Trubel aus den Fenstern ihrer Sommerhäuser am Elbufer mit Operngläsern verfolgten. Die Überfahrt dauerte gut vierzig Stunden, bis man am Dienstagnachmittag des 28. Mai an der Londoner Zollstation ankam. Die Seereise ließ Fontane, der wie beinahe alle anderen Passagiere sofort seekrank wurde, also genügend Zeit, eine «große Brechvirtuosität» zu entwickeln.[135] Rechnet man die ebenso lange dauernde Rückfahrt hinzu, blieben von der vierzehntägigen Reise ganze acht Tage vor Ort in London übrig. Da Fontane sich – wie bereits erwähnt – nach vier Tagen für einen dreitägigen Abstecher nach Brighton von der Reisegruppe absentierte, um die Möglichkeiten der Auswanderung nach England zu sondieren, reduzierte sich sein London-Aufenthalt noch einmal. Am letzten Tag vor der Abreise, dem 5. Juni, stand ein Besuch von Schloss Windsor auf dem Programm.

Fontanes erste Englandreise ist auch hinsichtlich seiner Auswanderungspläne symptomatisch für die neue Epoche, in der Massentourismus und Massenemigration eng miteinander verwoben waren. Auswandereragenturen wie Rominger in Stuttgart, die 1847 gegründete «Hamburgisch-Amerikanische-Packetfahrt-Actien-Gesellschaft» (Hapag) oder die «Norddeutsche Lloyd» mit Sitz in

Bremen (1857) gingen den touristischen Reisebüros voran und verschmolzen häufig mit diesen.[136] Um sich den Charakter von Fontanes Reise zwischen Flucht, Bildungsreise und Vergnügungsfahrt zu verdeutlichen, muss man auch hier die Zeugnisse aus dem unmittelbaren zeitlichen Kontext mit dem literarisierten Altersrückblick in *Von Zwanzig bis Dreißig* abgleichen. Nur ein besonders schlagendes Beispiel für die offenkundigen Widersprüche zwischen beiden ist Fontanes Schilderung des zufällig gleichzeitig stattfindenden Besuches des russischen Zaren in England. Laut seines unmittelbaren Reiseberichts für den Vater hatte Fontane bei der nahenden Ankunft des Zaren nichts Eiligeres zu tun, als mit einem «Pereat im Herzen» (also: «nieder mit ihm») in sein Hotel zurückzukehren, um diesen nicht sehen zu müssen.[137] Ein halbes Jahrhundert später in *Von Zwanzig bis Dreißig* ist daraus das Gegenteil geworden: Durch die allseitigen Hurrarufe «neugierig» geworden, hätten die Reisenden von ferne zwischen zwei Angehörigen des britischen Königshauses «eine mächtige, die beiden andern weit überragende Gestalt einhersprengen» gesehen. Diese habe sich beim Näherkommen als Zar Nikolaus erwiesen, «in allem das Bild der Macht, der ungeheuren Ueberlegenheit, die großen Augen ernst und doch auch wieder nicht ohne Wohlwollen auf uns arme, ihm salutierende Kerle gerichtet».[138]

Nicht nur die zeitliche größere Nähe zum geschilderten Ereignis, sondern auch die Tatsache, dass Fontanes erste Auswanderungs-Sondierungen genau in die Zeit seines Militärdienstes fallen, sprechen stark für die Authentizität des ersten Berichts, während man das Heldenmonument der zweiten Darstellung eher vor dem Hintergrund seiner Entstehungszeit um 1895 lesen wird. Auch die Begeisterung des vierundzwanzigjährigen Fontane über das sich in so vielem von seiner preußischen Heimat unterscheidende London – sein «Staunen» über «die überschwengliche Fülle, die unerschöpfliche Masse» und «das junge, frische Leben» – wird in den frühen Berichten von der ersten Reise, die teilweise noch in die

Buchpublikation *Ein Sommer in London* von 1854 eingegangen sind, am besten nachvollziehbar.[139]

Als Fontane seine eingangs zitierte Erzählung *Zwei Post-Stationen* entwarf, hatte er seinen ersten England-Aufenthalt schon hinter sich – sicher eine Erklärung, warum ihm die Scherenberg'sche Postkutschenromantik als so «klein und dürftig» erschien. Tatsächlich ließe sich beinahe eine komplette Werkbiographie Fontanes aus der Perspektive der Tourismus- und Verkehrsgeschichte schreiben. Die Reisefeuilletons seiner beiden weiteren England-Aufenthalte 1852 und 1855 bis 1858 sind in die Publikationen *Ein Sommer in London* (1854) und *Aus England* (1860) eingeflossen. 1858 unternahm Fontane eine zweite touristisch organisierte sechzehntägige Rundreise durch Schottland, aus der *Jenseit des Tweed* (1860) hervorgegangen ist.[140] Das dort entwickelte Format eines literarisierten Reiseführers wurde wiederum zum Muster für das Lebensprojekt der *Wanderungen durch die Mark Brandenburg*. Wie eng der Zusammenhang zwischen den *Wanderungen* und der Tourismusgeschichte ist, zeigt sich an den konzeptionellen Überlegungen Fontanes und seines Verlegers Wilhelm Hertz bis hin zur Buchgestaltung. Während Hertz einen durch Reiseführerbestseller wie Murrays *Red Books* (seit 1837) und die diesem nachgebildeten *Baedeker-Reisehandbücher* (ab 1842) auf dem Markt gängigen roten Einband bevorzugte, plädierte Fontane für einen grünen Einband, weil ihm das Rot doch «zu Baedecker-haft» erschien.[141] Aber auch die zeitgenössische Rezeption der *Wanderungen* ging in diese Richtung: 1884 gründete sich in Berlin der *Touristenclub für die Mark Brandenburg* und ernannte Fontane einige Jahre darauf zu seinem Ehrenvorsitzenden.[142]

Aus dem – zuvor bereits in Schottland praktizierten – Schlachtfeld-Tourismus und Fontanes Reisen zu den Schauplätzen der preußischen Kriege nach Dänemark, Böhmen und Frankreich sind mit den drei Kriegsbüchern *(Der Schleswig-Holsteinische Krieg im Jahre 1864, Der deutsche Krieg von 1866, Der Krieg gegen Frankreich*

1870–1871) Fontanes umfangreichste Publikationen überhaupt hervorgegangen. Hinzu kamen 1871 die beiden Erinnerungsbücher *Kriegsgefangen* und *Aus den Tagen der Okkupation*. Auf allen Reisen bis 1875 hat Fontane Tagebücher geführt, die einen wichtigen Teil seines Werkes ausmachen.[143] Nicht zuletzt spielen alle Romane, sofern sie nicht in Berlin oder an den Wohnorten der Kindheit und Jugend in Swinemünde und der Mark Brandenburg situiert sind, an bereisten Schauplätzen. Während *Unwiederbringlich* (1891) zu den Orten der Schlachtfeldreisen in Dänemark führt und *Graf Petöfy* (1884) zum auf der Rückkehr aus Italien besuchten Wien, nutzte Fontane die im Alter regelmäßig durchgeführten Sommerfrischen in den Harz oder das schlesische Riesengebirge, um seine Romanhandlungen dort anzusiedeln: *Ellernklipp* (1881) und *Cécile* (1886) spielen im Harz, *Quitt* (1890) in Krummhübel im Riesengebirge (mit einer Episode in Nordamerika als einziger Ausnahme von dieser Regel).

Am Beispiel von *Cécile* wurde gezeigt, dass Fontane wie kaum ein zweiter Autor der deutschen Literatur des 19. Jahrhunderts das technisch-mediale-touristische Ensemble des Eisenbahn- und Telegraphenzeitalters literarisch reflektiert: vom Personal (Berliner Touristen, die allein reisende Tiermalerin Rosa, der Telegraphen-Ingenieur und weitgereiste Firdusi-Kenner Leslie-Gordon) über die Schauplätze (der neue Zug, mit dem Cécile und ihr Mann nach Thale fahren, das unmittelbar am Bahnhof gelegene «Hotel Zehnpfund», besuchte Schlösser und Sehenswürdigkeiten) bis hin zur narrativen Strukturierung, in der «Verkehr, Übertragung und Medien selbst das Fortschreiten der Erzählung organisieren».[144]

Eine Sammlung von dreizehn kleinen Erzählungen, die sich direkt als Tourismus-Geschichten bezeichnen ließen, hat Fontane 1894 – exakt fünfzig Jahre nach *Zwei Post-Stationen* – unter dem Titel *Von vor und nach der Reise* als Buch veröffentlicht.[145] Die Auftakterzählung *Modernes Reisen* beginnt mit soziologischen Beobachtungen zu den Veränderungen des Reisens im 19. Jahrhundert von der ständisch privilegierten Individualreise zu den breiteren Gesellschaftsschichten und vor allem beiden Geschlechtern offenen neuen Reiseformen: «Zu den Eigentümlichkeiten unserer Zeit gehört das Massenreisen. Sonst reisten bevorzugte Individuen, jetzt reist jeder und jede. Kanzlistenfrauen besuchen einen klimatischen Kurort am Fuße des Kyffhäuser, behäbige Budiker werden in einem Lehnstuhl die Koppe hinaufgetragen, und Mitglieder einer kleinstädtischen Schützengilde lesen bewundernd im Schlosse zu Reinhardsbrunn, daß Herzog Ernst in fünfundzwanzig Jahren 50157 Stück Wild getötet habe. [...] Alle Welt reist.»[146]

In den folgenden Erzählungen werden typische Situationen vorgeführt: die schwierige Rückkehr eines Beamtenpaares in den Alltag *(Nach der Sommerfrische)*, die zufällige Begegnung eines Hauslehrers mit einer Hausangestellten im Zugabteil, die beide auswandern wollen – er nach New York, sie nach England *(Im Coupé)* oder die Diskussion eines Berliner Paares, auf welcher Nordseeinsel man denn dieses Jahr den jährlichen Sommerurlaub verbringen will *(Wohin?)*. Fontane hat die Erzählungen im Untertitel seines Buches mit den Gattungsbezeichnungen *Plaudereien und kleine Geschichten* benannt. Man könnte sie aber auch dem «Geschlecht der short stories» zuordnen, das Fontane an anderer Stelle als neueste Gattung der internationalen Literatur ausmacht.[147] Für die Lektüre unterwegs, die sich im 19. Jahrhundert mit dem entstehenden Bahnhofsbuchhandel schon ankündigt, tritt diese Form dann erst im 20. Jahrhundert ihren Siegeszug an.[148]

Zugleich ist Fontane gerade darin Realist, dass er bei aller modernen und spielerischen Form die Widersprüche des 19. Jahrhunderts sichtbar werden lässt: Die Titelfigur in *Eine Frau in meinen Jahren* (sie ist Mitte dreißig) führt ihre Zufallsbekanntschaft am Kurort Bad Kissingen zunächst an einer Gruppe amerikanischer Touristen vorbei («junge Sportsmen», «Bicycle-Virtuosen» mit «im engsten Tricot steckenden Figuren»), bevor sie ihm auf dem örtlichen Friedhof die Spuren der Zerstörungen durch preußische Granateinschläge aus dem 1866er-Krieg zeigt.¹⁴⁹ Beiläufig wird in *Modernes Reisen* auf die im späten 19. Jahrhundert immer absurdere Formen annehmende Jagdmanie der Fürsten angespielt, auch wenn Herzog Ernst II. von Coburg-Gotha mit seinen insgesamt knapp 77 000 Stück erschossenen Wilds nicht ganz die Zahlen des schon seinerzeit als Tier-Serienmörder berüchtigten österreichischen Thronfolgers Franz Ferdinand erreichte, der im Laufe seines Lebens die unglaubliche Zahl von 275 000 Tieren erlegte. Gemessen an der Größe der Fürstentümer dürfte es aber prozentual ungefähr auf das Gleiche hinauskommen. Unnötig zu betonen, dass das Realismus-Gebot auch für Fontanes Romane gilt: In *Cécile* wird der schottische Telegraphen-Ingenieur Leslie-Gordon am Ende vom preußischen Offizier Pierre St. Arnaud erschossen.

Wenige Monate nach seiner ersten Englandreise und noch vor Ablauf seines Militärdienstes war Fontane am 15. September 1844 offiziell in den Berliner Literaturverein *Tunnel über der Spree* aufgenommen worden. Dieser war für ihn zunächst als literarische Schule ein willkommenes Forum zur wöchentlichen Diskussion selbstproduzierter Texte. Zudem bot er als «Verein dichtender Dilettanten», von «Amateurs» der «höheren Ordnung» aus Militär und Verwaltung, aber auch von Zeitungsmachern und Unternehmern die Möglichkeit, neben dem Apothekerberuf einen Fuß in der Literatur zu behalten und entsprechende Netzwerke zu knüpfen.¹⁵⁰ Die weit über die Literatur hinausreichende Funktion, die der *Tunnel* im Laufe der Zeit für Fontane bekam, hat er Jahrzehnte später gegenüber Georg Friedlaender folgendermaßen beschrieben: «Es kommt nun darauf an, daß einen das Leben [...] richtig einrangirt. So kam es, daß ich, trotz meiner jämmerlichen Lebensgesammtstellung, doch jeden Sonntag Nachmittag von 4 bis 6 richtig untergebracht war, nämlich im Tunnel.»¹⁵¹ Tatsächlich sollte es rund zwanzig Jahre dauern, bis Fontane Mitte der 1860er Jahre wieder aus dem «Einrangierungs-Verein» herauskam. Die dort geknüpften Verbindungen blieben sogar noch länger wirksam und trugen beispielsweise 1876 entscheidend zur Anstellung an der Akademie der Künste bei.¹⁵² Wie es biographische Weichenstellungen so an sich haben, traten die Konsequenzen des *Tunnel*-Beitritts aber erst sehr allmählich und insbesondere erst nach der gescheiterten Revolution zutage. Bis dahin fuhr Fontane weiter mehrgleisig.

BARRIKADE UND BALLADE

«Schleswig-Holstein aufgegeben.
Wenn dir's paßt, im Oktober Hochzeit.»
(An Emilie, vermutl. 30. Juli 1850)

DER REVOLUTIONÄR

Beinahe hätte Theodor Fontane, bevor man überhaupt als Autor von ihm gehört hatte, als Romanfigur literarisch Karriere gemacht. Im Juli 1848, dem Hochsommer der ersten demokratischen Revolution in Deutschland, bestürmte der international renommierte Literaturkritiker Adolf Stahr die mit ihm in «wilder Ehe» lebende und nicht minder berühmte Romanautorin und Frauenrechtlerin Fanny Lewald, den passenden großen Revolutionsroman zu schreiben – mit Theodor Fontane und Bernhard von Lepel als Antagonisten auf beiden Seiten der Barrikade: «‹*Der Offizier*›, so müsste der Roman heißen. Die abrichtende Erziehung, die Standesehre, die Vorurteile der Herkunft, das Garnisonsleben, das alles müsste sich bis zu dem Konflikt der Märztage zusammenbrauen. Dein Lepel könnte Dir die Studie sein.» Fontane dagegen, sein «Freund aus dem Volke», ist «Freiwilliger in Lepels Kompanie. Er soll auf das Volk feuern, er will nicht, er weigert sich, er wird Meuterer, er fordert in der Glut der feurigen Begeisterung die Truppe auf, seinem Beispiel zu folgen – nicht zu schießen auf das unbewaffnete Volk, das im Recht ist, und sein Freund, der Offizier, der Leibwächter des Königs, der Mann von Ehre, – muss den Freund niederstoßen, da er sich nicht verhaften lassen will.» Das Ganze könne bei Lewalds «Beobachtungsgabe» und «Fülle des unterstützenden Realismus» nur ein Erfolg werden.[1]

Lewald und Stahr kannten Fontane zu dieser Zeit noch nicht persönlich, sondern nur aus Bernhard von Lepels Erzählungen. Ein Jahr zuvor hatte ihnen Lepel im April 1847 einige Balladen Fontanes vorgetragen und berichtete anschließend dem Freund: «Noch nie sah ich Jemand so entzückt über Gedichte wie diesen St: über Deine ‹Generalitäten›. Er versteht wirklich was, schreibt politische Artikel für Blätter u. Zeitungen, die hier verboten sind [...] Er meinte, seit Freiligrath hätte er nicht wieder so schöne Reimbildungen gefunden u sprang bei der Stelle ‹der Donner war der Eine, der Andre war der Blitz› vom Stuhl auf u hörte das folgende im Zimmer auf u abgehend.»[2]

Seither war Stahr vom dichterischen Talent des schreibenden Apothekers überzeugt – «große Formgewandtheit, namentlich Reimbildungen nach Freiligrathscher Art» attestierte er Fontane später in der überregionalen *Bremer Zeitung* in einer der ersten Rezensionen zu Fontanes Balladen überhaupt.[3] Als Stahr dann im Sommer 1848 noch erfuhr, was Bernhard von Lepel an Fanny Lewald über Fontanes Radikalisierung während der Revolution berichtete, war er sich sicher: «Fontane ist ein Republikaner – alle Edelsten und Besten sind es, müssen es sein.»[4] Die Idee für den Revolutionsroman war geboren. Immer wieder mahnte er Lewald an, das Projekt in Angriff zu nehmen.[5] Auch wenn Lewald den Roman aufschob, nahm sie sich des aufstrebenden Literaten an. Fontane wurde regelmäßiger Gast in ihrem Haus in Berlin, wo mit Johann Jacoby, Alexander von Humboldt oder Karl August Varnhagen von Ense die prominentesten Vertreter der liberalen und demokratischen Fraktion von Hof und Parlament verkehrten. Erst im Mai 1850, als die alten politischen Verhältnisse der Wiener Ordnung wiederhergestellt waren, trennten sich ihre Wege. Während Lewald nach London ging, veröffentlichte Fontane seine ersten Artikel in der preußischen Regierungspresse. Als republikanischer Held taugte er nun nicht mehr.

Auch wenn Fanny Lewalds Fontane-Roman ungeschrieben blieb,

war die Idee, Fontane als Revolutionär zu literarisieren, nicht völlig aus der Luft gegriffen oder Resultat einer schwärmerischen Fehleinschätzung. Lewalds und Stahrs Korrespondenz ist vielmehr nur eines von vielen zeitgenössischen Zeugnissen, in denen sich Fontanes politisches Engagement während der Revolution dokumentiert. Als abgebrochenes Projekt symbolisiert der nicht realisierte Fontane-Roman zudem den mit der Erfahrung der gescheiterten Revolution verbundenen Bruch in Fontanes Biographie. Schließlich verweist dessen Entstehungsgeschichte, an deren Beginn die Begegnung mit Fontanes frühen Preußen-Balladen stand, sowohl auf deren unterschiedliche zeitgenössische Deutungsmöglichkeiten wie auf den engen Zusammenhang zwischen dem Bild der Barrikade, an der die in der Revolution zum Ausbruch kommenden Konflikte aufeinanderprallen, und der Ballade als einer literarischen Reflexionsform dieser Konflikte.[6]

In der 1848er-Revolution wurde unübersehbar deutlich, wie eng vernetzt die politischen, ökonomischen und medialen Verhältnisse innerhalb Europas inzwischen waren und wie wenig die Wiener Ordnung als politische Formation den veränderten Realitäten noch entsprach. Nachdem im Januar 1848 in Paris eine Massendemonstration gewaltsam aufgelöst worden war, errichtete die Pariser Bevölkerung mehr als 1500 Barrikaden in der Stadt und zwang den König am 24. Februar 1848 zur Abdankung. Louis Philippe wurde mit einem dicken Wollschal als alter «Uncle Smith» verkleidet in einer nächtlichen Fluchtaktion ins englische Exil verbracht.[7]

Dank der neuen Kommunikationsmedien verbreitete sich die Nachricht wie ein Lauffeuer über den Kontinent. Bei allen regionalen Unterschieden verliefen die folgenden Revolutionen beinahe simultan nach ähnlichem Muster: Massenerhebungen, Barrikadenbau und die Gründung von Bürgerwehren begleiteten die Forderungen nach modernen Verfassungen, gefolgt von der Einführung von Nationalversammlungen bzw. Parlamenten auf der Basis demokratischer Wahlen. Auch der Weg zum ersten frei gewählten

Parlament der deutschen Geschichte, das sich im Mai 1848 in der Frankfurter Paulskirche konstituierte, verlief nach diesem Muster. Den Regierenden, sofern sie nicht eine konstitutionelle Modernisierung unterstützten, blieb nur die Abdankung, häufig verbunden mit dem Gang ins englische Exil. Neben Louis Philippe gilt dies für den Architekten der Wiener Ordnung Klemens von Metternich ebenso wie für den preußischen Thronfolger Prinz Wilhelm von Preußen und viele mehr. Am Ende des Jahres 1848 sollten Großbritannien, die Niederlande und einige skandinavische Staaten die einzigen europäischen Staaten bleiben, die keine revolutionären Erhebungen und Regierungswechsel erlebt hatten.[8]

Beinahe genauso schnell wurde jedoch überall in Europa die alte Ordnung wiederhergestellt – auch das ein Zeichen der engen Vernetzung. Es blieb im wahrsten Sinn des Wortes bei einem kurzen Völkerfrühling. Schon im Sommer 1848 setzte die militärische Reaktion ein, am Ende des darauffolgenden Jahres waren die Regierungen der alten Ordnungsmächte überall wieder im Amt – auch wenn dies der letzte und nur kurze Triumph der Wiener Ordnung bleiben sollte. Nun begann mit der Verfolgung und Vertreibung überall in Europa der große Exodus nicht nur revolutionärer Aktivisten und bürgerlicher Liberaler, sondern auch Zehntausender Handwerker, Landwirte und Arbeiterinnen nach Großbritannien und in die USA, wo die Exilanten unter der Bezeichnung «Fourty Eighters» eine ganze Generation Ausgewanderter bildeten. Durchaus ein repräsentatives Bild für das Schicksal demokratischer Intellektueller gibt Fontanes «Verbleib-Studie» über die Mitglieder seines ehemaligen Leipziger Herwegh-Klubs, die er am Ende des Jahrhunderts seinem Freund Moritz Lazarus mitteilt: «Wir waren in diesem Leipziger Rütli sechs, acht Mann, wovon 2 füsilirt wurden (Rob. Blum und Jellinek), was etwas viel ist; 2 verkamen in Amerika, 2 wurden sächsische Philister und Max Müller wurde berühmt.»[9] Da auch der letztgenannte Max Müller nach England ging und dort sein Leben lang blieb, haben nach dieser Zählung von den acht Fällen weniger als die Hälfte überlebt oder sind im Land geblieben (nämlich zwei «sächsische Philister» und Fontane selbst).

Neben der militärischen Übermacht der alten Fürstentümer waren insbesondere die immanenten Widersprüche zwischen Liberalismus und Nationalismus, Spannungen zwischen rivalisierenden Nationalismen sowie die divergierenden sozioökonomischen Interessen der etablierten Bourgeoisie und der Arbeiter und Handwerker für den Erfolg der Reaktion ausschlaggebend.[10] Dies zeigte sich besonders deutlich am Beispiel der deutschen Nationalbewegung, die in einer konzertierten Aktion der beiden größten Fürstentümer, Österreich und Preußen, Anfang November 1848 zerrieben wurde. Der österreichische Feldmarschall Windisch-Graetz, der im Juni durchaus unter zustimmenden Kommentaren deutscher Liberaler den Prager Aufstand böhmischer Unabhängigkeitskämpfer niedergeschlagen hatte, wandte sich im Oktober gegen Wien und stürmte die Stadt in einem blutigen Gefecht mit mehr als 1000 Toten. Als besonders sichtbares Exempel, dass allen parlamentarischen Träumen nun der Garaus gemacht wird, wurde am 9. November 1848 der zur Verteidigung nach Wien gereiste Frankfurter Abgeordnete Robert Blum aller eingeforderten parlamentarischen Immunität zum Trotz hingerichtet. Unter dem Ministerpräsidenten Prinz Felix von Schwarzenberg wurde in Österreich ein neoabsolutistisches Regime errichtet und die Verfassung wieder abgeschafft.

Ebenfalls am 9. November 1848 gab es auch in Preußen einen Staatsstreich, und nur einen Tag später marschierten vor Berlin die Truppen des General Wrangel auf, der eben noch von liberalen Nationalisten als deutscher Kriegsheld gegen die dänischen Herrschaftsansprüche in Schleswig-Holstein gefeiert worden war. Am 5. Dezember wurde die Berliner Nationalversammlung aufgelöst. Auch wenn der preußische König die nationale Karte nicht ganz aus der Hand geben und zumindest den Schein der Konstitutionalisierung wahren wollte, ließ seine oktroyierte Verfassung von einer Demokratisierung nicht mehr viel übrig: Das in der Revolution durchgesetzte allgemeine Wahlrecht wurde durch ein Dreiklassen-Wahlrecht ersetzt, das 2 Prozent der Wahlberechtigten in der ersten Klasse genauso viele Sitze im Abgeordnetenhaus der «Zweiten Kammer» einräumte wie den 88 Prozent Wahlberechtigten der dritten Klasse. Die «Erste Kammer», oder das «Herrenhaus» hatte ohnehin keinen einzigen gewählten Vertreter, sondern war weiterhin eine bloße Ständevertretung.[11]

Dennoch blieb die Revolution alles andere als folgenlos. Sie markierte «vielmehr eine Wasserscheide zwischen einer alten Welt und einer neuen». Auch wenn sie äußerlich gescheitert sein mochte, übertrug sich ihre «Dynamik [...] wie eine seismische Schockwelle auf das preußische (und nicht nur das preußische) Regierungssystem, veränderte Strukturen und Denkweisen, brachte neue Prioritäten in die Regierung ein [...] und stellte politische Debatten in einen neuen Gesamtzusammenhang».[12] Die mit der Revolution einhergehende Gründung politischer Zeitungen und Parteien und die Erfahrung, dass die Bevölkerung dem unüberwindlich scheinenden militärischen Machtapparat der Wiener Ordnung wie in jenen März-Tagen erfolgreich Widerstand leisten konnte – alles das «vergaß sich nicht mehr», um es mit Immanuel Kants Diktum zur Französischen Revolution von 1789 zu formulieren.

Fontane war von den ersten Unruhen in Berlin im Frühjahr 1848 bis zu den letzten Freischärler-Aufgeboten auf längst verlorenem Posten in Schleswig-Holstein im Sommer 1850 während aller Phasen des Revolutionsverlaufs aktiv dabei: als Barrikadenkämpfer des 18. März, als Wahlmann für das erste deutsche Parlament der Frankfurter Paulskirche und als Journalist bei zwei prorevolutionären demokratischen Zeitungen.

Bei aller entheroisierenden und ironisch verkleinernden Darstellung gibt Fontane in seiner knapp fünfzig Jahre nach den Ereignissen geschriebenen Autobiographie *Von Zwanzig bis Dreißig* einen

Eindruck des Revolutionsgeschehens um den 18. März. So schildert er, wie nach dem Eintreffen der Nachricht von der geglückten Wiener Revolution, der Abdankung des obersten Repräsentanten der Wiener Ordnung Fürst Metternich und dessen Flucht nach England sich im Berliner Tiergarten die Massen versammelten, um schließlich am 18. März auf dem Schlossplatz eine Verfassung für Preußen zu fordern. Dann beschreibt er, wie mit den Schüssen zweier Soldaten in die Menge die Situation eskalierte und es zu den Barrikadenkämpfen kam, die sich bis zum nächsten Morgen hinzogen.

Mit durchaus soziologischem Blick beschreibt Fontane die Schichten der Berliner Bevölkerung und deren Rolle in der Revolution: vom Armutsproletariat, seiner Hauptkundschaft in der Jung'schen Apotheke, bis zum liberalen Bürgertum, das weniger unter ökonomischen oder existenziellen Zwängen litt als unter den hoffnungslos antiquierten politischen Verhältnissen. «Man schämte sich ihrer», fasst Fontane die Stimmungslage im Bürgertum zusammen. Das Missverhältnis zwischen den gewandelten Realitäten in einem Staat wie Preußen mit seinen 24 Millionen «freien Menschen – wenigstens innerlich – an denen die die Welt umgestaltenden Ideen der französischen Revolution nicht spurlos vorübergegangen waren»[13] und der Politik des Monarchen, der immer noch nach dem Selbstverständnis des Soldatenkönigs Friedrich Wilhelm I. regierte, sei zunehmend unerträglich geworden.

Für die Kämpfe selbst jedoch wird diese Klasse von Fontane als unbrauchbar bis lächerlich dargestellt. Dies gilt für die «mehr als harmlosen» Angehörigen der gehobenen Bourgeoisie, für die Fontanes Chef Jung steht, aber auch für jüngere Radikale – allen voran Fontane selbst. Dieser begegnet uns hier im wörtlichen Sinn als Taugenichts, dessen Barrikadenkampf, mit aus dem Schauspielhaus entwendeten Theaterwaffen und Balladen- und Geschichtshelden im Kopf, von ihm selbst als reine Farce geschildert wird. Als Hauptprotagonisten der Revolution werden hingegen Handwerker und Maschinenarbeiter ausgemacht, «die zuguterletzt die Sache durchfochten»: «lauter ordentliche Leute», wie Fontane betont.[14] Fontane gibt den Bericht des Druckers der *National-Zeitung* Eduard Krause über den Barrikaden- und Häuserkampf im Wortlaut wieder, der sich mit einigen Revolutionären im Cöllnischen Rathaus im heutigen Berlin-Mitte verschanzt hatte. Als ein Bataillon Grenadiere das Rathaus stürmte, überlebte er als Einziger, weil er, nach einem Säbelhieb halb ohnmächtig geworden, für tot gehalten wurde, während alle anderen, die sich hinter einem Kachelofen versteckt hatten, «Schuß auf Schuß» «niedergeschossen» wurden.[15] Krauses Bericht deckt sich mit vielen Zeugnissen von preußischen Soldaten über die Ereignisse des 18. März. So berichtete ein Gefreiter namens Schadwinkel vom Häuserkampf in der Breiten Straße, wie er und seine Kameraden ein Haus stürmten, angetrieben von blinder Wut die Wohnungen aufbrachen und «alles niedermachten, was sich uns widersetzte».[16] Ähnliches beobachtet auch der Kommandeur des Füsilierbataillons Graf Lüttichau: «Aus den Häusern geschahen seitens der Aufrührer Ausfälle mit Aexten, Beilen und dergleichen mehr. Einzelne Soldaten wurden in dieselben hineingezogen, aber sogleich wieder befreit, indem alles niedergeschossen und gestochen wurde, was sich zum Widerstand bereit zeigte.»[17] Am Morgen des 19. März waren rund 300 Zivilisten und Aufständische und um die 50 Soldaten tot. Der Berliner 18. März gehörte zu den blutigsten Auseinandersetzungen während der gesamten März-Unruhen im Deutschen Bund.[18]

Bei alledem ist es kein Wunder, dass Emilie sich um das Leben ihres Verlobten sorgte: «Du kannst wohl denken», schreibt sie am 28. März 1848 aus Liegnitz an ihre Stiefmutter, «welche entsetzliche Angst ich während der Schreckenstage ausgestanden habe, ich entsinne mich nicht, in meinem Leben schon einmal solch eine Pein ausgestanden zu haben. Denke nur, daß ich von meinem Theo sowohl wie von Hermann [Emilies Stiefbruder] denken mußte: sie können ebenso gut tot wie lebend sein.»[19]

Als nach dem letztlich erfolgreichen Widerstand, dem Abzug des Militärs und den Konzessionen des Königs zum ersten und bis 1919 einzigen Mal in der preußischen Geschichte am 1. Mai 1848 freie und gleiche, allerdings noch allein den Männern vorbehaltene Wahlen parallel zum preußischen Parlament in Berlin und zur Frankfurter Nationalversammlung abgehalten werden konnten, kandidierte Fontane als Wahlmann für das gesamtdeutsche Parlament. Die Teilnahme am ersten freien «Willensakt des Staatsbürgertums» in Deutschland zählte er zu seinen «allerglücklichsten» Stunden.[20] Gewählt wurde indirekt, das heißt, die Bürger votierten für einen Repräsentanten ihres Wahlkreises, der dann die Delegierten für das Nationalparlament ernannte. Fontane gewann die Wahl. Dass er in der Autobiographie feststellt, dass dies sein «Debüt» und «zugleich erstes und letztes Auftreten als Politiker» gewesen sei, stimmt hingegen nicht und gehört zu den vielfältigen Vertuschungsstrategien, mit denen er seine spätere zweite Kandidatur als Wahlmann für die Konservative Partei im Jahr 1862 heruntergespielt hat.[21]

Allerdings hielten die glücklichen Momente nicht lange an, und bereits im selben Monat bereiteten Militärs und Hofkamarilla die Rückkehr des Prinzen von Preußen aus dem englischen Exil vor. Dass dies einem Staatsstreich gleichgekommen wäre, bezweifelte niemand. Der Bruder des Königs, später wegen der Niederschlagung der Aufstände in Baden und der Pfalz «Kartätschenprinz» genannt und nach 1871 als Wilhelm I. Kaiser des neugegründeten Deutschen Reiches, war der «Radikalste aller Hardliner» und «am meisten gehasste Mann in der Stadt».[22] Dem König hatte er am Tag nach den März-Unruhen vorgeworfen, dass er ein «Schwätzer» und eine «Memme» sei, weil er zu Konzessionen gegenüber der Bevölkerungsmehrheit bereit gewesen war. Friedrich Wilhelm IV., politisch klüger als sein Nachfolger, hatte hingegen wie die meisten Regime im Deutschen Bund auf Zeit gespielt und seinen Bruder gedrängt, Berlin heimlich zu verlassen, um in England auf günstigere

Momente zu warten.²³ Die Nachricht von der nahenden Rückkehr Prinz Wilhelms, verbunden mit ständigen Gerüchten über einen möglichen Einmarsch zaristischer Truppen in Berlin, führte zu einer Radikalisierung großer Teile der Bevölkerung, die sich erneut zum bewaffneten Widerstand rüsteten und im Juni 1848 das königliche Waffenarsenal im Zeughaus stürmten. Die eigentlich zuständige Bürgerwehr hingegen spielte – nicht nur in den Augen Fontanes – eine zwielichtige Rolle und geriet in den Verdacht der Konspiration mit dem Hof.

Auch Fontane sah im Sommer und Herbst 1848 die Gegenrevolution auf dem Vormarsch und war sogar notfalls wieder bereit, zu den Waffen zu greifen, um die gerade erst errungenen Freiheiten zu verteidigen. Zunehmend führte dies zu Spannungen und der handfesten Freundschaftskrise mit Lepel, von der dieser Fanny Lewald in der eingangs angeführten Korrespondenz berichtete. In einem Brief vom 1. Juni 1848 stellte der monarchistisch-legitimistische, aber durchaus nicht altständisch-reaktionäre Lepel fest, dass «wir augenblicklich totale politische Gegenfüßler» sind.²⁴ Als mit dem Frieden von Malmö Preußen am 26. August 1848 seine Unterstützung für die Aufständischen in Schleswig-Holstein beendete und auf russischen Druck den Schulterschluss mit Wien vollzog, war eine gemeinsame Niederschlagung der demokratischen Bestrebungen in den beiden Großmächten des Deutschen Bundes nur noch eine Frage der Zeit.

Fontane ahnte, wie viele andere, sofort, dass die Rückberufung Wrangels und die Ernennung des Generals Pfuels zum Ministerpräsidenten einer Kriegserklärung gegen die eigene Bevölkerung gleichkam. Gegenüber Lepel spricht Fontane am 21. September 1848 von der offenen «Contre-Revolution» und bekennt: «Ich bin nicht in der Stimmung, auf Deinen unendlich friedlichen Brief, der nach Abgeschiedenheit und nach jedem beliebigen Jahrgang – nur nicht nach *1848* schmeckt, einzugehn [...] Schande Jedem, der zwei Fäuste hat mit Hand ans Werk zu legen, und sie pomadig in die Hosentasche steckt.» Wenn er ihm einen wirklichen Freundschaftsdienst erweisen wolle, fordert er von Lepel «mit dürren Worten», solle er ihm ein Gewehr besorgen.[25] Nachdem Lepel gegen den scharfen Ton des Briefes protestiert hatte, legte Fontane gegenüber dem befreundeten Offizier noch einmal nach, indem er ihm die Verbrechen des preußischen Militärs bei der Niederschlagung der Revolutionen in Südwestdeutschland und in den März-Tagen in Berlin vorrechnet: «denke an Mainz und die abgehackten Hände ertrinkender Knaben, [...] denk an die Schüsse, die man gegen verwundete und geknebelte Gefangene [beim Transport nach Spandau] richtete, [...] – an das herrliche Benehmen der Gardemänner gegen todesmuthige Freischärler und sage mir dann noch ‹Charakter und Bravheit stecken in der Armee wie nirgends›. Ja, Charakter steckt drin, aber welcher!»[26]

Fontane setzte nun sein revolutionäres Engagement mit der Feder fort. Ab August bis zu deren Verbot nach Wrangels Einmarsch in Berlin im November 1848 schrieb er für die demokratische Tageszeitung *Berliner Zeitungshalle* – ein Blatt, das vom «Zentralausschuss der Demokraten Deutschlands» herausgegeben wurde, einer Art Dachverband verschiedener Organisationen für ein demokratisches Deutschland mit Parlament in Berlin. Das Motto der Zeitung auf dem Titel lautete: «Alles für das Volk, alles durch das Volk», wobei der zweite Teil des Mottos mit der Forderung nach voller Volkssouveränität die demokratische Richtung anzeigt. Der Mitorganisator und Herausgeber der Zeitung, Hermann Kriege, war Fontane aus Leipziger Herwegh-Klub-Zeiten bestens bekannt. Die Zeitung erreichte eine Auflage von knapp 4000 Exemplaren, zu den Beiträgern gehörten neben Karl Gutzkow auch Fontanes Berliner Freunde Julius Faucher und Hermann Maron. Neben der liberalen *National-Zeitung* war die *Berliner Zeitungshalle* der wichtigste pressepolitische demokratische Gegenpol zur während der Revolution strikt regierungstreuen *Vossischen Zeitung* und vor allem zur reaktionären *Kreuzzeitung*, die Anfang Juli 1848 von der preußischen Kamarilla um die Gebrüder Gerlach und Bismarck gegründet worden war.[27] In vier längeren, politisch räsonnierenden Artikeln für die *Zeitungshalle* reflektiert Fontane die Fragen von Konstitutionalisierung, Parlamentarisierung, Volkssouveränität, sowie die Rolle Preußens innerhalb eines zu gründenden deutschen Verfassungsstaats.

Als die *Zeitungshalle* und der «Zentralausschuss» im Oktober 1848 in Berlin den *Zweiten Congress deutscher Demokraten*, eine Art deutschlandweiten Parteitag der demokratischen Strömungen, ausrichteten und für die mehr als 200 auswärtigen Deputierten aus 140 Städten Unterkünfte suchten, bot auch Fontane ein Gästezimmer im Diakonissenheim Bethanien an, wo er damals wohnte und arbeitete. Ausdrücklich lud er Ferdinand Freiligrath zu sich ein, der für sein Gedenkgedicht an die Gefallenen des 18. März, *Die Todten an die Lebenden*, gerade in einem Hochverratsprozess wegen «Aufreizung zu hochverrätherischen Unternehmungen» verurteilt worden war.[28]

Ein Jahr später, nachdem in Preußen die Pressefreiheit längst wieder auf den vorrevolutionären Stand eingeschränkt worden war, verfasste Fontane, von Wolfsohn vermittelt, von November 1849 bis Mai 1850 rund vierzig Korrespondentenberichte aus Berlin für die *Dresdener Zeitung*, das Organ der sächsischen demokratischen Fortschrittspartei, das unter dem Motto «Des Volkes Wille ist Gesetz» erschien. Fontanes Korrespondentenberichte liefern in einer Mischung aus Reportage, Analyse und Kommentar zeitnahe Informationen und Hintergründe zur gegenrevolutionären Reaktion in Berlin, die sich nun in Polizeiwillkür, politischen Prozessen und gezielten Provokationen manifestiert. «Das *Polizeiregiment* ist in Blüte. Auflösungen demokratischer Vereine und Ausweisungen mißliebiger Persönlichkeiten sind Parole und Losung. [...] Es ist eine Schande», heißt es gleich in Fontanes erstem Bericht.[29]

In einer mehrteiligen Artikelserie über den auf fingierten Beweisen beruhenden Hochverratsprozess gegen den angesehenen und durchaus moderaten Abgeordneten der Berliner Nationalversammlung Benedikt Waldeck geht Fontane besonders ausführlich auf die unrühmliche Rolle der *Kreuzzeitung* und seines späteren Arbeitskollegen Hermann Goedsche ein. Dieser hatte mit plump gefälschten Briefen ein angebliches terroristisches Komplott Waldecks gegen den König «aufgedeckt» und in seiner festen Rubrik *Berliner Zuschauer* die wildesten Verschwörungstheorien verbreitet.[30] Als «Polizeistaat» und «Schreckensregiment» charakterisiert Fontane durchgehend die Repressionspolitik der Regierung gegen die eigene Bevölkerung. Entgegen der offiziellen Propaganda, nach der man lediglich mit notwendigen Maßnahmen auf revolutionären Terror, Schrecken und Gewalt reagiere (die «Vogelscheuche des Kommunismus und der Anarchie»[31]), gingen diese ganz im Sinne des Begriffs der «Gegenrevolution» vor allem von der Regierung und interessierten Kreisen aus.

Offene Gewalt und Misshandlungen friedlicher Staatsbürger seien an der Tagesordnung: «so wurde der Kaufmann Wolffenstein, ein allgemein gekannter und geachteter Mann, in seinem eigenen Hause wund geschlagen»; «der Schriftgießereibesitzer Schoppe [...] Gegenstand einer polizeilichen Treibjagd, und zwar in seiner eigenen Wohnung. Da gab es zerbrochene Türen, Faustschläge, Drohungen, Schimpfworte; Weib und Tochter des Verfolgten wurden schlimmer wie gemeine Dirnen behandelt».[32] Angeheizt werde das allgemeine Verdachtsklima durch die «*Revolutionsmänner* unserer äußersten Rechten» der «*Partei Gerlach*» und anderer «Repräsentanten des christlich-germanischen Staates»[33], um so «die Gemüter zu fieberhafter Aufregung zu bringen» und Anlässe für gewaltsame Zusammenstöße zu finden. Die «Gelegenheit, der zündende Funke» werde sich – wie seinerzeit am 18. März – dann schon finden, «und geht es nach Wunsch», wird das Ziel, «die physische Vernichtung unserer Partei», erreicht werden.[34]

Während die Bevölkerung aus den März-Ereignissen gelernt

habe und sich trotz aller offenen Gewaltakte nicht zu den «von der Reaktion [...] herbeigeflehten» Ausschreitungen provozieren ließ, erscheint die Rolle der von Otto von Manteuffel geleiteten, eigentlich für Ruhe und Ordnung zuständigen Polizei pervertiert: «Nicht die kleinste Ruhestörung ist den Anstrengungen der Polizei gestern gelungen», stellt Fontane zum ersten Jahrestag der Berliner März-Revolution fest. Ironisch verkehrt sind hier die Verhältnisse, nicht Fontanes Satz.[35]

Gleich mit seinem ersten Artikel in der *Berliner Zeitungshalle* erzielte Fontane einen journalistischen Achtungserfolg, als er unter dem Titel «Preußens Zukunft» kurzerhand die Selbstauflösung Preußens als unabdingbare Voraussetzung für die Gründung eines deutschen Nationalstaats diagnostizierte. Da der preußische Staat untrennbar mit der absolutistischen Staatsform der Hohenzollernmonarchie verbandelt und auch seither ein Staat ohne Nation geblieben sei, sei er mit einer Republikanisierung Deutschlands nicht kompatibel: «Diese Auferstehung Deutschlands wird schwere Opfer kosten. Das schwerste unter allen bringt Preußen. Es stirbt. Jeder andere Staat kann und mag in Deutschland aufgehen; gerade Preußen muß darin *untergehen*. [...] Preußen war eine Lüge, das Licht der Wahrheit bricht an und gibt der Lüge den Tod.»[36] Die Alternative sei, wie Fontane in einem Folgeartikel – im historischen Rückblick hellsichtig – prognostizierte, lediglich eine Einheit ohne Freiheit.

Fontane erlangte mit diesen Thesen nicht nur die Aufmerksamkeit mehrerer deutscher Zeitschriften außerhalb Berlins, die seinen Artikel nachdruckten, sondern erstmals auch von erfahrenen politischen Profis und Diplomaten wie Karl August Varnhagen von Ense. Der inzwischen dreiundsechzigjährige Varnhagen hatte schon die Hardenberg'schen Reformen 1810–1815 publizistisch begleitet und verkörperte nun am Berliner Hof neben dem noch mal gut fünfzehn Jahre älteren Alexander von Humboldt das demokratische Gewissen. In seinem Tagebuch hat Varnhagen die große

Wirkung festgehalten, die Fontanes Artikel auf ihn hatte: «Ein kleiner, trefflich geschriebener Aufsatz in der ‹Zeitungshalle› hier, von Th. Fontane unterschrieben, sagt gradezu, Preußen stirbt, und muß sterben, es soll seinen Tod sogar eigenhändig vollziehen! Dies hat mich sehr ergriffen. Es ist viel Wahres darin. [...] Bei uns geht es schändlich her! Verwaltung, Magistrat, Gerichte, Polizei, mit Konstablern, Militair und Bürgerwehr, alles ist in die Wette reaktionair, im Widerspruch mit allen ausgesprochenen Grundsätzen, mit den offenbarsten Rechten des Volkes. Täglich geschehen die brutalsten Angriffe, die hinterlistigsten Niederträchtigkeiten [...] Die Regierung spielt ein arges Spiel mit dem Volke! Die Nationalversammlung schweigt dazu.»[37]

Unter dem Eindruck von Fontanes Artikel hinterfragt Varnhagen auch seine eigene Position, nach der Preußen immer noch einen Führungsanspruch innerhalb der deutschen Einheitsbewegung behaupten könne: «Und ich kann wünschen, daß *dieses* Preußen an die Spitze von Deutschland komme? Mit *diesen* Neigungen, Gewöhnungen, Tücken und Gewaltsamkeiten? [...] Nein, *dieses* wahrlich nicht, sondern ein *andres* Preußen, ein volksthümliches, freies, wie ich es voraussetze!»[38] Hiermit ist sehr genau das Spannungsfeld benannt, in dem sich die preußischen Liberalen und Demokraten bewegten: Preußen war in ihrer Sicht einerseits die einzige Großmacht innerhalb des deutschen Bundes, die potenziell modern genug war, um die Einheit gegen die alten Herrschaftseliten der Wiener Ordnung durchzusetzen, andererseits hatte genau dies ein «anderes Preußen» als das real existierende zur Vorbedingung. Die Differenz zwischen realem und erwünschtem, «anderen» Preußen markierten für beide, für Varnhagen wie für Fontane, die ungelösten Fragen von «Freiheit» und «Volksthümlichkeit».

POPULARITÄT AUF PREUSSISCH

Zwei Schreibpraktiken führen Fontane während der Revolutionszeit zur neuen Berufsbezeichnung des «littéraire», die er 1850 in seiner Hochzeitsurkunde eintragen lässt: der politische Journalismus und die Balladendichtung. Auch wenn beides mit unterschiedlichen und sogar politisch weitgehend gegensätzlichen Kontexten verbunden ist – der demokratischen Presse und dem zunehmend konterrevolutionären Literaturverein *Tunnel über der Spree* –, verlaufen beide Wege parallel und sind vielfach aufeinander bezogen. Das wichtigste verbindende Moment ist dabei der Begriff der «Volkstümlichkeit» beziehungsweise der «Popularität» – als politisches Prinzip in Fontanes journalistischen Arbeiten und als ästhetisch-poetologisches Prinzip in seiner Balladendichtung.[39]

Politisch ist damit die Vorstellung eines «anderen Preußen» und demokratischen Deutschlands verbunden, in dem die Wählerstimmen als neuer Souverän gelten. Auch literarisch-kulturell beinhaltet «Volkstümlichkeit», dass Literatur die Stimmen der Bevölkerung zum Ausdruck bringt, wie es sich seit dem späten 18. Jahrhundert im Prozess der Erfindungen der Nation durch Nationalmythen, bevorzugt in Gattungen wie dem Volkslied, Epen, Märchen, Legenden, Sagen und nicht zuletzt der Ballade, manifestiert. *Stimmen der Völker in Liedern* ist etwa Johann Gottfried Herders im letzten Viertel des 18. Jahrhunderts entstandene europäische Volksliedsammlung in der Ausgabe bei Cotta von 1807 betitelt. Und Friedrich Schillers Balladen gehörten zum Hausstand der bürgerlichen deutschen Nationalbewegung und wurden in Handwerkervereinen und Lesezirkeln auswendig gelernt. Durch ihren Doppelcharakter als Kunstform und Teil der Populärkultur mit ihrer Nähe zu Bänkelsang, Moritat, Chanson, Gassenhauer, politischen Liedern wie der *Marseillaise* oder polnischen Freiheitsliedern und der britischen Arbeiter- und Handwerkerdichtung («People's Poetry») entsprach die Ballade in hohem Maße Fontanes Literaturverständnis. In diesem beides vermittelnden Sinn schreibt Fontane im Mai 1847 an den Herausgeber des Cotta'schen *Morgenblattes* Hermann Hauff, bei dem die meisten seiner frühen Balladen erschienen sind, dass er mit seinen Gedichten nur «den poëtischen Ausdruck» – das heißt die Kunstform – für das gesucht habe, «was bereits im Munde des Volkes lebt»: «in *diesem* bescheidenen Sinne wag' ich sie volksthümlich zu nennen».[40]

Auch in Fontanes Vereinsnamen im *Tunnel über der Spree*, «Lafontaine», klingt etwas von dem Popularitätsanspruch seiner frühen Dichtungen an. Dieser ließ sich auf den spätaufklärerischen Unterhaltungsschriftsteller und Bestsellerautor August Lafontaine (1758–1831) beziehen, der zu seinen Lebzeiten international viel erfolgreicher war als beispielsweise Goethe. Als Fontane Jahre später während eines Dänemark-Aufenthaltes irrtümlich für einen Sohn von August Lafontaine gehalten wurde, stellte er vergnügt fest, dass Lafontaine sogar «am Limfjord die Menschenherzen gerührt» habe.[41]

Die Ballade als literarische Gattung kam dem angehenden Schriftsteller darüber hinaus aus mindestens drei Gründen entgegen. Poetologisch ermöglichte ihm das «erzählende Gedicht», seine früh ausgeprägten Leidenschaften für Geschichte und Literatur in einer Form zusammenzubringen.[42] Dadurch konnte er zum einen aktuelle soziale und politische Tagesfragen im Spiegel historischer Tiefendimensionen, mythischer Elemente und elementarer Naturgewalten thematisieren. Zum anderen bot die Gattung die Möglichkeit, narrative Verfahren aus Geschichtsschreibung und Literatur auf vielfache Weise mit genuin lyrischen Elementen wie Reim, Metrik und Rhythmus in ein produktives Spannungsverhältnis zu bringen.[43]

Die Ballade, die auf Oralität, dem gesprochenen und häufig auch gesungenen Wort basierte, war als Gattung auch besonders gut geeignet für den literarischen Sonntagsverein *Tunnel über der Spree*, den man sich als eine Art «poetry slam» im verrauchten Herren-Vereinszimmer vorstellen kann. Alle Texte wurden hier ausschließlich mündlich vorgetragen und dann der gemeinsamen Kritik und Bewertung durch die Vereinsmitglieder unterzogen. Seit seinem Beitritt im Jahr 1844 hat Fontane während seiner rund zwanzigjährigen Mitgliedschaft im *Tunnel* hauptsächlich Balladen vorgetragen. Der anfangs nebenberuflich schreibende Fontane trat mit beeindruckenden Stückzahlen in Serienproduktion hier schnell als «Balladen-Unternehmer en gros» auf, wie *Tunnel*-Sekretär Wilhelm von Merckel schon 1847 im Protokoll halb ironisch, halb anerkennend notiert.[44]

Publikations- und marktstrategisch gesehen eignete sich die Ballade als literarische Kleinform gut zur Veröffentlichung in Literaturzeitschriften und konnte in Form des Balladenzyklus zum größeren Werkzusammenhang kompiliert werden. Sie stellt damit ähnlich wie die gleichzeitig prosperierende Novelle oder der Feuilletonroman eine Form des «seriellen Erzählens» dar, ein Format, das Heinrich Heine mit seinen Balladenzyklen vom *Wintermärchen* bis zum *Romanzero* zur Meisterschaft gebracht hat. Auch Fontanes Balladen erschienen seit 1846 zunächst in verschiedenen Zeitschriften und erst anschließend mit den beiden Balladenzyklen *Von der schönen Rosamunde* und *Männer und Helden* (1849/50) oder der Anthologie *Balladen* (1861) im Buchformat.

Der Autor Fontane wurde bis weit in die 1860er Jahre öffentlich beinahe ausschließlich als Balladendichter wahrgenommen. «*Fontane, den Balladendichter*, wollen sie haben», bemerkt Paul Heyse, als Fontane 1859 mit einem anderen Format, seinem Reisebericht *Jenseit des Tweed*, zunächst vergeblich auf Verlegersuche war. Und auch lange nach der *Tunnel*-Zeit hat Fontane noch bis ins hohe Alter Balladen gedichtet. Neben dem *Wanderungen*-Projekt, den journalistischen Formen, den Kriegsbüchern, den autobiographischen Schriften und den Romanen sind die Balladen ebenso konstitutiv für Fontanes Gesamtwerk. Darüber hinaus prägt «Balladeskes» auch die Komposition und den Erzählstil von Fontanes Romanen: deren Andeutungsstil, die Kunst der Auslassung, der Verknappung und des Ungesagten, die Verbindung von Alltagssprache und symbolischer Technik oder rhythmisierende Elemente wie der Gebrauch von Refrains (z. B. «Die Sonne bringt es an den Tag» aus Chamissos gleichnamiger Ballade in *Unterm Birnbaum*) – solche an der Ballade erlernten Techniken machen erst den spezifischen Fontane-Sound seiner Romane aus.[45] Mit Recht lässt sich feststellen, dass die Gattung der Ballade für kaum einen anderen deutschsprachigen Autor des 19. Jahrhunderts – ausgenommen vielleicht Heinrich Heine und Annette von Droste-Hülshoff – eine so entscheidende Bedeutung hatte.[46]

Die beiden Balladenbücher *Von der schönen Rosamunde*, eine Adaption aus der Balladensammlung *Reliques of Ancient English Poetry. Old heroic ballads, songs, and other pieces of our earlier poets* von Thomas Percy (1765 zuerst veröffentlicht, aber 1840 in zahllosen populären Anthologien präsent), und *Männer und Helden*, eine Sammlung der bereits erwähnten Balladen über Generäle der friderizianischen Zeit, verweisen auf die beiden Stoffgebiete, mit denen Fontane als «volksthümlicher Schriftsteller» auftrat: Englisch-Schottisches und Historisch-Preußisches.

Fontane gab sein Debüt im *Tunnel* im Herbst 1844 mit der von seiner ersten Englandreise mitgebrachten Ballade *Tower-Brand*. Gleich seine erste Ballade ist ein Musterbeispiel für die Verdichtung geschichtlicher Widersprüche zwischen Freiheitsbestrebungen einerseits und der Macht der von Karl Marx in seiner im selben Jahr erschienenen *Einleitung zur Kritik der Hegel'schen Rechtsphilosophie* als «steinern» bezeichneten «Verhältnisse» andererseits.[47] Die im Londoner Tower inhaftierten oder hingerichteten historischen Persönlichkeiten (Heinrich VI., Lady Gray, Anne Boleyn und «zahllose» weitere), die dort nun als Gespenster der Geschichte spuken, beschließen eines Nachts unter dem Gemurmel «Fluch dir Tower, dran das Blut der Unschuld klebt; / Schutt und Trümmer sollst du werden!» das Stadtgefängnis anzuzünden. Ein Sturm, der die Flammen anfacht, kommt ihnen zu Hilfe. Allerdings stehen am nächsten Morgen die Gefängnismauern immer noch, weil sie von den Tränen und dem Blut der Gefangenen so feucht waren, dass sie vom Feuer verschont geblieben sind («Doch, als ob das Salz der Tränen feuerfest die Wände macht, / Wie wenn Blut der beste Mörtel, den ein Meister je erdacht, – / Seht, wie durstig auch die Flamme sich von Turm zu Turme wirft, / Hat sie doch, als wären's Becher, nur den Inhalt ausgeschlürft»). Die immer gleiche Macht der buchstäblich steinernen Herrschaftsverhältnisse und die Ausweglosigkeit von Ausbruchsversuchen werden dadurch unterstrichen, dass die erste und die letzte Strophe fast deckungsgleich sind und sich nur durch minimale Änderungen unterscheiden, wodurch das Gedicht eine zyklische Struktur bekommt: In der ersten Strophe sieht man «schon» die Schatten der Gespenster schreiten, in der letzten immer «noch»; die letzte Strophe wird im Unterschied zur ersten mit einem iterativen «Wieder» eingeleitet: «Wieder, wenn es Nacht geworden, wenn's im Tower leer / und stumm, / Gehen die Geister der Erschlagnen in den Korridoren um.»[48]

Wie Fontane im Rückblick auf sein erstes *Tunnel*-Jahrzehnt an Theodor Storm schrieb, rief er mit der Ballade enthusiastische Reaktionen hervor. Die Ballade habe so «gewissermaßen über meine Richtung» entschieden.[49] Tatsächlich konnte Fontane sie, als er 1854 seinen Brief an Storm verfasste, auch als eine bittere visionäre Vorausdeutung auf seine eigenen Erfahrungen und Ausbruchsversuche während der Revolutionszeit lesen. Hatte er 1844 mit der Ballade noch in jugendlicher Begeisterung das Stadtgefängnis in Flammen aufgehen lassen, musste er zehn Jahre später feststellen, dass dessen reale Mauern immer noch standen.

In den frühen Preußenballaden macht Fontane einige Feldherren und Generäle vor allem aus der friderizianischen Zeit in der Form des populären «Gassenhauers» zum literarischen Gegenstand.[50] Die Preußenlieder sind nicht nur durch ihr gemeinsames Thema als

Serie erkennbar, sondern auch formal durch ihren durchweg fast identischen Strophenbau, Versform, Kreuzreimschema, Metrum und Rhythmik. Mit ihrer einheitlichen Volksliedstrophe aus acht kurzen dreihebigen jambischen Versen lassen sie sich alle zum Beispiel ziemlich genau nach der Melodie des bereits erwähnten Milchkutscherliedes *Bolle reiste jüngst zu Pfingsten* singen. Wenn man es ausprobiert, wird deren Ohrwurmqualität sofort deutlich. Die einzelnen Verse der Lieder funktionieren dabei nach dem Schema von Frage und Antwort bzw. Öffnung und Schließung, nach dem auch heutige Popsongs strukturiert sind: Der offenen Erwartung durch eine weibliche Endung folgt jeweils der rhythmisch synkopierende Abschluss des Doppelverses durch eine männliche Endung. Insbesondere die männlichen Endreime hatte Fontane sich als Charakteristikum von populären britischen Straßenballaden abgeschaut. Um nur ein Beispiel aus dem *Alten Zieten* anzuführen – man kann aber beliebige Verse auch aus dem *Alten Derffling*, dem *Alten Dessauer*, dem *Seydlitz*, *Schwerin* oder *Keith* wählen: «Sie kamen nie alleine, / Der Zieten und der Fritz, / Der Donner war der eine, / Der andre war der Blitz.» Es war diese Rhythmisierung, die Adolf Stahr beim ersten Hören so begeistert aufspringen ließ.

Mit dem an der Tafelrunde in Sanssouci einschlafenden alten General Hans Joachim von Zieten und dem zum «Fritz» verbürgerlichten preußischen König übernimmt Fontane Motive aus Franz Kuglers und Adolph Menzels «Volksbuch» über Friedrich den Großen. Und so wie der friderizianische General mit der refrainartig wiederholten Wendung «Zieten aus dem Busch» zu einer Art brandenburgischem Lederstrumpf popularisiert wird, so wird «Der alte Derffling» wegen seiner bürgerlichen Herkunft als Schneider durchgehend im Handwerker-Bildfeld des textilverarbeitenden Gewerbes besungen. «Keith» wiederum wird als Schauspieler porträtiert, der als europäischer Schlachtenbummler von Bühne zu Bühne zog, bis er schließlich in den Schlachten bei Roßbach und Hochkirch im Siebenjährigen Krieg seine größten Rollen spielte und von der Bühne abtrat.[51] Der Gassenhauerform der Balladen entspricht so ein humoristischer, unheroischer und vor allem unaristokratischer «volkstümlicher» Duktus.

Anknüpfend an Fontanes eigene Umdeutungen aus späterer Zeit, wurden insbesondere die Preußenlieder meist als eine literarisch vorweggenommene politische «Kehrtwende» Fontanes gedeutet: von der Politik zur Geschichte, von der revolutionären Vormärzlyrik zur romantisch-konservativen Balladenkunst, «vom englischen Proletarier» zu den «preußischen Feldherren».[52] Mit ungeheurer Akribie hat man die vielfältigen konservativen Netzwerke um die *Tunnel*-Wortführer Wilhelm von Merckel und Louis Schneider rekonstruiert, um Fontanes Preußenlieder in der mit diesen Netzwerken verbundenen «Militärpoesie» von heute zu Recht vergessenen *Tunnel*-Dichtern wie Moritz Graf von Strachwitz, Christian Friedrich Scherenberg oder George Hesekiel zu situieren.[53] Tatsächlich wurden Fontanes Preußenlieder schon früh in der strikt konterrevolutionären Militärzeitung *Soldatenfreund* abgedruckt, erschienen 1850 in Buchform beim Scherenberg-Verleger Adolf Wilhelm Hayn und fanden sich dann in der späteren Reaktionszeit in zahlreichen Schulbüchern, Anthologien, Gesang-, Lieder- und Gedichtsammlungen wie dem «militärischen Dichter-Album» *Preußens Ehrenspiegel* zusammen mit den genannten Autoren wieder.

Allerdings sind Kurzschlüsse von Fontanes Balladenstoffen auf eine vermeintlich schon in ihnen angelegte reaktionäre Verherrlichung Preußens zu hinterfragen. Hier lohnt ein genauerer Blick auf die Relationen und zeitlichen Abläufe. Scherenberg als Lieblingsdichter des Hofes bekam für seine Schlachtenepen (die in ihrem Seitenumfang lange nicht so monumental sind wie im Stil – *Waterloo* etwa hat einen Umfang von 75 äußerst großzügig gedruckten Seiten) von Hayn Honorare von über 1000 Talern, zusätzlich eine königliche Ehrenpension sowie eine Bibliothekarsstellung im Kriegsministerium.[54]

Der frühe Abdruck von Fontanes Preußenliedern im *Soldatenfreund* hingegen war eine bloße von Lepel als Freundschaftsdienst für den immer klammen Fontane gedachte Zusatzverwertung ohne Wissen des «Rechteinhabers» Cotta, in dessen *Morgenblatt für gebildete Leser* Fontanes Balladen bereits seit 1846 erschienen: «Die Morgenblättler» im fernen Südwestdeutschland «wissen auch wohl gar nicht, daß der Soldatenfreund existirt», beruhigte Lepel Fontane.[55] Angesichts der paar Groschen Honorar, die der Herausgeber der Zeitung Louis Schneider zahlte, bereute Lepel im Nachhinein selbst dies: «Das Schwein entblödet sich nicht Dir nur 2 rth. 10 sgr. dafür zu zahlen. [...] Wenn ich gewußt hätte, daß für Deine Gedichte dieser Dreck bezahlt würde, so hätt' ich sie dem Ekel unentgeldlich gegeben.»[56] Die Buchfassung von *Männer und Helden* gab Fontane erst an Hayn, nachdem Cotta deren Veröffentlichung abgelehnt hatte, weil man außerhalb Preußens nach der Niederschlagung der liberalen Bewegungen überall in Deutschland auf preußische Generäle nicht mehr so gut zu sprechen war und auch die Verhandlungen mit anderen Verlegern gescheitert waren – sozusagen als allerletzte Möglichkeit. Die ohnehin schon bescheidene Honorarforderung Fontanes von 8 Louisdor kürzte Hayn um die Hälfte.[57]

Dass in der weiteren Publikations- und Rezeptionsgeschichte der Preußenlieder deren Deutung im politisch-konservativen Sinn einer Verherrlichung des «alten Preußen» dominant wurde, hat mehr mit den politischen Verhältnissen der Reaktionszeit zu tun als mit den Balladen selbst. «Volkstümliches» wurde ab nun fast nur noch im Rahmen der beiden großen preußischen Disziplinierungsanstalten Militär und Schule geduldet – in den beiden auflagenstärksten preußischen Publikationsorganen des 19. Jahrhunderts, der Zeitschrift *Soldatenfreund* und dem Schulbuch *Der Kinderfreund* oder in der regierungsamtlichen oder konservativen Provinzpresse für die Landbevölkerung. Auf diesen Feldern konnte Fontane später, dann selbst schon im Dienst der Regierung, mit seinen Preußen-Balladen eine gewisse Breitenwirkung erzielen.

Will man Fontanes Preußenlieder hingegen historisch angemessen kontextualisieren, muss man sie daneben auch vor dem Hintergrund der damaligen liberalen Friedrich-Renaissance lesen. Die zunehmend restriktive Politik Friedrich Wilhelms IV. nahm die Mehrheit der liberalen preußischen Intellektuellen zum Anlass, um ein idealisiertes Bild von Toleranz, Zensurfreiheit und Rechtsstaatlichkeit in der friderizianischen Aufklärungsepoche in kritischer Absicht gegen die orthodoxe Religionspolitik, polizeiliche Willkür und konservative Romantik zu aktualisieren – Fontane selbst hat dieses Argumentationsmuster etwa in seinen journalistischen Arbeiten für die *Dresdner Zeitung* verfolgt.[58] Der politische Kopf der reaktionären *Kreuzzeitungs*-Partei Leopold von Gerlach hingegen weigerte sich aus denselben Gründen, aber unter umgekehrten politischen Vorzeichen lebenslang, Friedrich II. «den Großen» zu nennen.

Auf dem gemeinsamen Nenner der Kritik an den herrschenden, als rückwärtsgewandt wahrgenommenen Verhältnissen finden sich zahllose Friedrich-Reminiszenzen, die politisch von moderat liberalen bis hin zu republikanischen oder sogar sozialistischen Aktualisierungen reichten. Mit ihrer *Geschichte Friedrichs des Großen* knüpfen Franz Kugler und Adolph Menzel an den riesigen Erfolg von Horace Verners *Illustrierter Geschichte Napoleons* in Frankreich an, in dem ganz analog ein idealisierter, moderner und bürgernaher Napoleon dem Frankreich der Restaurationszeit entgegengehalten wird.[59] Neben Text und Bild gehören in diesen Kontext die Volkslieder Pierre-Jean de Bérangers, die wiederum als französisches Modell für Fontanes gassenhauerhafte Preußenlieder gelten können – in der preußischen Variante freilich in jeder Hinsicht in kleinerem Maßstab.

Der Junghegelianer Karl Friedrich Köppen veröffentlichte 1840 beim Leipziger Verleger Otto Wigand seine «Jubelschrift» (so der Untertitel) *Friedrich der Große und seine Widersacher*, die auf dem Titelblatt «Meinem Freunde Karl Heinrich Marx aus Trier gewidmet» ist und Friedrich als Vorläufer der Feuerbach'schen Religionskritik, des Rationalismus und der Geistesfreiheit feiert. Und in Ferdinand Freiligraths Friedrich-Ballade *Im Himmel* versammelt der preußische König 1844 noch einmal seine Generäle um sich (unter anderem Zieten, Schwerin und Keith – «Und all' die großen Preußen sonst aus alt' und neuer Zeit»), schaut grimmig vom Himmel herab auf das geknechtete Berlin unter seinem Nachfolger und erklärt, dass er auf altpreußischem Fundament und dem inzwischen breiten «Unterbau» einer freiheitsliebenden Bevölkerung in Preußen den «Staat der neuen Zeit» errichten werde, in dem er «nicht mehr als Autokrat» regieren würde, sondern auf der Basis von Volkssouveränität und Volksfreiheit.[60]

Friedrich von Raumer schließlich, dessen *Historisches Taschenbuch* neben Karl August Varnhagen von Enses *Biographischen Denkmalen* und Kuglers und Menzels Friedrich-Buch zu den Hauptquellen für Fontanes Preußenballaden gehörte, sorgte beim alljährlichen Friedrich-Festakt in der Königlichen Akademie der Wissenschaften im Januar 1847 für einen handfesten Skandal, als er in Anwesenheit von Friedrich Wilhelm IV. eine Lobrede auf die Toleranzpolitik Friedrichs des Großen hielt, die sogleich als Kritik an der gegenwärtigen romantisch-konservativen Zensurpolitik zu verstehen war. Raumer musste von allen Akademie-Ämtern zurücktreten und wurde anschließend in der liberalen Presse weit über Preußen hinaus als neuer «Marquis Posa» gefeiert – nach Friedrich Schillers gleichnamiger Figur aus dem *Don Karlos*, dessen Forderung «Sire, geben Sie Gedankenfreiheit» seither zum festen Eintrag im Wörterbuch des Widerstands wurde.[61]

Dass Fontanes Feldherren-Balladen auch für eine solche Lesart offen waren, zeigen die eingangs angeführten begeisterten Reaktionen von Republikanern wie Adolf Stahr ebenso wie die Publikation der Balladen in Cottas *Morgenblatt für gebildete Leser*. Der Herausgeber des *Morgenblattes*, Hermann Hauff, als südwestdeutscher Liberaler jeglicher Verherrlichung des preußischen

Militarismus abhold, nahm Fontanes Feldherrenlieder als eine Art preußisches Pendant zu den Historienballaden des schwäbischen Freiheitsdichters Ludwig Uhland in die überregionale Literaturzeitschrift auf.

Im *Tunnel* hingegen waren gerade bei den konservativen Kreisen um Wilhelm von Merckel insbesondere die Reaktionen auf Fontanes Preußen-Dichtungen durchaus ambivalent – und zwar sowohl aus politischen wie aus ästhetischen Gründen.[62] Scharfe Kritik richtete sich etwa gegen die verbürgerlichenden Darstellungen wie den General-Schauspieler-Vergleich im *Keith*. Ein «Gleichnis, das den Dichter, wie eine böse Gesellschaft, der man verfällt, in eine falsche Bahn riß», moniert Merckel im Protokoll im mahnenden Ton, bei dem man auch die Warnung vor «falschen», das heißt demokratischen Freunden an Fontane mitschwingen hört.[63] Der volkstümliche Ton der Lieder wird als unangemessener «unedler Ausdruck» kritisiert und sei sogar gerade wegen des Popularitätsanspruches gefährlich, weil «die Menge» solchen Vergleichen «kaum gewachsen seyn» dürfte. Schließlich sei der humorvolle Duktus preußischen Generälen und Königen «unwürdig», und diese würden durch ihn «lächerlich» gemacht.[64]

Ohnehin war Fontane während des gesamten Revolutionszeitraums von März 1848 bis Herbst 1849 im *Tunnel* praktisch nicht anwesend, weil ihm wie vielen anderen Vereinsmitgliedern die Sache «zu reaktionär» wurde und er deshalb dort «schwerlich was verloren» habe.[65] Zunehmend zeigte der Verein Auflösungserscheinungen. Wilhelm von Merckel, der kurz darauf einer der wichtigsten Freunde und Förderer Fontanes werden sollte, war bei mehreren *Tunnel*-Sitzungen allein. Im Protokoll zur Sitzung des 19. März 1848, also einen Tag nach den Berliner Märzunruhen, notiert Merckel indigniert: «Der Sekretair, trotz Revolution und Bürgerbewaffnung, ging seiner Amtspflicht nach, fand aber das Sitzungslokal verschlossen und, nachdem er, ohne ein Wort zu verlieren, gegen diesen Zustand der Dinge protestirt hatte, zog er sich nach Hause zurück.»⁶⁶ Nachdem im Sommer 1848 erneut nur ganze vier *Tunnel*-Mitglieder anwesend waren (Fontane war nicht unter ihnen), aber auch gleich wieder weggingen, fasste Merckel am 18. Juni 1848 als letzter Verbliebener den «einstimmigen Beschluss», wie er doppelsinnig im Protokoll notiert, den *Tunnel* vorerst aufzulösen. Erst nach dem Einmarsch der Wrangel'schen Truppen in Berlin kam auch der *Tunnel* wieder regelmäßig zusammen – ein deutliches Indiz für die politische Ausrichtung des laut Vereinsstatut eigentlich unpolitischen Literaturvereins. Fontane wird erst ein Jahr später wieder dort auftauchen.

Auch Fontanes Nachmärz-Balladen *Der Tag von Hemmingstedt* (1851) und *Archibald Douglas* (1854) verbinden Geschichtliches und aktuell Politisches und sind dabei in verschiedene Richtungen deutbar. Beide gelten als Höhepunkt und Abschluss des ersten *Tunnel*-Jahrzehnts und heben sich von seiner frühen Balladen-Serienproduktion allein schon dadurch ab, dass er besonders lange und intensiv an ihnen gearbeitet hat. Nach dem vollzogenen Berufswechsel wollte er mit ihnen nicht mehr nur als literarisch dilettierender Apotheker, sondern als auch überregional ernstzunehmender Autor wahrgenommen werden. Sie galten ihm als literarisches Entreebillet und Ausweis seines Könnens – sozusagen sein literarisches Examen «Erster Klasse» als Berufsschriftsteller.

Mit dem *Tag von Hemmingstedt* aktualisiert Fontane einen Stoff aus den Bauernkriegen des frühen 16. Jahrhunderts und bezieht ihn auf den schleswig-holsteinischen Unabhängigkeitskampf seiner Gegenwart. Am 17. Februar 1500 hatten sich die aufständischen Dithmarschener Bauern erfolgreich gegen ein militärisch weit überlegenes Söldnerheer, das der dänische König Johann I. aus dem Raubritteradel unterschiedlicher deutscher Fürstentümer rekrutiert hatte, zur Wehr gesetzt und ihre Unabhängigkeit behauptet. Die Parallele zum Kampf der Freiwilligenverbände in Schleswig-Holstein gegen die alten Mächte der Wiener Ordnung – der dänische König im Verbund mit dem russischen Zaren, Österreich und dem auf deren Linie gebrachten Preußen – lag auf der Hand und wurde auch von anderen Literaten thematisiert, etwa in Friedrich Hebbels Hemmingstedt-Ballade von 1854. Friedrich Engels führt in seinen journalistischen Arbeiten dieser Zeit beides unter dem Rubrum revolutionärer Traditionen in Deutschland zusammen: Im August 1850 erklärte er in seinen Artikeln in der *Democratic Review* einem internationalen Publikum, der Krieg in Schleswig-Holstein sei der einzige revolutionäre Krieg, den Deutschland je geführt habe («the only revolutionary war Germany ever carried on»).[67]

Spätestens seit Oktober 1850 beschäftigte sich Fontane mit dem Hemmingstedter Aufstand und arbeitete seine Ballade ab Januar 1851 anlässlich eines vom *Tunnel* ausgerufenen Balladen-Wettbewerbs aus.[68] Den historischen Stoff literarisierte er – wie später auch seinen historischen Roman *Vor dem Sturm* – ausdrücklich als Ballade «ohne Helden», bei der die Vielen mit Unterstützung der Naturgewalten über das hochgerüstete Heer unter Führung des dänischen Herrschers und des finsteren «Junker Slenz» siegen. Gegen den Einwand Paul Heyses und anderer *Tunnel*-Mitglieder, es gehöre zu den Gattungskonventionen, dass eine Ballade einen «Hauptträger, einen Helden» haben müsse, verwahrte er sich mit dem Argument, dass es ihm um das historische Ereignis mitsamt dem vermeintlichen «Beiwerk» gegangen sei («die Ballade heißt nicht: König Johann, oder Wolf Isebrand, oder Junker Slenz – sie heißt eben ‹Der Tag von Hemmingstedt›»[69]). Vermeintliche Gattungskonventionen würden zu leerem Ästhetizismus, wenn man sie losgelöst von der Sache, dem «Kern und Inhalt» festschreiben wolle.[70]

Der *Tag von Hemmingstedt* war Fontanes erster literarischer Erfolg, setzte er sich doch im *Tunnel*-Balladenwettbewerb gegen die aufstrebenden Literaturstars und anerkannten Kunstkenner wie Paul Heyse, Franz Kugler, Friedrich Eggers und noch «andere der Kuglerschen Partei» durch.[71] Unter den zehn eingereichten Balladen – auch Lepel hatte sich beteiligt – gewann er den ersten Preis, einen Glaspokal im Wert von 16 Reichstalern. Später bezeichnete er ihn als «ein wahres Monstrum von Häßlichkeit», wovon man sich im Märkischen Museum in Berlin, wo sich der Pokal heute befindet, überzeugen kann.[72] Im bitterarmen Jahr 1851 aber konnte Fontane damit zumindest ein wenig bei Emilie punkten: Seit dem *Tunnel*-Sieg «prangt ein großer und hübscher Glaspokal auf Emiliens Etagere», schreibt er an Freund Witte.[73] Allerdings blieb der Gewinn weitgehend auf das Konto des symbolischen Kapitals beschränkt. Das Honorar von vier Talern, das Fontane für den Abdruck der Ballade in Robert Prutz' *Deutschem Museum* bekam, war ein Bruchteil der Kosten für das Glasmonstrum und entsprach, wie Fontane Wolfsohn vorrechnet, gemessen an den neun Wochen Arbeit an der Ballade nicht einmal der Hälfte des Tagelohns von einem «Droschkenkutscher oder Dreckzusammenfeger» – auch wenn es immer noch mehr war, als Louis Schneider für alle Preußenlieder zusammen gezahlt hatte.[74]

Das zweite große gärende Thema des Nachmärz neben der Schleswig-Holstein-Frage, die Vertreibung und das Exil Zehntausender deutscher Revolutionäre, Liberaler und Demokraten nach dem Sieg der Reaktion, verarbeitete Fontane in seiner Ballade *Archibald Douglas*. *Archibald Douglas* wurde als Fontanes «Meisterballade» zu Lebzeiten sein wohl berühmtestes Werk überhaupt. Der «Dichter eines gewissen ‹Archibald Douglas›» ist laut Paul Heyse schon Ende der 1850er Jahre das unverwechselbare Markenzeichen des Autors Fontane. Von Carl Loewe, neben Robert Schumann der bedeutendste zeitgenössische Balladen-Komponist, vertont, wurde *Archibald Douglas* auch bei der großen offiziellen Feier zu Fontanes 70. Geburtstag am 4. Januar 1890 vorgetragen. In zahlreichen Äußerungen ist der Ärger des alten Fontane überliefert, dass schon nach der ersten Strophe der Applaus einsetzte, obwohl der Vortrag nicht zu Ende war – für ihn ein untrügliches Zeichen der Missachtung von Dichtung und Dichtern im Kaiserreich.[75]

Den Stoff der Ballade, die innerschottischen Auseinandersetzungen zwischen den Grafen Douglas und den Stuarts, in deren Folge Archibald Douglas von Jakob V., dem Vater von Maria Stuart, nach England verbannt wurde, hat Fontane aus Walter Scotts *Minstrelsy of the Scottish Border* übernommen. Wie bei allen Adaptionen und Übertragungen englisch-schottischer Balladenstoffe durch Fontane lohnt aber auch hier vor allem ein genauerer Blick auf die Abweichungen vom Scott'schen Muster, wodurch aus der Ballade erst Fontanes eigenständiges Werk wird. Statt der gattungstypischen Ermordung der Titelfigur bei Scott steht am Schluss der Fontane'schen Ballade die Begnadigung von Archibald Douglas durch Jakob V. An anderer Stelle hatte Fontane bei Scott den Vers «A king's face / Shall give grace» gefunden, der ihn zur Änderung des Schlusses inspirierte. Aus der kriegerischen Heldenballade wird bei Fontane eine Versöhnungsballade, die die zeitgenössischen Rezipienten sofort auf die postrevolutionäre Auswanderungs- und Exilsituation beziehen konnten.

Besonders deutlich wird dieser Gegenwartsbezug durch einen Vergleich der ersten, 1854 im *Tunnel* vorgetragenen Fassung mit den Druckfassungen, die 1856 in der *Deutschen Jugendzeitung* des deutsch-dänisch-schwedischen Dichters und Pädagogen Christian Julin-Fabricius und 1857 in der Berliner Literatur- und Kunstzeitschrift *Argo* erschienen sind.[76] In der *Tunnel*-Version trug die Ballade noch den Titel *Der Verbannte* und setzte mit dem Vers ein: «Ich war nun draußen sieben Jahr / Ein Verbannter übers Meer».

Titel und Eingangsvers der bekannteren Druckfassung lauten hingegen: *Archibald Douglas*, «Ich hab' es getragen sieben Jahr / Und ich kann es nicht tragen mehr».

Zwar ist der Bezug auf die Exilsituation der Nachrevolutionszeit in der ursprünglichen Fassung direkter («draußen überm Meer» in Großbritannien und den USA befanden sich die meisten der deutschen «Verbannten»). Hingegen wird das Geschehen in der Druckfassung historisch individualisiert (neuer Titel) und zugleich mit einer von Schiller geborgten Wendung ins Existenzielle verallgemeinert («ich kann es nicht tragen mehr» statt «übers Meer»).[77] Mehr noch spielt der neue Eingangsvers auf Heinrich Heines Leidensgedicht aus dem *Buch der Lieder* an («Anfangs wollt ich fast verzagen, / Und ich glaubt, ich trüg es nie; / Und ich hab es doch getragen – / Aber fragt mich nur nicht, wie?»), das zur Zeit der Umarbeitung der Ballade angesichts von Heines langem Krankheitsleiden in der «Matratzengruft» des erzwungenen Pariser Exils neue Aktualität gewann – Heine starb am 17. Februar 1856, nachdem die Zeitungen bereits vorher mehrfach sein Ableben verkündet hatten.[78] Auch die Leserinnen und Leser der Druckfassungen von 1856/57 standen angesichts solcher literarischer Reminiszenzen vor keiner schweren Rechenaufgabe, um sieben Jahre zurückzuzählen und sofort zu erkennen, von welchen Verbannten hier die Rede war. Die Unerträglichkeit des Exils ist in der zweiten Fassung eher noch gesteigert, und auch im weiteren Verlauf der Ballade finden sich zahlreiche Motive der Sehnsucht nach der Heimat, die sich unmittelbar von Archibald Douglas auf die meist in kümmerlichen Umständen lebenden Ausgewiesenen beziehen lassen («Die Fremde tut weher als der Tod», «Nur laß mich atmen wieder aufs neu / Die Luft im Vaterland»[79]).

Liest man noch Fontanes Kommentar zur Bedeutung von Scotts Gnadenforderung an die Könige für seinen neuen Schluss hinzu, ließe sich die Ballade sogar als literarischer Amnestie-Aufruf verstehen. Während in vielen europäischen Fürstentümern die Amnestierung der Revolutionsflüchtlinge Mitte der 1850er Jahre einsetzte, mussten die allermeisten preußischen Exilanten ihr Los allerdings noch weitere sieben Jahre nach der Entstehung von Fontanes Ballade «tragen» und bis zur Amnestie mit dem Thronwechsel 1861 in der Fremde ausharren. Das «Prinzip der Versöhnung», das Merckel schon in den frühen *Tunnel*-Zeiten als ein Fontane-spezifisches literarisches Mittel erkannt hatte und das auch später in Fontanes Kriegsbüchern und Romanen charakteristisch bleiben wird, hat hier eine sehr konkrete politische Dimension.[80]

In seinem gleichzeitig mit der Entstehung von *Archibald Douglas* veröffentlichten Reisebericht *Ein Sommer in London* hat Fontane die Amnestie-Forderung explizit erhoben. Nachdem er im Kapitel über *Long Acre* ganz auf offizieller Propagandalinie in ziemlich herabwürdigenden Worten die Londoner Emigrantenszene geschildert hat, schließt er mit dem Aufruf: «Ihr Regierungen aber, zum mindesten ihr *deutschen* Regierungen, tut ab die kindische Furcht vor einem hohlen Gespenst und besoldet nicht eine Armee von Augen, die dies Jammertreiben verfolgen und von jedem hingesprochnen Wort Bericht erstatten soll.» Der Artikel endet mit dem für einen Regierungsagenten erstaunlichen Satz, dass sich in der übertriebenen Revolutionsfurcht eine Schwäche der Regierung offenbart, die eigentlich ihren Sturz rechtfertigen würde: «Ihr verdientet zu fallen, wenn dieser Abhub euch je gefährlich werden könnte.»[81]

Auch nachdem Fontane seine Position im Regierungsdienst stabilisiert hat, und nicht ohne das Publikum darüber aufzuklären, dass er nun in der Rolle des «eingefleischten Monarchisten vom Wirbel bis zur Zeh» schreibe, macht er auf die ästhetisch-politischen Differenzen innerhalb dessen, was unter dem Begriff einer patriotischen, «vaterländischen» Dichtung zu grob subsumiert wird, aufmerksam. Seine erste dichtungstheoretische Programmschrift zum «poetischen Realismus», *Unsere lyrische und epische Poesie seit 1848*, die zugleich ein Resümee der ersten *Tunnel*-Phase Fontanes darstellt und in weiten Teilen von heute vergessenen *Tunnel*-Autoren wie Oskar von Redwitz, Otto Roquette, Wilhelm von Merckel oder Bernhard von Lepel handelt, enthält die schärfste Abrechnung mit der offiziellen preußischen «Militärpoesie». Am «Dichter des Preußenthums» Christian Friedrich Scherenberg arbeitete sich Fontane auch später in seinem Scherenberg-Buch, nicht nur wegen der geteilten bürgerlich-hugenottischen Herkunft und Swinemünder Vergangenheit besonders intensiv ab, sondern auch weil er ihn als repräsentativ für den preußischen Literaturbetrieb der 1840er bis 1860er Jahre ansah. Die wegen ihrer krassen Metaphern («Totenraschschrittsschwadron») und ihren «fünffüßigen Jamben [...], mit denen er losstürmt wie ein Feldherr mit seinen Soldaten»[82] berüchtigten Scherenberg'schen Schlachtenepen werden zunächst einer vernichtenden, aber aus heutiger Sicht unbestreitbaren stilistischen Kritik unterzogen: «Von richtiger, geschweige von schöner Satzbildung hat er keine Ahnung», «sein Pathos wird Bombast, sein Humor wird Trivialität». Fontanes auf dieser Basis gezogenes Fazit verweist zugleich auf sein eigenes Verständnis «volkstümlicher» und «vaterländischer» Literatur: «er mag Alles sein, nur *Eines* ist er sicherlich nicht – *populär*.»[83]

Dagegen wird Ferdinand Freiligrath und insbesondere dessen poetische Hommage auf die Märzgefallenen der Berliner Revolutionstage *Die Todten an die Lebenden* als ein «Apostel des Realismus» für eine gleichermaßen zeitgemäße wie zukunftsweisende Dichtung hervorgehoben, weil sich hier «Inhalt und Form decken»: «der Stoff aus dem vollsten Leben herausgerissen, die Behandlung einfach und doch schwungvoll, wahr und doch voll Phantasie.»[84] Von hier aus ließe sich Fontanes spezifisches Programm eines «populären Realismus» innerhalb der Spielarten «vaterländischer Dichtung» genauer bestimmen.[85] Innerhalb dieses Programms des populären Realismus wird der während der Revolutionspublizistik entwickelte Anspruch auf ein «anderes», «volkstümliches» Preußen, das sowohl literarisch-kulturell wie politisch auch nach nationalen und internationalen Maßstäben zivilisiert und konkurrenzfähig wäre, nicht aufgegeben. Bezeichnenderweise erschien Fontanes Schrift erstmals 1853 anonym und außerhalb Preußens in der republikanischen Zeitschrift *Deutsche Annalen zur Kenntniß der Gegenwart und Erinnerung an die Vergangenheit* des ehemaligen Paulskirchen-Abgeordneten Karl Biedermann.

Dass sich Fontane nach der Revolution nicht einfach von den literarischen Vorbildern seiner Vormärz-Zeit verabschiedet hat, macht nicht zuletzt seine ungebrochen intensive Auseinandersetzung mit der Balladendichtung Heinrich Heines deutlich – übrigens eine Vorliebe, die auch Merckel mit ihm teilte. Dies lässt sich dem überlieferten Exemplar des *Romanzero* von 1852 aus Fontanes Handbibliothek ablesen. Fontane hat hier in seinen handschriftlichen Annotationen ganz nach *Tunnel*-Manier die einzelnen Heine-Balladen mit Noten von «sehr gut» bis «nicht» versehen.[86] Als einzige von Heines Balladen erhält *Der Dichter Firdusi* von Fontane ein «sehr gut». In der historischen Ballade über die Missachtung des Epikers Firdusi durch den persischen Schah, der den Dichter ein Heldenepos auf sich verfassen lässt und dann bei der versprochenen Bezahlung schändlich und knauserig betrügt, konnte Fontane eine unmittelbare Parallele zu seiner eigenen Situation finden.[87] Firdusi wird ihm in der Folge geradezu zum Sinnbild für die Situation des Literaten zwischen Regierungsabhängigkeit und Autonomieanspruch.[88]

LOST IN DENMARK

An seinem dreißigsten Geburtstag ging es Fontane trotz der beiden eben erschienenen Balladenbücher nicht gut. Emilie hatte ihn bei seinem Besuch in Liegnitz an das drängende Eheversprechen erinnert. Auf dem Rückweg über Letschin wurde ihm beim Besuch seines Vaters noch einmal die aussichtslose private und berufliche Situation vor Augen geführt. Gut zwei Wochen nach seinem Geburtstag zurück in Berlin, schreibt er am 15. Januar 1850 an Lepel: «Es geht mir eigentlich erbärmlich. [...] Ich brauche eine feste Stelle, brauche sie aus hundert Gründen. Jahr für Jahr sieht meine Braut vergehn, ohne daß wir einen Zollbreit vorwärts kämen; meine Mutter weint über die aussichtslose Lage ihrer Kinder [...] Das Liebste wäre mir nach wie vor der Besitz einer Giftbude; aber es ist lächerlich auch nur einen Augenblick an die Möglichkeit zu denken.»[89]

Fontanes drittes Lebensjahrzehnt war mit Bankrotten auf allen Ebenen zu Ende gegangen. Neben der Nachricht von der väterlichen Pleite war seine auf ein Jahr befristete Stelle als Apothekerinnen-Ausbilder im Diakonissenheim Bethanien Ende September 1849 ausgelaufen. Für 20 Taler im Monat bei freier Kost und Logis hatte Fontane hier die beiden Diakonissinnen Emmy Danckwerts und Aurelie von Platen erfolgreich bis zum pharmazeutischen Examen begleitet und einige der «schönsten Tage» verbracht. Finanziell wurde es nun immer enger: «Es ist alles alle geworden», offenbarte Fontane Wolfsohn im November 1849.[90] Zum beruflichen kam der moralische Bankrott, den Fontane mit dem Geständnis seiner Affäre mit Sophie Melgunow gegenüber Emilie erklären musste.[91] Politisch schließlich hatten sich alle Hoffnungen auf eine erfolgreiche Revolution und Parlamentarisierung Deutschlands mit der Eroberung der Festung Rastatt und der Auflösung des Stuttgarter «Rumpfparlaments» im Sommer 1849 durch preußische Truppen zerschlagen. Auch auf europäischer Ebene war die Kapitulation der letzten Freiheitsbewegungen in Rom, Venedig und Ungarn erfolgt. Der Siegeszug der alten Wiener Ordnung schien unaufhaltsam. Nie wieder wird sich Fontane dem Protagonisten seines Shakespeare'schen Lieblingsdramas – dem dänischen König Hamlet, der an den Verhältnissen irregeworden ist – wie viele andere Deutsche dieser Jahre so nahe gefühlt haben. «Hamlet ist Deutschland» hatte Ferdinand Freiligrath dieses allgemeine Zeitgefühl auf den Punkt gebracht.[92]

Fontane blieb nur der Gang zum «Arbeitsamt», dem damals «Intelligenz-Comptoir» genannten offiziellen Anzeigen- und Stellenvermittlungsbüro, bei dem er sich im Oktober 1849 meldete. In dieser Situation der beruflichen Unsicherheit und finanziellen Not folgten Bewerbungen Fontanes unter anderem als Privatlehrer (in Chemie, Geographie und Geschichte), Hilfs-Bibliothekar («Staubabwischer-Posten» in der Königlichen Bibliothek[93]) oder Sekretär des *Vereins zur Beförderung des Gartenbaues im Preußischen Staate*.[94]

Vor allem das boomende Eisenbahngewerbe erschien Fontane aussichtsreich, und er versuchte mehrfach, hier eine Anstellung zu finden, sei es als «Kutschenaufschlagmacher» oder als Eisenbahnschaffner.[95] Ein Brief Lepels führt uns das schöne Bild des späteren «Wanderers durch die Mark Brandenburg» Fontane vor Augen, der «Tag und Nacht auf dem Bock des großen Waggons sitzt» und «mit heiserer Stimme ruft: Station Erkner oder Biesenthal».[96] Alle diese Bewerbungen blieben erfolglos: «mal wieder Essig», lautet die Standardformulierung Fontanes an Lepel, mit der er über die regelmäßig deprimierenden Resultate seiner Arbeitssuche berichtete.[97] Auch auf seine Dauergesuche um Anstellung an den König und verschiedene Ministerien erhielt Fontane nur demütigende Antworten oder gar keine. Wenn Fontane in einer Selbstcharakterisierung gegenüber dem Zeitschriftenherausgeber Gustav Schwab vom 18. April 1850 seine beruflichen Pläne mit dem Satz beschreibt, «Mein Streben geht nach einer subalternen Stellung im Unterrichts-Ministerium», ist das zugleich bitterer Sarkasmus wie trockener Tatsachenbericht.[98]

Wolfsohn und Lepel taten, was sie konnten. Lepel pumpte nach Kräften, und Wolfsohn vermittelte den bereits erwähnten Korrespondentenposten bei der *Dresdner Zeitung*. Bei aller politischen Sympathie mit dem Programm des Blattes ließ sich darauf jedoch keine wirtschaftliche Existenz aufbauen.[99] Der unsichere Posten bei einer ausländischen Zeitung war schlecht bezahlt und konnte allenfalls als Notlösung dienen. Auch von Fanny Lewald kam Unterstützung. Über ihre Hofkontakte versuchte sie für Fontane eine Apothekenlizenz in Berlin zu bekommen und setzte sich bei seiner Bewerbung auf eine Bibliothekarsstelle für ihn ein.[100] Als Fontane finanziell auf dem Tiefpunkt angekommen war, bat sie Stahr unter Aufbietung zärtlicher Liebesbekundungen und Verwendung ihres und Stahrs in der Intimkommunikation verwendeten Kosenamen, Fontanes Balladenbücher zu besprechen: «Ich denke, Fontanes Rosamunde wird Dir gefallen, es ist so einfach gedacht u sehr schöne

Verse [...] u da Du wirklich Ninys helfender, hilfreicher Ado bist, so zeige es für die Norddeutsche u Kölner mit zwei Worten an. Sie bezahlen es Dir ja u. Fontane ist in sehr prekärer Lage. Sei gut, mein Engel!»[101] Alles half nichts, und Fontane musste einsehen, dass man vom Balladendichten allein nicht leben konnte.

Flucht blieb zwar weiterhin eine Option, aber mit der Entscheidung für die Ehe mit Emilie wurden die konkreten Auswanderungspläne, die Fontane von der ersten Englandreise 1844 bis zu den ziemlich weit gediehenen Plänen, Onkel August und Tante Philippine nach der gescheiterten Revolution in die USA zu begleiten, verfolgt hatte, zunächst ad acta gelegt.[102] In einer autobiographischen Notiz für Schwab erklärt Fontane, wie stark der Drang war, die preußische Misere hinter sich zu lassen: «der heimathliche Boden wäre schwerlich noch unter meinen Füßen, wenn ich nicht inzwischen mich verlobt und aus inniger Liebe zu meiner Braut jeden übereilten Schritt unterlassen hätte.»[103]

Um die 400 Taler jährlich zu verdienen, die nach gängiger Vorstellung von «Hinze und Kunze» «das Glück des Lebens» bedeuteten und die Fontane veranschlagte, um endlich heiraten zu können, war er zu beinahe allem bereit. Versteckt in der langen Liste von in Frage kommenden Tätigkeiten, die er Anfang Oktober gegenüber Lepel aufzählt, nennt Fontane auch die Möglichkeit, sich als «Redacteur einer gesinnungslosen Zeitschrift» und «ministerieller Zeitungsleser und Berichterstatter» anzudienen.[104] Es ist die erste Erwähnung des Weges, den Fontane ab Ende 1850 beruflich einschlagen wird und der nach anfänglichen Hindernissen für die kommenden Jahrzehnte die Subsistenz der Familie sicherte.

Bei allem immer wieder geäußerten Widerstreben und den quälenden Vorbehalten, mit dem aus der Not geborenen Berufswechsel auch den politischen Gesinnungswechsel zu vollziehen, ist Fontane nicht tatenlos auf diese Bahn geraten. Unmittelbar nach Ende der Stelle in Bethanien war er im Revolutionszeitraum wieder im *Tunnel* aufgetaucht und hatte sich durch ostentatives Engagement als

Suchender präsentiert: Er bot Merckel an, das jährliche Stiftungsfest Ende 1849 zu organisieren, und nahm ihm ungeliebte Sekretärsdienste wie das Schreiben der Einladungen ab. Fontane hatte längst erkannt, dass der *Tunnel* mehr noch denn als Literaturverein als Jobbörse für die preußischen Regierungsdienste taugte.

Das plötzliche Engagement des rot-verdächtigen Apothekers blieb im zu dieser Zeit pechschwarzen *Tunnel* nicht unbemerkt. Anfang 1850 trug es erste Früchte. Genau an jenem kalten und grauen Januartag, an dem Fontane seinen oben zitierten verzweifelten Brief an Lepel schrieb, erfolgte die erste Kontaktaufnahme seitens der Regierungsbehörden. Es beginnt mit dem abendlichen Klopfen einer zwielichtigen Gestalt an Fontanes Wohnungstür, als dieser sich gerade auf den Weg zu seiner renommierten Bewunderin Fanny Lewald machen will. Man kennt die Szene, die Fontane schildert, aus vielen Erzählungen und Filmen über die Erfahrungen etwa von DDR-Bürgern, wenn der IM vor der Tür steht. «Heut Abend 7 Uhr [...] als ich mich eben anschickte bei der Lewald meinen dringend nöthigen Antrittsbesuch zu machen, klopft es: herein tritt St. Paul.» Trotz ungefähr 20 Grad Celsius unter null ist er nur mit einem dünnen Mantel («eng wie eine Zwangsjacke») gekleidet und «friert jämmerlich». «Zähneklappernd» habe er Fontane mitgeteilt, dass er sich am übernächsten Tag beim preußischen Geheimen Regierungsrat und berüchtigten Polizeispitzel Franz Hugo Hesse – als einen «Lump vom reinsten Wasser» bezeichnet Fontane Hesse in seinen Tagebüchern[105] – einfinden solle, um über eine mögliche Anstellung zu sprechen.[106] Der vermeintliche heilige Paulus entpuppt sich im nächsten Moment als ein Saulus und geht Fontane unverhohlen als Gegengabe für den Vermittlungsdienst um eine «kleine Summe» an. «Bald darauf verschwand er.» Fontane erkannte sofort, dass er nicht tiefer sinken konnte: «Wer Protektoren wie den St. Paul hat, der mag einpacken.»[107] So hatte er sich seinen Verkauf an die Regierungsbehörden nicht vorgestellt: dass er, «kirchenmausarm», wie er war, sein weniges Geld noch als

Maklergebühr an «ministerielle Spione» und «verkapptes Gesindel» geben musste. Saint-Paul statt Fanny Lewald – anschaulicher als in diesem in einer kalten Januarnacht verdichteten Moment kann man sich den Wendepunkt in Fontanes Biographie nicht vor Augen führen.

Wilhelm von Saint-Paul, so der vollständige Name des abendlichen Besuchers, war Fontane schon seit den Tagen bei den Berliner *Freien* flüchtig bekannt, als dieser 1845 zusammen mit Bruno und Edgar Bauer, Ludwig Buhl, Max Stirner und dem revolutionären Zeughaus-Stürmer Leutnant Gustav Adolph Techow aufgetreten war – wie sich später herausstellte, auch dort schon als angestellter Spion zur Überwachung der Gruppe. Geboren im Jahr 1807 als Sohn des Potsdamer Oberbürgermeisters Guillaume de Saint-Paul senior stammte Wilhelm von Saint-Paul wie Fontane aus der hugenottischen Gemeinde. Trotz der gutbürgerlichen Herkunft fiel er schon seit Beginn seines Jurastudiums durch sein Lotterleben auf – der Universitätsrichter ermahnte ihn in der Personalakte wegen «Singens auf der Straße» und «unregelmäßigen Verhaltens» – und brach das Studium ab.[108] Nach verschiedenen literarischen Versuchen wurde er 1841 im preußischen «Ministerial-Zeitungs-Büro», einer vormärzlichen Zensurbehörde für ausländische Zeitungen, angestellt. Schon bald wurde er als verdeckter preußischer Zensor und Agent ins Rheinland geschickt, um die dort blühende kritische Presse zu bespitzeln und vor allem die aufmüpfige *Rheinische Zeitung* «totzumachen», wie Fontane es drastisch, aber durchaus angemessen formuliert.[109] Nicht zuletzt handelte es sich um einen Racheakt der Regierung für die tragende Rolle der Zeitung beim Widerstand gegen die geplante Verschärfung der Ehegesetze.

Auch hier fiel Saint-Paul wie seit seiner Studienzeit durch nächtliche Ausschweifungen auf. Bis zum Prozess und zahlreichen Presseartikeln führte ein Zwischenfall der beiden preußischen Zensoren Saint-Paul und Graf Friedrich zu Eulenburg in Köln, als sie vor einem stadtbekannten Bordell randalierten und die herbeigerufenen Nachtwächter mit unflätigen Ausdrücken beschimpften – das aktenkundige «Schweinehund» dürfte zu den harmloseren gezählt haben. Dass die ohnehin bei den Rheinländern ungeliebten preußischen Zensoren und Tugendwächter ausgerechnet als Puffgänger und nächtliche Ruhestörer erwischt worden waren, bestätigte alle Vorurteile gegen die Hegemonialmacht. Der Prozess endete zur Genugtuung der Rheinländer mit der Bestrafung von Eulenburg (immerhin späterer preußischer Innenminister) und dessen Strafversetzung in die oberschlesische Provinz nach Oppeln.[110] Der Potsdamer Bürgermeistersohn Saint-Paul kam mit einem Verweis davon, blieb jedoch nach der Rückkehr aus dem Rheinland weitgehend beschäftigungslos – wahrscheinlich sowohl wegen seines unbotmäßigen Verhaltens als auch wegen der im Zuge der Revolution einsetzenden Liberalisierung der Pressezensur. Kurzzeitig versuchte er sich unter den neuen Rahmenbedingungen mit der Herausgabe einer eigenen Zeitschrift unter dem Titel *Der Demokrat*, die über wenige Nummern nicht hinauskam. Nachdem er das Jahr 1849 wegen unbeglichener Schulden zeitweise im Berliner Stadtgefängnis der Hausvogtei verbracht hatte, wurde er zum Jahresende von Scherenberg im *Tunnel* eingeführt und erschien dann als gespensterhafter Türklopfer bei Fontane.

In allen überlieferten Zeugnissen wird Saint-Paul dabei als ein durchaus verführerischer und überdurchschnittlich intelligenter Presseagent dargestellt: Karl August Varnhagen von Ense widmete ihm ein biographisches Porträt, Eduard Schmidt-Weißenfels nennt ihn einen «der originellsten und biedersten Menschen, die es geben konnte»[111], Franz Mehring macht in seiner Marx-Biographie darauf aufmerksam, dass Saint-Paul einer der Ersten war, der Karl Marx' journalistisches Talent erkannte und den seinerzeit noch weitgehend im Anonymen wirkenden Redakteur in seinen Agentenberichten als intellektuelles Zentrum der *Rheinischen Zeitung*, als «doktrinären Mittelpunkt», «lebendigen Quell der Theorien des Blattes» und «spiritus rector des ganzen Unternehmens» bezeichnete.[112] Vor allem bewunderte Saint-Paul Marx' politische Standhaftigkeit («alles andere, nur nicht Gesinnungslosigkeit»), von der er selbst als Gezeichneter wusste, wie schwer sie in diesen Zeiten aufrechtzuerhalten war. So wurde Marx nach Fontanes späterem Bericht trotz aller politischen Gegnerschaft Saint-Pauls «liebster Genosse [...] beim Schoppen» und beim politischen Streitgespräch.[113] Einig sind sich alle darin, dass der trinkfreudige Saint-Paul ein Schnorrergenie war, der immer nur so wenig borgte, dass selbst «kirchenmausarme» Zeitgenossen wie Fontane zu seinen Gläubigern werden konnten. Mit seiner «talentvollen Manier des Schuldenmachens» verstand er es, jeden seiner Gläubiger zu Freunden zu machen, und hätte sich so am besten zum Präsidenten einer «aufkommenden kommunistischen Glückseligkeit» geeignet, in der das Privateigentum aufgehoben wäre.[114]

Nachdem er sich im ersten Halbjahr 1850 immer häufiger bei Fontane eingefunden hatte, ging Saint-Paul im Sommer 1850 nach Schleswig-Holstein, um sich dort den deutschen Freiwilligenverbänden anzuschließen, die inzwischen, von den Truppen des Deutschen Bundes und Preußens im Stich gelassen, den Unabhängigkeitskampf auf verlorenem Posten fortsetzten. Er wohnte in Seestädt beim örtlichen Pfarrer und las dort die gesammelten Schriften von dessen Bruder, dem Berufsrevolutionär Harro Harring, dem revolutionären Weltenbummler, der praktisch an allen Erhebungen von Polen bis Brasilien teilgenommen hatte und als der «meistgesuchte, meistverhaftete, meistabgeschobene Dichter des 19. Jahrhunderts» gilt.[115]

Saint-Pauls romanhaftes Ende beginnt mit der Schlacht bei Idstedt, dem von vornherein aussichtslosen letzten Gefecht der deutschen Unabhängigkeitskämpfer am 24. und 25. Juli 1850, wo 26000 schlecht ausgerüstete deutsche Freiwillige auf 36000 gut ausgebildete und von den Wiener Kongressmächten unterstützte Soldaten der Dänischen Armee trafen, während die offizielle Preußische Armee, eben noch auf Seiten des Deutschen Bundes, abgezogen war oder tatenlos in der Nähe lagerte. Den Berichten nach soll Saint-Paul in selbstmörderischer Weise auf das offene Feld getreten sein und dem Feind eine «obszöne Geste» gezeigt haben. Die Schussverletzung, die er sich daraufhin zuzog, ignorierte er, erlag ihr aber letztlich nach monatelangem Wundfieber. Von seinem Krankenlager in Berlin aus schickte er an seine Freunde Knochensplitter aus seiner Wunde als «Reliquien des heiligen Paulus» mit der Bitte um kleine Almosen. Im Zustand fortgeschrittenen Deliriums begann er noch an einem Hamlet-Buch zu schreiben. Saint-Pauls letztes überliefertes Zeugnis ist ein Brief an den seinerzeit ebenfalls in Berlin weilenden Gottfried Keller, mit dem er ihm als Anzahlung auf seine Schulden einen Taler schickte, um sich vor dem nahenden Tod wenigstens etwas ehrlich zu machen. An der Trauerfeier am 9. Dezember 1852 nahmen neben Scherenberg auch Bruno Bauer und Gottfried Keller teil.

In seinem Buch *Christian Friedrich Scherenberg und das literarische Berlin*, das Fontane viele Jahre später mit dem Wissen um seinen eigenen Weg in die preußische Pressearbeit geschrieben hat, nennt Fontane Saint-Paul den ihm «sympathischsten» aller dort porträtierten Akteure aus der *Tunnel*-Zeit. Fontanes Porträt Saint-Pauls stellt nicht nur eines der unzähligen Beispiele dar, in denen seine Aussagen aus dem unmittelbaren Erleben den späteren historisierenden und autobiographischen Rückblicken diametral entgegenstehen, sondern ist auch ein Musterfall für das Fontane-typische Verfahren, eigene Beobachtungen durch Übertragung in andere Akteure oder Figuren versteckt mitzuteilen – nicht ohne den beiläufigen Hinweis, dass sein eigenes Leben dem des Saint-Paul «nahe verwandt» erscheint. Saint-Paul wird hier durchweg in Attributen charakterisiert, die Fontane auch für sich selbst in Anspruch genommen hätte: von «politischer Freisinnigkeit» und unangepasst, sei er «all seiner Verkommenheit unerachtet [...] klug und fein und nicht ohne Herzensgüte» gewesen. Insgesamt bleibe der «wehmütige Eindruck», dass es sich bei Saint-Paul letztlich um «eine reich angelegte Natur, eine schöne, frühzeitig prostituierte Menschenseele» gehandelt habe.[116]

Im Bildfeld der Prostitution beschreibt Fontane in seinen Briefen an Lepel und Wolfsohn durchweg auch seinen eigenen Weg in den Regierungsdienst: «Ich habe mich heut der Reaction für monatlich 30 Silberlinge verkauft [...] Man kann nun 'mal als anständiger Mensch nicht durchkommen.»[117] Er spricht von seinem «‹Geworbensein› (um kein schlimmeres Wort zu gebrauchen)» und evoziert so das zwielichtige Gewerbe, in dem er zum bloßen Objekt erniedrigt als «so'n Stück Mitarbeiter» gebraucht werde.[118] Seine verlorene Unschuld sei weder durch Not und Elend der Verhältnisse zu rechtfertigen, die ihn zu diesem Schritt gezwungen hätten, noch könne der Hinweis auf «die hündische Verworfenheit dieser Welt und dieser Zeit» ihm die Absolution erteilen: «Wie ich's drehn und deuteln mag – es ist und bleibt Lüge, Verrath, Gemeinheit.»[119] Pastor Schultz, für den intellektuelle Prostitution eindeutig eine lässlichere Sünde darstellte als der Ehebruch, versuchte vergeblich Trost zu spenden: «Jotte doch, das bißchen Überzeugungs-Opfer, da müssen andre Leute ganz andre Geschichten opfern!»[120]

Fontanes Selbstanalysen seines Seitenwechsels lassen an Deutlichkeit nichts zu wünschen übrig. Dem gnadenlosen Selbstbeobachter ist nicht entgangen, dass er sich nun in die unzähligen Balzac'schen Louis-Chardon-Charaktere einreihte, die für die Revolutionsepoche so charakteristisch sind: gedungene Federn, die auf allen Seiten politisch desavouiert waren und für die Balzac mit seinem Roman *Glanz und Elend der Kurtisanen* das literarische Symbol und Vergleichsmodell geliefert hatte. Die Spätphase der Wiener Ordnung hat serienweise Agents provocateurs, Informanten, Konvertiten und Spitzel hervorgebracht – neben Saint-Paul ist dies aus Fontanes Bekanntenkreis etwa auch für Edgar Bauer oder Heinrich Beta belegt. Im allgemeinen Verdachtsklima der von Verschwörungstheorien wimmelnden Zeit musste auch Karl Marx sich mit Händen und Füßen und bis hin zu einer Duellforderung gegen einen von Beta öffentlich gemachten Verdacht wehren: Wegen seiner Ehe mit der Halbschwester des preußischen Innenministers Jenny von Westphalen ging die Rede, er sei ein verkappter preußischer Agent.

Spätestens ab April 1850 nahm Fontanes Weg in den Regierungsdienst beschleunigt seinen Lauf. Im *Tunnel* löste Fontane nun Merckel, der die Leitung des *Literarischen Kabinetts* übernahm, als Sekretär ab – ein Amt, das er vier Jahre ausübte. Zugleich erteilte er Lepel brieflich den Geheimauftrag, bei Merckel wegen einer Anstellung in der Regierungsbehörde vorzufühlen. Noch im selben Monat kündigte Fontane seine Korrespondentenstelle bei der *Dresdner Zeitung* und schrieb seine ersten Artikel für die Regierungszeitung *Deutsche Reform*, vor allem Reisefeuilletons aus den Aufzeichnungen seiner ersten Englandreise sowie als einzigen namentlich gekennzeichneten Beitrag einen Lobartikel auf Scherenberg – neben dem Almosen an Saint-Paul der zweite Maklerpreis für die Vermittlung. Der dritte sollte mit einem Lobgedicht auf Manteuffel im November 1851 folgen.

Fontanes Revolutionsjahre enden mit einem Rätsel. In der bis heute weitgehend im Dunkeln liegenden Reise nach Schleswig-Holstein im Sommer 1850 kommt alles zusammen: Hegte Fontane letzte Hoffnungen auf eine Wende des Revolutionsgeschehens? Wollte er den Aufständischen als Feldarzt beistehen? Überlegte er gar wie im März 1848 selber wieder zur Waffe zu greifen und sich den Freiwilligenverbänden anzuschließen? Folgte er darin Saint-Paul, der ihn zuvor immer häufiger besucht hatte? Oder wollte er als Zeithistoriker für die *Deutsche Reform* über den Krieg berichten, wie er es später in Dänemark, Österreich und Frankreich für die preußische Hofdruckerei tun sollte? Für alle diese Motive lassen sich Indizien finden. Vielleicht war er aber inzwischen auch einfach nur so gut im Versteckspiel geworden, dass er sich selbst nicht mehr wiederfand. Jedenfalls bleibt die Forschung bei der Suche nach dem Reisemotiv bis heute ratlos.[121] Fontane erklärt die Reise gegenüber

Lepel in einer Art Selbstdiagnose seines fortgeschrittenen Verwirrungszustandes: «Die Frage liegt Dir nah, was ich denn eigentlich da will. Leider kann ich sie Dir nicht beantworten, ich weiß es selbst nicht.»[122] In jedem Fall lässt sich in der Reise eines jener für Fontane so typischen Ausweichmanöver erkennen: Hauptsache, erst mal weg, und dann in Deckung die Dinge auf sich zukommen lassen.

Während Hamlet-Fontane so zwei Wochen lang tatenlos auf Tauchstation an der Nordseeküste herumsaß und darauf wartete, ob ihm doch noch einfällt, was er mit seiner Reise bezweckte, erreichte ihn die erlösende Nachricht von Merckel aus Berlin: Anstellung im *Literarischen Kabinett* zum 1. August mit 40 Talern festem Monatsgehalt. Fontane zögerte keinen Augenblick. Im Telegrammstil einer politischen Depesche meldete er aus Altona an Emilie: «Schleswig-Holstein aufgegeben. Wenn dir's paßt, im Oktober Hochzeit.»[123] Fontane wäre nicht Fontane, wenn er nicht in der Form der Nachricht an Emilie gleich den neuen Beruf zum Ausdruck bringen würde. Neun Wörter, die Kapitulationserklärung und Erlösung, Heiratsantrag und Terminvorschlag in sich vereinen.

Das Ende der letzten Einheits- und Freiheitskämpfe der deutschen Nationalbewegung in Schleswig-Holstein ist zugleich der Anfang vom Ende des Apothekers und Revolutionärs Fontane. Der Anstellung im *Literarischen Kabinett* am 1. August 1850 folgte auf den Tag genau zwei Monate später die Eheschließung. Bei der Hochzeit des nun zum «Littéraire» konvertierten Fontane waren neben Lepel und Wolfsohn alle da, die sich um die Einrangierung Fontanes sorgten: *Tunnel*-Vertreter, Kirche und Mutter. Das Wort führten sämtlich stramme Gegenrevolutionäre: Die rechte Hand von Louis Schneider, Heinrich Smidt, gratulierte beim Polterabend im Namen des *Tunnels* und überreichte das Hochzeitsgeschenk. Die Trauung wurde von Gemeindepastor Auguste Fournier in der französisch-reformierten Kirche in der Klosterstraße vollzogen, Pastor Ferdinand Schultz hielt die Festrede. Das Ehepaar Fontane bezog anschließend seine erste gemeinsame Wohnung, wo ziemlich genau zehn Monate später, am 14. August 1851, auch Fontanes erstes eheliches Kind George zur Welt kam.[124] Wie sehr man Ehe, Familie, berufliche Sicherheit und politische Reaktion in Fontanes Biographie in einem unmittelbaren Zusammenhang sehen muss, wird sich auch später in seinem Leben immer wieder zeigen: Fontanes Heimkehr in den Schoß von Staat und Kirche (und das heißt in Preußen immer: in Kreise des politischen Konservatismus) – wie etwa beim Antritt der Stelle bei der *Kreuzzeitung* – hat jeweils freudigste Briefe der Mutter und Emilies zur Folge. Umgekehrt werden sich die schwersten Ehekrisen einstellen, als Fontane die Kreuzzeitungsstelle und den Regierungsdienst als Akademiesekretär in den 1870er Jahren aufkündigt.

Allerdings war der dänische Albtraum für Fontane damit noch nicht beendet. Der berufliche Neubeginn als Journalist und Literat blieb mehr als holprig. Nur drei Monate nach seinem Dienstantritt kam es im hessischen Bronzell zu einem kurzen Vorpostengefecht zwischen dem bayerisch-österreichischen Bundesheer und den zur Unterstützung Kurhessens herbeigerufenen preußischen Truppen. Das militärisch bedeutungslose Aufeinandertreffen nutzte der österreichische Staatskanzler Schwarzenberg dazu, das immer noch mit der nationalen Karte liebäugelnde Preußen wieder fest in das Korsett der «Heiligen Allianz» einzubinden. Mit der am 23. November 1850 zwischen Österreich, Russland und Preußen geschlossenen «Olmützer Punktation» entsagte Preußen jeglicher fernerer nationalstaatlicher Aktivitäten, etwa in Form der Unterstützung von Aufständischen in Kurhessen oder Schleswig-Holstein, und stimmte der Wiederherstellung des «Deutschen Bundes» unter österreichischer Führung zu. Insbesondere für die norddeutschen und preußischen Anhänger der deutschen Nationalbewegung bedeutete dies den endgültigen Todesstoß für alle Einheits- und Freiheitshoffnungen und ist als «Schande von Olmütz» in deren kollektive Erinnerung eingegangen. Noch im hohen Alter hat auch Fontane die Vorgänge in Bronzell und Olmütz in einem persönlichen «Torturbüchlein» von 1891 als sein größtes historisches Trauma bezeichnet.[125]

Wie so oft in Fontanes Leben hatten die politischen Ereignisse direkte persönliche Auswirkungen. Unmittelbar im Anschluss an die Olmützer Punktation wurde, von den triumphierenden erzkonservativen Kräften in Preußen unterstützt, der preußische Verhandlungsführer Otto von Manteuffel zum Ministerpräsidenten und Außenminister ernannt. Die von diesem sofort verordnete Umgestaltung des Regierungsapparates traf wie ein sich vom Zentrum an die Peripherie ausbreitender Wellenschlag auch das *Literarische Kabinett* und die dortigen Beschäftigten. Als Anhänger des abgelösten moderat-konservativen Auerswald'schen Ministeriums wurden alle Mitarbeiter entlassen. Pressestellenleiter und Fontane-Förderer Merckel trat zurück. Bei dem sich gegen die Umgestaltung richtenden Mitarbeiterstreik und einer dem Ministerium überreichten Protestnote wurde Fontane zudem als Rädelsführer ausgemacht – nach seiner eigenen autobiographischen Darstellung ein großes Missverständnis, bei dem er als naiver Anfänger von seinen weitaus erfahreneren Kollegen hinters Licht geführt worden sei.[126]

Nach nur fünf Monaten vermeintlich sicherer Anstellung war Fontane damit wieder arbeitslos, und das junge Ehepaar stand vor dem finanziellen Nichts. Erneut musste Fontane sich mit allem Möglichen durchschlagen. So übernahm er eine Krankheitsvertretung in Bethanien und gab als Hauslehrer Unterrichtsstunden in Deutsch, Metrik, Geschichte und Geographie. Zudem vermieteten die Fontanes Zimmer ihrer Wohnung unter: zunächst als Schülerpension, anschließend an Freund Witte. Nach der Geburt Georges verschärfte sich die Situation so sehr, dass sich Fontane im November 1851 erneut in der nun «Centralstelle für Preßangelegenheiten» genannten Regierungsabteilung für Öffentlichkeitsarbeit anstellen ließ.

Umgekehrt proportional zum sinkenden Gehalt – nur noch 30 statt 40 Taler monatlich – stiegen die Ansprüche nach einer Gegenleistung für die Anstellung. Der ersten Aufforderung durch seinen Vorgesetzten Ryno Quehl, ein Festgedicht auf den preußischen König zu verfassen, konnte Fontane noch widerstehen, indem er sich damit entschuldigte, gesundheitlich unpässlich gewesen zu sein.[127] Stattdessen, und nicht besser, sollte er zum Einstand nun ausgerechnet ein «Glorifications-Gedicht für Herrn v. Manteuffel» verfassen, das zum dritten Jahrestag des Einmarschs der Wrangel'schen Truppen in Berlin vorgetragen werden sollte; – «hoffentlich ohne Nennung meines Namens», schrieb Fontane an Lepel, um so wenigstens um die öffentliche Selbstentblößung herumzukommen.[128] Nach getaner Schmutzarbeit informierte er den Freund in Form eines zynischen Abschiedsbriefes darüber, dass es den Fontane, wie man ihn bislang kannte, nun nicht mehr gebe: «Ich debütiere mit Ottaven zu Ehren Manteuffels. Inhalt: der Ministerpräsident zertritt den (unvermeidlichen) Drachen der Revoloution. Sehr nett! Leb wohl.»[129]

Nur vierzehn Tage nach Dienstantritt meldete sich Fontane erst einmal für mehrere Wochen krank.[130] Die Flucht durch Krankmeldung oder Urlaub wird während der gesamten ersten Jahre bei der «Centralstelle» ein durchgehendes Muster bleiben. Tatsächlich überwiegen während dieser Zeit Fontanes Krankheits- und Urlaubszeiten, Unterbrechungen durch Kündigungen sowie Auslandsaufenthalte bei weitem seine Anwesenheitszeiten: gerade wieder gesund gemeldet, erwirkte Fontane im April 1852 eine sechsmonatige Freistellung nach London. Im Winter 1852 bis zum März 1853 erfolgten weitere mehrwöchige Krankmeldungen. Ab Mai 1853 erbat Fontane Urlaub, «da ihm der Abenddienst bei der ‹Preußischen Zeitung› gesundheitlich geschadet» habe.[131] Der «Urlaub» dauerte dann bis zur Kündigung Fontanes infolge einer erneuten Umstrukturierung der Pressestelle im Oktober 1853 durchgehend an. Während der ersten beiden, beruflich immer noch unsicheren Dienstjahre war Fontane also praktisch gar nicht da, nach der Wiedereinstellung im Januar 1854 wurde es etwas besser. Erst im Juni

1854 reichte Fontane mit einem ärztlichen Attest einen Antrag auf Urlaub ein, um sich einer Brunnen- und Molkenkur zu unterziehen, von der er sich im Juli nach drei Wochen zurückmeldete.[132] 1855 erfolgte dann endlich die lange ersehnte Anstellung als England-Korrespondent, die es Fontane ermöglichte, Preußen finanziell abgesichert für mehr als drei Jahre zu verlassen.

Bei allen Ausweichmanövern hatte Fontane beharrlich auf dieses Ziel hingearbeitet. In der Jobbörse *Tunnel über der Spree* hatte er sich mit seinen Balladen seit 1844 sowohl als preußischer Patriot als auch als England- und Schottlandexperte zu erkennen gegeben. Seine Reisenotizen des ersten kurzen England-Aufenthaltes von 1844 nutzte er, um damit im Frühjahr 1850 in der *Deutschen Reform* zu debütieren. Lag es nicht auf der Hand, ihn in preußischen Diensten zu entsenden? Genau diesen Vorschlag unterbreitete Fontane sofort beim Antritt in der Manteuffel'schen Presseabteilung. Zugleich arbeitete er an seinem Bewerberprofil, wozu zuallererst bessere Englischkenntnisse gehörten. Dazu diente vor allem der unbezahlte sechsmonatige Urlaub, den Fontane 1852 von der Pressestelle nahm, um sich in England fortzubilden – auf eigene Kosten, was bei Fontane zu dieser Zeit immer heißt, mit gepumptem Geld von Hermann Scherz, Lepel und seinem Vater. Zurück in Berlin, absolvierte Fontane im Dezember 1852 ein Englischexamen, das nun mehr wert war als das sauer erarbeitete Apothekerexamen.[133]

1854 legte er als Kompetenzausweis zusätzlich seine auf den beiden Englandreisen gesammelten und zum großen Teil in verschiedenen von der Pressestelle belieferten Zeitschriften veröffentlichten Reisefeuilletons unter dem Titel *Ein Sommer in London* in Buchform vor. Mit seinem vielbeachteten *Archibald Douglas* demonstrierte er im selben Jahr, wie weit er auf der englisch-schottischen Balladenschiene bereits gekommen war. Es brauchte nun nur noch ein entsprechendes politisches Epochenereignis, um Fontanes Lebensweg in die erhoffte Richtung zu biegen. Dies sollte mit dem Krimkrieg eintreten, in dessen Verlauf sich die preußische Regierung genötigt sah, der in Großbritannien zunehmenden Kritik an der mühsam als «Neutralitätspolitik Preußens» getarnten lang gewachsenen russisch-preußischen Allianz pressepolitisch entgegenzuwirken. Nun erschien es plötzlich irgendwie als logisch oder doch zumindest möglich, auf den ständig abwesenden ehemaligen Apotheker zurückzugreifen, auch wenn er laut Pressestellenleitung «als politisch durchgebildet nicht betrachtet werden» könne.[134]

II
JOURNALIST IM DIENST

NACHRICHTENWELTEN UND WELTNACHRICHTEN

«England hat wieder einen
guten Eindruck auf mich gemacht»
(An Emilie, 30. April 1857)

DIE PRAXIS DES JOURNALISTEN

Fast vierzig Jahre, also praktisch sein gesamtes Erwerbsleben, arbeitete Fontane als Journalist: die 1850er Jahre als Beschäftigter des regierungsamtlichen preußischen Pressebüros (zunächst unter dem Namen *Literarisches Kabinett*, ab 1851 als *Centralstelle für Preßangelegenheiten*), anschließend zehn Jahre als festangestelltes Redaktionsmitglied der *Neuen Preußischen (Kreuz-)Zeitung* in Berlin (von 1860 bis 1870). Während dieser Zeit war er unter anderem als Auslandskorrespondent, Nachrichtenagenturgründer, Presseagent der preußischen Gesandtschaft in London, Kriegsreporter sowie Kunst- und Ausstellungskritiker tätig.[1] Eine knapp zwanzigjährige Anstellung als Theaterkritiker der *Vossischen Zeitung*, die sich zwar auf ein bis zwei wöchentliche Kolumnen beschränkte, aber ein festes Grundeinkommen sicherte, schloss sich von 1870 bis 1889 unmittelbar an. Journalistische und im engeren Sinn literarische Praktiken sind bei Fontane untrennbar verknüpft: angefangen von der Themenfindung seiner Romane, für die er sich meistens von aktuellen Zeitungsartikeln inspirieren ließ, über die Materialrecherche, Sammlungs-, Kompilier- und Schreibtechniken bis hin zu für ihn charakteristischen Stilmerkmalen. Auch als Romanautor blieb Fontane Journalist, und sein Realismus ist der Realismus des Journalisten.

Mindestens zwei Jahrzehnte lang war Fontanes journalistische Berufstätigkeit keine freie oder selbständige. Nicht aufklärerische oder kritische Öffentlichkeit war Zweck der *Centralstelle für Preßangelegenheiten* oder der in den 1860er Jahren eng in die Bismarck'sche Pressepropaganda während der preußischen Kriege eingebundenen *Kreuzzeitung*.[2] Vielmehr wurden beide im Zusammenhang der gegenrevolutionären Maßnahmen nach der 1848er-Revolution gegründet und hatten in der propagandistischen Vertretung ständischer oder höfischer Interessen und der Bekämpfung oder Manipulation der «öffentlichen Meinung» (die sie wie Verfassungen, freie Wahlen oder Parlamente als verpönte demokratische Kontrollinstanzen ablehnten) ihre Hauptaufgabe. Alles, was der Journalist Fontane zwischen 1850 und 1870 schrieb, stand somit sozusagen unter Regierungsvorbehalt oder, wie es Fontane später mit Blick auf die adligen Herrschaftsschichten in Preußen formuliert hat, «unter agrarischer Controle».[3] Und auch nach der Kündigung bei der Kreuzzeitung blieb Fontane Journalist «im Dienst» – dieser endete erst 1876 in seinem siebenundfünfzigsten Lebensjahr mit der Kündigung der Beamtenstelle an der Königlichen Akademie der Künste. Eine «Remuneration» von jährlich 400 Talern zahlte die *Centralstelle* Fontane für gelegentliche Gefälligkeitsdienste ab 1870 sogar noch bis an sein Lebensende.

Die pressegeschichtlichen Entwicklungen und die zahlreichen Zeitungsgründungen im Anschluss an die in der Bundesverfassung von 1848 erstmals als Grundrecht festgeschriebene Pressefreiheit zogen in der Reaktionszeit unterschiedliche Maßnahmen der Regierungen nach sich. Neben der Rücknahme der verfassungsrechtlichen Pressefreiheit und der Wiedereinführung zahlreicher Restriktionen wie Vorzensur, Zeitungsverboten oder strafrechtlicher Verfolgung richteten sie überall auf dem europäischen Kontinent staatliche Pressebüros ein, die durch eine «aktive Pressepolitik» die öffentliche Meinung beobachten und steuern sollten. So begründete der preußische Ministerpräsident Rudolf von Auerswald die Einrichtung des *Literarischen Kabinetts*, Fontanes erster Station als Berufsjournalist, mit der «dringenden Nothwendigkeit [...] eine Veranstaltung zu treffen, durch welche das Ministerium in Stand gesetzt wurde, sich von den Bewegungen der Presse einen fortlaufenden Ueberblick zu verschaffen und die darin vorkommenden Angriffe gegen die Regierung und Verdächtigungen ihrer Maaßregeln abzuwehren».[4] Innerhalb der Staatsverwaltung öffnete sich damit ein Feld für unterschiedliche, im weitesten Sinn journalistische und schriftstellerische Tätigkeiten.

Aus den Laboren und Verkaufsräumen der Apotheken wechselte Fontane zunächst in die Welt der preußischen Bürokratie und arbeitete strikt weisungsgebunden. Die staatliche Presseabteilung unterstand direkt den Ministerpräsidenten Auerswald und Manteuffel sowie einem Innenminister wie Ferdinand Otto Wilhelm von Westphalen. Die operative Leitung hatten verbeamtete Regierungsräte und Juristen wie Immanuel Hegel, der Sohn des berühmten Philosophen, der Kammergerichtsrat und Fontane-Freund Wilhelm von Merckel, der spätere Referent des preußischen Herrenhauses Ludwig Metzel; einmal auch ein Theologe mit zweifelhaftem Doktortitel wie Ryno Quehl.

Ganz unten in der Hierarchie leisteten schlecht bezahlte Schreiber die eigentliche Arbeit. Dazu gehörten neben Fontane halb verkrachte, halb schillernde Existenzen wie Wilhelm von Saint-Paul oder der ebenfalls aus der hugenottischen Gemeinde kommende Louis du Rieux, der sein Leben lang um die halbe Welt reiste, sich unter anderem in Nordamerika und Guatemala als preußischer Pressekorrespondent andiente, in den 1850er Jahren kurz als Kontaktmann Fontanes in London fungierte und dessen Spuren sich 1862 nach einem letzten vergeblichen Bewerbungsschreiben um eine Anstellung bei der *Centralstelle* verlieren.[5] Zum größten Teil aber besteht dieses journalistische Prekariat aus in der Anonymität verbliebenen, bis heute namenlosen und vergessenen Schreibern.[6] Heinrich Wuttkes zeitgenössische Beschreibung der *Centralstelle* trifft von den Tätigkeiten bis zum Gehalt ziemlich genau auch auf Fontane zu: «Dr. Ryno Quehl hat das berliner Centralpreßbüreau auf eine wahrhaft ausgezeichnete Weise eingerichtet. Rasch warb er eine Schaar Hungerleider an, unbedeutende, unselbständige Schriftsteller, deren Feder käuflich war. Um 15 bis 30 Thaler monatlicher Löhnung verpflichteten sie sich Aufsätze über die Tagesereignisse in einer bestimmten Richtung den ihnen zukommenden Weisungen gemäß in alle Zeitungen, deren Spalten sie sich öffnen konnten, zu schicken.»[7]

Zu den Aufgabenbereichen gehörte zum einen das Erstellen einer täglichen Presseübersicht und die konstante Berichterstattung beim Pressestellenleiter. Die Angestellten mussten täglich insgesamt 116 in- und ausländische Zeitungen sichten, anstreichen, was «von Interesse» sein könnte, und Exzerpte mit vermeintlich relevantem Material zusammenstellen, was für jeden einzelnen Mitarbeiter hieß, je vierzig Tageszeitungen täglich auszuwerten – «eine immer schrecklicher als die andre», wie Fontane klagt.[8] Seine Beschreibung des Arbeitsalltags während der von 9 bis 15 Uhr festgelegten Dienstzeit gibt einen angemessenen Eindruck dieser Aktenproduktion: «Denn worauf lief es in dem Literarischen Cabinet hinaus? Alle – die paar Höherpotenzierten abgerechnet – hatten sich um neun oder halb zehn einzufinden und nun vier oder fünf Stunden lang auf einem Drehschemel zu sitzen, mit nichts beschäftigt, als eine große Tasse Bouillon (ich sehe noch die Fettaugen) zu trinken und alle möglichen Zeitungen zu exzerpieren. Diese Exzerpte, die genau das enthalten, was der Minister schon am selben Morgen gelesen hatte, jedenfalls aber am nächsten Morgen in seiner Zeitung finden mußte, wurden dann auch wohl, ich weiß es nicht, aber ich muß es annehmen, als furchtbare Makulatur, als noch tief unter Aktenmaterial stehendes Material aufgespeichert und haben sicherlich nie was genutzt, noch weniger je ein Menschenherz erfreut.»[9]

Daneben mussten die Mitarbeiter möglichst viele Artikel für die gouvernementalen Organe sowie «offiziöse» Korrespondenzen verfassen, die an unterschiedliche Zeitungen versandt wurden. Obwohl diese Artikel als reine Regierungspropaganda anzusehen sind, wurden sie als Privatmeinung der jeweiligen Autoren ausgegeben (das meint der Begriff «offiziös» im Unterschied zu «offiziell»): zum einen aus Verschleierungsgründen, weil offizielle Regierungsverlautbarungen nicht gelesen wurden, zum anderen weil dieses Verfahren der *Centralstelle* Geld sparte – das Autorenhonorar hatten die belieferten Zeitungen zu tragen – und zugleich die angestellten Journalisten zur Artikelproduktion antrieb. Am ersten jedes Monats war auch darüber ein ausführlicher Bericht zu erstatten, «für welche Zeitung, wann, wie oft und mit welchem Erfolg die Artikel geschrieben wurden».[10]

Fontane hat als «angestellter Scriblifax»[11] und «Gelegenheitsdichter in Sachen der [...] Reaction»[12] unzählige, meist anonym erschienene, bis heute nicht vollständig ermittelte und wohl auch nicht ermittelbare Artikel in allen Gattungen des Propagandajournalismus verfasst – vom anlassbezogenen Lobgedicht bis zu «unechten», das heißt in der Heimat geschriebenen Auslandskorrespondenzen – und damit im Auftrag der preußischen Pressestelle mehr als zwanzig regionale und internationale Tageszeitungen beliefert oder die Spalten der *Kreuzzeitung* gefüllt.[13]

Auch wenn er selbst sich durchgehend sehr abfällig über die «Korrespondenzenschmadderei» mit Schere und Klebe äußerte, nutzte Fontane, allein aus arbeitsökonomischen Notwendigkeiten, aber auch aus marktstrategischen Überlegungen, die Texte aus dem «Brotberuf» zugleich für die eigenen schriftstellerischen Ambitionen.[14] Im Laufe seiner Berufstätigkeit entwickelte er unterschiedliche Verfahren der Mehrfachverwertung, die in der Rezeptionsgeschichte unter anderem dazu geführt haben, dass vermeintlich besonders Fontane-spezifische Texte sich als bloße Kompilationen und Übersetzungen erwiesen haben.[15]

Andere preußische Pressearbeiter kompensierten die stupiden

Tätigkeiten in satirischen literarischen Formen. In Saint-Pauls Gedicht *Der stets Currente* (1839) wird der Lebenslauf eines strebsamen Bürogehilfen knapp zusammengefasst: «Hinauf zum Büreau und wieder herab, / Dreitausend Meilen betrug's bis zum Grab; / Er strich durch die Straßen, sah rechts nicht noch links, / Denn zur himmlischen Kost, zu den Acten ging's». Selbst im Sterben kennt der Bürogehilfe nur eins: «Und als ihn die Wehen des Todes erpackten, / Da sprach er verklärt; auch dort oben giebt's Acten».[16] Und in Wilhelm von Merckels nach dessen Tod von Fontane 1863 herausgegebener Erzählung *Der letzte Censor* hält es, nachdem alle anderen Zensoren den Dienst quittiert haben, selbst der Teufel persönlich nach sieben Tagen als Zensor in der preußischen Behörde nicht mehr aus. Am Ende der Erzählung bricht wegen Zensorenmangels die Pressefreiheit aus.[17] Auch wenn die deutsche Literatur qualitativ nicht mit der russischen oder amerikanischen Bürokratie-Literatur des 19. Jahrhunderts mithalten kann (als Höhepunkt Herman Melvilles *Bartleby the Scrivener*), gab es auch in Preußen entsprechende Reflexe, die in Wilhelm Raabes Altersroman *Die Akten des Vogelsang* ihren ersten literarischen Höhepunkt fanden. Günter Grass, der sich am Ende des 20. Jahrhunderts für seinen Nachwende- und Fontane-Roman *Ein weites Feld* intensiv mit Fontanes Biographie auseinandergesetzt hat, fand hier ein verbindendes Moment zwischen den beiden parallel geführten erzählten Zeiten der preußischen Reaktionsära und des Kaiserreichs einerseits und der Aktenproduktion beim Ministerium für Staatssicherheit der DDR und der Treuhandanstalt andererseits.

Eine entscheidende Erweiterung erfuhr Fontanes journalistische Praxis, als er im September 1855 von der *Centralstelle* nach London entsandt wurde – zunächst zum Aufbau einer offiziösen preußischen «Deutsch-Englischen Korrespondenz», anschließend als Presseattaché des preußischen Gesandten Graf Albrecht von Bernstorff. Nun musste er sich für dreieinhalb Jahre auf dem Pressemarkt der Welthauptstadt behaupten, in Konkurrenz zu international operierenden Nachrichtenagenturen und zahllosen Exiljournalisten. Zu diesen zählten die wichtigsten deutschen Journalisten ihrer Zeit: Karl Marx für die *New York Daily Review*, Lothar Bucher für die Berliner *National-Zeitung*, Jakob Kauffmann für die Literaturzeitschrift *Die Grenzboten*, Max Schlesinger für die *Kölnische Zeitung*, Wilhelm Liebknecht für die Augsburger *Allgemeine Zeitung*, Edgar Bauer für die dänische *Altonaer Zeitung*, Heinrich Beta für die Familienzeitschrift *Die Gartenlaube* oder Julius Faucher als Redakteur des *Evening Star* – Kauffmann und die beiden Letztgenannten kannte Fontane aus Leipziger oder Berliner Tagen.

Anlass für Fontanes Entsendung war der 1853 ausgebrochene Krimkrieg zwischen dem Russischen Zarenreich und dem Osmanischen Reich, in den seit 1854 mit Großbritannien, Frankreich und Österreich alle Großmächte der Wiener Ordnung auf osmanischer Seite eingetreten waren; nur Preußen blieb aus alter Verbundenheit zum russischen Zaren neutral. Dies führte zur zunehmenden Kritik in der britischen Presse und, vermittelt über Max Schlesingers und Jakob Kauffmanns *Englische Korrespondenz*, aus der rund zwanzig deutsche Zeitungen, darunter die größten überregionalen wie die *National-Zeitung*, die *Allgemeine Zeitung* oder die *Kölnische Zeitung*, aber auch die Berliner *Vossische Zeitung* und nicht zuletzt die *Centralstelle* selbst, ihre Nachrichten bezogen, auch in der deutschen Öffentlichkeit. Insbesondere die liberale und preußenkritische Berichterstattung von Max Schlesinger und Lothar Bucher in den beiden größten überregionalen preußischen Zeitungen, der *Kölnischen Zeitung* und der *National-Zeitung*, war der preußischen Regierung ein Dorn im Auge.[18]

Fontane, der sich bereits seit Januar 1855 mit einer Artikelserie zum Krimkrieg in der *Westfälischen Zeitung* empfohlen hatte, sollte vor diesem Hintergrund eine Gegenagentur zu Schlesingers etablierter *Englischen Korrespondenz* aufbauen und die preußische Politik in der Öffentlichkeit in ein positiveres Licht rücken. Ganz entsprechend dem «offiziösen» Charakter der regierungsamtlichen

Pressepolitik sollte er die Agentur als seine eigene private Initiative ausgeben und «unter allen Umständen [...] vermeiden, das zu begründende Unternehmen als ein von der Preußischen Regierung hervorgerufenes oder subventionirtes erkennen zu lassen».[19] Fontane und sein Kollege Rudolf Wentzel wurden mit einem Drei-Monats-Kontrakt und mit einem lächerlichen Budget ausgestattet, das mit 1500 Talern weit unter dem Etat der Schlesinger'schen Korrespondenz lag.[20]

Fontane musste nun schnell sein, investigativ arbeiten, Informantennetzwerke aufbauen und sich den gesamten Nachrichten-Produktions- und Distributionsprozess im «learning by doing»-Verfahren aneignen. In seinen wöchentlichen Berichten an die *Centralstelle* kann man sich einen Eindruck von den Überforderungen der geheimen preußischen Zwei-Mann-Agentur verschaffen. Die unterschiedlichen Aufgaben summierten sich zu regelmäßigen 17-Stunden-Arbeitstagen: von 9 bis 15 Uhr sichtete Fontane die britischen Morgenblätter und stellte seine Korrespondenz zusammen, «dann jagt der Schreiber in die Druckerei; ich ziehe mich an und lauf' ihm nach; um 4½ steh ich unter lauter Druckerjungen mit einem großen Kleisterpinsel und verklebe die 80 Blätter, die der Schreiber faltet, höchst eigenhändig; dann fahren wir auf die Post. Ohngefähr 6½ komm ich zu Tisch; spätestens um 9 bin ich wieder zu Haus, studire die Abendblätter, schreibe eine Art Leitartikel und mache einige Notizen für den andren Tag. Gegen 12 Uhr kommt Wentzel zu Haus, der bis dahin im Café Divan gesessen und auch gelesen hat. Dann plaudern wir bis 2 Uhr und gehen dann zu Bett.»[21]

Hinzu kamen Visiten auf der preußischen Gesandtschaft, um dort die aktuellen Instruktionen entgegenzunehmen und das Besorgen von Papier und Arbeitsmaterial. Daneben musste Fontane sich bei den ortskundigen Londoner Freunden James Morris und Julius Schweitzer, die er während dieser Zeit beinahe täglich sah, mit Hintergrundinformationen versorgen.[22] Kauffmann, Faucher und Beta nahmen ihn zu wichtigen politischen Versammlungen mit und zeigten ihm einschlägige Londoner Lokalitäten.

Wichtigster Arbeitsort der preußischen offiziösen Korrespondenz war das *Café Divan* im Londoner Presseviertel, das zugleich als Lesekabinett diente und das Fontane und Rudolf Wentzel nutzten, um die vielen Zeitungen, die sie zu sichten hatten, nicht kaufen zu müssen. Das zunächst als Schach- und Raucher-Klub (daher der Name) gegründete Café war ein beliebter Treffpunkt exilierter Intellektueller aus ganz Europa, manchmal schaute aber auch britische Literaten- und Politikerprominenz wie Charles Dickens oder die späteren Premierminister William Gladstone und Benjamin Disraeli vorbei. Später erlangte das *Divan* als Lieblingslokal von Sherlock Holmes literarische Berühmtheit.

Zur mangelnden Ausstattung der Agentur kam hinzu, dass sich in der Emigranten-Community natürlich schnell herumgesprochen hatte, in wessen Auftrag sich Fontane in London aufhielt. Schlesinger und Kauffmann, eigentlich Hauptzielscheibe von Fontanes Auftrag, zeigten sich dabei durchaus kooperativ – wahrscheinlich weil sie die seltsame Initiative für eine vorübergehende und ohnehin nicht konkurrenzfähige Erscheinung hielten, was auch Fontane schnell einsah und bei der *Centralstelle* immer vehementer darauf drang, das Unternehmen einzustellen. Fontane wurde zu Schlesingers geselligen Abenden eingeladen und in wichtige Londoner Kreise eingeführt. Als sich das Ende des Krimkrieges abzeichnete, teilte dieser Fontane freundlich mit: «Eure Aufgabe ist jetzt erfüllt; ihr könnt nun wieder gehn.»[23]

Trotzdem haftete Fontane in London der Makel als «Regierungs-Schweinehund» an, wie ihn der exilierte Junghegelianer Eduard Meyen titulierte. Notgedrungen musste er Meyen recht geben: «Das bin ich nämlich», kommentiert er im Brief an Emilie.[24] Auch Edgar Bauer, früher mit Meyen und Faucher bei den Berliner *Freien* und jetzt selbst als dänischer Agent in London unterwegs, wusste alles über den «Preußischen Agenten Fontane». Seine

«Konfidenten-Berichte» an die dänische Regierung offenbaren detailliertes Insiderwissen. Bauer kennt Fontanes Auftraggeber und Instruktionen, er weiß, welche Artikel Fontane in welchen Zeitungen lanciert, wer ihm dabei mit Übersetzungen und Korrekturen seines «entsetzlichen Englisch» zur Hand geht, und er kennt sogar dessen Gehalt.[25] Alles zusammen führte dazu, dass das hoffnungslos unterbesetzte, unterfinanzierte und journalistisch unterlegene Unternehmen kaum Abonnenten gewann und immer weiter in die roten Zahlen geriet. Am Tag nach der Unterzeichnung des Pariser Friedens am 31. März 1856 wurde Fontanes *Deutsch-Englische Korrespondenz* eingestellt.[26]

Auch wenn sie nicht lange bestand, markiert sie einen Anfang der preußischen Pressepropaganda mit Hilfe von Nachrichtenagenturen. Unter Bismarck wurde rund fünfzehn Jahre später Schlesingers *Englische Korrespondenz* für 50000 Taler aufgekauft – eine späte Realisierung eines Vorschlags, den Fontane seinen Auftraggebern schon im Dezember 1855 angesichts der Aussichtslosigkeit einer Gegengründung unterbreitet hatte.[27] Fontanes «private» Nachrichtenagentur gehörte sogar zu den unmittelbaren Vorläufern der nach Bismarcks Regierungsantritt gegründeten preußischen *Provinzial-Correspondenz*, die als wöchentliches amtliches Publikationsorgan bis in die 1880er Jahre Auflagenzahlen von bis zu 150000 erreichen sollte und zu einem der wichtigsten Instrumente der Bismarck'schen Pressepropaganda wurde. Fontanes Londoner Dienstherr von Bernstorff lieferte Bismarck für die Gründung der Nachrichtenagentur im Januar 1863 die Konzeptvorlage «nach englischem Vorbild».[28] Sein Mitstreiter Rudolf Wentzel wurde erster Redakteur der *Provinzial-Correspondenz*, die zunächst ganz nach dem Vorbild der *Deutsch-Englischen Korrespondenz* offiziös als Wentzels Privatunternehmen geführt wurde, in Wirklichkeit aber dem Leiter der nun *Literarisches Bureau* genannten Pressestelle Ludwig Hahn («Preß-Hahn») unterstand.[29]

Ludwig Metzel wiederum – Fontanes Vorgesetzter bei der *Cen-*

tralstelle – übernahm unter Bismarck die neuorganisierte Pressearbeit in Bezug auf die auswärtigen Angelegenheiten.[30] Da auch die *Kreuzzeitung*, bei der Fontane ab 1860 als Redakteur arbeitete, spätestens mit dem Regierungsantritt des Staatskanzlers zu dessen Hauspostillen gehörte, finden sich in der Bismarck'schen Pressepolitik alle Akteure der *Deutsch-Englischen Korrespondenz* wieder zusammen. Nach seiner Kündigung bei der *Kreuzzeitung* ab 1870 wurde Fontane denn auch nicht zufällig wieder mit 400 Talern jährlich von der Hahn'schen Pressestelle alimentiert, um Beiträge für die *Provinzial-Correspondenz* zu liefern.[31]

Für Fontane selbst bedeutete die Einstellung der *Deutsch-Englischen Korrespondenz* sogar einen beruflichen Aufstieg: Er erhielt nun als Presseattaché des preußischen Botschafters von Bernstorff im Auftrag der *Centralstelle* einen Dreijahresvertrag. An den Aufgaben änderte sich hingegen, außer dass Fontane sich ihnen mit deutlich weniger Zeitdruck widmen konnte, nicht viel. Weiterhin sollte Fontane laut Metzels Instruktion die britische Presse nach Berichten über die preußische Politik durchforsten und einen Überblick über die jeweiligen politischen Ausrichtungen der unterschiedlichen britischen Zeitungen erstellen. Durch gezielte Bestechung sollte Fontane außerdem versuchen, «Einfluß auf die englische Presse zu gewinnen», was «in jedem Lande, wo die Presse eine mehr oder weniger freie und von der Regierungsgewalt unabhängige ist», immer möglich sei.[32] Fontane gelang es, gegen ein Bestechungsgeld von 2000 Talern jährlich an den Herausgeber des *Morning Chronicle* zwischen August 1856 und September 1857 hier Artikel zu politischen Konfliktthemen unterzubringen, in denen er vor allem die preußischen Ansprüche auf Neufchâtel und Schleswig-Holstein rechtfertigte. Drittens sollte Fontane politische Artikel möglichst schneller als Schlesingers *Englische Korrespondenz* auch an preußische Zeitungen liefern. Ab Mai 1856 wurde Fontane so zum England-Korrespondenten der *Vossischen Zeitung*, die allerdings auf politische Artikel des preußischen Agenten dankend verzichtete und lediglich feuilletonistische Arbeiten aufnahm, ab Oktober 1856 für ein Jahr England-Korrespondent der *Kreuzzeitung* und ab Januar 1857 für die Regierungszeitung *Die Zeit*. Fontanes Beziehungen zur *Vossischen* wie auch zur *Kreuzzeitung*, also seinen beiden Hauptarbeitgebern nach 1860, haben hier ihren Ursprung.[33]

Aus diesen Tätigkeiten sind Fontanes umfassende Analysen des britischen Pressewesens hervorgegangen, die zunächst in der *Zeit* (bzw. deren Nachfolgeorgan *Preußische Zeitung*) und 1860 in seinem Buch *Aus England* erschienen sind.[34] Heute weitgehend unbeachtet, zählen diese zu den besten englischen Arbeiten Fontanes und wurden auch in der zeitgenössischen überregionalen Kritik wohlwollend aufgenommen – etwa im bei Brockhaus erscheinenden *Deutschen Museum* von Robert Prutz, der sich als Verfasser einer der ersten deutschsprachigen Geschichten des Journalismus im Metier auskannte.[35] Fontane bietet hier eine gut recherchierte und lesbare Geschichte des britischen Pressewesens von den Anfängen mit den sich aus den Flugschriften der 1648er-Revolution entwickelnden Wochenschriften (Fontane vergisst nicht zu erwähnen, dass der «erste europäische Publicist» Marchamont Nedham ein ehemaliger Apotheker war[36]) bis zu den seit dem späten 18. Jahrhundert den politischen Diskurs dominierenden Tageszeitungen. Die Vorgabe der Instruktion einer «gewissen statistischen Vollständigkeit» der Darstellung wird dabei mit dem Anspruch verbunden, zugleich die deutschen Leserinnen und Leser nicht zu langweilen.[37]

Der Abschnitt «Die Londoner Tagespresse» beginnt ganz im Stil eines Reiseführers mit einer Beschreibung der «Lokalitäten [...], aus denen die Londoner Presse tagtäglich in Hunderttausenden von Exemplaren hervorgeht». Die Leser werden in einem Gang durch das Londoner Zeitungsviertel um Fleet Street und Strand mit seinen rund 150 Redaktionsbüros geführt. Am bezeichnenderweise Printing House Square benannten höhergelegenen Platz thront «wie ein Castell» das Gebäude der *Times*, das so «auch äußerlich die ganze Situation beherrscht». Von hier aus werden die Leser in die Redaktionsgebäude geführt, die bei allen Zeitungen gleich aufgebaut sind: im Souterrain oder Hinterhof befindet sich die Druckerei, im Parterre der Versand, im ersten und zweiten Stock die Redaktion, und im dritten und obersten Stockwerk arbeiten die Setzer. Die Redaktionsräume dienen dabei als «bloße Geschäftslokale» des Chef- und der Subeditoren, während die «eigentliche schriftstellerische Arbeit» der Leitartikel-Schreiber in Homeoffice-Manier in deren Privatwohnungen ausgegliedert ist – nur so ist die tägliche Publikation «der außerordentlichen Stoffmenge» auf so engem Raum zu leisten.[38]

Besonders empfohlen wird «jedem Fremden, der nach London kommt» ein Besuch des *Times*-Gebäudes. Aus der Geschichte des Baus an der alten aus römischen Zeiten stammenden Stadtmauer, auf deren Ruinen im Mittelalter ein beim Stadtbrand 1666 vernichtetes Schwarzbrüder-Kloster errichtet wurde, dessen Fundament nun dem «Times-Redactions-Lokal» dient, leitet Fontane einen historischen Vergleich zwischen den Mächten des alten Roms, «der Cäsaren und der Päpste», und des «leading journal of the world» als «glänzendstem Repräsentant einer neugeborenen Macht» ab. Auch praktische Besuchertipps werden gegeben: Fontane vergisst nicht zu erwähnen, dass der Eintritt frei ist, und empfiehlt eine Besichtigung um 11 Uhr vormittags, wo man der Produktion der zweiten Tagesausgabe (der «second edition», die mittags erscheint) beiwohnen könne. Als größte «Sehenswürdigkeit» wird die berühmte Druckmaschine der *Times* näher vorgestellt, wenn die Maschine auch solchen Eindruck mache, dass es «sehr schwer, wenn nicht geradezu unmöglich» sei, sie mit Worten zu beschreiben: «ein eisernes Ungeheuer» mit «acht großen Dampfpressen», das simultan an acht Stellen weiße Papierbogen aufnimmt und im 4-Sekunden-Takt an acht anderen Stellen «bedruckte Papierbogen herausschleudert». Möglich wird dies durch die rotierenden Druckzylinder, die Fontane mit der seit 1848 in Berlin aufgekommenen «Litfaß'schen Säule» vergleicht. Die dampfbetriebene Schnellpresse war von dem sächsischen Drucker und Erfinder Friedrich König entwickelt worden, der dafür in der Heimat allerdings keinen Abnehmer gefunden hatte und deshalb nach England übersiedelte. Dort kaufte ihm der *Times*-Verleger John Walter seine Maschine ab, die 1814 erstmals zum Einsatz kam.[39]

Fontanes Wahrnehmungen, Schilderungen und Wertungen muss man immer im Kontrast zu den preußischen Presseverhältnissen und in Bezug auf das deutsche Lesepublikum lesen. Genau vermerkt Fontane etwa die viel weitere Ausdifferenzierung der journalistischen Berufe: vom «Chef-Redacteur» über die «Correspondenten» in den großen Weltstädten bis zu den unterschiedlichen «Reporter»-Kategorien: Parlaments-, Gerichtshof-, Polizeireporter sowie Lokalreporter für die «City-Artikel» und kleinere Beiträge («Penny-a-liner»). Ermöglicht werde dies durch die weitaus höheren Auflagenzahlen, durch die viele englische Zeitungen schon ab einer Auflage von 10000 Exemplaren Gewinn erzielen könnten. Die *Times* erreichte sogar eine für damalige deutsche Verhältnisse unvorstellbare Auflagenhöhe von 50–60000 Exemplaren täglich. Tatsächlich wurden in den 1850er Jahren in den deutschen Ländern 40 Prozent weniger Zeitungen pro Einwohner verkauft als in England.[40]

Deshalb seien, so Fontane, auch die Zeilenhonorare und Verdienstmöglichkeiten für Journalisten in England wesentlich höher: Für ihre in Heimarbeit verfassten Leitartikel würden die Spitzenautoren der *Times* Einkommen von 2000 Pfund jährlich (also mehr als ein preußisches Ministergehalt) erzielen, die sie zudem noch «fast wie eine Sinekure» erhielten. Besonders beeindruckt zeigt sich Fontane vom Pensionsfonds der *Times*: «man pensioniert nicht nur, man pensioniert gut, ausreichend, standesgemäß.» Die Erfahrung dieser in Preußen unbekannten Art der Betriebsrente und der konkreten materiellen Wertschätzung intellektueller Arbeit wird nicht nur bei Fontanes Kündigung bei der *Kreuzzeitung* 1870 eine Rolle spielen, sondern sie steht auch in direktem Kontrast zu seinen durchgehenden Klagen über die preußische «Knauserwirtschaft» und Verachtung des Schriftstellerberufs.[41]

Ausdrücklich weist Fontane die heimischen Leser und die Auftraggeber in der *Centralstelle* darauf hin, dass man den englischen Pressemarkt nicht nach deutschen Maßstäben messen könne, wo es zu dieser Zeit noch beinahe ausschließlich Parteizeitungen gab: «Die Blätter nach ihrer politischen Farbe zu gruppiren, ist nicht möglich.»[42] Viel eher ließen sich die einzelnen Zeitungen schon seit der Zeit um 1800 durch ihre je spezifischen Anzeigenteile unterscheiden.[43]

Entgegen dem in Deutschland vorherrschenden Vorurteil, daraus «Prinziplosigkeit» und Käuflichkeit abzuleiten, sei gerade dieses Faktum ursächlich für wirtschaftlichen Erfolg – ein Vergleich der *Times* mit Walter Scotts schwarzem Ritter Ivanhoe, bei dem man nie sicher sein kann, für welche Seite er ficht, und der so die «Phantasie des Publikums» anregt, darf bei Fontane nicht fehlen. Während in Preußen und Frankreich den Zeitungen lediglich als Regierungsorganen oder als Sprachrohr jeweils genehmer Parteien eine Berechtigung zugeschrieben werde, habe sich in England das Verhältnis umgekehrt. Hier habe die *Times* selbst den Status einer unabhängigen «Großmacht» gewonnen, um deren «Gunst und Bündnis sich die größten Staaten» bewerben und deren Handeln die Zeitung danach beurteilt, was sie mit beständigem Blick auf das Lesepublikum «als ihr eigenes und als das allgemeine Wohl zu erkennen glaubt». Neben einer allgemeinen Orientierung an «Freiheit und Fortschritt» gehöre hierher etwa «das kluge Belauschen» und «scharfe Beobachten» der öffentlichen Meinung ebenso wie die Beleuchtung unterschiedlicher Standpunkte in «Doppel-Leitartikeln».[44]

Ausführlich setzt sich Fontane vor diesem Hintergrund mit der in Metzels Instruktion unterstellten prinzipiellen Bestechlichkeit einer regierungs- und parteiunabhängigen Presse auseinander: «In jedem Lande, wo die Presse mehr oder minder eine freie und von der Regierungsgewalt unabhängige ist, läßt sich auf dieselbe ein Einfluß erzielen. Entweder in der Weise, daß man einen Theil derselben erkauft, oder in der, daß man durch Verkauf mit den leitenden und bestimmenden Persönlichkeiten der Publizistik auf diese und dadurch auf die Haltung der von ihnen abhängigen Blätter einwirkt», offenbart Metzels Instruktion das instrumentelle Presseverständnis der preußischen Regierung.[45]

Wenn es auch in England, berichtet hingegen Fontane, wie überall Fälle der «scham- und rücksichtslosen Käuflichkeit, das Jedem-Dienen, die Dirnenschaft» einzelner Zeitungen oder Journalisten gebe – er wusste aus eigener Lebenserfahrung genau, wovon er sprach –, sei doch «die Londoner Tagespresse als ein Ganzes genommen *unbestechlich*».[46] Der ausdifferenzierte Pressemarkt, auf dem die Zeitungen sich als unabhängige «Actienunternehmen» finanzieren, die größere Pluralität und Freiheit von Zeitungen und die sich daraus ergebende Notwendigkeit, das Lesepublikum zu überzeugen, wirke hier als Selbstkorrekturmechanismus: «Diese Dinge» hätten «ihr Korrigens in sich selbst».[47]

Wohl nicht ohne Hintergedanken illustriert Fontane diese Selbstkorrektur des Pressemarktes ausgerechnet am Beispiel des *Morning Chronicle*, bei dem er sich selbst in Metzels Auftrag eingekauft hatte. Die einst renommierte und älteste der großen Londoner Tageszeitungen blicke auf eine ruhmreiche Geschichte zurück. Der *Chronicle* habe beispielsweise den Beruf des Parlamentreporters erfunden, und in ihm sind berühmte Arbeiten des britischen Liberalismus wie John Stuart Mills politische Aufsätze, Charles Dickens' *Sketches* oder Henry Mayhews *London Labour and London Poor* zuerst als Artikelserien erschienen. Als 1848 nach einem Herausgeberwechsel die Auflagenzahlen sanken, geriet das Blatt «in raschen Verfall», konnte aus Kostengründen die teuren telegraphischen Depeschen erst einen Tag nach der *Times* bringen, und so wurden «allerhand andere Mittel» ergriffen, um das Blatt zu retten. Neben einem Großkredit des französischen *Credit Mobilier* gehörte dazu die Einrichtung von einer Art «Sprechsaal» auf den hinteren Seiten der Zeitung, in dem «jeder Ex-Präsident südamerikanischer Freistaaten» oder «jeder indische Fürst» gegen Bezahlung seine Ansichten verbreiten konnte. Dass in diese vom Publikum natürlich sofort durchschaute Sparte auch die Propaganda-Artikel der preußischen Regierung gehören, liegt auf der Hand. Die Folge dieser Maßnahmen sei lediglich gewesen, dass die Zeitung «in diesem Augenblick sehr niedrig in der öffentlichen Meinung» stehe.[48] Tatsächlich musste der *Morning Chronicle* nur kurze Zeit später Anfang der 1860er Jahre sein Erscheinen einstellen.

Die Marktorientierung sei hingegen das beste Gegengift zur Vermeidung jeden «geschäftlichen Schlendrians», den Fontane dadurch definiert, dass er sich «apathisch-hochmüthig» von jeglicher Neuerung abwendet und «nicht gestört sein [will] im Glauben an sich selbst». Hier klingt beinahe wortgleich Fontanes spätere Kritik an der Borniertheit des preußischen Adels im Kaiserreich an. Das Werben um die Gunst des Publikums erzwinge ein «ständiges Bestreben, das Gute nie als ein Bestes anzusehen, vielmehr kritisch an jede traditionelle Vortrefflichkeits-Schablone heranzutreten». So habe die *Times* innovative Verfahren der Interaktion mit dem Publikum entwickelt: mit der «geschickten Times-Praxis», eine Sparte für Leserbriefe «to the editor of the Times» einzurichten, habe die Zeitung zum einen «ein Medium zur Veröffentlichung jeder Unbill, jedes Unrechts im Kleinen und Großen, populär» gemacht. Die Leser-Blatt-Bindung ging so weit, dass die *Times* unter den Einsendern nach potenziellen künftigen Mitarbeitern Ausschau hielt.[49]

Nicht zuletzt gehöre zu den Erfolgsmodellen der *Times* «der völlige Sieg des Feuilleton-Styls über die letzten Reste des Kanzlei-Styls und ähnlicher mißgestalteter Söhne und Töchter lateinischer Klassicität» (man muss immer die unausgesprochene Vergleichsebene eines akademisch-pedantischen Journalismus in Deutschland mitlesen). Besonderes Augenmerk richtet Fontane auf das Verfahren der «Introductions-Anekdoten», mit denen die Leitartikel unterhaltsam eingeführt werden und bei denen das «Feuilleton-Talent und novellistische Interesse» exemplarisch zum Ausdruck kommt. Diese einführenden anekdotischen Erzählungen seien «um ihrer selbst willen da», machten «oft die Hälfte des ganzen Artikels» aus und seien für viele Leserinnen und Leser wichtiger «als das Raisonnement, das schließlich folgt». Bis in den Stil hinein verstehe sich die *Times* so viel mehr als «Advocat [...] ihrer Clienten» denn als Richter, der die vermeintlich ewigen Wahrheiten besitzt und das Publikum vom Katheder aus langweilig und erschöpfend belehrt.[50] «Man will Abonnenten, man will dem Volk gefallen», statt es «beständig zu maßregeln und zu quälen», ergänzt Fontane in einem nach der Rückkehr aus England gehaltenen Vortrag über die *Times*.[51]

Tatsächlich kann man in den der *Times* abgeschauten Stilmerkmalen wie der dialogischen Struktur, dem Spiel mit der Maske, dem Verbergen des eigenen Standpunkts, Anspielungs- und Auslassungstechniken, anekdotischer Plauderei, humoristischer Relativierung, Aufschiebung und Abschweifung statt direktes «Zur-Sache-Kommen», Unterhaltung statt Belehrung und Propaganda über das Feuilleton hinaus spätere Erzählverfahren in Fontanes Romanen erkennen.[52]

Zugleich steht Fontanes britische Pressestudie in ihrer Mehrfachverwertung als Rechenschaftsbericht, Artikelserie und Buchveröffentlichung unter eigenem Namen – interessanterweise ist der Text zumindest in den beiden Druckversionen praktisch deckungsgleich – exemplarisch für Fontanes Arbeitsweise als regierungsamtlicher politischer Journalist. Nicht zuletzt zeigt sie, wie kreativ Fontane in guten Momenten auf die Instruktionen seiner Auftraggeber reagierte und welche Strategien er entwickelte, um diese zugleich zu erfüllen und zu unterlaufen – etwa durch die «kryptographische», das heißt auf Textebene nicht explizit gemachte Verweisebene auf die heimischen Presseverhältnisse und sogar seine eigene Rolle darin. So verfasst Fontane im Regierungsauftrag mit seiner Studie ein für die zeitgenössischen deutschen Verhältnisse ausgesprochen liberales Plädoyer für die Vorzüge einer unabhängigen Presse, die Einsicht in die Selbstkorrekturkräfte des Marktes und das Vertrauen in die Urteilskraft des Publikums – weniger in Form expliziter programmatischer Stellungnahmen, sondern vor allem durch Empirie und Vergleich.

REALISMUS UND WELTHORIZONTE

Fontanes Weg zu einem der prominentesten Autoren des bürgerlichen Realismus der deutschen Literatur des 19. Jahrhunderts ist untrennbar mit seinen journalistischen Englanderfahrungen verbunden. War England schon seit den 1840er Jahren mit seinen Adaptionen britischer sozialer Dichtung und altenglischer Balladen sowie unterschiedlichen Übersetzungen aus der englischen Literatur für Fontane Ideal und Orientierungspunkt, so werden diese nun durch unmittelbare Anschauung gesättigt.

Zunehmend treten die journalistischen Prosaformen des Reisefeuilletons und des Korrespondenzartikels neben die bis dahin vorherrschende Balladenform. Die hauptsächlich auf Fontanes Londoner Feuilletons für die regierungsamtliche *Deutsche Reform* basierende Publikation *Ein Sommer in London* (1854) ist Fontanes erstes Buch in Prosa und in der Gattung des Reise- und Großstadtfeuilletons. Seit Ludwig Börnes *Briefen aus Paris* und Heinrich Heines *Briefen aus Berlin* werden in dieser Gattung Sozialstudien mit Alltagsbeobachtungen verbunden und in sprachlich origineller Form präsentiert. Solche Reisefeuilletons, die meist im Titel «Briefe», «Skizzen», «Wanderungen» tragen, gehen, ebenso wie der Gesellschaftsroman, den sich erst langsam entwickelnden Disziplinen Ethnologie und Soziologie voraus.[53]

Englandreisen spielten dabei als «Reisen in die Moderne» nicht nur für Fontane, sondern auch für viele andere deutsche Intellektuelle bereits seit dem späten 18. Jahrhundert eine besondere Rolle.[54] Um 1850 war London mit rund 2,5 Millionen Einwohnern die bevölkerungsreichste Stadt der Welt. Die Hauptstadt des britischen Empire war nicht nur das globale Zentrum von Industrialisierung und Handel, sondern mit seiner mehr als hundertjährigen Geschichte des Parlamentarismus auch politisch und kulturell maßgebend. «Überschwengliche Fülle», «unerschöpfliche Masse», «Größe» und «Großartigkeit» sind Topoi, die sich nicht nur in Fontanes Englandfeuilletons finden.[55]

Einen ersten Höhepunkt erreichte die zeitgenössische London-Berichterstattung mit der Weltausstellung von 1851, als neben unzähligen Zeitungsfeuilletons auch beinahe gleichzeitig zwanzig Buchpublikationen mit Ausstellungsberichten auf dem deutschen Buchmarkt erschienen. Fanny Lewalds *Skizzen aus England* in der *Kölnischen Zeitung*, Amalie Böltes *Briefe aus London* in Cottas *Morgenblatt*, Lothar Buchers *Kulturhistorische Skizzen* in der *National-Zeitung* und Max Schlesingers *Wanderungen durch London* waren nur die erfolgreichsten.[56]

Gegenüber diesen fällt Fontanes *Ein Sommer in London* in vielerlei Hinsicht ab, und er blieb auf dem umkämpften Markt chancenlos. Schon für die Mehrheit der zeitgenössischen Leserinnen und Leser enthielten Fontanes Feuilletons, die zudem in der nach Fontanes eigener Einschätzung «langweiligsten Zeitung Deutschlands»[57] erschienen, zu viel preußische Regierungspropaganda und zu wenig neue oder originelle Aspekte. Ein wohl aus der deutschen Immigrantenszene in London lancierter Verriss von *Ein Sommer in London* erschien in der angesehenen britischen Rezensionszeitschrift *Quarterly Review*. Aber auch von Schriftstellerkollegen und in den führenden deutschen Literaturzeitschriften wurde Fontanes Buch als verspätet und epigonal eingeschätzt: Theodor Storm sah sich ebenso an die Heine'schen Reisebilder erinnert, wie die Rezensenten der *Grenzboten*, die das Buch noch ganz auf «jungdeutschem Boden» ansiedelten: «es kommt dem Verfasser mehr darauf an, esprit zu machen», dafür mangele es an Realismus, das heißt einer «unbefangenen Auffassung der Wirklichkeit» und «naturgetreuer Darstellung». Ebenfalls noch «vormärzliches Literatentum» konstatierte Robert Prutz' *Deutsches Museum*.[58] Unter dem Gesichtspunkt literarischer Qualität lässt sich im historischen Rückblick die weitgehende Ablehnung durch das zeitgenössische Publikum und die Literaturkritik durchaus nachvollziehen. Ein Lektüre-Vergleich zwischen Lothar Buchers von Ideen, Eindrücken, Wortwitz, Sprachreflexion und politischer Analyse sprühendem brillanten Feuilleton *Ein Tag im Glaspalast* mit Fontanes elegischem *Gang durch den leeren Glaspalast* aus *Ein Sommer in London* genügt, um sich davon einen Eindruck zu verschaffen.[59]

Zwischen den beiden London-Aufenthalten entstehen auch Fontanes frühe Programmschriften zum Realismus – mehr als zwanzig Jahre bevor er selbst ab den späten 1870er Jahren seine ersten realistischen Romane vorlegen wird. Sie sind im Zusammenhang mit den im Dezember 1852 gegründeten *Tunnel*-Ablegern *Rütli* und *Ellora* – inklusive des von Fontane und Kugler herausgegebenen belletristischen Jahrbuchs *Argo* – zu sehen, mit denen ein ambitionierteres Literaturprogramm als im Berliner Sonntagsverein literarischer Dilettanten verfolgt wurde: dem *Rütli* und der *Argo* schlossen sich namhafte Literaten, Künstler und Wissenschaftler wie Paul Heyse, Theodor Storm, Moritz Lazarus oder Adolph Menzel an.[60]

Angeregt durch die Londoner Lektüre der Romane von William Thackeray und Charles Dickens, verfasste Fontane 1853 seinen poetologisch-literarhistorischen Aufsatz *Unsere lyrische und epische Poesie seit 1848*, in dem er den Programmbegriff des «Realismus» als «Wiederspiegelung alles wirklichen Lebens, aller wahren Kräfte und Interessen im Elemente der Kunst» definiert.[61] Als zweites frühes Realismus-Manifest Fontanes gilt seine Rezension von 1855 über Gustav Freytags Roman *Soll und Haben*, den er als Prototyp «des modernen Realismus» und «*Verdeutschung* (im vollsten und edelsten Sinne) des neueren englischen Romans» feiert.[62] Interessant ist Fontanes Begründung: Sämtliche Freytag'schen Figuren könnten nach seiner Lesart direkt aus Charles Dickens' *Pickwickiern, Oliver Twist, Nikolaus Nickleby* oder «Thackerayschen Kapiteln» entsprungen sein. Die in Polen spielenden Szenen hingegen liest Fontane als Adaptionen von James Fenimore Coopers *Lederstrumpf*-Romanen: Diese seien nichts anderes «als ein vom Hudson und Delaware an die Warthe versetztes Stück Kriegsgeschichte, einem Cooperschen Ansiedler-Roman so ähnlich wie ein Ei dem andern!»[63]

Fontanes wie immer eigenwillige Rezension zeigt nicht nur, dass die britische und amerikanische Literatur für ihn Bezugspunkt und Modell des realistischen Romans ist. Indem er Coopers historischen Roman *Der letzte Mohikaner* (*The Last of the Mohicans*, 1826) über die Geschichte des Siebenjährigen Krieges in das Muster realistischer Romane eingemeindet, verweist er zugleich auf dessen doppelten Ursprung: sowohl als historischer Roman in der Nachfolge Walter Scotts und James Fenimore Coopers als auch als Gegenwartsroman im Anschluss an Charles Dickens und William Thackeray. Beides gehört bei der Entwicklung des realistischen Romans zur Leitgattung des 19. Jahrhunderts untrennbar zusammen: Auch Balzac hat mit einem historischen Roman, *Der letzte Chouan oder Die Bretagne im Jahr 1800* (*Le Dernier Chouan ou La Bretagne en 1800*, 1829) seine Romankarriere begonnen, der sich schon im Titel als Scott- und Cooper-Adaption zu erkennen gibt. Diese Parallelentwicklung innerhalb des europäischen Realismus zeigt sich noch Jahrzehnte später in Fontanes Debüt als Romanschriftsteller mit der unveröffentlicht gebliebenen Thackeray-Adaption *Allerlei Glück* als städtischem Gegenwarts- und Gesellschaftsroman und dem 1878 veröffentlichten Erstlingsroman, der Scott-Reminiszenz *Vor dem Sturm* als historischem Roman.

Das Realismus-Konzept, das Fontane bis dato lediglich programmatisch formuliert hatte, bekam mit dem Umzug nach London 1855 zunehmend eine empirische Grundlage. In einem Brief an seinen *Tunnel*-, *Rütli*- und *Ellora*-Kollegen Friedrich Eggers macht Fontane selbst darauf aufmerksam, dass sein London-Aufenthalt in dieser Hinsicht eine «gnädige, segensreiche Schickung» sei. Explizit die Aufwertung des Lebens gegenüber dem Ästhetizismus aus seiner Programmschrift *Unsere lyrische und epische Poesie* aufgreifend, führt Fontane aus: «Als ich noch direkt unter euch war, sah ich meine, damals doch auch nur literarische Beschäftigung mit der Politik schon als ein besonderes Glück an, als ein frisches, stärkendes Bad, als ein Schutzmittel gegen alle Einseitigkeit und die bei uns so häufige Ueberschätzung der *Kunst* auf Kosten des *Lebens*. Hier hab' ich nun das Leben; die Dinge selbst, nicht mehr blos ihre Beschreibung, ihr Zeitungsschatten tritt an mich heran und jede Stunde belehrt den armen Balladenmacher: daß jenseits des Berges auch Leute wohnen.»[64] Auch seiner Frau gegenüber betont Fontane kurz darauf, dass er durch seine Korrespondententätigkeit in die Wirklichkeit der Weltpolitik eingetreten sei: «Ich habe jetzt den Poeten aus- und den Zeitungsmenschen angezogen.»[65]

Hauptgegenstand der Londoner Korrespondenzen werden nun die britischen Kolonialkriege, die in den 1850er Jahren immer schneller aufeinander folgten oder sogar parallel geführt wurden und die das Zeitalter des Imperialismus unübersehbar einläuteten. Der Krimkrieg, der 1853 mit der russischen Besetzung der osmanischen Donaufürstentümer Moldau und Walachei begann, war seit 1815 die erste direkte militärische Konfrontation zwischen den Wiener Kongressmächten um die Vorherrschaft im geschwächten Osmanischen Reich. Als Anfang Oktober 1856 chinesische Beamte ein britisches Opiumschiff beschlagnahmten – die Briten hatten im ersten Opiumkrieg das in China verbotene Rauschgift als Zahlungsmittel für den Kolonialhandel erzwungen –, erklärte Großbritannien China den Krieg, der bis 1860 andauern sollte und als «Zweiter

Opiumkrieg» in die Geschichte einging. Parallel kam es im Sommer 1857 in Indien zu einer antikolonialen Rebellion: In der britischen Darstellung als bloße Meuterei («Mutiny») der in Diensten der Ostindischen Kompanie tätigen indigenen Offiziere und Soldaten («Sepoy») abgetan, spricht man in der heutigen Geschichtswissenschaft vom «Großen Indischen Aufstand».[66]

Fontane registrierte, dass sich hier die Konflikte der Zukunft anbahnten. Mit der von Lothar Bucher geborgten und im *Stechlin* häufig wiederholten Wendung, dass «hinter dem Berge auch Leute wohnen», verweist er auf die Schwerpunktverschiebung der Weltpolitik, die sich nun zunehmend außerhalb des «alten Europa» abspielte.[67] Ausgehend von der Beobachtung, «daß in diesem Augenblicke keine Londoner Zeitung einen Berliner oder Petersburger Berichterstatter besitzt», dafür aber kostspielige Korrespondenzbüros in Kalkutta, Bombay oder Melbourne unterhalte, schlussfolgert Fontane auf die verschobenen Perspektiven: «Das alte Europa ist halb ein ausgedörrtes und halb ein abgemähtes Feld; es verlohnt sich nicht mehr, von Lissabon bis Petersburg Korrespondenzen zu unterhalten. [...] Die Briefe aus Berlin, Wien, Madrid, Florenz und Konstantinopel werden immer seltener und kürzer; aber durch sechs und selbst durch zwölf Spalten hin laufen immer häufiger die Berichterstattungen aus Australien und Kanada, aus Aden und Hongkong und vor allem aus jenem historisch gewordenen Landstreifen zwischen Dschumna und Ganges.»[68] Fontane modernisierte in dieser Hinsicht auch unmittelbar die preußische regierungsamtliche Pressearbeit, indem er sofort für die *Centralstelle* das Wochenmagazin *The Illustrated London News* und den zweimal täglich erscheinenden *Globe and traveller* abonnierte und so Bilder von der Welt in die Berliner Amtsstuben und Aktenschränke brachte. Die *Illustrated News* hatte allein sechs Zeichner auf die Krim geschickt, um Bilder vom Krieg zu bekommen.[69]

Durch die *Times* lernte Fontane auch die mit dem Krimkrieg einsetzende neue Form der telegraphie- und photographiegestützten

Kriegsberichterstattung kennen, die mit den Namen des irischen *Times*-Korrespondenten William Howard Russell und des englischen Photographen Roger Fenton untrennbar verbunden ist. Russell, der vom Krimkrieg über den Indischen Aufstand und den Amerikanischen Bürgerkrieg bis hin zum Preußischen Krieg gegen Frankreich direkt von der Front berichtete, wurde von Fontane sofort als ein neuer Reportertypus erkannt, mit dem, wie es in heutigen pressegeschichtlichen Darstellungen heißt, «die eigentliche Ära der Zeitungskorrespondenten begann» und der als erster «embedded journalist» gilt.[70] In einer Korrespondenz für die *Zeit* vom Mai 1858 widmet Fontane Russell ein biographisches Porträt, in dem er neben der ungewohnten Kontrollfunktion der Medien («Überwacher und Ausplauderer» der englischen Armee) auch deren Bildungsfunktion betont: «das englische Publikum» habe «von Indien nicht viel mehr gewusst als von dem Innern Afrikas», bis «die Scharfsichtigkeit und Unumwundenheit seines Lieblingskorrespondenten überall das tiefe Dunkel lichtete und neben pikanten Zeichnungen von Land und Leuten den indischen Volkscharakter klar, scharf und übersichtlich» darlegte, Russell sei so zu einem immer noch «unübertroffenen Historiographen» der britischen Kolonialkriege geworden.[71]

Nicht zuletzt macht Fontane auf das große Ansehen aufmerksam, das dem praktisch gleichaltrigen Journalisten in Großbritannien zuteilwerde. Der aus der Kaufmannsschicht stammende Russell habe nach dem Bankrott der Eltern die «aussichtslose Laufbahn» aufgegeben, um sich «wie so viele andere in ähnlicher Lage tun, der Presse zuzuwenden». Man liest hier unwillkürlich Fontanes eigenen Lebensweg mit.[72] Trotz dieser «unstandesgemäßen» Herkunft würden Russells Depeschen im britischen Kabinett genauso aufmerksam gelesen wie in der breiteren Öffentlichkeit.[73] Nach der Heimkehr von der Krim wurde Russell vom britischen Premier Henry Palmerston persönlich empfangen, das Trinity College in Dublin verlieh ihm die Ehrendoktorwürde. 1895 wurde er wegen seiner journalistischen Leistungen sogar von Queen Victoria geadelt.[74]

Russells Photoreportagen vom Krimkrieg oder aus Indien hatten nicht zuletzt Auswirkungen auf die Frage wirklichkeitsgetreuer Darstellungsformen. Von den 1840er Jahren an waren die poetologischen Realismusdiskurse untrennbar mit der Entwicklung der Photographie verbunden. Seit 1839 die ersten Bilder im Verfahren der Daguerreotypie veröffentlicht wurden, galten Photographien als mediales Gedächtnisarchiv par excellence, das Geschichte in ganz neuer Weise vor dem Vergessen bewahren könne und das gesamte historische Wissen ändere, wie Charles Baudelaire es in seinem *Salon von 1859* formulierte.[75] An den realistischen Romanen von Jane Austen, Charles Dickens oder William Thackeray wurde immer wieder deren «photographische» oder «daguerreotypische» Detailtreue hervorgehoben, durch die sie zu «literarischen Photographien der Sitten und Gebräuche des 19. Jahrhunderts» würden, wie es in den zeitgenössischen Rezensionen der 1840er Jahre unisono heißt. Auch Fontanes Konzeption eines «poetischen Realismus» in Abgrenzung zum bloßen ‹Naturalismus› ist im Übrigen mit dem Begriff der «wahren» oder «poetischen» Wirklichkeitsdarstellung schon Teil dieser Diskussionen, etwa wenn Charlotte Brontë Jane Austen vorwirft, deren Romane seien zwar photographisch genau («accurate daguerreotyped»), aber wegen ihrer mangelnden poetischen Einfühlungskraft «more real than true».[76]

Verglichen mit den ersten Photoveröffentlichungen, die Muschel- und Amöbensammlungen oder antike Tempel und Statuen zeigten, müssen die Kriegsphotographien in Russells Korrespondentenberichten ein regelrechter Realitätsschock gewesen sein: Man sah Bilder von Soldaten an der Front, Hinrichtungen von Aufständischen oder zerbombten indischen Palästen in einem Meer von menschlichen Skeletten.[77] Dies meint Fontane, wenn er im «Zeitungsschatten» die Dinge selbst statt ihrer bloßen Beschreibung auf sich zukommen sieht.

Neben den Artikeln zum Krimkrieg bilden Fontanes Berichte zum Indischen Aufstand von 1857 mit rund 20 Korrespondenzberichten für die *Kreuzzeitung* und einer heute verschollenen 300 Seiten umfassenden Übersetzung einer Biographie des in der Schlacht von Lucknow gefallenen britischen Generals Sir Henry Havelock einen besonderen Schwerpunkt.[78] Der Große Indische Aufstand war damals das wichtigste Medienereignis in der europäischen und US-amerikanischen Presse und inspirierte darüber hinaus zahlreiche literarische Darstellungen in Großbritannien, Frankreich, Italien oder Deutschland – unter anderem Fontanes späteren *Kreuzzeitungs*-Kollegen Hermann Goedsche, der unter dem Pseudonym Sir John Retcliffe *Nena Sahib, oder die Empörung in Indien* verfasste. Nicht nur Karl Marx, der als London-Korrespondent der *New York Daily Tribune* darüber mehrere, in der postkolonialen Marx-Forschung viel diskutierte Artikel verfasste, sondern auch Fontane kritisierte ausgehend von dem Aufstand den europäischen Kolonialismus.[79]

Marx reflektiert die Ambivalenzen des Kolonialismus vor dem Hintergrund seines Geschichtskonzepts, nach dem der moderne Kapitalismus eine notwendige Durchgangsstufe für Demokratisierung und Emanzipation sei. In dieser Hinsicht könne der Welthandel bei aller Kritik am britischen Imperialismus auch zur Modernisierung einer rückständigen Kastenordnung wie der indischen beitragen. Wie Marx kritisiert auch Fontane die brutalen und barbarischen Methoden der britischen Besatzungsmacht, reklamiert aber im Unterschied zu diesem ein eher abstrakt bleibendes Selbstbestimmungsrecht der Völker, das er in seinen Briefen an Henriette von Merckel ausdrücklich mit den Unabhängigkeitsbewegungen in Italien oder Deutschland in Verbindung bringt.[80] Dass die lokale indische Kastenordnung wie die preußische Ständeordnung eher wenig mit Selbstbestimmung der Bevölkerung zu tun hatte, wird hingegen nicht thematisiert – das erklärt auch, warum Fontanes Indien-Korrespondenzen trotz aller Spannungen mit den Herausgebern in der *Kreuzzeitung* erscheinen konnten, in deren Programmatik ebendiese Ständeordnung hartnäckig verteidigt wurde.[81] Auf dieser Ebene hatte auch die *Kreuzzeitung* durchaus keine Probleme mit der Kritik am britischen Liberalismus und einer kulturalistisch reduzierten Indien-Sympathie – so lange sie wie in Goedsches Sensationsroman *Nena Sahib* romantisch-abstrakt blieb.

Ohne dass man Fontanes' und Marx' Indien-Artikel hinsichtlich analytischer Schärfe vergleichen sollte, fällt auf, dass beide das Augenmerk auf die Bedeutung von kulturellen und religiösen Faktoren als Herrschaftsinstrumenten neben Militär- und Wirtschaftsmacht richten. Außer in der Ausbeutung des Landes durch den «verzehrenden Steuerdruck»,[82] durch den die Kolonialmacht rund ein Viertel der einheimischen Erträge für sich beanspruchte und der seit dem späten 18. Jahrhundert immer wieder zu Aufständen in Indien geführt hatte, sei hierin eine Besonderheit der Erhebung von 1857 zu sehen. Einer der unmittelbaren Auslöser des Aufstandes der Sepoy-Garden war, dass die Patronen für das neu eingeführte Enfield-Gewehr mit einer Mischung aus Schweine- und Rindertalg eingefettet waren, was einen Affront sowohl für die Hindus als auch die Moslems unter den Sepoys darstellte. Nach Marx' wie auch Fontanes Darstellung hätten die Briten damit gegen ein fundamentales Prinzip ihrer kolonialen Herrschaft verstoßen. «Das römische divide et impera (teile und herrsche) war die Grundregel, mit der Großbritannien es ungefähr hundertundfünfzig Jahre lang zuwege brachte, die Macht über sein indisches Reich aufrechtzuerhalten. Die Feindschaft unter den verschiedenen Völkerschaften, Stämmen, Kasten, Bekenntnissen und Herrschaftsgebieten, deren Gesamtheit jene geographische Einheit bildet, die man Indien nennt, blieb stets die Existenzgrundlage der britischen Herrschaft», schreibt Marx am 30. Juni 1857 in der *New York Daily Tribune*. Das Besondere des gegenwärtigen indischen Aufstandes bestehe darin, dass zum ersten Mal «Mohammedaner und Hindus ihre gegenseitigen Antipathien aufgaben und sich gegen ihre gemeinsamen Herren zusammenschlossen».[83]

Zwei Wochen später, am 16. Juli 1857, geht Fontane in der *Kreuzzeitung* auf dasselbe Thema ein und zitiert die Analyse eines in Kalkutta ansässigen deutschen Kaufmanns: «[...] die englische Herrschaft in Indien beruht auf dem Haß und der Eifersucht, die zwischen den Hindus und den Muhamedanern» bestehe. «Von dem Augenblick an, wo diese beiden Gegner untereinander Frieden schließen, ist der Besitz Indiens gefährdet; diese Gegnerschaft beständig zu nähren, ist die Hauptaufgabe der englischen Politik.»[84] Während in der britischen Presse Schreckensmeldungen über die barbarischen Methoden der Aufständischen dominierten, verweisen Fontane und Marx darauf, dass die Briten ebenso barbarisch vorgingen und gezielt das Mittel der religiösen Demütigung einsetzten. Tatsächlich hat die spätere historische Aufarbeitung des Krieges die Hinrichtung Tausender Aufständischer gezählt, die meist «mit Kanonen exekutiert» wurden, wobei die muslimischen unter ihnen, um die Grausamkeit auf die Spitze zu treiben, «vor der Hinrichtung in Schweinehäute eingenäht» wurden.[85]

Fontanes Auseinandersetzungen mit dem britischen Kolonialismus in seinen Korrespondenzberichten schlagen sich unmittelbar auch literarisch nieder. Parallel zu seinen Krimkriegs- und Indienartikeln entstanden die beiden Balladen *Trauerspiel von Afghanistan* («Mit dreizehntausend der Zug begann, / Einer kam heim aus Afghanistan») und die aus dem Englischen adaptierte Krimkriegballade *Balaklawa. Der Angriff der Leichten Brigade, 25. Oktober 1854* («Der Tod mäht rascher von Schritt zu Schritt / Leichte Brigade, was bringst Du noch mit? / Dein Siegesritt war ein Todesritt»).[86] Monatelang arbeitete Fontane zudem an der heute verschollenen Indienballade *Das Mädchen von Lucknow*, mit der er «die grandios poetische Geschichte» der Schottin Jesse Brown in der belagerten Provinzhauptstadt des indischen Outh, einem der Hauptkriegsschauplätze, literarisieren wollte.[87]

Weltnachrichten bleiben von nun an durchgehend ein konstitutives Moment in Fontanes literarischen Werken. In der *Brück am Tay* (1879) und *John Maynard* (1885) werden Zeitungsmeldungen über technische Katastrophen wie Eisenbahn- und Fährunglücke in Schottland und auf dem Eriesee in Nordamerika in Versform gegossen. Und mit einer seiner letzten Balladen, *Die Balinesenfrauen auf Lombok*, nimmt Fontane die in der Presse kursierenden Berichte von der Niederschlagung des Aufstandes auf der indonesischen Insel Lombok durch niederländische Truppen im Jahr 1894 zum Anlass für eine scharfe Abrechnung mit dem europäischen Kolonialismus.

Die Ballade setzt in der Erzählperspektive eines europäischen Zeitungslesers ein («Unerhört / Auf Lombok hat man sich empört, / Auf der Insel Lombok die Balinesen / Sind mit Mynheer unzufrieden gewesen») und schildert dann, wie die niederländische Kolonialmacht zwielichtige Söldner anwirbt, wobei durch die Wortwahl der unmittelbare Zusammenhang zwischen Gewalt und christlicher Mission sichtbar gemacht wird: «Und allerlei Volk, verkracht, verdorben, / Wird von Mynheer angeworben, / Allerlei Leute mit Mausergewehren / Sollen die Balinesen bekehren.» Nachdem alle aufständischen Männer niedergemetzelt sind, stellen sich «sechzig stolze Frauen», die sich mit ihren Kindern in einen buddhistischen Tempel geflüchtet hatten, mit bloßen Messern den Angreifern entgegen und werden in dem aussichtslosen Kampf entweder getötet oder bringen sich selbst um. Mit dem Schlussvers («Mynheer derweilen, in seinem Kontor, / Malt sich christlich Kulturelles vor») bringt Fontane die Widersprüche zwischen ökonomischem Interesse («Kontor»), religiös verbrämter vermeintlicher zivilisatorischer Überlegenheit («christlich Kulturelles») und der Mischung aus bürgerlicher Schöngeisterei, Kunstgehabe und gleichzeitiger Ignoranz gegenüber der Realität des europäischen Imperialismus (mit dem neologistischen Kofferwort «sich etwas vormalen» aus «sich etwas ausmalen» und «sich etwas vormachen») in einem Vers so kunstvoll zusammen, dass die Ballade empörte Reaktionen in niederländischen Handelszeitungen und eine anschließende Debatte im *Berliner Börsen-Courier* auslöste.[88] Ursprünglich hatte Fontane, um klarzustellen, dass die Ballade exemplarisch für den gesamten europäischen Kolonialismus stehe und nicht nur die niederländische Variante kritisierte, noch das Verspaar: «Wo liegt Lombok? nun irgendwo, – / Übrigens machen es alle so»[89] hinzufügen wollen.

Schließlich literarisiert Fontane die neuen Nachrichtenwelten, die sich ihm in London erschlossen, in seinem letzten Roman *Der Stechlin* (1898) mit seinem «komplexen, weltumspannenden System von erzählerisch entfalteten Räumen und Kartografien» und seinen durchgehenden Querbezügen zwischen Preußen, England und der Welt, zwischen Themse und Stechlinsee.[90] Die in einem globalen Kommunikationszusammenhang vernetzte Welt bildet hier ein durchgehendes Leitmotiv, wie es Fontane in der berühmten Eingangssequenz des Romans in einem Landschaftsbild fasst, in dem der See in der brandenburgischen Provinz «lebendig» wird, «wenn es weit draußen in der Welt, sei's auf Island, sei's auf Java, zu rollen und zu grollen beginnt oder gar der Aschenregen der hawaiischen Vulkane bis weit auf die Südsee hinausgetrieben wird».

Fontanes Realismus ist von seinem dritten England-Aufenthalt an ein an der jahrelangen Londoner journalistischen Praxis und am internationalen Zeitungsdiskurs geschulter, im doppelten Sinn «welthaltiger» Realismus.[91]

RÜCKKEHR ÜBER SCHOTTLAND

Mit dem gutdotierten Dreijahresvertrag als Londoner Presseattaché konnte sich Fontane im Juli 1857 das erste Haus im Stadtteil Camden leisten und die Familie nach England nachholen, von der er seit Mai 1856 über ein Jahr lang getrennt war. Neben Emilie und Sohn George gehörte dazu auch der zweite Sohn Theodor Henry, der während eines mehrmonatigen Besuchs von Emilie in London Anfang des Jahres gezeugt und am 3. November 1856 in Abwesenheit des Vaters in Berlin geboren worden war. Dazwischen lagen Frühgeburten von zwei weiteren Söhnen zwischen 1852 und 1855, die schon in ihrem ersten Lebensjahr starben. Später sollten noch die unmittelbar nach der Rückkehr nach Berlin gezeugte und am 21. März 1860 geborene Tochter Martha Elisabeth (genannt Mete) und 1864 als letztes Kind Friedrich folgen.

In den Briefen an die befreundete Familie von Merckel lässt sich der Stolz der nunmehrigen Londoner Hausbesitzer Emilie und Theodor Fontane ablesen. Die Familie arrangierte sich schnell in der neuen Umgebung. Sohn George ging auf die von den Hamburger Exilanten Bertha und Johannes Ronge gegründete Reformschule, die außerdem zur Verbreitung von konfessions- und geschlechterübergreifenden Kindergärten und reformpädagogischen Grundsätzen das «Fröbel Committee» leiteten. Mit den Nachbarn, der Medizinerfamilie Merington, entwickelte sich eine noch lange nach dem Wegzug der Fontanes weiterbestehende Freundschaft. Für die Kinder organisierten die beiden Familien ein sehr modern anmutendes privates Jugendaustauschprogramm. Nach der Rückkehr der Fontanes nach Berlin blieb George für mehrere Monate alleine in London, um dort das begonnene Schuljahr zu beenden, während die Fontanes Martha, die Tochter der Meringtons, für ein halbes Jahr mit nach Deutschland nahmen. 1870 wiederholte sich dies, als Fontanes zehnjährige Tochter Mete mit Emilie nach London reiste und dort für ein knappes Jahr alleine bei der Familie Merington blieb, um Englisch zu lernen. Fontane, der ursprünglich sogar einen mehrjährigen Aufenthalt Metes in London anvisiert hatte, betrachtete dies ausdrücklich als Bildungsprogramm für seine Tochter, das ihr durch die Fremdsprachenkompetenz «eine innerliche Ausrüstung mit auf den Weg [...] geben» würde, um «eine Etappe über die Welt hin» «vorwärts zu kommen». Angesichts der absehbaren Tatsache, dass die Kinder kein Erbe zu erwarten hätten, sei «die volle Kenntniß einer fremden Sprache [...] wie ein Capital von dessen Zinsen man leben kann».[92] Für Frauenbildungsfragen hatte Fontane, bei allen internalisierten zeitbedingten Geschlechterstereotypen, seit seiner Zeit als Apothekerinnen-Ausbilder im Bethanien-Krankenhaus ein besonderes Sensorium.

Allerdings kam es ebenfalls im Juli 1857 gleichzeitig mit dem Umzug der Familie Fontane nach London in Potsdam zu Vorfällen, deren Konsequenzen Fontanes England-Aufenthalt vorzeitig beendeten. Nach mehreren Schlaganfällen infolge einer fortschreitenden Arterienverkalkung im Gehirn, die unter anderem schwere Störungen des Sprachzentrums nach sich zogen, war der preußische König Friedrich Wilhelm IV. nicht mehr regierungsfähig. Die Nachfolge des kinderlosen und formal auf Lebenszeit amtierenden Königs war nicht klar geregelt. Liberale und Demokraten hofften auf eine baldige Übernahme der Regierung durch den siebenundzwanzigjährigen Neffen Prinz Friedrich Wilhelm (später als Friedrich III. Deutscher Kaiser), der mit der britischen Prinzessin Victoria verlobt war. Sie versprachen sich von dem dynastischen britisch-preußischen Bündnis die Loslösung vom zaristischen Russland und damit eine zunehmende Westorientierung und Modernisierung Preußens; Friedrich Wilhelm IV. hatte der Verlobung seines Neffen mit Victoria deshalb nur sehr zögernd und gegen die Widerstände der preußischen Hofkamarilla und seiner Ehefrau zugestimmt.

Formal berechtigt für die Übernahme der Regierungsgeschäfte war jedoch zunächst Prinz Friedrich Wilhelms Vater, der über sechzigjährige Prinz Wilhelm, der sich in der öffentlichen Meinung vom «Kartätschenprinzen» und obersten Hardliner der Königsfamilie mittlerweile auch zu einem Hoffnungsträger auf ein politisches Tauwetter nach den eisigen Jahren der Manteuffel-Reaktion gewandelt hatte. Als erste Amtshandlung ersetzte Wilhelm am 6. November das Kabinett Manteuffel durch das «altliberale» Kabinett Auerswald, was als «Neue Ära» begrüßt wurde – ein Begriff, der sich bis heute in der Geschichtsschreibung gehalten hat.[93] Es sollte wirklich eine «neue Ära» werden, allerdings weniger im Sinne einer politischen Liberalisierung und Parlamentarisierung Preußens.

Nach der für preußische Monarchen üblichen auf den Regierungsantritt folgenden kurzen Reformzeit gewannen bei Wilhelm schnell seine langgewachsenen militärischen Verbindungen Überhand. So stand die gesamte Politik bald im Schatten seines absoluten Lieblingsprojektes, der Heeresreform inklusive Aufstockung des Militäretats und Verlängerung der Wehrpflicht, an der sich der jahrelange preußische Verfassungskonflikt entzündete, der 1862 in die Berufung Bismarcks zum Ministerpräsidenten und Außenminister mündete. So folgte eher die Militarisierung der Liberalen im Zuge der preußischen Kriegserfolge als die Liberalisierung Preußens. Als dann nach dem Tod des über neunzigjährigen Kaisers Wilhelm I. sein Sohn als Kaiser Friedrich III. 1888 die Thronfolge antrat, war der Kehlkopfkrebs des starken Rauchers so weit vorangeschritten, dass er nicht mehr sprechen konnte. Er erlebte seinen 57. Geburtstag nicht mehr und ging als stummer Neunundneunzig-Tage-Kaiser in die Geschichte ein. Die ursprünglich erhoffte Westbindung Preußens hatte sich in Wilhelms Pulverdampf und Friedrich Wilhelms Zigarrenqualm buchstäblich in Rauch aufgelöst, bevor sich erweisen konnte, ob Friedrich III. als Regent den in ihn gesetzten liberalen Hoffnungen wirklich gerecht geworden wäre.[94]

In London sorgten die im Laufe des Jahres 1858 öffentlich geführten Diskussionen um den preußischen Regierungswechsel für Aufbruchstimmung. Die politischen Flüchtlinge unter den Emigranten hofften auf eine Amnestie, die in einigen deutschen Fürstentümern schon ab 1858 erlassen wurde, und damit die Rückkehr in die Heimat. Die meisten – wie Lothar Bucher, Heinrich Beta, Edgar Bauer und viele andere – mussten allerdings noch bis zur Amnestie nach der Inthronisierung Wilhelms im Januar 1861 warten.[95] Nicht alle wurden amnestiert (Karl Marx, Ferdinand Freiligrath), und nur den wenigsten war es gelungen, sich in England eine Existenz aufzubauen und britische Staatsbürger zu werden (Julius Reuter, Max Schlesinger). Mit dem italienischen «Risorgimento» keimten zudem neue Hoffnungen auf eine Schwächung der Wiener Ordnung und eine doch noch zu erreichende demokratische Einigung Deutschlands auf. Die von Heinrich Beta organisierte große Schiller-Feier im Londoner Kristallpalast im November 1859 bekam so – zumal sie mit dem zehnjährigen Gedenken an die 48/49er-Revolutionen zusammenfiel – den Charakter eines nationalen Einigungsfestes im Exil.

Aufbruchstimmung herrschte auch bei Fontane, allerdings noch aus anderen Gründen. Durch seine Nähe zur Regierung war er früh über die Vorgänge in der preußischen Hauptstadt informiert. Hellhörig musste ihn schon der Auftrag des preußischen Gesandten Graf von Bernstorff machen, eine Überblicksstudie über die in London ansässigen preußischen politischen Flüchtlinge zu erstellen, den er nicht anders verstehen konnte, als dass im Hinblick auf eine mögliche Amnestierung geprüft werden sollte, wen man zukünftig in Preußen brauchen konnte.[96] Fontane war inzwischen lange genug im Regierungsdienst, dass er die nun folgenden Mechanismen in der bürokratischen Hierarchie einschätzen und sich ausmalen konnte, was das für seine berufliche Stellung bedeuten würde. Ein halbes Jahr vor dem Regierungswechsel in Preußen schrieb er an Merckel: «An demselben Tage, an welchem die Regentschaft proklamiert wird (und sie muß doch am Ende kommen, wenn das Volk nicht stutzig werden soll und spöttischer denn je), fällt die alte Wirtschaft zu Boden. Manteuffel geht über Bord, Metzel auch, Fontane auch».[97] Auch wenn Fontane durchaus die Hoffnungen auf einen politischen Wechsel teilte, ahnte er, dass dies auch das Ende seiner Anstellung bedeuten würde.[98] Anfang April kam die Bestätigung seiner Sorgen durch Metzel: «Brief vom Direkt. Metzel. Die ganze Bude daheim scheint zu wackeln», notiert Fontane in seinem Tagebuch.[99]

Fontane reagierte sofort und reichte bei der *Centralstelle* einen

Antrag auf einen längeren Sonderurlaub ein, den er für einen Kuraufenthalt in Schlesien benötige, in Wahrheit aber wohl ebenso sehr für schriftstellerische Arbeiten nutzen wollte. Jedenfalls hatte er die Reise zusammen mit Lepel geplant.[100] Seinem Freund Merckel teilte er mit, dass er in sich «die wachsende Neigung» verspüre, «vaterländisches Leben künstlerisch zu gestalten».[101] In seinen Briefen an die *Tunnel*- und *Rütli*-Freunde und die Mutter finden sich nun immer häufiger Nörgeleien über das vermeintlich zunehmend unerträgliche Leben in London sowie das anschwellende Heimweh – untrügliche Fontane'sche Signale, dass man sich für ihn in Berlin umschauen solle.

Zugleich sondierte Fontane bei seinen Vorgesetzten Metzel und Hegel seine beruflichen Aussichten bei einem Regierungswechsel. Noch vor der Absetzung Manteuffels wandte sich Hegel diesbezüglich brieflich an dessen Vorgänger und kommenden Nachfolger Auerswald.[102] Nachdem Hegel Fontane kurze Zeit später informierte, dass trotz des noch über ein Jahr gültigen Vertrags kein Interesse an seinem Verbleiben in London und auch keine Chance auf Weiterbeschäftigung bei der *Centralstelle* in Berlin bestehe, trat ein, was Fontane schon lange geahnt hatte: Jetzt ging es nur noch darum, «mit Manier» aus London fortzukommen.[103] Man einigte sich schließlich Anfang Dezember 1858 auf eine Kündigung seitens Fontanes, wofür er mit einer Abfindung von einem Jahresgehalt von 2000 Talern entschädigt wurde. Entsprechend der preußischen «Knauserwirtschaft» wurden hiervon noch Spesen in Höhe von rund 600 Talern abgezogen. Die Rückreise nach Berlin erfolgte im Januar 1859.

Zuvor war Fontanes Antrag auf Urlaub und finanzielle Unterstützung (100 Reichstaler) für die Kurreise ins schlesische Bad Salzbrunn von seinen Dienstherren so lange nicht beantwortet worden, dass Fontane nach mehreren Monaten Wartezeit und mehrfachen, zunehmend gereizten Nachfragen über unterschiedliche Kanäle schließlich aufgab und umdisponierte. Mitte Juli teilte Fontane Lepel mit, dass der gemeinsame Sommerausflug nach Schlesien nicht stattfinden könne, und schlug stattdessen vor, nach Schottland zu fahren – eine Reise, die Fontane seit 1851 immer wieder anvisiert hatte.[104] Das aus dem notgeborenen Ersatz-Kurztrip schließlich hervorgegangene Buch *Jenseit des Tweed. Bilder und Briefe aus Schottland* gilt heute als Fontanes literarisch gelungenstes Ergebnis des englischen Jahrzehnts und wird weit über den Kreis von Fontane-Expertinnen hinaus als literarischer Schottland-Reiseführer rezipiert und geschätzt. Übersetzungen ins Englische, illustrierte populäre Taschenbuchausgaben und die Erwähnung in praktisch jedem gegenwärtigen Schottland-Reiseführer zeugen davon.[105]

Fontane hatte die Schottlandtour von Anfang an mit Blick auf eine folgende literarische Verwertung nach der anstehenden Rückkehr aus England geplant, um sich als Schriftsteller weiter zu etablieren. In seiner Kostenkalkulation an Lepel rechnet Fontane vor, dass er dadurch die Reisekosten wieder einspielen werde: «den Ausflug nach Schottland hoff' ich mit 100 bis 120 rth. machen zu können, eine Summe die ich mir durch Briefe und Feuilletons hoffentlich zurückverdiene.»[106] Zielgruppengerecht verteilte Fontane anschließend die Reisefeuilletons zu etwa gleichen Teilen auf die *Vossische* und die *Kreuzzeitung*, denen er ohnehin als *Centralstellen*-Korrespondent verbunden war, sowie auf Cottas *Morgenblatt*, in dem er durch frühere Gedichtveröffentlichungen eingeführt war: für das städtische Publikum der *Vossischen* eine Artikelserie aus Edinburgh unter dem an die moderne Reiseliteratur anknüpfenden Titel *Bilder und Briefe aus Schottland*; für die konservativ-ländliche *Kreuzzeitung* eine Artikelserie zu historischen Schlachtfeldern und Heerführern, die archaisierend nach dem mittelalterlichen schottischen König *Macbeth-Land* betitelt wurde; und für die Cotta'sche überregionale Literaturzeitschrift die Passagen in die durch James MacPhersons Ossian-Mythos seit dem späten 18. Jahrhundert mythisch eingeführten Highlands. Vom vorbereitenden Studium der gängigen Konkurrenzfeuilletons – Lepel brachte Fontane aus Berlin «ein Packet National-Zeitung mit schottischen Briefen von T. Ullrich» mit – bis hin zur anschließenden literarischen Vermarktung der Reiseberichte: Alles zeugt von Fontanes inzwischen erworbener hoher journalistischer Professionalität.[107]

Außerdem muss man die kurzfristig anberaumte Schottlandreise und ihre literarische Verwertung im Zusammenhang mit Fontanes während der gesamten 1850er Jahre verfolgtem Programm einer qualitativ international konkurrenzfähigen «vaterländischen» und populären Literatur sehen, das er mit seinen Balladen (das Balladenbuch erscheint ebenfalls 1860 unmittelbar nach der Rückkehr) und dem Jahrbuch *Argo* (das, wenn es nach Fontane gegangen wäre, «Askania» geheißen hätte) verfolgte. Schottland war durch die besondere Bedeutung, die es seit dem Sturm und Drang und Herders Ossian-Studien bei der Erfindung einer deutschen Nationalliteratur spielte, ein denkbar geeigneter Gegenstand. Auch Fontane wird in seinem Bericht ausgiebigen Gebrauch der Parallelen zwischen Deutschland und Schottland machen und unmittelbar nach der Überquerung des Grenzflusses Tweed an «Bilder deutscher Heimath» erinnern, an süddeutsche Schlösser und malerische Rheinfahrten.[108]

Auch wenn nicht belegt ist, ob Fontane und Lepel die Dienste eines Reisebüros oder Pauschalanbieters wie Thomas Cook in Anspruch nahmen, handelte es sich um eine zweiwöchige touristisch organisierte Gruppenreise, wie sie Fontane bereits 1844 nach London unternommen hatte: Reiseroute und zu besichtigende Zielorte entsprachen genau den in den zeitgenössischen Reiseführern empfohlenen Standards und wurden in einem Schnelldurchgang, bei dem die beiden Reisenden in fünfzehn Tagen rund 1400 Kilometer zurücklegten, abgearbeitet. Schottland war durch das bereits dicht ausgebaute Eisenbahn- und Dampfschiffnetz in Großbritannien als touristisches Reiseziel zu dieser Zeit so gut erschlossen wie keine andere Region in Europa – verglichen mit den Entwicklungen auf dem europäischen Kontinent, kann man durchaus schon von Frühformen des Massentourismus sprechen. Der sowohl innerbritische als auch europäische Schottland-Tourismus war dabei von Anfang an ein Kultur- und Literaturtourismus: Bereist wurden die Schlachtfelder der britischen Geschichte, die Orte der MacPherson-Ossian'schen keltischen Epen und altschottischen Balladen, die literarisch unzählig oft dargestellten Schlösser und Kerker Maria Stuarts, die Schauplätze von Walter Scotts Romanen und die in der zeitgenössischen Malerei verbildlichten «wilden» und «erhabenen» Naturlandschaften. Alle diese Orte ließen Schottland, neben dem Rhein oder den Alpen, zum bevorzugten touristischen Ziel für «romantische Reisen» werden.[109] Schottische Reiseberichte waren nicht nur in der deutschen Literatur zu einer eigenen seriellen Textgattung geworden.

Angesichts des weitgehend geteilten, um Schiller und Scott kreisenden literarisch-historischen Motivkanons und derselben in die eigenen Darstellungen seitenweise hineinkompilierten Reiseführer wie *Black's Picturesque Tourist of Scotland* oder Robert Chambers *Traditions of Edinburgh* überrascht es nicht, dass sich die deutschen Schottlandberichte auffällig überschneiden.[110] Auch schon die zeitgenössischen Rezensenten stellten fest, dass die unterschiedlichen Schottlanddarstellungen in ihren Wahrnehmungen «oft merkwürdig übereinstimmen» (so eine Sammelrezension in den *Leipziger Blättern für literarische Unterhaltung* von 1861[111]).

Bei aller Serialität und montagehafter Kompilation lässt sich die Originalität des Fontane'schen Schottlandberichts darin erkennen, dass er aus der Not eine Tugend macht und das Spannungsverhältnis zwischen den zu Stereotypen geronnenen literarisch-romantischen Schottlandbildern und der konkreten Reiseerfahrung geradezu zum durchgehenden textstrukturierenden Erzählprinzip erhebt. Immer wieder wird in humoristischen Erzählerreflexionen auf die Widersprüche zwischen den durch die Literatur vermittelten Erwartungen und der erlebten und wahrgenommenen touristisch-modernen Realität aufmerksam gemacht – auch hier durchaus zielgruppenorientiert in den *Kreuzzeitungs*-Passagen eher im kulturkritischen Enttäuschungsgestus, in den Abschnitten für die *Vossische Zeitung* eher als Bejahung der Moderne.

Ausführlich werden etwa die genutzten modernen Verkehrsmittel – meist Eisenbahn, Omnibus und Dampfschiff – und gut ausgebauten Wege beschrieben. Bewusst mischen sich Fontane und Lepel unter die einheimische Bevölkerung und fahren «halb Ersparungs- halb Beobachtungshalber» dritter Klasse.[112] Schilderungen von überfüllten und überteuerten Hotels, vollbesetzten Kutschen und Omnibussen und allerorten verfügbaren Fremdenführern zeugen von den massentouristischen Voraussetzungen der «romantischen Reise»: Eisenbahn- und Dampfschifffahrts-Kompagnien setzen «diesen See, diesen Berg, diese Insel als das Schönste und Sehenswerteste» fest, «regelmäßige Fahrten werden eingerichtet», «bequeme Hotels wachsen wie Pilze aus der Erde», und selbst die lokale Bevölkerung, vom Postillon über den Bootsführer bis zum Dudelsackpfeifer, stehe in Diensten der Tourismusgesellschaften.

Dass Schottland so längst Teil einer Kultur- und Tourismusindustrie geworden ist, illustriert Fontane am Beispiel einer neueröffneten Eisenbahnverbindung zwischen Edinburgh und Lochleven Castle: Die betreibende Eisenbahngesellschaft spekuliere mit der Verbindung zwischen der schottischen Metropole und der völlig unscheinbaren und nichtssagenden Burgruine aus dem 13. Jahrhundert, die einzig durch Maria Stuarts Gefangenschaft und deren Literarisierung in Walter Scotts historischem Roman *The Abbot* bedeutsam ist, «mit Hilfe der Romantik die Aktien steigen zu machen».[113]

Die auch von Fontane in *Jenseit des Tweed* durch zahllose historische Anekdoten, kulturgeschichtliche Exkurse und referierte Legenden und Mythen betriebene exzessive Romantisierung Schottlands wird so immer wieder durch «realistische» Erzählverfahren der genauen Beobachtung, der reportagehaften Schilderung und der kritischen Reflexion gebrochen. Ausgehend von der Besichtigung einer Denkmalgruppe in Edinburgh, thematisiert Fontane das

Verhältnis allgegenwärtiger deutscher Stereotype über Schottland und deren Diskrepanz zu den wahrgenommenen Realitäten vor Ort. Dass dort statt mittelalterlicher Highland-Krieger oder schottischer Grafendynastien Statuen des Aufklärungsphilosophen Dugald Stewart, des Mathematikers und Naturwissenschaftlers John Playfair und des Volks- und Revolutionsdichters Robert Burns errichtet wurden, nimmt Fontane zum Anlass zur Revision des eigenen Vorurteils und «eitlen Glaubens», dass einem deutschen Reisenden jeder historische Schotte bereits aus der Literatur bekannt sei: «[...] ich sollte während meines Aufenthalts in Schottland nur allzu oft an das Irrige dieser meiner Vorstellung erinnert werden.» Schon im Sprachduktus modern und direkt zur Sache kommend, folgert er: «Die Sache ist die, daß wir im Auslande nur die romantische Hälfte Schottlands kennen und wenig oder nichts von der Kehrseite derselben. Dichtung und Romane lesend, sind wir mit unsern Sympathieen in der Vergangenheit Schottlands stecken geblieben, während die Schotten selbst nichts ernstlicheres zu thun hatten, als mit dieser Vergangenheit zu brechen und völlig neue, völlig abweichende Berühmtheiten zu etabliren.»[114]

Fontane schließt hier einen Vergleich zu den heimischen Verhältnissen an: Die schottische Bevölkerung habe historischen Generälen wie den «Alten-Dessauers die ausschließliche Denkmals-Berechtigung längst genommen» und stattdessen «auf die Lessing's und Winckelmann's, auf die Kant's und Beuth's [den Gründer der Berliner Technischen Gewerbeschule] ihres Landes übertragen». Mitzulesen ist hier: «anders als bei uns in Preußen». Das unumwundene Moderne-Bekenntnis Fontanes, der selbst in den 1840er Jahren die Preußenballade *Der Alte Dessauer* gedichtet hatte, zeigt wie so häufig, dass literarische Mythisierung bei ihm nicht mit romantischer Nostalgie zu verwechseln ist. Im Gegenteil verweist Fontane darauf, dass «im Laufe der letzten 100 Jahre der ökonomische, puritanische und prosaische Sinn der Bevölkerung die Dinge innerlich zum Besten gewandt hat und vor Wüstheit und unausbleiblichem Verfall gerettet hat». Im Zweifelsfall sei der «schottische Unternehmungsgeist» immer stärker «als die schottische Kirchlichkeit» – etwa wenn es darum gehe, zum Ausbau des Eisenbahnnetzes alte Kirchen und Grabstätten abzuräumen und zu entsorgen. Dagegen habe die lange vergangene «wüste Kraftepoche» für die Bevölkerung nur den einen Vorteil, dass sie da war, «um poetisch verherrlicht werden zu können».[115] Bei aller eigenen «poetischen Verherrlichung» der romantischen Hälfte Schottlands bleibt in Fontanes Bericht das «zeitgenössische, industrielle, wissenschaftlich und technisch erfindungsreiche Schottland» immer sichtbar.[116]

Umgekehrt werden falsche Romantisierung und nostalgische Verklärung von Fontane durch historische Fakten dekonstruiert. So konterkariert er einen Rundblick über das in der untergehenden Sonne und malerischen Landschaft «wie verzaubert daliegende Schloß» Stirling Castle, indem er darauf aufmerksam macht, dass die schönen Schlossfelsen als Hinrichtungsstätte gedient haben und dass rund um das Schloss nicht weniger als vierzehn historische Schlachtfelder liegen.[117] Gegen die Verwechslung der «poetisch verherrlichten» mit der historisch verbürgten Geschichte finden sich bei Fontane immer wieder Hinweise darauf, dass es nicht nur eine massentouristische, sondern auch eine historische «Serialität» gibt, die im Zweifelsfall die barbarische Wiederkehr des Immergleichen war: «Ueberall dieselbe Geschichte von einem ‹Chief› oder Häuptling, der einen andern Chief zu Gaste geladen und ihm den Kopf eines Vaters oder Sohnes als Tafelverzierung auf den Tisch gestellt hat; überall eine Clanschlacht, ein Waten in Blut».[118] Und in die Beschreibung der Gemäldegalerie von Holyrood Palace flicht Fontane eine Anekdote des holländischen Auftragskünstlers Jacob de Witt ein, der am Ende des 17. Jahrhunderts laut Kontrakt innerhalb von zwei Jahren 110 Porträts der schottischen Könige von Fergus I. (330 v. Chr.) bis zum 1649 auf dem Schafott hingerichteten Karl Stuart anzufertigen hatte – mit dem Ergebnis, dass sich die Herrscherbilder aus knapp 2000 Jahren so zum Verwechseln ähnlich sähen, «daß es Niemandem auffallen würde, wenn man die Nummern durcheinander werfen und die Namen hinterher durch Loos bestimmen wollte», wie Fontane bemerkt.[119]

Reise und Bericht enden angemessen mit einem Besuch im inzwischen zum touristischen Pilgerzentrum gewordenen Wohnsitz Walter Scotts in Abbotsford. Noch einmal werden hier die den Bericht konstituierenden Spannungsverhältnisse von Historisierung und Literarisierung, modernem Tourismus und romantischer Reise zusammengeführt: Die beiden Reisenden sind nach der stickigen «Atmosphäre der ‹Romanze in Stein und Mörtel›» und der nach Art eines «Wachsfiguren-Cabinets» musealisierten toten Vergangenheit froh, wieder im Freien und an der frischen Luft zu sein. Erst im Rückblick stellt sich die lebendige Erinnerung an Walter Scott ein, dessen historische Studien in den Fußnoten, Vorreden und Anmerkungsapparaten seiner literarischen Werke Fontane als Hauptquelle für sein eigenes Schottlandbuch dienten. Indem Scott «die Lieder seines Landes gesammelt und die Geschichte desselben durch eigene Dichtungen unsterblich gemacht» habe, sei Schottland erst zu dem Land geworden, «was es ist oder doch bei anderen Völkern gilt und bedeutet».[120] Mit einer Reminiszenz an Scotts zugleich poetische wie realistische Geschichtsvergegenwärtigung als «schönsten» und «vor Allem *gesundesten* Blüthen» «der Romantik» schließt der Bericht – später wird Fontane dies auf den Begriff einer «realistischen Romantik» bringen.[121]

Im Gegensatz zu seiner heutigen Popularität brachte der Reisebericht Fontane seinerzeit nicht den erhofften literarischen Durchbruch. Im Gegenteil, die Buchfassung musste Fontane den Verlegern wie «sauer Semmeln» anbieten. Der wie immer über Wolfsohn angefragte Moritz Katz lehnte ebenso dankend ab wie der über Paul Heyse kontaktierte Verleger Wilhelm Hertz, der Fontane zwar das Balladenbuch abnahm, aber keinen schottischen Reisebericht wollte. Erst nach längerer vergeblicher Suche erklärte sich schließlich Julius Springer bereit, den Reisebericht zu verlegen, allerdings erst nachdem er vorher noch das Honorar gedrückt hatte. Ein Verkaufserfolg wurde das Buch nicht.[122]

Dennoch blieb Fontanes schottische Reise alles andere als folgenlos. Die in eigener Anschauung gewonnene Erfahrung eines prosperierenden innerbritischen literarischen Heimattourismus und die erprobte Praxis im journalistischen Format des Reiseberichts wurden ausschlaggebend für sein unmittelbar anschließendes Projekt: die *Wanderungen durch die Mark Brandenburg*. Wie wir aus einem Tagebucheintrag vom 19. August 1856 wissen, war die Idee dazu bereits in London geboren worden. Fontane notierte hier zwischen Berichten an seinen Vorgesetzten Metzel, der Lektüre britischer Zeitungen im Café Divan und dem Besuch eines Vortrags im *Debating Club* in der Shoe-Lane zum Thema *Are the interests of capital and labour antagonistical?*: «Einen Plan gemacht. ‹Die Marken, ihre Männer u. ihre Geschichte. Um Vaterlands- u. künftiger Dichtung willen gesammelt u. herausgegeben von Th. Fontane.› – Die Dinge selbst geb' ich alphabetisch. Wenn ich noch dazu komme *das* Buch zu schreiben, so hab' ich nicht umsonst gelebt u. kann meine Gebeine ruhig schlafen legen.»[123]

Was anfangs noch als eine Art populäre Enzyklopädie angedacht war, konnte erst jetzt in die passende Form gebracht werden: eine spezifische Mischung aus Reiseführer, Kulturgeschichte und Heimatreportage, narrativ integriert von einem humoristischen Erzähler (als der Fontane im schottischen Reisebericht erstmals auftritt) und publiziert im potenziell endlosen Format des Reisefeuilletons, in dem sich immer neue «Wanderungen» aneinanderreihen ließen. Tatsächlich hat Fontane das Projekt bis an sein Lebensende weiterverfolgt. Selbst den Titel seines späteren Buches konnte Fontane den über England und Schottland bereits erschienenen Feuilletons entnehmen: von Max Schlesingers *Wanderungen durch London* für die *Kölnische Zeitung* über Heinrich Betas *Wanderung durch Deutschland in London* für die *Gartenlaube* bis zu Julius Rodenbergs *Kleiner Wanderchronik* (1858).[124]

Unmittelbar nach der Rückkehr nach Berlin und noch während der Arbeit am schottischen Reisebericht begann Fontane mit den *Wanderungen*. Im Juli 1859 bat er den am Hof bestens vernetzten Louis Schneider um ein Empfehlungsschreiben, mit dem er sich beim Kultusministerium um eine finanzielle Unterstützung bewerben wollte – mit der üblichen Verzögerung wurden ihm dafür zwischen 1861 und 1868 jährlich 300 Taler bewilligt.[125]

Nur einige Tage später unternahm Fontane mit Lepel den ersten Ausflug ins Ruppiner Land, wo «Städte, Schlösser, Edelhöfe etc.» besichtigt wurden – «in derselben Weise wie wir vor gerade einem Jahr Schottland und das Hochland absuchten», wie Fontane in seinem Tagebuch festhält.[126] Ende August erscheint in derselben Tagesausgabe der *Kreuzzeitung* neben den Auftaktartikeln der schottischen Serie «Das Macbeth-Land» auch eines der ersten *Wanderungen*-Feuilletons unter dem Titel «In den Spreewald». Ab 1860 folgen die ersten gemeinsamen Ausflüge mit dem Verleger der Buchausgaben der *Wanderungen*, Wilhelm Hertz. Fontane hatte ihn inzwischen überzeugen können, dass man die in «England blühende Gattung von Büchern», die sich «mit dem Namen einer historisch-romantischen Reiseliteratur» bezeichnen ließe, auch in Preußen gewinnbringend einführen könne, weil auch die heimische Geschichte nur ihrer «Ausmünzung» und «Popularisierung» harre.[127]

Die häufig als Vorausdeutung auf die *Wanderungen* gelesene Passage aus *Jenseit des Tweed*, in der eine Dampferfahrt auf dem Firth of Forth mit dem Havelland um Fehrbellin und dessen besonderer «Fülle historisch-romantischer Anknüpfungen» verglichen wird, wird man eher auf die zeitlich parallele Entstehung der beiden Berichte zurückführen als auf eine tatsächliche Brandenburg-Epiphanie während der Schottlandreise – der entsprechende Abschnitt der schottischen Reise erschien erstmals im Oktober 1859 in Cottas *Morgenblatt*, also mehrere Monate nach dem mit Lepel unternommenen Ruppiner Ausflug. Auch die im Vorwort des ersten Bandes der *Wanderungen* von 1861 geschilderte Erinnerung, dass ihm die «ersten Anregungen zu diesen ‹Wanderungen durch die Mark› [...] auf Streifereien in der Fremde gekommen» seien, als ihm in Schottland auf dem Leven-See «wie eine Fata Morgana» das Rheinsberger Schloss erschienen sei, darf man getrost als nachträgliche literarische Stilisierung und Marketingstrategie verbuchen.[128]

Bei alledem bleibt aber festzuhalten, dass Fontane aus seiner journalistischen Schule in Großbritannien nicht nur die der *Times* abgeschaute spezifische «Zeitungspoetik» journalistischer Erzählverfahren, die erweiterten Welthorizonte und die moderne Metropolenerfahrung mit nach Hause brachte, sondern auch neue feuilletonistische Techniken und Formate zur literarischen «Belebung des Lokalen»[129] an den Peripherien der Provinz. Markiert er mit der Wendung «Hinter den Bergen wohnen auch Leute» die globale Perspektive, so steht das «Jenseit» im Titel des Schottlandbuches für das Hinterland der Modernisierung – beides gehört ab nun zusammen und bildet als räumliche «Einerseits-andererseits»-Dimension ein durchgehendes Strukturmerkmal in Fontanes folgenden literarischen Werken.

KORRESPONDENZEN DES KRIEGSJAHRZEHNTS

«Durch Cremieux, will sagen
durch Lazarus befreit»
(Tagebuch 1870)

REDAKTION IM REGIERUNGSVIERTEL

Mit dem Regierungswechsel in Preußen und angesichts des erfolgreichen italienischen Unabhängigkeitskampfs («Risorgimento») erfuhr die deutsche Nationalbewegung im Herbst 1859 zehn Jahre nach der gescheiterten Revolution einen erneuten Aufschwung. Die Niederlage Österreichs in Italien leitete das preußische Kriegsjahrzehnt ein, mit dem innerhalb von wenigen Jahren (Dänemark 1864, Österreich 1866 und Frankreich 1870/71) die politische Landkarte Mitteleuropas neu geordnet wurde. Es endete im Januar 1871 mit der Proklamation des Deutschen Kaiserreichs unter preußischer Hegemonie im Spiegelsaal von Versailles.

Nach dem Vorbild der italienischen «Società Nazionale» gründete sich Ende 1859 der «Deutsche Nationalverein», der bald schon 25000 Mitglieder (darunter viele jüdische Bürger des Deutschen Bundes) hatte und als liberal-demokratischer Verein für die Gründung eines deutschen Bundesstaates unter preußischer Führung, eine Verfassung nach dem 1848er-Vorbild und die Rechtsgleichheit aller Konfessionen eintrat. Die Schiller-Feiern, mit denen im November 1859 gleichzeitig des 100. Geburtstages des damals mit Abstand populärsten Dichters und des 10. Jahrestages der gescheiterten 48/49er-Revolutionen gedacht wurde, wurden zu Massenkundgebungen und nationalen Volksfesten weit über den bildungsbürgerlichen Bereich hinaus.¹ In Hamburg, Leipzig, Zürich und Berlin beteiligten sich jeweils über 10000 Bürgerinnen und Bürger aller Schichten an den Feierlichkeiten. Die immer noch auf die nahende Rückkehr hoffenden deutschen Emigranten in London veranstalteten ein großes Exil-Einigungsfest im Londoner Glaspalast. Renommierte Literaten wie Georg Herwegh oder Wilhelm Raabe konstruierten in ihren Festreden zahlreiche Bezüge zwischen dem klassischen deutschen Dichter und dem italienischen Risorgimento.²

Auch im Berliner Sonntagsverein *Tunnel über der Spree* wurde Schillers Geburtstag mit einem Festakt begangen. An der Feier des seit der Revolutionszeit deutlich gewachsenen Literaturvereins nahmen rund 150 Mitglieder und Gäste teil. Die offizielle Festrede hielt Moritz Lazarus (*Tunnel*-Name «Leibniz»); der zehn Tage zuvor zum Vereinsvorsitzenden gewählte Theodor Fontane steuerte einen lyrischen «Toast auf Schiller» bei. Wie überall hoben auch diese beiden Redner die Bedeutung Schillers für die Schaffung einer deutschen Nation hervor. Durch die in seiner Dichtung zum Ausdruck gebrachten «erhabensten Ideen der Menschheit» habe Schiller «mächtig das Nationalgefühl in den Deutschen angeregt» und sei so zum Vordenker «Deutscher Einheit» geworden.³ Fontane ergänzt martialisch, um die von Schiller vorgedachte Einheit zu verwirklichen, müsse das «Licht», das von dessen hehren Idealen ausgeht, nun zum «Feuer» werden, das «von Weiten [gemeint ist Italien] zu Waffen ruft / [...] Und uns zusammenschweißt zu einem Stamme».⁴

Lazarus' und Fontanes Schiller-Elogen sind gewiss nicht originell, beide aber betonen einen auffälligen Aspekt: Die Nation wird nicht durch Herkunft begründet, sondern entsteht erst durch «Gefühl», «Ideen» oder gemeinsame Aktionen und Erfahrungen. Erst so werde man zu einem «Stamm» «zusammengeschweißt», wie es in Fontanes ziemlich nach hölzernem Eisen schmeckenden Schiller-Toast heißt. Was Fontane 1859 mit den *Wanderungen durch die*

Mark Brandenburg beginnt, die poetische Erfindung der Heimat als Beitrag zur vaterländischen Literatur, formuliert Lazarus in der Vorrede der von ihm im selben Jahr begründeten *Zeitschrift für Völkerpsychologie*, mit der er die neue Disziplin zwischen Psychologie, Ethnologie, Anthropologie und Geschichte begründete, auf dem Gebiet der Wissenschaft.[5] Mehr als sechzig Jahre vor Max Webers vielzitierter Definition von «Ethnie» als subjektive, durch Entscheidung, Selbstidentifikation und Wahl begründete Gemeinschaft in seiner Abhandlung *Wirtschaft und Gesellschaft* von 1922 schreibt Lazarus in der programmatischen Vorrede seiner Zeitschrift: «was ein Volk zu eben diesem macht, liegt wesentlich nicht sowohl in gewissen objectiven Verhältnissen wie Abstammung, Sprache u.s.w. [...], als vielmehr bloß in der subjectiven Ansicht der Glieder des Volks, welche sich alle zusammen als ein Volk *ansehen*.»[6] Auch wenn diese «subjective Ansicht», die Lazarus mit einem Begriff Hegels auch «Volksgeist» nennt, nicht unabhängig von den materiellen und kulturellen Verhältnissen (Lebensort, Umwelt, Sprache etc.) ist, gelte für alle solchen sozialen Kollektivformationen, dass sie das Ergebnis von dynamischen und ständig im Wandel begriffenen Entscheidungen, Haltungen und Praktiken sind: «sie sind nicht ein Volk, sie schaffen es nur unaufhörlich.»[7]

Wie in Fontanes Schiller-Gedicht gehört auch bei Lazarus zu solchen Kollektiverfahren beispielsweise das Erleiden von existenziellen Katastrophen wie Seuchen oder Kriegen («die Opfer des Krieges sind allen gemeinsam»[8]) oder auch der Einsatz für eine gemeinsame Sache. Lazarus, der aus der jüdischen Gemeinde in der Provinz Posen kam, wusste wie Fontane nicht zuletzt aus der Flucht- und Auswanderungsgeschichte seiner Vorfahren nur allzu gut: «Nicht jeder Ort, wo man geboren ist, ist eine Heimath, nicht jedes Land der Väter auch ein Vaterland.» «Heimath» und «Vaterland» entstünden erst durch einen Akt der «menschlichen Freiheit».[9]

Fontanes *Wanderungen*-Projekt und Lazarus' Völkerpsychologie sind nur zwei Manifestationen für den im Jahr 1859 anschwellenden

Diskurs um die literarisch-historische «Erfindung der Nation».[10] Mindestens wird man Gustav Freytags *Bilder aus der deutschen Vergangenheit*, den historischen Bestseller des 19. Jahrhunderts, Max Dunckers und Rudolf Hayms hier nur stellvertretend für viele weitere Werke des kleindeutsch-borussischen Historismus genannte *Preußische Jahrbücher*, Richard Wagners Fertigstellung des *Tristan*, aber auch Paul Heyses *Italienische Volkslieder* hinzuzählen. Schon diese nur sehr kursorische Aufzählung illustriert, dass der Begriff «Vaterland» sehr Verschiedenartiges meinen konnte: «Vaterland» konnte Preußen oder ein imaginiertes Deutschland bedeuten, dieses wiederum demokratisch-republikanisch, als konstitutionelle Monarchie unter preußischer Führung oder altständisch-großdeutsch gedacht werden. Nationalliberale, romantische oder sozialkonservative Spielarten einer «christlich-germanischen» preußischen oder deutschen Nation standen multikonfessionellen und plurikulturellen Konzepten wie denen von Fontane und Lazarus gegenüber, um nur einige Optionen zu nennen.

Fontane und Lazarus sollten ihre beiden Projekte noch weit bis in die 1880er Jahre im *Tunnel über der Spree* und vor allem dessen Ablegern, dem *Rütli* (der meistens bei Lazarus zu Hause tagte) und der *Ellora*, diskutieren, wo sie sich über Jahrzehnte hinweg an jedem Wochenende trafen. Daneben hörte Fontane, wie er in seinem Tagebuch festhält, ab 1874 «allwöchentlich (Mittwochs von 5 bis 6) [...] die Lazarus'schen Vorlesungen über Völkerpsychologie».[11] Von all den *Tunnel*- und *Rütl*i-Freunden sei Lazarus der einzige, dem er sich nicht «an Wissen, Esprit und Gedanken überlegen» fühle und über den er sich «nie zu beschweren habe», schreibt Fontane 1878 an Emilie, was bei einem Meisternörgler wie Fontane viel heißen will.[12] Zunächst aber trennten sich ihre Wege: Lazarus verließ kurze Zeit nach dem *Tunnel*-Fest im Frühjahr 1860 Berlin, weil er in Preußen wegen seines jüdischen Glaubens keine Professur bekommen konnte. Er ging für fünf Jahre nach Bern, wo er einen eigens für ihn eingerichteten Lehrstuhl für Völkerpsychologie antrat und schon bald mit akademischen Ehren überhäuft wurde: Unter anderem wurde er zum Dekan und zum Rektor der Universität gewählt (in Preußen hingegen sollte auch nach Lazarus' Rückkehr im Jahr 1865 Tunnel-«Freund» Heinrich von Mühler als Kultusminister mehrfach eine Berufung verhindern, sodass Lazarus zeit seines Lebens keine Professur in seiner Heimat bekam). Fontane arbeitete derweil an seiner Re-Etablierung und Konsolidierung als Journalist und «vaterländischer Schriftsteller» in Berlin.

An seinem kurz auf die Schiller-Feiern folgenden 40. Geburtstag Ende Dezember 1859 sah zunächst vieles auf den ersten Blick wieder so aus wie zehn Jahre zuvor. Zurück in Berlin, hatte sich Fontane wieder auf Stellensuche befunden. Zu Buche stand eine gescheiterte Bewerbung als Hofbibliothekar des Bayerischen Königs in München (Frühjahr 1859). Die von Paul Heyse vermittelte Karrierechance hatte Fontane allerdings wohl nur halbherzig verfolgt, zumal es am Bayerischen Hof mit Wilhelm Heinrich Riehl schon einen kulturhistorischen Wanderer gab. Es folgte eine Wiedereinstellung und Entlassung innerhalb von nur vier Monaten bei der *Centralstelle für Preßangelegenheiten* (Sommer 1859). Sogar die obersten Vorgesetzten waren dieselben wie 1850, nur in umgekehrter Reihenfolge und politischer Zuordnung: Damals folgte auf Auerswald Manteuffel, jetzt kehrte nach der Abberufung Manteuffels Rudolf von Auerswald als Stellvertretender Ministerpräsident und eigentlicher Chef der «Neuen Ära»-Regierung zurück. 1850 wurde Fontane als Auerswald-Mann entlassen, neun Jahre später als Manteuffel-Mann.

Dass Fontane wegen eines vermeintlichen handwerklichen Fehlers nach einem scharfen Verweis des preußischen Regenten seine eben erst angetretene Stelle als «Vertrauenskorrespondent» im Stab des neuen Leiters der *Centralstelle* Max Duncker verlor, hatte mehr mit dem vorsichtigen Lavieren der preußischen Regierung zwischen nationaler Vorreiterrolle und ständischer Interessengemeinschaft mit Österreich zu tun als mit einem wirklichen Geheimnisverrat. Fontane hatte in einem Artikel eine baldige Stellungnahme des Regenten Wilhelm zur Schleswig-Holstein-Frage angekündigt, der mehr nationale Hoffnungen geschürt hatte, als die preußische Regierung einzuräumen bereit war.[13] Fontanes Vorgesetzter Duncker gab kurze Zeit später selbst entnervt seinen Posten ab, weil die ursprüngliche Aufgabe, im Sinne der nationalen Sache der österreichischen Presse entgegenzuwirken, nicht mehr gegeben sei, sondern nunmehr lediglich in der «Beruhigung, der Mäßigung, des besonnenen Abwartens Gehör und Eingang zu verschaffen» bestehe, wozu er nicht geeignet sei.[14]

Schließlich kehrte Fontane, wie schon zehn Jahre zuvor, auch in den *Tunnel* zurück. Trotz alledem sind die Unterschiede zur Situation Ende 1849 nicht zu verkennen und zahlten sich auch schnell aus. Diesmal kam Fontane nicht als Bittsteller und Habenichts, sondern konnte eine beinahe zehnjährige Tätigkeit in Regierungsdiensten vorweisen und hatte zudem noch die Abfindung in Höhe eines (Londoner) Jahresgehalts in der Hinterhand. Er musste sich dementsprechend auch nicht wie seinerzeit als Sekretär andienen, sondern wurde sogleich mit überwältigender Mehrheit zum «Angebeteten Haupt» gewählt – bei der Wahl 1851 war er noch mit gerade einmal 2 von 21 Stimmen krachend gescheitert.

Drei aus dem *Tunnel* vermittelte Wege erwiesen sich als besonders gewinnbringend und sollten dafür sorgen, dass Fontanes Lebensjahrzehnt zwischen vierzig und fünfzig sein finanziell erfolgreichstes überhaupt werden sollte. Meine «allerglücklichsten» Jahre nennt Fontane nicht zuletzt aus diesem Grund in seiner Autobiographie das Jahrzehnt.[15] George Hesekiel (*Tunnel*-Name «Claudius») vermittelte ihm eine Festanstellung als Redakteur bei der *Neuen Preußischen Zeitung (Kreuzzeitung)*, bei der er ab Juni 1860 für 900 Taler Jahresgehalt (ab 1864 folgte eine Gehaltserhöhung auf 1000 Taler) nach eigener – und damit ungesicherter – Aussage nur drei bis vier Stunden am Vormittag anwesend sein musste.[16] Endlich konnte er seiner strengen Mutter mitteilen, dass aus dem

Taugenichts doch noch etwas geworden war, das ihren Qualitätsmaßstäben entsprach: Ansehen, Einkommen und geordnete familiäre Verhältnisse. «Viele Jahre lang entschieden ein ‹verlorner Posten›», schrieb ihr Fontane, «habe ich jetzt eine Art bürgerliche und gesellschaftliche Stellung, mein anständiges Auskommen, einen Beruf, der mich erfreut und mich befriedigt, gute Kinder und eine in hundert Stücken respektable und sehr zu lobende Frau.»[17] Erst nach dem Tod der Mutter traute sich Fontane, die Stelle im Frühjahr 1870 wieder zu kündigen.

Als noch lukrativer sollte sich die über Paul Heyse (*Tunnel*-Name «Hölty») vermittelte Zusammenarbeit mit dem Verleger Wilhelm Hertz erweisen, bei dem Heyse das unangefochtene Zugpferd war und mit dem Fontane erstmals einen etablierten, zahlungskräftigen und -willigen Verleger fand, was für einen Schriftsteller auf dem literarischen Markt auch damals schon wichtiger war, als gute Ideen zu haben. Als Türöffner diente das 1860 bei Hertz erschienene Balladenbuch, das wichtigste gemeinsame Projekt wurden aber die *Wanderungen durch die Mark Brandenburg*, die bei Hertz in vier Bänden zwischen 1861 und 1881 erschienen. Später folgten noch einige Romane (darunter der Erstling *Vor dem Sturm*, 1878, für den Hertz bereits ab Mitte der 1860er Jahre einen jährlichen Vorschuss zahlte) und der Fortsetzungsband der *Wanderungen* unter dem Titel *Fünf Schlösser. Altes und Neues aus Mark Brandenburg* (1888/89). Im Laufe der Jahre sollte Fontane bei Hertz mit insgesamt 27000 Talern (davon 22000 Taler für die *Wanderungen*) einen Großteil seines Lebenseinkommens verdienen. Die *Wanderungen* wurden Fontanes erstes Erfolgsbuch und blieben zu Lebzeiten sein wichtigstes schriftstellerisches Markenzeichen.[18]

Schließlich bekam er über die Vermittlungen durch Louis Schneider («Cook»), Wilhelm von Merckel («Immermann») und Heinrich von Mühler («Cocceji») für die *Wanderungen* ab 1861 eine jährliche Forschungsbeihilfe von 300 Talern, die bis 1868 gezahlt wurde.[19] 1869 erhielt Fontane für das zweite Kriegsbuch zwei einmalige «Ehrengaben» des Königs in Höhe von 80 und 50 Friedrichs d'Or (zusammen über 500 Taler). Unmittelbar mit der Kündigung der Redaktionsstelle bei der *Kreuzzeitung* zahlte ihm wiederum das Innenministerium im Auftrag des Pressestellenleiters Ludwig Hahn («Preß-Hahn») ab April 1870 eine jährliche Zuwendung von 400 Talern «in Anerkennung und zur Erleichterung Ihrer patriotisch-literarischen Tatigkeit» sowie als Honorar für gelegentliche anlassbezogene «feuilletonistische Arbeiten», unter anderem für die preußische *Provinzial Correspondenz*.[20] Über die Ministerialverbindungen dürften auch die Aufträge des Hofdruckers Rudolf von Decker vermittelt worden sein, der für Fontanes drei offiziöse Kriegsbücher ab 1864 mehrere tausend Taler Honorar zahlte.[21] Hinzu kamen Honorare für Zeitschriftenveröffentlichungen.

Fontanes Honorare lagen damit zwar über dem Durchschnittsverdienst, aber immer noch weit unter denen von literarischen Spitzenverdienern wie Gustav Freytag, der mit seinen *Bildern aus der deutschen Vergangenheit* oder später dem mehrbändigen vaterländischen Roman *Die Ahnen* ein Vielfaches verdiente. Aber auch Fontanes *Kreuzzeitungs*-Kollege George Hesekiel erhielt für vergleichbare «vaterländische» Auftragsarbeiten wie sein Bismarck-Buch von 1868 mit 5000 Talern mehr als vier Mal so viel Honorar wie Fontane für den *Deutschen Krieg* im selben Jahr.[22] Dass Fontanes inzwischen habituell gewordene Klagen über seine finanzielle Situation, die ihm in den *Tunnel*-Ablegern *Rütli* und *Ellora* den Vereinsnamen «Nöhl» (von Berlinerisch «nölen» für nörgelnden Tonfall) eingetragen hatten, nicht nur Koketterie oder großbürgerliches Anspruchsdenken waren, erwies sich spätestens bei der Kündigung bei der *Kreuzzeitung*. Rasch war die Familie wieder auf Mischkalkulationen unterschiedlicher Einkommensarten angewiesen, die mehr oder weniger unsicher waren.[23]

Mit dem Einkommen nahmen auch die Umfänge der Fontane'schen Veröffentlichungen zu. Erstmals konnte er als Schriftsteller «in Achtung gebietender Korpulenz» auftreten, wie er es seit dem

Ende des letzten England-Aufenthaltes ins Auge gefasst hatte: *Wanderungen* und Kriegsgeschichten wuchsen sich zu dicken Büchern aus, der geplante «vaterländische Roman» war auf 1200 Seiten kalkuliert.[24] Bald schon erhielt Fontane mehr Aufträge, als er erfüllen konnte – immer wieder musste er sich wortreich bei seinem Verleger Hertz entschuldigen, dass das angekündigte Romanmanuskript doch noch nicht kommen könne, weil wieder ein preußischer Krieg und damit ein neues lukratives Kriegsbuch dazwischengekommen sei. Alle vier Textgruppen, an denen Fontane in den 1860er Jahren zumeist parallel arbeitete, *Wanderungen* und weitere Reisefeuilletons, Korrespondenzberichte für die *Kreuzzeitung*, Kriegsbücher sowie die ersten Entwürfe für einen vaterländischen Roman hängen vielfältig miteinander zusammen und weisen von den Veröffentlichungsorten bis zu direkten Textüberschneidungen zahlreiche Querverbindungen auf.

Die finanzielle und berufliche Stabilisierung der Fontanes lässt sich auch an deren Wohnorten ablesen. 1863 bezog die Familie eine Fünfzimmerwohnung in der ersten Etage in der Hirschelstraße (heute Stresemannstraße), in der sie neun Jahre bleiben sollte, nachdem sie zuvor nie länger als drei Jahre an einem Wohnort geblieben war. Kurz nach den Fontanes zogen auch seine Schwester Jenny und ihr Mann Hermann Sommerfeldt in die Nachbarschaft und eröffneten dort eine Apotheke.[25]

Das prosperierende Neubauviertel außerhalb der alten Stadtmauer zwischen dem Potsdamer und dem Anhalter Bahnhof war verkehrstechnisch gut angebunden und wurde ab Mitte des Jahrhunderts zum neuen Regierungsviertel.[26] Nur ein paar Schritte entfernt in der Leipziger Straße tagten das Herrenhaus und das Kriegsministerium. In der Hirschelstraße symbolisierten das 1848 erbaute riesige Landwehrzeughaus und die 1860 errichtete St.-Lukas-Kathedrale die Macht von Militär und Kirche. Von seinem Fenster aus konnte Fontane die Truppentransporte der preußischen Kriege unmittelbar in Augenschein nehmen.[27] Nach dem Ort der Entscheidungsschlacht im Krieg gegen Österreich wurde die Hirschelstraße 1866 in Königgrätzer Straße umbenannt, sodass der Krieg Fontane nun auch täglich auf dem Absender- oder Adressatenfeld seiner umfangreichen Korrespondenz in Erinnerung gerufen wurde.

Die Wahl des Wohnorts war kein Zufall, sondern eng mit der Anstellung bei der *Kreuzzeitung* verbunden, befand die Redaktion des Blattes sich doch direkt gegenüber in der Dessauer Straße – 1864 zog das Blatt ebenfalls in die Hirschelstraße.[28] Herausgeber Tuiscon Beutner und Redaktionskollege George Hesekiel wohnten um die Ecke in der Bernburger Straße. Das Haus, in das die Fontanes zogen, gehörte dem Johanniterorden Balley Brandenburg. Gleich nebenan wohnte der Präsident des Johanniterordens Leopold von Ledebur, der zugleich Kandidat der konservativen Partei und Leiter der *Abtheilung für vaterländische Alterthümer* der königlichen Kunstkammer war. Wie immer, wenn es um Stabilisierung ging, wurden die durch Fontanes Mutter vermittelten konservativen und kirchlichen Netzwerke aktiviert – das galt bei Fontane seit Bethanien. Die Wochenschrift des Johanniterordens brachte neben der *Kreuzzeitung* die meisten Vorabdrucke der *Wanderungen durch die Mark Brandenburg*.

Überhaupt ist Fontanes «Vaterland» in den 1860er Jahren viel eher ein Mutterland. Sein Geburtsort Neuruppin, der Wohn- und Lieblingsort der Mutter, wurde zum titelgebenden Nachrichtenzentrum für den ersten Band der *Wanderungen (Die Grafschaft Ruppin)* – neben Fontanes jüngster Schwester Elise lieferten von hier viele weitere Ortskundige wichtige Informationen. Hinzu kommen weitere «Ersatzmütter»: die Stiftsdame Mathilde von Rohr, die in den 1840er Jahren in Berlin einen literarischen Salon geführt hatte (in derselben Behrenstraße wie Mutter Carayon im *Schach von Wuthenow*) und die Fontane 1859 über Lepel kennenlernte, wurde zu einer seiner vertrautesten Briefpartnerinnen und leistete über ihre Standesverbindungen unschätzbare Dienste als Adelsexpertin und Türöffnerin in die Schlösser vieler Landadliger, in die Fontane sonst nie Zutritt erhalten hätte. Ohne solche Empfehlungen war er bei seinen Vor-Ort-Recherchen für die *Wanderungen* ähnlich unerwünscht wie ein «Hagelkornversicherungsvertreter», wie er zerknirscht feststellen musste. Henriette von Merckel, die im Wortsinn für die Familie Fontane die Rolle einer Ersatzmutter hatte, weil die Kinder der Fontanes anfangs beinahe mehr Zeit bei ihr verbrachten als bei den Eltern, war über ihren Bruder Heinrich von Mühler die wichtigste Kontaktfrau ins preußische Kultusministerium. Marie von Wangenheim schließlich stellte wertvolle Beziehungen zu katholischen Politikerkreisen her und wurde von Fontane «zu den interessantesten Frauen» gezählt, die er in seinem Leben kennengelernt habe – «und ich habe ziemlich viele kennengelernt», fügt der *homme à femmes* Fontane hinzu.[29] Während Fontanes Kriegsgefangenschaft Ende 1870 hat sie entscheidend zu seinem Überleben beigetragen.

Fontane hatte gute Gründe, die Einzelheiten seiner Anstellung bei der *Kreuzzeitung* in seiner Autobiographie gründlich zu verschleiern. In einer Zeitungsbiographie, wie sie Fontane über die Londoner Presse angefertigt hatte, wäre das Blatt mit dem offiziellen Titel *Neue Preußische Zeitung* nicht gut weggekommen. Gegründet in der 1848er-Revolutionszeit als antidemokratisches Kampfblatt, blieb es zeit seines Lebens «Sprachrohr des ständisch-gesinnten orthodox-konservativen ostelbischen Landadels» und der militärischen Hofkamarilla.[30] Finanziert als Parteizeitung von einem Konsortium adliger Interessenvertreter, konnte die *Kreuzzeitung* weitgehend unabhängig von Marktmechanismen arbeiten. Die Lieblingszeitung Friedrich Wilhelms IV. und des «Kartätschenprinzen» Wilhelm wurde nicht zuletzt wegen ihrer finanziellen Unterstützung durch den Zaren im Volksmund auch «Neue Russische Zeitung» genannt.

In der Revolutionszeit, als sie mangels Käuferinteresse sogar gratis verteilt wurde, war die *Kreuzzeitung* wegen ihrer Schmutz- und Verleumdungskampagnen verrufen – etwa gegen den Berliner

Abgeordneten Benedikt Waldeck. Aus Sicht der Liberalen markierte sie deshalb innerhalb der preußischen Presselandschaft die «Kothpfütze» (Karl August Varnhagen von Ense) in der äußersten rechten Ecke.[31] Die abstoßende Mischung aus reaktionärer Frömmigkeit und denunziatorischem Schmuddeljournalismus hat ein Zeitzeuge in einem der Prozesse, der während der Revolution durch die von der Zeitung in Serie lancierten Verschwörungstheorien initiiert wurde, folgendermaßen auf den Punkt gebracht: «Sie kennen Alle diese Zeitung, welche ein heiliges und ehrwürdiges Zeichen an ihrer Stirn trägt und in ihren langen Spalten, wie aus hohen Kirchenfenstern, dem Volke Buße predigt, während unten, im Kellergeschoß dieser *politischen* Kirche, böse Buben angestellt sind, um die Vorübergehenden gelegentlich mit Koth und Steinen zu bewerfen.»[32]

Zuständig für die Schmutzarbeit waren insbesondere Fontanes Redaktionskollegen Hermann Goedsche, der den Lokalteil des *Berliner Zuschauers* verantwortete, und George Hesekiel, der unter anderem als fiktiver Frankreich-Korrespondent Schreckensnachrichten aus Paris verbreitete. Fontane wusste im Übrigen genau, mit wem er es täglich in der Redaktion zu tun hatte, weil er selbst während der Revolutionszeit als Berliner Korrespondent der *Dresdner Zeitung* ausführlich über die Machenschaften Goedsches berichtet und Hesekiel seinerzeit im *Tunnel* als «blonden Lügenpropheten» kennengelernt hatte.[33]

Ein strikter Antiliberalismus mit stark antisemitischem Einschlag war seit der Gründung der Zeitung Programm.[34] Die 1848er-Revolution wurde als Verschwörung von «Juden, Polacken, Franzosen und Gassenjungen» denunziert.[35] Seit den 1850er Jahren beinhaltete die Zeitung eine antisemitische Dauerrubrik «Zur Judenfrage», meist gleich auf der Titelseite.[36] In der «Neuen Ära» eiferte die *Kreuzzeitung* gegen alle durchaus moderaten Reformvorhaben des liberalkonservativen Kabinetts, von der Zivilehe bis zur Kreisreform.[37] Wie sehr die ständisch-orthodox-protestantische

Ausrichtung der Zeitung Hand in Hand mit antijüdischen Tiraden ging, zeigt etwa ein Leitartikel Ludwig von Gerlachs kurz vor den letzten Wahlen der «Neuen Ära» im Frühjahr 1862: «Wir wollen *nicht*: Juden als Obrigkeiten und Lehrer – *nicht* Privilegierung des Wuchers – *nicht* Zivil-Ehe statt der kirchlichen Ehe [...] – nicht Zerstörung des Herrenhauses. [...] Sondern wir *wollen*: [...] christliche Ehe, christliche Schule, christliche Obrigkeit, christliche Kirche.»[38]

Mit dem Ende der «Neuen Ära» und der Berufung ihres Mitbegründers Bismarck zum preußischen Ministerpräsidenten Ende 1862 hatte die *Kreuzzeitung* quasi offiziösen Charakter und gehörte neben der gouvernementalen *Norddeutschen Allgemeinen Zeitung* (die als Nachfolgezeitung der *Preußischen Adler- und Stern-Zeitung* den neuen expansiven Anspruch schon im Titel deutlich machte) zu dessen wichtigsten propagandistischen Hauspostillen.[39] Chefredakteur Tuiscon Beutner stand als langjähriger Hausgast in engem Vertrauensverhältnis zu Bismarck, der wichtigste Redakteur George Hesekiel war unermüdlicher Lobsänger des Staatskanzlers und veröffentlichte gleich nach der Reichsgründung 1873 eine der ersten Bismarck-Biographien – in Stil und Aufmachung eine Mischung aus Kuglers und Menzels populärer *Geschichte Friedrichs des Großen* und der Ästhetik der damals gängigen Familienzeitschriften.[40] Der von Bismarck als neuer Pressestellenleiter (nun *Literarisches Bureau* genannt) eingesetzte Ludwig Hahn gehörte zum engsten politischen Beratergremium («politische Ressource») der *Kreuzzeitung* und übermittelte der Redaktion über seine «Waschzettel» die Regierungssicht. «Intimeres Material» wurde der *Kreuzzeitung* auch über Fontanes ehemaligen Vorgesetzten Ludwig Metzel zugespielt, der nun im Ministerium des Auswärtigen für Bismarck die Pressepolitik besorgte.[41]

Erst als Bismarck nach der Reichsgründung seine Politik auf einen Block aus Freikonservativen und Nationalliberalen stützte und das Blatt ab 1873 in einer antisemitischen Artikelserie gegen dessen Bankier Gerson Bleichröder wetterte, kam es zum Bruch mit dem Reichskanzler. Wie schon in ihrer Gründungsphase ließ sich die Doppelmoral und Scheinheiligkeit der Zeitung nicht mehr verbergen, als in den 1890er Jahren herauskam, dass ihr Herausgeber, Wilhelm Freiherr von Hammerstein, in krumme Geschäfte mit einem befreundeten Papierfabrikanten verwickelt war und Zeitungskapital veruntreut hatte. Nachdem er deshalb zu einer dreijährigen Zuchthausstrafe verurteilt worden war, setzte sich Hammerstein, gedeckt von Parteifreunden von der *Kreuzzeitung* und der *Deutschkonservativen Partei* wie dem antisemitischen ehemaligen Hofprediger Adolf Stöcker und dem Agrarlobbyisten Hans von Kanitz, mit 200000 Goldmark nach Taormina auf Sizilien ab.[42] Zu dem Zeitpunkt, als Fontane seine Autobiographie schrieb, stand das öffentliche Ansehen des Blattes wieder wie in den Gründungsjahren auf dem Tiefpunkt, auch wenn Wilhelm II. unverdrossen in der Tradition seiner Vorgänger verkünden ließ, «der Kaiser lese die *Kreuzzeitung* nach wie vor, sie sei sogar die einzige politische Zeitung, die er lese».[43]

Für Fontane aber stellte seine zehnjährige Redaktionstätigkeit bei der *Kreuzzeitung*, ähnlich wie schon die Anstellung im Manteuffel'schen Regierungsdienst, einen biographischen Makel dar, den es schnellstmöglich loszuwerden galt. Wie er an Emilie schreibt, musste man sich schon schämen, «sie zu zeigen oder gar in Gegenwart andrer zu lesen».[44] Wie viel weniger durfte man sich als einer ihrer Autoren zu erkennen geben.

Dementsprechend nimmt Fontanes Autobiographie wohl nirgendwo so romanhafte Züge an wie in Bezug auf seine Tätigkeit für die *Kreuzzeitung*. Dies beginnt mit dem gut erfundenen, aber historisch unzutreffenden Einstellungsgespräch mit Chefredakteur Tuiscon Beutner. Mit besonderem Augenmerk auf die symbolische Ausstattung und literarische Ausgestaltung des Schauplatzes schildert Fontane, wie er sich angstschlotternd in die «Höhle des Löwen» begeben habe: «In das Sofakissen war das eiserne Kreuz eingestickt, während aus dem schwarzen Bilderrahmen ein mit der Dornenkrone geschmückter Christus auf mich niederblickte. Mir wurde ganz himmelangst, und auch das mühsam geführte Gespräch [...] belebte sich erst, als die Geldfrage zur Verhandlung kam.»[45] In Wirklichkeit hatte Fontane Beutner bereits 1856 persönlich getroffen, war seither mit nur kurzen Unterbrechungen als Korrespondent bei der *Kreuzzeitung* beschäftigt und stand mit Beutner in ständigem Briefkontakt.[46] Der Chefredakteur hatte das Honorar für Fontanes Korrespondenzen sogar von Zeit zu Zeit persönlich bei Emilie vorbeigebracht.

Wie die Diskussionen bei der *Centralstelle*, im Innenministerium und im Kultusministerium im Zusammenhang mit der kurzen Wiederanstellung Fontanes im Jahr 1859 und seinem Antrag auf eine Unterstützung für das *Wanderungen*-Projekt zeigen, galt Fontane als ein Mann der *Kreuzzeitung*, lange bevor er im Juni 1860 seinen Dienst in der Redaktion antrat. Vieles aus der vorhergehenden Korrespondententätigkeit lief anschließend einfach weiter: Fontane veröffentlichte vor und nach dem Juni 1860 für die *Kreuzzeitung* politische Kommentare zur Lage in Schleswig-Holstein oder auch Berichte von der Berliner Blumenausstellung des preußischen Gartenbauvereins. Manche Aufgabenbereiche, die Fontane zuvor für die Regierungspresse übernommen hatte – wie die Berichterstattung über Kunst- und Gewerbeausstellungen – setzte er nun in gleicher Art bei der *Kreuzzeitung* fort.[47]

In der heute üblichen Terminologie würde man Fontanes vermeintliche Neueinstellung bei der *Kreuzzeitung* wahrscheinlich eher einen innerbetrieblichen Aufstieg vom «festen Freien» zum angestellten Redakteur nennen. In Fontanes eigenen brieflichen Zeugnissen verwendet er denn auch eine entsprechende Terminologie, wenn er etwa anlässlich seiner Kündigung gegenüber Emilie davon spricht, seine «alten Beziehungen zur Zeitung, Mitarbeiterschaft statt Redaktion, fortbestehn» lassen zu wollen.[48] Nichtsdestotrotz war mit der festen Redaktionsstelle aus der Sicht von

Fontanes Familie eine entscheidend gestiegene berufliche Sicherheit verbunden. Den genauen Verantwortungsbereich seiner Tätigkeit hat Fontane buchstäblich kleingeredet, wenn er sich als bloßen Großbritannien-Korrespondenten bezeichnet und berichtet, wie wegen der auf das Vereinigte Königreich bezogenen «stillen Zeiten» der Chefredakteur jeden Morgen «an meinen Platz trat und mir mit seiner leisen Stimme zuflüsterte: ‹Wenn irgend möglich, heute nur ein paar Zeilen; je weniger, desto besser.› Ich war immer ganz einverstanden damit und hatte bequeme Tage.» Auch vom bloßen «Stundenabsitzen» ist die Rede.[49] Fontane war jedoch bei der *Kreuzzeitung* keineswegs nur für Großbritannien zuständig, sondern für den gesamten Raum des Britischen Empire, für die Vereinigten Staaten von Amerika und vor allem für Skandinavien, eine im Kriegsjahrzehnt weitaus brisantere Region. Wie umfangreich Fontanes redaktioneller Aufgabenbereich genau war und welche Artikel in der *Kreuzzeitung* im Einzelnen von ihm stammen, ist wegen des verlorenen Zeitungsarchivs nicht mehr ermittelbar – für die Fontane-Forschung Anlass zu erbitterten Streitigkeiten.[50]

Lieber gleich ganz verschwiegen hat Fontane in seiner Autobiographie, dass er von der *Kreuzzeitung* auch als offizieller Repräsentant beim neugegründeten Journalistenverband *Verein Berliner Presse* sowie als Wahlmann im letzten Aufgebot der Konservativen Partei bei den für sie aussichtslosen Parlamentswahlen im Frühjahr 1862 abgeordnet worden ist.[51] Nachdem der Verfassungsstreit um die Heeresreform im Dezember 1861 zu einem erdrutschartigen Wahlsieg der Fortschrittspartei geführt hatte und der König mit der Auflösung des Abgeordnetenhauses und Neuwahlen reagierte, erhielt die Konservative Partei noch ganze 11 Parlamentssitze.[52] «Glänzender Sieg der Demokraten», notiert Fontane in seinem Tagebuch und fügt sarkastisch hinzu, «ich erhalte unter den Conservativen die meisten Stimmen». Einer der sage und schreibe 26 Fontane-Wähler eines immerhin rund 1000 Wähler umfassenden Wahlkreises machte sich einen Scherz und wählte «Herrn Phantom». «Das hat man davon!», kommentiert Fontane.[53] Der Scherzbold klingt stark nach Fontane selbst. Für den Wahltag am 6. Mai 1862, an dem er als Wahlmann im Erfolgsfall eigentlich hätte anwesend sein müssen, hatte er längst eine viertägige Reise nach Beeskow, Fürstenwalde, Müncheberg, Buckow, Werneuchen und Bernau geplant, um an den *Wanderungen* weiterzuarbeiten.[54]

Als bis heute besonders folgenreiches Ablenkungsmanöver hat sich Fontanes vermeintlich den Unterschied zwischen Faktizität und Fiktionalität herunterspielender, im Plauderton vorgetragener Exkurs «über ‹unechte› und ‹echte› Korrespondenzen›» erwiesen: «Der Unterschied zwischen beiden, wenn man Sprache, Land und Leute kennt, ist nicht groß. [...] Man nimmt seine Weisheit aus der ‹Times› oder dem ‹Standard› etc., und es bedeutet dabei wenig, ob man den Reproduktionsprozeß in Hampstead-Highgate oder in Steglitz-Friedenau vornimmt.» Im Grunde beschreibt Fontane hier nicht viel mehr als eine seinerzeit gängige journalistische Praxis.[55] Bei den allerwenigsten Zeitungen stammte der Inhalt aus eigener Vor-Ort-Recherche, sondern es wurde ausgiebig aus zirkulierenden Korrespondenzen, anderen Zeitungen oder offiziellen Verlautbarungen zitiert oder übersetzt.[56] In zeitgenössischen Karikaturen wurde der Zeitungsredakteur dementsprechend meistens auch nicht mit Feder und Block in der Hand dargestellt, sondern mit Schere und Kleistertopf.[57] Vom Korrespondenten des *Daily Telegraph*, Carl Abel, zuvor Fontanes Vorgänger als England-Korrespondent der *Kreuzzeitung*, berichtet Karl Marx sogar, dass dieser seine Korrespondentenberichte aus «20 verschiednen Breitengraden auf einmal schreibt»: «gleichzeitig [...] von Berlin, Wien, Frankfurt am Main, Stockholm, Petersburg, Hongkong, usw.» aus.[58]

Fontanes Begründung, dass «die aus wohlinformierten Blättern übersetzte Arbeit» im Zweifelsfall sogar «besser sein [werde] als die originale», lässt sich bei einem Vergleich der meisten deutschen Zeitungen mit der *Times* oder dem *Standard* kaum widersprechen.[59]

Noch heute jedenfalls lesen sich in Heide Streiter-Buschers zweibändiger Edition von Fontanes *Kreuzzeitungs*-Beiträgen vor allem die offenkundig übersetzten Passagen bei weitem interessanter und informativer als die ein bis zwei einleitenden und abschließenden Sätze, mit denen Fontane seine Übersetzungen mit «Kopf und Schwanz» im Sinne der politischen Ideologie der *Kreuzzeitung* versehen hat.[60]

Tatsächlich ist die Anstellung bei der *Kreuzzeitung* von 1860 bis 1870 die einzige Phase während Fontanes beruflicher journalistischer Tätigkeit, die er täglich in einer richtigen Zeitungsredaktion verbrachte. Als regierungsamtlicher Presseagent hatte er zuvor entweder in verstaubten preußischen Amtsstuben oder halb privat in Londoner Kaffeehäusern gearbeitet; die späteren Theaterkritiken für die *Vossische Zeitung* verfasste er zu Hause an seinem Schreibtisch. Dass für den passionierten Journalisten hierin die wichtigste Erfahrung seiner Jahre bei der *Kreuzzeitung* bestand, daran lassen die Selbstzeugnisse Fontanes kaum einen Zweifel.

Immer wieder betont er, dass selbst bei einem eingeschworenen Parteiblatt wie der *Kreuzzeitung* die journalistischen Praktiken eine über die Parteigrenzen hinausgehende Eigendynamik entfalteten – ein Aspekt, der ihm seinerzeit in London als besonderes Merkmal des britischen Pressewesens aufgefallen war. So hebt er insbesondere die parteiübergreifende «Zeitungssolidarität» hervor, durch welche «auch das konservativste Blatt [...] immer noch mehr Blatt als konservativ» sei.[61] Und die durchweg bürgerlichen Redakteure der Adelszeitung hätten durchaus ein eigenes journalistisches Selbstbewusstsein entwickelt, also gerade das, «was uns in Deutschland noch so sehr fehlt und unsern Beruf so schwer schädigt».[62] In dieser Hinsicht sei selbst ein noch so unermüdlicher Lobsänger des Feudaladels wie George Hesekiel im geraden Gegensatz zur propagierten rückwärtsgewandten Ideologie «moderner als mancher der Modernsten» gewesen.[63] Wie immer sagen diese Stellen mindestens genauso viel über Fontanes journalistisches Ideal aus wie über seine tatsächlichen Erfahrungen bei der *Kreuzzeitung*. Um ein realistischeres Bild zu erhalten, muss man auch hier die brieflichen Äußerungen über seine Tätigkeit gegenlesen, in denen sich Fontane über die «perfide Stellung» und schwer erträgliche «Brutalität» in der Redaktion beklagt.[64]

Begünstigt durch die Lage der Redaktionsräume mitten im Regierungsviertel und die politische Nähe zum Militärapparat, war die *Kreuzzeitung* eng an die Zirkel der Macht angeschlossen. George Hesekiel berichtet, dass der Staatskanzler persönlich häufiger Gast in der Redaktion war, um die Regierungssicht der Dinge in die Zeitung zu bringen: «Sehr häufig, wie viele Mitglieder der conservativen Partei, besuchte Bismarck damals auch das Redactionslocal der Neuen Preußischen Zeitung in dem Hause Dessauerstraße Nr. 5, um Neuigkeiten zu erfahren. Aber er gehörte zu denen, die immer mehr brachten, als sie empfingen [...] er unterstützte das [...] Blatt auch durch eigene Artikel; wie oft saß er an dem großen runden Tisch [...] Zuweilen auch kam er ganz hastig ins Zimmer, grüßte eilig, stellte sich, Hut und Handschuh in der Linken behaltend, an ein Pult, rasch einige Zeilen niederwerfend. ‹Hängen Sie den landesüblichen Vers daran!› rief er dann wohl dem Redacteur en chef zu und eilte grüßend wieder hinaus.»[65]

Nach einer anderen Beschreibung Hesekiels unter dem Titel «Ein Tag im Redaktionslocal einer Zeitung» meldete sich «immer wieder [...] irgendeine Exzellenz und wenn nicht eine solche, so doch ein General von Witzleben oder ein Herr von Knebel-Dobritz» an, um als «Informant aus Militär- und Hofkreisen» Instruktionen aus dem gegenüberliegenden Herrenhaus und dem nebenan befindlichen Kriegsministerium zu übermitteln, die damit zugleich «dem Blatt die letzten Neuigkeiten zutrugen und es zu einem wohlunterrichteten machten».[66] Fontane berichtet in seiner Autobiographie von regelmäßigen Redaktionsrunden und «Ressourcen», das heißt geselligen Zusammenkünften mit politischen Entscheidungs- und Informationsträgern wie Ministern, Militärs und Hofpredigern.[67]

Zudem wurden das Blatt und seine Redakteure im Zuge der politischen und militärischen Mobilmachung in die Propaganda-Aktivitäten der Regierung eingebunden. Als Konsequenz aus den verheerenden Wahlniederlagen der Konservativen in der «Neuen Ära» wurde die Landbevölkerung als geeignetes Gegengewicht zum zumeist liberal eingestellten Stadtbürgertum mobilisiert. Zu den Maßnahmen gehörten neben der Gründung von konservativen Massenorganisationen die Versorgung der Landbevölkerung mit patriotischen «Volkskalendern», für die Hesekiel und Goedsche die Inhalte beisteuerten, während Gründungsherausgeber Hermann Wagener das entsprechende politische Programm des «Sozialkonservativismus» ausformulierte.[68] Dazu gehört auch die von Fontanes ehemaligem Londoner Kollegen Rudolf Wentzel redigierte und von Pressestellenleiter Ludwig Hahn unmittelbar ab Bismarcks Regierungsantritt herausgegebene *Provinzial-Correspondenz*. Mit Auflagenzahlen von um die 30000 Exemplaren wurde sie rasch die größte Wochenzeitung ihrer Zeit, die als «agenturähnliche Korrespondenz» und «amtliches Anzeige-, Publikations- und Dokumentationsorgan» in Form einer wöchentlichen Beilage zusammen mit der *Kreuzzeitung* und weiteren Kreisblättern vertrieben und lokalen Honoratioren, Amtsträgern, Pfarrern und Militäreinheiten zur weiteren Verteilung zugestellt wurde.[69] Schließlich gaben Hesekiel und Goedsche während der drei Kriege aus der *Kreuzzeitung*s-Redaktion auch die Soldatenzeitung *Hurrah Preußen!* heraus, deren Titel keine Fragen nach ihrem chauvinistischen Charakter offenlässt und die wie auch die *Kreuzzeitung* mit der Feldpost direkt an die Front verschickt wurde.[70]

Alles das führte dazu, dass die *Kreuzzeitung*, was den (wie immer propagandistisch verzerrten) Informationsgehalt und die Verbreitung betrifft, im Kriegsjahrzehnt ihre beste Zeit hatte. Die Auflage stieg von rund 7000 Exemplaren im Jahr von Fontanes Einstieg in die Redaktion auf den bis dato unerreichten und auch später nicht mehr übertroffenen Höchststand von 9500 im Jahr 1874.[71] Mehr noch als durch diese im Vergleich zu anderen Zeitungen wie der *Vossischen* oder der *National-Zeitung* geringen Auflagenzahlen ließe sich dies an ihrem Zitationsindex belegen. Wie nie zuvor bezogen sich viele auch nicht-preußische Zeitungen im Kriegsjahrzehnt auf Nachrichten aus der *Kreuzzeitung* und leiteten ihre Artikel unter expliziter Nennung der Quelle mit Wendungen wie «Laut Angaben der Kreuzzeitung», «Gutinformierte Kreise der Kreuzzeitung haben erfahren» oder «Wie die Kreuzzeitung berichtet» ein.

Für Fontanes zwei große schriftstellerische Projekte dieser Zeit, die *Wanderungen* und die *Kriegsbücher*, bot die Zeitung so eine denkbar geeignete Infrastruktur. Mit seinen bereits seit dem England-Aufenthalt in der *Kreuzzeitung* veröffentlichten Artikeln zur Schleswig-Holstein-Frage qualifizierte er sich als Kriegsberichterstatter im Ministerialauftrag im Dänischen Krieg von 1864, zu dem er nicht zufällig in Begleitung des Stellvertretenden Redaktionsleiters Ernst Waldemar Heffter von der *Kreuzzeitung* reiste.[72] Dies war der Beginn des Kriegshistorikers Fontane. Noch beim Krieg gegen Frankreich wird Fontane in der Berliner Presse als Kriegsberichterstatter der *Kreuzzeitung* wahrgenommen, weil seine kurz zuvor erfolgte Kündigung öffentlich noch nicht bekannt geworden war. Die bei Hesekiel und Goedsche für die Soldatenzeitung *Hurrah Preußen!* eingegangenen Frontbriefe und Augenzeugenberichte dienten Fontane ebenso als Quellenmaterial für die Kriegsbücher wie die in der *Kreuzzeitung* veröffentlichten Gefallenenlisten. Am Schluss des ersten Bandes von *Der Krieg gegen Frankreich* schildert er, wie ein «Blick auf die Zeitungsspalten jener Tage» mit ihren «langen Kolumnen» von Gefallenen auf ihn einen noch erschütternderen Eindruck gemacht hätten als ein Gang über die Massengräber auf den Schlachtfeldern selbst. «Die ‹Kreuzzeitung› von damals» lese sich «wie ein Moniteur des Todes» und habe so eine unschätzbare Bedeutung als zeithistorisches Dokument für den «Geschichtsschreiber dieser Entscheidungstage».[73]

Für sein *Wanderungen*-Projekt nutzte Fontane die *Kreuzzeitung* nicht nur von Anfang an als Veröffentlichungsort der allermeisten der vorab als Reisefeuilletons erschienenen Kapitel, sondern auch als ein vom Lokalteil der *Times* abgeschautes interaktives Netzwerk aus Informanten, Beiträgern und anvisiertem Publikum. Bezeichnenderweise beschreibt Fontane diese Produktions- und Marketingstrategie bevorzugt in Anglizismen: Auch wenn die Vorabdrucke in der *Kreuzzeitung* vom Honorargesichtspunkt «ein ziemlich trauriges business» seien, rechnet er Emilie vor, seien sie doch nützliche «Placements» seines Markennamens als märkischer Wanderer und mittelfristig eine gewinnversprechende Investition.[74] Seinen Verleger Hertz weist er darauf hin, dass er «mit Hülfe der Kreuz Ztng» die *Wanderungen* «bei Adel und Offizierscorps fashionable» gemacht habe.[75] Tatsächlich deckte sich die Leserschaft der Zeitung ziemlich genau mit den in den Hertz'schen Verlagsanzeigen für die *Wanderungen* anvisierten Zielgruppen: «die Gutsherrschaften, die Officiere etc., die Familien, die Sinn für die Heimath, ihre Geschichte und ihre Erinnerungen» haben, «die Lehrer und Schulbibliotheken [...] Leihbibliotheken, Lesezirkel». Nicht zuletzt sei das Buch auch als «Geschenk an die Jugend» und «für die Frauen» geeignet, die rund ein Drittel der Leserschaft der *Kreuzzeitung* ausmachten.[76]

PROVINZIALKORRESPONDENZ
UND HEIMATEXPEDITION

Trotz aller Verflechtungen zwischen *Kreuzzeitung* und *Wanderungen* hat Fontane sehr empfindlich reagiert, wenn ihm Letztere als bloßes Auftragswerk der *Kreuzzeitungs*-Partei ausgelegt wurden («Blödsinn!»[77]). Nach allem, was über das Image der Zeitung gesagt wurde, könnte man dies als naheliegende Abwehr- und Verschleierungsreaktion deuten. Tatsächlich aber standen die beiden

Auftrag- und Startkapitalgeber für Fontanes Wanderungsprojekt, das preußische Kultusministerium der «Neuen Ära» und vor allem der Verleger Wilhelm Hertz, der *Kreuzzeitung* ziemlich fern. Hertz kam wie Fontane aus einem Apothekerhaushalt. Seinen Eltern, die 1828 vom Judentum zum Protestantismus konvertiert waren, gehörte in Berlin die «Rothe Apotheke».[78] Der Briefwechsel zwischen Fontane und seinem Verleger wimmelt von Anspielungen auf die gemeinsame Apothekerherkunft. Dass Hertz zudem ein unehelicher Sohn des von Fontane verehrten Adelbert von Chamisso war, muss ihm hingegen nicht bekannt gewesen sein, auch wenn es im Exlibris des Verlages in Form eines verschlüsselten Akrostichons angezeigt wurde. Wenn man die Anfangsbuchstaben des verrätselten Exlibris («Certa habent acta meae iuventutis signum suum omenque. i.e.p.m. W.L.H.») zusammensetzt bzw. auflöst, ergibt sich «Chamisso. Ille est pater meus [‹Dieser ist mein Vater›]. Wilhelm Ludwig Hertz.» Auch Hertz' zweiter Vorname «Ludwig» ist eine Reminiszenz an «Louis», den ersten Vornamen Chamissos.[79] Offiziell bestätigt wurde die uneheliche Vaterschaft Chamissos erst im Nationalsozialismus, als die Nachfahren von Hertz den sogenannten «Ariernachweis» erbringen mussten.

Bei aller Staatsnähe und auch dem konservativen Profil seines Verlagsprogramms war Hertz alles andere als ein Parteigänger des altständisch-reaktionären und von Anfang an antijüdische Ressentiments schürenden Blattes. Er las die *Kreuzzeitung* nicht einmal regelmäßig, geschweige denn, dass er sie abonniert hätte.[80] Politisch stand Hertz der *Wochenblatt*-Partei des Kultusministers August von Bethmann-Hollweg näher, die in der «Neuen Ära» die Regierung bildete und sich mit der *Kreuzzeitung*-Partei die heftigsten Auseinandersetzungen lieferte. Unter anderem deshalb hatte Bethmann-Hollweg große Schwierigkeiten, die von Fontane beantragte Forschungsbeihilfe für die *Wanderungen* gegen den Widerstand des Staatsministers Rudolf von Auerswald zu bewilligen.

Fontane, der sich wie so häufig zwischen den politischen Fronten sah, hielt wie üblich die Versteckspieloption für geboten und bat Hertz am 21. Mai 1861: «Bitte freundlichst über die Königliche resp. ministerielle Unterstüt[zung] zu Niemand zu sprechen [...] So wie nämlich B.H. an ✠ einen Anstoß genommen hat, so könnte man bei ✠'s Anstoß an B.H. [...] nehmen.»[81]

Jenseits eventueller politischer Differenzen teilten die beiden Apothekersöhne Hertz und Fontane neben der Vorliebe für Buchstabenrätsel auch den bürgerlichen Klassenstandpunkt und hatten trotz aller Hof-, Kirchen- und Adelsverbindungen oft genug erfahren, dass sie in dieser Hinsicht nicht dazugehörten: «Ich beschreibe den Adel und dazu habe ich als Bürgerlicher ein gutes Recht; er ist mir Objekt, weiter nichts», dekretiert Fontane an Hertz mit einer Forschheit, die anzeigt, dass er an einem empfindlichen Punkt getroffen war.[82] Darüber hinaus insistierte er, dass es sich bei den *Wanderungen* zuerst um ein literarisch-historisches Werk und keine Parteischrift handele. Dies wird besonders deutlich bei den Diskussionen um die beiden Rezensionen des Werks durch Adolf Stahr in der *National-Zeitung*, die Fontane, anders als die Auftragsrezensionen in der *Kreuzzeitung*, sehr wichtig waren, weil sie aus dem anderen politischen Lager und von einem anerkannten Literaturkritiker kamen. Stahr, seit den Preußenballaden ein trotz aller inzwischen offensichtlichen politischen Differenzen eingeschworener Fan Fontanes, hob den literarischen Eigenwert der *Wanderungen* hervor, die keine «Tendenzschrift» seien (was Fontane gefiel): «Ein so liebevolles Sichversenken in die Geschichte und Natur der nächsten Heimat, ein so feiner Natursinn, eine so lebhafte Darstellung *müssen* ansprechen. Wie ich die poetischen Leistungen des Dichter der ‹Preuß. Helden› schätze, wissen Sie selbst!» Zugleich verschwieg Stahr nicht, dass in den zahllosen Adelsgenealogien ein «gewisser Parteistandpunkte» unverkennbar sei (was Fontane nicht gefiel). Insbesondere kritisierte Stahr die Glorifizierung von Bürgertumsverächtern und altständischen Reaktionären wie Friedrich Ludwig August von der Marwitz, der

1811 die Hardenberg'schen Reformen mit dem Argument abgelehnt hatte, dass durch sie «unser schönes, altes Brandenburg-Preußen» in einen «neumodischen Judenstaat» verwandelt würde, und dessen Standesdünkel so weit ging, dass er «selbst bei einem Goethe ‹den natürlichen freien Anstand des Vornehmen›, des geborenen Edelmannes vermißte».[83] Fontane vermutete wohl zurecht, dass sein politisch durchaus konservativer Verleger der Kritik des Republikaners Stahr in dieser Hinsicht sogar zustimmen könnte: «Ich fürchte, daß Sie ein klein wenig (vielleicht auch mehr als ein klein wenig) die Stahr'schen Ansichten über Fontane und sein Buch theilen.»[84]

Von Anfang an sind die *Wanderungen* ein *joint venture* von Autor und Verleger. Hertz verschaffte Fontane Arbeitsmaterialien, Dokumente und historische Literatur, vermittelte ihm Kontakte zu Geschichtsvereinen und protegierte ihn im Kultusministerium.[85] Dass in seinem Verlag auch die Schriften des Kultusministers Moritz August von Bethmann-Hollweg, die Regulative von Ferdinand Stiehl für das preußische Schulwesen sowie dessen *Centralblatt für die gesamte Unterrichtsverwaltung in Preußen* oder Ludwig Hahns offizielles Lehrbuch *Geschichte des preußischen Vaterlandes* erschienen, konnte dabei nur hilfreich sein.[86] Darüber hinaus finanzierte Hertz einen Großteil der anfallenden Reisekosten und begleitete Fontane auf seinen Ausflügen in die Provinz, wobei er seine Eindrücke wie Fontane in einem Skizzenbuch festhielt.[87] Welche Rolle das *Wanderungen*-Projekt für die Beziehung von Autor und Verleger spielte, lässt sich auch daran ablesen, dass sie unmittelbar nach dem Erscheinen des letzten *Wanderungen*-Bands 1881 erkaltete. Nachdem Hertz es schon 1859/60 abgelehnt hatte, das Schottlandbuch *Jenseit des Tweed* zu verlegen, nahm er Fontane auch keine Berliner Gesellschaftsromane ab. Mit wahrer Langmut hat Hertz hingegen mindestens seit 1865 Vorschüsse auf das immer wieder hinausgeschobene Projekt des «vaterländischen Romans» gezahlt, dessen Abgabetermin zunächst auf ein Jahr terminiert war und der sich dann um dreizehn Jahre bis zum endlichen Erscheinen von *Vor dem Sturm* 1878 verschob.

Auch die ersten programmatischen Entwürfe zu den *Wanderungen* gingen an das Kultusministerium und an Hertz. In einem mutmaßlich von Fontane selbst in Auftrag gegebenen und vorformulierten Gutachten des Kunsthistorikers Karl Schnaase zum Antrag auf Unterstützung vom Kultusministerium heißt es am 25. Juni 1860, die *Wanderungen* sollten durch «historisch-topographische Schilderungen» «für das Verständnis der Gegenwart aufklärende Beiträge zur Culturgeschichte unsres Landes» leisten.[88] «Neben erwiesenen geschichtlichen Thatsachen» solle dabei «auch den Sagen und Überlieferungen eine Stelle» eingeräumt «und besonders überall [...] auf das Individuelle, neben den großen historischen Helden auch auf die Repräsentanten des volksthümlichen und sittengeschichtlichen Lebens» eingegangen werden.[89] Von Anfang an waren die *Wanderungen* als spezifische Mischung aus Literatur und Geschichte geplant, in der Archäologie, Genealogie und Mythologie in ein wechselseitiges Verhältnis gesetzt werden. Leitend ist dabei die Gegenwartsperspektive der «Aufklärung» über die und «Belebung» der Geschichte.[90]

Noch deutlicher als explizites Gegenprogramm zum offiziellen akademischen Historismus als Geschichte der großen Männer liest sich Fontanes programmatisches Exposé, das er kurz vor Erscheinen des ersten Bandes an Hertz schickt. Anstelle der toten Musealisierung von «Schlachten und immer wieder Schlachten [Fontane hat das Exposé noch vor den kurz darauf beginnenden preußischen Dauerkriegen geschrieben], Staatsaktionen, Gesandtschaften» oder «allertrivialstem Klatsch» nach Art der Hofberichterstattung solle es um «Belebung des Lokalen», «Detailschilderung», unbekanntere Akteure der Geschichte, «Charakterisirung märkischer Landschaft und Natur» und Poetisierung der Schauplätze durch Sagen und Anekdoten gehen. «Mangel an literarischem Sinn und Ueberfluß an sogenannter ‹Diskretion› (ein höchst albernes und stupides Ding, der Tod alles Interesses und zuletzt aller Geschichte)» macht Fontane hier als Hauptmängel der offiziellen Historiographie aus.[91]

Fontane selbst wählte für die *Wanderungen*, die sich zwischen Reiseführer und literarisierter Kulturgeschichte ansiedeln lassen, im Schlusswort des vierten Bandes die Gattungsbezeichnung «Reisefeuilleton».[92] Als romantisch-historischer Reisebericht im Stil des Schottlandbuches sollen sie nicht nur Traditionen erfinden, sondern auch den Tourismus fördern. Mit direktem Bezug auf die *Wanderungen* gründet sich in den 1880er Jahren der *Tourismus Verein für die Mark Brandenburg* und ernennt Fontane zu seinem Ehrenvorsitzenden (als *Landesgeschichtliche Vereinigung Brandenburg* besteht der Verein bis heute). Auch sind die Wanderungen kulturhistorisches Aufholprogramm des expandierenden Preußen, mit dem die kargen Sandlandwüsten der Mark Brandenburg zu den alten Kulturlandschaften am Rhein und in Süddeutschland aufschließen sollen.[93] Sie sind literarische Kulturgeschichtsschreibung, die auf dem expandierenden Markt populärer Geschichtsdarstellung mitsegelt. In der Art von Grimms Märchensammlungen oder Achim von Arnims und Clemens Brentanos *Des Knaben Wunderhorn* bilden sie einen Brandenburgischen Anekdoten-, Sagen- und Legendenschatz – als populäre Heimatenzyklopädie und Nachschlagewerk werden sie bis heute immer dann konsultiert, wenn man etwas über ein bestimmtes Dorf, Schloss oder eine Persönlichkeit aus der zweiten und dritten Reihe der Landesgeschichte erfahren möchte. Man hat sie als «imaginäres Museum» der Brandenburgischen Geschichte nach dem Muster des damals aufkommenden Panoramaformats der bewegten Bilder bezeichnet.[94] Und schließlich sind sie im Kontext der Entdeckung der Provinz im 19. Jahrhundert zu sehen, wie sie gleichzeitig in Dorfgeschichten (Wilhelm Raabe, Berthold Auerbach, Ludwig Anzengruber u. v. m.), dem neuen Format Lokalzeitung sowie Expeditionen in die Heimat zwischen Heines *Harzreise* (1826), Annette von Droste-Hülshoffs

Bildern aus Westfalen (1843) und Karl Emil Franzos' *Culturbildern aus Galicien* zum Ausdruck kommt und die untrennbar mit den damaligen Globalisierungserfahrungen und Nationalstaatsgründungen zusammenhängt. Als «Columbus der märkischen Landschaft» bezeichnet der Literaturhistoriker Richard M. Meyer Fontane treffend bereits am Ende des 19. Jahrhunderts.[95]

Erst die spezifische Mischung aus alledem führt zu ihrer bis heute andauernden Rezeption, während die seinerzeit überregional viel erfolgreicheren populären Heimat- und Nationserfindungsbücher wie die ebenfalls seit 1859 erscheinenden *Bilder aus der deutschen Vergangenheit* des «Lieblingsschriftstellers der deutschen Nation» Gustav Freytag oder Wilhelm Heinrich Riehls *Naturgeschichte des deutschen Volkes* nur noch als historische Zeugnisse für die kulturessentialistischen Irrwege des nationalen Zeitalters lesbar sind – etwa wenn Riehl Nationen zu Naturphänomenen erklärt und den deutschen «Nationalcharakter» im deutschen Wald begründet sieht – gegenüber dem gezähmten Park der Franzosen und dem gerodeten Feld der Briten.[96] Erst recht gilt dies für die vaterländische Massenproduktion George Hesekiels, der als «Lieblingsschriftsteller der preußisch-konservativen Welt» (Fontane über Hesekiel) «immer neue märkische Geschichten» fabrizierte – nach eigener Einschätzung durchaus auf dem Niveau des vaterländischen Starautors am preußischen Hof, Christian Friedrich Scherenberg, nur umfangreicher, schneller und vor allem «billiger» (Hesekiel über Hesekiel).[97]

Anders als Freytag, der seine Vergangenheitsbilder seit der Germanenzeit vor allem aus den Geschichtswerken des offiziellen akademischen Historismus und staatlichen Archivsammlungen kompiliert (Freytags Verleger Salomon Hirzel versorgte ihn unter anderem mit Werken aus der Leipziger Universitätsbibliothek und der eigens zu diesem Zweck von ihm angekauften Privatbibliothek Leopold von Rankes[98]), beruht Fontanes Geschichtsdarstellung wesentlich auf Reportagen, Feld- und «Localforschungen» sowie «eigner Anschauung» und setzt «vielfache, das Land nach allen Richtungen und bis in seine entlegensten Theile durchstreifende Wanderungen voraus».[99] Als Journalist arbeitete Fontane vor Ort mit Skizzen- und Notizbüchern.[100] Zwar war auch Freytag «Journalist», aber eher im Sinne eines akademischen Redakteurs einer Literaturzeitschrift. Er konnte zwar Latein, las aber beispielsweise englische und französische Texte nur in Übersetzung.[101] Fontane hingegen berichtete in seinen Zeitungskorrespondenzen parallel zu den *Wanderungen* und manchmal sogar am selben Tag über die Eröffnung der Londoner U-Bahn, den ersten Vegetarier-Kongress im Glaspalast, die Debatten um das Frauenwahlrecht in Großbritannien, die britischen Kolonialkriege oder den Amerikanischen Bürgerkrieg.[102]

Ein vergleichender Blick auf die hinterlassenen Arbeitsbibliotheken Freytags und Fontanes macht den Unterschied der beiden Autorentypen schlagartig deutlich: Freytag hinterließ eine Sammlung mit 6265 Titeln, die heute zu den größten privaten Quellensammlungen zur deutschen Geschichte zählen.[103] Fontanes Bücherbestand umfasste «nur einige hundert Bände», die in zwei Bücherschränke und zwei Regale passten, und hatte eher den Charakter einer mobilen Reisebibliothek.[104] Aus dieser ließ er sich während seiner Forschungsreisen in die Brandenburgische Provinz von Emilie das benötigte Material schicken oder mitbringen: «Wenn Du kommst, bitte ich Dich folgendes mitzubringen: *Handtmanns* märkische Sagen (liegt, glaub ich, auf dem Fensterbrett)/ *Haases* Sagen der Grafschaft Ruppin (stehen in meinem Bücherschrank da, wo alle großen und kleinen märk. Bücher in einer Reihe stehn, in der Hälfte nach rechts hin neben andern märk. Sagenbüchern) / Mein *Manuskript* oder doch die vorläuf: Notizen zu meinem Plaue-Aufsatz (liegt auf dem zugeklappten Spieltisch neben dem Bücherschrank.)»[105]. Freytag sei im historischen Metier doch eher Professor als Poet geblieben, lautet Fontanes resümierende Einschätzung über dessen literarische Geschichtsschreibung in einem späteren

Tagebucheintrag: «trocken und ledern und mehr historische Conrektor- als Dichter-Arbeit.»[106]

Und anders als Riehl, der als «Oberredakteur für Preßangelegenheiten» des Bayerischen Königs und bestallter Historiker der Königlich-Bayerischen Akademie der Wissenschaften im vierten Teil seiner *Naturgeschichte des deutschen Volkes* ebenfalls ein *Wanderbuch* veröffentlichte und mit theoretischen Reflexionen über das «Wandern» als ethnographischer Erkenntnisform verbindet, bleibt in Fontanes *Wanderungen* der moderne großstädtische Tourist immer sichtbar. Durch Riehls «Poetik» des «einsamen Wanderers», der alleine, zu Fuß und ohne technische Hilfsmittel die bayerischen Dörfer und Wälder durchstreift, soll die Illusion einer vermeintlich heilen patriarchalischen Ordnung erzeugt werden.[107] Fontanes *Wanderungen* sind hingegen Gruppenausflüge, die er zuallermeist in Begleitung von *Tunnel*-Freunden oder seinem Verleger unternahm. Auch war Fontane, anders als der Titel seines Werkes suggeriert, gar kein Wanderer. Meistens sehen wir ihn fahrend: im Omnibus, mit dem Oderdampfer, im Ruderboot, auf einem Kahn mit Torfarbeitern, auf einer Segelyacht.[108] «Das Beste ist *fahren*», schreibt er einmal unumwunden an Emilie; «aber *fahren*, nur nicht laufen», macht er ein andermal zur Bedingung für einen geplanten Potsdam-Ausflug mit ihr.[109] Zu Fuß werden nur ganz selten mehr als fünf Kilometer zurückgelegt, es überwiegt der halbstündige Spaziergang. Die Raumverdichtung durch schnellere Verkehrsmittel passe durchaus in «unsre norddeutschen Landschaften», rechtfertigt er sich. Im Vergleich mit den abwechslungsreichen Natur- und Kulturlandschaften etwa der Bayerischen Mittelgebirge habe die karge märkische Sandwüste letztlich doch «zuviel Fläche».[110] Die für die Wanderungen unternommenen Kurzausflüge und Spaziergänge muss man sich eher wie die berühmten leitmotivischen Landpartien in Fontanes Berlin-Romanen vorstellen. Explizit wird die Provinz aus der Perspektive des Großstädters erschlossen, was im Text jederzeit präsent ist. Fast jede Wanderung beginnt mit der

Theodor Fontane. Porträtphotographie
von Loescher & Petsch, etwa 1869

Queen Victoria bei der Eröffnung der Weltausstellung in London
am 1. Mai 1851. Farblithographie

Zerstörter Palast in Lucknow nach Niederschlagung des Großen Indischen Aufstands.
Photographie von Felice Beato, 1858

Lesende Dame
(mutmaßlich Emilie Fontane).
Gouache von Adolph Menzel, um 1870/72

Palmenhaus auf der Pfaueninsel.
Gemälde von Carl Blechen, 1832

Banderole «Wanderungen durch die Mark Brandenburg»,
Band 3: Havelland, aus der «American Trade Review», 1872

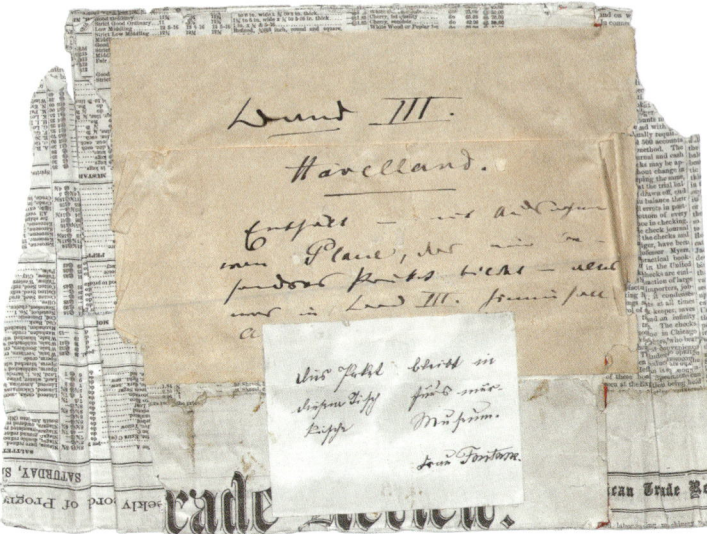

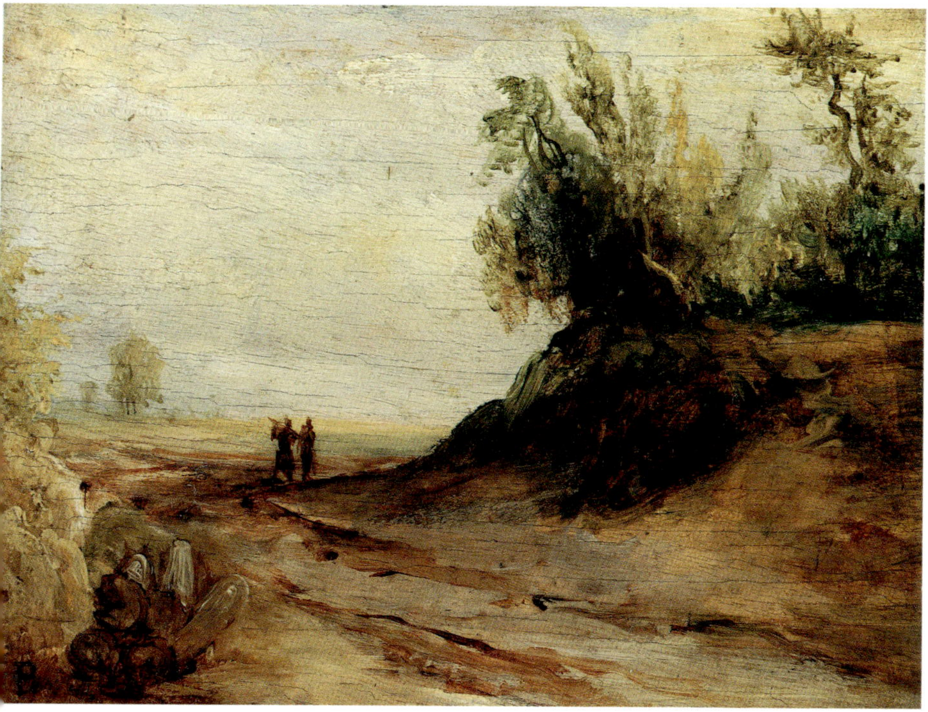

Märkische Landschaften. Gemälde von Carl Blechen, 1835

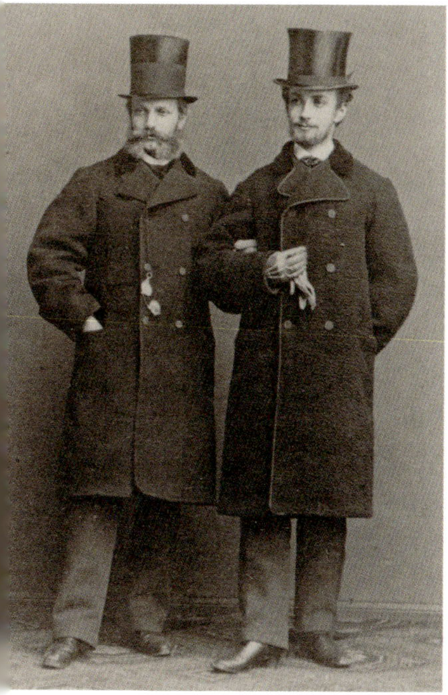

Wilhelm und Hans Hertz.
Photographie, um 1875

Verlag von Wilhelm Hertz
(Besserfche Buchhandlung)
Berlin W.

Prospectus.

Wanderungen
durch die
Mark Brandenburg
von
Theodor Fontane.

Vier Theile.
Elegant geheftet, jeder 7 M., in Leinwand gebunden 8 M. 20 Pf.

Ausführliche Inhaltsangabe der einzelnen, übrigens von einander unabhängigen, Bände siehe umstehend.

Ausführliche Inhaltsangabe der einzelnen, übrigens von einander unabhängigen, Bände siehe umstehend.

Fontanes Wanderungen durch die Mark Brandenburg, die im Anfang der sechziger Jahre mit dem Bande zu erscheinen begannen, der die Grafschaft Ruppin enthielt, liegen nun in vier stattlichen Oktavbänden, beinahe sämmtlich in vermehrten und stets verbesserten Auflagen, abgerundet und abgeschlossen vor. Vom Erscheinen des ersten Bandes an bis zu dem Erscheinen des abschließenden Bandes hat sich die Theilnahme eines größeren Kreises an der historischen und

Verlagsprospekt «Wanderungen
durch die Mark Brandenburg»

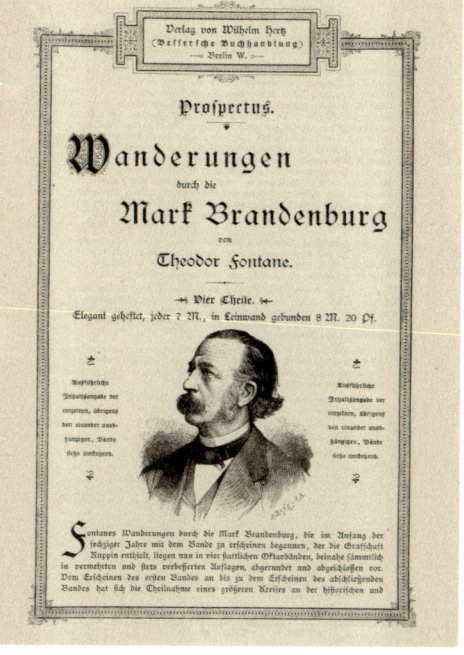

Einzug der siegreichen Truppen in Berlin am 16. Juni 1871.
Zeitgenössische Photographie

Das zerbombte Straßburg nach der Kapitulation am 28. September 1870.
Photographie von Paul Sinner

Léon Gambettas Flucht im Heißluftballon aus dem belagerten Paris am 7. Oktober 1870. Zeitgenössischer kolorierter Kupferstich

Adolphe Crémieux, um 1860

Léon Gambetta, um 1870

Moritz Lazarus, 1892

Orientalischer Junge
mit dem roten Fez.
Studie von Wilhelm Gentz

Blick über die Spree
auf das Alte Museum und
die Stülerkolonnaden.
Photographie, 1892

Beschreibung einer Wegstrecke aus der Stadt hinaus: Im Tegel-Kapitel des Havelland-Bandes wird der Weg durch die Nordberliner Industrieviertel beschrieben. Einmal geht es mit der Nachtpost von Berlin nach Lübbenau, das andere Mal mit der Nachmittagspost nach Freienwalde.[111] Auch direkte Anreisetipps im Stil eines Reiseführers werden gegeben: «Rheinsberg von Berlin aus zu erreichen ist nicht leicht.»[112]

Vor allem aber lassen sich die *Wanderungen* als journalistisches Meisterstück verstehen, in dem Fontane seine historischen und geographischen Interessen mit seiner Schulung als preußisch-britischer vaterländischer Balladenkünstler und den unterschiedlichen in Großbritannien gesammelten journalistischen Erfahrungen in höchst produktiver Weise zusammenführt. Während er als Nachrichtenagentur-Experte ein sich beinahe über die gesamte Provinz erstreckendes Informationsnetzwerk, sozusagen eine eigene Fontane'sche märkische Provinzialkorrespondenz aufbaut, bringt er als Tourismus-Fachmann und Reisejournalist seine Kompetenzen der Vor-Ort-Recherche, der gezielten Reisepraktiken und der narrativen Gestaltung des Stoffes ein.

Dies beginnt beim spezifischen Format der *Wanderungen*, in dem die journalistische Kleinform des Zeitungsfeuilletons mit dem «großen» Buchformat verbunden wird und zugleich offen für Erweiterungen bleibt. Die *Wanderungen* sind so in der Tat ein über mehrere Jahrzehnte bis zu Fontanes Tod andauerndes «work in progress», das «aus zahlreichen Einzelskizzen» mit potenziell «unendlichen Ergänzungsmöglichkeiten» besteht und sich immer weiterführen ließ – bald schon konnte Fontane in seine bevorzugte Nölrolle fallen und klagen, dass er wohl dazu verurteilt sei, «bis in alle Ewigkeit hinein, ‹märkische Wanderungen› zu schreiben».[113] Davon zeugen nicht nur die den vier Hauptbänden der *Wanderungen* nachgeschobenen *Fünf Schlösser. Altes und Neues aus der Mark Brandenburg* (1889) oder der unvollendet gebliebene Band *Das Ländchen Friesack und die Bredows*, sondern auch die vielen Änderungen, Umarbeitungen und Ergänzungen von neuen Kapiteln, die Fontane in den Neuauflagen vorgenommen hat.[114] Fontane hat so tatsächlich zwar nicht bis in die Ewigkeit, aber immerhin bis an sein Lebensende an den *Wanderungen* weitergeschrieben.

Weder der klassische Werkbegriff noch das traditionelle Autorenverständnis treffen auf die *Wanderungen* zu. Im Gegenteil sind sie ein Modellfall dessen, was man mit einem Begriff aus der neueren Literaturwissenschaft ein Resultat «kollektiver Autorschaft» nennen müsste. Fontane selbst weist die *Wanderungen* im Schlusswort des letzten Bandes als eine Kooperation von Hunderten von «über die halbe Provinz hin zerstreuten Mitarbeitern» aus, «die sich's nicht bloß angelegen sein ließen, mir den *Stoff*, sondern ebendiesen Stoff auch in der ihm zuständigen Form zu geben». Als «Sammler» und «Herausgeber» bezeichnete sich Fontane im ersten Londoner Programmentwurf für die *Wanderungen*, als er das Werk noch als populäre Enzyklopädie und nicht als Reisebericht plante – etwas davon ist auch im veränderten Gattungsformat geblieben. Ganze Kapitel und Abschnitte darin wurden nach Fontanes eigener Aussage weitgehend von anderen geschrieben.[115] Mindestens einmal kam es auch zu einem Plagiatsvorwurf, als sich ein Seedorfer Pfarrer darüber beklagte, dass Fontane seine Texte ohne Nennung der Quelle verwendet habe. Fontane reagierte mit einem lakonischen Bekenntnis zum publizierten Wissen als öffentlichem Eigentum oder, wie man heute sagt, *open source*: «Ich gehe davon aus: was gedruckt ist, ist ein gedeckter Tisch, wo jeder zulangen kann und je mehr, desto besser; auch die so viel betonte Namensnennung oder Quellenangabe ist mir gleichgültig.»[116]

Für die Informationsbeschaffung oder «Stoff-Einsaugung», wie er es nannte, nutzte Fontane das gesamte Methodenarsenal an Umfrageinstrumenten, das die Entwicklung von Statistik und Bürokratie des 19. Jahrhunderts inzwischen hervorgebracht hatte[117]: Er versandte Fragebögen und Formulare in Tabellenform, in die

die entsprechenden Informationen nur noch eingetragen werden mussten, ebenso wie genaue Instruktionen zur Informationsaufnahme.[118] Informationslücken versuchte er durch öffentliche Rundfragen in Lokalzeitungen zu schließen («An die Genealogen des Hauses Bredow»). Er sammelte akribisch Zuschriften von Leserinnen und Lesern, um deren Korrekturen und Hinweise in die folgenden Auflagen aufnehmen zu können.[119] Und zu guter Letzt führte er zahllose Interviews in Form von «Unterwegs-Gesprächen» vor allem mit Landpastoren und Lehrern, aber auch Gastwirten oder Spreewälder Gurkenhändlern. Erst aus dieser Schwarmintelligenz des lokalen Erfahrungswissens hat Fontane nach eigener Aussage seine kulturgeschichtlichen Einsichten gewonnen, weil sich hier «immer neue Seiten in Historie, Natur- und Volksleben erschlossen» und ein «erstaunliches Wissen im Detail» offenbart habe. Solche Informationen waren ihm häufig wertvoller als die der Berliner Geschichtsprofessoren und der «Ledernheiten» und «Ödheiten in den Berliner und brandenburgischen Geschichtsvereinen», wie es in seinen üblichen Seitenhieben auf den akademischen Dünkel der offiziell bestallten Historiker heißt.[120]

Aus den Instruktionen, die Fontane an seine «Mitarbeiterinnen» versandte, lassen sich die Bauanleitungen ablesen, nach denen er seine märkischen Bilder konstruierte. Als Arbeitsanweisung zur Landschaftsaufnahme schreibt er seiner Schwester Elise: «In Koepernitz selbst kuckst Du Dir das Terrain scharf an: Die Terrainbeschaffenheit, Wald, Wasser, das Dorf, vor allem die Lage des herrschaftlichen Hauses, dessen Aussehn, wieviel Etagen, wie viel Fenster-Front und wo möglich noch irgend etwas Markantes, ein Grabmal, Springbrunnen, Storchennest, Rampe oder sonst dergleichen. Zehn bis zwölf Zeilen sind genug, aber es muß ein anschauliches Bild geben.»[121] Mit Hilfe dieser Informationen mischte Fontane in erstaunlicher Serialität seine märkischen Geschichten zusammen. Deren Basiselemente listet er gegenüber seinem Verleger mit der ihm eigenen Schnoddrigkeit folgendermaßen auf:

«Schloß-, Park- und Landschaftsbeschreibung, Historisches, Anekdotisches, Familienkram und Spukgeschichte. Mehr kann man am Ende nicht verlangen.»[122]

Und das Schema für die zahllosen Adelsgenealogien kann man beispielsweise einem Schreiben an Mathilde von Rohr entnehmen, in dem Fontane um Informationen zu einem Kapitel über deren Familie bittet und dabei geradezu eine Art Bastelstunde oder Rezeptarskunde für Adelsgenealogien liefert. Nach einer Beschreibung des Gutssitzes «spreche ich erst ganz allgemein über die Familie, wie sie ins Land kamen, über ihren Besitz, ihren Reichthum und ihr Ansehen», um dann «irgend einen Rohr» und «irgend eine Curiösität» näher auszumalen. Schließlich brauche es noch ausschmückenden Stoff über die Örtlichkeiten. Damit Mathilde von Rohr das Ganze möglichst kapitelfertig liefern kann, legt er ihr noch nahe, eine Adelsgenealogie aus einem früheren Band der *Wanderungen* als Muster anzuschauen, weil er «ganz nach demselben Rezept wie dort die Pfuels besprochen sind» «nun die Rohrs besprechen» möchte.[123] Beinahe meint man hier in Fontane den niederländischen Auftragskünstler Jacob de Witt wiederzuerkennen, von dessen austauschbaren Porträts schottischer Herrscher in der Bildergalerie von Holyrood Palace Fontane in *Jenseit des Tweed* berichtet hatte.

Wie in seiner jahrelangen Praxis als Korrespondent stellt Fontane in den *Wanderungen* Informationen aus unterschiedlichsten Quellen zusammen, aus deren Konstellation und literarischer Gestaltung er dann etwas Eigenes und Originelles kompiliert.[124] Fontane selbst hat seine spezifische Montagetechnik in zahlreichen Briefen und Werken sehr offenherzig beschrieben, nur das Bildfeld wechselt von Zeit zu Zeit zwischen den unterschiedlichen handwerklichen Gewerben.[125] «a. Einleitung / b. Disposition. Skelett / c. Behängung dieses Skeletts mit Conversationslexikonmaterial / d. Ornamentirung dieses Behangmaterials mit Anekdoten aus dem Leben berühmter Künstler und Künstlerinnen», listet Fontane die Arbeitsschritte zum Verfertigen eines Artikels gegenüber dem

Freund Georg Friedlaender auf und fügt noch hinzu: «Das ‹Anputzen der Façade› macht sich nachher leicht».[126]

Bei alledem bleiben die *Wanderungen* durchaus als spezifisch Fontane'sche Erzählung erkennbar. Ein vermeintlich authentischer Einheimischer wie der Kutscher Karl Moll in Beeskow könnte ebenso gut direkt einem von Fontanes Romanen entsprungen sein: Moll «gab was auf Bildung, Bücher und Zeitungen», aber «hatte sich seinen guten Verstand und sein eigenes Urteil nicht weggelesen», sondern einen «gewissen Eigensinn» bewahrt, wird der Kutscher vorgestellt. Auch was Moll sagt, changiert zwischen dokumentierter Rede im Lokaldialekt und doch stark Fontane-typischen Sätzen über die Mark Brandenburg: «wo der reine gelbe Sand is, is auch immer der reine gelbe Neid. Und gönnt keiner dem andern was.»[127] Fontanes Stilisierung der *Wanderungen* als Gegengeschichte «von unten» und eine auf den Verfahren der *oral history* beruhende Dokumentation ist immer auch Programm – als Teil seiner Nationskonstruktion der «Heimat der Vielen» sowie als Abgrenzung zur offiziellen akademischen Geschichtsschreibung, wie er sie im Schlusswort noch einmal zusammenfasst: «Wer sein Buch einfach ‹Wanderungen› nennt und es zu größerer Hälfte mit landschaftlichen Beschreibungen und Genreszenen füllt, in denen abwechselnd Kutscher und Kossäten [landwirtschaftliche Tagelöhner oder Fronbauern] und dann wieder Krüger und Küster das große Wort führen, der hat wohl genugsam angedeutet, dass er freiwillig darauf verzichtet, unter die Würdenträger und Großkordons historischer Wissenschaft eingereiht zu werden.»

Insgesamt trug Fontane mit dem *Wanderungen*-Projekt nicht nur ein schier unerschöpfliches Reservoir von Stoffen und Motiven zusammen, das für den gut recherchierten, «realistischen» Untergrund seiner Romane sorgte, sondern auch literarische Stilmittel der Figurenzeichnung oder der Schauplatzgestaltung. Deshalb konnten Textpassagen aus den *Wanderungen* manchmal auch direkt in die Romane übernommen werden. Insbesondere das poetologische Prinzip der Vielstimmigkeit, das für Fontanes Romane von *Vor dem Sturm* bis zum *Stechlin* so charakteristisch ist, hat er in der jahrzehntelangen journalistischen Praxis der *Wanderungen* eingeübt.[128]

Schließlich ermöglichte die offene journalistische Form der *Wanderungen* nicht zuletzt auch eine «vorwärtsgewandte geschichtliche Perspektive» und Dynamik – sie sind als «work in progress» im doppelten Wortsinn zugleich eine immer fortlaufende ebenso wie eine fortschrittsorientierte Arbeit.[129] Zunehmend nimmt Fontane auch das industrialisierte Brandenburg in den Blick: die Nordberliner Arbeitervorstädte ebenso wie die Torfunternehmer- und Weltreisenden-Familie Gentz oder die Ziegelbrennereien in Glindow, wo «Millionen Steine [...] jahraus, jahrein [...] gebrannt werden», um sie über das «Chicago des Schwielow-Sees» Caputh auf den Berliner Markt zu verschiffen.[130] Die Globalisierungsprozesse des 19. Jahrhunderts sind überall präsent: vom Ruppiner Unternehmer Gustav Kühn, dessen *Bilderbögen* – darin nach Fontane durchaus der *Times* vergleichbar – Nachrichten von allen Enden der Welt in die brandenburgische Provinz bringen, bis zum Kapitel «Pfaueninsel», in dem in Anlehnung an Carl Blechens Gemälde *Das Innere des Palmenhauses* (1832–1834) eine ganze exotische Welt aus «Palmen, Känguruhs und Papageien» evoziert wird, um zugleich darauf hinzuweisen, dass hier am Beginn des deutschen Kolonialismus die Glasperlen für die *Brandenburgische Guineische Compagnie* hergestellt wurden.[131] Und mit jeder folgenden Auflage konnte Fontane einzelne Kapitel je nach aktuellem Erfordernis hinzufügen, umarbeiten oder auch einfach weglassen: So entfernte er in der dritten Auflage des *Ruppiner Lands* von 1875 das Kapitel «Fehrbellin» und nahm es auch in späteren Auflagen nicht mehr auf, weil es ihm zu kriegsverherrlichend war.[132] Im Küstrin-Kapitel verschiebt sich der Schwerpunkt der Darstellung von Auflage zu Auflage immer mehr vom preußischen Kronprinzen Friedrich hin zu dessen hingerichtetem Fluchthelfer und Freund Katte.[133] Auf der Höhe der Zeit und der Aktualität zu sein, gilt als Fontane'scher Grundsatz auch für die Kulturgeschichtsschreibung der *Wanderungen*. Nicht nur die «Heimat der Vielen» soll in ihnen zu Wort kommen, sondern – ganz im Sinne der Lazarus'schen «Volksgeist»-Konzeption – auch die Heimat in Veränderung.

So wie Fontane vom allerersten Satz an die Mark Brandenburg in einem komplexen Geflecht von Raumspiegelungen schildert («Erst die Fremde lehrt uns, was wir an der Heimat besitzen»), so werden von ihm auch unterschiedliche historische Zeitschichten in Beziehung gesetzt.[134] Gegen die Reduktion der brandenburgischen Geschichte auf preußische Monarchie-Geschichte bringt er die älteren Zeitschichten der Quitzows und Bredows ins Spiel, die lange vor den Hohenzollern im Land waren. Und gegen christlich-germanisierende nationale Gründungsmythen verweist er auf die vorchristlichen Siedlungszeiten, «wo chaotisch deutsche und slawische Stämme durcheinander gewürfelt» hier lebten.[135] Ohne diesen «deutsch-wendischen» Mischcharakter, den Fontane geradezu als «Eigenthümlichkeit» der Markbewohner angibt, werde brandenburgische Geschichte und Gegenwart ebenso wenig verständlich wie ohne ihre unterschiedlichen Zuwanderergruppen, nicht zuletzt die hugenottischen Einwanderer, die «auch nicht anders aus[sahen] als die deutsch-wendische Mischung, die sonst hier heimisch» war.[136]

Fehlende Auffrischung durch Einwanderung macht Fontane hingegen im schleswig-holsteinischen Kriegsbuch als einen Grund für die Rückständigkeit und folgerichtige Niederlage Dänemarks gegen Preußen aus.[137] Diese konkreten hybriden Lebensverhältnisse der «Heimat der Vielen» werden von Fontane zunehmend kritisch gegen die Homogenisierungs- und Diskriminierungstendenzen des Deutschen Kaiserreichs preußischer Provenienz gewendet. Brandenburgische Regionalgeschichte und preußisch-deutscher Nationalstaat stehen bei Fontane in einem durchaus widerspruchsvollen Spannungsverhältnis.[138]

BISMARCKS DEPESCHEN
UND LAZARUS' TELEGRAMME

Am 13. August 1864 berichtet Friedrich Eggers in seinen Wochenzetteln des *Rütli*-Vereins über einen aufgekratzten Fontane: Nöhl «in high spirits». Nach der Ursache für die seinem Vereinsnamen widersprechende gute Laune gefragt, zierte sich Fontane, den Grund zu nennen, «da er noch Geheimniß sei». Allerdings wusste der Protokollant schon, worum es ging. Eggers fährt fort: «Das Nöhl'sche Geheimnis aber ist dieses: daß er auf Kosten des Ministeriums nach Schleswig reis't, um die bei v Decker zu verlegende ‹Geschichte des Feldzuges› zu schreiben. Das Preßwerk soll durch Camphausen, Rabe, Burger und Kretschmer illustrirt werden.»[139] Der ministerielle Auftrag ist der Auftakt zu Fontanes umfangreichen *Kriegsbüchern*, mit denen er über zwölf Jahre lang bis 1876 alle drei preußischen Kriege im Regierungsauftrag «volkstümlich» zeithistorisch aufbereiten sollte. Fontane fabrizierte in dieser Zeit für die Hofdruckerei Decker in Berlin rund viertausend Seiten Kriegsgeschichte in insgesamt acht Bänden bzw. Halbbänden (davon der weitaus größte Anteil in vier Bänden zum *Krieg gegen Frankreich*): *Der Schleswig-Holsteinische Krieg im Jahre 1864* (erschienen 1866), *Der deutsche Krieg von 1866* (2 Bände 1870/71) sowie *Der Krieg gegen Frankreich, 1870–1871* (2 Bände in jeweils 2 Halbbänden 1873–1876). Hinzu kommen noch die beiden autobiographischen Schriften *Kriegsgefangen* (zuerst 1870–1871 in der *Vossischen Zeitung*, 1871 als Buch bei Decker) und *Aus den Tagen der Okkupation* (Ende 1871 bei Decker) sowie in verschiedenen Zeitschriften veröffentlichte Reisefeuilletons von den Kriegsschauplätzen.[140]

Was über die Machart der *Wanderungen* gesagt wurde, gilt in vieler Hinsicht auch für Fontanes *Kriegsbücher*. Auch sie beruhen weitgehend auf Kompilationen, in diesem Fall von Augenzeugenberichten, Memoiren, militärischen Dokumenten und anderen Presseberichten: «Der Stoff ist aus 100 Schriftstücken entlehnt, aus tausend Notizen zusammengetragen. Dies wird nirgends cachirt», teilt Fontane lakonisch dem ebenfalls als Kriegsberichterstatter tätigen Redakteur der *Vossischen Zeitung* Ludwig Pietsch mit.[141] Wie für die *Wanderungen* führte Fontane auch für die *Kriegsbücher* eine umfangreiche Korrespondenz mit unterschiedlichen Beteiligten, die zu seiner Hauptquelle wurde: «All meine geschichtliche Schreiberei, auch in den Kriegsbüchern, stützt sich im Besten und Wesentlichen immer auf Briefe.»[142]

Vergleichbar ist auch der damit verbundene Anspruch auf eine vielstimmige Kriegsgeschichte «von unten», in der den Erfahrungen von Schlossern und Bauern an der Front und den Legendenerzählungen der Soldaten ebenso viel Wert eingeräumt wird wie den offiziellen Darstellungen. Auftragsbedingt waren ihm die Erfordernisse der preußischen Kriegspropaganda präsent, doch er legte größten Wert auf Vielstimmigkeit und Multiperspektivität; das wird unter anderem daran erkennbar, dass er nicht nur preußische Quellen nutzte, sondern auch diejenigen der Kriegsgegner: im Deutschen Krieg von 1866 etwa die Stabsberichte der österreichischen, sächsischen, bayerischen und badischen Armeen. Vor allem aber lässt er die «andere Seite» auch in Form von Erlebnisberichten zu Wort kommen, wenn er etwa den Frontbrief eines österreichischen Soldaten an seine Frau zitiert: «Liebe Peppi! Ich werde Dich wohl nicht wiedersehen, denn der Preuße schlägt alles todt.»[143]

Und wie bei wohl keinem anderen deutschen Kriegsberichterstatter kommen bei Fontane internationale Korrespondenten und Kommentatoren vorzugsweise aus der englischen und französischen Presse zu Wort – allen voran die Kriegsberichte des von Fontane seit Londoner Tagen geschätzten *Times*-Korrespondenten William Russell.[144] Ihm widmet Fontane im *Krieg gegen Frankreich* ebenso einen eigenen Abschnitt wie im Schleswig-Holsteinschen Krieg den beiden japanischen Seeoffizieren Enemotto Kamadiro und Fiune Taki, die sich in Dänemark ein Bild von europäischer

Kriegsführung machen wollten.[145] Hierin mag unter anderem begründet sein, dass Fontanes *Kriegsbücher* zu den ganz wenigen gehören, die unmittelbar oder noch zu seinen Lebzeiten in andere Sprachen übersetzt wurden – etwa ins Russische, aber auch ins Französische.[146]

Schließlich hatte er wie in den *Wanderungen* auch in den *Kriegsbüchern* den Anspruch, nicht bloß mit der «Papierschere» vorzugehen und etwas «zusammenzuschmieren», sondern «sich die Sache anzusehen»[147]: So bereiste er jeweils unmittelbar nach dem Waffenstillstandsabkommen mehr oder weniger auf eigene Faust und Rechnung die Orte der Kampfhandlungen in Dänemark, Böhmen und Frankreich. Unter dem mit jedem Krieg zunehmenden «Heer deutscher Kriegsberichterstatter» gehörte Fontane damit zum prekären Fußvolk.[148] Wie bei den *Wanderungen* und den späteren historischen Romanen kann dies wiederum ein Vergleich mit Gustav Freytag veranschaulichen. Als Berichterstatter für die *Grenzboten* im Deutsch-Französischen Krieg war Freytag im Hauptquartier des preußischen Kronprinzen gut eingebettet.[149] Fontane hingegen, der nach Dänemark noch in Begleitung des Stellvertretenden Chefredakteurs der *Kreuzzeitung*, Ernst Waldemar Heffter, gefahren war, erhielt lediglich eine geringe Abschlagszahlung von Decker und nutzte ansonsten die Vorschüsse seines *Wanderungen*-Verlegers Hertz.[150] Für seine Reise nach Böhmen musste er zusätzlich auf die Unterstützung seines seit der ersten Englandreise notorischen Reisebegleiters und vor allem -finanziers Hermann Scherz zurückgreifen. Hertz konnte er in diesem Fall nicht anpumpen, weil der wie Zehntausende Demonstranten im ganzen Deutschen Bund gegen den Krieg war.[151] Nach Frankreich fuhr Fontane ganz alleine. Die Kosten aller drei «Kriegsreisen» spielte er wie gewohnt durch Reisefeuilletons wieder ein, die er von unterwegs für verschiedene Zeitungen schrieb.

Auf einen wesentlichen Unterschied der *Kriegsbücher* zu den *Wanderungen* und auch den vorher publizierten englisch-schottischen Reisebüchern machte aber schon Fontane selbst aufmerksam: Erstmals schrieb er große, in sich geschlossene Werke und stellte nicht eine Reihe von Feuilletonartikeln zusammen (es sollten sogar die umfangreichsten Werke bleiben, die er je vorgelegt hat). Gegenüber Emilie bekennt er in dieser Hinsicht, dass er erst beim Schreiben des 1870er-Kriegsbuches «ein *Schriftsteller*» geworden sei, «d.h. ein Mann, der sein Metier als eine *Kunst* betreibt».[152] Dies stellte ganz andere Anforderungen an die narrative Form und wurde eine wichtige Vorschule für die Romane: von der erzählerischen Rahmung bis hin zur Gestaltung von Schauplätzen.[153] Unmittelbar deutlich wird dies am Manuskript von *Vor dem Sturm*, das zu großen Teilen auf die Rückseiten des französischen Kriegsbuches geschrieben ist. Gegenüber seinem Verleger Decker weist Fontane darauf hin, dass es gerade die literarische Feinarbeit gewesen sei, die ihn beim *Deutschen Krieg* «runde drei Jahre» ausschließliche Arbeit an dem Buch gekostet habe (für den *Krieg gegen Frankreich* sollten es sogar sechs Jahre werden): «auf die kleinen Wörter und Wendungen» komme es an, «die aus einem Absatz in den andern, aus einem Kapitel in das andre hinüberleiten».[154]

Gegenüber seinem neuen Arbeitgeber Hermann Kletke, dem Chefredakteur der *Vossischen Zeitung*, verwies Fontane kurze Zeit später darauf, dass er mit seinen *Kriegsbüchern* nicht bloße epigonale Auftragsarbeiten abgeliefert, sondern «eine Behandlungsart erfunden» habe, «die vorher einfach nicht da war».[155] Und noch in einem späten Rückblick beharrte er auf dem literarischen Eigenwert der *Kriegsbücher*. Da «im letzten Kriegsgeschichtsschreibung doch nichts anderes als Geschichtsschreibung überhaupt» sei und «denselben Gesetzen» unterliege, dürfe man sie nicht den Militärs überlassen: «Auch die Darstellung des Kriegshistorischen ist zu sehr wesentlichem Teile Sache literarischer und nicht bloß militärischer Kritik.»[156]

Alexander Kluge ist Fontane darin gefolgt und hat ihn als einen Vorläufer für seine eigenen Überlegungen zur literarischen

«Schlachtbeschreibung» zwischen historischer Rekonstruktion und literarischer Fiktion, zur Spannung zwischen historischen Strukturprozessen und subjektivem Eigensinn sowie zu literarischen Montageverfahren der Multiperspektivität gewürdigt. Fontanes «Neugierde zwischen den Fronten», das «Linienüberqueren» als «Naturform des Dialogs» macht Kluge geradezu als dessen literarisches Charakteristikum aus: «egal, ob es sich darum handelt, daß Nationen Krieg führen oder daß es um Klassenschranken oder sonstige Trennungen geht. Die Neugier treibt ihn ins andere Lager, um in seinem Lager zu berichten.»[157]

Wie riskant Fontanes Wanderungen zwischen den Fronten waren, musste er schmerzhaft erfahren, als er sich wie üblich kurze Zeit nach der Anfang September in der Schlacht von Sedan erfolgten Kapitulation der französischen Truppen und der Gefangennahme Napoleons III. nach Frankreich aufmachte, um für sein drittes Kriegsbuch die Schlachtfelder von Sedan, Metz und St. Privat zu besichtigen und eventuell sogar noch den Einzug der Preußen in Paris mitzuerleben, der nach allgemeiner Ansicht unmittelbar bevorstand.[158] Zudem hoffte er, seinem ältesten Sohn George einen Besuch abstatten zu können, der als frischgebackener Leutnant auf preußischer Seite am Feldzug teilnahm.

Das alles mag, zusammen mit der verworrenen Nachrichtenlage (die Preußen hatten sofort alle französischen Telegraphenlinien gekappt) und der inzwischen beinahe zur Gewohnheit gewordenen preußischen Kriegserfolge, dazu geführt haben, dass der inzwischen doch erfahrene politische Beobachter Fontane die Gefahr falsch einschätzte. Die Pariser hatten in der Zeit zwischen Napoleons Kapitulation und Fontanes Abreise ihren Kaiser kurzerhand abgesetzt, die Republik proklamiert und zum bewaffneten Widerstand gegen die preußischen Besatzer aufgerufen. Als sich Fontane am 5. Oktober aus der nach schwerem Artilleriebeschuss erst zwei Wochen zuvor von den Preußen eroberten Festung Toul rund vierzig Kilometer entfernte, um auf Schillers Spuren das Geburtshaus von Johanna von Orléans in Domrémy zu besuchen, wurde er von Freischärlern, die sich gerade im gegenüberliegenden *Café de Jeanne d'Arc* aufhielten, als Preuße erkannt und als mutmaßlicher Spion verhaftet.

So wie keine historische Darstellung des 1870er-Krieges gegen Frankreich ohne die «Emser Depesche» auskommt – jenes berüchtigte frisierte Telegramm, mit dem Bismarck zugleich Napoleons Kriegserklärung provoziert und die öffentliche Meinung in Deutschland auf einen nationalen Verteidigungskrieg eingeschworen habe –, so verzichtet auch kaum eine Fontane-Biographie auf den Hinweis, Bismarck persönlich habe Fontane mit einem Telegramm vom 29. Oktober 1870 an den amerikanischen Botschafter Elihu Benjamin Washburne in Paris vor der Hinrichtung bewahrt. Dabei sprechen die Vorgänge um Fontanes Befreiung aus der knapp zweimonatigen französischen Kriegsgefangenschaft zwischen Anfang Oktober und Ende November 1870, die sich aus den unterschiedlichen überlieferten Dokumenten ziemlich genau rekonstruieren lassen, eine andere Sprache – beinahe könnte man in Anlehnung an Franz Mehrings «Lessing-Legende» von einer «Bismarck-Legende» der Fontane-Forschung sprechen (selbst Alexander Kluge hat sie noch übernommen).[159]

Bereits einen Tag nach seiner Verhaftung ließ Fontane am Donnerstag, den 6. Oktober, den französischen Justizminister Adolphe Crémieux informieren und sandte einen Brief an seine Frau mit Anweisungen für allerlei Sofortmaßnahmen: Unter anderem solle sie Moritz Lazarus bitten, «den französischen Minister Cremieux für mich [zu] interessiren». Auch Marie von Wangenheim sei einzuschalten, um über ihre katholischen Beziehungen «irgend einen einflußreichen Kirchenfürsten dieses Landes» zu erreichen.[160] Die Nachricht von Fontanes Verhaftung erreichte allerdings erst Mitte Oktober Berlin, wo sich seine Familie und Freunde zunehmend Sorgen machten.

Im Zentrum der sofort einsetzenden konzertierten Rettungsaktion stand Moritz Lazarus, der seit Mitte der 1860er Jahre aller beruflichen Diskriminierung in Preußen zum Trotz aus Heimweh nach Berlin zurückgekehrt war. Lazarus finanzierte ein eigenes *Rütli*-Suchkommando, bestehend aus Friedrich Eggers und August von Heyden, die am 20. Oktober nach Frankreich aufbrachen, um den Verbleib des Vereinsfreundes ausfindig zu machen. Vor allem aber nutzte Lazarus seine internationalen Kontakte.

Über die *Alliance Israélite Universelle*, die am 17. Mai 1860 in Paris als internationaler jüdischer Verband gegründet worden war, um Verfolgte zu schützen, die rechtliche Gleichstellung zu fördern und die Schulbildung zu verbessern, war Lazarus gut mit Adolphe Crémieux bekannt, der seit 1863 Präsident der *Alliance* war. Es lag gerade ein Jahr zurück, dass die beiden gemeinsam einen großen *Alliance*-Kongress in Berlin organisiert hatten, auf dem es um Hilfsmaßnahmen für die vor Pogromen in Rumänien und Weißrussland geflüchteten Glaubensbrüder ging.[161] Fontane war durch Lazarus' *Rütli*-Berichte über den Kongress gut informiert.[162] Die *Alliance* unterstützte auch nicht-jüdische Schutzsuchende und arbeitete eng mit anderen international ausgerichteten Hilfsorganisationen wie dem 1866 in der Schweiz gegründeten und eher protestantisch geprägten *Roten Kreuz* zusammen. Hier kam der Mitbegründer des *Roten Kreuzes* und Bundespräsident der Schweizerischen Republik Jakob Dubs ins Spiel, über den wegen der unterbrochenen Telegraphen- und sonstiger diplomatischer Verbindungen zwischen Deutschland und Frankreich der gesamte Nachrichtenverkehr lief. Dubs hatte im Jahr 1860 Lazarus' Antrittsvorlesung zur Völkerpsychologie in Bern besucht und war seither dessen akademischer Schüler und Bewunderer.

Am 23. Oktober telegraphierte Lazarus über Dubs an Crémieux und bat ihn um Freilassung Fontanes – bei seinem Ehrenwort, dass Fontane, mit dem er seit achtzehn Jahren wöchentlich zusammenkomme, rein literarische Zwecke verfolgt habe. Zugleich stellte er in Absprache mit Lepel, Heyden und Eggers, die zuvor im Kriegsministerium sondiert hatten, die Möglichkeit eines Gefangenenaustausches in Aussicht. Lazarus vergaß nicht, den Schweizer Republikaner Dubs auf den Vereinsnamen des *Rütli* hinzuweisen – nicht erst seit Schillers *Wilhelm Tell* eine Chiffre für das patriotische Zusammenstehen in einer existenzbedrohenden Situation.[163] Dubs nahm sofort Kontakt zu Crémieux auf. Noch am selben Tag wurde Fontane per Kriegsgericht vom Vorwurf der Spionage freigesprochen und in privilegierte Gefangenschaft als «prisonnier de guerre» überführt. Gleichzeitig gelang es Marie von Wangenheim, ebenfalls über Dubs, eine Nachricht an den Feldprobst Namszanowski und den Kardinal von Besançon, Césaire Mathieu, zu übermitteln, dass der Gefangene Fontane – «obgleich Preuße und Protestant und überdies kaum ein Christ» – jemand sei, der «nichts Böses thut und niemanden haßt».[164] Mathieu erreichte, dass Fontane der Gefangenenstatus als Offizier («comme officier supérieur») zugebilligt wurde, was erhebliche Hafterleichterungen mit sich brachte und nach Fontanes Aussage ebenfalls wesentlich zu seinem Überleben beigetragen hat.[165]

Neben der undogmatischen und unverzüglichen Zusammenarbeit über nationale und konfessionelle Grenzen hinweg war das unkonventionelle und unbürokratische Handeln der französischen Regierung bei Fontanes Rettung entscheidend. Dass ein jüdischer Kosmopolit wie Crémieux französischer Justizminister werden konnte, wäre unter Napoleon III. undenkbar gewesen und wurde nur durch die Pariser Septemberrevolution möglich. Die langjährigen Beziehungen Crémieux' zum Leiter der republikanischen Widerstandsregierung Léon Gambetta, der in den 1860er Jahren seine Karriere als Anwaltsgehilfe bei Crémieux begonnen hatte, ermöglichten wiederum die schnelle Unterzeichnung des Freispruchs. Dass schließlich Gambetta überhaupt in der provisorischen Hauptstadt der französischen Republik Tours die Regierungsgeschäfte führen und zusammen mit Crémieux den Freispruch anordnen konnte, hatte noch eine weitere Voraussetzung: Zwei Tage nach Fontanes Verhaftung war Gambetta die spektakuläre Flucht im Heißluftballon aus dem von den Preußen belagerten Paris gelungen.

Während Friedrich Eggers in Berlin noch am 24. Oktober ein vier Tage zuvor versandter Brief des preußischen Felddiakons Lüdicke erreichte, in dem dieser mitteilt, dass man sich auf das Schlimmste gefasst zu machen habe und wegen der «Gräueltaten der Franzosen» für Fontane wenig Hoffnung bestehe («Im Vertrauen zu Ihnen, bereiten Sie Frau Fontane allgemach auf ein Unglück vor»), war die höchste Lebensgefahr tatsächlich schon überstanden. Fontane hatte bereits wieder liegengebliebene Arbeiten und Zukunftspläne im Kopf. Seinen Verleger Decker bat er am 26. Oktober brieflich um Übersendung der Druckfahnen seines letzten Teilbandes über den Preußisch-Österreichischen Krieg. Zugleich versicherte er, dass er während der anstehenden privilegierten Gefangenschaft «fleißig arbeiten» werde und das neue Kriegsbuch dadurch keinesfalls «in seinem Erscheinen [...] erheblich hinausgeschoben» werde.[166] Sofort machte er sich daran, seine Erlebnisse als Kriegsgefangener in eine literarisch vermarktungsfähige Form zu bringen: Noch vor Ablauf des Jahres erschienen die ersten Abschnitte seines autobiographischen Berichts in der *Vossischen Zeitung*.

Erst sechs Tage nach Fontanes Freispruch vom Spionagevorwurf und der damit gebannten Gefahr der Hinrichtung unterzeichnete Bismarck am 29. Oktober 1870 die vielzitierte Note an den US-amerikanischen Gesandten Washburne, mit der die Freilassung des «in Lebensgefahr» befindlichen «harmlosen Gelehrten» Fontane gefordert und damit gedroht wird, «im Weigerungsfalle eine gewisse Anzahl von Personen in ähnlicher Lebensstellung in verschiedenen Städten Frankreichs verhaften» und als Geiseln nach Deutschland bringen zu lassen.[167] Wie dann die genauen Schritte bis zur endgültigen Freilassung verliefen, bleibt weiteren Archivstudien in den Pariser Archives Nationales, in den Akten zu Washburne in den USA und im Berliner Geheimen Staatsarchiv und vor allem in den Nachlässen von Jakob Dubs im Schweizerischen Bundesarchiv und der Züricher Zentralbibliothek sowie von Moritz Lazarus im Universitätsarchiv Jerusalem vorbehalten.

Gesichert ist, dass auch die Verhandlungen über die Bedingungen der Freilassung und die Abmachungen zum Gefangenenaustausch bei Lazarus und Crémieux zusammenliefen und von Lepel, Eggers und Heyden mit dem preußischen Kriegsministerium koordiniert wurden. Die Freilassung Fontanes teilte Crémieux per Telegramm am 20. November 1870 wiederum Lazarus mit. Einen Tag später erinnerte er nochmals im Namen Gambettas an den verabredeten Gefangenenaustausch gegen einen Colonel der 13. Artillerie.[168] Auch Fontanes Ehefrau Emilie erhielt die freudige Nachricht noch am selben Tag zuerst über Lazarus: «Heut nachmittag ist ein Telegramm von Mr. Crémieux an den Prof. Lazarus gekommen, in welchem er Theodors Freilassung anzeigt. Gott sei tausend- und aber tausendmal gedankt!»[169] Da die Nachrichtenwege von Crémieux zu Lazarus schneller waren als von der französischen Revolutionsregierung zu Fontanes Gefängnis auf der Atlantikinsel Oléron, erfuhr dieser erst am 24. November von seinem Freispruch, nachdem in Berlin schon vier Tage lang gefeiert worden war.[170] Im *Stechlin* hat Fontane die mit den neuen Nachrichtentechniken einhergehenden «merkwürdigen Verschiebungen in Zeit und Stunde» humoristisch literarisiert, wenn er Dubslav nicht zufällig mit Bezug auf das Jahr 1870 staunen lässt: «Schließlich ist es doch was Großes, diese Naturwissenschaften, dieser elektrische Strom, tipp, tipp, tipp [...] Als anno siebzig die Pariser Septemberrevolution ausbrach, wußte man's in Amerika drüben um ein paar Stunden früher, als die Revolution überhaupt da war.»[171]

Für alle unmittelbar an der Rettung Beteiligten, einschließlich Fontane selbst, war jedenfalls klar, wem die Freilassung zu verdanken war. Friedrich Eggers schlug am Tag nach dem Freispruch im *Rütli* vor, Lazarus' Vereinsnamen zu «Leibnitz-Liberator» zu erweitern.[172] Paul Heyse, der die Nachricht zwei Tage später der Zeitung entnahm, schrieb an Lazarus: «Es wird großer Jubel im Rütli sein, und Du hast Dir kein kleines Anrecht auf eine oberste Stelle im goldnen Buch der Freundschaft erworben.»[173] Fontane hielt in seinem Tagebuch-Rückblick auf das Jahr 1870 fest: «Zu ‹Füßen der Jungfrau› verhaftet. Man schleppte mich nach Neufchateau und Langres. Hier war das Todtschießen nah [...] Durch Cremieux, will sagen durch Lazarus befreit [...] Der Dank für die Rettung wird bleiben.»[174] Im Autoreneintrag «Theodor Fontane» in Brockhaus' Konversationslexikon von 1876, der wesentlich auf dessen eigenen Informationen beruht, heißt es hinsichtlich der Rolle der in der preußischen Presse meist als Oberbösewichte dargestellten französischen republikanischen Regierung: «erst ein Dekret der Minister Gambetta und Crémieux setzte ihn in Freiheit.»[175] Schließlich dankte Fontane über Emilie auch den Wangenheims für ihre Unterstützung: «ohne Fürsprache des Cardinal Matthieu zu Besançon wäre ich den Strapatzen wahrscheinlich erlegen.»[176] Die ersten Exemplare seines Buches Kriegsgefangen schickte Fontane mit Widmungen an Jakob Dubs und Césaire Mathieu.[177] Die Berliner Freunde bekamen das Buch mit Widmungen persönlich überreicht.

Auch die zeitgenössische Berliner Presse berichtete bereits mehrere Tage vor Fontanes Rückkehr nach Berlin am 5. Dezember 1870 über die Hintergründe der Freilassung. Die Berliner Wochenzeitschrift Die Jüdische Presse machte auf die bemerkenswerte Tatsache aufmerksam, dass ein Mitarbeiter der seit ihrer Gründung notorisch antisemitischen Kreuzzeitung (als der Fontane trotz seiner im August 1870 vollzogenen Kündigung der Redaktionsstelle in weiten Teilen der Öffentlichkeit immer noch galt) ausgerechnet durch zwei Juden, also Moritz Lazarus und Adolphe Crémieux, aus der Kriegsgefangenschaft in Frankreich gerettet worden sei.[178] Die Meldung über Fontanes unmittelbar bevorstehende Rückkehr verband die Zeitschrift mit der Frage, ob dies in irgendeiner Form Auswirkungen auf die antisemitische Ideologie der Kreuzzeitung haben werde: «Wir können uns nun die Verlegenheit der guten ‹Kreuz-Zeitung› denken, wenn sie den gegenwärtigen Fall mittheilen soll, wo zwei Juden ihren Mitarbeiter aus der Haft befreit haben, sind aber doch höchst begierig, ob die gute Alte jetzt in ihrem Rischus [jiddisch für «Antisemitismus», «Judenfeindschaft»] gegen die Juden noch immer fortfahren wird.»[179]

Mehr als eine Randnotiz ist der Umstand, dass Fontanes Redaktionskollege Hermann Goedsche genau zu dieser Zeit in seinem Sensationsroman *Biarritz* (1868–1871) mit unverhohlenem Bezug auf die *Alliance Israélite Universelle* ein literarisches Pamphlet über eine vermeintlich bevorstehende jüdische Weltverschwörung veröffentlichte, das als eine der ersten zusammenhängenden Versionen der Legende der *Protokolle der Weisen von Zion* gilt, die spätestens im 20. Jahrhundert eine so unheilvolle Karriere machte.[180] Entgegen solchen Verschwörungstheorien trugen die transnationalen Netzwerke der *Alliance* in Wirklichkeit entscheidend zur Rettung Fontanes bei und ermöglichten so unter anderem, dass im Jahr 1878 neben Goedsches zweiter Serie von *Biarritz* unter dem nun noch sensationsheischenderen Titel *Um die Weltherrschaft* auch Fontanes Roman *Vor dem Sturm* erscheinen konnte.

Nur zwei Tage nach seiner Rückkehr wandte sich Fontane in Berlin an das Kriegsministerium, um sich nach der Erfüllung des Gefangenenaustauschs von preußischer Seite zu erkundigen. Dringlich bat er in seiner Eingabe um Einhaltung des Abkommens, «und zwar um so mehr, als ich während meiner Gefangenschaft viel Wohlwollen von seiten unseres Feindes erfahren habe und ohne Ausnahme aufs humanste behandelt worden bin». Nach einem ablehnenden Bescheid der Behörde schrieb er am 20. Dezember direkt an den in Versailles weilenden preußischen Kriegsminister Albrecht von Roon, um die Freilassung des im Schriftwechsel mit Crémieux genannten französischen Offiziers zu erwirken.[181] «Macht ihm alle Ehre, kann aber nicht willfahren», schrieb der Kriegsminister lediglich an den Rand des Gesuches, was wiederum der preußischen Regierung in den Augen Fontanes keine Ehre machte, da der Austausch fest zugesagt war. Kurz nach der Proklamation des Kaiserreichs im Spiegelsaal von Versailles telegraphierte Bismarcks Stab am 23. Januar 1871 dann erneut an Washburne mit dem endgültigen Bescheid, dass die «Forderung, im Austausch für Herrn Fontane einen französischen Offizier zurückzuschicken [...] nicht bewilligt werden» könne, «da Herr Fontane in seiner Eigenschaft als Gelehrter» nicht derselben Kategorie zuzurechnen sei wie ein Offizier.[182] Allerhöchstens könne man ihn auf die Stufe eines Handelsschiffskapitäns stellen, heißt es weiter im technokratischen Tonfall einer Ausführungsvorschrift für den Austausch von Kriegsgefangenen, der zugleich die weiter geltenden Realitäten der Ständeordnung in Preußen erkennen lässt – als besonderer Zynismus erscheint es in diesem Fall, weil Fontane sein Überleben gerade der Behandlung als «officier supérieur» in Frankreich verdankte. Damit war der Fall aus Sicht der preußischen Regierung abgeschlossen.

Nicht so für Fontane. Von den vier Adressatengruppen, an die er sich bei seiner Arretierung gewendet hatte – Minister der französischen Republik, Moritz Lazarus/*Alliance Israélite Universelle*, Marie Wangenheim/katholische Kirchenkreise und preußisches Kriegsministerium –, hatten Franzosen, Juden und Katholiken engagiert bei seiner Freilassung geholfen, das preußische Kriegsministerium jedoch nicht Wort gehalten. Er verdankte damit genau jenen Gruppen sein Leben, die als vermeintliche «Erbfeinde» und Zielscheiben von Antisemitismus und «Kulturkampf» zum «Anderen» des mit jedem Kriegserfolg weiter anschwellenden preußisch-protestantischen Reichsnationalismus erklärt wurden.

Und während sich renommierte «liberale» Schriftstellerkollegen wie Gustav Freytag im nationalen Rausch überschlugen und im Sieg gegen Frankreich «das Walten göttlicher Vorsehung in Zuteilung von Lohn und Strafen» und den Sieg des «zivilisierten Mannes gegenüber einem Halbwilden» sahen, wodurch die Deutschen endlich die ihnen zustehende «Herrenrolle in Europa» einnähmen, nahm beim langjährigen Manteuffel- und *Kreuzzeitungs*-Mann Fontane die Skepsis mit jedem militärischen Erfolg Preußens eher zu.[183] Schon in den beiden unmittelbar 1871 erschienenen autobiographischen Kriegsbüchern *Kriegsgefangen* und *Aus den Tagen der Okkupation* wird dies erkennbar, indem Fontane mit unübersehbarem kritischen Seitenhieb gegen den neuen deutschen kulturellen Überlegenheitsgestus auch auf die «andere Seite» aufmerksam macht. Wir können «viel von ihnen lernen», resümiert er hier seine Erfahrungen in der französischen Gefangenschaft und wendet sich gegen die provinziellen «Zerrbilder» und Vorurteile in Preußen, insbesondere wenn es um Fragen von Bildung und Kultur geht: «Wir glauben eine Art Schulmonopol zu besitzen» und «daß jenseits der Grenze alles Lesen und Schreiben aufhöre [...] Ich *meinerseits* habe indessen immer nur gefunden, daß die Bewohner anderer Kulturvölker, besonders der westlichen [...], erheblich besser schreiben können als die Menschen bei uns. So in England, Schottland, Dänemark; so auch wieder in Frankreich.» Aber auch in Bezug auf das Sozialverhalten könne er keinen zivilisatorischen Vorsprung seiner Heimat erkennen, eher im Gegenteil. Fontanes Aufzählung über seine Erfahrungen mit den Franzosen liest sich wie ein direktes Gegenbild zum «gelben Neid», der laut Kutscher Moll in der kargen Mark herrscht: «sie waren alle verbindlich, rücksichtsvoll, zuvorkommend, dankbar für jeden kleinen Dienst, nie beleidigt durch Widerspruch, vor allem *ohne Schabernack* [hier im Sinne von Schadenfreude] und *ohne Neid*.»[184] Fontane schließt den Vergleich mit seiner kosmopolitischen Lieblingswendung: «Hinterm Berge wohnen auch Leute».[185]

Schon solche Relativierungen innerhalb der bei Fontane weiterhin alles andere als «unpatriotischen» oder besonders kritischen Darstellung galten in der nun herrschenden Sichtweise als Nestbeschmutzung. «Im Namen aller unserer Herren» machte sein eigener Sohn George ihm den Vorwurf, dass «Du die Franzosen in Deinen Schicksalen zu sehr herausstreichst». Es folgt eine diffamierende Gegenaufzählung, in der von «Schmutz», «Nachlässigkeit», «nach Knoblauch und Zwiebel stinken», «Französinnen alle häßlich» und

Ähnlichem die Rede ist und die hier nur angeführt sei, weil aus ihr die gängigen Stereotypen des beim Militär verbreiteten Feindbildes sprechen.[186] Noch im Jahr der Reichsgründung sah sich Fontane unversehens vom «vaterländischen Schriftsteller» in die Rolle des «Franzosenfreundes» gedrängt, wie er Mathilde von Rohr anlässlich des Erscheinens von *Aus den Tagen der Okkupation* mitteilt: «Ueber die Aufnahme, die das Buch beim Publikum finden wird, bin ich einigermaßen neugierig; in Petersburg, in Warschau, in New York, in der Schweiz, in Holland wird man es wahrscheinlich mit Zustimmung lesen, hier wird man es wohl wieder zu ‹franzosenfreundlich› finden, weil ich nicht ausgesprochen habe jeder Franzose muß zur Strafe seiner Sünden lebendig gebraten werden.»[187]

Welche einschneidende Bedeutung die Erfahrung seiner Kriegsgefangenschaft auf seine Sicht auf Preußen und das Kaiserreich hatte, zeigen Fontanes Altersrückblicke. Gegenüber dem seinerzeit mit Eggers auf der Suche nach seinem Verbleib eigens nach Frankreich gereisten August von Heyden erinnert er sich: «Alles bei uns ist roh, kommissig, urdämlich [...] Aber in einem Menschen lesen, ihn einigermaßen richtig taxieren – o du himmlischer Vater! Deshalb haben mir auch Anno 70 alle preußischen Offiziere gesagt: ‹Bei uns wären sie erschossen worden.›» Alle Anfragen, einige der weiterhin in Serie erscheinenden Memoirenbücher zum 1870/71er-Krieg zu rezensieren, lehnte er ab, weil sie ihn wahlweise durch ihren «hochgradigen Borussismus» oder durch ihr «Deutschland, Deutschland über alles» abschreckten. «Das eine wie das andere macht mich nervös. Darüber zu schreiben [ist] mir unmöglich», begründete er seine Absage.[188] Eine im Jahr 1894 geplante Neuauflage seines 1864er-Kriegsbuches durch den Decker-Verlag fand er «einfach schrecklich» und verweigerte seine Zustimmung.[189]

Nachdem Fontane sein 51. Lebensjahr im Wortsinn gerade noch überlebt hatte, fand er sich rund elf Jahre nach den euphorischen Schiller-Feiern im *Tunnel* und etwas mehr als sechs Jahre nach seinem *Rütli*-Jubel über den ersten Kriegsbuch-Auftrag wieder im

Berliner Literaturverein ein. Allerdings war er nun ein anderer geworden. In der unmittelbar auf die Reichsgründung folgenden *Rütli*-Sitzung am 4. Februar 1871 ist Nöhl nicht mehr in «high spirits», sondern erkennbar *not amused*. «Nöhl greift Bismarck an», notiert Eggers im Protokoll.[190]

Eggers' Wochenzettel ist eines der ersten Zeugnisse für Fontanes ambivalentes Verhältnis zum Kaiserreich und dessen Reichskanzler, mit dem Fontanes um ein Haar tödlich ausgegangenes Kriegsjahrzehnt endet und das von nun an sein Werk prägen wird. Bei aller Anerkennung von Bismarcks politischem, taktischem und rhetorischem Geschick geht dieser nach Fontanes Altersaussage «in fast allem», was er «seit 70 geschrieben» habe, als «Schwefelgelber» um und steht auch für die Welt der «Angstapparate», des gnadenlosen Machtkalküls und der «Mogelei» um den eigenen Vorteil um jeden Preis.[191] Diese Erfahrung warf einen Schatten auf die Freude über die langersehnte deutsche Einheit.

KÜNDIGUNG IM KAISERREICH

I am sick of it.

(An Emilie, 14. Juni 1879)

STATIONEN EINES AUSSTIEGS

Irgendwann um den Mai 1876 begegnen wir dem Ersten Sekretär der Berliner *Königlichen Akademie der Künste* Theodor Fontane in orientalischer Tracht beim Aktensortieren. Der Direktor der Section für Bildende Künste, der sein Sohn sein könnte, Anton von Werner, erinnert sich: «Ich fand ihn eines Tages ratlos vor einem mächtigen Stoß von Aktenbündeln. [...] Er stand, einen roten Fez auf dem Haupte, sinnend vor einem langen Tisch auf dessen Holzplatte er mit weißer Kreide eine größere Anzahl Kreise und Nummern gezeichnet hatte, in die er Aktenstücke bald hinein- bald wieder herauslegte, anscheinend um sie nach irgend einem System zu ordnen.»[1]

Höchstwahrscheinlich hatte Fontane den roten Fez von seinem Neuruppiner Jugendfreund Wilhelm Gentz bekommen. Der Künstler und Orientreisende war seit 1874 Mitglied der Akademie. Fontane hat Gentz zu dieser Zeit auch wegen des «Gentzrode»-Kapitels für die dritte Auflage des *Wanderungen*-Bandes zur Grafschaft Ruppin häufig besucht.[2] Gentz war nicht nur ein ausgezeichneter Maler nordafrikanischer und arabischer Sujets, sondern kleidete sich selbst gerne mit einem Fez und nannte seine Kinder in Reminiszenz an den geliebten Orient Mirjam und Ismael. Von Ismael Gentz, der wie sein Vater Künstler und Orientreisender wurde, ist ein Porträt seines Vaters mit Fez überliefert.

Fontane trug die auffällige Kopfbedeckung nicht zufällig. Sie war ein Zeichen des Protests. Firdusi war zurück. Der persische Dichter aus Fontanes Heine'scher Lieblingsballade begleitete ihn seit dem Beginn der Anstellung im Regierungsdienst in den frühen 1850er Jahren als literarisches Antidot immer dann, wenn die despotischen Verhältnisse in der preußischen Verwaltung ihm zusetzten. Zwar habe er nicht ganz wie Firdusi 200000 Verse zu Ehren des persischen Schahs gedichtet, schreibt Fontane an die während dieser Zeit besonders wichtige Vertraute Mathilde von Rohr. Aber der Unterschied sei wiederum nicht so groß: Seit sechsundzwanzig Jahren habe er in den «verschiedensten Ministerien: Auswärtiges-, Innres-, Cultus- und Staats-Ministerium» gedient; zwölf Jahre lang Tag und Nacht an Kriegsbüchern zu Lob und Ehren des preußischen Königs und jetzigen deutschen Kaisers gearbeitet.[3]

Ein halbes Lebensalter nach der ersten Anstellung im preußischen Staatsdienst beim *Literarischen Kabinett* war Fontane wieder bei den Akten gelandet. Ein Kreis schloss sich. Wie ein Menetekel mögen ihm jene ersten Sekretärsdienste im *Tunnel über der Spree* erschienen sein, zu denen er sich dort im Elendswinter 1849/50 angedient hatte. Am Ende des Tunnels wartete nicht der strahlende, ebenso hoffnungsfroh wie hochtrabend auf der Hochzeitsurkunde eingetragene «Littéraire», sondern die Rückkehr in die Mühlen der Bürokratie und die Schreckensvorstellung, sein Leben als «Secrétaire» zu beschließen – auch wenn es sich um eine begehrte und bestens dotierte Beamtenstelle im Kulturbetrieb der neuen Reichshauptstadt handelte, die bei guter Führung den Titel eines «Geheimraths» versprach. Auf einen Schlag konnte der unstudierte Ex-Apotheker, der noch nicht einmal das Abitur hatte, sein Jahreseinkommen auf rund 2400 Taler verdoppeln und hätte sogar Anspruch auf eine Beamtenpension erworben.

Das Ganze endete im Debakel. Nachdem Fontane den Posten bereits seit März 1876 kommissarisch und ohne Gehalt übernommen hatte, wäre er beim offiziellen Dienstantritt am 1. Mai am liebsten schon wieder ausgestiegen. Noch vor Ablauf des Mai reichte er zum Entsetzen seiner Familie und der *Tunnel*-Freunde, die die Stelle für ihn organisiert hatten, die Kündigung ein. Obwohl der «Erste Sekretär» auf dem Papier einer Art Geschäftsführer der Akademie mit Gestaltungskompetenzen entsprach, sah sich Fontane in die Rolle eines Hilfsarbeiters des forschen und aufstrebenden königlichen Jungstars Anton von Werner hineingezwängt, der ihm mit der entsprechenden Arroganz Arbeitsaufträge diktierte.[4]

Werner war von Kaiser Wilhelm I., dem die Akademie weiterhin persönlich unterstand und der bei allen höheren Stellenbesetzungen mitreden durfte, gegen den Widerstand seines eigenen Kultusministeriums und des Akademiepräsidenten Friedrich Hitzig erst ein Jahr zuvor zum Direktor der Klasse für Bildende Künste ernannt worden. Seit er als siebenundzwanzigjähriger Kriegsmaler den Feldzug gegen Frankreich in farbenfrohen Hochglanzgemälden propagandistisch begleitet hatte, war er der Lieblingsmaler des Hofes und des Kaisers – und blieb dies auch unter Wilhelm II. In immer neuen großformatigen Historienbildern feierte Werner fortan die preußischen Erfolge: *Kaiserproklamation in Versailles* (1877), *Moltke in seinem Arbeitszimmer in Versailles*, *Moltke vor Paris*, *Moltke bei Sedan* (1882/83). Das Stadtbild der Reichshauptstadt wurde mit seinem *Sedan-Panorama* und dem Kaiserproklamations-Mosaik auf der Rotunde der 1873 errichteten Siegessäule geschmückt.

Fontane sah in Werner in Analogie zur legendären Konkubine des Bayerischen Königs Ludwig I. eine Art malende Hofmaitresse Preußens («Was damals die Lola Montez war, ist jetzt [...] Anton v. Werner») und verachtete sowohl dessen Kunst als auch dessen Karrierismus zutiefst («will *Kunst*-Minister werden», habe «viel mäßige Bilder» gemalt, verstehe sich lediglich aufs «flott Malenkönnen»[5]). Von Anfang an drückte er gegenüber dem Akademiepräsidenten seine «äußerste Abneigung» aus, «persönlich oder dienstlich in eine Art Abhängigkeit» von «Herrn v. Werner» «hineingepreßt» zu werden: «Es dient sich schlecht mit sechsundfünfzig unter einem jugendlichen Herrn von zweiunddreißig.» Es sei ihm gänzlich unmöglich «vor Herrn v. W. wie vor einer aufgehenden kronprinzlichen Sonne zu liebedienern» und «im Gefolge des Herrn von Werner [...] es zu lernen, dazu bin ich zu alt, auch manches andere noch».[6] Als alternder Hilfsdienstleister im fürstlichen Harem sah Fontane sich dann doch unter Wert verkauft.

Die Situation eskalierte schnell. Fontane forderte die Einstellung eines Privatsekretärs für von Werner, um aus der ihm unerträglichen Lage herauszukommen. Präsident Hitzig und das Kultusministerium blockten ab – allein schon aus Kostenerwägungen, aber auch weil Hitzig dem verhassten aufstrebenden Konkurrenten nicht auch noch einen zusätzlichen Posten gönnte. Im Protokoll der Sitzung des Akademie-Senats vom 27. Mai 1876, auf der Hitzig nicht anwesend war, hält Fontane fest, dass der Senat beim Kultusminister die Einrichtung einer Stelle aus dem Staatshaushaltsetat beantrage, die «dem Herrn Direktor v. Werner zur Beschaffung der nöthigen Arbeitshülfe behufs Erledigung der administrativen Geschäfte zugewiesen» werden solle.[7] Hitzig fühlte sich hintergangen, sah darin einen Verrat und heimliche Unterstützung der Gegenseite durch Fontane. Er unterstellte ihm hinterlistige Protokoll-Politik und teilte ihm am folgenden Tag – nach Fontanes Darstellung in brüsken Worten und von oben herab – mit, dass es doch schon einen Sekretär für Werner gebe: der heiße Theodor Fontane. Noch am selben Tag reichte Fontane seine Kündigung ein.[8]

Allerdings war die Geschichte damit noch nicht beendet. Eine Stelle von Königlich-Kaiserlichen Gnaden ließ sich nicht so einfach kündigen. Das Kultusministerium spielte auf Zeit und richtete Fontane aus, er habe sein Entlassungsgesuch direkt an den Kaiser zu richten. So zum Kotau vor dem Kaiser gezwungen, schlüpfte Fontane in die altbewährte Taugenichtsrolle. Der Meister des literarischen *small talk* und *understatement* verfasste ein Entlassungsgesuch nach allen Regeln der barocken Unterwerfungskunst, die noch einmal ins Sultanesk-Groteske gesteigert werden: «Allergroßmächtigster, Allerdurchlauchtigster Kaiser und König, Allergnädigster Kaiser, König und Herr», beginnt Fontane sein Schreiben vom 19. Juni 1876. «Ich mußte mich zu lebhafter Beschämung überzeugen, daß es mir beispielsweise zur Protokollführung über stattfindende Verhandlungen an Umsicht, zur Abfassung von Berichten aber an der Gabe gebräche, auf die Gedanken Andrer einzugehen.» Die Erkenntnis der eigenen «Unausreichendheit» lasse zum Wohle der großen Aufgaben keine andere Möglichkeit, als «an Ew. Majestät [...] das allerunterthänigste Gesuch» auf Entlassung zu richten. Das Schreiben schließt: «In tiefster Ehrfurcht ersterbe Eurer Kaiserlichen Majestät allerunterthänigster Th. Fontane.»[9]

Fontane kommentierte sein Kündigungsschreiben an Mathilde von Rohr: «Auf Wunsch des Ministeriums ließ ich, in meinem Schreiben an den Kaiser, dies alles [das heißt die Gründe für die Kündigung] aber fallen und stellte mich wohlgemuth als einen halben Imbecile dar, der weder seinem Charakter noch seiner Begabung nach, der Stelle gewachsen war.»[10] Der jahrzehntelang im Staatsdienst geschulte Journalist Fontane zu doof zum Protokolleschreiben? Der Lokalreporter, der der Mark Brandenburg erst ihre vielen Stimmen verliehen hatte, unfähig, in seinen Berichten die «Gedanken Andrer» wiederzugeben? – Nicht einmal dem bürokratisch abgestumpftesten Kabinettsrat konnte der Sarkasmus entgehen. Am 31. Oktober erhält Fontane vom Kultusminister die Mitteilung, dass «S.M. der Kaiser und König auf meinen Antrag geruht haben, Ihnen die erbetene Entlassung aus dem Staatsdienste zu bewilligen». Die bereits ausgezahlten Gehälter für die Monate November und Dezember (400 Taler) «wolle» Fontane «an die Generalkasse meines Ministeriums zurückzahlen».[11] Das wollte Fontane angesichts der Tatsache, dass er in den Monaten März und April unentgeltlich für die Akademie gearbeitet hatte, eigentlich nicht, hatte aber keine andere Wahl. Noch am selben Tag bat er seinen Verleger Hertz um einen Vorschuss auf den nun endlich zu schreibenden Roman und zahlte die Summe zwei Tage später in die Generalkasse ein.[12]

Als unmittelbare Folge der Kündigung wurde auch Fontanes Gesuch um eine Gratifikation des Kaisers für sein im Oktober 1876 endlich abgeschlossenes drittes und umfangreichstes Kriegsbuch *Der Krieg gegen Frankreich* vom Chef des Geheimen Civil-Kabinetts Karl Freiherr von Wilmowski abgelehnt: «Herr v. Wilmowski hat den Kaiser gefragt, ob er (der Kaiser) einen Grund habe, mir besondres wohlzuwollen. Diese etwas sonderbare Frage hat S.M. einfach verneint, wohl aber seine Mißstimmung über meine Amtsniederlegung zu erkennen gegeben. C'est tout!», schließt Fontane dieses Kapitel und damit einen ganzen Lebensabschnitt in seinem Bericht an Rohr.[13] «Eine wahre Wuth» habe sich seiner seither «durch die Doppelgestalt Kaiser Wilhelm-Wilmowski» bemächtigt, gesteht Fontane kurze Zeit später seinem Verleger Wilhelm Hertz.[14]

Die Kündigung von 1876 markiert nach der Aufgabe des Apothekerberufs und dem Eintritt in das *Literarische Kabinett* 1850 die zweite große Zäsur in Fontanes Laufbahn. Der über ein Vierteljahrhundert währende Lebensabschnitt in preußischen Diensten und die damit verbundene Autorenrolle als regierungsnaher Journalist und vaterländischer Schriftsteller endet – und es beginnt zugleich die Ära des Romanschriftstellers Fontane, symbolisch verdichtet in Hertz' Vorschuss, mit dem sich Fontane aller Altschulden und eventuell daraus ergebender weiterer Verpflichtungen gegenüber dem Kultusministerium entledigt. Fontanes Entschluss liegt die Einsicht zugrunde, dass sich Staatsdienst und schriftstellerische Ambitionen nicht mehr unter einen Hut oder, um im Bild zu bleiben, Fez bringen ließen. Ohne die Kündigung – das ist die gute, wenn auch erst im Nachhinein formulierbare Nachricht – hätte es wohl keinen einzigen Fontane-Roman gegeben.

Um das ganze Ausmaß des Akademie-Debakels zu verstehen, muss man es als Kulmination zweier Tendenzen sehen, die sich seit den späten 1860er Jahren bereits abzeichneten und 1876 zum großen Knall führten. Einerseits war es der Höhepunkt einer Reihe von Enttäuschungen, die zu einer zunehmenden Distanzierung von den

Hof-, Kultusministeriums- und *Kreuzzeitungs*-Kreisen geführt hatten: «Ich habe diese Kränkungen satt. Die letzte war die größte», erklärt Fontane Mathilde von Rohr seine Kündigung. Nach und nach hatte Fontane die alten Verbindungen oder «Ketten» gekappt.

Andererseits war die Akademiestelle, was meist übersehen wird, Teil einer beruflichen Umorientierung, mit der sich Fontane im Kulturbetrieb der nach 1866 – und beschleunigt nach 1871 – expandierenden preußischen Hauptstadt durch mannigfache Aktivitäten neu zu positionieren versuchte. Dazu gehören seine Pläne für die Gründung eines preußisch-norddeutschen Nationalmuseums ebenso wie der Wechsel von der politischen Korrespondentenstelle bei der *Kreuzzeitung* in das Theaterreferat der *Vossischen Zeitung* im Jahr 1870, aber auch die mit mindestens ebenso viel Engagement verfolgten Ambitionen als Kunst- und Ausstellungskritiker. Vor allem aber gehören die beiden ausgedehnten Italienreisen 1874 und 1875 unmittelbar zur Vorgeschichte der Akademie-Episode. Jahrelang hatte Fontane Geld und Zeit investiert, um sich überhaupt erst für einen solchen Posten zu qualifizieren. Die Stelle eines Geschäftsführers der Königlich-Kaiserlichen Kunstakademie hätte die Krönung all dieser Aktivitäten sein können, und umso härter traf Fontane die Realität des Arbeitsalltags als Hilfsdiener Anton von Werners.

Anders als es Fontane mal humoristisch herunterspielend, mal alte Verletzungen verdrängend dargestellt hat, wollte er in der Akademie wirklich etwas bewirken. Die bittere Enttäuschung über ausbleibende Gestaltungsmöglichkeiten war wohl ein mindestens ebenso starkes Motiv für die Kündigung wie die Kränkung seines Selbstwertgefühls. Am allerwenigsten überzeugt jedenfalls die offizielle Lesart, nach der der Schöngeist Fontane für echte handfeste Verwaltungsarbeit ungeeignet gewesen sei, die Stelle nur als Pfründe angesehen habe und dann, als er tatsächlich arbeiten sollte, sofort den Bettel hingeworfen habe – oder in der Darstellung Anton von Werners: «Der allgemein verehrte Dichter glaubte damit in eine Ehrenstellung zu kommen, die ihm gestattete, in sorgenloser Lage den Musen dienen zu können [...] Aber die rauhe Wirklichkeit verlangte ganz anderes, denn es traten Aufgaben an den Dichter der Mark heran, die mit dem Dienst der Musen nichts zu tun hatten.»[15] Da hatte einer wohl nicht verstanden, dass Fontanes Kündigungsschreiben an den Kaiser eine Persiflage war.

Blicken wir noch einmal zurück. Die Stationen von Fontanes Ausstieg aus dem Staatsdienst lassen sich grob so umschreiben: Es begann im Frühjahr 1868, als das Kultusministerium den Zuschuss für die *Wanderungen* strich und der Hof die aus Fontanes Sicht angemessene Anerkennung für sein zweites Kriegsbuch verweigerte beziehungsweise allzu zögernd zeigte. Im Mai 1868 fühlte sich Fontane «total herunter» und zog sich zum ersten Mal zu einem einwöchigen Aufenthalt ins Hotel Zehnpfund in Thale zurück. Um seinen fünfzigsten Geburtstag Ende 1869 spitzten sich die Dinge zu. Im Tagebuch notierte er: «Die Weihnachtstage vergingen nicht sehr angenehm [...] Unruhig traten wir ins neue Jahr».[16] Kurz zuvor war Fontanes Mutter gestorben (der Vater war bereits seit 1867 tot), in den Briefen an Emilie häufen sich Tiraden über die Zumutungen bei der *Kreuzzeitung*.[17] Mit dem Verlust der Mutter fiel nicht nur ein Stabilitäts- und Kontrollfaktor weg, sondern es stellte sich immer drängender die Frage, was erreicht worden ist und was man noch mit dem Leben anfangen wolle. Dass der Fünfzigjährige in der Kriegsgefangenschaft knapp dem Tod entronnen war, mag zusätzlich eine Rolle gespielt haben. Kurze Zeit später, 1872, machte Fontane sein erstes Testament. Auch die Frage der Alterssicherung rückte zunehmend in den Blick. Fontanes immer wieder vorgetragene Kalkulation war einfach und plausibel: Wenn schon Dienst, dann wenigstens Sicherheit.

Das alles eskalierte in der sogenannten Osterkrise von 1870. Parallel zu der Mitteilung von Kabinettsrat von Wilmowski, es gebe für das Kriegsbuch keine königliche Sinekure, und der endgültigen Ablehnung des Antrags auf Verlängerung der Forschungsbeihilfe für die *Wanderungen* aus dem Kultusministerium reichte Fontane nach einem Streit mit seinem Chefredakteur Tuiscon Beutner um Pensionszahlungen, Arbeitsbedingungen und Aufgabenbereiche am Ostersamstag 1870 seine Kündigung bei der *Kreuzzeitung* ein. Allerdings hatte er bereits gut drei Wochen zuvor seinem Verleger Hertz aus dem Familienrat mitgeteilt: «Wir sind entschlossen ein ganz neues Leben anzufangen.»[18]

In den Briefen an Emilie, Mathilde von Rohr und Wilhelm Hertz kann man nun eine sich steigernde Schimpfkanonade Fontanes nachlesen, deren Hauptzielscheiben Kabinettsrat Wilmowski (dieser verstärkt dann nach 1876), vor allem aber Kultusminister Heinrich von Mühler und dessen Frau Adelheid waren. Wenn der verstorbene Freund Wilhelm von Merckel von der «großen Unfreundlichkeit» seines Schwagers Mühler gegen Fontane wüsste, würde er «bei seinem Anblick sofort beide Hände in die Hosentaschen stecken und ohne Gruß und Handschlag an ihm vorbeigehen», schreibt Fontane am 15. April 1870 an Mathilde von Rohr.[19] Er selbst, sonst ein höflicher Mensch, steckte noch Jahre später demonstrativ die Hände in die Taschen, als er Wilmowski in Bad Kissingen zufällig begegnete.[20]

Auf einer Abendgesellschaft bei Mühlers Schwester Henriette von Merckel Anfang Mai 1870 kommt es zum Eklat: «Ich sagte furchtbar scharfe Sachen.»[21] Wiederum einen Monat später steigerte sich Fontanes Wut zu einem «schweren, wohlbegründeten Haß», wie er an Mathilde von Rohr berichtet: «das ganze Cultusministerium [...] kann mir mit seinem Bettelgelde gestohlen» bleiben.[22] Und auch knapp zwei Jahre später hat sich der Furor noch nicht gelegt. Noch einmal wiederholt Fontane am 17. März 1872 an Rohr: «Gegen das ganze [Kultus-]Ministerium habe ich einen wohlbegründeten Haß [...] Bethmann-Hollweg war ein steifbockiger, unliebsamer alter Herr, Mühler ein dünkelhafter, halb-verdreht gewordener Egoist, seine Frau (die man mitrechnen muß, denn *sie* war Minister) ein Gräuel, Stiehl ein wichtigthuerischer Grobian.»[23] Fontane wird seinen Ärger kurze Zeit später in den beiden Novellenentwürfen zum Umfeld «Adelheid von Mühler», *Storch von Adebar* und *Eleonore*, literarisch verarbeiten.

Während Fontane mit dem *Krieg gegen Frankreich* im Sommer 1870 noch einmal einen Auftrag von Hofdrucker Decker annahm und anschließend sechs Jahre lang an seinem umfangreichsten Kriegsbuch arbeitete, eröffneten sich beim Kultusministerium mit der Reorganisation der Akademie der Künste zu einem nationalen Kunstinstitut zum Jahreswechsel 1873/74 unverhofft neue Perspektiven. Im Zuge des Umbaus Berlins zur repräsentativen Reichshauptstadt kamen auch der Kunstakademie, die personell eng mit der Gewerbeakademie und der Bauakademie verflochten war, mannigfache neue Aufgaben zu. Die vielen baulichen und künstlerischen Zeichen des Sieges, die nun überall errichtet wurden, fielen mittelbar oder unmittelbar in ihren Zuständigkeitsbereich: Siegesallee mit Denkmälern preußischer Feldherren, Siegessäule, Sedan-Panorama und Museen (Nationalgalerie, Ausbau der Museumsinsel). Für die zahlreichen Siegesfeiern wurde zudem die entsprechende Begleitliteratur und Begleitkunst benötigt: Inschriften, Festgedichte, Theaterprologe, Gemälde.[24]

Die Reorganisation der Akademie war fest in *Tunnel*- und *Rütli*-Hand. Der Direktor der Berliner Bauakademie Richard Lucae, der Museumsdirektor und Professor an der Berliner Kunstakademie August von Heyden, der Jurist und nach Fontanes Kündigung dessen Nachfolger als Erster-Akademie-Sekretär Karl Zöllner verfassten neben dem bereits für Fontanes *Wanderungen* als Gutachter tätigen Kunsthistoriker Karl Schnaase die einschlägigen Memoranden.[25] *Tunnel*-Mitglied Friedrich Hitzig wurde Präsident der neu organisierten Akademie, das halbe *Rütli* saß im Akademiesenat oder war Mitglied – allen voran der renommierteste von allen, Adolph Menzel.

Hinzu kam, dass der Erste Sekretär Otto Friedrich Gruppe im April 1874 das siebzigste Lebensjahr überschritten hatte und die Suche nach einem Nachfolger für das neue, strahlende Nationalinstitut anstand. Bereits bei der Bestallung Gruppes im Jahr 1862 hatten die *Tunnel*-Mitglieder Heinrich von Mühler und Wilhelm von Merckel die Fäden gezogen; einziger Alternativkandidat war seinerzeit Friedrich Eggers.[26] Wegen der größeren Erfahrung wurde Gruppe als Akademiesekretär installiert, während Eggers als Referent ins Kultusministerium wechselte.[27] Da Eggers als der naheliegende Nachfolger Gruppes für das Amt des Akademiesekretärs bereits 1872 verstorben war, war der früher oder später zu besetzende Posten vakant und die Akademie-Reorganisatoren von *Rütli* und *Tunnel* sahen sich nach Ersatz um – allein schon um die Gefahr abzuwehren, dass sich jemand «von außen» bei der Besetzung des begehrten Postens einmischte, wie es etwa Gustav Freytag über seine Kontakte zum Kronprinzen versuchte. Schließlich war auch die dritte und wichtigste Vorbedingung eingetreten: Heinrich von Mühler war als preußischer Kultusminister bereits 1872 von Adalbert Falk abgelöst worden und am 2. April 1874 verstorben. Fontane war sich schon lange darüber im Klaren, dass eine wie immer geartete Zusammenarbeit mit Mühler undenkbar war und er für alle weiteren Initiativen hinsichtlich des Kultusministeriums erst dessen Sturz abzuwarten habe.[28]

Unmittelbar nachdem die Zuwendung für die *Wanderungen* gestrichen worden war, hatte sich der umtriebige Fontane bereits im Mai 1868 mit einem umfassenden neuen Plan an das Kultusministerium gewandt, der in wesentlichen Elementen nicht nur die Tätigkeitsfelder der Akademie anvisierte, sondern auch den Status und die Bezahlung einer Beamtenstelle im Kulturbetrieb der seinerzeitigen neuen Hauptstadt des Norddeutschen Bundes einbringen sollte.

Fontane schlug nichts Geringeres vor als die Gründung eines nationalhistorischen Museums, wie es die meisten andern europäischen Hauptstädte, aber auch andere deutsche Residenzen bereits besaßen. Hier sollten die Bestände aus der königlichen Kunstkammer, der zahlreichen königlichen Schlösser und Objekte aus Kirchen in Stadt und Land zusammengeführt werden. Nach dem Vorbild des 1850 errichteten Londoner British Museum oder des Museums der nordischen Altertümer in Kopenhagen (die Fontane beide aus eigener Anschauung kannte) sollte die preußische Geschichte in nach Epochen geordneten Räumen präsentiert werden. Neben Kunstobjekten sollten sie auch «*historisches* Mobiliar», Kleidung, «Curiositäten» und «Erinnerungsstücke» ausstellen, damit jeder Saal ein angemessenes «Zeitenbild» biete.[29] Fontanes Vision eines preußisch-norddeutschen Nationalmuseums nimmt viele Aspekte vorweg, die erst einige Jahre später mit der Nationalgalerie (1876 eröffnet), dem 1874 eröffneten Märkischen Provinzial-Museum und dem 1877 im Schloss Monbijou gegründeten Hohenzollern-Museum realisiert wurden.

Gegenüber Mathilde von Rohr, die den Plan im Kultusministerium lancierte, erläutert Fontane den Nebenzweck seines Vorhabens, der ihm «eine ehrenvolle Thätigkeit eröffnen, einen anständigen Titel und ein gutes Gehalt eintragen würde». Ausdrücklich betont er, dass es sich «nicht etwa um eine bloße auf 3 oder 6 Monate berechnete *Ausstellung*, sondern um die Errichtung eines vollständigen *Museums*» handle, also «um eine Angelegenheit, deren bloße Einrichtung mehrere Jahre in Anspruch nehmen und die, wenn eingerichtet, immer einer Verwaltung, einer Förderung und Erweiterung bedürfen würde».[30] Was aus Fontanes Plan geworden ist, ist nicht bekannt. Wenn er noch existiert, harrt er in den Akten des preußischen Kultusministeriums noch der Entdeckung.

In dieselbe Richtung weisen Fontanes Aktivitäten als Kunst- und Ausstellungskritiker. In den Tagen, als er den Plan für ein Museum ausarbeitete, schrieb Fontane gerade für die *Kreuzzeitung* einen Bericht über die Ausstellung von Erinnerungsstücken der Hohenzollern vom Großen Kurfürsten bis zu Friedrich Wilhelm IV., der in der Ausgabe vom 10. Mai 1868 erschien.[31] Diese ist nur eine von vielen Ausstellungskritiken, die er für die regierungsamtliche *Preußische (Stern-)Zeitung* (bis 1862) und bei der *Kreuzzeitung* geschrieben hat.³² Auch nach dem Wechsel zur *Vossischen Zeitung* drängte Fontane deren Chefredakteur von Anfang an, ihm auch die Kunstkritik zu übergeben, die eigentlich von Ludwig Pietsch verantwortet wurde, notfalls zunächst auch nur als Krankheitsvertretung: «bei meiner Passion für diese Dinge [...] biete ich mich an, in Pietsch Abwesenheit, als eine Art Stellvertreter, diesen Teil kritischer Besprechung übernehmen zu wollen und zwar mit besonderem Vergnügen.»³³ Und auch später betont Fontane noch gegenüber dem Herausgeber der Zeitschrift *Die Gegenwart*, Paul Lindau, sein eigentlicher Wunsch sei «ein regelmäßiges, nach Art der Theater-Berichterstattung honoriertes Kunstreferat», und bietet sich der Zeitschrift als regelmäßiger Beiträger an.³⁴

Vor diesem Hintergrund konnte sich Fontane die Chance auf die Akademiestelle nicht entgehen lassen. Nachdem er den Sonntag zuvor mit Richard Lucae, Karl Zöllner und August von Heyden verbracht hatte, also genau jenen Protagonisten, die ihm zwei Jahre später den Weg in die Akademie ebneten, überfällt er Emilie, die den Sommer gerade mit Tochter Martha in Schlesien verbrachte, am 26. August 1874 mit der Nachricht, dass er für September eine ausgedehnte Romreise plane und «fest entschlossen» sei, sie mitzunehmen.³⁵

Die erste Italienreise des Ehepaars Fontane dauerte vom 30. September bis zum 19. November 1874.³⁶ Von den 50 Tagen Reisezeit entfielen 5 Tage auf Venedig, 10 Tage auf Florenz, 20 Tage auf Rom und 10 Tage auf Neapel. Die vierzehnjährige Tochter Martha wurde während dieser Zeit bei einer befreundeten Familie in Neuhof in Schlesien untergebracht, während der achtzehnjährige Sohn Theodor die Berliner Wohnung hütete und sich um den zehnjährigen Friedrich kümmerte. Eine zweite Italienreise schloss sich vom 3. August bis zum 6. September 1875 an. Diesmal fuhr Theodor allein und reiste durch ganz Norditalien: Mailand, Bergamo, Gardasee, Verona, Mantua, Modena, die Toskana (Parma, La Spezia, Pisa), Genua, Bologna, Ravenna, Ferrara und Padua.

Mit insgesamt rund zweieinhalb Monaten Aufenthaltsdauer in Italien hat Fontane nach England kein anderes Land so ausgiebig bereist (wenn man von dem unfreiwillig ausgedehnten Frankreich-Aufenthalt absieht). Es handelte sich um alles andere als bloße Urlaubsreisen.[37] Fontane, der nebenbei mit Kriegsbuch-Arbeiten und sonstigen schriftstellerischen und journalistischen Verpflichtungen alle Hände voll zu tun hatte, bereitete sich wie immer akribisch vor. Er studierte neben dem obligatorischen Baedeker unter anderem Jakob Burckhardts *Der Cicerone. Eine Anleitung zum Genuß der Kunstwerke Italiens* (1855), Ernst Försters gerade erschienene vierbändige *Denkmale italienischer Malerei* (Leipzig 1870 ff.) und eine fünfbändige *Geschichte der italienischen Kunst* (Leipzig 1869–1875).[38]

Sowohl Fontane als auch Emilie machten sich unterwegs umfangreiche Notizen und führten penibel ihre Reisetagebücher, die sie wechselseitig überarbeiteten und die davon zeugen, welchen Besichtigungsmarathon sie absolvierten («3 Stunden in der *Pinacoteca*, Theo macht Aufzeichnungen über jedes Bild»[39]). Die unglaubliche Zahl von rund zehntausend Bildern und Skulpturen habe er während seiner Italien-Aufenthalte besichtigt, erinnert sich Fontane später, «täglich hundert Stück». Ein Spaß war das nicht.[40] Und Fontane schrieb ein Konvolut von 268 Seiten über italienische Kunst und Malerei, das seit 1945 verschollen und nur in Abschrift unter dem Titel «Marbacher Italien-Entwurf» im Deutschen Literaturarchiv aufbewahrt ist.[41] Veröffentlicht hat Fontane lediglich einen längeren Aufsatz über die Kunstwerke der Florentiner Kirchenanlage von Santa Maria Novella in der Sonntagsausgabe der *Vossischen Zeitung* («Ein letzter Tag in Italien», 1874).

Das alles wird eigentlich nur verständlich, wenn man die beiden Italienreisen als Fontanes Schnellläufer-Qualifikation für die Stelle an der Akademie der Künste deutet, wie dies schon Wilhelm Vogt vermutete, der 1943 als Letzter das komplette Italienmaterial Fontanes sichten konnte und eine umfassende Edition plante.[42] Italien-

und insbesondere Romreisen waren zum einen bereits seit dem 18. Jahrhundert der wichtigste Bildungsnachweis für eine Stelle in der königlichen Kunstinstitution. Das galt für Karl Philipp Moritz' im Zuge der Reform der Akademie unter Anton von Heynitz 1786 bis 1788 unternommene Italienreise, noch mehr aber für Fontanes Ruppiner Landsmann Karl Friedrich Schinkel, langjähriges Mitglied der Akademie der Künste und Leiter der preußischen Oberbaudeputation, der zwischen 1803 und 1830 beständig nach Italien reiste und die Landschlösser der Mark Brandenburg und ihre beiden Residenzstädte Berlin und Potsdam so gründlich im italienischen Stil gestaltete, dass der preußische Kronprinz Friedrich Wilhelm in Palermo verwundert feststellte: «Eigentlich alles wie in Potsdam.»[43] Darüber hinaus war Rom wie Berlin 1871 gerade erst Hauptstadt eines neuen Nationalstaats geworden und bot sich daher besonders gut als Studienobjekt für die Pläne der Akademie an.

Erst auf der Basis von Fontanes Italienreisen konnte Richard Lucae nur 5 Tage nach Otto Gruppes Tod am 12. Januar 1876 gegenüber Richard Schöne, dem zuständigen Referenten im Kultusministerium, seinen *Rütli*-Freund Nöhl glaubhaft als Nachfolger ins Spiel bringen. Und nur so konnte Schöne in seinem Bericht an Kaiser Wilhelm I. darauf verweisen, dass Fontane die fehlenden formalen Einstellungsvoraussetzungen – Abitur, Akademische Karriere, Erfahrungen in der Verwaltungsorganisation – mit seiner «durch vielfache Reisen und Studien erworbene Bekanntschaft mit den hervorragendsten Werken der neueren Kunst und seiner tüchtigen ästhetischen und historischen Bildung» kompensieren würde und erwarten lasse, «dass er den eigenthümlichen Anforderungen, welche das Amt [...] stellt, gewachsen sein würde».[44] Zum erneuten und letzten Mal hatten die *Tunnel*- und *Rütli*-Netzwerke Fontane beruflich einrangiert.

In Fontanes eigener Darstellung liest man von alledem fast nichts. Sein Tagebuch-Rückblick auf das Jahr 1876 suggeriert, dass er zu der Akademiestelle wie die Jungfrau zum Kinde gekommen sei. Bei einer Abendgesellschaft im Hause von Heyden am 15. Januar 1876 habe ihn Zöllner aus dem Nichts gefragt, ob er sich vorstellen könne, die Stelle des Ersten Akademiesekretärs zu übernehmen: «Ich sagte ‹ja›».[45]

Wenn man mit der Lupe sucht, findet man darüber hinaus in Zeugnissen späterer Zeit ein paar verstreute und verschlüsselte Hinweise – etwa wenn Fontane in einem Widmungsgedicht an seinen Nachfolger Karl Zöllner einen Zusammenhang zwischen *Italienreise* und Sekretärsposten herstellt: «Wenn alle untreu werden, / Italien hält die Treu [...] / Es schwinget noch die Fahne, / Von Sechsundsiebzig her, / Und senkt sie vor Fontane, / Dem alten Sekretär.»[46]

Der Rest sind humoristische Rückzugsgefechte, mit denen Fontane versuchte, über das Debakel hinwegzukommen – wie die vielzitierte Liste, mit der sich Fontane auf Emilies Kosten über den Beamtenstand lustig macht:

«Wie sich meine Frau einen Beamten denkt.

1. Ein Beamter lebt lange.
2. So lange er lebt, hat er ein auskömmliches Gehalt.
3. Ist er krank, so wird er vertreten, je öfter, desto besser.
4. Badereisen sind garantirt.
5. Der Dispositionsfonds ist unerschöpflich und wird nur von der unergründlichen Güte seines Verwalters übertroffen.
6. Arbeit Chimäre.
7. Dienststunden werden gehalten oder nicht gehalten. Werden sie gehalten, so wechselt die Lektüre der National-Zeitung mit der der *Vossischen*.
8. Fehler sind gleichgültig, so lange nur nach außen hin die eigene und des Standes Unfehlbarkeit gewahrt bleibt.
9. Zum Ordensfest und zu Königs-Geburtstag muß der Beamte gesund sein. (Weiße Binde.)
10. Erfüllt er dies, so verdoppelt der König die Witwen-Pension aus dem Schatullen-Fonds. Für die Töchter: Erziehungsgelder; für die Söhne: drei Kadettenstellen frei.»[47]

Weniger humorvoll lautet das Fazit in Fontanes Jahresrückblick auf 1876 in seinem Tagebuch. Dieser schließt mit einer Warnung an «meine Söhne, oder jeden der dies später liest»: «nur nicht von Fürsten oder Herren etwas wollen [...] Man blamirt sich nur und hat sich vor sich selbst erniedrigt.»[48]

NEUPOSITIONIERUNG ALS KULTURJOURNALIST

Mit der Kündigung bei der *Kreuzzeitung* und dem Eintritt in das Theaterreferat der *Vossischen Zeitung* zum August desselben Jahres ist eine umfassende berufliche und persönliche Umorientierung Fontanes verbunden, die vom Wechsel des Ressorts und der zugehörigen Formate (vom Korrespondenzbericht zur Theaterkritik) über das Zielpublikum (bürgerliches Stadtpublikum statt Landadel, Provinzlehrer und -pastoren), die politische Ausrichtung der Zeitung (bürgerlich-liberal statt ständisch-konservativ) bis hin zur eigenen Rolle als Autor (vom vaterländischen «Adels- und Soldatenfreund» zum großstädtischen Theaterkritiker und Romancier) und einem sich verändernden Umfeld reicht: von den regierungsnahen *Tunnel*-, Hof- und *Kreuzzeitungs*-Kreisen, für die die Namen Lepel, Hesekiel, Goedsche und Decker stehen, hin zur modernen Presse-, Theater- und Literaturszene Berlins und deren führenden Akteuren wie den neuen Kollegen Hermann Kletke, Ludwig Pietsch und Paul Schlenther, Theaterkritikern wie Otto Brahm und Fritz Mauthner, Zeitschriftenherausgebern und -redakteuren wie Julius Rodenberg, Paul Lindau und Gustav Karpeles. Nach zwei Jahrzehnten als politischer Korrespondent im regierungsamtlichen oder regierungsnahen Propagandadienst wird Fontane von nun ab mit einigen kurzen Unterbrechungen noch einmal rund zwanzig Jahre als Kulturjournalist arbeiten. Die Anstellung bei der *Vossischen* endet erst, als Fontane mit Abschluss seines siebzigsten Lebensjahres 1889 in allen Ehren in Pension geht – hier trifft der Begriff zu, da die *Vossische* ihm eine sehr anständige Betriebsrente in Höhe von jährlich 1500 Mark zahlte.[49]

Allerdings zeichnete sich diese Neupositionierung nur sehr allmählich ab und wird erst im historischen Rückblick in ihrer ganzen Tragweite erkennbar. Anfangs war die Bemühung um die Stelle bei der *Vossischen* nur eine von vielen Optionen Fontanes, um den Ausfall des regelmäßigen Einkommens bei der *Kreuzzeitung* zu kompensieren. Auch einer freien Mitarbeiterschaft bei beiden Zeitungen gleichzeitig war er zunächst nicht abgeneigt. Zwar sahen die 500 Taler anfängliches Jahresgehalt von der *Vossischen* zusammen mit den 400 Talern, die Fontane unmittelbar mit der Kündigung ab April 1870 vom *Literarischen Bureau* bekam, auf dem Papier dem *Kreuzzeitungs*-Gehalt von 1000 Talern ziemlich ähnlich. Aber angesichts der Preissteigerungen in Folge der mit den militärischen Siegen einhergehenden Geldschwemme (je nach Perspektive Übernahme oder Raub des Hannover'schen Staatsschatzes, französische «Kontributionen» oder Kriegsbeute in Höhe von 5 Milliarden Francs) konnte man sich dafür nichts kaufen. Die Einnahmespalten im Haushaltsbuch der Fontanes blieben ab Anfang der 1870er Jahre allzu oft viel zu leer, und man war erneut zu allerlei Mischkalkulationen gezwungen.

Bereits parallel zur Kündigung bei der *Kreuzzeitung* wurden die Fontanes auf den unterschiedlichen neuen Märkten der einsetzenden Gründerzeit aktiv: Von der zunehmenden Attraktivität und internationalen Bedeutung der preußischen Hauptstadt versuchten sie durch den Einstieg ins Tourismusgeschäft zu profitieren («im großen Styl»). Emilie sollte dazu während ihrer Londonreise im Frühjahr 1870 nach «jungen Damen, am liebsten Engländerinnen und Amerikanerinnen» Ausschau halten, die man in Berlin in Pension nehmen könne – der Hotelkenner Fontane hätte sicher nicht die schlechteste Figur abgegeben.[50] Auch an den rasch einsetzenden

Aktienspekulationen beteiligte sich die Familie – im kleinen Stil. Das Fontane'sche Haushaltsbuch verzeichnet gelegentliche Einnahmen auf Eisenbahnaktien und «Russische Papiere».[51] Die größten Chancen sollten sich Fontane dann schließlich doch auf dem mit der Kaiserreichsgründung und der Liberalisierung der Pressegesetzgebung von 1874 rasant expandierenden Berliner Pressemarkt bieten.

Als Erstes traf es die Wohnung. Weil das Haus in der Königgrätzer Straße in bester Lage im Regierungsviertel der nunmehrigen Reichshauptstadt den Besitzer wechselte und der neue Eigentümer kurzerhand doppelt so viel Miete verlangte, zogen die Fontanes 1872 in eine Vier-Zimmer-Wohnung in der Potsdamer Straße, die mit 70 Talern im Quartal in etwa das Gleiche wie die alte Wohnung kostete. Dass die Wohnung in der sozial weniger prestigeträchtigen dritten Etage gegenüber der ersten Etage in der Königgrätzer Straße lag (damals verlief die soziale Hierarchie in Wohnhäusern umgekehrt proportional zum Stockwerk: In der ersten Etage wohnten die ‹besseren Leute›, in der Dachkammer die armen Poeten und andere Habenichtse), ließ sich ebenso verschmerzen wie der Umzug auf die andere, dem Stadtzentrum abgelegene Seite des Potsdamer Bahnhofs. Im Gegenteil, Fontane gewann dadurch auch Distanz zum alten Umfeld *Kreuzzeitung*, Kriegsministerium und Herrenhaus sowie größere Nähe zum Tiergarten, einem der bevorzugten Aufenthaltsorte im Alter. Der Umzug sollte der letzte sein.[52]

Mit Wohnort und Arbeitgeber bildete sich in den frühen 1870er Jahren auch ein Arbeits- und Lebensrhythmus heraus, an dem sich bis zum Schluss nicht mehr viel änderte. Während der Spielzeit wurde der Arbeitsalltag durch die wöchentlichen Theaterbesuche und Arbeiten an den Kritiken strukturiert. Zwischen den Theatersaisons fuhr Fontane auf Sommerfrische oder Kurreisen an die Ost- und Nordsee, in den Harz oder ins Schlesische Riesengebirge. Dem ersten zweiwöchigen Aufenthalt im Hotel Zehnpfund in Thale im

Mai 1868 sollten viele weitere folgen, ebenso wie den Sommerreisen nach Warnemünde 1870 und 1871 (in Hübner's Hotel) oder den Aufenthalten in Hermsdorf (August 1869), Neuhof und Krummhübel (Juli 1872). Meist sind die Reisen mit Besuchen von in der Gegend wohnenden Bekannten verbunden, bei denen Emilie oder Martha teilweise monatelang blieben. Die Reisen dienten auch der Erholung («Nerven-Wiederherstellung» nach periodisch auftretender «totaler Nervenpleite»[53]), aber vor allem der Arbeit: Fontane hat die Zeit genutzt, um hier sowohl seine größeren literaturkritischen Essays als auch die meisten seiner Romane zu schreiben. Dass Fontanes erste Romane auch ein Therapeutikum von den Kränkungen des Staatsdienstes waren, scheint in dieser spezifischen Kombination von Arbeit als Erholung auf.

Fontanes neuer Arbeitgeber, die *Vossische Zeitung*, war mit einer Auflage um die 20 000 Exemplare zwar nicht die auflagenstärkste, aber die traditionsreichste der Berliner Tageszeitungen (erste Spuren reichen bis 1617 zurück, 1721 erschien sie erstmals mit königlichem Privileg).[54] Mit seiner Anstellung reihte sich Fontane in eine renommierte Journalisten- und Literatentradition ein, die bis auf Gotthold Ephraim Lessing, Christlob Mylius oder Karl Philipp Moritz zurückgeht. Im gesamten 19. Jahrhundert war die *Vossische* die erste Zeitung des gehobenen Berliner Bürgertums. Moderat liberal, wurde sie als «Tante Voss» halb geliebt und halb verspottet, aber immer saß sie mit am Tisch. In Karikaturen erschien sie als alte Frau mit Schürze und Besen, aber zugleich haben in den 1840er Jahren in der *Vossischen* Buchhandlung mit Bernhard Wolff und Julius Reuter immerhin die beiden schnell zu Weltmarktführern aufgestiegenen Gründer telegraphischer Nachrichtenagenturen ihr journalistisches Handwerk gelernt. 1850 wurde Carl Robert Lessing Mitinhaber und Herausgeber der Zeitung und blieb dies über Fontanes Tod hinaus. Dieser, bald nur noch «Zeitungs-Lessing» genannt, war ein Großneffe des berühmtesten deutschen Aufklärungs-Literaten und sah diese Genealogie durchaus als Verpflichtung an. Seinen einzigen Sohn nannte er ebenfalls Gotthold Ephraim.

In der Zeit von Fontanes Anstellung emanzipierte sich mit dem expandierenden Pressemarkt auch die alte «Tante Voss» zur modernen liberalen Großstadtzeitung. Der Umfang einer Einzelausgabe hatte sich seit den 1850er Jahren verdreifacht, seit 1866 erschien eine gesonderte Sonntagsbeilage – wichtigstes Format für die Publikation längerer literaturkritischer Arbeiten oder von Fortsetzungsromanen. Ab dem 1. Oktober 1875 kam die *Vossische* zwei Mal täglich in Morgen- und Abendausgabe heraus, und zusammen mit dem Handels- und Anzeigenteil wuchsen auch die Redaktionsräume in der Breitestraße in Berlin-Mitte.[55] Die *Vossische* konnte ihre Stellung auch bei aller Konkurrenz durch die neuen «Generalanzeiger»-Zeitungen wie Rudolf Mosses *Berliner Tageblatt* (ab 1871), Leopold Ullsteins *Berliner Zeitung* (ab 1877) oder August Scherls *Berliner Lokal-Anzeiger* (ab 1883) behaupten, die mit einer Mischung von Lokaljournalismus, Werbeanzeigen und Unterhaltung bis dato unerreichbare Auflagenzahlen weit über der 100000er-Marke erzielten. Ihre allerbeste Zeit erlebte die *Vossische* dann in den 1920er Jahren, nachdem sie von Leopold Ullstein übernommen worden war und mit täglich 60000 Exemplaren ihre höchste Auflage erreichte, bevor sie im Nationalsozialismus als liberales und demokratisches Blatt und wegen ihrer jüdischen Inhaber und Mitarbeiter sofort ins Visier geriet. Am 31. März 1934 erschien die letzte Ausgabe, am 10. Juni desselben Jahres wurde die Ullstein AG an die anonyme Cautio GmbH, eine Tarngesellschaft der NSDAP, zwangsverkauft.[56]

Fontane war als Autor zuerst 1856 von der Centralstelle für Preßangelegenheiten als offiziöser Korrespondent an die *Vossische* vermittelt worden. Die Zeitung hatte ihm seinerzeit ausdrücklich nur einige feuilletonistische Arbeiten abgenommen und auf politische Beiträge des Regierungsjournalisten dankend verzichtet. 1859 ist sein schottischer Reisebericht zu einem guten Drittel bei der *Vossi-*

schen erschienen. Warum das Blatt im Sommer 1870 bei der schon lange absehbaren Neubesetzung der Stelle des Theaterreferenten am Königlichen Schauspielhaus, die seit 1823, also einer mindestens vorvorgestrigen Epoche, der inzwischen 84-jährige Friedrich Wilhelm Gubitz innehatte, ausgerechnet auf den *Kreuzzeitungs*-Mann Fontane kam, ist eine offene Frage.

Dass ihm die Stelle durch das «überraschende» Ableben von Gubitz wie aus dem Nichts zugeflogen sei und er nur zuzugreifen brauchte, wie es Fontanes nur fragmentarisch vorliegende Notizen über diese Zeit suggerieren, darf man wie bei der Akademiestelle füglich bezweifeln. Allerdings liegen für die Anbahnung der Stelle bislang keine Dokumente vor, und Fontane war in den mehr als zehn Jahren seit seiner letzten Veröffentlichung von 1859 praktisch nur im Anzeigenteil der *Vossischen* präsent, wo das Kultusministerium und der Hofdrucker Decker ihre Annoncen für seine *Wanderungen* und Kriegsbücher schalteten.[57]

In den Berliner Journalistenzirkeln, ohnehin damals wie heute sehr klatschsüchtig, war Fontanes Vergangenheit natürlich bekannt. Ehemalige Londoner Emigranten wie Eduard Meyen, Redakteur der *Berliner Reform* und der *Danziger Zeitung* sowie Mitglied des *Vereins Berliner Presse*, hatten seine dortige Tätigkeit als «Regierungs-Schweinehund» nicht vergessen. Auch Fontanes neuer Chef bei der *Vossischen*, Herausgeber Carl Robert Lessing, kannte dessen ganze Geschichte, da ihm der Autor ja in den 1850er Jahren direkt von der Pressestelle angedient worden war.

Dementsprechend verlief der Wechsel auch alles andere als reibungslos. Anlässlich eines Verrisses seines Stückes *Der Gefangene von Metz* in einer von Fontanes ersten Theaterkritiken beschwerte sich Karl Gutzkow beim Chefredakteur der *Vossischen* Hermann Kletke, «daß der ehemalige Kreuzzeitungs u. Preßbüreau-Mitarbeiter» Fontane in dem «liberalen Organ als Denunciant» auftreten darf.[58] Der erboste Gutzkow legte kurze Zeit später in der überregionalen Augsburger *Allgemeinen Zeitung* noch einmal nach, indem er

Fontane als «Streber» der regierungsnahen Kreise in eine Reihe mit dem Lieblingsdichter des Hofes Friedrich Scherenberg und dem Lieblingsdichter des Adels George Hesekiel stellte.[59]

Im «alten Lager» der *Kreuzzeitung* als Abtrünniger verrufen, «im neuen» Lager der Vossin «mißtrauisch angeglupt», schilderte Fontane 1873 gegenüber Ludovica Hesekiel, der Tochter seines ehemaligen Redaktionskollegen, seine Lage zwischen den Stühlen.[60] Noch mehrere Jahre lang kann man Fontane beim Lavieren zuschauen angesichts der Herausforderung, das für die Neupositionierung schädliche Streber-Image loszuwerden, ohne das Publikum der *Kreuzzeitung* gänzlich zu verprellen, das er für die *Wanderungen*, die Kriegsbücher und das immer wieder aufgeschobene Projekt des «vaterländischen Romans» brauchte. Auch die 400 Taler Grundsicherung von der Pressestelle, die weiterhin die Kosten für ein Dach über dem Kopf und Wärme im Winter sicherten und beinahe genauso hoch waren wie das Anfangsgehalt bei der *Vossischen*, waren ein nicht zu vernachlässigender Faktor.

Mit Sicherheit berücksichtigen muss man bei diesen Fragen, dass die Kritikerposten bei der *Vossischen* streng nach Theatern getrennt waren und Fontane sozusagen halb zur Zeitung und halb zum Königlichen Schauspielhaus gehörte. Das Theater stand wie die Akademie der Künste unter königlich-kaiserlicher Kuratel und unterschied sich in dieser Hinsicht gar nicht so sehr von dieser. Wie die Akademie hatte es zuallererst repräsentative Aufgaben als patriotische Erziehungs- und Erbauungsanstalt für das Berliner Publikum. Warum sollte sich die *Vossische* nicht jemanden holen, der sich in den regierungs- und hofnahen Kreisen bestens auskannte, dessen schriftstellerische Arbeiten und Fachexpertise, etwa durch seine Schriften über das Londoner Theater, aber zugleich versprachen, dass er nicht das eigene Zeitungspublikum durch bloße Propaganda verprellen würde? Hat man nur aus Pietätsgründen bei der Neueinstellung das Ableben des alten Gubitz abgewartet? Schließlich sprach für Fontane auch der willkommene Nebeneffekt, dass man ihn nebenbei für die Besprechung der am Wochenende als Ergänzung zum Gottesdienst der hugenottischen Gemeinde gegebenen französischsprachigen Stücke im Nebensaal des Schauspielhauses einsetzen konnte (das Theater befand sich im Schinkel-Bau direkt neben dem Französischen Dom am Berliner Gendarmenmarkt).

Der Anton von Werner des Königlichen Schauspielhauses hieß Botho von Hülsen. Hülsen hatte zwar keine Ahnung von Theater, stammte dafür aber aus altadliger Familie und war ein Liebling des Kaisers, seit er gemeinsam mit dem «Kartätschenprinzen» 1849 die Dresdener Revolution niedergeschlagen und nebenbei noch kleinere Stücke zur Truppenmotivation verfasst hatte. 1851 war er zum Generalintendanten der Königlichen Schauspiele ernannt worden, zu denen neben dem Schauspielhaus am Gendarmenmarkt auch die Königliche Oper Unter den Linden gehörte. Wie Werner auf dem Gebiet der Kunstpolitik wehrte Hülsen auf dem Theater rigoros jede ästhetische Neuerung ab, vor allem das realistische oder gar naturalistische moderne Drama aus Frankreich, Skandinavien oder Russland.

Im krassen Kontrast zum Weltstadtanspruch der neuen Reichshauptstadt wurde, abgesehen vom eingemeindeten Shakespeare, nur deutsche Hausmannskost gegeben: Klassikerinszenierungen von Lessing und Goethe bis Schiller und Kleist (aber keine antiken Klassiker), für die das Königliche Theater ein Aufführungsmonopol hatte, sowie die ganze Palette von Historiendramen, in denen der Reichsgründungsmythos und die angebliche Erbfeindschaft zu Frankreich in alle Phasen der Geschichte zurückverlegt wurde – meist bis auf 1813 und die Napoleonische Zeit (Paul Heyse: *Kolberg*, 1870), aber auch bis zu Richelieus Intrigen im «deutschen» Lothringen des Dreißigjährigen Krieges (Karl Koberstein: *Um Nancy*, 1873) oder auch zur Gefangennahme und Hinrichtung des letzten Stauffers Konradin durch Karl von Anjou in Neapel im 13. Jahrhundert (Hans Herrig: *Konradin*, 1884). Naturgemäß hoch im Kurs standen zudem Hohenzollernstoffe aller Art, die von Autoren wie Gustav Gans Edler Herr zu Putlitz oder Ernst von Wildenbruch in Serie dramatisiert wurden. Damit die Elogen auf das neue Kaiserreich im historischen Gewand auch wirklich von jedem verstanden wurden, wurden die Stücke durch hymnische Prologe eingeleitet, die von den für Propaganda-Inschriften und Festgedichte zuständigen Mitarbeitern der Königlichen Akademie der Künste geliefert wurden. Zwischen den Akten lief Marschmusik wie *Die Wacht am Rhein* («Es braust ein Ruf wie Donnerhall») oder das *Preußenlied* («Beherrsche uns ein König stark und mild / Und jedes Preußen Brust sei ihm ein Schild!»).[61]

Der europäisch bewanderte dänische Literaturkritiker Georg Brandes, der von 1877 bis 1883 in Berlin lebte und den Fontane sehr schätzte[62], berichtete am 22. Januar 1878 seinen Kopenhagener Lesern über den Zustand des Schauspielhauses unter Hülsens Intendanz: «Während in Wien Burg- wie Stadttheater durch ein reiches Repertoire und ganze Gestirne tätiger Talente glänzen, ist das Schauspielhaus unter der Leitung Herrn von Hülsens zu einem derart traurigen Guckkasten verkommen, wie er daneben nur in ehrbaren Provinzstädten vorzufinden ist.» Zwar gebe es durchaus Akteure mit Talent, wenn jedoch das Resultat «verhältnismäßig und oftmals absolut miserabler als in Dänemark ist, liegt es an der Direktion, die keine vier Wochen in einem Land geduldet würde, wo sich die öffentliche Meinung gegenüber den Schrullen des Monarchen Geltung zu verschaffen wagte. In Deutschland opponiert man nicht gegen eine Willensäußerung Kaiser Wilhelms; man läßt die Vernunft vom Gehorsam gefangennehmen. Und so hat ein alter verstaubter Höfling, ein abgedankter Militär, der [...] nicht den leisesten Schimmer von Kunst hat, ein Herr von Hülsen [...] die Erlaubnis erhalten, das Nationaltheater nach seinem Bilde zu formen – und es gibt nicht die geringste Hoffnung auf seinen Abschied, bevor nicht der Tod ihn oder den Kaiser ereilt.»[63]

Fontane hat nach Hülsens Tod 1886 in seinem Nachruf für die

Vossische Zeitung den Verstorbenen pflichtschuldigst gegen alle Vorwürfe verteidigt und dessen Intendanz über den grünen Klee gelobt. Zugleich aber liest sich der letzte Satz seines Nachrufs wie ein bestätigender Kommentar auf Brandes' und vieler anderer Verzweiflung über die Hülsen'sche Stagnationsepoche am Schauspielhaus. Hülsen habe ihm, schließt Fontane seinen Nachruf, noch kurz vor seinem Tod «mit wenig Worten Vielsagendes äußernd» mitgeteilt, wie der Kaiser ihn nach einem ersten Schlaganfall zur Audienz gebeten habe, um ihn mahnend aufzumuntern: «Seien Sie gesund, Hülsen, ich wünsche keine Änderung mehr zu erleben!»[64]

Während seiner zwanzigjährigen Anstellung hat Fontane rund 700 Aufführungen am Schauspielhaus gesehen und knapp 650 Theaterrezensionen verfasst.[65] Seine Kritiken schrieb er meist zu Hause. Als sich 1875 mit der Einführung der Morgenausgabe der *Vossischen* die Produktionsrhythmen beschleunigten, begab er sich manchmal auch direkt nach der Vorstellung noch in die nahegelegene Redaktion, um seinen Text dort zu verfassen. Oder Emilie oder die Kinder mussten die fertigen Besprechungen nachts um 2 Uhr mit der Droschke in die Druckerei bringen.[66]

Literaturgeschichtlich relevante zeitgenössische Stücke konnte Fontane erst nach seiner Pensionierung im Jahr 1889, als er nicht mehr an das Königliche Schauspielhaus gebunden war, besprechen (da er es doch nicht so lange aushalten konnte, erbat er sich bereits ein gutes Jahr zuvor eine Ausnahmegenehmigung für zwei Ibsen-Aufführungen). Heute noch gespielte Dramen von Henrik Ibsen, Gerhart Hauptmann oder August Strindberg wurden damals nur an den sich erst mit der Freigabe für Theaterkonzessionen in der Gewerbeordnung von 1869 allmählich entwickelnden unabhängigen Berliner Theatern wie dem 1883 gegründeten Deutschen Theater oder der 1889 ins Leben gerufenen Freien Bühne inszeniert.

Bis 1889 musste Fontane aus einem künstlerisch weitgehend wertlosen Gegenstand das Beste machen. Sein Ausweg bestand in der einfachen Faustregel: Wenn schon das zu Besprechende nicht originell ist, müssen es wenigstens die Besprechungen sein. Einstimmig bescheinigten ihm die Stars unter den Kritikerkollegen wie Paul Schlenther, Otto Brahm oder Alfred Kerr – allesamt eine bis anderthalb Generationen jünger als Fontane und dessen glühende Verehrer –, dass er einen erfrischend neuen Ton in die Theaterkritik eingeführt habe und es ihm so gelungen sei, das Theater zum Teil des öffentlichen Diskurses einer urbanen Stadtkultur gemacht zu haben.

Fontanes an Heinrich Heine und der *Times* geschulter Feuilletonstil geht in seinen Kritiken mit seiner in unzähligen *Tunnel*-Sitzungen eingeübten Schlagfertigkeit eine Gegenstand und Gattung angemessene, geglückte Synthese ein. Anschaulichkeit, Wortwitz, überraschende und pointierte Vergleiche, vermeintlich abschweifende, tatsächlich aber den Kern der Sache treffende Anekdoten kennzeichnen seine Rezensionen. Dem immer noch in den meisten Kritiken vorherrschenden Ton gelehrter Literaturabhandlungen des höher berufenen Kunstrichters stellte er schnoddrige Entakademisierung und Pathos-Reduktion entgegen (die Aufführung «wirkt [...] wie eine matte Limonade»[67]). In der Urteilsfreudigkeit seiner Kritiken sah Fontane selbst eines seiner Erfolgsrezepte: «Ich habe mich nie für einen großen Kritiker gehalten, aber doch muß ich, für natürliche Menschen, mit meinen Schreiberein ein wahres Labsal gewesen sein, weil doch jeder die Antwort auf die Frage ‹weiß oder schwarz›, ‹Gold oder Blech›, daraus ersehn konnte.»[68] Gleichzeitig wird das eigene Urteil meist subjektiviert und relativiert, indem auf die Stimmungsabhängigkeit, Zeitgebundenheit und Performativität der Rezensenten-Tätigkeit hingewiesen wird: «Ich kam etwas zu spät.»[69]

Gut lesbar und dialogisch die Erfahrungswelt der Leserinnen und Leser der *Vossischen Zeitung* ansprechend, wollten Fontanes Kritiken im doppelten Wortsinn unterhaltend sein. Im Stil von Reportagen wird das Publikum in die Welt des Theaters eingeführt. Wie bei seinen Expeditionen in die märkische Provinz hatte Fontane auch im Theater stets ein Notizbuch dabei, in dem er seine Eindrücke festhielt. Als Schriftsteller ist er dabei vor allem an Fragen der Theaterpraxis interessiert: Er erzählt, wie ein Stück gemacht ist, geht auf die schauspielerische Darbietung und Regietechniken ein und beschreibt detailliert Ausstattung, Bühnenbild oder Kostüme. Hinzu kommen Schilderungen der Atmosphäre wie etwa der Zusammensetzung und Stimmung des Publikums. Und meist werden die Kritiken mit Reflexionen zum Aufführungsanlass, dessen politischem Kontext und dem Zusammenhang mit aktuellen Themen des städtischen Diskurses verbunden.[70]

Mit Humor, Ironie und Satire begegnete er der allgegenwärtigen hohlen Klassikerverehrung und nationalen Selbstbeweihräucherung am Königlichen Schauspielhaus: «Vor einem Publikum, in dem das Freibillet und die Dankbarkeit vorherrschten, ging am Sonnabend die Goethesche ‹Iphigenie› neu in Szene», beginnt Fontane etwa seine Besprechung vom 9. Mai 1874. Die auf hohe Kunst gestimmte Veranstaltung wird von Anfang an durch das Bildfeld des Gottesdienstes ironisch gebrochen. Vierzehnmal («wenn wir richtig gezählt») sei die Hauptdarstellerin zum Applaus zurück auf die Bühne gerufen worden – «ein Triumph, an dem nicht mitwirken zu können, wir das Verdienst – und die Verlegenheit hatten. Denn, wie es verlegen macht, in katholischen Kirchen, wenn alles niederkniet, aufrecht stehen zu bleiben, so macht es auch verlegen, inmitten von Enthusiasten in Nüchternheit zu verharren.»[71] Die allgemeine Begeisterung über die Hauptdarstellerin wird durch eine Beschreibung ihres Auftritts in photographischer Außensicht und Nahaufnahme konterkariert: «Frau Erhartt [...] als Iphigenie [...] schreitet die Tempelstufen hinab; der Gürtel und die Doppelspangen leuchten, und um den Reifen im Haar legt sich ein grüner Zweig. Nun spricht sie. Der feine Gemmenkopf belebt sich mehr und mehr, die Arme steigen auf und nieder, die Wimpern tun ein Gleiches, und melodisch treffen wohlbekannte Worte unser Ohr.» Schließlich wird die Klassikerinszenierung an ihrem eigenen Zweck gemessen

(«Ein solcher Iphigenien-Abend soll eine Art ‹Kultus› sein», «sittlich aufbauen», «ethisch und ästhetisch erziehen»), jedoch selbst in dieser Hinsicht für unzulänglich erklärt: «Meinetwegen», gesteht der Kritiker betont lustlos zu, aber selbst dann gelte: «*So* geht es nicht.»[72]

Eine andere Vergleichsebene wählt Fontane 1873 für seine Besprechung von Rudolf von Gottschalls Stück *Herzog Bernhard von Weimar*, das in die Kategorie der patriotischen Dutzendware der historischen Ritter- oder Mantel-und-Degen-Dramen fällt, in denen immer das gleiche Lied von der deutschen Kulturüberlegenheit gesungen wurde. «Nicht nur Trauerspiel, sogar geschichtliches Trauerspiel! So besagt der Zettel», studiert der Rezensent mit gespielter Neugier das Programm, um dann fortzufahren: «Warum auch nicht? Wir sehen Kürassiere und Dragoner, alte Bekannte aus ‹Wallensteins Lager›, das Rautenbanner flattert im Winde, die Schärpen sind grün und weiß, Bernhard siegt, liebt und wird vergiftet, und im Hintergrunde erhebt sich ein gotischer Turm, der *vielleicht* der Turm von Alt-Breisach ist.» Genauer besehen bleibe das alles aber bloße beliebige historische Kulisse und Kostüm («Klapphut und Reiterstiefel»), und entgegen der angekündigten Gattungsbezeichnung lasse sich der Gehalt des Stückes auch auf den Ablauf einer Sauf- und Spritztour eines beliebigen Berliner Stammtischvereins am Sedantag mitsamt Liedgut reduzieren: «Das ganze Stück ist eine dramatisierte Turner- und Sängerfahrt mit aufgelegtem Fäßchen und Redeprogramm. Erste Nummer (Festrede): Gott schuf den *Deutschen* und freute sich. Zweite Nummer: ‹Sie sollen ihn nicht haben.› Drittens: ‹O Straßburg.› Viertens: ‹Die deutsche Maid.› (Deklamation unter gütiger Mitwirkung einer Blondine). Fünftens: Wiederholung der Festrede. Zu gütiger Beachtung: Rückfahrt 9½; der Zug hält bei Station Finkenkrug.»[73]

Manchmal aber half auch aller Humor nicht, und Fontane musste seinem Chefredakteur mitteilen, dass es beim besten Willen nicht ging. Nach einer Aufführung der *Cleopatra*, eines Stücks des als

Bühnenautor dilettierenden Mitglieds der Königsfamilie Prinz Georg von Preußen, in dem der bombastische Anspruch des historischen Stoffes mit der in allen erdenklichen Hinsichten unzulänglichen ästhetischen Gestaltung zu arg kontrastierte, schrieb Fontane im März 1871 an Kletke: «Pflichtgemäß war ich heute (Freitag) Abend im Theater, um mir die prinzliche ‹Cleopatra› anzusehen. Es war in *jedem* Sinne kümmerlich, Blech nach Inhalt, Form, Darstellung. Sie werden also damit einverstanden sein, daß ich über solche Leistung schweige.»[74] Kletkes Einverständnis konnte Fontane umso mehr voraussetzen, als auch dieser den zu erwartenden Skandal eines Totalverrisses eines dichtenden Hohenzollern würde vermeiden wollen.

Wie er es bei seinen Lokalreportagen für die *Wanderungen durch die Mark Brandenburg* erfolgreich praktizierte, suchte auch der Theaterkritiker Fontane die ständige Interaktion sowohl mit dem Publikum als auch den Akteuren der Theaterszene. Er führte Korrespondenzen mit Schauspielerinnen und Schauspielern und den Leserinnen und Lesern der *Vossischen*, in denen er seine Urteile erläuterte – oder auch widerrief. Bei der Schauspielerin Paula Conrad entschuldigte sich Fontane einmal, dass er sie in einer Rezension mit dem Attribut «reizend» belegt hatte, was diese sich verbat. «Reizend» sei wirklich ein dummes Wort, gab Fontane geknickt zu, «das Sie in seinem Nichts, in seiner Phrasenhaftigkeit ganz richtig erkannt und sich mit Recht darüber geärgert haben». Er könne den Fauxpas nur mit dem Zeitdruck erklären, unter dem er seine Kritiken schreiben müsse, und um Verzeihung bitten.[75]

Sein über den Broterwerb hinaus wichtigstes Ziel hatte Fontane mit seinen Theaterkritiken bald erreicht. Das Kürzel «Th.F.», mit dem seine Beiträge gezeichnet waren, wurde neben dem «vaterländischen Dichter» von Balladen, Wanderungen und populären Kriegsbüchern zu seinem neuen, urbanen und metropolitanen Markenzeichen. Unter diesem war er stadtbekannt und schaffte es Anfang der 1880er Jahre sogar auf die Spitzenposition des Titelblattes einer Publikation über «Berliner Theaterkritiker»: Sein Konterfei prangte dort ganz oben in zentraler Position, größer als das aller anderen zeitgenössischen Kritikergrößen wie Paul Lindau, Oscar Blumenthal, Fritz Mauthner und Karl Frenzel.

So wie die Arbeit bei der *Kreuzzeitung* für seine *Wanderungen* und *Kriegsbücher*, diente ab nun das *Vossische* Theaterreferat als Operationsbasis für seine kommenden Romane. Von hier aus knüpfte Fontane Kontakte zu potenziellen Zeitschriftenherausgebern und Verlegern und hielt sich über Klatsch und Tratsch der hauptstädtischen Kulturszene auf dem Laufenden, was ihm nicht zuletzt den immer benötigten Stoff lieferte. Zum Teil wandert er als zeithistorisches Kolorit direkt in Fontanes Romane ein, wenn beispielsweise Manon von Poggenpuhl sich nach der Verlobung der Schauspielerin Paula Conrad erkundigt oder Pastor Lorenzen im *Stechlin* für die «schwedische Nachtigall» Jenny Lind, einen international gefeierten Theater- und Opernstar seiner Jugend, schwärmt und sich ihr Porträt wie das eines Popstars an die Wand hängt.[76]

Darüber hinaus werden in seinen Romanen Theateraufführungen zu einem allgegenwärtigen Repertoire mit symbolischer Bedeutungsfunktion. In *Vor dem Sturm* stellt eine französische *Guillaume-Tell*-Aufführung die Verbindung zwischen der Zeitstimmung im Vorfeld der Befreiungskriege von 1813 und Französischer Revolution her, während welcher der Tell-Stoff vom erfolgreichen Widerstand gegen fürstliche Tyrannei ebenfalls zu einem nationalen Befreiungsmythos wurde. Die Besprechung der Inszenierung von Schillers *Wilhelm-Tell*-Drama am Königlichen Schauspielhaus im Zeichen der Mobilmachung für den Krieg gegen Frankreich im August 1870 wiederum war Fontanes allererste Theaterkritik für die *Vossische Zeitung*.

In *Schach von Wuthenow* werden die Vorgänge um die Aufführung des Luther-Dramas *Die Weihe der Kraft* am Berliner Königlichen Schauspielhaus vom Juni 1806 zur Signatur für die im Roman thematisierte spätabsolutistische Schlussphase des preußischen

Ancien Régime, das dann wenige Monate später in der Schlacht von Jena und Auerstedt militärisch untergegangen ist. Die Absicht des königlichen Theaters, mit der pompösen Inszenierung und Luther als nationalem Heros die patriotische Trommel für den Kriegseintritt Preußens auf Seiten der antinapoleonischen Koalition zu rühren, wurde dadurch konterkariert, dass Offiziere der ebenfalls königlichen Leibgarde in Luther-Verkleidung pennälerhaft «johlend, trinkend und Karte spielend» eine sommerliche Schlittenfahrt Unter den Linden organisierten – inklusive «unzüchtiger Nonnen» und einer «Hexe als Äbtissin». Fontane konnte für seine Literarisierung die historischen Zeugnisse über die Vorgänge praktisch eins zu eins übernehmen.

Während die Theaterkritik und die Kunstkritik sich vor allem auf der Ebene der Romanhandlung niederschlagen, diente die Literaturkritik – als das dritte Gebiet seiner Neupositionierung als Kulturjournalist – Fontane immer auch zur poetologischen Selbstverständigung über die Gattung. Seine drei großen literarkritischen Essays über Walter Scott und Willibald Alexis von 1871 und 1872 (beide in Julius Rodenbergs *Salon für Literatur, Kunst und Gesellschaft*) sowie über Gustav Freytags sechsbändigen Romanzyklus *Die Ahnen* (1875 in der Sonntagsbeilage der *Vossischen Zeitung*) gelten als wichtigste programmatische Vorarbeiten für Fontanes ersten Roman.

Neben dem nicht zu verachtenden Honorar von jeweils über 100 Talern dienten sie ihm auch als Eintrittskarte für die neuen Literaturzeitschriften, in denen dann seine späteren Romane erscheinen. Als Fontane seine erste Literaturkritik bei Julius Rodenberg, der als neuer Autor- und Herausgebertypus schnell zum wichtigsten und renommiertesten Akteur des Berliner Kulturbetriebs aufstieg, einsandte, verband er dies mit der Bitte, alljährlich eine große literaturkritische Arbeit für den *Salon* liefern zu dürfen: «Man kann seine Visitenkarte an keiner beßren Stelle abgeben.»[77] «Sie sind ‹just the right man in the right place›», umgarnte Fontane

Rodenberg im Juni 1874 noch einmal in Anspielung auf die gemeinsame englische Vergangenheit – Rodenberg hatte sich wie Fontane in den 1850er Jahren mehrheitlich in England aufgehalten.[78] Bis dieser Fontane einige Romane zum Vorabdruck in seiner *Deutschen Rundschau* abnahm, sollte es zwar noch fast zwei Jahrzehnte dauern, aber immerhin war Fontane eingeführt, und Rodenberg veröffentlichte in seiner *Rundschau* sogar eine der ersten ausführlicheren Rezensionen von Fontanes Debüt *Vor dem Sturm*. Fontane rezensierte im Gegenzug für die *Vossische Zeitung* Rodenbergs Hugenotten-Roman *Die Grandidiers. Ein Roman aus der französischen Colonie* (1878).

Literaturkritiken verfasste Fontane in den 1870er Jahren zudem für die von Paul Lindau ab 1871 herausgegebene Wochenzeitung *Die Gegenwart*, die sich von den traditionellen Familienzeitschriften durch ein ambitionierteres literarisches Programm und eine urbanere Aufmachung unterschied. Wie keine andere Zeitschrift verkörperte die *Gegenwart* den Kulturmetropolenanspruch der neuen Reichshauptstadt. Lindau selbst war als ehemaliger Angestellter des *Wolff'schen Telegraphenbureaus* durch Vermittlung Rodenbergs nach Berlin gekommen und dort als Feuilletonist, Dramenautor und Theaterkritiker zu einer der angesehensten Größen im Kulturbetrieb der Gründerzeit und einer Art «Bismarck des Literaturbetriebs» aufgestiegen. Auch Lindau sollte Fontane später dessen Romane abnehmen, und wie Rodenberg verfasste Lindau eine Rezension zu *Vor dem Sturm* (in Bismarcks Hausblatt *Norddeutsche Allgemeine Zeitung*). In Lindaus *Gegenwart* erschien zudem eine ausführliche Besprechung des Romans von Fontanes Kollegen Ludwig Pietsch.[79]

Unter den der *Gegenwart* angebotenen Beiträgen finden sich auch zwei der ganz wenigen zur Veröffentlichung vorgesehenen Stellungnahmen Fontanes zu den politischen Debatten der Gründerzeit. In seinem als Literaturkritik getarnten Gambetta-Essay von 1877 verteidigt er den Organisator des republikanischen Widerstands gegen die vorherrschende Sichtweise der deutschen Überlegenheit als klugen und weitsichtigen Politiker. Fontane hat seinen Essay sicherheitshalber nur unter Pseudonym («Péquin») publiziert. Und mit einem 1879 der *Gegenwart* angebotenen Artikel *Adel und Judenthum in der Berliner Gesellschaft* wollte Fontane Stellung zum immer aggressiver auftretenden Antisemitismus beziehen, wie er aus den Kreisen um den Hofprediger Adolf Stöcker, der *Kreuzzeitung* und auch von einigen Professoren der Berliner Universität propagiert wurde. Der Artikel sei, was man von einem ehemaligen *Kreuzzeitungs*-Mann vielleicht nicht erwarten werde, «ziemlich anti-adlig und sehr judenfreundlich abgefaßt», erläutert Fontane in seinem Begleitschreiben.[80] Der Entwurf, den Fontane dann doch nicht publiziert hat, schließt mit der Feststellung, dass das «Beste, was wir haben», sich bei den jüdischen Bürgern Berlins finde: «das Enge, das Provinziale ist abgestreift. Große Interessen werden verhandelt, der Blick hat sich erweitert, es geht über die Welt. Die Sitten sind verfeinert, geläutert, gebessert [...] statt der Pferdeställe werden Observatorien gebaut und statt der Ahnenbilder in Blau u. gelb und roth hängen die Werke unser Meister in Zimmern und Galerien.» Zwar mag der Staat aus Sicht der alten Herrschaftseliten dadurch verloren haben, aber: «die Welt hat gewonnen.»[81]

Allerdings blieben das versprengte Ausnahmen. Mit öffentlichen Stellungnahmen zu politischen Themen hielt sich Fontane weiter auffallend zurück. Sein Medium des zeitdiagnostischen politischen Kommentars wird stattdessen neben der nicht öffentlichen Privatkorrespondenz die fiktionale Form des Romans.

HISTORISCHER ROMAN UND ZEITKRITIK: STURM – STORCH – SCHACH

In seiner Rezension von Gustav Freytags Roman-Tetralogie *Die Ahnen* von 1875 stellte Fontane für sich selber und für das Publikum der *Vossischen Zeitung* noch einmal die Aufgaben des realistischen Romans klar: Dieser solle «uns eine Welt der Fiktion auf Augenblicke als eine Welt der Wirklichkeit erscheinen» lassen.[82] Darüber hinaus habe der realistische Roman aber auch, wie alle relevanten und «epochemachenden» Erzählwerke der jüngeren Zeit, ein «moderner Roman» zu sein. Er solle «ein Bild der Zeit sein, der wir selber angehören», mindestens aber solle er «die Widerspiegelung eines Lebens, an dessen Grenze wir selbst noch standen oder von dem uns unsere Eltern noch erzählten», bieten. Alle anderen Romangattungen wie der «historische Roman» oder der «romantische Roman» seien als Tummelfeld «rückwärts gewandter Naturen» in Ausnahmefällen auch lesbar, aber: «Die Mehrzahl der geschichtlichen Romane ist einfach ein Greuel», stellt Fontane mit Blick auf die unzähligen historischen Romane fest, die nach 1871 den literarischen Markt fluteten und das Pendant zu dem «patriotischen Blech» der Ritter- und Historiendramen darstellten, die er Woche für Woche auf dem Theater zu besprechen hatte.[83]

Nach Fontanes Gattungsbestimmung zählt auch ein Roman wie Walter Scotts *Waverley* zum «modernen Roman», weil darin ein realistisches Zeitbild der nur sechzig Jahre zurückliegenden erzählten Zeit gegeben werde, nicht aber Gustav Freytags Ahnengalerie seit der Germanenzeit, wo die Germanen als bloße Projektionsfläche des «Zauberprofessors» dienten.[84] Auch Fontanes kurz darauf folgendes eigenes Romandebüt *Vor dem Sturm* oder die unmittelbar anschließenden Romanprojekte *Storch von Adebar* und *Schach von Wuthenow* wären nach dieser Definition, nicht anders als seine späteren *Gegenwarts*-Romane, «moderne» realistische Romane, auch wenn sie von kürzlich vergangenen Epochen handeln – der Napoleonischen Periode *(Sturm, Schach)* oder der Restaurationszeit unter Friedrich Wilhelm IV. *(Storch)*. Aus dem wechselseitigen Bezug von historisch angemessenem «Zeitbild» der dargestellten Epoche und deren fortwirkenden Kräften in der gegenwärtigen Erfahrungswelt sollen sie ihre Spannung beziehen.

Unmittelbar mit der Aufkündigung des Staatsdienstes beginnt die Geschichte des Romanschriftstellers Theodor Fontane. Noch während er auf die Genehmigung seines Entlassungsgesuchs wartete, immer noch in der Akademie Akten sortierte und die Fahnen des achten und letzten Halbbands seines *Kriegs gegen Frankreich* korrigierte, schloss er im August 1876 mit der konservativen Familienzeitschrift *Daheim* einen Vertrag über 1000 Taler für den Vorabdruck seines ersten Romans ab.[85] So wie die Akademiestelle ein biographisches Scharnier zwischen Regierungsdienst und beruflicher Neuorientierung im Kunst- und Kulturbetrieb ist, so weist auch Fontanes erster Roman *Vor dem Sturm* zugleich weit zurück und weit voraus.

Erste Vorarbeiten unter dem Arbeitstitel «Vaterländischer Roman» gehen laut Tagebuch bis in den Januar 1862 zurück, auch ein Vorvertrag mit Wilhelm Hertz wurde bald darauf geschlossen.[86] Kurz bevor der Auftrag zum ersten Kriegsbuch kam, schrieb Fontane bereits an einzelnen Kapiteln: «Das Buch ist schon aus dem Winter 1863/1864, und ich schrieb abends und nachts die ersten Kapitel [...], während die österreichischen Brigaden unter meinem Fenster vorüberfuhren, und wenn zuletzt die Geschütze kamen, zitterte das ganze Haus».[87] Die periodisch immer wieder aufgenommene Arbeit wurde von nun an für zwölf Jahre durch erneute Kriegsbuch-Aufträge unterbrochen.

Auch der Veröffentlichungsort des Romans verweist in Fontanes Vergangenheit. Die von der preußischen Regierung kofinanzierte Familienzeitschrift *Daheim* stand sowohl redaktionell als auch in Bezug auf die Leserschichten der *Kreuzzeitung* nahe. Mit ihr sollte der erfolgreichsten Familienzeitschrift *Gartenlaube*, der «zersetzende Einflüsse [...] auf Religion und gute Sitte» nachgesagt wurden, ein christlich-konservatives Pendant entgegengestellt werden.[88] Der Vorabdruck von *Vor dem Sturm* in *Daheim* wird Fontanes letzte Publikation in einem Periodikum mit explizit ständisch-konservativer oder hofnaher Programmatik sein. In der *Kreuzzeitung* hat er seit September 1870 nichts mehr veröffentlicht. Die *Wanderungen* erschienen seit 1871 in der *Vossischen Zeitung*, daneben noch bis 1875 im für den Literaturbetrieb belanglosen, aber gut zahlenden *Wochenblatt des Johanniter-Ordens*. Der Schlussband des *Kriegs gegen Frankreich* ist Ende 1876 Fontanes letzte Publikation für den Hofdrucker Decker.

Fontane wollte seinen Roman noch gezielt unter seinem angestammten Markenzeichen «Sänger der Mark» verkaufen und das zahlungskräftige *Wanderungen*-, *Kriegsbücher*- und *Kreuzzeitungs*-Publikum bei der Stange halten. «Ich kenne Barnim und Lebus [die Landkreise, in denen der Roman spielt] und beide werden mir meine Treue lohnen», verspricht er seinem Verleger Hertz in der Erwartung guter Verkäufe. «Es ist *der* Teil unsrer Provinz, wo das meiste Geld und das meiste Selbstbewußtsein [lies: Standesbewußtsein] zu Hause ist. Das giebt ein gutes Publikum. Dazu freut sich jeder, seinen Namen gedruckt zu sehn.»[89] Das in den *Wanderungen* erprobte Erfolgsrezept, dem Publikum Geschichten ihrer eigenen Vorfahren zu verkaufen – im Zentrum von *Vor dem Sturm* steht die literarisch wenig verschlüsselte Familie von der Marwitz aus dem Oderbruch –, sollte auch hier funktionieren. In der Liste mit zu versendenden Rezensionsexemplaren steht *Kreuzzeitungs*-Redakteur Heffter an erster Stelle. In demselben Brief bittet Fontane Hertz, auch Geheimrat Hahn (‹Preß-Hahn›) vom *Literarischen Bureau* ein Exemplar zukommen zu lassen, dem er noch eine persönliche Widmung beilegen würde – als Nebeneffekt ließ sich der Roman so auch noch unter den gelegentlichen Gefälligkeitsdiensten für die 400 Taler «Remuneration» der Pressestelle verbuchen.[90]

Zugleich bat Fontane die «Ritterin und Collegin» Ludovica Hesekiel, die nach dem Tod ihres Vaters George dessen Redaktionsstelle bei der *Kreuzzeitung* übernommen hatte, um eine Besprechung: «Thuen Sie nun was Sie können und seien Sie meines Dankes und meiner Bereitwilligkeit zu kl. liter. Gegendiensten im Voraus versichert.»[91] Fontane legt ihr nahe, sein Werk als «vaterländischen Roman» in der Tradition ihres Vaters, der das Sujet bereits 1862 in seinem historischen Sensationsroman *Stille vor dem Sturm* behandelt hatte, anzupreisen – aber ohne die Parallelen zu diesem zu sehr hervorzuheben, wie er hintersinnig anmerkt. In ihrer rechtzeitig zum Weihnachtsgeschäft 1878 erschienenen Rezension betont Ludovica Hesekiel wunschgemäß: «Was nun die Gesinnung des Werkes anbetrifft, so ist sie brandenburgisch-preußisch, aristokratisch-königlich und christlich, alle diese Bezeichnungen im idealsten Sinne genommen. Es weht eine reine Luft durch diese Blätter, auch vom sittlichen Standpunkt aus.» Auch wenn die drei genannten Gesinnungsattribute im Roman allesamt eher als sehr widersprüchliche Spannungsverhältnisse diskutiert werden, hatte Fontane seinen Zweck erreicht und bedankte sich herzlich.[92]

Tatsächlich hat Fontane mit seiner aus *Kreuzzeitungs*-Tagen erprobten «Kopf- und Schwanz»-Technik mit Anfang und Ende des Romans einen Rahmen aufgespannt, der bei oberflächlicher Erstlektüre Hesekiels Besprechung vollauf zu rechtfertigen scheint. Der Roman beginnt mit der weihnachtlichen Rückreise Lewins von Vitzewitz aus der still verschneiten und von heimeligem Kerzenlicht aus den umliegenden Fenstern sanft beschienenen Klosterstraße in Berlin nach dem väterlichen Gut Hohen-Vietz. Eine gleichsam direkt aus den *Wanderungen durch die Mark Brandenburg* entsprungene Kutschergestalt mit Pfeife und märkisches Platt parlierend, die auch noch Krist heißt, holt den jungen Gutsherrn mit einem von Ponys gezogenen Schlitten ab – weihnachtlicher geht es nicht. Das konnte die *Kreuzzeitungs*-Leserin bedenkenlos jedem auf den Gabentisch legen.

Auch wenn sie sicherheitshalber einen kurzen Blick auf das Ende warf, schien die Luft rein zu sein. Hier wird die auktoriale Erzählebene verlassen, und der wohlvertraute Ich-Erzähler der *Wanderungen* kehrt zurück. Im Hohen-Vietzer Herrenhaus findet er das Tagebuch von Renate von Vitzewitz, der Schwester Lewins. Man erfährt von der glücklichen Ehe Maries und Lewins, der mit seinem Schmiss nun auch zum ordentlichen Mann gereift ist: «Der Säbelhieb über die Stirn kleidet ihn gut; der weiche Zug, den er hatte, ist nun fort; Marie findet es auch.» Das Tagebuch schließt mit dem Entschluss Renates, als Stiftsfräulein ins Kloster Lindow zu gehen, um dort ihr Leben in der Erwartung einer «verklärten Welt» zu beschließen. Auf dem Kirchhof des Stifts Lindow, wohin es auch den Ich-Erzähler nach der Lektüre des Tagebuchs sofort gezogen hat, klingt das Ganze in einem romantisch-harmonisierenden Bild aus: «Und auf einem dieser Grabsteine stand ich und sah in die niedersteigende Sonne, die dicht vor mir das Kloster und die stillen Seeflächen vergoldete. Wie schön! Es war ein Blick in Licht und Frieden. Im Scheiden erst las ich den Namen, der auf dem Steine stand: *Renate von Vitzewitz.*» Von der Klosterstraße zum Rittergut ins Kloster und ins Grab, um dann in der vaterländischen Dichtung vor vergoldet leuchtender märkischer Heimat wiederaufzuerstehen. Nichts zu beanstanden – im Gegenteil.

Um zu merken, dass es sich bei Lewins und Maries Ehe um eine Mesalliance handelt und dass Renate eben noch zum Entsetzen ihrer pietistischen mütterlichen Haushälterin Schorlemmer betont hatte, ihre einzige Heilige Dreifaltigkeit bestehe in Volks- und Aberglauben («Hundertjähriger Kalender»), heidnischen Praktiken («Feuerbesprechen») sowie «Sprüchwörtern und Volksreimen», musste man ja erstmal weitergelesen haben.

Eine ganz andere Lesart gibt Fontane seinem Verleger Hertz mit auf den Weg, als er ihn an denselben Novembertagen 1878 bittet, Rezensionsexemplare an so renommierte Literaturkritiker wie Julian Schmidt von den *Grenzboten*, Ludwig Pietsch von der *Vossischen Zeitung* oder Paul Lindau von der *Gegenwart* zu schicken.

«Das Buch ist der Ausdruck einer bestimmten Welt- und Lebensanschauung; es tritt ein für Religion, Sitte, Vaterland, aber es ist voll Haß gegen die ‹blaue Kornblume› und gegen ‹Mit Gott für König und Vaterland›, will sagen gegen die Phrasenhaftigkeit und die Carikatur jener Dreiheit.»[93] Die «blaue Kornblume» war das Symbol der konservativen und königstreuen Kreise; «Mit Gott für König und Vaterland» war die Devise des vom preußischen König 1813 mit dessen Aufruf «An mein Volk» gestifteten Landwehrkreuzes und zugleich das Motto auf dem Titelkopf der *Kreuzzeitung*. Ausdrücklich weist Fontane darauf hin, dass sich sein Roman von dem «landesüblichen Dutzendprodukt» abhebt, mit dem die antinapoleonischen Kriege des Jahres 1813 neben der Schlacht von Sedan zu den beiden vorherrschenden Gründungsmythen des Kaiserreichs gemacht wurden.[94]

Am Beispiel anderer Literarisierungen desselben Stoffes, etwa Willibald Alexis' *Isegrim* (1854), erläutert Fontane seinem Kollegen Ludwig Pietsch, inwiefern sich sein Roman von dem seit der Romantik propagierten nationalen Gründungsmythos und dessen Not- und Elendslegende der «Franzosenzeit», aus der dann der «Franzosenhass» mit logischer Konsequenz gefolgt sei, unterscheide: «Ob es W[illibald] Alexis aber in dem Zeitton getroffen hat, ist mir zweifelhaft. Ein jeder wird glauben müssen, ‹es sei alles so ernst und düster und fanatisch gewesen›, ich *selbst* würd' es glauben, wenn ich ein Fremder wäre; meine Eltern aber und die gesammten Swinemünder Honoratioren (unter denen ich meine Jugend-Eindrücke empfing) haben mir immer nur erzählt, *wie* kreuz fidèl man damals gewesen sei, alles *entente cordiale* mit den lieben, kleinen Franzosen, alles verliebt und alles lüderlich. Was Alexis schildert, existierte auch, aber es war die Ausnahme. Uebrigens haben Alexis und ich aus derselben Quelle geschöpft: ‹Marwitz Memoiren›. *Er* hat aus Marwitz den Isegrimm gemacht, *ich* den Vitzewitz.»[95] Als «Vitzliputzli-Roman» firmiert *Vor dem Sturm* in Anspielung auf Heinrich Heines gleichnamige Ballade über den Aztekischen Kriegs- und

Sonnengott gelegentlich in der Korrespondenz zwischen Verleger Hertz und Fontane.

Tatsächlich geht es innerhalb des weihnachtlichen Rahmens ziemlich bunt zu. Fontanes Anspruch, ein Zeitpanorama oder «Panoptikum» in Form eines «Vielheitsromans, mit all seinen Breiten und Hindernissen, mit seinen Porträtmassen und Episoden» zu bieten, wird mehr als eingelöst.[96] Wie in den *Wanderungen* wird ein Vaterland der Vielen poetisiert. Frauen, katholisch-polnische Preußen und gesellschaftliche Außenseiter spielen Hauptrollen: die Waise und Tochter eines fahrenden Künstlers Marie, die schlagfertige und kein Blatt vor den Mund nehmende Amelie, die Ausreißerin Kathinka Ladalinski, die kleinwüchsige, in einer Erdhöhle wohnende Hoppemarieken oder auch deren adliger Bewunderer Bamme mit dem halben Ohr. Alle im Roman auftretenden Figuren sind – wie in Fontanes späteren Romanen – zugleich gemischte und gebrochene Charaktere. Das gilt selbst für die pietistisch-fromme Schorlemmer, die zehn Jahre lang mit einem Herrnhuterischen Missionar auf Grönland gelebt hat, bevor sie per Stellenanzeige nach Hohen-Vietz kam. Neben der Perspektive sozialer Außenseiter wird einem Heimatbegriff à la *Daheim* auch die Außenperspektive derjenigen zur Seite gestellt, die sich lange im Ausland aufgehalten haben, wie sie in der Provinzialismus-Kritik des aus dem Spanischen Krieg heimkehrenden Offiziers Hirschfeldt zum Ausdruck kommt: «Ich war lange draußen, und draußen lernt es sich. Jeder, der zurückkommt, wird durch nichts so sehr überrascht als durch den naiven Glauben, den er hier überall vorfindet, daß im Lande Preußen alles am besten sei.»

Die schier endlosen Gespräche im Roman bilden so nicht nur ein buntes Zeitpanorama des historischen Geschehens um 1812/13, sondern zugleich einen durchgehend mitlaufenden polyperspektivischen Kommentar auf die Gründungsmythen und -debatten des Kaiserreichs: protestantisch-germanischer Überlegenheitsgestus, antikatholischer «Kulturkampf» und antifranzösischer Chauvinismus. Dem polnischen Grafen Bninski legt Fontane alle Elemente seiner Schimpfkanonaden über preußische Bürokratie, Scheinheiligkeit und militaristische Brutalität in den Mund, wie sie sich in seiner Korrespondenz im Zusammenhang mit den Kündigungen bei *Kreuzzeitung*, Kultusministerium und Akademie finden: «Denn alles, was hier in Blüte steht, ist Rubrik und Formelwesen, ist Zahl und Schablone und dazu jene häßliche Armut, die nicht Einfachheit, sondern nur Verschlagenheit und Kümmerlichkeit gebiert [...] Angenähtes Wesen, Schein und List und dabei die tiefeingewurzelte Vorstellung, etwas Besonderes zu sein. Und woraufhin? Weil sie jene Rauf- und Raublust haben, die immer bei der Armut ist. Nie ist es satt, dieses Volk; ohne Schliff, ohne Form, ohne alles, was wohltut oder gefällt, hat es nur ein Verlangen: immer mehr! [...] Seeräubervolk, das seine Züge zu Lande macht! Aber immer mit Tedeum, um Gott oder Glaubens- oder höchster Güter willen. Denn an Fahneninschriften hat es in diesem Lande nie gefehlt.»

Vor allem aber hebt sich Fontanes Roman von wohl allen anderen der zahllosen Literarisierungen des 1813er-Stoffes nach 1871 dadurch ab, dass jeglicher Hurra-Patriotismus oder Heroismus radikal heruntergedimmt wird. Jede Seite des Romans offenbart, dass Fontane nach zwölf Jahren Arbeit an den *Kriegsbüchern* inzwischen genug von Kriegen hatte. *Vor dem Sturm* ist ein Kriegsroman ohne Krieg, in dem sich «Kampfhandlungen» auf ein paar Seiten des schnell gescheiterten Übernahmeversuchs der Garnison Frankfurt an der Oder und der Befreiung Lewins nach dessen Gefangennahme durch französische Truppen gegen Ende des Romans reduzieren – und selbst diese werden von der Hundrettungsaktion bis zu den sich im ganzen Roman tummelnden Ponys im radikalen Kontrast zu jeglichem militärischen Heroismus gezeichnet. Nur einmal, beim Übernahmeversuch Frankfurts, besteigt Bamme widerwillig das adlige Statussymbol einer Fuchsstute, die ihm aber viel zu hochgestelzt ist und dann zu seiner Erleichterung auch gleich das erste Opfer des Scharmützels wird.

Bereits von den ersten Entwürfen der 1860er Jahre an hatte Fontane seinen «vaterländischen Roman» als Antisensationsroman geplant: «Ohne Mord und Brand und große Leidenschaftsgeschichten, hab ich mir einfach vorgesetzt eine große Anzahl märkischer (d.h. *deutsch-wendischer*, denn hierin liegt ihre Eigenthümlichkeit) Figuren aus dem Winter 12 auf 13 vorzuführen», skizzierte er seinen Plan 1866 an Hertz.[97] Dieses Programm wird nun gegen jede Leseerwartung auf die Spitze getrieben. *Vor dem Sturm* ist nicht nur ein Kriegsroman ohne Krieg und ein Vielheitsroman ohne Held, sondern auch ein Roman ohne Handlung: So trägt das 14. Kapitel des zweiten Bandes (die Leserinnen und Leser haben da schon rund 250 Seiten Dialoge und historische Exkurse hinter sich) die Überschrift «Es geschieht etwas». Aber auch das erweist sich als vorschnelle Hoffnung. Zwar werden Renate, Marie und Kathinka in ihren «Plaudereien» kurz von verdächtigen Gestalten gestört. Aber die Hoffnung des alten Vitzewitz, dass es sich um Franzosen handelt und man endlich losschlagen könne («fremdes Volk; Marodeurs von der Grenze»), erweist sich als voreilig – es waren bloß ein paar Diebe aus dem Nachbardorf. Schnell kehrt wieder Ruhe ein. In dieser Radikalität hat Fontane, der zur Zeit der Arbeit an *Vor dem Sturm* Laurence Sternes *Tristram Shandy* las, die narrative Entschleunigung erst wieder in seinem letzten Roman *Stechlin* zum obersten Prinzip erhoben.[98]

Entsprechend fielen die unmittelbaren zeitgenössischen Lesereaktionen aus. Quer durch die politischen und kulturellen Lager, ob ständisch-konservativ oder liberal-bürgerlich, ob literarisch-renommiert oder ideologisch-interessiert, wurde unisono beklagt, dass der Roman zu lang geraten sei. «Das Ende ist sehr herzbewegend [...] Aber es sollte *früher* dahin kommen», schrieb Paul Heyse mit Betonung auf «früher» nach der Erstlektüre an den gemeinsamen Verleger Hertz. «Mir ist des Historischen, Anekdotischen, Kulturfarbigen zuviel, gegenüber dem eigentlich Geschehenden.» Auch wenn er selbst durchaus «kein Spannungsfanatiker» sei, habe «unser Freund [...] die Liebe zur Scholle, zu jedem Sandkorn in dieser

Scholle» doch so sehr übertrieben, dass sie einen «zerstückelnden, zerbröckelnden Einfluß» auf die Romanform habe.[99]

Geradezu als ein Musterbeispiel für die Qualen des Rezensenten liest sich Julius Rodenbergs Tagebuch. Rodenberg, der Fontane eine Besprechung zugesagt hatte, martert sich über mehrere Wochen mit der Lektüre, fühlt sich vom Autor veräppelt und versucht schließlich, wenigstens eine masochistische Lust daraus zu ziehen: «An Fontanes ‹*Vor dem Sturm*› würge ich nun schon bald acht Wochen; es ist nicht zu sagen, was das für ein albernes Buch ist. Ein Roman in vier Bänden, mit gewiß nicht weniger als 100 Personen und dabei nicht so viel Handlung, um auch nur einen halben Band daraus zu machen. Und das muß man lesen und darüber auch noch schreiben! Es ist so unglaublich dumm und albern, daß es mir aus diesem Grunde eine Art von negativem Vergnügen macht; ich frage mich immer: Was wird nun kommen? Werden sie wieder über Land fahren (mit den Ponies)? Werden sie sich wieder zu Tisch setzen? Werden sie wieder schlafen gehen? Das ist die beständige Runde, die [sich] statt durch 4 Bände durch vierzig fortsetzen könnte. Wer aber hält's aus mitzugehn? Wenn nur Fontane nicht ein so feiner, liebenswürdiger und gescheiter Mann wäre. Und so etwas zu schreiben!» Da auch Rodenberg ein feiner, liebenswürdiger und gescheiter Mann war, liest sich das in seiner Rezension, die er schließlich doch geschrieben und in seiner *Deutschen Rundschau* veröffentlicht hat, dann sehr ausgewogen: «das Landschaftliche, das Balladenhafte [...] – sein altes, anerkanntes Eigentum» verbinde Fontane zu einer durchaus realistischen Romanerzählung, «in welcher er als ein Neuer» erscheint. Bei allen «Mängeln in der Komposition» sei *Vor dem Sturm* «ein gutes und erfreuliches Buch [...] mit großen Schönheiten».[100] Allerdings musste sich Rodenberg anschließend mehr als zehn Jahre lang von der traumatischen Lektüre erholen, bevor er Fontane einen Roman für seine *Rundschau* abkaufte.

Daheim-Redakteur Robert Koenig, der weniger an Fragen der

historischen Angemessenheit oder einer realistischen Romanpoetik interessiert war, sondern zuerst an wirksamer vaterländischer Propaganda, versuchte in ähnlicher Stoßrichtung auf Fontane einzuwirken: Stoff, Gesinnung, Tendenz – alles «wundervoll», «aber alles zu breit, nicht gerade aufs Ziel los, Exkurse, Überflüssigkeiten». Es brauche viel mehr «gepfefferte Geschichten». Fontane hätte alles auf die zweite Hälfte des vierten Bandes reduzieren sollen, dann hätte der Roman zu einem «‹Durchschläger›» werden können. «Neues Wort, das ich noch nicht kannte», notiert Fontane im Tagebuch und hielt den Widerspruch zwischen der von der Familienzeitschrift propagierten Heim-und-Herd-Idylle und der Forderung nach mehr *action* fest: «trauriges Geständniß, am traurigsten von einem Blatte, das aufs ‹Christlich-Germanische hin› gegründet wurde.»[101] Dem *Daheim*-Redakteur, der sich augenscheinlich einen Sensationsroman in der Art von Fontanes *Kreuzzeitungs*-Kollegen George Hesekiel oder Hermann Goedsche gewünscht hatte, begegnete er mit dem Verweis auf sein historisches Realismusgebot: «Ich sagte ihm, daß ich mit den Sensationshelden nicht zu concurriren gedächte, daß ich ein Zeitbild hätte geben wollen und Autodafés, eingemauerte Nonnen und Skalpierungen [also die allseits bekannten Motive aus Goedsches Romanen] im Winter 1812 auf 13 in märkischen Dörfern nicht vorgekommen wären.» Auch wenn Koenig den Roman dann für den Vorabdruck um beinahe ein Viertel seines Umfangs kürzte (es wurden 17 von 82 Kapiteln gestrichen) – es half alles nichts: Aus *Vor dem Sturm* ließ sich weder ein Schläger-Roman noch ein Verkaufshit machen.

Fontanes Kalkül ging nicht auf. Trotz des für einen Debütroman massiven Kritikeraufgebots (die Netzwerkerei hatte sich in dieser Hinsicht gelohnt) blieb der Erfolg aus. Statt auf allen Seiten Leser anzulocken, blieben sie auf allen Seiten weg. «Langeweile» und «Beleidigung des sittlichen Empfindens» waren – trotz des schönen Goldrahmens – die vorherrschenden Reaktionen der *Daheim*-Abonnenten.[102] Aber auch beim städtisch-liberalen Publikum blieb das

Buch als seltsamer Fremdling im nationalistischen Überschwang des jungen Kaiserreichs ein Ladenhüter. Während sich *Vor dem Sturm* noch als «vaterländischer Roman» und «moderner» realistischer Zeitroman gleichzeitig verkaufen sollte und wohl auch daran scheiterte, hat Fontane in den unmittelbar folgenden oder bereits parallel entstandenen umfangreichen Entwürfen für einen historischen Roman zur preußischen Geschichte unter den Titeln *Leonore* und *Storch von Adebar*, die dann schließlich in die 1882 in der *Vossischen Zeitung* veröffentlichte Novelle *Schach von Wuthenow* eingegangen sind, die Zeitkritik geschärft. Wie in *Vor dem Sturm* sind sie zugleich mit der literarischen Aufarbeitung persönlicher Erfahrungen durchsetzt. Hatte Fontane in *Vor dem Sturm* etwa mit dem Dichter Hansen-Grell und dem Literaturverein Kastalia unverkennbar die eigene *Tunnel*-Vergangenheit literarisiert, in Lewins Küstriner Haft seine französische Kriegsgefangenschaft und in dem adoptierten Waisenkind Marie Bausteine aus Emilies Biographie verarbeitet, so standen nun seine jüngsten Erfahrungen mit Kultusministerium, Hof- und Adelskreisen Pate. «Adelheid von Mühler-Stoff» überschreibt Fontane seine beiden umfangreichen Entwürfe *Leonore* (142 Manuskriptseiten) und *Storch von Adebar* (169 Manuskriptseiten).

Entsprechend der geschärften Zeitkritik preist Fontane den Stoff dem Redakteur von *Westermann's Illustrierten Deutschen Monatsheften*, Gustav Karpeles, nicht mehr als «historisches Zeit- und Sittenbild», sondern als «politische Novelle» an, obwohl auch hier die Handlung in der Vergangenheit (der 1850er und 60er Jahre) angesiedelt ist: «Es handelt sich um eine *politische* Novelle, etwas ganz Neues und Eigenartiges, das einigermaßen an den Adelheid v. Mühler-Stoff erinnert, den wir mal durchgesprochen haben [...] Der Titel soll sein: *Storch von Adebar* und die Tendenz geht dahin, den *pietistischen* Conservatismus, den Fr. W. IV aufbrachte und der sich bis 1866 hielt, in Einzel-Exemplaren (Potsdam) auch *noch* vorhanden ist, in seiner Unächtheit, Unbrauchbarkeit und Schädlichkeit zu zeichnen. Die Hauptträgerin dieses Conservatismus ist die ‹Störchin› und ihr eigentlichstes Opfer ihr Gatte, der alte Storch, ein guter, kreuzbraver Kerl, der, in andren Zeiten und unter andrem Einfluß, sich und andren zur Freude gelebt hätte und nun an dem Widerstreit seiner Natur und des ihm Eingeimpften tragikomisch zu Grunde geht.» Alles sei autobiographisch verbürgt und verspreche realistische Darstellungsart: «Ich habe alle diese Dinge erlebt, diese Figuren gesehn, und freue mich darauf, sie künstlerisch gestalten zu können.»[103]

Schon im Namen der beiden Hauptfiguren Baron Adolar Storch von Adebar, Königlicher Kammerherr, und Baronin Cesarine Storch von Adebar, geborene Gräfin Trebia von Trebiatinski, ist die satirisch zugespitzte Adelskritik greifbar, die durch eine Parodie ihrer Genealogie noch unterstrichen wird: «Sie wären in Urzeiten mit den Störchen ins Land gekommen. Die meisten Störche hätten ihr Wanderleben, ihr Hin u. her zwischen Afrika und Brüssow fortgesetzt, *ein* Paar aber sei seßhaft geworden, habe sich unter den Regierungen guter Fürsten immer mehr entwickelt, sei vor allem zuerst zum Christenthum übergetreten und habe seitdem der Adel aufkam, über den es historisch weit hinausrage, den Namen Storch von Adebar angenommen.»[104] Dass tatsächlich eine um 1600 unter dem Namen «von Adebar» geadelte pommersche Familie mit einem Storch als Wappen verbürgt war, unterstrich zugleich die Historizität des Erzählten.[105]

Während der reale Heinrich von Mühler – wohl aus Rücksicht auf dessen Schwester und Fontanes enge Freundin Henriette von Merckel – zu einem etwas trotteligen, aber gutmütigen Lebemann verklärt wird («Aeußerste Unkirchlichkeit des Mannes. Er hat ein Verhältniß. Er spielt»[106]), erscheint seine Frau Adelheid, die Störchin des Romans, als die eigentliche Hauptfigur («*sie* war Minister», hatte Fontane seinerzeit in seiner Abrechnung mit dem Kultusministerium festgestellt)[107]: «*Sie* regirt, *sie* bestimmt alles, *sie* giebt dem Hause den zu Fr. W. IV. Zeiten modischen christlich-conservativen

Stempel mit Bethanien, innrer Mission [...], Magdalenen-Stiften etc. Sie ist nur hochmüthig, ganz kalt, ganz nüchtern, ganz berechnend, und bei Hofe sein und im *christlichen germanischen* Hofedienst aufgehen und auch Vortheile ziehen [...] ist das Ziel und Glück ihres Lebens.» Falsche Frömmigkeit, christlich-germanische Ideologie und verstockter protestantischer Pietismus gehen bei ihr Hand in Hand mit einem fanatischen Antikatholizismus, aber vor allem Antisemitismus.[108]

Zur Katastrophe kommt es, als ihr Sohn sich mit der Jüdin Rebecca Gerson von Eichröder verlobt und sie gegen den Willen der Mutter auch heiratet (der Name spielt auf Emilies Jugendfreund und Bismarcks von der *Kreuzzeitung* antisemitisch befehdeten Bankier Gerson Bleichröder an). Eine Jüdin in der Familie kann die Störchin nicht ertragen. Der Baron, eingeklemmt zwischen seiner immer verhärmter und unerträglicher werdenden, «stock-reaktionären» Ehefrau und der Liebe zu seiner jüdischen Schwiegertochter, verfällt «in eine Art von imbeciler Confusion», fasst «in einer einzigen Viertelstunde» die wirrsten politischen Beschlüsse, bis «ein Schlaganfall ihn erst halb, dann ganz erlöst». Die Störchin wiederum stirbt schließlich «an gedemüthigten Hochmuth». Die «Sterbescene der Gnädigen» sollte ein eigenes Kapitel bilden: «Sie hält Farbe bis zuletzt und ihr christlicher Hochmuth bleibt ungebrochen, weil sie gerade beschränkt genug ist [...] an den Ernst und die Heiligkeit ihrer Aufgaben zu glauben.»[109]

Neben seinen Erfahrungen mit dem preußischen Kultusministerium verarbeitet Fontane hier auch die ihn sein Leben lang begleitenden Querelen mit Standes- und Konfessionshürden bei der Eheschließung: Hedwig von Lepel-Wieck hat hier ebenso Modell gestanden («hohle Sechser-Aristokraten von der dümmsten Sorte. Alles [...] Eitelkeit, Dünkel, Aufgeblasenheit, Wichtigthuerei [...] Also Leute wie die [...] Lepel-Wiecks», heißt es im Entwurf) wie Wilhelm Wolfsohns und Emilie Geys elfjährige Odyssee, bis sie endlich gemischt-konfessionell heiraten konnten.[110]

Der in Rebecca personifizierte Einbruch der modernen Welt in die beschränkten und borniertenAdelshorizonte der märkischen Provinz ebenso wie die Exotisierung der Adelswelt (Genealogie bis auf die afrikanischen Störche) sollten im Roman als zentrales Motiv dienen: Das zeigen im Romanentwurf enthaltene Exzerpte aus Dmitrij Iwanows «Die Russen in Turkestan» (1876 auf Deutsch erschienen) oder ein eingeklebter mehrseitiger Auszug aus der Sonntagsbeilage der *Kreuzzeitung* vom 21. August 1881, die anlässlich der Europareise des hawaiianischen Königs David Kalakauas einen zeitgenössischen pazifischen Reisebericht veröffentlichte.[111]

Fontane interessierte an dem Bericht besonders die Beschreibung der Insel Molokai, die sich wie ein zugespitztes Gleichnis einer in den Pazifik verlegten märkischen Adelswelt à la Baronin Storch nutzen ließ. Deren Standesdünkel wird in dem Gleichnis zur tödlichen Krankheit. Während alle anderen sieben Inseln des hawaiianischen Königreiches «durch Dampferlinien mit einander in Verbindung» standen, heißt es im Reisebericht, fristete Molokai ein trauriges Dasein. Aufgrund einer auf der Insel grassierenden Seuche sei sie «das lebendige Grab des Landes» und «verschlossen für alle diejenigen, welchen noch Freuden des Lebens winken». Durch die Abschottung und Isolierung von allen anderen Inseln bildeten die Bewohner von Molokai «so zu sagen, ein eigenes geregeltes Staatswesen, wobei der geistig oder gesellschaftlich distinguirte Theil derselben die Behörden bildet», während die von der Krankheit Befallenen in ihren Hütten verblieben, «um wenigstens, so weit es eben möglich, sich den kurzen Rest ihres Lebens nach den Umständen erträglich zu gestalten». Zwar gelangten in regelmäßigen Abständen Güter und Nachrichten von draußen auf die Insel («Einmal in jedem Monat erscheint das Regierungsboot und bringt den Unglücklichen Nahrung, Briefe, Zeitungen, und andere Gegenstände des Gebrauchs und der Unterhaltung»), aber «zurück unter gesunde Menschen kommt keiner, für die übrige Menschheit sind sie todt».[112]

Was in *Storch von Adebar* nur fragmentarisch angedeutet bleibt, die Exotisierung der preußischen Verhältnisse in zeitkritischer Absicht, hat Fontane in *Schach von Wuthenow* ausgearbeitet. Wieder reichte eine minimale Änderung des historischen Materials, das Fontane zur Grundlage des Romans nahm, um die exotisierende Verfremdung zu erreichen. Er musste nur einen einzigen Buchstaben ändern, um aus dem historischen Major Otto Friedrich Ludwig von Schack, Mitglied des preußischen Eliteregiments Gensdarmes, der sich im Jahr 1815 wegen einer Mesalliance inklusive Schwangerschaft mit der über zwanzig Jahre jüngeren hugenottischen Berliner Bürgerstochter Victoire von Crayon vor der öffentlichen Bekanntmachung der Verlobung das Leben genommen hatte, seine Titelfigur Schach zu machen. «Uebringens alles Thatsache», konnte er den Zeitungsredakteuren, denen er den Roman feilbot, wiederum ein gehöriges Maß an Realismus aufrichtig versichern.[113] Fontane kannte den Stoff, der Berliner Salongespräch war, seit den späten 1840er Jahren durch Fanny Lewald, die noch persönlich mit Victoire von Crayon befreundet gewesen war, und hat ihn 1862 «nach Mitteilungen von Frl. v. R.» [Mathilde von Rohr] in sein Merkheft für potenzielle literarische Stoffe aufgenommen.[114]

Die minimale Buchstabenverrückung von «Schack» zu «Schach» ist Programm. So kunstvoll wird im Roman Borussisches und Orientalisches leitmotivisch überblendet, dass man sich vorstellt, Fontane habe den *Schach* als Firdusi verkleidet mit rotem Fez auf dem Kopf geschrieben. Es beginnt mit dem ersten Auftritt Schachs, als das Gespräch im Salon von Josephine von Carayon (Fontane blieb bei dem Prinzip, den Namen der historischen Vorbilder seiner Hauptfiguren nur um einen Buchstaben zu verändern) gerade um die osmanische Belagerung Wiens im Jahr 1683 kreist und der ausgestiegene Offizier und Schriftsteller Hans von Bülow darüber sinniert, dass der Unterschied angesichts weiterbestehender spätabsolutistischer Verhältnisse auch bei anderem Ausgang nicht so groß gewesen wäre.[115] Auch der Hauptkonflikt des Romans wird orientalisiert. Nachdem Schach, der früher bereits mit der inzwischen sechsunddreißigjährigen Witwe Josephine eine Affäre hatte, deren Tochter Victoire geschwängert hat, lancieren seine Regimentskameraden Karikaturen, die ihn als Schah von Persien zeigen: «Unter einem Thronhimmel saß der persische Schach, erkennbar an seiner hohen Lammfellmütze, während an der untersten Thronstufe zwei weibliche Gestalten standen und des Augenblicks harrten, wo der von seiner Höhe her kalt und vornehm Dreinschauende seine Wahl zwischen ihnen getroffen haben würde.» Eine andere Karikatur zeigte lauter gestürzte Schachspielfiguren und trug die Unterzeile «Schach – matt».[116]

Es setzt sich in Details fort, wenn Josephine Schachs Standesdünkel mit der viel längeren Ahnenkette von Victoires Vater kontrastiert («als der erste Schach ins Land und an den Ruppiner See kam, und einen Wall und Graben zog, und eine lateinische Messe hörte, von der er nichts verstand [...] zogen die Carayons [...] mit vor Jerusalem und eroberten es und befreiten es. [...] *Unsrer* will er sich schämen?»). Oder wenn Schach, wegen des gesellschaftlichen Skandals zum König zitiert, sich «am türkischen Zelt» und «Morellischen Kaffeehause» vorbei ins Schloss Charlottenburg begibt.[117]

Unter der auf eine Feengestalt aus arabischen Sagen zurückgehenden Überschrift «Fata Morgana» wird schließlich mit der Doppelbedeutung von physikalisch erklärbarer Luftspiegelung und bloßem Trugbild das Ende des Romans eingeleitet. Am Tag vor der Hochzeit schwärmt Schach Victoire «mit einer ihm sonst völlig fremden Phantastik alle erdenklichen Reisepläne und Reisebilder» von der angeblich bevorstehenden Hochzeitsreise vor. Vor allem nach Malta müsse es gehen, weil auf dem Weg dorthin «in Luftbildern und Spiegelungen» «der geheimnisvolle schwarze Weltteil» aufscheine, mitsamt Wüstenkarawanen und Palmenoasen, «Männer, die Köpfe gebeugt und alle Pfeifen in Brand, und schwarze und braune Mädchen, ihre Flechten gelöst und wie zum Tanze geschürzt» – alles Motive, die Fontane aus den Gemälden von Wilhelm

Gentz vor Augen hatte.[118] «Und diese Spiegelung aus der geheimnisvollen Ferne, *das* sei das Ziel!» Nachdem die Trauung vollzogen ist und der Konsistorialrat in seinem Toast mit Verweis auf den «ägyptischen Wundervogel» viele Kinder gewünscht hat, erklärt Victoires Mutter Josephine, auf einem Teppich sitzend und Kaffee trinkend, dass Schach ihr Vertrauen wiedergewonnen habe.

Mit einem schönen Wortspiel benennt Schach seine Braut, die im Roman wegen ihres blatternarbigen Gesichts und ihres Lieblingsschriftstellers als eine weibliche Mirabeau vorgestellt wird (auch das Gesicht des berühmten Sprechers der ersten Französischen Nationalversammlung war von den Pocken gezeichnet), in die aus Persien kommende Südfrucht Mirabelle um, indem er das männliche «beau» durch das weibliche «belle» ersetzt. Nach einem zärtlichen und innigen Kuss verabschiedet er sich («Auf Wiedersehen, Mirabelle»), um sich gleich darauf in seiner Kutsche zu erschießen.

Schlussendlich wird in einer der beiden der Romanhandlung nachgestellten Analysen des Geschehens in Briefform, in der Bülow den «Schach-Fall» als «Symptom» für den nahenden Niedergang Preußens deutet, die Hohenzollernmonarchie noch sowohl mit dem Vogel Strauß, der den Kopf in den Sand steckt, «um nicht zu hören und nicht zu sehen», als auch mit der untergehenden Mingdynastie verglichen, die wegen der Hofetikette und aus Dünkel alle Realitäten verkannt habe: «Als es mit der Mingdynastie zur Neige ging und die siegreichen Mandschuheere schon in die Palastgärten von Peking eingedrungen waren, erschienen immer noch Boten und Abgesandte, die dem Kaiser von Siegen und wieder Siegen meldeten, weil es gegen ‹den Ton› der guten Gesellschaft und des Hofes war, von Niederlagen zu sprechen.»

Das alles war nun schon lange nicht mehr mit dem *Kreuzzeitungs-* und *Daheim*-Verständnis des Vaterländischen kompatibel. Zwar bat Fontane nach alter Gewohnheit auch Ludovica Hesekiel um eine Rezension des *Schachs* in der *Kreuzzeitung*, aber er machte sich über den zu erwartenden Verriss keine Illusionen. Verständnisvoll dankte er der Freundin am Tag nach Erscheinen der naserümpfenden Besprechung («*Sie* selbst konnten sich nicht anders dazu stellen und noch weniger die Zeitung»), um ihr zu versichern, dass solche Bitten in Zukunft «nicht wieder vorkommen» würden.[119] Ein letztes Mal hat er Ludovica Hesekiel noch für *Graf Petöfy* nach einer Rezension gefragt. Aber auch Fontanes moderat-konservativem *Wanderungen*-Verleger Hertz wurde es nun zu viel. Hertz weigerte sich, den Roman zu verlegen, und es kam zu einem handfesten Streit, der erst allmählich wieder mühsam gekittet werden konnte.[120]

Wenige Monate vor seinem sechzigsten Geburtstag, er befand sich mitten in der Arbeit am Schach-Storch-Komplex, wurde Fontane vom Direktor des *Märkischen Museums* Ernst Friedel besucht. Friedel bot ihm an, zwar nicht das Museum, aber immerhin die Redaktion des von ihm herausgegebenen Periodikums *Der Bär. Berlinische Blätter für vaterländische Geschichte und Alterthumskunde* zu übernehmen. Fontanes Reaktion illustriert den Bruch, den er seit seinen eigenen Plänen für ein vaterländisches preußisches Nationalmuseum zehn Jahre zuvor durchlebt hatte. «Ich lehnte natürlich rund ab aus einem halben Dutzend guter Gründe», berichtet Fontane im Juni 1879 Emilie: «Kuhdorf und Kuhschnappel immer wieder zu beschreiben, bloß aus ‹Patriotismus› und damit der ‹Bär› sein Dasein fristet, ist mir doch eine zu lumpige Aufgabe. Ueberhaupt hab ich diesen ganzen patriotischen Krempel satt, ja mehr ‹I am sick of it.› Man hat mir *zu* schlecht mitgespielt, und ich liebe nur da, wo man mich wieder liebt. In Anbetung glücklich zu ersterben, ist nicht meine Sache. Das überlass' ich Kammerfrauen und Predigtamts-Candidaten.»[121]

Fontane dankte dem Museumsdirektor für die angenehme Plauderei, verkaufte ihm für dessen Heimatblatt noch schnell ein paar *Wanderungen*-Aufsätze und zog sich wieder an den Schreibtisch zurück. Er hatte noch viel vor und wollte den Rest der ihm verbleibenden Lebenszeit anders nutzen: «Ich will nur noch Roman und Novelle schreiben und mich auf *diesem* Gebiet legitimiren.»[122]

III
ROMANCIER
DER HAUPTSTADT

ROMANE IN SERIE

«Wo gehst Du denn eigentlich immer hin Thilde?
– Lesehalle für Frauen.
– Und da?
– Da les' ich Zeitungen.
– Aber Hugo kriegt ja doch jeden Tag eine.
– Freilich. Aber eine ist nicht genug; ich brauche viele.»
(Dialog zwischen Mutter und Tochter
in *Mathilde Möhring*, ca. 1895)

IM ROMANSCHRIFTSTELLER-LADEN

Unter dem Arbeitstitel *Erreicht!* konzipierte Fontane einmal einen Kaiserreichs-Roman in Form einer Chronik des Jahres 1883 – aber «jedes letzte Jahr ist gleich gut», kommentiert er in der Randbemerkung zu seinem Entwurf, weil er wusste, dass es von der Auftragslage abhing, ob und wann das Werk geschrieben werden würde.[1] Die Handlung sollte entlang den Überschriften von Zeitungsnachrichten aus Politik, Kultur, Wissenschaft, Hofklatsch und Medien verlaufen. Die nummerierte Liste der zu behandelnden Themen enthält Nachrufe auf im Laufe des Jahres verstorbene bedeutsame Persönlichkeiten («Gambettas Tod», «Chanzys Tod», «Skobeleffs Tod»), Nachrichten aus dem Berliner Wissenschafts-, Theater- und Kulturleben («Ausstellung draußen im Polytechnikum», «Dubois-Reymond über *Darwin* und die Freiheit der Forschung», «Wildenbruchs Karolinger») sowie Neuerungen auf dem Berliner Pressemarkt («Gründung eines großen Familienblattes») etc.[2]

Erzählt werden sollte das Jahrespanorama anhand der nur grob skizzierten Geschichte eines Ehepaars, «er 36 sie 30», die zum Jahresbeginn «mit einem kleinen Vermögen nach Berlin kommen», um ihr Glück zu machen, und «bald dies bald das wollen», bis er schließlich «Agent, Betriebs-Direktor und juristischer Beirath für ein großes Familien-Journal» wird. Am Ende steht ein Silvesterball, auf dem die beiden feststellen, dass sie ihre Ziele erreicht haben.

Erreicht! gehört zu den zahllosen Novellen- und Romanentwürfen (die Begriffe «Novelle» und «Roman» sind bei Fontane mehr oder weniger austauschbar), die aus dem Materiallager seines «Romanschriftsteller-Laden» überliefert sind – von der flüchtig hingeworfenen Skizze bis zum weit ausgearbeiteten «Brouillon» mit mehreren hundert Seiten wie dem eingangs vorgestellten ersten Entwurf zu einem Berliner Gesellschaftsroman *Allerlei Glück*.[3] Eines dieser weitgediehenen Brouillons, *Mathilde Möhring*, wurde 1906 postum publiziert und wird heute zu den siebzehn Romanen gezählt, die Fontane in seinen letzten zwanzig Lebensjahren geschrieben hat.

Gerade der Entwurfscharakter ermöglicht Einblicke in Fontanes Arbeits-, Schreib- und Veröffentlichungspraktiken. Das zeitgeschichtliche Panorama, das er mit all seinen Romanen immer auch skizzierte, wird narrativ zusammengehalten durch das relativ dünne Handlungsgerüst einer Ehe- und Liebesgeschichte. Der Titel spielt auf den zeitgenössischen Reklameslogan «Es ist erreicht!» an, mit dem der Berliner Friseursalon von François Haby überaus erfolgreich sein «Schnurrbart Binden-Wasser», vulgo Schnurrbartwichse für echte «Deutsche Barttracht» anpries.[4] Haby wurde kurz darauf mit seiner Schnurrbartwichse zum kaiserlichen Hoffriseur und Erfinder des «Kaiser-Wilhelm-Bartes», den sich in Heinrich Manns *Der Untertan* (1914) auch Diederich Heßling von Haby zwirbeln lässt.

Durch die Anleihe aus der Werbesprache wird die Handlung des Romans an die Realität geknüpft und zugleich leitmotivisch ein ironisches Motto vorgegeben, das die unterschiedlichen Bedeutungsebenen verbindet: Auf der politischen Ebene spielt er auf die endlich erreichte Reichseinigung an, die in ungebremste Großmannssucht umschlägt. Mit dem Ableben des französischen Premierministers Léon Gambetta, des französischen Generals Alfred Chanzy und des russischen Generals Michail Skobelew, die alle drei als Hauptgegner von Bismarcks Hegemonialpolitik galten, schien der neugewonnene Status als europäische Führungsmacht wie von selbst gesichert zu sein.[5] Oder etwas grobschlächtiger in den Worten von Oberförster Opitz in *Quitt*: «Ja, [...] der Gambetta, wenn's nicht der Skobeleff is; *dem* trau ich auch nicht. Alle Wetter, wir haben sie nun all am Kragen gehabt und jeden geschüttelt und ausgeschmiert; nur der Russe war noch nicht dran, der fehlt noch. Aber ich denke, den fassen wir auch noch.»[6] Auch bezogen auf die skizzierte Liebesgeschichte gibt der Titel einen ironischen Schwebezustand vor: Zwar haben sich die Liebenden materiell etabliert und in dieser Hinsicht ihr Ziel erreicht, aber ob das Erreichte auch das Erwünschte ist, bleibt mehr als offen. «Roman ohne Romantik» heißt der Entwurf im Untertitel.

Fontanes Romane sind in mindestens dreifacher Hinsicht «Zeitungsromane». Erstens stehen Zeitungsmeldungen und -annoncen häufig am Anfang einer Novellenidee oder werden für deren Ausgestaltung genutzt: Das gilt vom Entwurf *Allerlei Glück* und der Anzeige für das Universal-Pflaster oder Fontanes ersten veröffentlichten Berliner Gesellschaftsroman *L'Adultera*, zu dem er sich durch eine Anzeige über die Palmenversteigerung der Familie Ravené anregen ließ. Fontanes bekanntester Roman *Effi Briest* basiert auf einer Zeitungsmeldung über ein Duell in der Berliner Hasenheide. Aber auch Lokal- und Provinzblätter wie den *Riesengebirgs-Boten* nutzte Fontane ausgiebig, etwa für seinen schlesisch-amerikanischen Kriminalroman *Quitt*.[7] Zeitungsnachrichten dienen als wichtiges Quellenmaterial und stellen eine Verbindung zwischen dem fiktiven Romangeschehen und der Erfahrungswelt des Publikums her. Ähnlich wie Briefe oder Telegramme markieren sie häufig Wendepunkte der Romanhandlung. Wie in dem Entwurf *Erreicht!* geht dies in manchen Romanen, etwa im *Stechlin*, so weit, dass praktisch die gesamte Romanhandlung in einer Art literarischer «Verdoppelung» des zeitgenössischen Mediendiskurses besteht, der in den zahllosen Gesprächen der Protagonisten vielfältig kommentiert und reflektiert wird.[8]

Zweitens sind Fontanes Romane das Werk eines journalistischen Profis. Fontane hatte ständig Notizbücher bei sich, um das Stofflager seines Ladens anzufüllen. Als Reisender im Zug, im Kaffeehaus, im Hotel, in der Theaterloge und in Gesprächen mit Schauspielern, in Interviews am Rande von Empfängen und Abendgesellschaften – überall sammelte er Informationen ein, die einen interessanten literarischen Gegenstand versprachen. Die Sommerfrischen zwischen den Theatersaisons – meist ein Monat an der See und ein Monat im Harz oder in Schlesien –, später die Kuraufenthalte in Bad Kissingen und Karlsbad dienten nicht nur der intensiven Arbeit an den Romanen, sondern gingen als Schauplatz in die Romane ein: Die Handlung von *Cécile* setzt im Hotel Zehnpfund in Thale ein, auch *Ellernklipp* spielt im Harz, *Quitt* beginnt im schlesischen Krummhübel, und die Szenerie von *Irrungen, Wirrungen* ist das Ausflugslokal *Hankels Ablage* im Süden von Berlin, wo Fontane jeweils zwei Wochen im Mai 1884 und Mai 1885 verbrachte.

Unmittelbar nach dem Entschluss, sich als Romanschriftsteller selbständig zu machen, begann Fontane, sich in kürzester Zeit ein beeindruckendes Stofflager anzulegen. Nachdem er noch im Mai 1878 an Mathilde von Rohr berichtet hatte: «Ich sammle jetzt Novellenstoffe, habe fast ein ganzes Dutzend, will aber mit der Ausarbeitung nicht eher vorgehn, als bis mir noch mehr zur Verfügung stehn», konnte er bereits ein Jahr später selbstbewusst dem Zeitschriftenredakteur Gustav Karpeles gegenüber behaupten, dass er so viele Entwürfe im Angebot habe, dass ihn Ablehnungen im Einzelfall nicht abschrecken könnten: «Ich habe so viel Stoffe, daß mich Ihr ‹nein› keinen Augenblick in Verlegenheit bringen würde.»[9]

Zugute kam ihm dabei ein bewegliches und offenes Archivierungssystem, in dem er die unzähligen Skizzen von potenziellen

Haupt- und Nebenfiguren, Schauplätzen, Szenen, Dialogen oder Ablaufsequenzen in einem immer neu kombinierbaren Baukasten- oder Modulsystem ordnete. Die Form der Liste (wie in dem Entwurf von *Erreicht!*) konnte jederzeit durch weitere Punkte ergänzt werden und ließ sich dann narrativ unterschiedlich ausgestalten.[10] Figuren werden meist zunächst ganz allgemein als soziale Typen angegeben (der Künstler, die Oberförsterin, die Lehrerin, der Germanist etc.) oder grob durch Altersangabe oder auch bestimmte floskelhafte Lieblings-Redewendungen skizziert: die resolute Tante: «nur nicht sentimental!», der Vater: «immer aus dem Centrum» (oder «Es ist ein weites Feld»), die Bourgeoise: «Wo sich Herz' zu Herzen find't». Nach erteiltem Auftrag ließen sie sich dann zu Romanfiguren individuieren: Aus «dem Oberförster» des Entwurfs wird der Protagonist Opitz in *Quitt*. Schließlich dienen die Randnotizen, mit denen Fontane seine Entwürfe versah, als an sich selbst gerichtete Kommentare, Hinweise und Anregungen für den Fall der Wiederaufnahme («Jedes letzte Jahr ist gleich gut», «Auch die Rückseite!», «Der Name ist gut!»).

«Zeitungsromane» sind Fontanes Romane aber drittens auch in dem Sinn, dass sie – wie fast die gesamte realistische Erzählliteratur des 19. Jahrhunderts – zuerst in Serienform in täglichen, wöchentlichen oder monatlichen Folgen in Zeitungen oder Zeitschriften erschienen. Die Romane des 19. Jahrhunderts sind in dieser Hinsicht durchaus dem Format heutiger Fernseh- oder Internetserien vergleichbar. Dies gilt für Balzacs *Comédie Humaine*, die ab 1836 zunächst in Zeitungen erschien, ebenso wie für Dickens', Dostojewskijs oder Turgenjews Romane bis hin zu Tolstois opus magnum *Krieg und Frieden* (zuerst 1865–1869), das man sich immer als dickes Buch und Tausendseiter vorstellt. Entgegen unseren heutigen Lesegewohnheiten und auch der lange Zeit aufs Medium Buch fixierten Literaturgeschichtsschreibung war das Buch bei allen Fontane-Romanen immer nur Zweitverwertung.

Fontanes der Unternehmenssprache entnommene Metapher

vom «Romanschriftsteller-Laden» ist vor dem Hintergrund des auf den neuen Massenmedien basierenden Literaturbetriebs des 19. Jahrhunderts zu verstehen. Autorennamen sind hier nur Abkürzungen für zahlreiche am «Werk» beteiligte Akteure: Zeitschriftenredakteure, Verleger und vor allem mitarbeitende Familienmitglieder. Die heute unter dem Namen «Charles Dickens» firmierenden Romane sind das Produkt von bis zu acht angestellten Autoren seiner Romanfabrik.[11] Lew Tolstois Romane wären ohne die Mitarbeit von seiner Frau Sofja Andrejewna Tolstaja nicht oder nicht in der gleichen Weise geschrieben worden. Ganze sieben Mal hat sie das Manuskript des Tausendseiters *Krieg und Frieden* überarbeitet und in Reinschrift gebracht und war zudem jahrzehntelang als Assistentin und Verlegerin ihres Mannes tätig.[12]

Auch der Romanschriftsteller-Laden der Fontanes war ein Familienbetrieb. Emilie Fontane war nicht nur Geschäftsführerin, erste Redakteurin, Lektorin und Buchhalterin, sondern auch literarische Ratgeberin und manchmal auch Koautorin.[13] Die Kinder erledigten Schreib- und Botendienste. Schwester Jenny versorgte den Laden mit Arzneien und Drogen für die Hausapotheke, um den Betrieb bei den sich mit zunehmenden Alter häufenden Krankheiten am Laufen zu halten. Die Söhne Theodor junior, Friedrich und bis zu seinem frühen Tod nach einem Blinddarmdurchbruch am 24. September 1887 auch der älteste Sohn George wirkten als Netzwerker in den Berliner Literaturvereinen, wie dem 1880 gegründeten *Literarischen Klub* und der 1884 daraus hervorgegangenen *Zwanglosen Gesellschaft* – Avantgardezirkel, deren Mitglieder sämtlich eher der Generation von Fontanes Kindern als seiner eigenen entsprachen. Sohn Friedrich schließlich wurde ab 1890 Hausverleger seines Vaters.

Der expandierende Pressemarkt ermöglichte Honorare, die auf dem Buchmarkt nicht zu erzielen waren. «Nichts wird so niedrig taxiert wie Bücher», hatte Fontane schon unmittelbar nach der Eröffnung seines Romanschriftsteller-Ladens festgestellt.[14] Tatsächlich lagen die Honorare, die er für seine Zeitschriftenvorabdrucke erzielte, um ein Vielfaches über dem der Buchausgaben: Während er von den unterschiedlichen Zeitschriften und Zeitungen je nach deren Auflagenhöhe ein Honorar zwischen rund 3000 und 12000 Mark pro Roman erzielte, brachten die Buchausgaben in ziemlicher Regelmäßigkeit 1500 Mark pauschal («in Bausch und Bogen») ein. Um einen der heutigen Kaufkraft ungefähr entsprechenden Wert in Euro zu erhalten, muss man die Zahlen mit 6 multiplizieren. Dementsprechend bot Fontane seine Manuskripte auch immer zuerst bei den unterschiedlichen Redaktionen an und kümmerte sich dann um die Zweitverwertung als Buch.[15]

Hauptabnehmer waren neben der *Vossischen Zeitung*, bei der zwei Romane erschienen (*Schach von Wuthenow* und *Irrungen, Wirrungen*), Familien- und Kulturzeitschriften. Dazu gehörten seit den 1850er Jahren bestehende Familienzeitschriften wie die *Gartenlaube* (*Unterm Birnbaum, Quitt*, postum *Mathilde Möhring*), *Westermann's Illustrierte Monatshefte* (*Ellernklipp*), *Daheim* (*Vor dem Sturm*) oder *Über Land und Meer* (*Graf Petöfy, Stechlin*) ebenso wie mit der Reichsgründung aufkommende neue Kultur- und Literaturzeitschriften, die sich stärker an dem aus Großbritannien, USA und Frankreich kommenden Rundschau-Typus (Revue) orientierten, wie Paul Lindaus *Nord und Süd* (*Grete Minde* und *L'Adultera*) oder Julius Rodenbergs *Deutsche Rundschau* (*Unwiederbringlich, Frau Jenny Treibel, Effi Briest*).

Die Vielzahl unterschiedlicher Veröffentlichungsorte – Fontanes siebzehn Romane erschienen in zehn verschiedenen Zeitungen und Zeitschriften, die Buchausgaben bei sieben verschiedenen Verlagen – zeugt von der ungesicherten Stellung des späten Debütanten auf dem Romane-Markt. Anders als die etablierten bürgerlichen Realisten wie Gustav Freytag *(Grenzboten)*, Wilhelm Raabe *(Westermann's Monatshefte)*, Theodor Storm *(Gartenlaube, Über Land und Meer)*, Conrad Ferdinand Meyer und Gottfried Keller *(Deutsche Rundschau)* oder Bestsellerautorinnen wie Eugenie Marlitt *(Garten-*

laube) hatte er kein «Hausblatt», mit dem er gutdotierte Exklusivverträge hätte abschließen können.[16]

Überregionaler Marktführer war die *Gartenlaube*, auch wenn der Einbruch von deren Abonnentenzahlen um dramatische 40 Prozent genau in den Jahren, als Fontane anfing, Romane zu schreiben, die gewachsene Konkurrenz auf dem expandierenden Zeitschriftenmarkt verdeutlicht: vom Spitzenwert von 382000 Abonnenten im Jahr 1875 waren acht Jahre später nur noch 234000 übrig geblieben. Dies entspricht der immer noch beeindruckenden Zahl von rund 2,5 Millionen Leserinnen und Lesern.[17] Dementsprechend erhielt Fontane mit dem *Gartenlaube*-Roman *Quitt* mit über 12000 Mark sein mit Abstand höchstes Honorar. Das größte literarische Renommee versprach Julius Rodenbergs *Deutsche Rundschau*. Auch regionale Aspekte spielten bei Fontanes Blick auf Zielgruppen eine Rolle. Für *Westermann's Monatshefte* (Braunschweig) sprach die überregionale Verbreitung, *Nord und Süd* (Berlin) zielte vor allem auf ein modernes, großstädtisches Berliner Publikum, *Über Land und Meer* (Stuttgart) hatte seine Leserschaft im süddeutschen Raum, weshalb er dort den in Österreich spielenden *Graf Petöfy* unterbringen konnte.[18]

Das Baukastensystem seiner Stoffsammlung ermöglichte es Fontane, flexibel auf die Marktanforderungen einzugehen. So bot er seine Entwürfe in der Regel mehreren Zeitschriften gleichzeitig an. Und meist sandte er gleich mehrere Entwürfe «im Brouillon» oder als Exposé ein und überließ den Redakteuren oder Herausgebern die Auswahl: «Sie sollen das Aussuchen haben», lautete die höfliche Standardformulierung des Romaneverkäufers an seine potenziellen Abnehmer.[19] Im Frühjahr 1879 schlug Fontane *Westermann's Monatsheften* zugleich *Ellernklipp*, *Allerlei Glück* und *Schach von Wuthenow* vor, 1886 der *Gartenlaube* die Romane *Quitt* und *Unwiederbringlich*, und 1891 konnte die *Deutsche Rundschau* sich zwischen *Mathilde Möhring* und *Frau Jenny Treibel* entscheiden.[20] Gerade in den Anfangsjahren der gesteigerten Produktion konnte bei so viel Flexibilität auch einmal der Überblick verloren gehen. Im Juni 1881 hat Fontane seinen *Storch von Adebar* gleichzeitig den Redakteuren Gustav Karpeles von *Westermann* und Julius Grosser von *Nord und Süd* angeboten.[21] «Der Storch ist weg», teilte er einen Monat später Karpeles mit, weil er inzwischen von Grosser eine Zusage erhalten habe.[22] Allerdings ist der *Storch* auch in *Nord und Süd* nie angekommen. Ob er Grosser oder Fontane selbst zu heikel war, wissen wir nicht, jedenfalls blieb es beim Entwurf.

Die Vorgaben der Zeitschriften wirkten sich in vieler Hinsicht auf das Produkt aus. Auch wenn Fontane nicht wie Charles Dickens oder Eugenie Marlitt Serienromane produzierte, deren einzelne Folgen noch während des Erscheinens geschrieben wurden, entschied letztlich die Auftragslage, ob ein Roman fertiggestellt wurde oder im mehr oder weniger fortgeschrittenen Entwurfsstadium zurück in einen der unzähligen Kästen seines Arbeitslabors wanderte. Auch Gattung und Themen, Umfang und Kapitellänge richteten sich nach den Zeitschriftenvorgaben. Nicht einen großstädtischen Apothekerroman *(Allerlei Glück)*, sondern eine Harzer Kriminalgeschichte *(Ellernklipp)* kauften ihm *Westermann's Monatshefte* ab. Die *Gartenlaube* nahm die Kriminalgeschichten *Unterm Birnbaum* und *Quitt*, aber nicht den Eheroman *Effi Briest*. Und für den im Nordberliner Heimarbeiterinnen-Milieu spielenden Mesalliance-Roman *Stine* musste erst eine neue Zeitschrift gegründet werden, damit er veröffentlicht werden konnte.

Einen Roman von 750 Seiten Umfang wie sein Debüt *Vor dem Sturm* hat Fontane nicht mehr geschrieben, weil sich Arbeitsaufwand und Ertrag nicht rechneten. Die Umfänge der Romanveröffentlichungen bis zu seiner Pensionierung als Theaterkritiker Ende 1889 liegen zwischen 110 und 220 Seiten, erst danach folgen mit *Quitt*, *Unwiederbringlich* und *Effi Briest* wieder Romane von über 300 Seiten. Rund 450 Seiten hat Fontanes letzter und kurz vor dem Tod geschriebener Roman *Der Stechlin*, als er sich nicht mehr nach dem Markt richten musste.

Die Kapitellängen gestaltete Fontane mit durchschnittlich 6–8 Seiten von vornherein so, dass sie möglichst genau einer Folge des Zeitschriftenabdrucks entsprachen.[23] So konnten die Leserinnen und Leser der *Vossischen Zeitung* am Samstag, dem 6. August 1887, Kapitel 12 von *Irrungen, Wirrungen* lesen, das mit der Liebesnacht der beiden Hauptfiguren Lene Nimptsch und Botho von Rienacker in *Hankels Ablage* schließt («Und sie schmiegte sich an ihn und blickte, während sie die Augen schloß, mit einem Ausdruck höchsten Glückes zu ihm auf»), um dann am Morgen des folgenden Sonntags mit den beiden Protagonisten und Kapitel 13 den Tag zu beginnen: «Beide waren früh auf.» Die fiktive sommerliche Liebesnacht hatte wiederum reale Konsequenzen. Die Miteigentümerfamilie Müller der *Vossischen Zeitung* beschwerte sich bei der Redaktion («Wann hört diese gräßliche Hurengeschichte endlich auf»[24]), und Fontane konnte nach *Irrungen, Wirrungen* dort trotz mehrerer Versuche keinen Roman mehr unterbringen. Der Berliner *Börsen-Courier* hingegen machte auf einen vermeintlichen Anfängerfehler Fontanes aufmerksam, weil es sich lese, als blicke Lene mit geschlossenen Augen zu Botho auf. Fontane nahm daraufhin den *Börsen-Courier*, in dessen Ausrichtung sich Finanzkapitalismus mit rigiden Moralvorstellungen verband, zusammen mit den ebenfalls über sittliche Freizügigkeit klagenden *Daheim* und *Kreuzzeitung* in die Liste feindlicher Blätter auf, denen sein Verleger Hertz keine Rezensionsexemplare mehr schicken solle.[25]

Liebe war der Dauerbrenner in den Auseinandersetzungen mit den Zeitschriftenredaktionen. Der Romane-Markt in den Zeitschriften war ein Markt der Liebe, aber nach den Spielregeln des Viktorianischen Zeitalters, wie etwa der Leitfaden der *Gartenlaube* an ihre Hausautorinnen und -autoren illustriert: «Die in unserem Blatt zur Veröffentlichung gelangenden Beiträge dürfen weder eine politische noch eine religiöse Tendenz enthalten und müssen in erotischer Hinsicht so gehalten sein, daß sie auch vor jüngeren Mitgliedern im Familienkreise vorgelesen werden können. Auch darf weder eine Ehescheidung noch ein Selbstmord vorkommen. Die Handlung muß stetig an Spannung zunehmen und in jedem Kapitel muß irgendeine Wendung in der Fabel, ein Ereignis und dergleichen eintreten. Der Ausgang muß ein glücklicher, einen angenehmen Eindruck hinterlassender sein.»[26]

Eine anschauliche Beschreibung einer «Normalnovelle» in Familienzeitschriften gibt Doktor Pusch in Fontanes Roman *Stechlin*: «Etwa so: tiefverschuldeter adeliger Assessor und ‹Sommerleutnant› liebt Gouvernante von stupender Tugend, so stupende, daß sie, wenn geprüft, selbst auf diesem schwierigsten Gebiete bestehen würde. Plötzlich aber ist ein alter Onkel da, der den halb entgleisten Neffen an eine reiche Cousine standesgemäß zu verheiraten wünscht. Höhe der Situation! Drohendster Konflikt. Aber in diesem bedrängten Moment entsagt die Cousine nicht nur, sondern vermacht ihrer Rivalin auch ihr Gesamtvermögen. Und wenn sie nicht gestorben sind, so leben sie heute noch ...»[27]

Vom Politik-, Ehebruch- und Suizid-Tabu bis zum strikten Happy-End-Gebot findet man in Fontanes Romanen eigentlich fast immer das Gegenteil des Redaktionsleitfadens der *Gartenlaube*. Er spielt in ihnen die ganze Palette (meist) unglücklicher Beziehungs- und Ehegeschichten von Mesalliancen, Ehebrüchen, Seitensprüngen, Scheidungen durch, die beinahe immer verbunden sind mit Suiziden (Christine von Holk, Waldemar von Haldern, Adam von Petöfy, Schach von Wuthenow, Cécile), Duellen (Innstetten in *Effi Briest*, der schießwütige Arnaud in *Cécile* gleich zweimal), tödlich endenden psychischen und physischen Verletzungen (Effi, Stine) und einmal auch mit einer Vergewaltigung auf der Hochzeitsreise – während einer Eisenbahnfahrt im Tunnel (Melusine im *Stechlin*[28]).

Wie in den großen Ehebruch-Romanen des realistischen Romans von Jane Austen und Emily Brontë bis Gustave Flaubert *(Madame Bovary)* und Lew Tolstoi *(Anna Karenina)* ist Liebe das Thema, anhand dessen Fontane gesellschaftliche Konfliktlagen, soziale Schranken und überkommene Moralkonventionen thematisiert.

«Liebesgeschichten, in ihrer schauderösen Ähnlichkeit, haben was Langweiliges», fand auch Fontane, «aber der Gesellschaftszustand, das Sittenbildliche, das versteckt und gefährlich Politische, das diese Dinge haben [...], *das* ist es, was mich so sehr daran interessiert.»[29]

In der Korrespondenz Fontanes mit den unterschiedlichen Zeitschriftenredakteuren wimmelt es von Auseinandersetzungen um dieses Interesse am Liebesthema und den einzuhaltenden Rahmen von echter und vorgeblicher Publikumserwartung. Als sich Fontane mit einem seiner ersten Entwürfe an Gustav Karpeles *(Westermann's Monatshefte)* wendet, nimmt er auf die Vorgaben der Zeitschrift Bezug, um sogleich einzuräumen, dass sein Interesse am «gefährlich Politischen» für Verstimmung sorgen könne: «Aber ich kenne Publikum und Pardon, unter Umständen auch Redaktionen! ‹Liebe, Liebe ist mich nöthig› ist einerseits der Haupt-Chorgesang, aber diese ganze Liebe muß auf dem Patentamt eingeschrieben sein. Man könnte sagen: so *viel* wie möglich, aber auch so *dünn* wie möglich. Das wäre vielleicht das Ideal. Von diesem Ideal bin ich nun aber ziemlich weit entfernt, es geht ein paar mal in der Geschichte ziemlich scharf her, und deshalb frage ich bei Ihnen an, ob Ihnen der Stoff zusagt oder nicht.»[30]

Auch als er *Gartenlaube*-Redakteur Adolf Kröner im Frühjahr 1886 nach bewährtem Muster mit *Quitt* und *Unwiederbringlich* zwei Romane zur Wahl stellt, dreht sich alles um das leidige Thema Liebe. Auch wenn *Quitt* als Kriminalgeschichte und Auswandererroman keine «Liebesgeschichte» im Sinne des *Gartenlaube*-Formats sei, biegt Fontane die Geschichte halb ironisch mit allen Mitteln in diese Richtung – bis hin zum kalauernden Wortspiel: «Und nun die Novelle selbst. Ganz lieblos wird sie nicht verlaufen. Der Held in seinem Dakota- oder Minnesotadorf (wenigstens Minne im Lokalnamen) verliebt sich in ein schönes Mennonitenkind, und wie das Leben selbst, so verliert er auch das Letzte seines Lebens: *sie*. Trotzdem kann ich nicht wohl von einer ‹Liebesgeschichte› sprechen: denn das ganze Liebes- und Brautverhältnis bleibt im Idyll, im Gefühlvollen stecken. Von glühenden Küssen, so daß gleich die ganze Stube warm wird, keine Spur.»[31]

Falls das immer noch zu wenig sei, könne er ihm alternativ «einen neuen brillanten Stoff, den Sie, glaub ich, noch nicht kennen», anbieten. Zwar handele es sich dabei ausschließlich um eine Liebesgeschichte. Allerdings sei auch diese nicht ohne Nachteile zu haben, denn der Stoff bleibe ohne jede Handlung auf eine psychologische Analyse einer *ménage à trois* längst erwachsener Menschen konzentriert: «Er hat aber, so schön er ist, gar keine äußerliche Aktion und bewegt sich in dem Herzensverhältnis dreier Menschen zu einander. Auch ist das vielleicht mißlich, daß der Held und Liebhaber ein Mann von dreiundvierzig mit fast schon erwachsenen Kindern ist.»[32] Auch das Alter der Protagonisten gehörte zu den ungeschriebenen Vorgaben der *Gartenlaube*, wobei ein gewisser Widerspruch zwischen der Zielgruppe Familie und dem im Roman dargestellten Standardgeschehen nicht zu übersehen ist. Die Helden der erfolgreichsten Hausautorin Eugenie Marlitt waren durchschnittlich um die dreißig, ledig und hatten natürlich auch noch keine Kinder.[33] Nicht die Familienrealität wollte man lesen, sondern nur die romantische Entstehungsgeschichte, deren Happy End genau dort aufhört, wo der Alltag erst anfängt.[34]

Von *Cécile*, die der Redakteur von *Westermann's Monatsheften* mit der Begründung «etwas heikles Thema» ablehnte, bis zu *Effi Briest*, die der *Gartenlaube* zu brisant erschien, waren die Gründe für die Absagen immer die gleichen.[35] Beispielhaft lässt dies die Veröffentlichungsgeschichte von *Stine* erkennen, mit der Fontane praktisch das ganze Jahrzehnt der 1880er Jahre hausieren gehen musste, bevor sie doch noch das Licht der literarischen Öffentlichkeit erblicken konnte.

Im Sommer 1881 findet sich die erste Erwähnung einer neuen «kleinen Novelle» gegenüber Karpeles.[36] Schon im Winter desselben Jahres war diese dann laut Tagebuch unter dem späteren Titel

Stine im Brouillon fertig.[37] Über Jahre bot Fontane das Manuskript verschiedenen Familienzeitschriften an. Nachdem mit der Stuttgarter Zeitschrift *Vom Fels zum Meer* bereits im März 1882 eine Vorvereinbarung über den Abdruck abgeschlossen worden war, zögerte das Blatt so lange, bis Fontane sechs Jahre später einsehen musste, dass *Stine* für das «Familienblatt mit eben eingesegneten Töchtern» nicht geeignet war.[38] Auch Emil Dominik, dem Redakteur der Berliner Illustrierten Familienzeitschrift *Zur guten Stunde*, war *Stine* «doch zu brenzlich».[39] Nachdem es bei den Familienblättern mit *Stine* partout nicht ging, wandte sich Fontane an seinen Freund und Redaktionskollegen bei der *Vossischen*, Paul Schlenther, der inzwischen auch Programmleiter der Sonntagsausgabe war. Im Juni 1888 schickte er Schlenther ein Paket «mit der höchstfragwürdigen ‹Stine›» und der Bitte um vorsichtiges Vortasten beim Chefredakteur Friedrich Stephany und unter Ausnutzung der entspannten Stimmung des Sommerlochs: «Suchen Sie für Überreichung von ‹Stine› eine möglichst stille Woche aus, vielleicht die übernächste, wenn Kammer und Reichstag wieder nach Hause geschickt sind.»[40] Die Absage kam postwendend. Offenkundig hatte sich Stephany auf den «Sittlichkeits-Standpunkt» gestellt und wollte der *Vossischen* nach *Irrungen, Wirrungen* nicht noch eine «gräßliche Hurengeschichte» zumuten.[41]

Wiederum ein Jahr später, im Sommer 1889, deutete sich endlich die Erlösung für *Stine* an – im modernen Medium der Urlaubspostkarte meldete Fritz Mauthner Interesse an der Novelle an, die er in der Auftaktnummer seiner neuen Wochenschrift *Deutschland* abdrucken wollte. Mauthner konnte keinen besseren Ort für die frohe Botschaft wählen. Er schickte die Karte an den in Bad Kissingen weilenden Fontane aus *Hankels Ablage*, das seit *Irrungen, Wirrungen* zu einem kleinen Pilgerort für Literaturkenner geworden war. «Von keinem Punkt der Welt sind mir so viel kleine Liebesbeweise – und alle in glücklichster Weinlaune niedergeschrieben – zugegangen», dankte Fontane Mauthner erfreut für das Interesse. Fontane-Literatur als Tourismusförderung, bis heute eine gängige Marketingmaßnahme des Landes Brandenburg, war ein Phänomen, das bereits zu dessen Lebzeiten einsetzte.

Fritz Mauthner gehörte als Mitarbeiter und späterer Redakteur von Rudolf Mosses *Berliner Tageblatt* schon zu einer neuen Journalistengeneration und hatte zudem selbst eine sozialkritische Großstadtroman-Trilogie geschrieben (*Berlin W.*, 1886–1890). Der Untertitel seiner Wochenschrift *Deutschland. Wochenschrift für Kunst, Literatur und soziales Leben*, die im Herbst 1889 an den Start ging, beschrieb eine ganz andere Programmatik als die der traditionellen Familienblätter.[42] *Stine* passte hervorragend zum Profil der Zeitschrift.

Allerdings war es nun Fontane, der sich mit dem Vorbehalt meldete, dass die Novelle erst nach seinem siebzigsten Geburtstag erscheinen dürfe: «Ja, es lebe *Stine*! Vorläufig aber muß sie noch schlafen wie Dornröschen und erst 1890 darf Ritter Mauthner kommen und sie wecken.»[43] Als er Mauthner im August das Manuskript in der Hoffnung schickte, dass die fast schon begrabene und «unterm Stein gelegene» *Stine* nun bald «zum Leserkreis Ihrer neuen Zeitschrift sprechen möge», betonte er noch einmal: «aber nicht zu früh».[44] Als Mauthner schon ein «Zurückzoppen» Fontanes vermutet, erklärt Fontane ihm, welche Rücksichten er zu nehmen habe: «am 30. Dezember werde ich 70, und werde von ein paar Leuten als 70er, also als Urgreis, als literarischer Wrangel oder Moltke gefeiert werden; Sie werden einräumen, daß *Stine* zu solcher Urgreis-Feierung wie die Faust aufs Auge paßt. So schwer es mir wird, aber ein *bischen* Rücksicht muß man doch nun mal auf die allgemeinen Anschauungen nehmen.»[45] Angesichts der bevorstehenden Feier als Dichter des Preußentums und des nahenden Ausscheidens als Theaterkritiker wollte Fontane mit *Stine* weder Ruf noch Rente riskieren. Unmittelbar nach der Geburtstagsfeier ist *Stine* dann endlich ab der Januar-Nummer 1890 von *Deutschland* erschienen – im selben Heft mit einem Bericht über «Streikende Priester», einem

Artikel zum Thema Recht und soziale Gerechtigkeit und einer Abhandlung über «Die Ehescheidung und die bürgerliche Gesellschaft».[46]

Neben Fontanes Sorge um seinen Ruf in bestimmten Kreisen ist sein Zaudern Ausdruck der Tatsache, dass der Romanschriftsteller-Laden nur eines von drei finanziellen Standbeinen der Familie Fontane war, neben dem «Brotberuf» am Königlichen Schauspielhaus und den Einkünften, die er weiterhin unter dem alten Rubrum «Vaterländischer Schriftsteller» erzielte, etwa für den Folgeband der *Wanderungen, Fünf Schlösser*, (erschienen 1888), längeren *Wanderungen*-Aufsätzen und Neuauflagen der ersten vier *Wanderungen*-Bände, die jeweils in etwa das gleiche Honorar einbrachten wie die Buchausgabe eines Romans (1500 Mark in Bausch und Bogen). Hinzu kamen die jährlichen 1200 Mark von der Pressestelle.

Andererseits wollte Fontane auch nicht auf die Veröffentlichung von *Stine* verzichten: in diesem Fall weniger wegen des Honorars (er nahm von Mauthner das geringste Bogenhonorar aller seiner Romanveröffentlichungen), sondern vor allem weil er Stines Schwester Pauline Pittelkow aus dem Kasten lassen wollte. «Die Hauptperson ist nicht Stine, sondern deren ältere Schwester: Witwe Pittelkow», hatte er bereits während der Verhandlungen mit zuvor anvisierten Zeitschriftenherausgebern erläutert: «Ich glaube, sie ist mir eine gelungene und noch nicht dagewesene Figur.»[47] «Die Pittelkow ist mir als Figur viel wichtiger als die ganze Geschichte», gestand er später Maximilian Harden, der den Roman rezensiert hatte.[48] Und in ein Widmungsexemplar von *Stine* für das Berliner Pressefest trug er den Vers ein: «Wisse, ich finde sie selbst nur soso, – / Aber die Witwe Pittelkow!»[49]

Wenn man nach den Einkommensverhältnissen der Roman-Unternehmerfamilie Fontane fragt, sollte man sich nicht auf Theodor Fontanes geäußerte Berechnungen verlassen. Gerade in den Anfangsjahren dienen diese meist noch der Rechtfertigung, aus der Beamtenlaufbahn ausgestiegen zu sein. Nicht belastbares Zahlenmaterial findet man daher in den Briefen, sondern eher grobe Schätzungen oder Zielvorstellungen, frei nach Fontanes Lebensmotto, im Zweifelsfall «fünfe gerade» sein zu lassen.[50] Dies beginnt schon damit, dass Fontane mehr als zehn Jahre nach dem Reichswährungsgesetz von 1871, mit dem der «Thaler» im Verhältnis 1:3 durch die neue Mark ersetzt worden war, noch immer in der alten Währung rechnete. Fontanes beispielsweise im Jahr 1879 gegenüber Mathilde von Rohr angestellte Berechnung, dass er einen bestimmten Roman nur schreiben könne, «wenn ich eine Einnahme von 5000 Thlr ganz sicher habe, 3000 für den Abdruck in einem Journal und 2000 für die 1. Auflage des Buchs», liegt um ein Vielfaches über den dann real erzielten Einkünften. 15000 Mark hat Fontane mit keinem Zeitschriftenabdruck verdient, 6000 Mark für keine einzige Buchausgabe erzielt.[51] Ebenso zweifelhaft ist Fontanes zwei Jahre später gegenüber Mathilde von Rohr – immer noch in Talern – geäußerte Angabe, dass er mit seinen schriftstellerischen Arbeiten so viel Geld eingespielt habe, dass die Familie «alljährlich» im «Durchschnitt 2500 bis 2700 Taler» ausgeben konnte.[52] Jahreseinnahmen von 7500 bis 8100 Mark wird man in Emilies Haushaltsbuch als der verlässlichen, aber leider nicht lückenlos überlieferten Quelle eher selten finden.

Was passiert, wenn man Fontanes Kalkulation einfach eins zu eins übernimmt, zeigt sich an gelegentlich in der Fontane-Forschung auftauchenden, abstrus erscheinenden Schätzungen, nach denen die Fontanes zu den 1,5 Prozent Spitzenverdienern in Preußen gehört hätten.[53] Wie in *Mathilde Möhring* die Titelheldin, so war auch bei den Fontanes Emilie diejenige, die rechnen konnte (wie dort Hugo Großmann mit seinem ständigen Nölen, Kranksein und der Vorliebe für Spaziergänge und Theaterbesuche mit zahlreichen Zügen Theodor Fontanes ausgestattet wird[54]). Nach den Erinnerungen des Freundes, Rechtsberaters und Testamentsvollstreckers der Fontanes, Paul Meyer, war es Emilie, die «stets die Kasse» verwaltete, während sich Theodor «nicht, oder doch nur wenig» um

Geldfragen kümmerte. Oft ging er gedankenlos ohne Geld aus dem Haus; ansonsten war er zufrieden, dass er ein kleines «besonderes Taschengeld zum Privatgebrauch» bekam.[55]

Die Fontane'sche Wohnung in der Potsdamer Straße sah der kleinbürgerlichen Wohnung der Möhrings in der Georgenstraße (dreieinhalb Zimmer mit «guter Stube» in einer oberen Etage) oder der des Durchschnittsakademikers Willibald Schmidts aus *Frau Jenny Treibel* in der Adlerstraße jedenfalls ähnlicher als der prunkvollen Köpenicker Stadtvilla des Chemieunternehmers und Kommerzienrats Treibel. Die Fontanes konnten sich den gehobenen bürgerlichen Standard einer Dreieinhalb-Zimmer-Wohnung, eine Hausangestellte und zwei Sommerfrischen im Jahr leisten – jedoch immer nur auf der Basis schriftstellerischer Dauerproduktion des über sechzigjährigen Workaholics, bei dem auch die Sommerreisen zugleich Arbeitsreisen waren. Schlagartig deutlich wurde dies, als Fontane 1892 wegen seiner schweren Krankheit vom Arzt «jegliche geistige Aufregung» und so auch die Schriftstellerei untersagt wurde. «Damit war unsre Zukunft entschieden u vorgeschrieben», informierte Emilie sofort ihren Sohn, dass ein Leben in der teuren Reichshauptstadt nicht mehr finanzierbar und der Umzug in die schlesische Provinz beschlossene Sache sei: «Ohne Extra-Einnahmen können wir in Berlin nicht existieren».[56]

Sorgenfrei wurde die finanzielle Situation nach Auskunft von Fontanes Tochter Martha erst, als Fontane zum fünfundsiebzigsten Geburtstag vom Kultusministerium doch noch eine jährliche «Ehrenpension» von 3000 Mark zugesprochen wurde. Bei einer, zumal nach vorangegangener lebensbedrohlicher Krankheit, absehbaren Restlebenszeit Fontanes (es wurden dann noch drei Jahre) war das anscheinend eine selbst dem preußischen Staatshaushalt zumutbare Ausgabe.[57]

BERLINER GESELLSCHAFTSROMAN

Elf von siebzehn Fontane-Romanen spielen ganz oder zu großen Teilen in Berlin. Neben den beiden historischen Romanen *Vor dem Sturm* und *Schach von Wuthenow* sind dies *L'Adultera, Cécile, Irrungen, Wirrungen* sowie *Stine, Frau Jenny Treibel* (*Deutsche Rundschau* 1892), *Effi Briest, Die Poggenpuhls, Der Stechlin* (*Über Land und Meer* 1897/98) und *Mathilde Möhring* (*Gartenlaube* 1906). Einige von diesen wurden von Fontane selbst oder späteren Herausgebern auch unter den Gattungsbezeichnungen «Berlin-Novellen», «Berliner Alltagsgeschichte» oder «Berlin-Romane» zusammengefasst.

In allen Berlin-Romanen lässt sich eine gewisse Serialität oder «Schablonenhaftigkeit» in der Schauplatzgestaltung, der szenischen Darstellung, der lockeren Reihung von Episoden, dem Vorherrschen des Dialogs sowie wiederkehrender narrativer Muster zur Gestaltung von Höhe- und Wendepunkten der Handlung durch Landpartien, Ausflüge, eintreffende oder geschriebene Briefe oder die Zeitungslektüre beobachten.[58] Um «Gesellschaftsromane» handelt es sich, weil in ihnen der Plot – meist Liebesgeschichten – vor einem ausschnitthaften Panorama der unterschiedlichen sozialen Gruppen des gründerzeitlichen Berlin situiert wird und die Liebenden mit den Barrieren in Konflikt geraten, die diese Gruppen trennen: Adel versus Heimarbeiterinnen-Proletariat (*Irrungen, Wirrungen* und *Stine*), neureiches Besitzbürgertum versus Bildungsbürgertum (*Frau Jenny Treibel*), Kleinbürgertum versus akademischen Beamtenstand (*Mathilde Möhring*). Industrielle Arbeitswelten oder die Elendsviertel der Spandauer Vorstadt kommen bei Fontane nur am Rande und in Ausblicken vor.

Visuelle und szenische Erzählverfahren kennzeichnen alle Romananfänge, wobei unterschiedliche Blickwinkel und Perspektiven kunstvoll ein wechselseitig aufeinander bezogenes visuelles Geflecht erzeugen (alle Romane Fontanes ließen sich problemlos verfilmen). In aller Regel beginnen die Romane mit einem Panoramablick auf das Setting. Die räumlich und zeitlich genaue Lokalisierung des Schauplatzes erzeugt zum einen die für den realistischen Roman grundlegende Wirklichkeitsillusion und führt zugleich in die thematisierten Gesellschaftsschichten und sozialen Konflikte ein. Bezirk, Haus, Etage und Wohnung werden immer auch als soziale Räume dargestellt, wobei die jeweilige Klassen- oder Ständezugehörigkeit nicht vom Erzähler benannt wird, sondern aus den unterschiedlichen Blicken der Figuren, den dargestellten Objekten und dem eigenen Erfahrungshorizont für die Leserinnen und Leser selbst erschließbar wird.

Am Anfang von *Frau Jenny Treibel* sieht man im Panoramablick «an einem der letzten Maitage» eine Landauer Kutsche, das heißt eine luxuriöse Cabrio-Variante und Statussymbol der begüterten Klassen, «vom Spittelmarkt her in die Kur- und dann in die Adlerstraße» einfahren und vor einem altmodischen, notdürftig getünchten Haus halten. Aus der Kutsche steigt eine reiche Dame Ende fünfzig samt «Bologneserhündchen» und Gesellschafterin. In einer Art Kamerafahrt sieht man, wie sie sich «so schnell es ihre Korpulenz zuließ» über die «abgelaufenen Stufen» durch das nach oben immer enger und stickiger werdende Treppenhaus zwängt, bis sie im obersten Stockwerk vor einer Tür mit einem «grünen, knittrigen Blechschild, darauf ‹Professor Willibald Schmidt› ziemlich undeutlich zu lesen war», ankommt. Nun wechselt die Erzählperspektive von der Außensicht in die personale Perspektive. Bevor die Dame klingelt, wird sie von den aus Küchen- (Kartoffelbrei) und Putzmitteln gemischten Gerüchen im Treppenhaus noch daran erinnert, dass sie in ihrer Kindheit und Jugend «selbst hier, in eben dieser Adlerstraße, gewohnt und in dem gerade gegenüber gelegenen Materialwaarenladen ihres Vaters mit im Geschäft geholfen und [...] kleine und große Düten geklebt hatte.»[59]

Allein durch die Beschreibung von Objekten – altes Haus in mittelprächtiger Wohnlage, Wohnung in oberer Etage, Klingelschild versus Luxuskutsche und Hündchen als Statussymbol von Aufsteigern – ist in dieser Ortsbeschreibung der ganze den Roman bestimmende Konflikt zwischen Bildungsbürgertum und Besitzbürgertum angelegt: Das Aufsteigergehabe und der Standesdünkel der Titelfigur, die dann die Liebe zwischen Willibald Schmidts Tochter Corinna und ihrem Sohn Leopold hintertreiben wird, weil Gelehrte für das neue Besitzbürgertum der Gründerzeit nicht mehr heiratsfähig sind.

Was in *Frau Jenny Treibel* die Landauer Kutsche und das zerknitterte Türschild sind, ist in *Mathilde Möhring*, wo eine Ehe zwischen einer Vertreterin des Kleinbürgertums mit einem Vertreter der akademischen Beamtenschaft geschildert wird, der Umzugswagen und die Chaiselongue: «Möhrings wohnten Georgenstraße 19 dicht an der Friedrichstraße», lautet der erste Satz, mit dem die Handlung im Berliner Universitätsviertel situiert wird. Das Haus gehört einem in der Gründerzeit reich gewordenen ehemaligen städtischen Angestellten, der ins Immobiliengeschäft eingestiegen ist. Mutter und Tochter Möhring teilen sich, nachdem Mathildes Vater, Buchhalter in einem Schneider-Geschäft, mit Anfang vierzig verstorben ist, eine «dürftige», aber nicht «ärmliche» Dreizimmerwohnung im obersten Stock: eine «gute Stube» dient als Ausweisschild, dass man zwar zum Kleinbürgertum, aber nicht zum Proletariat gehört, ein Zimmer wird untervermietet, während sich Mutter und Tochter ein Schlafzimmer teilen.[60]

Ein in der Georgenstraße stehender «Riesenwagen [...] mit einem Leinwandbehang und der Inschrift Möbel-Transport von Fiddichen» signalisiert die erzählte Zeit: Anfang Oktober, Semesterbeginn, «Ziehzeit», in der die neuen Studenten und damit potenzielle Untermieter der Möhrings ankommen. Mit Interesse beobachtet ein wohnungssuchender «junger Mann von etwa 26» mit einem «schwarzen Vollbart» die Szenerie, «und kaum daß sich sein Blick auf das Haus gegenüber gerichtet hatte, so las er auch schon an einem über der Hausthür angebrachten Zettel: ‹Drei Treppen hoch links ein elegant möblirtes Zimmer zu vermiethen›».[61] Was er nicht sah, war, dass Mathilde Möhring ihn zugleich mit ihren «scharfen Augen» und viel «Menschenkenntnis» als geeigneten Untermieter auswählte, der zugleich ein passender Ehepartner sein könnte, um ihr den Aufstieg aus der Enge des kleinbürgerlichen Milieus zu ermöglichen.

Als Schauplatz der Transformation des Untermieters in den Ehepartner dient Mathilde die in der «guten Stube» befindliche Chaiselongue, die eigentlich unbenutzt und funktionslos als bloßes Distinktionssymbol der kleinbürgerlichen Möhrings gegen den nach dem Tod des Ehemanns und Vaters drohenden sozialen Abstieg dient: «Hierher hatten sich alle Anstrengungen concentrirt.» Diese wird nun von Mathilde umfunktioniert: Hier pflegt sie den immer schwächelnden Bummelstudenten Hugo Großmann und verwandelt ihn gezielt nicht nur vom Kranken zum Gesunden, sondern auch vom Desinteressierten zum Verliebten. Und hier bereitet sie den «Schlappier» auf sein Examen vor, indem sie ihn mit Übungsfragen drillt, während er auf der Chaiselongue liegt und statt der juristischen Lehrwerke lieber seine Ibsen-Dramen und andere Werke in Heften aus Reclams 1867 gegründeter Universalbibliothek liest, «von denen er jeden zweiten, dritten Tag mehrere nach Hause brachte»: «Du mußt nun endlich Dein Examen machen und nicht immer die Bücher bei Seite schieben und die ‹Gespenster› lesen was übrigens wie sein Titel schon ausdrückt ein gräuliches Stück ist».[62] So macht sie ihn und sich schließlich erfolgreich zum Provinzbürgermeisterpaar. Ihre besorgte Mutter, die angesichts des plötzlichen Gebrauchs der Chaiselongue in ständiger Angst vor «Kuten», Abdrücken und Gebrauchsspuren war, kann sie beruhigen: «wie gut es ist, daß wir die Chaise longue haben. Ich wußte, daß sich das verlohnen würde.»[63] Fontanes Roman entsteht in eben den Jahren, in denen Sigmund Freud in Wien erstmals die Couch als Therapieinstrument einsetzt.[64]

Wie die Chaiselongue in *Mathilde Möhring* fungieren in allen Romanen Fontanes bevorzugt Objekte und Alltagsgegenstände als Realsymbole, in denen sich der Romanplot verdichtet: wie die Schaukel in *Effi Briest* und das Universalheilpflaster in *Allerlei Glück*, so die Palme in *L'Adultera*, die gelben Immortellen in *Irrungen, Wirrungen* oder auch das Ahnenbildnis in den *Poggenpuhls*.[65]

Ein Blick in die und zwei Blicke aus der Wohnung der Poggenpuhls genügen Fontane, um den Umgang der verarmten Adelsfamilie Pogge von Poggenpuhl, ältester pommerscher Raubritteradel und vom Herkommen nur den märkischen Quitzows vergleichbar, mit den veränderten Realitäten in der modernen Großstadt zu kontrastieren. Witwe Poggenpuhl, selbst aus einem armen bürgerlichen Pastorenhaushalt stammend, lebt mit ihren drei Töchtern Therese, Sophie und Manon in einer Kreuzberger Wohnung. In der Stube sieht man das schief über dem Sofa hängende Gemälde eines Poggenpuhl'schen Vorfahren aus besseren Zeiten, das immer wieder herunterfällt, weil der Nagel im Putz nicht hält. Aus ihrem Fenster schaut Witwe Poggenpuhl einerseits auf den Großgörschen-Friedhof (nach dem Ort einer Niederlage der russisch-preußischen Truppen in den Napoleonischen Kriegen benannt), andererseits auf die «abwechselnd roten und blauen Riesenbuchstaben» von «Schulzes Bonbonfabrik», in der die für die «beständig an Husten» leidende Frau von Poggenpuhl so beliebten «Gerstenbonbons und Brustkaramellen» hergestellt werden.[66]

Leitmotivisch durchzieht der Kontrast zwischen moderner Reklame und altem Adel den Roman. Als «bevorzugteste Literaturquelle» für *Die Poggenpuhls* hätten ihm die originellen Werbeslogans des Berliner Konfektionskaufhauses *Die Goldene Hundertzehn* gedient, bekennt Fontane gegenüber Mauthner.[67] Auch in den Gesprächen zwischen den Romanfiguren, etwa zwischen Manon und ihrem Bruder Leo, werden alte Statussymbole des Adels, «Ruhm und Name», der neuen Bedeutung von Marken und Konsumartikelnamen gegenübergestellt: «Kann ich zugeben, Manon; aber wer hat heutzutage *nicht* einen Namen? Und was *macht* nicht alles einen

Namen! Pears Soap, Blookers Cacao, Malzextrakt von Johann Hoff. Rittertum und Heldenschaft stehen daneben weit zurück.»[68] Vergleichbares gilt für den *Stechlin*. Hier regt ein Prozess in England um eine neue Wunder-Wachspaste gegen «Fältchen und Krähenfüße», die ewige Schönheit verspricht («beautifying for ever»), zu ausgedehnten Diskussionen über den Fortschritt an. Oder der Sohn des Hauses Woldemar wird auf eine Fahrt durch eine großstädtische Szenerie geschickt: «Und so ging er denn [...] auf die Hallische Brücke zu, wartete hier die Ringbahn ab und fuhr, am Potsdamer und Brandenburgerthor vorüber, bis an jene sonderbare Reichstagsuferstelle, wo, von mächtiger Giebelwand herab, ein wohl zwanzig Fuß hohes, riesiges Kaffeemädchen mit einem ganz kleinen Häubchen auf dem Kopf freundlich auf die Welt der Vorübereilenden herniederblickt, um ihnen ein Paket Kneippschen Malzkaffee zu präsentieren.»[69]

Durch die Figurenbewegungen wird das gründerzeitliche Berlin in seiner Veränderung zur Metropole mit den dazugehörigen Repräsentationsbauten, Konsumtempeln, Reklameanzeigen, Vergnügungslokalen beiläufig vorgeführt – immer zugleich als Realitätseffekt und bezogen auf die in den Romanen verhandelten Themen. So häufig nennt Fontane zeitgenössische Konsumgüter und Lokalitäten, dass man in Abwandlung eines Begriffs aus der heutigen Werbesprache von «product placement» sprechen könnte: die 1895 eröffnete Lesehalle für Frauen, in die es die nach Bildung und Aufstieg strebende Mathilde Möhring zieht, das 1887 neu eröffnete Ausflugslokal Eierhäuschen in Treptow, wo der wankelmütige Leopold Treibel «eine Tasse Kaffee mit ein paar englischen Biskuits und (wie vom Arzt verordnet) ein großes Glas Milch» bekommt, alles von der Mutter vorbezahlt und arrangiert, was ihm schmerzlich bewusst wird, als sein Wunsch nach einer zweiten Tasse Kaffee vom Kellner mit Hinweis auf die «Frau Mama» abgelehnt wird.[70] Oder das 1875 errichtete Elefantenhaus im Berliner Zoologischen Garten, auf dessen «phantastische Türme» Lene Nimptsch und Botho von Rienacker während ihrer romantischen Treffen in Lenes ärmlich-verwunschenem Garten und nach der Trennung Botho alleine sehnsuchtsvoll vom Balkon seiner standesgemäßen Wohnung im Tiergartener Diplomatenviertel aus blicken.[71]

Geradezu wie ein Stadtrundgang aus dem Reiseführer erscheint Effi Briests Berliner Besuchs- und Einkaufstour, die sie zu Kaufhäusern wie «Spinn und Mencke, Goschenhofer und ähnlichen Firmen» führt, bevor nach einer Kaffeehauspause die neuen Sehenswürdigkeiten der Stadt besichtigt werden: «[...] und so saßen sie denn mit ihm bei Kranzler am Eckfenster oder zu statthafter Zeit auch wohl im Café Bauer und fuhren nachmittags in den Zoologischen Garten, um da die Giraffen zu sehen, von denen Vetter Briest, der übrigens Dagobert hieß, mit Vorliebe behauptete, sie sähen aus wie adlige alte Jungfern. Jeder Tag verlief programmäßig, und am dritten oder vierten Tag gingen sie, wie vorgeschrieben, in die Nationalgalerie, weil Vetter Dagobert seiner Cousine die ‹Insel der Seligen› zeigen wollte.» Arnold Böcklins Skandalbild von 1878 signalisiert in seiner freizügigen Erotik zugleich Effis unbefriedigte Sehnsüchte.[72]

Überall werden die neuen Verkehrsmittel, die größere Mobilität ermöglichenden Infrastrukturen und die mit der Einführung der Gasglühlaternen hell strahlenden Lichter der Großstadt sichtbar, wie in dieser Passage aus dem *Stechlin*: «Es schlug eben erst zehn, als Rex und Czako auf die Straße hinaustraten und drüben an dem langgestreckten Ufer Tausende von Lichtern vor sich hatten, von denen die vordersten sich im Wasser spiegelten. ‹Ich möchte wohl noch einen Spaziergang machen›, sagte Czako. ‹Was meinen Sie, Rex? Sind Sie mit dabei? Wir gehen hier am Ufer entlang, an den Zelten vorüber bis Bellevue, und da steigen wir in die Stadtbahn und fahren zurück, Sie bis an die Friedrichstraße, ich bis an den Alexanderplatz. Da ist jeder von uns in drei Minuten zu Haus.›»

Schließlich dienen in Fontanes Berlin-Romanen stadtbekannte Ausflugsziele wie Hankels Ablage, das Treptower Ausflugslokal Eierhäuschen oder das Forsthaus Paulsborn im Grunewald als «andere Orte», an denen die Handlung ihren Höhe- oder Wendepunkt erreicht. Hier finden die Liebenden zur – immer nur unübersehbar angedeuteten, aber ausgesparten – intimen Begegnung zusammen. Zugleich wird die vermeintliche Flucht aus dem städtischen Alltag meist als vergebliche dargestellt, das unterscheidet Fontanes Romane von der «Normalnovelle», und genau an denselben Orten schlagen auch die Konventionen und Standesschranken zurück, an denen die Liebe dann scheitert.

So wird mit dem lang geplanten romantischen Liebesausflug von Botho und Lene nach Hankels Ablage zugleich auch das Ende der Beziehung eingeläutet, weil drei Standesgenossen Bothos mit ihren bezahlten Grisetten in einem inszenierten zufälligen Besuch den beiden Liebenden vorführen, wie Beziehungen zwischen Adligen und Frauen des vierten Standes auszusehen haben: als bloße Tauschbeziehung und mit klarer Grenze zwischen Vergnügen und Liebesgefühlen. Eine Abtreibung könne mal in Kauf genommen werden, klären die drei Frauen Lene auf, nur das Herz müsse aus dem Spiel bleiben, sonst «giebt es 'nen Kladderadatsch». Nach dem missglückten Ausflug treffen Botho und Lene auf dem «trübselig erleuchteten Görlitzer Bahnhof» in Berlin ein, auf der anschließenden Droschkenfahrt nach Hause kommt nur noch eine «schreckliche Zwangsunterhaltung» zustande, die «nichts als eine Mischung von Verstimmung, Müdigkeit und Abspannung» hinterlässt.[73]

Eine ähnliche Struktur findet sich in *Frau Jenny Treibel*. Bei einer geselligen Landpartie zum Forsthaus Paulsborn versprechen Corinna Schmidt und Leopold Treibel einander, auch Jenny Treibel ergeht sich gegenüber Willibald Schmidt in ein paar sentimentalen Erinnerungen. Als sie allerdings von Leopolds und Corinnas Plänen erfährt, geht alles ganz schnell. Während Leopold noch an seinem Lieblingsort, dem Treptower Eierhäuschen, beim Kaffee sitzt und grübelt, wie er seine Mutter überzeugen könnte, hat diese längst alles arrangiert und brieflich die ihr eigentlich unsympathische Hildegard aus der Hamburger Großbourgeoisie, deren Schwester schon mit Leopolds älterem Bruder Otto verheiratet ist, nach Berlin zitiert. Nachdem alles wieder standesgemäß eingerenkt ist, zieht sich Leopold ins Eierhäuschen zurück, während Corinna notgedrungen den Wunschkandidaten ihres Vaters, Gymnasiallehrer Marcell Wedderkopp, heiratet: «Denn ich gehe davon aus, der Mensch in einem guten Bett und in guter Pflege kann eigentlich viel ertragen», lauten Corinnas letzte Worte.[74]

Ein Musterbeispiel für Fontanes Verfahren, den sozialen Raum der Stadt aus den pluralen Beobachtungen und Perspektiven seiner Figuren entstehen zu lassen, ist die Eingangssequenz von *Stine*, in der sich um Pauline Pittelkow, die gerade die Fenster putzt, ein regelrechtes Netz sich kreuzender Blicke entspinnt: Großstadtszene in der Invalidenstraße im Arbeiterviertel des Berliner Nordens, «die Pferdebahnwagen klingelten», «die Maschinenarbeiter» der Borsig'schen Lokomotivenfabrik und der Schwartzkopff Berliner Maschinenbau AG gehen zur Mittagspause. In Haus Nummer 98e findet eine «Merkwürdigkeit» statt, die darin besteht, dass Fenster in der Wohnung der ersten Etage «mit einer Art Bravour geputzt wurden». Als Erstes wird die Merkwürdigkeit von einer älteren, «schräg gegenüber an der Scharnhorststraßen-Ecke» wohnenden Nachbarin mit Namen Lirschen bemerkt: «Ich weiß nich, was der Pittelkow'n wieder einfällt [...] Wie sie man bloß wieder da steht und rackscht und rabatscht! Und wenn es noch Abend wär', aber am hellen, lichten Mittag, wo Borsig und Schwarzkoppen seine grade die Straße 'runterkommen. Is doch wahrhaftig, als ob alles Mannsvolk nach ihr 'raufkucken soll; 'ne Sünd und 'ne Schand.» Die von Lirschen missgünstig imaginierten lüsternen Blicke der Arbeiter gibt es nicht. Stattdessen wandert der Blick des Erzählers zum Fenster: «oben auf dem Fensterbrett und kniehoch aufgeschürzt stand eine schöne, schwarze Frauensperson mit einem koketten und wohlgepflegten Wellenscheitel und wusch und rieb, einen Lederlappen in der Hand, die Scheiben der einen Fensterseite, während sie den linken Arm, um sich besser zu stützen, über das andere Querholz gelegt hatte.»[75]

Jetzt wechselt die Perspektive, und man blickt aus der Sicht Paulines vom Fenster auf die Straße: Sie sieht eine Zehnjährige, die sich um ein im Kinderwagen schreiendes Kleinkind kümmert. «Ein mit einem alten Dampfkessel bepackter Lastwagen» fährt «dröhnend und schütternd» vorbei, der Briefbote kommt die Straße herauf und «hielt einen Brief in die Höh, zum Zeichen, daß er ihr etwas bringe». Mit diesem Brief kündigt – ungelegen wie immer – der alte Graf von Haldern sein Kommen an: «Olga», teilt Pauline ihrer zehnjährigen Tochter mit, «der Olle kommt heute wieder. Immer wenn's nich paßt, is er da.»[76] Damit ist schon die ganze folgende Erzählung eingeleitet. Haldern, ein letzter Abkömmling der Linie Petöfy, wie es im selbstreferentiell-ironischen Verweis auf einen anderen alten Grafen Fontanes heißt, hat ein Verhältnis mit Pauline, aus dem auch das schreiende Kleinkind der Straßenszene hervorgegangen ist. Zu dem brieflich angekündigten Besuch wird er seinen Neffen Waldemar von Haldern mitbringen, der sich in Paulines Schwester Stine, wie Lene Nimptsch Näherin in Heimarbeit, verlieben wird. Waldemar träumt davon, mit Stine nach Amerika zu gehen (ein Land ohne Adel, wo man «bei Adam und Eva wieder anfangen» kann), überwindet aber, nachdem er von seinen Familienmitgliedern auf die schwierige finanzielle Situation aufmerksam gemacht worden ist, die Standesschranken nicht und nimmt sich stattdessen das Leben.[77]

Indem der Erzähler sich weitgehend auf das Arrangement des Schauplatzes beschränkt und vor allem als Beobachter der unterschiedlichen Beobachtungen seiner Figuren fungiert, entsteht der soziale Stadtraum nicht nur in der Eingangssequenz von *Stine* als ein polyperspektivisches Konstrukt seiner Bewohnerinnen und Bewohner.[78] Der soziale Charakter der Figuren konstituiert sich erst durch ihr Handeln und vor allem Sprechen in wechselnden Dialogkonstellationen und situativen Kontexten, ihre unterschiedlichen Wahrnehmungen derselben Szene und umgekehrt aus den Ansichten auf die jeweilige Figur aus den Perspektiven anderer Figuren.[79] Fontanes Erzähler ist kein «allwissender», «auktorialer» Erzähler, sondern ein «beobachtender Erzähler», der seine Figuren selbst sprechen lässt. Dadurch wird eine Deutungsoffenheit erzeugt, die unterschiedliche Wahrnehmungen und Wertungen nebeneinander stellt und es den Leserinnen und Lesern selbst überlässt, das Geschehen einzuordnen und aus der fiktionalen Anordnung auf die Erfahrungen des wirklichen Lebens zu übertragen.

Was sich auf der Ebene der Materialordnung und der Schreibpraktiken Fontanes als spezifische Kombinatorik des Neuordnens, Kompilierens, ständigen Überarbeitens, Wiederlesens und Selbstkommentierens darstellt, hat seine erzähltechnische Entsprechung in diesem Rückzug des Erzählers: Die Figuren werden von ihm in unterschiedliche wechselnde Personenkonstellationen und Gesprächssituationen versetzt, dann lässt er sie weitgehend alleine sprechen und handeln und sieht – nicht viel anders als auch die Leserinnen und Leser – zu, was dabei herauskommt.

Als einer der Ersten hat Fontanes jüngerer Zeitgenosse und Bekannter Richard Moritz Meyer auf dieses spezifisch Fontane'sche Erzählverfahren aufmerksam gemacht. In seiner *Geschichte der Deutschen Literatur des 19. Jahrhunderts* (Berlin 1900) würdigt er den Romancier Fontane neben Gottfried Keller im Abschnitt «Zwei Meister» als wichtigsten Begründer des realistischen Gesellschaftsromans in Deutschland, wobei Keller der «Erklärer» und «Lehrende» sei, Fontane hingegen der «Beobachter» und «Lernende».[80] Während Keller als «großer Vollender» der klassischen Literatur gelten könne, sei Fontane «ein großer Bahnbrecher», der «nur in der Neuzeit zu Hause» sei: «Fontane ist der erste konsequente Realist der deutschen Literatur», «der erste eigentliche Großstädter in unsrer Literatur», und seine Berlin-Romane seien «die erste volle Blüte der im ‹Reich› noch so jungen Großstadtliteratur». Mit Blick auf die neue Hauptstadt könne Fontane als der «klassische ‹Berliner› der deutschen Literatur» gelten.[81]

Zu Fontanes «konsequentem» Realismus gehöre gerade das Schematische und Serielle seiner Romane, wie Meyer soziologisch erklärt: Was der Mensch tut, «gehört ihm nur zum Teil: viel davon ist Zwang der Verhältnisse, anderes mechanische Gewohnheit». Das Handeln werde deshalb bei Fontane nebensächlich behandelt. «Man verreist, kommt in einem Gasthaus an und unterhält sich mit Wirtin und Kellner; geht spazieren und spricht mit anderen Touristen; kommt nach Hause und spricht sich nun in einem langen Brief endlich aus. Inzwischen hat man sich unmerklich verliebt, sinkt rasch in den Abgrund, und ein Selbstmord macht das Ende. So die fast ständige Textur seiner Novellen.»[82] Aber bei alledem schreibe Fontane nicht, um seine Figuren als Typen vorzuführen, sondern: «Er will lernen.»[83] Deshalb lasse er seine Figuren quasi selbständig in einem Problemzusammenhang wie in einer Versuchsanordnung operieren. In diesem Sinn seien Fontanes Gesellschaftsromane «moderne Experimentalromane», also gleichsam sozialpsychologische Versuchsanordnungen mit offenem Ausgang – darin durchaus Émile Zolas an naturwissenschaftlichen Verfahrensweisen orientierten Romanen vergleichbar.[84]

Die Dialektik zwischen Sozialtypus und Individuum, Konvention und Ausbruch, Rahmen und Grenzüberschreitung, Serie und Ausnahmefall, so ließe sich an Meyers Deutung anknüpfen, wird in Fontanes Romanen in Bewegung gehalten und nicht nach einer Seite hin fixiert. Auch wenn internalisierte, gewaltsam durchgesetzte oder auch als sinnvoll erkannte Konventionen im Zweifelsfall stärker sind als die individuellen Wünsche und Gefühle der Figuren, stellen diese kein starres, aus nur einer Perspektive beschreibbares und unveränderliches Gerüst dar. Und während sich realistische Romane immer auf allgemein geteilte Wirklichkeitsannahmen, Normen und «Selbstverständlichkeiten» beziehen müssen, um als Realitätsillusion zu wirken, ist es nach Fontane nicht die unwichtigste Aufgabe der Kunst, diese Realitätsannahmen zugleich als historische und damit veränderliche auszuweisen.[85]

Die Figuren aus den Fontane'schen Berliner Sozialromanen erscheinen so zugleich als besonders gut getroffene Vertreter einer bestimmten zeittypischen Schicht, eines Standes, einer Klasse und nicht zuletzt als «typische Berliner», sind aber ebenso sehr als unverwechselbare individuelle Figuren in das kollektive literarische Gedächtnis eingegangen. Dies gilt zuallererst für Fontanes Frauenfiguren. Das gründerzeitliche Berlin in Fontanes Romanen ist eine Stadt der Frauen. Neben Pauline Pittelkow gilt dies für viele weitere starke Frauenfiguren, die allesamt dadurch charakterisiert werden, dass sie sich selbst zu helfen wissen, lebensklug sind und trotz aller Schranken und Diskriminierungen unabhängig bleiben: die adlige Diplomatentochter Melanie Van der Straaten, die als knapp dreißigjährige Mutter zweier Kinder keine Lust mehr hat, im goldenen Käfig des wohlsituierten Bankiers- und Kommerzienrat-Haushaltes alt zu werden, und sich nach zehn Ehejahren scheiden lässt, um ein neues Leben in weitaus bescheideneren Verhältnissen anzufangen; die Vollwaise Lene Nimptsch, die durch ihre doppelte deutsch-slawische Namenskombination als typische Märkerin im Sinne Fontanes eingeführt wird (Nimptsch entspricht lautmalerisch dem slawischen Wort für «deutsch»), die «sich von Jugend auf daran gewöhnt [hatte], nach ihren eigenen Entschlüssen zu handeln, ohne viel Rücksicht auf die Menschen und jedenfalls ohne Furcht vor ihrem Urteil»[86]; Mathilde Möhring, die durch ihre kleinbürgerliche Herkunft und durch ihr von Fontane gezielt überzeichnetes Aussehen («dünne Lippen», «spärlich angeklebtes aschgraues Haar», «Blechblick»[87]) im Leben und in der Liebe eigentlich chancenlos erscheint, sich aber mit Klugheit und Berechnung herausarbeitet und sich gegen den Willen der Mutter auch nach dem Tod ihres Mannes weigert, wieder zur «Möhring» verkleinert zu werden, sondern mit dem Namen «Großmann» auch den Anspruch beibehält, ihr Leben selbst in die Hand zu nehmen: Sie absolviert das Lehrerinnenexamen und nimmt eine Stelle in den Problembezirken des Berliner Nordens an; schließlich die kluge und gebildete Corinna Schmidt, deren Liebe zu Leopold von dessen Mutter erfolgreich hintertrieben wurde und deren Hochzeit mit dem blassen Marcell Wedderkopp ein so bitteres vermeintliches Happy End darstellt, dass Walter Jens in seinem Drehbuch für die Verfilmung des Romans (1982) den Schluss kurzerhand abänderte und Corinna nach Zürich gehen lässt, wo Frauen damals schon studieren konnten.

Der von Richard Moritz Meyer beschriebene offene, experimentelle und «lernende» Charakter von Fontanes Romanen mag auch mitursächlich dafür sein, dass sich insbesondere diese Frauenfiguren viel moderner lesen als manche brieflichen Äußerungen Fontanes über Ehe, Geschlechterrollen oder auch Fragen der Frauenemanzipation. Auch in die Partnerwahl der eigenen Kinder hat er sich durchaus eingemischt.[88] Zu regelrechten Schrei- und Kreischszenen im Haus Fontane soll es angesichts von Marthas Heiratsplänen mit dem über zwanzig Jahre älteren Architekten Karl Emil Otto Fritsch gekommen sein: Emilie sei, «der Länge nach im Zimmer hinschlagend», ohnmächtig geworden, und Theodor «schloß sich tagelang in seinem Arbeitszimmer ein, verweigerte fast jede Nahrung und sprach kein Wort».[89] Anders als Sohn Friedrich, dessen Heiratspläne ebenfalls auf den Widerstand der Eltern stießen, setzte sich Martha durch.

Die Freiheit der fiktiven Form des Romans ermöglichte Fontane nicht nur eine Distanzierung aus den Zwängen des Staatsdienstes, sondern auch aus den von Kindheit an mit dem blutigen Kamm der Mutter eingebläuten bürgerlichen Verhaltensregeln. Auffällig ist es jedenfalls, dass Fontanes Berlin-Romane zuallererst von Vertretern der jüngeren Literatengeneration und des Lesepublikums als realistisch und zeitgemäß wahrgenommen wurden. Neben Meyer hat etwa Konrad Alberti, Verfasser sozialkritischer Novellen und ab 1898 erster Chefredakteur des «neuen Berliner Lokalblattes» *Berliner Morgenpost*, das schon ins 20. Jahrhundert vorverweist, diese Aspekte betont. In einem «Festblatt zu Fontanes siebzigsten Geburtstag» in der Zeitschrift *Die Gesellschaft* schrieb Alberti, Fontanes «sozial-realistische Kunst» bestehe vor allem in der «Fähigkeit, soziale, ethnologische Typen zu schaffen», und so «das spezifisch Berlinische in Tonfarbe, Stimmung und Zeichnung der Charaktere auszudrücken.» [...] «Als Realist, als Erzähler, als sozialer Schilderer» stehe Fontane damit durchaus auf einer Stufe mit den «größten Meistern» wie Turgenjew, Tolstoi oder Ibsen. Dass dies noch nicht allgemein gebührend erkannt worden sei, liege allein daran, dass Fontane den besonderen Charakter der Berliner nur vorführe und beschreibe und «unkünstlerische» und effekthascherische erzählerische Kunstgriffe ablehne, wie sie sich etwa bei Turgenjew fänden: «Wenn bei Turgenjeff ein Russe etwas Extravagantes sagt oder thut, so steht gleich ein anderer daneben, der zum Leser gewendet spricht: ‹Ja, ja, so sind wir Russen nun›, oder dergl.»[90] Rückblickend nannte Fontane – von sich selbst etwas überrascht – Albertis Würdigung die «beste» der «vielen kleinen Biographien», die zu seinem 70. Geburtstag erschienen sind.[91]

Insbesondere mit *Irrungen, Wirrungen* sei, so Alberti, dem «Greise [...] in einem Alter, in dem andere von der Bildfläche öffentlichen Wirkens abtreten», ein «Meisterwerk von unvergleichlicher Frische» und einer «der besten Romane, den wir in deutscher Sprache haben», gelungen:[92] «Von welch packender Richtigkeit jedes Wort, jedes Gespräch, jede Schilderung! Welche Fülle von Beobachtung, von Kunst, von Feinheit ist auf jeden Pinselstrich verwendet! Sprache und Auftreten dieser Leute – von welch täuschender Echtheit! Man meint, das alles selbst miterlebt zu haben!», lobt Alberti die gelungene Realitätsfiktion des Romans. Er stand damit nicht alleine. Kurz nach dem Erscheinen von *Irrungen, Wirrungen* im September 1887 stellte sich eine Leserin an Fontanes Wohnungstür als Lene Nimptsch vor und bestand darauf, dass er ihre Geschichte geschrieben habe. «Es war eine furchtbare Szene mit Massenheulerei. Ob sie verrückt oder unglücklich oder eine Schwindlerin war, ist mir nicht klargeworden», berichtet der verdutzte Fontane seinem Kritikerkollegen Paul Schlenther über den Vorfall.[93]

Und einige Jahre später prägte Ernst Heilborn, auch er ein Bekannter des alten Fontane, den vielzitierten Begriff von Berlin als «Fontanopolis», weil in Fontanes Romanen die Metropole des Kaiserreichs ähnlich literarisch Gestalt angenommen habe wie das Paris des 19. Jahrhunderts in den Romanen Balzacs und Zolas.[94]

ORDNUNG UND GEWALT

«Erfüllen sich unsre Wünsche [...] so haben wir morgen (Dienstag) ein Rendez-vous bei Exner, das uns hoffentlich zu weitrem Geplauder über das ‹Kriegsbuch› Ihrerseits und die ‹Kriminal-Novelle› meinerseits Gelegenheit giebt.»[95] Diese am 18. August 1884 im schlesischen Krummhübel im Riesengebirge (heute Karpacz in Polen) geschriebenen Zeilen Fontanes sind das erste Zeugnis seiner Korrespondenz mit dem Amtsrichter Georg Friedlaender, die knapp 300 Briefe und Postkarten mit einem Umfang von über 1000 Seiten umfasst und die eine bis zu Fontanes Tod fortdauernde enge Familienfreundschaft der Fontanes und der Friedlaenders dokumentiert. Ihre Bedeutung für den alten Fontane ist nur mit den Freundschaften und Korrespondenzen mit Wolfsohn und Lepel für den jungen sowie mit den Merckels und Mathilde von Rohr für den mittleren Fontane vergleichbar.

Wann genau die Freundschaft begann, ist nicht belegt. Der Brief lässt erkennen, dass es mindestens ein früheres Treffen gegeben hat. Die Briefe Friedlaenders hat Emilie nach Fontanes Tod vernichtet, eine geplante Veröffentlichung der Briefe Fontanes durch Friedlaender untersagte die Familie; sie wurden erst 1954 veröffentlicht. Georg Friedlaenders Tochter Elisabeth hatte sie durch den Zweiten Weltkrieg und Nationalsozialismus gerettet und dem Germanisten Kurt Schreinert übergeben. Sie lösten wegen der vielen politischen Kommentare eine Fontane-Renaissance aus, weil das Bild des gemütlichen Geschichtenonkels und «heiteren

Darüberstehers» durch sie gründlich ins Wanken geriet. Eine bekannte Photographie zeigt einen vergnügten Thomas Mann bei der Lektüre. Er hatte schon 1910 auf die Bedeutung des politischen «alten Fontane» aufmerksam gemacht und freute sich nun über diese späte Bestätigung.

Bei allem unschätzbaren historischen Wert für die Fontane-Rezeption wirkt Schreinerts Vorrede zu seiner Edition aus heutiger Sicht befremdlich. Im Stunde-null-Jargon der 1950er Jahre die Nazizeit ausblendend, ist sie selbst nur noch historisch zu lesen. In ziemlich gehässiger Weise urteilt Schreinert von oben herab über Friedlaender, um Fontane im Kontrast umso strahlender erscheinen zu lassen: «Es fehlt ihm [Friedlaender] am Vermögen, das schlicht Gegebene reflektierend zu verallgemeinern»; «er besitzt nicht den kritischen Blick und die Skepsis Fontanes und vermag nicht so tief auf den Grund zu sehen»; Friedlaender sei ein «naiver Optimist» gewesen. Und noch einmal apodiktisch zur Wiederholung für alle: «Friedländer war – wie gesagt – eine begrenzte Natur.»[96] Schreinerts professoral vorgetragene Auslassungen über Friedlaender sind nicht nur methodisch fragwürdig, sondern entbehren angesichts der Tatsache, dass Friedlaenders Briefe an Fontane nicht überliefert sind, auch jeglicher Quellenbasis. Im ebenfalls inzwischen historisch zu verstehenden letzten Fontane-Jubiläum zum 100. Todestag wurde die Friedlaender-Korrespondenz 1998 dann beinahe ausschließlich im Zusammenhang mit der Antisemitismusfrage beim alten Fontane herangezogen.[97]

Seit der ersten Sommerfrische der Fontanes in Krummhübel, das nur einen Spaziergang von Friedlaenders Wohn- und Arbeitsort Schmiedeberg (heute Kowary) entfernt lag, haben die Fontanes und die Friedlaenders bis zu Fontanes Tod praktisch alle Sommerreisen gemeinsam verbracht – zunächst kamen die Fontanes regelmäßig nach Schlesien, später verabredete man sich zu gemeinsamen Kuraufenthalten in Karlsbad. Außerdem hielten sich Friedlaenders häufig in Berlin auf, wo Friedlaenders Mutter und weitere Familienangehörige wohnten. Mutter, Ehefrau und Tochter von Georg Friedlaender (alle drei mit dem Vornamen Elisabeth) besuchten die Fontanes regelmäßig.

Georg Friedlaender war ein Urenkel des berühmten Berliner Aufklärers David Friedlaender, der als Seidenfabrikant im späten 18. Jahrhundert Mitglied des Königlichen Manufaktur- und Kommerzkollegiums war, die Königliche Handlungsschule ebenso wie die Jüdische Freischule mitbegründete und 1809 zum ersten jüdischen Stadtrat Berlins gewählt wurde. An der Einführung des Emanzipationsediktes von 1812, mit dem die jüdische Konfession erstmals in der preußischen Geschichte den christlichen Konfessionen rechtlich gleichgestellt und Juden zu «Einländern» in Preußen erklärt wurden, war er zusammen mit seinem Freund Wilhelm von Humboldt entscheidend beteiligt.[98] Nebenbei legte David Friedlaender auch den Grundstein für die Königliche Münzsammlung, die dann von seinem Sohn – Georg Friedlaenders Großvater – Benoni Friedlaender erweitert wurde und seit Fontanes Zeiten Teil der ständigen Sammlung des Bode-Museums auf der Museumsinsel ist.

Die weitverzweigte Friedlaender-Familie prägte wie kaum eine andere die Berliner Wissenschafts- und Kulturlandschaft. Benoni Friedlaenders Sohn und Georg Friedlaenders Onkel Julius war als Direktor des Münzkabinetts im Bode-Museum unter anderem Berater der beiden bedeutenden Berliner Historiker Johann Gustav Droysen und Theodor Mommsen. Auch Fontane stand mit ihm mindestens seit 1877 in brieflichem Kontakt.[99] Die jung gestorbene Schwester von Georg Friedlaenders Mutter Elisabeth, Marie Mendheim, war die erste Ehefrau Droysens. Georg Friedlaenders Vater Emil Gottlieb Friedlaender war als Bibliothekar der Kriegsakademie und königlicher Archivdirektor in denselben Kreisen zwischen Archiv, Museum, Geschichtsverein und Kriegsministerium tätig wie Fontane in den 1860er und 70er Jahren. Georg Friedlaenders Bruder Ernst setzte die Tätigkeit seines Vaters als Staatsarchivar und Geheimer Archivrat fort. Auch er gehörte zu Fontanes Stofflieferanten: Ernst Friedlaenders Ausgabe des *Ostfriesischen Urkundenbuches* hat Fontane für die Arbeiten an seinem letzten, Fragment gebliebenen Roman *Die Likedeeler* genutzt.[100]

Georg Friedlaender wurde 1843 in Berlin geboren. Nach dem Besuch des Französischen Gymnasiums und erfolgreich absolviertem Jurastudium in Berlin und Heidelberg hat er als Reserveleutnant 1866 und 1870 an den preußischen Kriegen teilgenommen und wurde wegen seines Einsatzes bei der Schlacht um Orléans mit dem Eisernen Kreuz ausgezeichnet. Nach dem Referendariat ging er 1877 zunächst als Staatsanwalt nach Bromberg, 1879 wurde er zum Amtsrichter in Schmiedeberg ernannt.[101] Friedlaenders Haus wurde schnell zu einem geselligen Zentrum, in dem Diplomaten und Politiker, Papierfabrikanten und Großhändler ein und aus gingen.

Ab 1884 wurde Friedlaenders Haus für Fontane nicht nur zur unschätzbaren «Stoff-Fundgrube», in der er von Friedlaender mit Kriminalistischem, Skandalgeschichten und lokalem Gesellschaftsklatsch versorgt wurde.[102] Daneben wurde Friedlaender sein wichtigster Austauschpartner über literarische, politische und juristische Fragen. Für seine beiden Kriminalnovellen *Unterm Birnbaum* und *Quitt* stand ihm Friedlaender als Ortskundiger und Rechtsberater zur Seite. Der im oben zitierten Brief genannte Exner war der Besitzer des Wirtshauses *Zur Schneekoppe* in Krummhübel, das ein zentraler Schauplatz in *Quitt* ist. Als Fontane gleich nach Abschluss von *Unterm Birnbaum* an die Ausarbeitung von *Quitt* ging, versorgte ihn Friedlaender mit Einzelheiten und Dokumenten zum zugrunde liegenden Rechtsfall: Im Sommer 1877 war der Revierförster Wilhelm Frey (im Roman Opitz) mutmaßlich von einem «Wilddieb» erschossen worden. Der Hauptverdächtige, ein Dorfbewohner namens Knobloch, verkaufte nach zweimaliger Untersuchungshaft sein Haus und setzte sich nach Amerika ab, ohne dass seine Schuld bewiesen worden war. Friedlaender war als Beobachter an dem wegen der ungeklärten Schuldfrage noch immer anhängigen Prozess beteiligt.[103]

Umgekehrt – auch das zeigt gleich der erste Brief – ermutigte Fontane seit 1884 Friedlaender, dessen Erinnerungen aus dem 1870er-Krieg zu veröffentlichen. Fontane vermittelte Kontakte zu Paul Lindaus *Nord und Süd* und zur *Vossischen Zeitung*, wo schließlich der Vorabdruck erschien, sowie zum Verleger Wilhelm Hertz, der im November 1886 die Buchfassung *Aus den Kriegstagen 1870* herausgab. Friedlaenders Buch ist auf der ersten Seite «Theodor Fontane zugeeignet».[104]

Die Veröffentlichung hatte allerdings überraschend unerfreuliche Folgen. Sofort mit Erscheinen des Buches trug sie Friedlaender eine Anzeige wegen «Ehrverletzung» und Beleidigung durch seinen ehemaligen Regimentskommandeur, den General Otto von Wulffen, und den Offizier Friedrich Wilhelm Meie ein. Die Anzeige beruhte nach Friedlaenders und Fontanes Einschätzung auf einer vorgeschobenen Lappalie: Sie bezog sich auf eine Erinnerung in Friedlaenders Buch, nach der der General wegen der unerwarteten Taktik der Franzosen einen Moment lang «verblüfft» gewesen sei.

Fontane sah zum wiederholten Mal seinen Glauben an die Entwicklungsfähigkeit des preußischen Staates und seiner Herrschaftseliten erschüttert. Mit dem von Wulffen und Meie gegen Friedlaender angestrengten Ehrengerichtsverfahren waren fundamentale Fragen des Verhältnisses von Militär und Zivilgesellschaft verbunden. Mit der per kaiserlichem Dekret erlassenen *Verordnung über die Ehrengerichte der Offiziere im Preußischen Heere* von 1874 wurden auch im neuen Kaiserreich die alten militärischen Vergeltungspraktiken – wie beispielsweise das Duell – weiterhin der zivilen Rechtsprechung entzogen und mit der Unterwerfung von Reserveoffizieren unter die Ehrengerichtsbarkeit sogar noch ausgeweitet.[105] Der Zweikampf zur Wiederherstellung der Standesehre wurde vom Kaiser nicht nur sanktioniert, sondern ausdrücklich gefordert: «Denn einen Offizier, welcher im Stande ist, die Ehre eines Kameraden in frevelhafter Weise zu verletzen, werde ich [Wilhelm I.] ebensowenig in meinem Heere dulden, wie einen Offizier, welcher seine Ehre nicht zu wahren weiß», heißt es in der Verordnung.[106] Geringere Vergehen gegen Offiziere sollten vor ein Militärgericht gebracht werden, wobei das Strafmaß, je nachdem, ob bloße «Verletzung der Standesehre» oder «Verletzung der Standesehre unter erschwerenden Umständen» diagnostiziert wurde, von der Verwarnung bis zur Entlassung reichte.[107]

Fontane war außer sich. «Was soll der ganze Quatsch?», kommentierte er Friedlaenders Nachricht über die Ehrengerichtsklage, wobei er in dieser von Anfang an ein Symptom für die politischen Zustände im Kaiserreich sah: «Ich finde es geradezu gräßlich, und außer Ihnen werde ich wohl der am meisten Empörte sein. [...] Wenn man *solch* Buch, wie das Ihrige nicht mehr publiciren darf ohne den ‹Staat› an irgend einer Stelle zu kränken, so kann mir der ganze Staat gestohlen werden.» Der auch persönlich getroffene Fontane, der nicht nur Friedlaender bei der Veröffentlichung unterstützt hatte, sondern dessen Name auf dem Titelblatt des Corpus Delicti ihn sozusagen zum Mitangeklagten machte, rät Friedlaender in der ersten Wut zum offenen Widerstand: Er «würde aufmucken, nicht nachgeben und bis an die höchste Stelle gehn. Und wenn es auch da nicht hilft, im Parlament und in der Presse einen heillosen Lärm machen.»[108] Eine Woche später heißt es in ähnlicher Stoßrichtung: «Wo sind wir mit unserm Staats- und Militair-Popanz angelangt? [...] Der militärische Rechts-, Anstands- und Ehr-Begriff fängt an überzuschnappen; soll danach verfahren werden, so kann man nicht mehr 3 Zeilen schreiben, ohne sich an den Galgen zu liefern.»[109] Auch in seinem Tagebuch hielt Fontane seine Verbitterung über den Fall noch während des gesamten folgenden Jahres fest.[110]

Am meisten verstörte ihn, dass angesehene Zivilpersonen oder, wie im Fall Friedlaender, sogar Repräsentanten des Rechtsstaats («ein Mann von geachteter, gesellschaftlicher Stellung, ein Richter aus guter Familie, dekorirt mit dem eisernen Kreuz», «Familienvater und *Nicht*-Pistolenschütze»[111]) zur Zielscheibe militärischer

Willkürherrschaft und Gewalt wurden: «einen gruselt und man fühlt sich seines Lebens nicht mehr sicher, wenn man bloß ‹guten Morgen› sagt.»[112] Der eigentliche Schock, dem der Amtsrichter Friedlaender und der ausgediente Staatsdiener Fontane ausgesetzt waren, bestand darin, dass in einem Staat, den sie begrüßten und an den sie glaubten, «anständige Leute» von einem durchdrehenden Militärapparat tyrannisiert wurden. Gerade vor dem Hintergrund des Eintritts in die Moderne, als den Fontane die Reichsgründung begrüßte, mussten die archaischen Praktiken des Zweikampfs, der Blutrache und des Ehrenmords besonders verstörend erscheinen. In ähnlicher Weise hatte Fontane sich schon 1874 geäußert, als in den heftigsten Kulturkampfzeiten selbst die mit ihm befreundete katholische Familie von Wangenheim sich plötzlich in Gefahr sah, unter Terrorverdacht gestellt zu werden.[113] Dass die willkürliche Anklage wegen Friedlaenders Buch auch einen antisemitischen Hintergrund hatte, legen dessen spätere Äußerungen gegenüber dem preußischen Heroldsamt nahe.

Öffentlich äußerte sich Fontane – entgegen dem Rat, den er Friedlaender gegeben hatte – nicht zu dem Fall. Eine kurzzeitig in Erwägung gezogene anonyme Stellungnahme blieb aus. Neben den wütenden Kommentaren in seinen Briefen und im Tagebuch wählte er wie üblich die Form des stillen Protests und des Wegbleibens. Nachdem Bismarck im Januar 1887 wieder einmal den Reichstag auflöste, weil dieser einer Erhöhung der Truppenstärke und des Militäretats nicht zugestimmt hatte, ging Fontane bei den Neuwahlen vom 21. Februar 1887 nicht wählen, obwohl man noch spätabends einen offiziellen Abgesandten zu ihm schickte. An seinen Freund Karl Zöllner schreibt er am nächsten Tag: «Die Wahlen sind Gott sei Dank vorbei; noch in 12. Stunde wollte man mich durch einen ‹Eilenden› an die Wahlurne citiren, ich lehnte aber standhaft ab; die Verhältnisse liegen bei mir so complicirt, daß ich Ehren und Anstands halber nicht stimmen kann.»[114]

Seine Entscheidung hatte er Friedlaender zuvor angekündigt:

«Was machen die Wahlen? Und wie werden *Sie* glücklich aus dem Dilemma herauskommen? *Ich* kann mich von der Betheiligung drücken, aber Sie müssen heran und Farbe bekennen, was für Ultras rechts und links ein Vergnügen, aber für einen freisinnigen Mittelsmann eine sehr schwere Sache ist. Dazu kommt, daß der Bismarck-Enthusiasmus, selbst bei seinen aufrichtigsten Bewunderern, immer mehr ins Wackeln kommt; er behauptet Fabelhaftes immer ins Gelache hinein und schneidet den besten Leuten flott drauf los die Ehre ab.»[115] Dass Fontane im Unterschied zu Friedlaender «außer Dienst» war, ermöglichte ihm zumindest kleinere Protestzeichen wie den Wahlboykott oder das Fernbleiben bei offiziellen Feierlichkeiten. Als einige Zeit darauf der alte Freund und Gutsherr Hermann Scherz stirbt, teilt Fontane seinem Sohn mit, dass er nicht an der Trauerfeier teilnehmen werde, weil er das dort zelebrierte «offizielle Preußenthum» nicht aushalte.[116] «Bis noch vor wenig Jahren habe ich das alles ruhig hingenommen, nun aber bin ich fertig damit und steh' seitab und gähne mich herzhaft aus, während ich früher den Mund zuklappen und durch die Nase gähnen mußte», erklärt er dem Sohn die feinen Differenzierungen Fontane'scher Protestzeichen.[117]

Der Prozess gegen Friedlaender zog sich hin. Ein erster angesetzter Termin am 3. Mai 1887 wurde vertagt, und ob überhaupt je ein Urteil gefällt wurde, ist bislang nicht aufgearbeitet worden. Begleitet wurde das Verfahren von einer von Wulffen und Meie lancierten Kampagne gegen Friedlaender mit dem Ziel, dessen Ruf zu zerstören. Man streute, dass die von Ludwig Pietsch verfassten positiven Rezensionen zu Friedlaenders Buch in der *Vossischen Zeitung* gefälscht und von Friedlaender selbst geschrieben seien. Sie erreichten auch so ihr Ziel. Bei Friedlaender blieb eine tiefe und lange nachwirkende Verbitterung. Nach dem Tod seiner Mutter und anlässlich des bevorstehenden Abiturs seines Sohnes Hans erkundigte er sich 1904 bei dem ihm persönlich bekannten Chef des Preußischen Heroldsamtes Hans von Borwitz nach den Möglichkeiten, zusätzlich den Mädchennamen seiner Großmutter van Halle führen zu dürfen, weil er trotz aller hochangesehenen Vorfahren wegen des «leidigen Namen[s] Friedlaender» ständigen Diskriminierungen ausgesetzt gewesen sei: «als Offizier, als Student, als Referendar, als Staatsanwalt», bis er schließlich in Schmiedeberg untergetaucht sei, aber selbst dort «weiter büssen» und «gemeine Rede, Neid und Verfolgung» ertragen musste. Seinem Sohn wolle er dies ersparen und die «Namens-Sache» bis zum Abitursexamen regeln.[118]

Borwitz antwortete, dass ihm die «Namens-*Vermehrung* (Friedländer-van Halle)» nicht einleuchte, weil «gerade der Name van Halle in den sich mit Namenskunde beschäftigenden Kreisen als ein charakteristisch-jüdischer bekannt» sei. Er gebe ihm dagegen den «freundschaftlichen Rath», «*ganze* Arbeit zu thun» und «den ihnen einmal verleideten Namen gegen einen anderen beliebig zu wählenden *einzutauschen*».[119] Außerdem forderte er sogleich weitere Familiendokumente an, weil er – was Friedlaender nicht wusste – selbst in seinen amtsinternen Memoranden vor der rechtlichen Gleichstellung der «Abkömmlinge fremden Stammes», auch wenn sie «derzeit ‹evangelischen Bekenntnisses› seien», warnte.[120] So ließen sich auf administrativem Wege deutsch-jüdische Traditionen entsorgen, und man konnte zugleich den «Fremdstämmigen» im Blick behalten. Friedlaender stellte keinen Antrag.

Mitten in die Aufregung um die Anschuldigungen gegen Friedlaender fiel Ende desselben Monats, in dem das Ehrengerichtsverfahren gegen ihn initiiert wurde, eine in mehreren Zeitungen, unter anderem der *Vossischen* am 29. November 1886, abgedruckte Meldung, in der es schon wieder um «verletzte Ehre» ging: Ein «hiesiger höherer Offizier» habe den vierundvierzigjährigen Amtsrichter Emil Hartwich aus Düsseldorf bei einem Duell in der Berliner Hasenheide erschossen, weil «der betreffende Offizier sich durch Briefe des Amtsrichters, die in seine Hände gefallen waren, schwer verletzt gefühlt habe». Einige Tage später wird präzisiert, dass es sich bei dem Schützen um den Adjutanten des preußischen Kriegsministers, Rittmeister Armand Léon Freiherr von Ardenne, gehandelt habe. Unübersehbar waren die strukturellen Parallelen zum Fall Friedlaender: Ein hoher Vertreter des Militärs nutzt die königlich sanktionierten archaischen Vergeltungspraktiken und einen antiquierten Ehrbegriff, um gegen einen Repräsentanten des Rechtsstaats vorzugehen, hier sogar bis zum als Duell getarnten Ehrenmord gesteigert. Dass Fontane die Nachricht nicht wahrgenommen haben soll und erst vier Jahre später von der Inhaberin der *Vossischen Zeitung* Emma Lessing auf den Stoff aufmerksam gemacht worden sei, wie man es mit Verweis auf eine spätere Erinnerung Fontanes manchmal in der Forschung liest, kann bei einem passionierten Medienbeobachter, Zeitungsleser und Stoffesammler wie ihm als ausgeschlossen gelten.[121] Fontane hatte bereits 1880 Ardennes voluminöse *Geschichte des Zietenschen Husaren-Regiments* (Berlin 1874) für einen *Wanderungen*-Artikel genutzt und war den Ardennes auch schon persönlich begegnet.[122] Fontanes spätere Reminiszenz an Emma Lessing bezieht sich vielmehr auf die Hintergrundinformationen, die er von ihr als einer guten Bekannten von Ardennes Frau Elisabeth bekam.

Fontane ließ die Geschichte nicht los – es sollte sein bekanntester Roman daraus werden. Wenn man der ansonsten in der Forschung inzwischen gut aufbereiteten Geschichte des realgeschichtlichen Vorbilds für *Effi Briest* folgt, hat Fontane den Fall literarisch nicht überzeichnet – eher im Gegenteil.[123] Effis reales Vorbild Elisabeth von Ardenne, geborene Freiin von Plotho, lebte in längst zerrütteter Ehe mit Armand von Ardenne (dem Innstetten des Romans) und begann mit dem sport- und kunstbegeisterten Amtsrichter Emil Hartwich eine Liebesbeziehung. Wie der ebenfalls verheiratete Hartwich wollte sie sich scheiden lassen, um mit ihm ein neues Leben zu beginnen. Armand von Ardenne ließ seine Frau überwachen und verschaffte sich mit einem Nachschlüssel Zugang zu ihrer Briefschatulle, wo er Hartwichs Liebesbriefe fand, die er nun seinerseits für einen eigenen Scheidungsantrag nutzen konnte. In diesem heißt es: «Die Briefe [...] enthalten den unzweideutigen Beweis, daß die Ehefrau und Hartwich Geschlechtsgemeinschaft gehabt, daß sie getrennt von einander in der Phantasie diese Gemeinschaft mit glühender Leidenschaft fortgesetzt und die Scheidung von ihren beiderseitigen Ehegatten und Verheiratung miteinander geplant haben.»[124] Noch am Tag der Entdeckung der Briefe hatte er Hartwich zum Duell gefordert.

Im Scheidungsurteil bekam Armand von Ardenne in allen Punkten recht, und es wurde ihm – wie damals in solchen Fällen üblich – das alleinige Sorgerecht für die Kinder zugesprochen. Ardenne heiratete die siebenundzwanzigjährige Sängerin Julia Peters, mit der er nach Elisabeths Angaben bereits vor der Scheidung eine Affäre hatte. Die gemeinsamen Kinder durfte seine Exfrau nicht sehen. Elisabeth traf ihre Tochter Margot erst 16 Jahre später, sogar 21 Jahre dauerte es, bis sie ihren längst erwachsenen Sohn wiedersah, dessen Schwiegereltern ein Treffen arrangiert hatten.

Die gesetzlich festgelegte Mindeststrafe von zwei Jahren Haft wegen des Duells konnte Ardenne in einer Festung seiner Wahl bei einem gut bekannten Kommandanten in Magdeburg ableisten. Er genoss dort allen erdenklichen Komfort, und seine Mutter schickte große Pakete mit Hühnern, Karpfen und Pökelfleisch. Während der sogenannten Haft befand er sich in «bester Gesellschaft» mit zwei weiteren wegen Duellen verurteilten Offizieren und – als wenn Fontane es sich ausgedacht hätte – einem Förster, der einen Wilddieb erschossen hatte. «Wir vier Mörder», schrieb Ardenne vergnügt an seine Mutter, «sind aber eigentlich sehr harmlose Menschen.»[125]

Als hingegen die *Dresdener Zeitung* angesichts der Schüsse des Ministeradjutanten auf einen unbescholtenen Rechtsvertreter des Staates die Frage nach den Zuständen im Kriegsministerium aufwarf, wollte Ardenne die Zeitung verklagen und wetterte gegen eine Kampagne der «gemeinen Brut der Juden» gegen die «maßgebenden Kreise [...] anständiger Menschen».[126] Schon nach drei Wochen wurde Ardenne vorzeitig entlassen und kurz darauf erst zum Major, dann zum Regimentskommandeur und schließlich zum Divisionsgeneral in Magdeburg befördert – wo er nun selbst die Festung seiner Haft befehligte.

Hätte Fontane das alles gewusst, hätte er sich bestätigt sehen können, dass er den Fall nicht überzeichnet hat und Geert von Innstetten doch alles in allem für einen Mann «ohne rechte Liebe» ganz ordnungsgemäß gehandelt habe, wie die sterbende Effi am Schluss des Romans feststellt. Vor der Kontrastfolie des realen Ardenne erscheint Geert von Innstetten noch stärker als pflichtbewusster und nüchterner Beamter, der sich außer seinem Faible für Richard Wagner (bei Fontane immer ein Signal, dass etwas nicht stimmt) eigentlich nichts zuschulden kommen lassen hat. Gezielt betont hat Fontane das Kalte («frostig wie ein Schneemann»), Bürokratische, auf die Beamtenkarriere Fixierte und vermeintlich Abgeklärte im Charakter Innstettens: ein «Mann im Dienst», den Fontane in Abweichung vom realen Vorbild zwanzig Jahre älter als Effi macht.[127]

Anders als Ardenne entdeckt Geert von Innstetten die Briefe von Krampas zufällig und erst sechs Jahre später. Emotionales scheidet als Motiv für das Duell aus («ohne jedes Gefühl von Haß oder gar von Durst nach Rache»). Obwohl er sich in seinem «letzten Herzenswinkel», der selbst bei einem Innstetten noch irgendwo vorhanden scheint, sogar «zum Verzeihen geneigt» fühlt, kommt er aufgrund vermeintlich rein rationaler Erwägungen und intensiver Beratungen mit einem Freund zu dem Schluss, dass es keinen anderen Ausweg gebe: Aber «jenes, wenn Sie wollen, uns tyrannisierende Gesellschafts-Etwas, das fragt nicht nach Charme und nicht nach Liebe und nicht nach Verjährung. Ich habe keine Wahl. Ich muß.» Nachdem Innstetten mit sechs Wochen immerhin doppelt so lange für das Duell einsitzen musste wie sein reales Vorbild Ardenne, quält er sich und stellt anders als Letzterer fest: «Mein Leben ist verpfuscht.» Indem Innstetten ganz als Gefangener «internalisierter gesellschaftlicher Repressionsmechanismen» vorgeführt wird, erscheint Fontanes Duellkritik noch gesteigert: Die inhumanen Konventionen schlagen nicht nur bei schießwütigen Offizieren wie Armand von Ardenne oder Pierre von St. Arnaud aus *Cécile* in Gewalt um, sondern auch bei «harmlosen» Durchschnittsbeamten wie Innstetten.[128]

Alle drei Geschichten – das Ehrengerichtsverfahren gegen seinen Freund Friedlaender, der Skandal um den Rittmeister Ardenne und die Arbeit an der Kriminalnovelle *Quitt* verschränkten sich in der Folge mehr und mehr. *Quitt*, begonnen als Auftragsarbeit für die *Gartenlaube*, deren Redakteur mit der Kriminalnovelle *Unterm Birnbaum* eigentlich ganz zufrieden war und sofort im Anschluss um eine Folgenovelle bat, wuchs sich von den ersten Konzepten 1885 bis zum schließlichen Erscheinen ab Januar 1890 vor dem Hintergrund dieser Erfahrungen zu etwas ganz anderem aus. In keinem anderen Roman Fontanes wird die Kritik am preußischen Obrigkeitsdenken so deutlich formuliert wie hier.[129] Die Hauptfigur Lehnert Menz spricht von Preußen als einem «Sklavenlande» und einem «Polizeistaat» «mit ein paar Herren [...] und sonst mit lauter Knechten und Bedienten», in dem sich seit der alten «Kriechezeit» nichts gebessert habe.[130]

Quitt wurde nicht nur viel umfangreicher als alle anderen Romane seit *Vor dem Sturm*, sondern auch Fontanes naturalistischster und härtester Roman. An naturalistische Literatur erinnert schon die Figurenzeichnung: der alkoholisierte und brutalisierte Oberförster Opitz, der im schlesischen Krummhübel die Lokalgewalt repräsentiert und die Bewohner tyrannisiert («nach oben hin kriecht er und nach unten hin tritt er und schuhriegelt er»), nicht weniger als seine Frau, eine in der Ehe mit ihm ausgemergelte «hagere Frau mit tiefliegenden, dunklen Augen, die 'mal schön und lachend gewesen sein mochten, jetzt aber nur noch geängstigt in die Welt blickten».[131] Ebenso untypisch für Fontanes sonstige Figurenzeichnung erscheint auch Opitz' Kontrahent Lehnert Menz: ein selbstbewusster Handwerker und eine Rebellenfigur, die sich in einer Mischung aus Notwehr, angestauter Wut und Wahrung der Selbstachtung gewaltsam gegen die Obrigkeit auflehnt und sich anschließend durch Flucht nach Amerika dem Gesetz entzieht.

Der Oberförster Opitz, der Lehnert bereits seit der gemeinsamen Armeezeit gnadenlos verfolgt, wartet nur auf einen weiteren Fehltritt Lehnerts, der die königlichen Besitzansprüche auf die Naturgüter nicht akzeptiert und gelegentlich im Riesengebirge jagen geht. Als Opitz' Drangsalierungen Lehnert unerträglich werden, kommt es in den Krummhübeler Bergen zur archaischen Konfrontation: Lehnert lauert Opitz auf, dieser will zuerst schießen, allerdings löst sich die Kugel nicht, und er wird von Lehnert erschossen. Halb schlesischer Dorfkrimi, halb Wildwestgeschichte und amerikanischer Emigranten-Roman, spielt die zweite Hälfte des Romans vor der von Fontane ziemlich genau recherchierten Kulisse in einer Mennonitengemeinde in Südkansas (heute Oklahoma) auf dem Territorium der Arapahoes und Cherokees.[132] Beides wird verbunden durch den Tod der Antagonisten Opitz und Menz in wilden Gebirgslandschaften und Grenzgebieten der Zivilisation. Für seinen Roman ließ sich Fontane nach eigener Aussage auch von der zeitgenössischen Westernliteratur inspirieren: Lehnert ähnele «halb einem Cooper'schen Trapper und halb einem Bret Harte'schen Kalifornier aus den Diggins».[133]

Als zweiter gesellschaftlich Geächteter neben dem Förster-Mörder Lehnert tritt in den amerikanischen Episoden der Pariser Exkommunarde L'Hermite auf, der nach der Niederschlagung der *Commune* nach Neukaledonien verbannt worden ist, von wo aus ihm die Flucht in die Mennonitengemeinde gelang.[134] Die Figur des L'Hermite ist einer der ganz wenigen literarisierten Vertreter der Pariser Revolution von 1871, der – und das gilt nicht nur für die deutsche Literatur – nicht als bloßes Schreckgespenst dargestellt ist.[135] Auf den naturalistischen Kontext des Romans verweisen auch die Literaturgespräche, die in der amerikanischen Emigration geführt werden: Sie kreisen um Werke wie Gustave Flauberts *Madame Bovary* oder Émile Zolas *Nana*, die L'Hermite in der texanischen Presse («Galveston Gazette») liest. Durchgehend kommentiert wird der Kriminalfall im Gespräch zweier preußischer Beamter aus Berlin, die ihren Urlaub im Riesengebirge verbringen und die Geschichte gleichsam als Zuschauer in ihren juristischen Kontext einordnen. Auch hier stellt Fontane zwei konträre Sichtweisen gegenüber. Rechnungsrat Espe, ein Prinzipienreiter und Ordnungsfanatiker, klagt noch nach Lehnerts Tod in den amerikanischen Bergen darüber, dass dieser sich seiner Bestrafung entzogen habe und die Rechtsprinzipien auch post mortem nicht einfach außer Kraft gesetzt werden dürften: «Der Staat [...] ist in diesem Fall in seinem Recht leer ausgegangen und die Justiz hat das Nachsehen. Und das soll nicht sein und darf nicht sein. Ordnung, Anstand, Manier.» Während Espe so die Gnadenlosigkeit ins Absurde treibt, stellt Kammergerichtsassessor und Reserveleutnant Unverdorben, der als Albino selbst ein Ausgegrenzter und körperlich Stigmatisierter ist, ein anderes Rechtsverständnis zur Diskussion. Er wirft die Frage nach dem Zweck eines bloß auf Strafe und Rache ausgerichteten Rechtssystems auf, das letztlich unproduktiv sei, weil es einen im Grunde harmlosen Rebellen wie Lehnert erst recht kriminalisiere: «Wenn sie den Lehnert fassen, so kommt er ein halbes Leben lang ins Zuchthaus und zupft Lumpen und wird selber ein Lump.» In Amerika dagegen könne aus einem tatkräftigen Menschen wie ihm noch etwas werden.[136]

Unübersehbar verarbeitet werden in der Lehnert-Opitz-Konstellation Friedlaenders Erfahrungen mit seinem ehemaligen Kompagniechef Wulffen: Lehnert hatte im 1870er-Krieg als tapferer Soldat bei den Görlitzer Jägern gekämpft, wurde aber von Opitz um die ihm eigentlich zustehende Auszeichnung mit dem Eisernen Kreuz betrogen und später wegen einer Lappalie ins Gefängnis gebracht. Lehnert leistet sozusagen in fiktionaler Form den Widerstand, der Fontane und Friedlaender in der Wirklichkeit nicht möglich war.

Auch Fontanes eigene 1848er-Erfahrungen, als offener Widerstand gegen die Staatsgewalt und die Emigration nach Amerika für ihn noch Realoptionen waren, mögen in *Quitt* verarbeitet sein. In einer frühen Textfassung wurde Lehnert wie L'Hermite noch als «Revolutionair» bezeichnet.[137] Schließlich könnte man auch Spurenelemente der Ardennegeschichte in *Quitt* entdecken. Der Mord des realen Krummhübeler Falls wird zur Duellsituation stilisiert. Der mit seiner Frau in der Mennonitengemeinde lebende und aus Neuruppin stammende Kaulbars («neunmalweise märkische Leute, die in ihrem preußischen Sechs-Dreier-Hochmut *alles* besser wissen»[138]) illustriert die preußische Überlegenheit gegenüber allen anderen deutschen Regionen mit den Ziethen'schen Husaren, also jener Elitetruppe, die Ardennes Spezialgebiet war.[139]

Unabhängig von solcher ohnehin eher spekulativen philologischen Detektivarbeit sind die strukturellen Parallelen zwischen beiden Romanen unübersehbar. Bei allen Unterschieden zwischen der «Tochter der Luft» Effi und dem notfalls gewaltbereiten Rebellen Lehnert ist das gemeinsame Thema der Umgang der Gesellschaft mit Normverstößen.[140] In beiden Romanen wird vorgeführt, wie die gnadenlose Verfolgung von Vergehen so weit getrieben wird, dass zwei junge und lebensfrohe Menschen zugrunde gehen. Und gemeinsam ist beiden Romanen der Umschlag der herrschaftlich sanktionierten Regeln (fürstliches Jagdmonopol, Ehebruchverbot für Frauen) in Archaik: als «Blut und Mord» bezeichnet Effi Innstettens Duell mit Krampas. Effi wird so lange geächtet, ihrer kleinen Tochter entfremdet und vom elterlichen Gut verbannt, bis sie sich todkrank gebüßt hat. Effis Fazit angesichts solcher Moralkonventionen, «Mich ekelt, was ich gethan; aber was mich noch mehr ekelt, das ist Eure Tugend», wird in ähnlichen Varianten auch von Lehnert formuliert, der zwar seine Schuld anerkennt, nicht aber das Recht einer von Opitz repräsentierten Ordnung, über ihn zu richten.[141]

So etwas hatte die Redaktion der *Gartenlaube* nicht erwartet.

Der Veröffentlichungsprozess zog sich über ein Jahr hin. Schließlich erschien *Quitt* von Januar bis März 1890, gekürzt um zehn der 37 Kapitel und um die brisantesten politisch, moralisch oder religiös anstößigen Passagen.[142] Während *Unterm Birnbaum* noch als Aufmacher der *Gartenlaube* platziert worden war, wurde *Quitt* auf die hinteren Seiten verbannt und als «Jubiläumswerk eines Siebzigjährigen» entschärft. In einer bieder-rührigen Einführung erklärte Rudolf von Gottschall (jener Gottschall, dessen *Herzog Bernhard von Weimar* Fontane am Königlichen Schauspielhaus als Sänger- und Turnerfahrt verrissen hatte) den Roman zur vaterländisch-patriotischen Heimatliteratur.

Mit demselben Brief, mit dem sich Fontane beim *Gartenlauben*-Redakteur Adolf Kröner nach begonnenem Abdruck für die Rücksendung des *Quitt*-Manuskripts bedankte, bot er ihm sogleich einen neuen Roman an, der schon ziemlich weit gediehen sei und der bestenfalls schon zum Winter abgeschlossen werden könne: «Zugleich frage ich an, ob ich Ihnen im Winter oder um nächste Ostern herum einen neuen Roman schicken darf? Er spielt im ersten Drittel auf einem havelländischen adligen Gut, im zweiten Drittel in einem kleinen pommerschen Badeort in der Nähe von Varzin und im letzten Drittel in Berlin. Titel: *Effi Briest.*» Nach den Querelen mit *Quitt* versichert er, dass es diesmal «ganz im Gegensatz zu ‹Quitt›» wirklich «nur um Liebe» gehe, das Ganze also «stofflich eine Art Ideal» für das Familienzeitschriftprogramm sei. Dennoch fügt er ehrlicherweise hinzu, dass es auch diesmal der Nachsicht bedürfe: «Ob auch sonst? nicht blos Ihre Gerechtigkeit, sondern auch Ihre Milde wird zu Gericht sitzen.»[143]

Es war vergebliche Liebesmüh. Die *Gartenlaube* wollte *Effi Briest* nicht und hat nach *Quitt* zu dessen Lebzeiten überhaupt keinen Fontane-Roman mehr abgedruckt. Bis das Werk, das heute international als der bedeutendste deutsche Eheroman des 19. Jahrhunderts gilt, schließlich in Julius Rodenbergs *Deutscher Rundschau* erscheinen konnte, sollten noch Jahre vergehen. Zuvor wurde *Effi*

Briest in Fontanes schwerem Krankheitsjahr 1892 zunächst als «dickes Manuskriptpacket» verschnürt und mit der «Werthangabe» «6000 Mark» versehen nach Schmiedeberg zu Georg Friedlaender geschickt. Den Freund bittet Fontane um Nachsicht für die unangekündigte Sendung: «Verzeihen Sie, daß ich Ihnen damit ohne vorgängige Anfrage ins Haus komme, aber ich wußte mir nicht anders zu helfen.»[144] In jenen Monaten, in denen es für Fontane täglich um Leben oder Tod ging und darüber beraten wurde, wie mit den hinterlassenen Manuskripten und Briefen zu verfahren sei, schien ihm Friedlaender in Schmiedeberg der sicherste Hafen. Sollte er sterben, wäre das Manuskript vor Vernichtung geschützt, wobei er es vor allem vor der Vernichtung durch sich selbst schützen wollte, wie die Verhandlungen um sein Testament zeigen. Sollte er überleben, plante er, zusammen mit Emilie nach Schmiedeberg zu ziehen, von wo aus er den Roman eventuell doch noch zur Veröffentlichung bringen konnte.[145] Wie ernst es mit den Umzugsplänen war, kann man nicht nur daran erkennen, dass die Fontanes bereits eine Wohnung anmieteten, sondern auch an der Schlagzeile, mit der die *Vossische Zeitung* in der Abendausgabe vom 16. Juni 1892 ihren Leserinnen und Lesern verkündete, dass der stadtbekannte Theaterkritiker und Romanautor Berlin verlassen habe: «Theodor Fontane verlegt seinen Wohnsitz von hier nach Schmiedeberg.»[146]

Wie mit seinen Berlin-Romanen stieß Fontane mit *Quitt* und später *Effi Briest* vor allem bei den jungen Berliner und Münchner Avantgardisten auf ein positives Echo. Bruno Wille und Wilhelm Bölsche besprachen *Quitt* im Zusammenhang mit der gleichzeitigen Aufführung von Dostojewskis *Schuld und Sühne* an der Berliner *Freien Bühne* und machten bei allen Unterschieden zwischen dem «nüchternen Berliner» und dem «mystischen Russen» auf die Parallelen aufmerksam.[147] Wie Wille und Bölsche *Quitt* als politische Kritik am preußischen Rechtssystem lasen, nutzte Maximilian Harden in seiner Zeitschrift *Die Zukunft* in einem Leitartikel *Effi Briest* als politisches Argument in den Debatten um die längst überfällige

Abschaffung der Ehrengerichtsbarkeit (Fontane bedankte sich «schönstens» beim Autor des Leitartikels «für diese schmeichelhafteste Form einer Besprechung»).[148] Und nicht zuletzt gelang Fontane mit seinen beiden Romanen das ganz seltene Kunststück, dass die beiden ansonsten eigentlich immer verfeindeten Brüder Thomas und Heinrich Mann in ihnen einen Gegenstand gemeinsam geteilter Wertschätzung fanden. Die brieflich geäußerte Begeisterung des zwanzigjährigen Heinrich Mann über seine *Quitt*-Lektüre ist das erste Zeugnis seiner lebenslangen Fontane-Anhängerschaft.[149]

Anders als die beiden Figuren seines eingangs angeführten Fragments und auch anders als manche späteren Biographen hätte Fontane es nie so formuliert, dass er damit alles *Erreicht!* und den Gipfel des literarischen Olymps erklommen hätte. Aber bis zu seinem 70. Geburtstag hatte es der ehemalige «Streber» von der *Kreuzzeitung* und bloße märkische Provinzautor in den nur etwas mehr als zehn Jahren unermüdlicher Romanproduktion seit seinem späten Debüt von 1878 schon ziemlich weit gebracht.[150] Zum ersten Mal in seiner Laufbahn wurde der Literat Fontane nun auch in der überregionalen Presse ausführlich gewürdigt.

ALTER UND AVANTGARDE

«Sich abschließen, heißt sich einmauern,
und sich einmauern ist Tod.»
(Melusine von Barby in *Der Stechlin*, 1897)

AUF FREIER BÜHNE

In der ersten Mai-Ausgabe 1890 der gerade im Samuel Fischer Verlag gegründeten und von Otto Brahm herausgegebenen Wochenschrift *Freie Bühne für modernes Leben* erschien unter dem Titel *Auf der Suche* eine kleine Erzählung von Theodor Fontane.[1] Im Einstieg wird die Erzählung als autobiographisch ausgewiesen. Die Redaktion hätte ihn gebeten, einen Beitrag zu liefern, und «wenn es auch nur eine ‹Wanderung› wäre». Da ihm eine «Wanderung durch die Mark» als etwas zu «weitschichtig» und auch nicht recht zum Profil der Zeitschrift passend erschien, habe er sich entschieden, «wenigstens eine Wanderung durch Berlin W.» beizusteuern. Nachdem er tagelang auf der Suche nach einem geeigneten Sujet gewesen sei und «es schon aufgeben» wollte, sei ihm der Gedanke gekommen, «ein Auge auf das Exterritoriale zu richten, auf das *Nicht*-Berlin in Berlin, auf die fremden Inseln im heimischen Häusermeer». Der Erzähler beschließt, eine Reportage über die Chinesische Gesandtschaft inklusive Interviews mit den Botschaftsangehörigen zu schreiben. «China lag mir ohnehin an meiner täglichen Spaziergangslinie» durch den Berliner Tiergarten, und «alles versprach ethnographisch einen überreichen Ertrag».

Mit den Bildern von Seychellen- und Komoren-Inseln des Malers und Weltreisenden Eduard Hildebrandt im Kopf, die er rund dreißig Jahre zuvor bei einer Ausstellung Unter den Linden gesehen hatte – «farbenblasse, halb hingehauchte» Aquarelle von Küstenprofilen «in umschleierter Morgenbeleuchtung» –, macht er sich auf den Weg. Nachdem er die Pferdebahnwagen, Eisenschienen und den «Umspann- und Rasteplatz für Omnibusse» an der Potsdamer Brücke passiert hat, steuert er einen der vielen Zeitungskioske an, «in der bestimmten Absicht, ein Exemplar der ‹Freien Bühne› zu erstehen [...], deren grünen Umschlag einschließlich seiner merkwürdigen Titelbuchstaben [...] ich schon von fernher erkannt hatte.» Nicht nur weil er bald zu ihren Autoren zählen würde, sondern auch um seine Zugehörigkeit zu der wegen ihrer radikalen Modernität durchaus skandalumwitterten Zeitschrift auszudrücken, fragt er die Kioskverkäuferin nach dem Bezahlen noch: «‹Und wird viel gekauft?› ‹Ja›, sagte sie freundlich und zugleich verschmitzt genug, um mir ihre Mitverschworenschaft außer Zweifel zu stellen.»

Als der Spaziergänger über eine kleine Brücke in die ruhigeren Gefilde an den Ufern des Landwehrkanals gelangt, verändert sich die Szenerie und die Umgebung in seiner Wahrnehmung in eine veritable chinesische Landschaft. Das «gelbe Gewässer» des Kanals erscheint ihm wie der Jangtsekiang oder doch wenigstens einer von dessen Nebenarmen: «Ganz besonders echt [...] da, wo die Weiden sich überbeugten und ihr Gezweig eintauchten in die heilige Flut. Merkwürdig, es war eine fremdländische Luft um das Ganze her, selbst die Sonne, die durch das Regengewölk durchwollte, blinzelte sonderbar und war keine richtige märkische Sonne mehr.» Schließlich am Gesandtschaftsgelände angekommen, findet er zwar – obwohl «laut Wohnungsanzeiger [...] sieben Attachés ihre Heimstätte hier hatten» – keine Chinesen, sondern lediglich spielende Berliner Kinder. Allerdings entdeckt er auf der massiven, die Botschaft umgebenden «chinesischen Mauer» die Kreidebotschaft «Schautau». «Wenn das nicht chinesisch war», so musste es «mindestens chinesiert, vielleicht ein bekannter Berolinismus in eine höhere fremdländische Form gehoben», sein, sinniert er. Nachdem er jedoch gleich daneben die Botschaften «Emmy ist sehr nett» und «Emmy ist ein Schaf» entdeckt hat und auch sonst keine Möglichkeit mehr sieht, noch Botschaftsangehörige anzutreffen, die er interviewen könnte, macht er sich wieder auf den Rückweg.

An der Bellevuestraße am Potsdamer Platz kehrt er noch in die Konditorei Josty ein, um sich bei einem Nachmittagskaffee von den Anstrengungen seiner vergeblichen «Entdeckungsreise» zu erholen. «Es war ziemlich voll unter dem Glaspavillon oben, und siehe da, neben mir in hellblauer Seide saßen jetzt zwei *Chinesen*, ihre Zöpfe beinahe kokett über die Stuhllehne niederhängend. Der Jüngere, vielleicht erratend, von welchen chinesischen Attentaten ich herkam, sah mich schelmisch freundlich an, so schelmisch, wie nur Chinesen einen ansehen können, der ältere aber war in seine Lektüre vertieft, nicht in Kon-fu-tse, wohl aber in die Kölnische Zeitung.» Mit der Freude des verhinderten Reporters, dass er «das anderthalb Stunden lang vergeblich gesuchte Himmlische Reich so bequem und so gemütlich neben mir hatte», schließt die Erzählung.

Von hier aus lässt sich gleich ein ganzes Strahlenspektrum zu unterschiedlichen Aspekten der literarischen Praxis des alten Fontane verfolgen. Erstens wird mit dem Tiergartenspaziergang ein tägliches Ritual zum Gegenstand gemacht, das Fontane seit seiner Pensionierung zu seinem siebzigsten Geburtstag pflegte. *Auf der Suche* ist ein frühes Zeugnis für die von Fontane in den letzten Lebensjahren zunehmend praktizierte Gattung der Autobiographie zwischen Lebensbericht und fiktionaler Erzählung, das zugleich Einblicke in dessen spezifische Darstellungsweisen in diesem Genre offenbart.[2]

Zweitens rückt China – und mit ihm der gesamte Motivkomplex «Fernost» – in unterschiedlichen Varianten, Werkkontexten und Bedeutungen ab 1890 immer mehr in Fontanes Fokus. Es verweist auf die überall präsente Verflechtung von Lokalem und Globalem und die zunehmende Vernetzung der Welt in seinen Spätschriften, wie sie literarisch etwa im «Chinesen-Spuk» in *Effi Briest* oder dem mit

Java telefonierenden Stechlinsee manifest wird. So wie die Berliner Landschaft und selbst der Berliner Dialekt sich in der Wahrnehmung des Spaziergängers «chinesieren», so «berlinerisch» wirken die beiden Chinesen in der letzten Szene. Wie jeder Intellektuelle in der Stadt lesen sie bei Josty die Zeitungen. Und in dem «schelmischen» Blick des jüngeren Chinesen wird der «verschmitzte» Blick der Kioskverkäuferin wieder aufgenommen, die beide ohne Worte zu verstehen geben, dass sie den Erzähler durchschaut haben.

Drittens – und damit zusammenhängend – wird auch Fontanes Rolle als Autor thematisiert. Der «Wanderer durch die Mark Brandenburg» wird hier zum Großstadtflaneur. Die ursprüngliche Absicht des Erzählers, eine Reportage im Sinne der Heimatexpeditionen der *Wanderungen* zu schreiben, löst sich im Verlauf der Erzählung mehr und mehr auf und verschwindet schließlich ganz in der zufälligen Begegnung im Café Josty, wo in der «Weltstadt Berlin» (wie sich die Reichshauptstadt nach 1871 gerne nannte) nicht mehr Einheimische und Fremde, sondern Weltbürger aufeinandertreffen und sich auch ohne Worte verstehen. Der neue Anfang in der Fassung, die Fontane vier Jahre später stark gekürzt in den Erzählungsband *Von vor und nach der Reise* aufgenommen hat, macht dies explizit: «Ich flaniere gern in den Berliner Straßen, meist ohne Ziel und Zweck, wie's das richtige Flanieren verlangt.»[3]

Schließlich verweist der Veröffentlichungsort der Erzählung darauf, mit welcher Verve, Offenheit und für seine Verhältnisse sogar Passion sich der alte Fontane in die sich um 1890 bildenden avantgardistischen Literaturbewegungen Berlins mischte. Die *Freie Bühne für modernes Leben* war nicht nur eine Zeitschrift, sondern Teil einer großangelegten Initiative, mit der Theaterkritiker, Journalisten, Literaten und Verleger versuchten, den von der Zensur unterdrückten oder auf den offiziellen Bühnen ignorierten Stücken der internationalen Moderne und neuerer deutscher Autorinnen und Autoren ein Forum zu geben.

Auch wenn er selbst sicher alles andere als ein Avantgardist war, konnte sich Fontane mit dem von Otto Brahm im Auftaktheft der *Freien Bühne für modernes Leben* formulierten Programm der Durchdringung der «feinsten Wechselwirkungen» zwischen Natur und Gesellschaft und moderner Kunst und modernem Leben sowie der radikalen Offenheit für geschichtlich Neues durchaus identifizieren: «Wir schwören auf keine Formel und wollen nicht wagen, was in ewiger Bewegung ist, Leben und Kunst, an starren Zwang der Regel anzuketten. Dem Werdenden gilt unser Streben, und aufmerksamer richtet sich der Blick auf das, was kommen will, als auf jenes ewig Gestrige, das sich vermißt, in Konventionen und Satzungen unendliche Möglichkeit der Menschheit, einmal für immer, festzuhalten. Wir neigen uns in Ehrfurcht vor allem Großen, was gewesene Epochen überliefert haben, aber nicht aus ihnen gewinnen wir uns Richtschnur und Normen des Daseins», sondern aus den «Forderungen der gegenwärtigen Stunde», die es für den modernen Menschen zu verstehen gelte. Daher sei die *Freie Bühne* auch trotz aller momentanen Sympathien keine naturalistische Programmzeitschrift. Wenn sich an einem absehbaren «Punkt, den wir heute noch nicht überschauen, die Straße sich plötzlich biegt und überraschende neue Blicke in Kunst und Leben sich auftun», werde das Blatt nicht an dieser dann wiederum veralteten Literaturbewegung festhalten.[4]

Damit waren die Aufgaben, Postulate und Fragen zum Verhältnis von Altem und Neuem formuliert, die auch Fontane in seinem Alterswerk beschäftigten. Und wie die jungen Avantgardisten blieb der alte Fontane bis zum Schluss «auf der Suche»: im Wortsinn neugierig auf das Entstehende, der wie der Flaneur nicht schon vorher weiß, was er sucht oder findet. Als «Pfadsucher und Pfadfinder moderner Kunst» hatte Brahm den wichtigsten Referenzautor der *Freien Bühne* Henrik Ibsen bezeichnet.[5]

Noch vor der Zeitschrift war im April 1889 der gleichnamige Theaterverein *Freie Bühne* gegründet worden. Nach dem Vorbild des zwei Jahre zuvor von André Antoine erfolgreich etablierten Pariser *Théâtre Libre* sollte sich der Verein durch Mitgliedsbeiträge finanzieren, die zugleich zum Eintritt für alle als «nicht öffentlich» annoncierten Aufführungen in verschiedenen eigens angemieteten Theatern (meist das neu errichtete Lessing-Theater und das Deutsche Theater) berechtigten. Mit diesem Modell, das der Münchner Rechtsanwalt und Kunstkritiker Max Bernstein auf Basis des Vereinsrechts entwickelt hatte, konnte man geschickt die Zensur- und Polizeiverordnung umgehen. Bevor die geschlossenen Aufführungen der *Freien Bühne* im Zuge der umfassenden staatlichen Repressionsmaßnahmen des Jahres 1895 schließlich verboten wurden, hatte sich der Verein zahlreiche juristische Scharmützel mit der Obrigkeit geliefert.

Die Initiative für die *Freie Bühne* ging von zehn Gründungsmitgliedern aus, unter ihnen Theaterkritiker, Journalisten und Schriftsteller wie Otto Brahm, Paul Schlenther, Maximilian Harden, Theodor Wolff, die Brüder Julius und Heinrich Hart sowie der Verleger Samuel Fischer. Brahm übernahm in dem dreiköpfigen Vereinsvorstand die künstlerische Leitung, Fischer kümmerte sich um die Finanzen und Öffentlichkeitsarbeit, der Jurist Paul Jonas wehrte die Angriffe der Behörden ab. Zu den zehn in allen Vereinsbelangen allein stimmberechtigten Gründungsmitgliedern konnten in den ersten Monaten 500, binnen Jahresfrist sogar gut 1000 außerordentliche Mitglieder gewonnen werden – zu den ersten gehörte das Ehepaar Emilie und Theodor Fontane.

Die *Freie Bühne*, die mit der programmatischen Inszenierung von Henrik Ibsens *Gespenstern* im September 1889 die Winterspielzeit eröffnete, wurde schnell zum wichtigsten Forum für moderne naturalistische Dramen von Lew Tolstoi, Gerhart Hauptmann, Arno Holz und Johannes Schlaf oder Ludwig Anzengruber. Nach dem gleichen Rechtsmodell folgte 1890 gewissermaßen als Tochterunternehmen die Gründung der *Freien Volksbühne*, die sich explizit an ein Arbeiterpublikum richtete. Für einen monatlichen Mitgliedsbeitrag von 50 Pfennig konnte man jede Vorstellung besuchen. Personell eng der *Freien Bühne* verbunden – etwa durch Otto Brahm –, eröffnete auch die *Volksbühne* mit einem Ibsen-Stück *(Die Stützen der Gesellschaft)* ihren Betrieb. Es war der Beginn der bis heute allen historischen Turbulenzen zum Trotz bestehenden Berliner Volksbühne.[6]

Die zugehörige Wochenschrift *Freie Bühne für modernes Leben*, 1894 in *Neue Rundschau* umbenannt, war nicht nur das führende Literaturorgan für die unterschiedlichen Avantgardebewegungen der 1890er Jahre, sondern steht auch am Anfang des beispiellosen Aufstiegs von Samuel Fischer zunächst zum «Cotta des Naturalismus», dann zum mit Abstand bedeutendsten deutschen Verleger des ausgehenden 19. und beginnenden 20. Jahrhunderts.

Fischer, der ziemlich mittellos aus Galizien zunächst nach Wien und dann 1880 nach Berlin gekommen war, konnte im Mai 1886 mit dem Verkauf eines zusammen mit einem Freund erworbenen, eigentlich wertlosen Hauses an der Kochstraße Ecke Friedrichstraße einen kleinen Gewinn erzielen, weil das Grundstück auf der Strecke für den geplanten Bau der Stadtbahn lag. Mit diesem Startkapital gründete er 1887 seinen Verlag, für den er, meist zunächst durch Vorabdrucke in der *Freien Bühne*, später in preisgünstigen Buchausgaben praktisch alle Autorinnen und Autoren gewann, die heute als Klassiker der Moderne gelten: Gerhart Hauptmann, Hugo von Hofmannsthal, Arthur Schnitzler, Thomas Mann und Hermann Hesse ebenso wie Lou Andreas-Salomé, Hedwig Dohm oder Annette Kolb.[7] Seinen ersten großen internationalen Verlagserfolg erzielte Fischer mit Thomas Manns 1901 erschienenem Roman *Buddenbrooks. Verfall einer Familie*, für den der Autor 1929 mit dem Literaturnobelpreis ausgezeichnet wurde. Nicht nur in der Namensgebung der Protagonisten ist der Roman eine Reminiszenz an Fontanes *Effi Briest*: Crampas' Sekundant heißt Buddenbrook. Zehn Jahre nach Fontanes Tod eröffnete Samuel Fischer mit Fontanes *L'Adultera* seine volkstümliche zeitgenössische Romanbibliothek.[8]

Frühe Spuren der *Freien Bühne* führen zurück in das Jahr 1884.

und in ein Hinterzimmer des in unmittelbarer Nachbarschaft von Fontanes Wohnung in der Potsdamer Straße gelegenen *Restaurants Schulz*. Hier trafen sich jeden Freitag die *Zwanglosen*, ein Literaturverein, der sowohl personell als auch von der Programmatik als einer der unmittelbaren Vorgänger der *Freien Bühne* gelten kann. Zu seinen Gründungsmitgliedern zählten neben Fontanes Kritikerkollegen bei der *Vossischen* Zeitung Otto Brahm und Paul Schlenther auch Fontanes Sohn Theodor, der Sohn von Fontanes Verleger Hans Hertz, Theodor Fontane juniors Studienfreund Paul Meyer, bald auch der Journalist und *Stine*-Retter Fritz Mauthner sowie Paul Marx, ein weiterer Kollege von der *Vossischen* und entfernter Neffe von Karl Marx. Fontane selbst nahm als gelegentlicher Gast an den Treffen und den Ausflügen des Vereins teil, dessen Mitglieder sämtlich eher der Altersgruppe seiner Söhne angehörten (auch George und Friedrich Fontane besuchten zeitweilig die *Zwanglosen*).[9]

Vor allem über Brahm und Schlenther wurden die *Zwanglosen* noch vor der *Freien Bühne* zu Berlins erstem Ibsen-Förderverein. Sie gehörten zu den frühen Adepten des international gefeierten norwegischen Dramenautors, der seit Mitte der 1870er Jahre in Deutschland lebte. Seit ihrer Studienzeit in Heidelberg waren die beiden Literaturwissenschaftler und Theaterkritiker befreundet und traten seither fast immer im Duo auf.

Brahm, 1856 als Sohn der deutsch-dänisch-jüdischen Kaufmannsfamilie Abrahamson in Hamburg geboren, promovierte, gefördert von den beiden Germanisten Wilhelm Scherer und Erich Schmidt, über *Das Deutsche Ritterdrama*. Auf Anraten seines akademischen Lehrers Scherer änderte Otto Abrahamson 1879 in den Zeiten des «wildesten Antisemitismus»[10], als an der Berliner Universität der von Heinrich von Treitschke initiierte Antisemitismus-Streit tobte und der Hofprediger Stöcker die antisemitische *Christlich-Soziale Union* gründete, seinen Namen in Otto Brahm. Zehn Jahre später kündigte er seine Mitgliedschaft in der Jüdischen Gemeinde, ohne zum Christentum zu konvertieren. Er zog es vor, konfessionslos zu bleiben.[11] Da trotz der Namensänderung der Weg zu einer akademischen Karriere verstellt war, schlug Brahm eine journalistische Laufbahn ein und kam 1881 als fünfundzwanzigjähriger Nachwuchskritiker für die Privatbühnen zur *Vossischen Zeitung*. 1885 wurde er auf Druck des Direktors des Wallner-Theaters und Gutsbesitzers Theodor Lebrun bei der *Vossischen Zeitung* entlassen.[12] Als Direktor der *Freien Bühne* und ab 1894 Leiter des *Deutschen Theaters* hatte Brahm für die Theaterentwicklung eine vergleichbare Bedeutung wie Samuel Fischer für das Verlagswesen: praktisch ausnahmslos alle Stücke von Henrik Ibsen, Gerhart Hauptmann und Arthur Schnitzler wurden von Brahm uraufgeführt.

Paul Schlenther, 1854 in eine wohlhabende Apothekerfamilie aus Ostpreußen geboren, promovierte wie Brahm bei Scherer und Schmidt 1880 mit einer Arbeit über die Aufklärungsautorin Luise Adelgunde Victorie Gottsched und schlug anschließend ebenfalls eine journalistische Laufbahn als Theaterkritiker ein. Seine Rezension von Fontanes *Ellernklipp* 1881 ist eine seiner ersten Veröffentlichungen, 1883 erlangte er als Journalist der *Deutschen Literatur-Zeitung* erste Aufmerksamkeit mit seiner Polemik gegen den Leiter des Königlichen Schauspielhauses *(Botho von Hülsen und seine Leute)*. Auf Vorschlag Fontanes wurde er 1886 als Theaterreferent für die unabhängigen Bühnen bei der *Vossischen Zeitung* eingestellt, 1890 Fontanes Nachfolger als Referent am *Königlichen Schauspielhaus*. Nach dem Wechsel Brahms ans *Deutsche Theater* übernahm Schlenther 1894 den Vorsitz des Vereins *Freie Bühne*, 1898 wechselte er als Direktor an das Wiener *Burgtheater*.

Neben Ibsen war der zweite unangefochtene literarische Star der Zwanglosen – Theodor Fontane. Mit ihren positiven Besprechungen trugen die Vereinsmitglieder entscheidend zu Fontanes Anerkennung als moderner Großstadt-Romancier bei.[13] Brahm, Schlenther und Mauthner «haben sämtlich sehr ausführlich und sehr anerkennend über ‹Irrungen, Wirrungen› geschrieben, so daß ich ohne

Übertreibung sagen kann: ich verdanke meine verbesserte Stellung oder doch mein momentanes Ansehn im deutschen Dichterwald zu größrem Teil den ‹Zwanglosen›», stellte Fontane gegenüber seinem Sohn Theodor fest.[14]

Die große offizielle Feier zu Fontanes 70. Geburtstag im Januar 1890 mit 400 Gästen richteten die *Zwanglosen* zusammen mit der *Vossischen Zeitung*, dem *Verein Berliner Presse*, dem moderaten und Fontane gewogenen Kultusminister Gustav von Goßler und den alten *Tunnel-* und *Rütli*-Freunden wie Moritz Lazarus und August von Heyden aus. Adolph Menzel ließ sich entschuldigen, schickte aber ein schönes Widmungsblatt, das ästhetisch an den gerade aufkommenden Jugendstil angelehnt war und Fontane als von einer Muse geküssten ganz Jungen zeigt. Die Verleihung der Ehrendoktorwürde durch die Berliner Universität an Fontane kurz vor seinem fünfundsiebzigsten Geburtstag wurde von Brahm und Schlenther über ihren Doktorvater Erich Schmidt in die Wege geleitet, der sie dann zusammen mit dem Historiker und späteren Literaturnobelpreisträger Theodor Mommsen durch die Fakultät brachte. Für Fontanes seit dem durch den Wehrdienst verhinderten Abitur mitgeschleppte offene Wunde bedeutete diese akademische Anerkennung eine späte Linderung.[15]

Fontane wiederum förderte seit ihrer Gründung die *Freie Bühne*. Auch als Pensionär besprach er in der Zeitung von der ersten Aufführung an Monat für Monat ausführlich jede Neuinszenierung des Vereins. Beginnend mit Ibsens *Gespenstern*, setzt eine intensive Auseinandersetzung Fontanes mit dem neun Jahre jüngeren norwegischen Dramatiker ein, der die Psychopathologien der bürgerlichen Gesellschaft mit ihren krankmachenden Konventionen und der «strukturellen Heuchelei»[16] in Stücken wie *Gespenster*, *Frau vom Meer* oder *Nora. Ein Puppenheim* wie kein anderer literarisch gestaltet hat. Lügen der Vergangenheit, falsche und scheinheilige Moralvorstellungen, Selbstbetrug und Verdrängtes kehren in Ibsens Stücken als Angst machende Nachtgespenster zu den Lebenden zurück. Ibsen hat so nicht zuletzt vermeintlich Irrationales und Gespenstermotive als psychische Realitäten des «kollektiven Imaginären» in ein realistisch-naturalistisches Literaturverständnis eingemeindet.[17] Ohne die Ibsen-Erfahrung des lebenslang lernenden Fontane sind weder die psychologischen Motive der «Angstapparate» und des Chinesenspuks in *Effi Briest* verständlich, noch wäre die Melusinenfigur Effi – auch eine «Frau vom Meer» – das geworden, was sie dann in der Endfassung des Romans von 1894 ist.

In seiner Kritik zur Eröffnungsinszenierung der *Freien Bühne* von Ibsens *Gespenstern* (29. September 1889) und weiteren literaturkritischen Aufsätzen wie der *Charakteristik Ibsens* reflektiert Fontane dessen Bedeutung für eine realistische Literatur. Wer Ibsen gerecht werden wolle, dürfe nicht mit festen Wahrheits- und Moralbegriffen urteilen, sondern «muß über Dinge wie landläufige Moral sehr frei denken und vor dem Gedanken nicht erschrecken, ja sich dadurch angezogen finden, daß das, was uns heute noch als Verrücktheit gilt, morgen Verständlichkeit und übermorgen Alltäglichkeit sein kann». Erst auf dieser Basis, dass man «vor dem, was momentan als Wahnsinn» gelte, nicht erschrecke, könne man darüber streiten, ob die künstlerische Gestaltung in jedem Fall gelungen sei und die «Methode im Wahnsinn» stimmig sei.[18] «Das Spintisierige», «das Bestreben, das Zugespitzte immer noch spitzer zu machen, bis dann die Spitze zuletzt abbricht», «das Verlaufen ins Unbestimmte», «das Orakeln und Rätselstellen» des «von philosophisch-romantischen Marotten gelegentlich angekränkelten Realisten», aber auch die Neigung zu pseudowissenschaftlichen Vererbungslehren sieht Fontane kritisch.[19] Das alles ändere aber nichts daran, dass Ibsen unbestreitbar «ein segensreicher Revolutionär» sei, «der die ästhetische Welt um einen guten Schritt vorwärts gebracht» habe.[20]

Fontanes Deutung Ibsens als Psychoanalytiker und Zukunftsdichter verweist durchaus auf radikalere und avantgardistischere zeitgenössische Adaptionen. Lou Andreas-Salomé, die als emanzipierte Freidenkerin nicht nur Friedrich Nietzsche, Rainer Maria Rilke und Sigmund Freud faszinierte, warf in ihrer zunächst in der *Freien Bühne für modernes Leben* und dann 1891 als Buch veröffentlichten Studie zu *Henrik Ibsens Frauen-Gestalten*, ausgehend von einer Typologie scheiternder Beziehungen in Ibsens Dramen, die Frage auf: «Wie muss eine Ehe beschaffen sein, um auch der Selbstverwirklichung, besonders der Frauen, Raum zu lassen?»[21] Der polnisch-deutsche Literat, Philosoph, sozialdemokratische Dissident und Lebenskünstler Stanislaw Przybyszewski stellte in seiner *Totenmesse* (1893 im Verlag Friedrich Fontane erschienen), in einer wilden Mischung aus Ibsen, Nietzsche und Darwin lapidar fest, dass sogenannte Verrücktheiten gar keine Krankheiten, sondern der Vorschein einer kommenden Evolutionsstufe seien: «Man erschrecke nicht vor den Neurosen, die am Ende doch den Weg bezeichnen, den die fortschreitende Entwicklung des menschlichen Geistes einzuschlagen scheint. In der Medizin hat man sich schon längst abgewöhnt, beispielshalber die Neurasthenie als eine Krankheit zu betrachten; sie scheint vielmehr die neueste und absolut notwendige Evolutionsphase zu sein, in der das Gehirn leistungsfähiger und vermöge der weit größeren Empfindlichkeit viel ausgiebiger wird.»[22]

Gerhart Hauptmanns Erstlingswerk *Vor Sonnenaufgang*, das von der *Freien Bühne* im Oktober 1889 uraufgeführt wurde und einen handfesten Theaterskandal auslöste, deutet Fontane in seiner Kritik wiederum als «die Erfüllung Ibsens». Das soziale Drama um die schlesische Bauernfamilie Krause, die durch auf ihrem Grundstück entdeckte Kohlevorkommen zu plötzlichem Reichtum kam, nennt er «eine sonderbare, eine gruselige Geschichte». Das Haus der Krauses sei ganz im Sinne Ibsens ein auf den «Vornehmheitsschein» gestelltes «furchtbares Haus, ein Haus mit einem Gespenst in jedem Winkel».[23] Äußerlich durch den Reichtum «herrschaftlich» und sogar modernst mit «elektrischen Klingeln und Telephon» ausgestattet, herrscht drinnen bloße Barbarei und wildes Treiben. Bauer

Krause «lebt, als hochgradiger Säufer, eigentlich nur noch in der Schenke» und missbraucht seine eigene Tochter. Seine Frau (eine ehemalige «Kuhmagd», die sich nun «auf die gnädige Frau hin ausspielt») hat ein Verhältnis mit dem Ingenieur Hoffmann, der sich um das Geschäftliche des Kohleabbaus und -verkaufs kümmert und zugleich mit Krauses ältester Tochter, ebenfalls Alkoholikerin, verheiratet ist.

Aber auch der von draußen in die so beschriebene heile Dorfwelt zurückkehrende Alfred Loth, der sich als Sozialreformer sieht und «von Artikel- und Bücherschreiben» lebt, ist für die jüngste Tochter Helene, die Loth liebt und hofft, mit seiner Hilfe dem Elend entfliehen zu können, keine Rettung – im Gegenteil. Als der «Doktrinär», «Prinzipienreiter» und «Abstinenzfanatiker» vom Alkoholismus in der Familie Krause erfährt, muss er sich zwischen der von ihm vertretenen Vererbungstheorie (nach der auch Helene früher oder später zu trinken beginnen werde und er gegebenenfalls selbst Vater von kleinen Trinker-Kindern werde) und seiner Liebe zu Helene entscheiden. Er hält an seinen Prinzipien fest, macht sich sofort aus dem Staub, und die verlassene Helene erschießt sich mit dem Jagdgewehr.

Fontane stellt fest – und auch die neuere Hauptmann-Forschung sieht das so –, dass auch Loth keine Gegenfigur ist, sondern als ebenso verblendet erscheint wie die Krauses. Obwohl er bei den Krauses empirische wissenschaftliche Studien über die Auswirkungen des Kohleabbaus auf die Arbeiter und die Landbevölkerung anstellen will, ist «scharfe Beobachtung» «nicht seine Spezialität». Er «merkt nichts» über die Realitäten im Hause Krause, schreibt der genaue Beobachter Fontane.[24]

Der siebenundzwanzigjährige Debütant Gerhart Hauptmann war von Fontanes Besprechung so angetan, dass er ihm sein zweites Stück *Das Friedensfest. Eine Familienkatastrophe* (uraufgeführt am 1. Juni 1890) widmete. Die gesamte Dramenhandlung spielt in einem märkischen Landhaus, in dem es ähnlich zugeht wie bei den schlesischen Krauses. Beim weihnachtlichen Familientreffen kommt es, gleich nachdem die Tochter des Hauses «Ihr Kinderlein kommet» fertig gesungen hat, zu einem Streit über allerlei in der Vergangenheit liegende gegenseitige Verletzungen, der in Handgreiflichkeiten mündet und an dessen Ende der Familienvater vor Aufregung stirbt. Hauptmann hatte sich vorsichtshalber erkundigt, ob Fontane mit der Widmung auf der Druckfassung des Stückes einverstanden sei, obwohl doch darin ein ziemlich anderes Bild über die Realitäten der Mark gegeben werde als in dessen *Wanderungen*. «Es wird mir eine Freude und Ehre sein, meinen Namen auf dem Widmungsblatt zu finden», freute sich Fontane und ermutigte den jungen Skandalautor ausdrücklich: «Und so denn nur tapfer den Namen auf das Blatt.»[25]

Arno Holz' und Johannes Schlafs naturalistisches Drama über einen alkoholabhängigen Berliner und seine *Familie Selicke* (Uraufführung 7. April 1890) schließlich wird von Fontane insofern als ein Schritt über Ibsen und Hauptmann hinaus gedeutet, als hier die katastrophalen Familienverhältnisse sich auch in der Form widerspiegeln. Hier werde «eigentlichstes Neuland» betreten, «hier scheiden sich die Wege, hier trennt sich alt und neu», stellt Fontane fest. Während Hauptmann und Tolstoi den Mut gehabt hätten, «über die bis dahin traditionell innegehaltene Grenzlinie» von «Anstands- und Zulässigkeitsanschauungen» «hinauszugehen», sei in der *Familie Selicke* auch die Sprache in ein «Gnauen und Stöhnen» aufgelöst und die Dramenform in einzelne «Ausschnitte» und «Momentbilder» aus dem Leben zerlegt. Das Drama werde so zum Prototypen einer neuen Art Stücke, «die keine Stücke sind».[26]

Mit solchen Einsichten wurde Fontane zum Helden der jungen Generation. Maximilian Harden, Mitgründer der *Freien Bühne*, war begeistert: «Und der in Neu-Ruppin vor siebenzig Jahren geboren ward, heute schreitet er in der deutschen Reichshauptstadt den Jüngsten und Modernsten rüstig voran im wilden Literaturstreit.»[27] Kurz darauf berichtet der junge Theaterkritiker und Berlin-Korrespondent der *Breslauer Zeitung* Alfred Kerr zum Neujahr 1895 in seinem ersten Brief aus der Reichshauptstadt: «Der älteste unter den deutschen Literaten ist zugleich der entschlossenste Parteigänger der jüngsten. Er wird von ihnen geliebt wie kein zweiter.»[28]

Bei der *Vossischen Zeitung* hingegen sorgten die Kritiken des passionierten Pensionärs zunehmend für Verstimmungen. Seine Rezensionen wurden mit redaktionellen Gegendarstellungen versehen, Fontanes Lob von Tolstois *Macht der Finsternis* wurde um nicht weniger als zwei Drittel des Textes gekürzt.[29] Mit seiner Besprechung von Hauptmanns *Friedensfest* am 1. Juni 1890 stellte Fontane seine Theaterkritiken über die *Freie Bühne* bei der *Vossischen* ein. In einem «Schlußwort» teilte er den Leserinnen und Lesern mit, dass sich seine Ansichten über das moderne Theater so sehr von denen der Redaktion unterschieden, «daß ich es als ein Glück und eine besondere Nachsicht ansehen muß, überhaupt zu Worte gekommen zu sein». Seinen Abschied versah er mit einer Empfehlung: «Wer als Sicherheitskommissarius ins Theater gehen» wolle, habe genug Klassikerangebote anderswo, wer aber vorhabe, «neugierig und mutig ins pfadlose Meer hinauszusteuern und nach neuen Inseln zu suchen», der sei bei der *Freien Bühne* genau richtig. Er selbst jedenfalls sei der *Freien Bühne* für «viele Stunden voll Anregung und Belehrung» ebenso dankbar wie Otto Brahm, der «am exponiertesten im Kampfe stand», für dessen «Mut und Ausdauer»: «Die Zukunft wird den Kämpfenden gerechter sein und den Einsatz an Kraft und Opfern, den dieser Kampf kostete, mehr zu würdigen wissen», schließt Fontane.[30]

Sein Chefredakteur Friedrich Stephany, früher selbst als Sozialdemokrat und Lassallianer gestartet, sympathisierte mittlerweile mit Kulturkritikern und Verfallsnostalgikern wie Max Nordau. In seiner zweibändigen Studie mit dem Titel *Entartung* (1892/93) geißelte Nordau die zeitgenössische Literatur à la Ibsen als Symptom für die in der Moderne untergehende Zivilisation. Mit pseudowissenschaftlichen Begründungen legte er dar, dass die moderne großstädtische Kultur zu «Nervosität» sowie körperlicher und geistiger Degeneration führe. Rauschgiftkonsum, ausschweifende Sexualität sowie die Nutzung moderner Verkehrsmittel täten ein Übriges: Durch die Erschütterungen beim Eisenbahnfahren würden Rückenmark und Gehirn geschädigt. Nordau, Jahrgang 1849, der ständig zwischen Wien und Paris pendelte, hatte das Postkutschenzeitalter im Unterschied zu Fontane nicht mehr miterlebt.[31] In trivialdarwinistischer Manier prophezeite Nordau, dass im Unterschied zu den literarischen Klassikern des 18. Jahrhunderts die «degenerierten» modernen Literaten im Daseinskampf schnell unterliegen und im 20. Jahrhundert aussterben würden.[32] Unhistorischer «Klassicitäts-Popanz», kommentierte Fontane lapidar die in der Redaktion der *Vossischen* zustimmend aufgenommenen Thesen Nordaus gegenüber Stephany. Zu ihrer Zeit hätten Lessing als Blasphemist, Schiller als Anarchist und Goethe als Pornograph gegolten.[33]

Der *Freien Bühne* blieb Fontane weiterhin verbunden. Als die Uraufführung von Gerhart Hauptmanns *Die Weber* an der *Freien Bühne* im Februar 1893 polizeilich untersagt wurde, weil es sich bei dem Stück um ein «Umsturzdrama» handele, hob das Berliner Oberverwaltungsgericht das Aufführungsverbot mit Verweis auf das Vereinsrecht auf. Dieser Rechtsfall wurde wiederum von staatlicher Seite als ein Indiz für die angebliche Notwendigkeit der sogenannten «Umsturzvorlage» angeführt. Mit dem «Gesetz zur Bekämpfung der revolutionären Bestrebungen im Lande», so der volle Titel, wollte Wilhelm II. Ende 1894 unter Verweis auf die notwendige Abwehr von Terror und Revolution umfassende polizeiliche Befugnisse, rechtsstaatliche Einschränkungen und Versammlungsverbote durchsetzen, die praktisch einer verschärften Wiedereinführung der 1890 aufgehobenen Bismarck'schen Sozialistengesetze entsprochen hätten.[34]

Bei der im selben Jahr erfolgten öffentlichen Aufführung der *Weber* am Deutschen Theater hatte Wilhelm II. wutentbrannt seine

Loge verlassen und verkündet, dass er das Theater nie wieder betreten werde. Mit seinem in diesem Zusammenhang gebrauchten Wort der «Rinnsteinkunst» verglich er die naturalistische Dramatik mit den Inhalten, die vor dem Ausbau der unterirdischen Kanalisation immer noch den Straßenrand füllten.[35] 1896 legte der Kaiser gegen die Vergabe des Schillerpreises an Hauptmann sein Veto ein. Die Verleihung des Literaturnobelpreises an Hauptmann im Jahr 1912 konnte er dann beim besten Willen nicht verhindern.

Mit vielen anderen gehörte Fontane zu den Unterzeichnern einer öffentlichen Protestnote gegen die Umsturzvorlage, und er bot sich sogar an, auch den alten Menzel zu mobilisieren. Gegenüber dem *Rütli*-Mitstreiter August von Heyden, der ebenfalls zu den Unterzeichnern gehörte, kommentierte er sarkastisch, dass «die bloße Idee, das berühmte Volk der ‹Dichter und Denker›, das Volk Luthers, Lessings und Schillers mit solchem Blödsinn beglücken zu wollen, eine Ungeheuerlichkeit und eine Blamage vor Europa, fast vor China» darstelle.[36] Die Unterzeichnung der Petition gegen die Umsturzvorlage ist eine der wenigen öffentlichen politischen Stellungnahmen des ansonsten stets vorsichtigen Fontane. Der Gesetzentwurf wurde zwar vom Reichstag abgelehnt, aber die *Freie Bühne* wurde nichtsdestotrotz im selben Jahr verboten.

Wie sehr sich Fontane notfalls auch gegenüber der *Vossischen Zeitung* für die Belange der Freunde von der *Freien Bühne* einsetzte, zeigt der «Fall Marx», in dem die Gerichtsakten an den Tag brachten, was Fontane im Verborgenen halten wollte. Nach der Einstellung seiner Theaterkritiken hatte Fontane Brahm seiner Unterstützung versichert, aber zugleich darum gebeten, ihn nicht öffentlich zu nennen: «Ich bitte Sie herzlich, meinen Namen aus der Versenkung nicht aufsteigen zu lassen. Ihm ist wohl da unten. Lassen Sie mich in der ganzen Sache einen von den ‹Stillen im Lande› sein. Vor mir selber sitze ich nicht auf zwei Stühlen, aber vor den Augen der Welt gewiß, und ich möchte nicht selber neues Verdachtsmaterial liefern. Ich folge den Bestrebungen der neuen Schule mit dem größten Interesse und bin mit vielem einverstanden – was ich ja nicht blos briefverborgen, sondern auch auf Zeitungslöschpapier öffentlich ausgesprochen habe.»[37]

Als kurz darauf Paul Marx, Mitglied der *Zwanglosen Gesellschaft* und der *Freien Bühne*, wegen seiner jüdischen Konfession bei der *Vossischen* entlassen wurde, ermutigte Brahm diesen, sich juristisch zur Wehr zu setzen, und machte den Fall in der *Freien Bühne für modernes Leben* öffentlich.[38] Brahm, der sich seiner eigenen Entlassung erinnert haben mag, kritisierte die Doppelmoral des sich liberal gebenden Blattes, das zwar «theoretisch den Antisemitismus bekämpft», aber «ihm praktisch anhängt bis in seine äußersten Konsequenzen».[39] Carl Robert Lessing, ebenso besorgt um seinen Ruf als Enkel eines Bruders von Gotthold Ephraim Lessing wie um den der Zeitung, versuchte sich zunächst durch Rundschreiben an die Abonnenten und durch öffentliche Gegendarstellungen zu rechtfertigen, in denen er verlautbaren ließ, dass er überhaupt erst nach Marx' Kündigung von dessen jüdischer Konfession erfahren habe und sich um Aufklärung bemühen werde.[40]

Alle *Freie-Bühne*-Freunde beteiligten sich in der Folge an Marx' Rehabilitierung. Gerhart Hauptmann plante ein Theaterstück aus der Affäre zu machen. Der findige Anwalt der *Freien Bühne* Max Bernstein wurde eingeschaltet. Paul Schlenther trat vor Gericht als Zeuge auf – für den Kläger und gegen seinen eigenen Arbeitgeber.[41] Und im Hintergrund stand als wichtigster Trumpf und Kronzeuge Theodor Fontane.[42] Beim Prozess präsentierte Schlenther Redaktionsinterna, die den antisemitischen Hintergrund der Entlassung so hieb- und stichfest offenlegten, dass Lessing unter Eid zugeben musste, dass er doch schon vor der Kündigung gewusst hatte, dass Marx Jude war. Er erklärte nun, wortreich auf seinen berühmten Großonkel anspielend, dass es ihm «im Allgemeinen» gleich sei, «ob Christen, Juden oder Türken» in der Redaktion seiner Zeitung arbeiteten, dass er aber den «übernächtigten [...] Lüderjahn» Marx wegen eines handwerklichen Fehlers und «Unbrauchbarkeit» schon lange habe entlassen wollen und nur auf Drängen seines Redaktionsleiters Stephany noch nicht früher weggeschickt habe. Stephany, der Marx unmittelbar vor der Kündigung noch zum stellvertretenden Redaktionsleiter ernennen wollte, musste zugeben, dass es doch indirekt wegen Marx' «Judenthum» zur Entlassung gekommen sei. Seine sophistische Unterscheidung, dass Marx nicht als Jude, sondern als Nichtprotestant ein Problem gewesen sei, konnte den Tatbestand nicht wirklich entkräften: «Ganz richtig [...] ein Jude kann die ‹Vossische Zeitung› nicht zeichnen, aber nicht, weil er ein Jude ist, sondern nur weil ein Jude kein Protestantenvereinler ist.»[43] Dass er neben dem Protestantenverein noch weitere Einstellungsvoraussetzungen für eine Urlaubsvertretung des Chefredakteurs geltend gemacht haben könnte, räumt er ein: «Die Möglichkeit der Äußerung: ‹Er möchte nicht gern, daß die *Vossische Zeitung* verknoblaucht werde›», wollte Stephany vor Gericht nicht abstreiten.[44]

Auch wenn das Schöffengericht Marx' Klage wegen Nichtzuständigkeit letztlich abwies, war die Wirkung für das öffentliche Ansehen der *Vossischen* verheerend. Die *Kreuzzeitung* begrüßte das Blatt in der Abendausgabe vom 1. April 1892 hämisch im Lager der bekennenden «Judenfeinde».[45] Auch Franz Mehring kam in der sozialdemokratischen *Neuen Zeit* in einem langen Leitartikel zu dem sarkastischen Schluss, dass sich die *Vossische* damit «auf den Standpunkt Stoeckers gestellt» habe, «der den Juden sonst ja auch alles Gute gönne und ihnen nur keine autoritativen Stellungen einräumen wolle».[46] Marx, trotz der Verwandtschaft mit seinem berühmten Namensvetter alles andere als ein Parteifreund, sondern im Gegenteil «ein bürgerlicher Schriftsteller ohne alle sozialistischen Tendenzen», sei von der *Vossischen* «um seines Judenthums willen bitteres Unrecht zugefügt, die Existenz vernichtet, die Zukunft gefährdet, die Ehre besudelt» worden.[47]

Zeuge der entscheidenden Redaktionsinterna, die Lessing und Stephany vor Gericht zwangen, ihre ursprünglichen Aussagen zu widerrufen, war laut Schlenther Theodor Fontane. Dass Schlenther und Fontane dieses Vorgehen abgesprochen hatten, ist gut möglich, da Ersterer ja noch Angestellter der Zeitung war, während Letzterer die Freiheit des Pensionärs genoss.

Gegenüber Lessing und Stephany hingegen beteuerte Fontane hinterher seine Unschuld und Ahnungslosigkeit – wir kennen inzwischen das Muster. Er spielte den alten Mann, der sich bei einem Tiergartenspaziergang verplaudert habe, ob gegenüber Brahm oder Bernstein selbst, wisse er nicht mehr: «Was redet man nicht alles, wenn man mit einem Bekannten in einer Tiergartenallee spazieren geht! Immer dicht am Hochverrat vorbei. Was sagt man nicht alles zur Frau über die Tochter oder zur Tochter über die Frau oder zu beiden über die Söhne! So was muß verklingen und begraben sein. Darf ich mich der Hoffnung hingeben, daß Sie diese mildere Auffassung zu teilen beginnen?»[48]

In Wirklichkeit wusste er genau Bescheid. Monate vor dem Prozess und kurz nach der Entlassung von Marx hatte er im Juni 1891 den Fall en détail seiner Tochter Martha geschildert, inklusive dem zu erwartenden Presse-Echo: «In Berlin spukt jetzt eine gräßliche Geschichte auf der Vossischen Ztg. Dr. Paul Marx, kluger u. reizender Kerl (Freund Brahms) ist wegen angeblicher ‹Unfähigkeit› entlassen worden, in Wahrheit aber weil er Jude ist. Daraus ist nun ein groß Gewitter entstanden, das zu Häupten sowohl von Lessing wie von Stephany steht. Marx, ein sehr encouragierter Kerl (ähnlich wie Brahm, nur glaub ich kauschrer) will die naive ‹Unfähigkeitserklärung›, die einfach einen Strich durch seine Existenz macht, nicht auf sich sitzen lassen und geht mit einem Verläumdungsprozeß vor. Kommt es dazu, so werden furchtbare Sachen gesagt werden, namentlich auch von der *social-democratischen* Presse [...] Es kann nett werden.»[49]

Es folgten jahrelang Entschuldigungsbriefe Fontanes an Lessing und Stephany.[50] Noch 1896 änderte er ein Detail in seinem letzten Roman *Der Stechlin*, um eventuell erkennbare Parallelen zur Kandidatur von Lessings Sohn, dem Gutsbesitzer Gotthold Lessing im Landkreis Ruppin-Templin für die Freiheitliche Volkspartei, zu vermeiden: «Ich hoffe, daß ich dadurch alles, was der Familie Lessing fatal sein könnte, beseitigt habe», schreibt Fontane an Lessing und offenbart späteren Philologen, wie unmittelbar der zeitgenössische Kontext in seinen letzten Roman eingegangen ist.[51]

MEDIENBEOBACHTER UND ZEITUNGSMENSCH

Im ersten Halbjahr 1892 erkrankte Fontane schwer. Seit März litten beide Eheleute an einer Influenza, die nicht ausheilen wollte und sich bei Theodor zu einer schweren Depression auswuchs. Da sich auch bei Tochter Martha die Ohnmachtsanfälle, Gallenbrechen, Migräneschübe und hysterische Symptome häuften, glich das Haus einem einzigen Krankenlager.[52] Die üblichen Hausrezepte und Selbstmedikationen des gelernten Apothekers, meist Alkohol und Morphium, versagten – beziehungsweise verschlimmerten die Sache noch, als sich Fontane mit einer Überdosis Morphium vergiftete. Angeblich war ihm versehentlich die zehnfache Konzentration angemischt worden.[53]

Allerdings war dies alles andere als ein Einzelfall. Ein anschauliches Beispiel für die Alkohol- und Morphiumkuren im Hause Fontane gibt sein Brief an die befreundete Elisabeth Friedlaender: «Bald nach 1 erschien meine Tochter, ein Licht in der Hand, weiß mit rothem Umschlagetuch, die reine Lady Macbeth mit geschwollener Backe. Seit 11 war sie in beständigem Gallen-Erbrechen gewesen und ich sollte nun helfen. Etwas schwierig, da mir als Heilmittel nur Rothwein, Whiskey und Natr: bicarbonium zu Gebot standen. Es wurde alles durchprobirt, Whiskey, äußerlich und innerlich, schien einen Augenblick zu helfen, aber es wurde nur schlimmer.

Endlich verfielen wir auf Morphiumtropfen, wovon wir zufällig einen kleinen halbverdorbenen Rest hatten. Es half wirklich, das entsetzliche Würgen ließ nach, alles beruhigte sich und das arme Thierchen stieg wieder in die Kammer hinauf. Aber eine halbe Stunde kriegte *ich* es mit der Angst, die Tropfen – schon über Jahr und Tag alt – waren in der Zeit verdunstet, bräunlich und dick geworden, und es war möglich, daß sie durch diese Verdunstung 4 mal so stark geworden waren wie sie sein sollten. Ich machte mich nun also treppauf, um nachzusehn, ob ich nicht einen gemüthlichen Vergiftungsakt ausgeführt [...] hätte.»[54] Dass Martha lebenslang ein veritables Alkoholproblem hatte, verwundert nicht. Ihre scherzhafte Bemerkung «Ich bin ein Flaschenkind» ist durchaus wörtlich zu nehmen.[55]

Eine Erholungsreise ins schlesische Schmiedeberg im Mai 1892 brachte auch nicht die erhoffte Erholung. Im Juni diagnostizierte ein Arzt einen Herzfehler und untersagte jegliche «geistige Aufregung». «Damit war unsere Zukunft entschieden u. vorgeschrieben», informierte Emilie ihren Sohn Theodor: Für einen Kopfarbeiter und Schriftsteller bedeutete das Arbeitsunfähigkeit, und der bereits erwähnte Umzug nach Schmiedeberg wurde in Angriff genommen. Über den Zustand ihres Mannes berichtet Emilie: «Die Krankheit hat ihn rapid zum alten Mann gemacht u. die Jugendlichkeit, Elasticität, die bisher sein größter Reiz waren, sind geschwunden u. er sitzt als gebrochener Mann uns gegenüber.»[56]

Es folgten unterschiedlichste Diagnosen und Verschreibungen mehrerer Ärzte – «alles das reinste Lotto»,[57] schrieb Fontane am 26. September resigniert an Friedlaender. Auch der gerade im Urlaub in Schlesien weilende Autor des modernekritischen *Entartungs*-Buches Max Nordau brachte aus Paris die neuesten Behandlungsmethoden mit und empfahl Einspritzungen der «Brown-Seguard'schen Lösung» [sic!].[58] Der über siebzigjährige Drüsen- und Hormonforscher Charles-Édouard Brown-Séquard hatte mit seinem Elixier aus Hodenextrakten frisch getöteter Meerschweinchen und Hunde, das nicht nur ewige Jugend, sondern auch gesteigerte Potenz versprach, gerade für Aufsehen gesorgt.[59] Fontane war die Flüssigkeit «unheimlich», und er verzichtete dankend.[60]

«Hochgradige Neurasthenie», lautete schließlich die Diagnose nach dem kurz zuvor von dem amerikanischen Neurologen George M. Beard entwickelten Begriff für das Krankheitsbild der «Nerven-Erschöpfung» («nervous exhaustion»).[61] Es drohte die «Nervenheilanstalt».[62] Zwei therapeutische Schulen standen sich bei den angeratenen Behandlungsmethoden von Nervenkrankheiten gegenüber – wenn man von Stanislaw Przybyszewskis eigenwilliger Theorie absieht, dass es sich bei Neurasthenie lediglich um von der Gesellschaft als pathologisch eingestufte Geburtswehen beim Übergang in ein neues Evolutionsstadium handele. Der Breslauer Arzt Ludwig Hirt, selbst Verfasser eines *Lehrbuchs der Electrodiagnostik und Electrotherapie*, riet im Anschluss an Beard zu einer Elektroschock-Therapie. Der Berliner Hausarzt der Fontanes, Wilhelm Delhaes, war – wie auch Sigmund Freud in Wien, der statt von «Neurasthenie» von «Angstneurosen» sprach – skeptisch gegenüber der Elektrotherapie-Begeisterung nach Beard und riet zur psychologischen Behandlungsmethode der Erinnerungsarbeit.[63]

Nach langem Sträuben unterzog sich Fontane im Oktober schließlich der «galvanischen Kur», bei der das Gehirn minutenlang unter Strom gesetzt wird – wenigstens wurde sie vom angesehenen Berliner Arzt und Professor Emanuel Mendel vorgenommen. Ob letztlich diese Behandlung oder die Ende Oktober auf Anraten des Hausarztes begonnene Niederschrift seiner Kindheitserinnerungen zur Heilung geführt hat, kann im historischen Rückblick nicht entschieden werden – der Patient war sich hinterher jedenfalls sicher, dass ihn Letzteres geheilt habe. Ende 1892 war Fontane genesen und stürzte sich wieder in die Arbeit. Die Entzugserscheinungen, die der passionierte Workaholic krankheitsbedingt hatte ausstehen müssen, waren während der langen Monate sicher weder für ihn noch für die Nerven der unter seinen ständigen Wehklagen leidenden Familie gesundheitsfördernd gewesen.

In rascher Folge arbeitete Fontane nun an dem «autobiographischen Roman» *Kindheitsjahre*, anschließend an zahlreichen Aufsätzen mit Lebenserinnerungen, die er 1898 als Buch unter dem Titel *Von Zwanzig bis Dreißig* veröffentlichte. Daneben widmete er sich dem Abschluss der immer noch im dicken Paket gelagerten *Effi Briest* (1894/95 erschienen), schrieb *Die Poggenpuhls* (1895/96), arbeitete an dem neuen historischen Roman *Die Likedeeler* und konzipierte ein größeres letztes Wanderungenvorhaben *Das Ländchen Friesack*. Zu alledem begann Fontane ab 1895 mit der Arbeit an seinem letzten Roman *Der Stechlin* (1897/98). Es hatte sich in der Zeit der erzwungenen Untätigkeit einiges angestaut.

Wie alle anderen historischen, literarischen oder journalistischen Arbeiten Fontanes werden auch seine autobiographischen Schriften erst verständlich, wenn man sie vor dem Hintergrund ihres Erscheinungskontextes liest. Es handelt sich dabei nicht um vermeintlich besonders authentische historische Dokumente, sondern zunächst um Texte, die Fontane auf dem literarischen Markt platzieren wollte. Als Augenzeuge des sich dem Ende zuneigenden Jahrhunderts war Fontane in dem ohnehin im Kaiserreich boomenden Genre der Memoiren- und Erinnerungsliteratur ein durchaus begehrter Autor.[64] Anders als mit seinen Romanen musste er mit den autobiographischen Schriften nicht hausieren gehen, sondern wurde selbst gefragt, ob er etwas beitragen wolle. Dass es dann manchmal – wie mit Julius Rodenberg im Fall der *Kinderjahre* und der *Tunnel*-Erinnerungen – dennoch zu Auseinandersetzungen über Umfang, Themen oder Stilfragen kam, widerspricht dem nicht. Vielmehr zeigt dies, dass man auch die autobiographischen Arbeiten Fontanes als literarisch stilisierte Rückblicke mit ständigem Bezug auf die zeitgenössischen Diskurse und Debatten der 1890er Jahre verstehen muss. Nicht zuletzt kann man zwischen den parallel entstehenden autobiographischen und den ausdrücklich als fiktional ausgewiesenen anderen literarischen Arbeiten zahlreiche wechselseitige Querbezüge entdecken.

So ähneln die in *Meine Kinderjahre* geschilderten Erlebnisse und Traumata der Swinemünde-Passagen (wie etwa die Kantschu-Peitsche als Weihnachtsgeschenk) den Kessiner Motivkomplexen in *Effi Briest*: von den «Angstapparaten» bis zum «Chinesen-Spuk» auf dem Dachboden. Gleiches gilt für Fontanes nicht mehr vollendetes, aber in umfangreichen Materialien überliefertes *Likedeeler*-Fragment, in dem er den ihm seit der Swinemünder Kindheit bekannten spätmittelalterlichen Störtebeker-Stoff – «Störtebekers Kul» war sein bevorzugtes Kindheitsversteck – mit den unvermindert virulenten Fragen sozialer und politischer Ungleichheit im ausgehenden 19. Jahrhundert parallelisiert: «Likedeeler» heißt wörtlich «Gleichteiler» und bezieht sich historisch auf die Leveller-Bewegung der britischen Revolution. Auch in der literarischen Form wollte Fontane hier ausdrücklich Altes und Neues, «mittelalterliche Seeräuberromantik» und «sozialdemokratische Modernität» in Beziehung setzen: Das Werk sollte die «ganz neue, nie dagewesene» und «famose» Form in der Art eines «Balladenromans» bekommen, den Fontane als «eine Aussöhnung zwischen meinem ältesten und romantischsten Balladenstil und meiner modernsten und realistischsten Romanschreiberei» ins Auge gefasst hat, wie er in ungebrochenem jugendlichen Enthusiasmus an seinen Verleger berichtet.[65]

Zusammen mit vielen weiteren Textzeugnissen Fontanes aus den frühen 1890er Jahren lassen sich auch *Meine Kinderjahre* als Stellungnahme zum aktuellen Zeitungsdiskurs lesen. Mit der im Alter und nach der Krankheit abnehmenden physischen Mobilität war Fontane wie in seiner Kindheit darauf angewiesen, dass die Welt zu ihm kam. Entsprechend enthusiastisch nahm der lebenslange Zeitungsleser die rasante Entwicklung Berlins zu einer weltweit konkurrenzfähigen Pressemetropole zur Kenntnis. «Hier ist etwas los», meldete er an Paul Heyse in München. Mit direkter Referenz an seine Londoner Erfahrungen konnte er wie seinerzeit in der *Times* nun auch in deutschen Zeitungen «Hochpoetisches» entdecken. «Ein Gefühl, das ich in London beständig hatte, [...] das habe ich jetzt auch in Berlin. Ich lese die Zeitung mit der Andacht eines Philisters, aber mit einer Gesinnung, die das Gegenteil von Philistertum ist. Es vergeht kein Tag, wo nicht aus diesem elenden Löschpapier etwas Hochpoetisches zu mir spräche.»[66]

Die neuen Zeitungs- und Zeitschriftentypen der überregionalen literarischen Rundschauen und des *General-Anzeigers*, mit dem Verleger wie Rudolf Mosse (*Berliner Tageblatt*, ab 1871), Leopold Ullstein (*Berliner Zeitung*, ab 1877) oder August Scherl (*Berliner Lokal-Anzeiger*, ab 1883) mit einer neuen Mischung von Lokaljournalismus, Werbeanzeigen und Unterhaltung bis dato unerreichbare Auflagenzahlen erzielten, begrüßte er gegenüber dem alten Weggefährten Wilhelm Hertz 1897 als eine ganz neue «Welt von geistigem Leben», die nicht mehr viel mit den Altberliner Presseverhältnissen von «Tante Voss» und «Onkel Spener» als den beiden einzigen «königlich privilegierten» Zeitungen der Stadt zu tun habe.[67]

Fontanes Begeisterung steht im Kontrast zu den parallel anschwellenden kulturpessimistischen Szenarien über den Niedergang von Sprache und Bildung im Zusammenhang mit dem Aufkommen der Massenpresse.[68] Philosophen wie Friedrich Nietzsche oder Eduard von Hartmann beklagten die «Prostitution des Geistes» durch die neuen marktförmig organisierten Wissensmedien. Die lügenhaften «Phrasen» des «Zeitungsdeutsch» seien nichts als ein «Schweinedeutsch». Der «zermalmenden Walze» der «Pseudo-Bildung» durch die Massenpresse sei nur mit verächtlicher Ignoranz und dem Griff zum «guten alten Buch» zu begegnen: «Wir stehen verächtlich zu jeder Bildung, welche mit Zeitunglesen oder gar -schreiben sich verträgt», gibt Nietzsche stellvertretend für viele andere als Parole aus.[69]

Als Gegenbeispiel zu solchen Thesen schildert Fontane in *Meine*

Kinderjahre seinen eigenen Bildungsweg zum «Zeitungsmenschen».[70] Erste Welthorizonte eröffneten sich ihm demnach durch frühe Massenmedien wie «Guckkastenbilder» oder Gustav Kühns Neuruppiner kolorierte Einblattlithographien, die als *Dreipfennig Bilderbögen* ein Vorläufer der illustrierten Zeitungen waren und im Laufe des Jahrhunderts Auflagen von bis zu zwei Millionen Exemplaren erreichten. Mit ihnen träumte er sich nach Grönland, Ägypten oder den «Marañón und den Orinoco aufwärts, wo die Kolibris wie Blüten und die Blüten wie Schmetterlinge sich schaukeln».[71] Auch seine frühe «zeitgeschichtliche Belehrung» habe er aus Zeitungen oder dem periodisch in Heftform und Auflagen von mehreren 100 000 Exemplaren gelieferten *Brockhaus'schen Konversationslexikon* erworben, denen er mehr Wissen verdanke als den preußischen Bildungseinrichtungen.

In seinem kurz nach den *Kinderjahren* entstandenen Altersgedicht *Zeitung* macht Fontane diese Positionierung explizit. In der Form der Mimesis an die Zeitungslektüre werden hier als Vorwegnahme der berühmten Zeitungslektüre-Gedichte des 20. Jahrhunderts von Jakob van Hoddis bis Kurt Tucholsky Schlagzeilen des Jahres 1895 aneinandergereiht: Weltnachrichten über den Chinesisch-Japanischen Krieg und den chinesischen Widerstand gegen den europäischen Imperialismus («Liu-Tang und Liu-Tschang, / Christengemetzel am Yang-Tse-Kiang»), internationale Verlautbarungspropaganda («Und will aus dem Leitartikel erfahren / Die Gedanken des Sultans oder des Zaren») oder der in Berlin kursierende Presse- und Politikskandal um die *Kreuzzeitung* («Stöcker, Hammerstein, Antrag Kanitz, / Edler zu Putlitz und Edler von Planitz»). Die Aufzählung von Namen genügte hier, um die den zeitgenössischen Leserinnen und Lesern bekannten Hintergründe aufzurufen.

Obwohl das lyrische Ich des Zeitungslesers sich bewusst ist, dass es mit den Schlagzeilen nicht die Wirklichkeit, sondern im Zweifelsfall Propaganda oder bloße Verlautbarungen geboten bekommt:

«Aber wie sie mogeln und sich betören / Davon will ich tagtäglich hören»), ändert das nichts an dessen Lust an der täglichen Lektüre der Morgen- und Abendausgabe: «Vielleicht entbehrt es des rechten Lichts, / Aber enfin, das schadet nichts. / Im ganzen ist es doch immer noch besser / Als ein Weisheitsschnitt mit eigenem Messer».

Das Gedicht schließt mit einer wütenden Journalismus-Apologie gegen die Presseverächter, die sich «mit hochgetragenen Nasen» über das Zeitungsdeutsch («elende Phrasen») und die vermeintlich käuflichen und unselbständigen Journalisten («halb Füchse, halb Hasen») mokieren: «Und nichts kann mich so tief empören, / Als auf Zeitungsschreiber schimpfen zu hören.» Der von selbsternannten Philosophen und Geistesaristokraten beanspruchte «Weisheitsschnitt mit dem eigenen Messer», mit dem sie vermeintliche medial unverfälschte Wahrheiten herausschälen zu können glauben, bleibt nicht nur defizitär, sondern ist auch illusionär und führt zu bloßem uninformierten Nonsens: «Aber nimm uns die Phrasen auch nur auf drei Wochen, / so wird der reine Unsinn gesprochen.»

Anders als *Meine Kinderjahre* ist Fontanes Autobiographie *Von Zwanzig bis Dreißig* über den Lebensabschnitt zwischen 1840 und 1850 kein geschlossenes Werk, sondern eine Kompilation unterschiedlicher vorab in verschiedenen Zeitschriften erschienener Einzelstudien. Darunter befinden sich persönliche oder familiengeschichtliche Erinnerungen ebenso wie eher kultur- und literaturgeschichtlich angelegte Studien über den *Tunnel über der Spree*, wie er sie bereits 1884 mit seinem *Scherenberg*-Buch begonnen hatte.[72]

Unter den Erscheinungsorten fallen neben der von Paul Schlenther verantworteten Sonntagsbeilage der *Vossischen Zeitung* und Julius Rodenbergs *Deutscher Rundschau* zwei neue Zeitschriftenformate auf, die es bis dahin in dieser Form nicht gegeben hat und die zusammen mit der *Freien Bühne für modernes Leben* das moderne und weltstädtische Berlin der 1890er Jahre repräsentieren: das avantgardistische Kunstmagazin *PAN* und die internationale Literaturzeitschrift *Cosmopolis*. Wie bei der *Freien Bühne* war Fontane bereits in der Konzeptionsphase der beiden Zeitschriften beteiligt und gehörte zu den ersten Beiträgern. Ende November 1894 trat er dem sechsköpfigen Redaktionsausschuss bei, der den beiden verantwortlichen Redakteuren, dem Schriftsteller Otto Julius Bierbaum und dem Kunsthistoriker Julius Meier-Graefe, bei der Gründung von *PAN* beratend zur Seite stehen sollte. Auch finanziell beteiligte sich Fontane an der Zeitschrift. Ab dem zweiten Jahrgang wurde sie in Kommission im Verlag seines Sohnes Friedrich vertrieben. Ab dem ersten Heft von *PAN* erschienen hier von April bis September 1895 die ersten drei Kapitel der späteren Buchausgabe von *Von Zwanzig bis Dreißig*.[73]

Die Idee für das Kunstmagazin *PAN* wurde in den Bohemienzirkeln der legendären Berliner Weinstube *Zum Schwarzen Ferkel* um den schwedischen Naturalisten August Strindberg, den polnisch-deutschen Nietzscheaner und Lebenskünstler Stanislaw Przybyszewski, die norwegische Autorin Dagny Jul und den Berliner Versicherungsangestellten und Symbolisten Richard Dehmel geboren. Das Magazin sollte kompromisslos modern sein, wollte provozieren und folgte den neuesten internationalen Kunst- und Literaturtrends. Finanziert wurde die Zeitschrift als «Genossenschaft mit beschränkter Haftung», wobei Genossenschaftsanteile zwischen 100 und 10000 Mark gezeichnet werden konnten. Die 1500 Exemplare der Vierteljahreszeitschrift erschienen in drei unterschiedlichen Aufmachungen: eine Standardausgabe, eine Vorzugsausgabe auf Kupferdruckpapier und eine exklusive Künstlerausgabe auf Japan-Papier, die nicht nur Reproduktionen, sondern Originalgrafiken der beitragenden Künstler wie Max Liebermann, Franz Skarbina oder Max Klinger enthielt. Der Preis für ein Jahresabonnement war mit 75 Mark für die Standardausgabe und 160 Mark für die Künstlerausgabe relativ hoch.[74]

Neben Fontanes Erinnerungen an seine Berliner Apotheker-Lehrjahre erschienen in *PAN* auch seine beiden Altersballaden *Balinesenfrauen auf Lombok* und *Auf der Kuppe der Müggelberge* (wie immer Globales und Lokales genau austarierend) neben Texten von Stéphane Mallarmé (auf Französisch), Paul Verlaine, Hugo von Hofmannsthal, Friedrich Nietzsche, Richard Dehmel, Detlev von Liliencron, Paul Scheerbarts *Königslied* («Ich bin der lachende König der Welt») sowie Grafiken von Henri de Toulouse-Lautrec. Liest man Fontanes Lebenserinnerungen in diesem Kontext, kann man den Eindruck des zeitgenössischen Rezensenten und Cheflektor des Fischer-Verlags Moritz Heimann von dem Spielerischen, Künstlerischen, Freien, Abschweifenden und Flaneurhaften in Fontanes Autobiographie viel besser nachvollziehen und wird auch nicht so schnell geneigt sein, sie für einen bloßen historischen Tatsachenbericht zu halten. «Spazierenschreibende Art», nennt Heimann in seiner Besprechung Fontanes Darstellungsweise.[75]

Darüber hinaus zeigt der *PAN*-Zusammenhang die Verbindungen des alten Fontane zur modernen bildenden Kunst und den Berliner Secessionisten. Im November 1892 war es im Berliner Kunstverein zu einem Eklat gekommen, als einige Mitglieder den neunundzwanzigjährigen norwegischen Maler Edvard Munch zu einer Ausstellung im Berliner Architektenhaus einluden. Die Ausstellung wurde schon einen Tag nach ihrer Eröffnung auf Betreiben des Direktors der Akademie der Künste, Anton von Werner, der zugleich Vorsitzender des Kunstvereins war, geschlossen und verboten. Elf Künstler, darunter Max Liebermann, Walter Leistikow und der Lieblingsmaler Melusines aus Fontanes *Stechlin* Franz Skarbina, verließen daraufhin unter Protest den Kunstverein und gründeten eine freie Künstlervereinigung, die später unter dem Namen *Berliner Secession* firmierte. Wie ein zeitgenössischer Kritiker schrieb, hätten sie damit die «chinesische Mauer» durchbrochen, durch welche die Berliner Kunst bis dahin von der internationalen Moderne getrennt gewesen sei.[76]

Die «undeutsche», am französischen Impressionismus orientierte Malerei der Secessionisten erzürnte Anton von Werner und mit ihm Kaiser Wilhelm II. gerade deshalb besonders, weil

Liebermann, Skarbina oder Leistikow wie auch Fontane in ihrer Kunst Heimatsujets aufgriffen: Leistikow habe ihm «den ganzen Grunewaldsee versaut», drückte es Wilhelm II. in seiner wie üblich vulgären Sprache aus.[77] Wie auf dem Gebiet der Literatur gegenüber den Naturalisten war auch in der bildenden Kunst oder der Architektur die Kluft zwischen dem offiziellen Kunstverständnis Wilhelms II. und der großstädtischen, an der internationalen Moderne orientierten Kulturszene unüberbrückbar geworden.[78] Nicht nur Künstler, sondern auch weite Kreise der Bevölkerung konnten schon lange nichts mehr anfangen mit einem anachronistischen absolutistischen Kunstbegriff, wie ihn Wilhelm II. aus Anlass der Ausgestaltung der pompösen Siegesallee im Tiergarten mit Denkmälern preußischer Feldherren dekretierte: «Eine Kunst, die sich über die von Mir bezeichneten Gesetze und Schranken hinwegsetzt, ist keine Kunst mehr.»[79]

In PAN erschienen Max Liebermanns berühmte Porträtskizzen Fontanes. 1897 trat Liebermann dem Redaktionsbeirat bei. Später hat Liebermann Fontanes *Effi Briest* in seinen Hamburger Lithografien illustriert.[80] Adolph Menzel, der sich im Übrigen wie Fontane eigenständig zwischen den auseinanderklaffenden Sphären der modernen und der offiziellen Kunst bewegte und etwa für Franz Skarbina der wichtigste Lehrer war, ist sicherlich derjenige bildende Künstler, zu dem Fontanes Literatur insgesamt die meisten Querbezüge aufweist.[81] Der alte Fontane wies mit keinem anderen Künstler nach Ansicht vieler Zeitgenossen so viele Familienähnlichkeiten und Verwandtschaften auf wie mit Max Liebermann: «Nüchternheit», «Unsentimentalität», «Unromantik», «das Fehlen jeder übertriebenen Ehrfurcht vor dem Vergangenen, Modernität als Zukünftigkeit, Kosmopolitismus als Abwesenheit germanischer Gefühlsfeuchte» waren etwa nach Thomas Manns Einschätzung die gemeinsamen Hauptmerkmale der beiden.[82]

Stützen kann Thomas Mann seine Interpretation mit der erstaunlich ähnlichen Reaktion Fontanes und Liebermanns auf die beiden bekanntesten Manifestationen der zeittypischen Mischung aus germanischer Großmannssucht und pompösem Pathos des Kaiserreichs. Julius Langbehns Bestseller *Rembrandt als Erzieher* von 1890 (1938 in 90. Auflage erschienen), in dem Langbehn die kommende Weltherrschaft der Deutschen forderte und dies mit einem radikalen Antisemitismus verband, in dem «die Juden» als Verkörperung alles Modernen, Gebildeten, Wissenschaftlichen und Demokratischen «als Gift und Fäulnis für das deutsche Volk» diffamiert wurden, galt Liebermann und Fontane als «geistreichtuender Blödsinn».[83] Langbehns Idealisierung des einfachen und unverdorbenen Deutschen karikierte Fontane in seiner Satire *Nante Strump als Erzieher. Von einem Berliner. Frei nach ‹Rembrandt als Erzieher›*, in der er Langbehns Rembrandt-Deutschen mit dem Berliner Stammtischbruder und Eckensteher Nante aus den 1830er Jahren vergleicht, dessen «Reinheit seines Germanentums» ebenfalls über jeden Zweifel erhaben sei: «Ein jeder zu seiner Fahne. Der eine zu Rembrandt, der andere zu Nante Stump. Im Dschumm waren beide gleich.»[84]

Noch heftiger reagierten Liebermann und Fontane auf Richard Wagners Germanenkult – hier steigerte sich die Abneigung bis zu körperlichen Abwehrreaktionen. Liebermann bekannte, dass ihm beim Hören von Wagners Musik «physisch übel» werde.[85] Fontane, der 1889 von Bad Kissingen aus die Bayreuther Wagner-Festspiele besuchte, verließ trotz des teuer bezahlten Tickets beim *Parsifal* nach wenigen Tönen fluchtartig den Konzertsaal: «Mir wird immer sonderbarer und als die Ouvertüre zu Ende geht, fühle ich deutlich ‹noch 3 Minuten und Du fällst ohnmächtig oder todt vom Sitz.› [...] Gott sei Dank, wurde mir auf mein Pochen die Tür geöffnet und als ich draußen war, erfüllte mich Preis und Dank.» «Hundert Mark waren futsch», resümierte der inzwischen auch bei der neuen Währung angekommene Fontane gegenüber Friedlaender, tröstete sich aber damit, dem touristischen Spektakel mit Gästen aus «Siam, Shanghai, Bombay, Colorado, Nebraska, Minnesota» beigewohnt zu haben; «*das* waren die Namen, die wirkten», schloss der Kosmopolit Fontane seinen Bericht.[86]

Fontanes Erinnerungen an die 1848er-Revolution sind im Oktoberheft 1896 der im selben Jahr gegründeten «internationalen Revue» *Cosmopolis* unter dem Titel *Der Achtzehnte März* erschienen. Im Mai 1898 folgte dort Fontanes biographischer Abriss zu Bernhard von Lepel. Beides wurde im selben Jahr auch in die Buchveröffentlichung seiner Autobiographie *Von Zwanzig bis Dreißig* aufgenommen.[87] *Cosmopolis* war ein frühes mehrsprachiges Zeitschriftenprojekt mit Redaktionen in Paris, London, St. Petersburg und Berlin, das simultan in jeweils identischen Ausgaben in vier europäischen Sprachen erschien. Getragen vom Leitgedanken, in den zunehmend eskalierenden Konflikten des nationalistischen Imperialismus ein bürgerlich-kosmopolitisches Gegengewicht zu schaffen, war das von *Cosmopolis* propagierte Literaturprogramm durchaus modern. Zeitgenössische Autoren wie Joseph Conrad, Émile Zola, Iwan Turgenjew und viele andere sollten so über die europäischen Grenzen hinaus mit ihren neuesten Werken bekannt gemacht werden.

Die Berliner Redaktion von *Cosmopolis* wurde von Ernst Heilborn, dem späteren Erfinder des Begriffs «Fontanopolis», geleitet.[88] Heilborn, 1867 in Berlin geboren, gehörte ebenfalls zu den jungen Fontane-Anhängern der 1890er Jahre. Seit 1894 hatte Heilborn alle Neuerscheinungen Fontanes ausführlich besprochen – von den *Kinderjahren* über *Effi Briest* und die *Poggenpuhls* bis zum *Stechlin*. Im frühen 20. Jahrhundert wurde er Lektor im Fischer Verlag und förderte dort die Publikation von Fontanes Werken und Fontane gewidmeten Studien. So veröffentlichte er nach dem Ersten Weltkrieg 1919 ein *Fontane-Buch*, das neben bis dahin zum Teil unveröffentlichten Texten Fontanes und Auszügen aus dessen heute verschollenen Tagebüchern auch den Essay *Der alte Fontane* von Thomas Mann und eigene Arbeiten über Fontane enthielt.[89]

Gleich nachdem Heilborn die Berliner Redaktion von *Cosmopolis* übernommen hatte, besuchte er ab Oktober 1895 Fontane, um sich über geeignete Beiträger zu beraten und auch Artikel von Fontane selbst zu akquirieren. Schnell einigte man sich, dass dessen Revolutionserinnerungen ein geeignetes Sujet für die Zeitschrift waren – zum einen weil sie von einem gesamteuropäischen Epochenereignis handelten, zum anderen weil die Verbindung von Literatur und Politik zum erklärten Profil von *Cosmopolis* passte.[90]

Fontanes Artikel über die Ereignisse des 18. März 1848 in Berlin ist nicht nur als die persönliche Erinnerung eines Augenzeugen zu verstehen, sondern auch als eine Stellungnahme innerhalb der geschichtspolitischen Debatten des Kaiserreichs. Während die Schlachten von Waterloo 1813 und Sedan 1870 in unzähligen Büchern, Theaterstücken und offiziellen Gedenktagen zu den beiden zentralen nationalen Gründungsmythen stilisiert wurden, gehörte die 1848er-Revolution und die folgende kurze Phase erster demokratischer Institutionen, Wahlen und Parlamente in der deutschen Geschichte nicht dazu.[91] Im Gegenteil, sie wurde als «verdrängte Revolution» aus dem offiziellen kollektiven Gedächtnis nahezu getilgt. In einer ergänzten Fußnote für die Buchfassung von 1898 beklagt Fontane, dass noch zum fünfzigsten Jahrestag der Revolution trotz der inzwischen erschienenen Literatur immer noch vieles im Dunkeln liege: «von einem *Aufhellen* der Ereignisse» könne «keine Rede» sein, im Gegenteil, «man will dies Licht nicht einmal».[92]

Es gehörte auch zum Späthistorismus des Kaiserreichs, dass Geschichtspolitik kein Feld war, auf dem die herrschenden Schichten mit sich spaßen ließen. Fast ein halbes Jahrhundert nach der gescheiterten Demokratisierung Deutschlands galt die Erinnerung an die März-Ereignisse den Herrschenden unverändert als suspekt. Gedenkfeiern an die demokratische Revolution blieben vor allem eine Sache der Sozialdemokratie und führten immer wieder zu Zusammenstößen mit der Staatsgewalt. Weiterhin drohten harte Strafen, «wenn man es wagte, die offiziellen konservativen Mythen über die Revolution 1848 in Frage zu stellen».[93] Auch Fontane betont in seinem Artikel, dass man immer noch nicht frei über dieses Thema schreiben könne: «ich kann hier keine bestimmten Angaben machen, weil ich alles, was Anstoss geben könnte, dringend zu vermeiden wünsche.»[94] In der Buchfassung zwei Jahre später fügt er, um die Brisanz des Themas deutlich zu machen, hinzu: «Noch einmal, ich vermeide hier mit Absicht nähere Angaben.»[95]

Fontane geht es vor diesem Hintergrund nicht nur um eine ausgewogene Einordnung der historischen Bedeutung der Revolution («da mir sehr wesentlich daran liegt, das, was geschah, keinen Augenblick als mehr erscheinen zu lassen, als es war, aber freilich auch nicht als weniger»[96]), sondern er verbindet seine Erinnerungen mit einer Gegenwarts- und Zukunftsperspektive zur Veränderbarkeit gesellschaftlicher Zustände. Nach einer erneuten Rekapitulation der Vorgänge und dem Studium inzwischen erschienener Revolutionsmemoiren habe er nun die Einsicht gewonnen, dass Volksaufstände selbst bei einer vermeintlich ausweglosen militärischen Übermacht des Staatsapparates «jedesmal mit dem Siege der Revolution enden, weil ein aufständisches Volk, und wenn es nichts hat als seine nackten Hände, schließlich doch notwendig stärker ist, als die wehrhafteste geordnete Macht».[97] Und ganz im Sinn des *Cosmopolis*-Programms einer transnationalen Erinnerungskultur stellt er seine Überlegungen am Schluss seines Artikels in ein historisches Panorama erfolgreicher Volksaufstände vom Widerstand der freien Bauernrepublik Dithmarschen gegen ein von verschiedenen Fürsten und lokalen Grundbesitzern gedungenes Söldnerheer im Jahr 1500 bis zum Kubanischen Unabhängigkeitskrieg gegen die spanische Kolonialherrschaft, der zum Zeitpunkt von Fontanes Veröffentlichung noch andauerte.[98]

Tatsächlich fanden sich unter dem Dach der kosmopolitischen Zeitschrift zwei alte Freunde aus Leipziger Herwegh-Klub-Tagen mit ihren unterschiedlichen Revolutionserinnerungen wiedervereint: Neben Fontanes Artikel *Der Achtzehnte März* erscheinen im selben Jahrgang auch die Erinnerungen des ehemaligen Leipziger

Herwegh-Freundes Max Müller. Der inzwischen hochangesehene emeritierte Oxforder Indologe, Miterfinder der universellen Weltsprache Esperanto und von den USA bis Japan und Korea erfolgreiche Wissenschaftler gehörte mit seinen *Literary Recollections* zu den Beiträgern des englischsprachigen Teils der Zeitschrift. Viel deutlicher als Fontane zeigt Müller, wie viele Biographien durch die Konterrevolution zerstört wurden: «All young poets in Germany were then liberal and more than liberal», schreibt Müller. «But not a few saw the whole of their life wrecked either in prison or in poverty, though they had done no wrong, and in many cases were the finest characters it has been my good fortune to know.» Sogar er selbst sei als harmloser Jugendlicher von achtzehn Jahren auf die «black list» geraten und als eine «person highly dangerous to the peace of Europe» kriminalisiert worden.[99]

Auch auf den alten Leipziger Freund Fontane geht Müller kurz ein: «He was a charming character, a man of great gifts, full of high spirits and inexhaustible good humour.» Allerdings hätte der Apothekersohn seit seiner Jugend zu viele Existenzkämpfe («hard work and hopeless drudgery») austragen müssen, sonst hätte aus ihm ein zweiter Heine werden können («He might have been another Heine»). Während er seine Revolutionserinnerungen niedergeschrieben habe, seien ihm aber einige Verse Fontanes aus gemeinsamen Leipziger Tagen 1840/41 wieder ins Gedächtnis gekommen, die den damaligen Umgang der Regierungen mit den «young liberals» treffend zum Ausdruck gebracht hätten: «Sonst spazierst du nach Sibirien, / In die großen Winterferien, / Die zugleich – Hundstage sind.»[100]

Auch die internationale Presse hat Fontane bis zum Schluss aufmerksam zur Kenntnis genommen. In seinen letzten fünf Lebensjahren führte er mit seinem alten Bekannten aus der Londoner *Pharmaceutical Society*, James Morris, eine ausgedehnte Zeitungskorrespondenz, die darin bestand, dass Morris ihm eine große Auswahl illustrierter Zeitungen aus der britischen Hauptstadt schickte, auf die Fontane alle sechs Wochen mit einem Bericht über seine Lektüreeindrücke antwortete – eine Art Fortsetzung von Fontanes regierungsamtlichem Londoner Pressespiegel der 1850er Jahre im Medium der Privatkorrespondenz.[101]

Über Morris lernte er so bereits auf das 20. Jahrhundert verweisende Periodika wie die Frauenzeitschrift *The Lady's Realm* kennen, die seit 1896 erschien, neben literarischen Texten populärer Autorinnen auch zahlreiche Modephotographien enthielt und sich an die durch Bildung, Unabhängigkeit und Berufstätigkeit (sowie ein gehobenes Einkommen) gekennzeichnete Zielgruppe der «New Women» richtete.[102] Die in Auflagen von mehreren Hunderttausend erscheinenden Freizeit-Magazine des Medienunternehmers George Newnes wie *Country Life* oder *The Strand Magazine*, in der ab 1891 unter anderem Arthur Conan Doyles erste Sherlock-Holmes-Storys erschienen, gehörten ebenso dazu wie *The Wide World Magazine* (ab 1888), an dem Fontane vor allem das Motto «Truth is stranger than fiction» faszinierte: «sehr richtige Versicherung».[103]

Besondere Aufmerksamkeit beim alten Fontane erregte als formal und inhaltlich neues Zeitungsformat *The Labour Leader* des schottischen Gründers der Labour Party Keir Hardy. «Mir ganz neu», kommentiert der Zeitungskenner und stellt das Blatt sogar über das alte Vorbild der *Times*: «Alles Interesse ruht beim vierten Stand. Der Bourgeois ist furchtbar, und Adel und Klerus sind altbacken, immer wieder dasselbe [...] Die Times ist nach wie vor die erste Zeitung in der Welt, aber doch eigentlich nur durch ein gewisses stilles ‹Übereinkommen› der sogenannten Gebildeten. In Wahrheit ist alles tot und eingefroren, keine neuen Ideen, kein neuer Stil, nicht einmal (ganz äußerlich) ein neues Ztgs.-Arrangement. In dem Leader ist die Schablone durchbrochen.»[104] Bis in die letzten, kurz vor seinem Tod aus dem Kurort Karlsbad geschriebenen Briefe an Morris zeigt sich Fontane ebenso als Beobachter aktueller internationaler Politik wie auch ungebrochen «auf der Suche» nach Neuem.

Zeitungen begleiteten Fontane von der Wiege bis ins Grab. In der

Spenerschen Zeitung wurde im Januar 1820 seine Entbindung angezeigt. Und er ist buchstäblich mit der Zeitung in der Hand gestorben. Tochter Martha berichtet, dass er noch kurz vor seinem Tod in Julius Rodenbergs *Deutscher Rundschau* geblättert habe, bevor er um 9 Uhr abends sanft entschlafen sei.[105] Als sein letztes geschriebenes Wort gilt eine Randnotiz auf der Abendausgabe der *Vossischen Zeitung* vom 20. September 1898, mit der er einen kritischen Artikel gegen die antisemitische Verleumdungskampagne französischer Adels- und Militärkreise gegen Alfred Dreyfus mit dem Prädikat «Ausgezeichnet!» kommentiert hat.[106] Eher unwahrscheinlich wäre es nach allem, was wir über den passionierten Medienbeobachter Fontane wissen, wenn er nicht am Morgen desselben Tags die erste Ausgabe der *Berliner Morgenpost* aus dem Leopold Ullstein Verlag zur Kenntnis genommen hätte, die binnen kurzer Zeit zur auflagenstärksten Berliner Tageszeitung werden sollte und als «ein neues Blatt der neuen Zeit» wie kein anderes die «Zeitungsstadt Berlin» (Peter de Mendelssohn) des beginnenden 20. Jahrhunderts symbolisiert.[107]

DER GROSSE ZUSAMMENHANG DER DINGE

Mit dem kurz vor seinem Tod beendeten letzten Roman *Der Stechlin*, dessen Publikation in Buchform er nicht mehr erlebte, hat Fontane zwei Fäden aus den Anfängen seiner Romanschriftstellerei noch einmal aufgenommen und zu einem umfassenden literarischen Epochenporträt des ausgehenden 19. Jahrhunderts verbunden: das historische «Zeitbild» aus der märkischen Provinz am Beginn des Jahrhunderts in *Vor dem Sturm* und den nicht vollendeten Berliner Gesellschafts- und Gegenwartsroman *Allerlei Glück* als «Roman meines Lebens» und «Ausbeute desselben».[108] Fontanes letzten Roman kann man in mancher Hinsicht als Synthese dieser beiden Anfänge sehen: Er ist halb märkischer Roman, halb Berlin- und Gesellschaftsroman; wie in *Vor dem Sturm* entwirft Fontane im *Stechlin* ein vielstimmiges Zeitbild, das aber, wie in *Allerlei Glück* angedacht, ein Zeitbild der Gegenwart ist; im *Stechlin* ist wie in *Vor dem Sturm* der märkische Adel und die Landbevölkerung im Fokus, in gleichem Maße aber sind es auch die politischen, wissenschaftlich-technischen und medialen Revolutionen.

Fontane selbst hat sein letztes abgeschlossenes Werk mit der Gattungsbezeichnung «politischer Roman» versehen. Mehrfach betont der eigentlich dem Understatement zugeneigte Autor dies in seinen Briefen aus der Entstehungszeit des Romans: «Ich bin bei zwei letzten Kapiteln eines kleinen *politischen* (!) Romans, den ich noch vor Weihnachten beenden möchte», schreibt er im Dezember 1895 an Paul Schlenther (der Roman wurde dann nicht «klein» und auch erst zwei Jahre später fertig).[109] «Im Winter habe ich einen politischen Roman geschrieben», berichtet er im Juni 1896 in dem bereits erwähnten Schreiben an Carl Robert Lessing, mit dem er diesen über die Änderung im *Stechlin* informiert.[110] Wieder ein Jahr später, im Mai 1897, heißt es dann in einem Brief an den *Cosmopolis*-Redakteur Ernst Heilborn, nun mit deutlich erweiterter Umfangsangabe und entsprechend gedoppelten Ausrufezeichen: «Ich stecke so drin im Abschluß eines großen, noch dazu politischen (!!) und natürlich märkischen Romans.»[111]

Ein «politischer Roman» ist der *Stechlin* in dem Sinn, dass es keine nennenswerte Handlung gibt, sondern stattdessen die Spannungsverhältnisse von Altem und Neuem, Traditionellem und Modernem, Lokalem und Globalem, Provinz und Metropole, Nähe und Ferne, Enge und Weite selbst zum zentralen Gegenstand des Romans werden. So entsteht das vielstimmige Epochenbild einer Gesellschaft im Umbruch. Thema des *Stechlins* sind die alle Lebensbereiche – Sozialstruktur, politische Ordnung, Moralvorstellungen, Sprache, Kleidung, Geschlechterverhältnisse, Alltagsleben und ästhetische Standards – und die selbst die hintersten «Waldwinkel» der Provinz tangierenden beschleunigten Prozesse des sozialen Wandels.[112]

Dabei kommen, unter der Oberfläche des Dauergeplauders der Figuren und heute kaum noch ohne die Hilfe kommentierter Ausgaben verständlich, zahlreiche in den Jahren 1895/96 in der Presse und dem öffentlichen Diskurs virulente Debatten und Ereignisse mit «geradezu journalistischer Aktualität»[113] zur Sprache: Sie reichen, dem thematischen Allerlei der Zeitung folgend, von Weltnachrichten über die zunehmenden militärischen Spannungen zwischen den imperialistischen europäischen Großmächten über innenpolitische Debatten um die «Umsturzvorlage» und die erstarkende Sozialdemokratie bis zu vermischten Lokalnachrichten über in Berlin neu eröffnete Wirtshäuser und Vergnügungspaläste, Wettervorkommnisse und Reklameanzeigen.

Der Charakter des *Stechlins* als Epochenbild wird auch daran erkennbar, dass der Roman nicht «Dubslav von Stechlin» oder – was mit Blick auf Fontanes sonstige Romantitel mindestens genauso nahegelegen hätte – «Melusine Barby» betitelt ist. Durchgehendes Leitmotiv vom Anfang bis zum Ende des Romans, auf das alle Figuren, Handlungen und Dialoge bezogen werden, ist ein Landschaftsbild des titelgebenden Stechlinsees, das Fontane schon im Band *Ruppiner Land* der *Wanderungen durch die Mark Brandenburg* ansatzweise entwickelt hatte.

In seinem Waschzettel an Adolf Hoffmann, den Herausgeber der Zeitschrift *Über Land und Meer*, hat Fontane das Programm seines Romans skizziert: «Titel: ‹Der Stechlin›. Inhalt: In einem Waldwinkel der Grafschaft Ruppin liegt ein See, ‹Der Stechlin›. Dieser See, klein und unbedeutend, hat die Besonderheit, mit der weiten Welt draußen in einer halb rätselhaften Verbindung zu stehen, und wenn in der Welt draußen ‹was los ist›, wenn auf Island oder auf Java ein Berg Feuer speit und die Erde bebt, so macht der ‹Stechlin›, klein und unbedeutend, wie er ist, die große Weltbewegung mit und sprudelt und wirft Strahlen und bildet Trichter. Um dies – so ungefähr fängt der Roman an – und um *das* Thema dreht sich die ganze Geschichte.» Ansonsten passiere in dem Roman nicht viel («Zum Schluß stirbt ein Alter, und zwei Junge heiraten sich»), «Verwicklungen», «Spannungen» oder «Überraschungen» seien nicht zu erwarten. Vielmehr sei der Kommunikationszusammenhang des dargestellten Zeitausschnitts selbst Gegenstand: «Alles Plauderei, Dialog, in dem sich die Charaktere geben, und mit ihnen die Geschichte. Natürlich halte ich dies nicht nur für die richtige, sondern sogar für die gebotene Art, einen Zeitroman zu schreiben.»[114]

Von der Chiffre des Provinzsees aus, der mit seinen unterirdischen Weltbeziehungen als frühes Symbol einer «Globalisierung» gelten kann, wird im Roman ein dichtes Geflecht von Korrespondenzen, Spiegelungen und Relationen entwickelt, in dem Natur und Geschichte, Lokales und Globales, Heimat und Welt, Bewusstes und Unbewusstes, Politisches und Privates stehen. Das durchgehende dialektische Spannungsverhältnis von Alt und Neu ist dabei schon im Landschaftsbild des Sees angelegt: Nach einem lokalen Mythos reagiert der See auch auf zeitaktuelle Ereignisse wie etwa politische Revolutionen. Es ist ein sehr moderner See, der per Telegraphie mit der Welt verbunden ist und, «wenn's sein muß», sogar mit Java «telephoniert».[115]

Mit der Anspielung auf die von der Firma Siemens verlegten unterirdischen Telegraphen- und Telefonleitungen wird auf die neugeschaffenen Vernetzungen zwischen Provinz und Welt verwiesen, wodurch beides in einen synchronisierten Raum der Gleichzeitigkeit verwandelt wird.[116] Nicht nur Bismarck telefonierte von seinem Landsitz in Varzin aus ständig mit den unterschiedlichen Ministerien in Berlin, auch die schlesische Bauernfamilie Krause aus Hauptmanns *Vor Sonnenaufgang* war mit der Welt verdrahtet. Daneben verweisen die sich an der Seeoberfläche spiegelnden Weltnachrichten auf weitere im Roman thematisierte Korrespondenzverhältnisse.

So entspricht das Zittern und Kräuseln an der Oberfläche des Sees den leisen Körperregungen der Romanfiguren, mit denen sie unbewusst Stellung beziehen (ein leichtes Zittern auf der Wange oder ein Beben in der Stimme). Wie es Fontane gerade am eigenen Leib schmerzhaft erfahren hatte, wurde das Modell der elektrifizierten neuen Nachrichtentechniken auch auf die Medizin, Biologie und Psychologie übertragen. Nicht nur vom Erfinder der Neurasthenie, George Beard, auch von Wissenschaftlern wie Hermann von Helmholtz und Rudolf Virchow oder Technikphilosophen wie Ernst Kapp wurde das menschliche Nervensystem mit dem durch die Kabeltelegraphie vernetzten Globus verglichen, bei dem die Reizung an einer Stelle einen unmittelbaren Reflex an einer anderen nach sich ziehe. Nervenimpulse wurden mit «elektrischen Depeschen» verglichen, Nervenstränge mit «submarinen Telegraphenkabeln», und insgesamt könne «man die Telegraphenkabel Nerven der Menschheit nennen».[117]

Schließlich verweist die kommunizierende Oberfläche des Sees auf eine poetologische metareflexive Dimension des Romans, der nicht zuletzt ein «Roman der Sprache» und des Sprechens ist.[118] An der vermeintlichen Oberflächlichkeit und Banalität des *small talk* der Figuren («Alles Plauderei, Dialog, in dem sich die Charaktere geben, und mit ihnen die Geschichte») spiegelt sich ein komplexes Verweissystem von Bedeutungsebenen und Querbezügen, die – vom Erzähler unkommentiert – wie Lichtpunkte im Wasser aufscheinen und zum Teil auch von den Figuren reflektiert werden. Durch Korrespondenzen und Spiegelungen sind so die einzelnen, scheinbar lediglich aneinandergereihten Kapitel und Gesprächssituationen des Romans kunstvoll miteinander verbunden. Der «Stechlin» des Titels bezeichnet in diesem Sinn auch den Roman selbst.[119]

Um den See herum gruppiert Fontane in konzentrischen Kreisen ein Tableau von rund hundert Figuren, die in unterschiedlichen Verwandtschafts-, Standes-, Berufs-, Interessen- oder Freundschaftsbeziehungen stehen. Den Nukleus bilden die beiden Familien Stechlin am Ruppiner See (Dubslav und seine Schwester Adelheid sowie Sohn Woldemar) und die Barbys in Berlin (Graf Barby und seine beiden Töchter Melusine und Armgard). Um diese herum ziehen sich weitere Kreise: die Stiftsdamen im Kloster Wutz, dessen Domina Dubslavs Schwester ist; Dubslavs Parteifreunde, Rittergutsbesitzer und Sägemühlenbetreiber aus der Grafschaft Ruppin; Lorenzen, der Landpastor und Hauserzieher bei den Stechlins; Woldemars Offizierskameraden Rex und Czako; in den Häusern der Stechlins und Barbys einkehrende Ärzte, Künstler und Musiker; die alte Kräuterfrau Buschen mit ihrer unehelich geborenen zehnjährigen Enkelin Agnes bis hin zu Nebenfiguren wie dem Journalisten Doktor Pusch oder der verwitweten Frau Hagelversicherungssekretär Schickedanz.

Ein bei Dubslav eintreffendes Telegramm, mit dem Sohn Woldemar sein Kommen ankündigt, setzt ein «Beziehungsspiel» unter den Figuren in Gang, bei dem sie in unterschiedliche wechselnde Verbindungen und Konstellationen treten – der *Stechlin* erinnert darin an Arthur Schnitzlers gleichzeitig entstehende Liebeskomödie *Reigen* (ab Januar 1897, im Jahr 1900 erstmals als Privatdruck in 200 Exemplaren an Freunde, darunter an erster Stelle Otto Brahm, verteilt), nur dass nicht wie bei Schnitzler miteinander geschlafen, sondern immer nur geredet wird. Fast wie nach dem Zufallsprinzip ergeben sich im Romanverlauf glückende neue Korrespondenzen und Verbindungen, aber auch «Missstimmungen», «Verstimmungen», Exklusionen und Abbrüche.[120]

Die familiären Ausgangssituationen werden zumeist in Form von Kontrastpaaren eingeführt. Dem bei allem Konservatismus offenen und neugierigen Dubslav steht seine ständisch borniert Schwester Adelheid gegenüber. Auch die beiden Barby-Schwestern bilden ein Gegensatzpaar. Melusine ist nach einer mutmaßlichen Vergewaltigung durch ihren Ehemann glücklich geschieden, unabhängig, lebensfroh, urban und mondän, geheimnisvoll und neugierig. Sie ist ebenso technikbegeistert verliebt in «Tunnel unter dem Meere»,

«Torpedoboote» und «Luftschifferschlachten» wie politischen Reformen gegenüber aufgeschlossen.[121] Ihre Schwester Armgard wird durch Schlichtheit, Festigkeit und Demut charakterisiert, deren Idealbild die Samariter und die Heilsarmee sind. Neue Wahlverwandtschaften ergeben sich etwa zwischen Dubslav und dem welterfahrenen Großstädter Graf Barby oder am Ende zwischen Woldemar von Stechlin und Armgard von Barby. So erkennt Woldemar schon früh in seinem zukünftigen Schwiegervater einen «Zwillingsbruder» seines Vaters, der allerdings eine gänzlich andere Sozialisation durchlebt habe: «Papa sitzt nun seit richtigen dreißig Jahren in seinem Ruppiner Winkel fest, der Graf war ebensolange draußen! Ein Botschaftsrat ist eben was andres als ein Ritterschaftsrat, und an der Themse wächst man sich anders aus als am ‹Stechlin›».[122]

Ganze Figurengruppen repräsentieren die durch die Weltvernetzung entstehende Gleichzeitigkeit des Ungleichzeitigen. Wie Relikte aus einer lange zurückliegenden Vergangenheit treten die Stiftsdamen des abgeschiedenen Klosters Wutz auf. In völliger Isolation und Abschottung verharrend, repräsentieren sie das «märkisch Enge», hegen ein «Mißtrauen gegen alles, was die Welt der Schönheit oder gar der Freiheit auch nur streifte», und verstehen sich als Wächterinnen über die reine Lehre der protestantischen Orthodoxie.[123] Ihre einzige Verbindung zur Außenwelt ist der gespensterhafte Rentmeister Fix, der als Geisterbote nie selbst auftritt, sondern nur in den aufgeregten Gesprächen der Bewohnerinnen angesichts der von ihm von draußen mitgebrachten Nachrichten vorkommt.

Am anderen Ende des Spektrums finden sich etwa Graf Barby oder der Journalist Doktor Pusch. Barby erklärt die alten Kloster-Wutz-artigen konfessionellen Streitigkeiten für überholt und verweist stattdessen nicht nur auf die weltpolitischen Herausforderungen, sondern erklärt darüber hinaus, Innenpolitik und Außenpolitik im Zusammenhang sehend, als deren Ursache die sozialen Spannungen innerhalb der europäischen Imperialmächte: «Das moderne Leben räumt erbarmungslos mit all dem Überkommenen auf. Ob es glückt, ein Nilreich aufzurichten, ob Japan ein England im Stillen Ozean wird, ob China mit seinen vierhundert Millionen aus dem Schlaf aufwacht und, seine Hand erhebend, uns und der Welt zuruft: ‹Hier bin ich›, allem vorauf aber, ob sich der vierte Stand etabliert und stabilisiert (denn darauf läuft doch in ihrem vernünftigen Kern die ganze Sache hinaus) – das alles fällt ganz anders ins Gewicht.»[124]

Ähnlich welterfahren ist die Figur des Auslandskorrespondenten Doktor Pusch, dem «das Studium der Juristerei» zu «langweilig und die Carriere hinterher [zu] miserabel» war, sodass er «als Korrespondent für eine große rheinische Zeitung» zunächst nach England, später in die USA nach New York und Chicago auswanderte. Er nimmt über Barby hinaus auch die Außenperspektive ein und betrachtet die Dinge von unterschiedlichen Seiten: «Chinesen werden christlich, gut. Aber wenn ein Christ ein Chinese wird, das ist doch immer noch eine Sache von Belang.» Pusch weiß nicht nur «aus aller Welt Enden» etwas mitzuteilen, sondern spricht auch im egalitären und demokratischen «Telegrammstil»: «Gegen Worte wie: ‹Wirklicher Geheimer Ober-Regierungsrat›» unterhielt er «einen förmlichen Haß», aber selbst «Herzog von» war ihm «noch zu lang», und er verwendete nur die Nachnamen.[125]

Nicht zuletzt positionieren sich die Figuren durch ihr Sprach- und Kommunikationsverhalten und ihre Haltung zum Diskurs. Adelheids Tabuisierung vieler Themenfelder und prinzipielle Tendenz der Diskussions-Verweigerung äußern sich auch durch die Übertragungsstörungen in ihrer Stimme: «alles, was über ihre Lippen kam, [war] mehr oder weniger verzerrt». In der Rittergruts- und Domänenpächterversammlung um den Edlen Herrn von Alten-Friesack wird festgestellt: «Überhaupt, die ganze Geschichte mit dem ‹Sprechenkönnen› sei ein moderner Unsinn.»[126] Und die Mühlenbesitzer und kürzlich geadelten bourgeoisen Aufsteiger Herr und Frau Gundermann weisen sich durch ständige Wiederholung von

Stereotypen aus («Wasser auf die Mühlen der Sozialdemokratie», «Das kommt davon»). «Phrase, Phrase. Mitunter auch Geschäft oder noch Schlimmeres», charakterisiert Czako das Sprachverhalten der Gundermanns.[127]

Dubslav hingegen zeichnet sich durch seinen ironisch-selbstreflektierten Sprachgebrauch aus, setzt «hinter alles ein Fragezeichen», hegt eine «Passion» für «Paradoxe» und kennt undogmatisch keine absolute Wahrheit («Unanfechtbare Wahrheiten giebt es überhaupt nicht, und wenn es welche giebt, so sind sie langweilig»). Obwohl in Selbstverständnis und Habitus ein Mann von gestern, freut er sich an modernen Sprachwendungen und Anglizismen und kann selbst in der verkürzten Sprache der Telegramme noch Poetisches entdecken.[128]

Im Lauf des Romans werden so die kontrastiv gezeichneten familiären oder ständischen Relationen durch neue Bündnisse, Konstellationen, Mischungen und Wahlverwandtschaften ergänzt oder abgelöst. So schließt Dubslav gegen Ende mit der von ihm adoptierten (und zudem mutmaßlich unehelichen Tochter) Agnes ein Zukunfts-Bündnis, um die ungeliebte Schwester Adelheid loszuwerden. Agnes' blaues Reformkleid ohne Taille, ihre roten Strümpfe und die bei den Suffragetten beliebten Knöpfstiefel wirken – wie von Dubslav heimlich erhofft – buchstäblich wie ein rotes Tuch auf Adelheid. Sie erkennt darin nur «Zeichen von Ungehörigkeit und Verkehrtheit», mit denen alle ständischen Grenzzäune eingerissen würden («Zeichen davon, daß alle Vernunft aus der Welt ist und alle gesellschaftliche Scheidung immer mehr aufhört»), und schließlich sogar ein Revolutionszeichen: die roten Strümpfe seien wie «eine hochgehaltene Fahne». In großer Erregung bricht Adelheid das Gespräch ab und verlässt «noch am selben Nachmittag» das Haus.[129]

Im zentralen Dialog des 29. Kapitels während der symbolisch aufgeladenen Weihnachtstage kommen in der Pfarrei Melusine und Lorenzen zum vertrauten Vier-Augen-Gespräch und «revolutionären Diskursen» zusammen, weil starker Schneefall einen geplanten Ausflug verhindert hat.[130]

Vom unter einer dicken Eisdecke zugefrorenen See leitet Melusine das Gespräch kunstvoll zu ihrem eigentlichen Anliegen, Lorenzen als Hauslehrer und Berater der Stechlins um Unterstützung zu bitten, dass mit der Heirat ihrer Schwester und Woldemars auch wirklich zeitgemäße Veränderungen vorgenommen werden. Fast wie in einer Paraphrase von Otto Brahms programmatischer Parteinahme für das «Werdende» und «Kommende» in der *Freien Bühne für modernes Leben* offenbart sie Lorenzen: «Ich respektiere das Gegebene. Daneben aber freilich auch das Werdende, denn eben dies Werdende wird über kurz oder lang abermals ein Gegebenes sein. Alles Alte, soweit es Anspruch darauf hat, sollen wir lieben, aber für das Neue sollen wir recht eigentlich leben.»

In der Ausdeutung des Symbolgehalts des Sees verweist sie auf den durch die Weltvernetzung der Moderne sich ergebenden «großen Zusammenhang», dem man sich offen und ohne borniert Abschottung zu stellen habe: «Und vor allem sollen wir, wie der Stechlin uns lehrt, den großen Zusammenhang der Dinge nie vergessen. Sich abschließen, heißt sich einmauern, und sich einmauern ist Tod.»[131] Am Ende des Romans wird dies in einem wie bei Fontane üblich brieflich übermittelten Schlusswort Melusines an Pastor Lorenzen – und zugleich an die Leserinnen und Leser – noch einmal bekräftigt: «Und nun, lieber Pastor, noch einmal das eine. Morgen früh zieht das junge Paar in das alte Herrenhaus ein [...] Erinnern Sie sich bei der Gelegenheit unsres in den Weihnachtstagen geschlossenen Paktes: es ist nicht nötig, daß die Stechline weiterleben, aber es lebe / *der Stechlin*.»[132]

So wie Melusine den Symbolgehalt des Sees im Hinblick auf das Verhältnis von Altem und Neuem überträgt, so transponiert Lorenzen in seiner Antwort das Erzählprinzip der Auflösung alter Bindungen und neu entstehender Konstellationen ins Politische. Lorenzen, der, «im Gegensatz zu seinen Jahren, als einer der allerjüngsten» erscheint und für die schwedische Sängerin Jenny Lind ebenso schwärmt wie für den portugiesischen Sozialreformer und Volksschulpädagogen João de Deus, skizziert eine Gesellschaft, die nicht mehr ausschließlich durch Herkunft, Stand und eingefrorene Tradition, sondern durch Freiheit, Talent und soziale Mobilität gekennzeichnet ist: «Der Hauptgegensatz alles Modernen gegen das Alte besteht darin, daß die Menschen nicht mehr durch ihre Geburt auf den von ihnen einzunehmenden Platz gestellt werden. Sie haben jetzt die Freiheit, ihre Fähigkeiten nach allen Seiten hin und auf jedem Gebiete zu bethätigen. Früher war man dreihundert Jahre lang ein Schloßherr oder Leinenweber; jetzt kann jeder Leinenweber eines Tages ein Schloßherr sein.»[133]

An die Stelle des Militärs und der alten Standesaristokratie als Herrschaftselite treten «Erfinder und Entdecker». Industrielle, Ingenieure, Naturwissenschaftler, Mediziner, Pharmakologen, Architekten, Bildungsreformer nennt Fontane in einem Brief an Friedlaender aus der Entstehungszeit des Romans als Beispiele für einen «neuen Adel, wenn auch ohne ‹von› [...], von dem die Welt wirklich was hat, neuzeitliche *Vorbilder* (denn dies ist die eigentliche Adelsaufgabe), die, moralisch und intellektuell, die Welt fördern und ihre Lebensaufgabe nicht in egoistischer Einpökelung abgestorbener Dinge suchen».[134]

Diese Erfinder und Entdecker, die nicht zuletzt wie Siemens durch ihre Telegraphenkabel die weltweiten Kommunikationsnetze ermöglichen, deutet Lorenzen als Vorboten einer politischen Veränderung der Gesellschaft, wobei sich deren Merkmale «demokratisch», «weit» und «frei» gegenseitig bedingen: «wohin wir sehen, stehen wir im Zeichen einer demokratischen Weltanschauung. Eine neue Zeit bricht an. Ich glaube, eine bessere und eine glücklichere. Aber wenn auch nicht eine glücklichere, so doch mindestens eine Zeit mit mehr Sauerstoff in der Luft (gegen Enge und Atemnot), eine Zeit, in der wir besser atmen können. Und je freier man atmet, je mehr lebt man.»[135]

Lorenzens Prognose wird am Schluss des Romans gespiegelt in der Zukunftsvision, die der im Sterben liegende Dubslav ihm gegenüber äußert. Dubslav imaginiert hier einen Festball, der nach seinem Tod auf dem Landsitz der Stechlins stattfindet, «hier in diesem alten Kasten, der dann aber renoviert sein wird». Die Ballbesucher werden in Form einer Typenliste vorgestellt, wie wir sie aus Fontanes Romanentwürfen kennen: ein «Professor, Kathedersozialist, von dem kein Mensch weiß, ob er die Gesellschaft einrenken oder aus den Fugen bringen will»; eine «Adelige, mit kurzgeschnittenem Haar (die natürlich schriftstellert)»; «ein Afrikareisender, ein Architekt und ein Portraitmaler»; ein «Klavierspieler», der «mit seiner langen Mähne über die Tasten hinwegfegt». Andere haben sich in ein Nebenzimmer zurückgezogen und blättern neugierig in einem Album mit «lauter Berühmtheiten» des 19. Jahrhunderts: «der alte Wilhelm und Kaiser Friedrich und Bismarck und Moltke, und ganz gemütlich dazwischen Mazzini und Garibaldi, und Marx und Lassalle, die aber wenigstens tot sind, und daneben Bebel und Liebknecht.»[136]

Vor diesem Hintergrund der Verbindung von Rückschau und Vorausschau erscheint Dubslavs visionärer Ball zugleich als Abschlussparty zum Jahrhundertende wie auch als Willkommensfest zum neu beginnenden. Bemerkenswert ist die unterschiedslose Auflistung sowohl der Ballbesucher als auch der historischen Persönlichkeiten – monarchistische preußische neben republikanischen italienischen Nationalstaatsgründern und deutschen Sozialisten und Sozialdemokraten. Die mit Statistik, Bürokratisierung und Verwissenschaftlichung des 19. Jahrhunderts an Bedeutung gewinnende Form der Liste dient der Sammlung, Inventarisierung und Bestandsaufnahme von dem, was ist. Sie ist eine Form des Vielen und des Verschiedenartigen und nicht des Einen und Alleinherrschenden. Wie der Telegrammstil ist sie eine moderne und demokratisierende Form, in der die Gegenstände oder Personen ohne Rücksicht auf vorher festgelegte Zuschreibungen und Hierarchien aufgezählt werden.

Die Liste ist eine offene Form, die umsortiert, erweitert oder ergänzt werden kann – wie in Fontanes Schreibpraktiken der ständigen Um- und Überarbeitung seiner Entwürfe.[137] Darüber hinaus entspricht sie als bloße Aufzählung dem reihenden und *Reigen*-artigen Erzählprinzip des Romans. Mit Umberto Eco ließe sich Dubslavs Vision als plurale, potenziell «unendliche Liste» verstehen, die in der Aufzählung von Ungleichartigem die erstarrten Konventionen und tradierten Kategorisierungen bewusst unterläuft und hinterfragt.[138] Weniger eine konkrete politische Utopie wird so von Dubslav entwickelt als eine für Veränderungen in der Zukunft offene Geselligkeits-Vision. Was heute disparat, gegensätzlich, unvereinbar oder verfeindet erscheint, ist auf der morgigen Party in der geselligen Kommunikation verbunden.

Mit dem vorausschauenden «politischen» Schluss des Romans in Dubslavs Vision korrespondiert schließlich ein rückschauender «biographischer» Schluss in der Grabrede Lorenzens. Dubslavs Leben müsse nicht erzählt werden, erklärt Lorenzen, denn es liege ohnehin offen und unverborgen zutage wie die Oberfläche des namensgleichen Sees oder wie das aufgeschlagene Buch des namensgleichen Romans: «Ich gebe kein Bild seines Lebens, denn wie dies Leben war, es wissen's alle, die hier erschienen sind. Sein Leben lag aufgeschlagen da, nichts verbarg sich, weil sich nichts zu verbergen brauchte.»[139]

Es wäre mit Sicherheit ein biographistischer Kurzschluss, würde man Fontane unterstellen, dass er mit diesem Ende des *Stechlins*, der häufig als sein literarisches Testament bezeichnet wird, auch seine eigene Grabrede habe vorab insinuieren wollen. Ebenso augenfällig ist aber, dass man diese ziemlich genau spiegelverkehrt hätte formulieren müssen: Vieles verbarg sich, weil es sich verbergen musste. Mit dem Gespür des Literaten hat Günter Grass in seinem Fontane-Roman *Ein weites Feld* in einer komplexen intertextuellen Referenz auf den *Stechlin* daher ein anderes Bild entwickelt, in dem sich Fontanes Leben verdichtet. Bei ihren Tiergartenspaziergängen trifft die Hauptfigur Fonty regelmäßig auf einen Artverwandten: einen Haubentaucher, der im See verschwindet und immer an unerwarteter und unvorhersehbarer Stelle wieder an die Oberfläche kommt.[140]

Was in der fiktionalen Form von Fontanes Lebens-Roman offenliegt, blieb in seinen autobiographischen Schriften und in sonstigen Selbstzeugnissen wie Briefen und Tagebüchern – die zudem zu Lebzeiten und nach seinem Tod umfassend zensiert und frisiert worden sind – verborgen oder lediglich angedeutet: uneheliche Vaterschaften und Bankrotte, Seitenwechsel diesseits und jenseits der Barrikade, Spitzelberichte über Londoner Emigranten, die Kandidatur für die *Kreuzzeitungs*-Partei, lebenslange Versteckspiele, «complicirte Verhältnisse» und «zwischen den Stühlen sitzen» allerorten. Eine Biographie ist kein Roman.

ERBE UND WAHLVERWANDTSCHAFTEN

«Au brave des braves»
(Widmung an Paul Meyer, 7. Januar 1890)

DAS TESTAMENT

Unmittelbar nach Theodors zweiundsiebzigstem Geburtstag hatten die Fontanes Anfang 1892 beschlossen, ihr Testament aufzusetzen, um die Erbschaft für ihre Kinder zu regeln. Eine gerechte Lösung zu finden, war keine ganz einfache Aufgabe, da das Einkommen der Fontanes sich vor allem aus dem Verkauf der Werke Theodors ergab und sich Sohn Friedrich als Verleger weitgehende Rechte an diesen gesichert hatte. Da Sohn Theodor junior durch seine Beamtenstelle im Kriegsministerium beruflich fest etabliert war und bereits eine fünfköpfige Familie hatte, ging es vor allem um die Versorgung der Tochter Martha, die noch ledig war und deren Zukunft im Alter von Anfang dreißig völlig offen lag. Von der ein Jahr später erfolgten unverhofften Erbschaft Marthas durch Freund Friedrich Witte in Höhe von 12 000 Reichsmark Jahresrente konnten die Fontanes noch ebenso wenig wissen wie von ihrer Heirat mit dem zweiundzwanzig Jahre älteren Architekten Karl Emil Otto Fritsch zum Jahresbeginn 1899.[1]

Um die Frage, was mit dem umfassenden handschriftlichen Nachlass geschehen solle, Manuskripten, Briefen und Entwürfen, die dann später zu manchem Erbstreit führten, machte sich Fontane hingegen weniger Sorgen. Er sah sie lediglich als Verbrauchsmaterial im Hinblick auf die mögliche literarische Verwertbarkeit – und das hätte sich nach seinem Ableben ohnehin erledigt.

Um reinen Tisch zu machen und seine Nachfahren nicht mit den in zahllosen Kästen gelagerten Abfallstoffen aus dem geschlossenen Romanschriftsteller-Laden und seiner umfangreichen Korrespondenz zu belasten, verfügte er gegenüber seinem Freund und Anwalt Paul Meyer kurzerhand, «daß alle ungedruckten Schriftstücke, die in seinem Nachlaß vorgefunden würden, verbrannt werden sollten».[2]

Erst nachdem Meyer, der als Bewunderer Fontanes einen anderen Blick auf die Manuskripte hatte, ihn darauf hinwies, dass sich darunter auch der praktisch abgeschlossene Entwurf zu *Effi Briest* befinde und seiner Frau und Tochter so eine erhebliche Einnahme verloren gehen würde, überlegte es sich Fontane anders.[3] Es wurde beschlossen, eine Kommission einzurichten, die «nach dem Tode des Letztlebenden» der Eheleute Fontane von Fall zu Fall entscheiden solle, was mit dem ungedruckten Nachlass zu geschehen habe.[4] Zu deren Mitgliedern bestimmte Fontane als Familienangehörige Tochter Martha, als literarischen Sachverständigen Paul Schlenther und als juristischen Fachmann Paul Meyer.[5] Der Kommission wurde das «unbeschränkte» Recht eingeräumt, «über die Art der Verwertung oder Vernichtung zu bestimmen». Im Fall von geplanten Veröffentlichungen aus dem Nachlass waren diese zuerst dem Verlag des Sohnes Friedrich anzubieten. Da Fontane die Manuskripte nicht als Wert in sich ansah, wurde nicht festgelegt, wer die Besitzrechte an ihnen haben sollte. De facto übernahmen nach dem Tod Theodors zunächst Emilie und Friedrich gemeinsam den Bestand, später Letzterer alleine.

Hinsichtlich des hinterlassenen Vermögens, das zum Zeitpunkt der Testamentserklärung am 7. Februar 1892 34.200 Mark betrug, wurden – immer nach dem Ableben des letzten Ehepartners – Tochter Martha sieben Neuntel zugesprochen, während die Söhne Theodor junior und Friedrich jeweils lediglich einen dem Pflichtteil entsprechenden Betrag von einem Neuntel bekommen sollten. Die aus dem Urheberrecht an literarischen Werken noch bis dreißig Jahre nach dem Tod des Autors eingehenden Beträge sollten zur Hälfte Martha und zu je einem Viertel den beiden Söhnen zukommen.[6] Wohl nicht zuletzt zur Kompensation Friedrichs schloss Fontane unmittelbar nach der Unterzeichnung des Testaments Ende Februar 1892 seinen ersten Vertrag mit dessen Verlag ab und sicherte ihm das Recht an der Buchausgabe von *Frau Jenny Treibel*. Von da ab erschienen Fontanes Bücher bei Sohn Friedrich. Dabei hatte Fontane die Verlagsgründungspläne seines Sohnes von Anfang an, das heißt seit August 1888, eher misstrauisch begleitet.[7] Abgesehen davon, dass er an dessen Geschäftstüchtigkeit zweifelte, wollte er vor allem nicht mit den eigenen Kindern in eine Geschäftsbeziehung treten und seine eigenen Werke in Friedrichs Verlag publizieren: «Geld nehmen von meinen Kindern, thu ich nicht und Dir 6 Bände zum Geschenk machen, wäre eine bis zur Ungerechtigkeit gesteigerte Bevorzugung.»[8] Auch die Vorstellung, dass der Sohn seine wirtschaftliche Existenz auf einen «bücherschreibenden Vater» gründen wollte, fand Fontane «fürchterlich».[9]

Dennoch gab Friedrich nicht auf und setzte seine Pläne gegen den Willen des Vaters durch. 1889 sicherte er sich das Verlagsrecht an *Irrungen, Wirrungen*. Vom Verleger Emil Dominik, bei dem er zuvor angestellt gewesen war, organisierte er sich durch einen geschickten Coup die Rechte an der Gesamtausgabe der erzählerischen Werke des Vaters. Seiner Mutter Emilie kaufte er die an den Autor zurückgefallenen Rechte von *L'Adultera* und *Kriegsgefangen* ab.[10] Nur einmal, nach der Pensionierung, kam Fontane dem ständigen Drängen seines Sohnes entgegen und ließ sich für den Buchverlag von *Stine* zu einer Ausnahmeregel überreden. Um nicht einen der beiden Söhne zu übervorteilen und kein Geld von seinem Sohn annehmen zu müssen, schenkte Fontane die Rechte seinem Sohn Theodor junior in Form eines «Extrafonds», und dieser verkaufte sie an seinen Bruder weiter.

Als Friedrich ihn allerdings auch anschließend immer wieder bedrängte, wies Fontane genervt und schroff jedes weitere Ansinnen seines Sohnes auf jegliche Verlagsrechte zurück: «Es tut mir leid, daß ich diese Dinge, vor denen ich endlich Ruhe zu haben glaubte, immer wieder durchzabbern muß. Ich begreife, daß Du den Wunsch hast, meine Bücher zu verlegen; Du mußt aber auch begreifen, daß *ich* den Wunsch habe, bei meinem alten Verleger [Wilhelm Hertz] zu bleiben. Ich will kein Geld von Dir oder irgendeinem meiner andern Kinder in die Tasche stecken und kann andrerseits die Geschichte mit dem Extrafonds nicht zur Norm und Regel erheben; dazu reicht mein sonstiger Etat nicht aus. All das habe ich Dir schon früher gesagt, und Du mußt mir, nachdem ich es unter Drangebung oder Beschneidung meiner Prinzipien an Entgegenkommen nicht habe fehlen lassen, eine fortgesetzte Debatte darüber ersparen.»[11]

Die Situation änderte sich erst entscheidend, als 1893 mit Friedrich «Fritz» Cohn, wie Fontanes Sohn 1864 geboren, nicht nur ein weiterer potenter Geldgeber, sondern auch ein findiger literarischer Berater in den Verlag einstieg. Während Friedrich Fontane Anfang 1892 noch Arthur Schnitzlers *Anatol*-Zyklus abgelehnt hatte, gewann Cohn weitere Autorinnen und Autoren, und es wurden auch Übersetzungen verlegt, etwa des französischen Erzählers Guy de Maupassant.[12] Nun änderte auch Theodor Fontane seine Haltung, es häuften sich Bekundungen seiner Anerkennung, und er vermittelte Literatinnen wie Clara Viebig an den Verlag, die sich bald als Erfolgsautorin erweisen sollte. Mit ihren Berlin-Romanen, die, über Cohn vermittelt, von Max Liebermann oder Heinrich Zille illustriert wurden, wurde sie bald als «deutsche Jüngerin Zolas»[13] gefeiert. Mitte der 1890er Jahre hatte die Firma Friedrich Fontane & Co. ein beachtliches Verlagsprogramm mit einer vielversprechenden Mischung aus Erfolgsbüchern von Clara Viebig und Heinz Tovote (nach Theodor Fontane «die Hauptgeldnummer»[14]), renommierten Autoren wie Rudolf Lindau und radikalen Avantgardisten wie Stanislaw Przybyszewski oder Ernst von Wolzogen. Hinzu kamen Periodika wie die Aufsehen erregende Kunst- und Literaturzeitschrift *PAN*. Der Verlag spielte in dieser Zeit durchaus in einer

Liga mit dem ebenfalls noch jungen Samuel Fischer Verlag, und es ist keine völlig aus der Luft gegriffene Übertreibung, wenn Fontane feststellte, dass sein Sohn «nach meiner Kenntnis, Nummer-1-Verleger geworden» sei.[15]

Das aber lag zur Zeit der Abfassung des Testaments noch in der Zukunft. Anfang 1892 traute Fontane dem literarischen Urteilsvermögen und auch der Professionalität von Paul Schlenther und Paul Meyer sowie seiner Tochter Martha offenkundig mehr als seinem Sohn, der als Verleger eigentlich prädestiniert für die Aufgaben der Nachlasskommission war. Dass dies zumindest von Friedrich Fontane selbst, neben allen finanziellen Aspekten, als verletzende Zurücksetzung empfunden werden musste, liegt auf der Hand. Ohnehin hatten die beiden von Schwester Martha «Thotz» und «Fuz» genannten jüngeren Söhne der Fontanes in der Familie keinen leichten Stand.[16] Nach allen Zeugnissen fristeten sie in der Aufmerksamkeits- und Zuneigungsökonomie der Eltern zwischen dem erstgeborenen Sohn George und der Tochter Martha eher ein Schattendasein. Während Theodor junior seit Anfang der 1870er Jahre und Friedrich seit Anfang der 1880er Jahre lange aus dem Haus waren, wohnten Emilie, Martha und Theodor zusammen und verbrachten auch die meisten Reisen zu dritt. Das änderte sich erst, als sich Emilie nach dem Tod ihres Mannes und Marthas von ihr abgelehnter Verlobung mit Karl Emil Otto Fritsch verstärkt dem jüngsten Sohn zuwandte und auch bei ihm einzog.

Paul Meyer und Paul Schlenther hingegen gehörten zusammen mit Meyers Schwester Marie Sternheim und Schlenthers Frau, der vom Theaterkritiker Fontane überaus geschätzten Schauspielerin Paula Conrad, neben den Wittes und den Friedlaenders zu den engsten Altersfreunden der Familie Fontane. Meyer war nicht nur Rechtsberater und Testamentsvollstrecker Fontanes, sondern auch intimer Kenner von dessen Literatur. Nach der Feier zum siebzigsten Geburtstag schenkte Fontane ihm eine Photographie und ein Gedicht mit der Widmung «Au brave des braves», weil er einer der wenigen gewesen sei, der alle seine Werke gelesen hatte, während ein großer Teil der vierhundert Gäste bei der Vertonung von *Archibald Douglas* schon nach der Hälfte zu klatschen begann und zu Fontanes Verdruss nicht einmal den Text seiner bekanntesten Ballade kannte.[17]

Fontane gebrauchte diese von dem französischen König Henri IV. überlieferte Wendung als seine höchste Auszeichnung mit Vorliebe, spätestens seitdem er zum Jubiläumsfest der Französischen Kolonie anlässlich des zweihundertsten Jahrestags des Edikts von Potsdam 1885 einige Verse für den Eröffnungsprolog beigesteuert hatte: «Zweihundert Jahre, daß wir hier zu Land / Ein Obdach fanden, Freistatt für den Glauben / Und Zuflucht vor Bedrängnis der Gewissen. / Ein hochgemuter Fürst, so frei wie fromm, / Empfing uns hier, und wie der Fürst des Landes / Empfing uns auch sein Volk. Kein Neid ward wach, / Nicht Eifersucht –, man öffnete das Tor uns / Und hieß als Glaubensbrüder uns willkommen. / *Land*-Fremde waren wir, nicht *Herzens*-Fremde. / So ward die Freistatt bald zur Heimatsstätte».[18] Mit dem Titel «Le brave des braves» zeichnete Henri IV., der 1598 vor allem für die Hugenotten das Toleranzedikt von Nantes erlassen hatte, seinen Heerführer Louis Crillon aus. Später übernahm Napoleon die Wendung für seinen Marschall Michel Ney. Der Handwerkersohn Ney war der «ganz besondere Liebling, beinah Abgott» unter den bürgerlichen Generälen Napoleons, deren Geschichten Fontane unter Anleitung seines Vater als Kind auswendig gelernt hatte.[19]

Paul Meyers Schwester Marie Sternheim war in Fontanes letzten Lebensjahren die wahrscheinlich engste Freundin der Familie. Theodor Fontane nannte sie gegenüber seiner Tochter «so ziemlich die normalste, angenehmste und liebenswürdigste Frau», die er kenne; Martha wiederum sah in Marie Sternheim «die bewährteste Freundin der Fontaneschen Familie».[20] Ihr Ehemann Siegmund Sternheim beriet als Bankier die Familie Fontane in Finanzfragen und half Sohn Friedrich, Geldgeber für seine Verlagspläne zu finden. Er war es auch, der den Kontakt zu Friedrich Cohn herstellte, der ab 1893 bis 1903, in der besten Zeit des Verlags, zusammen mit Egon Fleischel für das notwendige Kapital der Kommanditgesellschaft Friedrich Fontane & Co. sorgte.

In den Geschwistern Meyer und Sternheim, obwohl bereits deren Eltern längst konvertiert waren, meinte Fontane in der kulturessentialistischen Sprache seiner Zeit eine besonders gelungene Mischung aus «Märkischem» und «Jüdischem» zu entdecken: «Es ist von der Alten her [Pauls und Maries Mutter, Jahrgang 1821, stammte aus der Altmark] ein ungeheuer guter Fond in der ganzen Familie, fast als ob das Altmärkische, das ich sehr hoch stelle, das Jüdische wohltuend beeinflußt und doch die guten Judenseiten bei Kraft und Leben erhalten hätte.»[21] Fontane übernahm die Patenschaften für Maries 1880 geborenen Sohn Hans Sternheim ebenso wie für Paul Meyers Sohn Otto. Martha wurde 1893 Patin von Maries Sohn Walter Sternheim. In der Sprache von Verwandtschaftsverhältnissen beschreibt Martha auch ihre Freundschaft zu Paul Schlenther, den sie wie einen neu hinzugekommenen Bruder als «den ‹nachgeborenen› Ältesten» bezeichnete, «der immer Liebling war».[22] Man meint in diesem Freundeskreis mitsamt seinen Patenschaften der Diktion zum Trotz jene auf Wahlverwandtschaften und nicht mehr auf Herkunft basierenden, sondern frei gewählten Familienverhältnisse wiederzuerkennen, wie Fontane sie im *Stechlin* literarisiert hat.

ALTERS-ANTISEMITISMUS?

Alle Genannten bilden auch – zusammen mit dem Verlagsteilhaber und Literaturagenten Friedrich Cohn – das Umfeld jenes berüchtigten Altersgedichts Fontanes *An meinem Fünfundsiebzigsten*, das dann eine wechselvolle und wenig erquickliche Wirkungsgeschichte erleben sollte. Am 12. Januar 1895 hatten die Fontanes nach einem gemeinsamen Besuch einer Ibsen-Aufführung am Deutschen Theater Otto Brahm, Paul Schlenther, Paul Meyer, Erich Schmidt und dessen Frau zu sich zum Essen eingeladen. Nach dem Mahl trug Fontane, der bei solchen Anlässen immer ein paar Verse zum Besten gab, zwei Gedichte vor. Eines trug den Titel *Veränderungen in der Mark* und schildert den Ausflug einer Handvoll Vertreter vorzeitlicher germanischer Stämme in die alte märkische Heimat, bei dem sie besonders in Berlin feststellen, wie viel sich verändert hat, und sich schnell wieder in Odins Himmel zurückziehen. Die Veränderungen werden dabei in so eindeutigen Stereotypen verbalisiert («Börse, Mühlendamm, / Dann Spandauer- und dann Tiergartenstraße, – / Wohin sie kommen, dieselbe Raçe»), dass die von den germanischen Stammeskriegern wahrgenommene Moderne als eine «jüdische» erscheint.[23]

Bei dem zweiten, bekannteren Gedicht handelt es sich um ein Listengedicht, und es geht wie am Schluss des *Stechlin* darum, wer bei einer Party da ist – beziehungsweise auch, wer alles am *Fünfundsiebzigsten* des lyrischen Ich, das ziemlich genau dem «vaterländischen Schriftsteller» Fontane entspricht, nicht erschienen war: «Ich dachte, von Eitelkeit eingesungen: / Du bist der Mann der ‹Wanderungen›, / Du bist der Mann der märk'schen Geschichte, / Du bist der Mann der märk'schen Gedichte, / [...] Du bist der Mann der Jagow und Lochow, / Der Stechow und Bredow, der Quitzow und Rochow, / [...] An der Schlachten und meiner Begeisterung Spitze / Marschierten die Pfuels und Itzenplitze, / Marschierten aus Uckermark, Havelland, Barnim, / Die Ribbecks und Kattes, die Bülow und Arnim, / Marschierten die Treskows und Schlieffen und Schlieben, / Und über alle hab ich geschrieben. / – Aber die zum Jubeltag da kamen, / Das waren doch sehr sehr andre Namen».

Statt Vertretern des märkischen Adels, die alle beim Geburtstag durch Abwesenheit glänzen, stürmen in der zweiten Strophe des Gedichts die eindeutig als «jüdisch» identifizierbaren Anhänger in Massen die Party: «Meyers kommen in Bataillonen, / Auch Pollacks und die noch östlicher wohnen; / Abram, Isack, Israel, / Alle Patriarchen sind zur Stell, / Stellen mich freundlich an ihre Spitze, / Was sollen mir da noch die Itzenplitze! / Jedem bin ich was gewesen, / Alle haben sie mich gelesen, / Alle kannten mich lange schon, / Und das ist die Hauptsache ..., ‹kommen Sie, Cohn›.»[24]

Über die Entstehung des Gedichts gibt ein Brief Emilies an Paula Schlenther-Conrad vom 4. Januar 1895 Auskunft. Conrad, die sich zum Kurieren eines Kehlkopfleidens von November 1894 bis August 1895 in San Remo aufhielt, hatte einen Geburtstagsbrief geschrieben, über den sich Theodor besonders gefreut hatte: «Sie glauben gar nicht», antwortet Emilie, «mit welchem Interesse er Ihren Beobachtungen des lieben, deutschen (popligen) Adels folgte u. beistimmte.» Conrads Brief ist wie so viele Briefe an die Fontanes nicht erhalten, aber man kann davon ausgehen, dass sie in etwa so über die adligen Kurgäste in San Remo berichtet hatte, wie es Emilie in einer späteren Bemerkung zu Conrads «Adels-Abhandlung» in ihren eigenen Worten zustimmend zusammenfasste: «diese verrotteten u. vermoderten Adligen, die jahraus, jahrein auf ihren Gütern hocken u. dann ein paar Wochen an die Riviera oder sonst wohin gehen».[25] Tatsächlich habe Conrads Geburtstagsbrief ihren Mann so sehr inspiriert, dass er selbst gleich ein paar Verse zum Thema Adel verfasst hat: «Auch *er* kann ein Lied von ihm, seinem Hochmut, seiner Engherzigkeit u. Unbedeutendheit singen; ja, er hat ein humoristisches [Gedicht] *nach* seinem Gbt. [Geburtstag] wirklich niedergeschrieben, u. hoffen wir, daß er es, bei einem kl. Diner, welches wir planen, unsren lieben Gästen, als Dessert, geben wird.»[26]

Als Fontane das Gedicht dann wie geplant nach dem Abendessen vortrug, waren nach Paul Meyers Erinnerungen alle «entzückt». Besonders Brahm sei begeistert gewesen, und man habe allgemein den Wunsch nach einer Veröffentlichung der Gedichte geäußert. Nur er selbst habe die Begeisterung nicht geteilt, und von Fontane auf seine Meinung zu den Gedichten angesprochen, habe er seine Bedenken über die Wirkung des Gedichts bei einer Veröffentlichung geäußert: in den Gedichten läge «eine Herabsetzung der Juden [...], die eine schwere Kränkung vieler Verehrer zur Folge haben würde». Fontane habe «ernstlich erstaunt» eingewendet, «daß er doch zum Schluß die Itzenplitze geradezu ablehne und sich an die Spitze der Pollacks und Meyers stelle». Meyer führte ihm die Gegenprobe vor Augen: Er imaginierte ein Fontane'sches Gedicht zum achtzigsten Geburtstag, bei dem der Adel seinen Fehler eingesehen und in Scharen erschienen sei, nun aber die jüdischen Verehrer weniger zahlreich anwesend wären und das Gedicht entsprechend auf den Schlussvers endet: «Kommen Sie, Itzenplitz!» Fontane habe es sofort eingesehen: «Sie haben natürlich recht. Das geht nicht. Der Adel wird als das höherstehende Element behandelt. Die Gedichte werden nicht gedruckt.»[27]

Bei alledem war Fontane – wie sich nicht nur aus Meyers Lebenserinnerungen ablesen lässt – nicht so unschuldig, wie er sich stellte. «Ja und nein!», hätte Fontane nach Meyer «mit seiner beliebten, oft angewandten Formel» wohl selbst auf die Frage geantwortet, ob er Antisemit sei.[28] Natürlich wusste Fontane genau, dass aus den nur für die Anwesenden verständlichen Anspielungen auf Paul Meyer, den «brave des braves», der «alles gelesen» hatte, Marie Sternheim («Meyers in Bataillonen») und den Verlagspartner seines Sohnes Friedrich Cohn im Veröffentlichungskontext sofort lediglich Metonymien für «die Juden» geworden wären. Genau auf solchen Verallgemeinerungen basiert gerade die aus Fontanes und Brahms Sicht humoristische Gegenüberstellung von märkischem Adel und den «Juden». Wie sehr Meyer mit seinen Bedenken gegen die Deutungsmöglichkeiten des Gedichts recht behalten sollte, nachdem das Gedicht dann gegen den Willen des Autors nach dessen Tod doch veröffentlicht wurde, konnte allerdings keiner der Beteiligten vorhersehen.

Der Antisemitismus des Kaiserreichs gehörte wie die Adelsfrage – bei Fontane wie im Gedicht meist beides in Vermengung unterschiedlicher Kategorien kombiniert – zu den Themen, die ihm auf den Nägeln brannten. Wie bei allen anderen politischen Fragen hielt er sich mit öffentlichen Äußerungen sehr zurück, und man findet seine Stellungnahmen vor allem in den Briefen. Wie für den späten politischen Fontane insgesamt sind die Briefe an seinen Freund Georg Friedlaender hierfür besonders einschlägig. Dass sich dabei für heutige Leserinnen und Leser mit dem Wissen um den Holocaust erschreckende Äußerungen finden, ist seit Hans Heinrich Reuters immer noch grundlegender Biographie von 1968 in aller wünschenswerten Deutlichkeit benannt und im Anschluss an das Fontane-Jubiläum 1998 in vielen Facetten wissenschaftlich und kritisch aufgearbeitet worden. Auf dieser Basis lässt sich eine historische Einordnung Fontanes innerhalb der unterschiedlichen Formen des Kaiserreichs-Antisemitismus vornehmen.

Die Zitate aus Fontanes Briefen verweisen weniger auf seine besonders exponierte Stellung als Antisemit, sondern eher darauf, wie weit verbreitet und allgegenwärtig antisemitische Vorurteile, Ressentiments und Stereotype waren. Diese konnten von den alten Herrschaftseliten in der Auseinandersetzung um Demokratisierung, Liberalisierung und Nationalstaatsbildung seit der napoleonischen Zeit über die 1848er-Revolution bis hin zu den Sozialistengesetzen und der Umsturzvorlage des Kaiserreichs immer wieder politisch instrumentalisiert und geschürt werden. Das gilt von der adlig-romantischen Christlich-Deutschen Tischgesellschaft, die gegen das Hardenberg'sche Emanzipationsgesetz zur rechtlichen Gleichstellung der Juden von 1812 opponierte, bis zu Adolf Stöckers Christlich-Sozialer Bewegung, mit der der Hofprediger nach dem Verbot der Sozialdemokratischen Partei 1878 die sozialen Proteste von der Klassenfrage ablenken und gegen eine Minderheitengruppe kanalisieren sollte.

Die *Kreuzzeitung* machte seit der Revolution von 1848 neben «Franzosen» und «Polen» vor allem «Juden» für alle demokratischen «Umtriebe» verantwortlich und stellte seither die angeblich pressierende «Judenfrage» Woche für Woche auf die Titelseite. Unun-

Theodor Fontane. Porträtphotographie
von Loescher & Petsch, vermutlich 1879

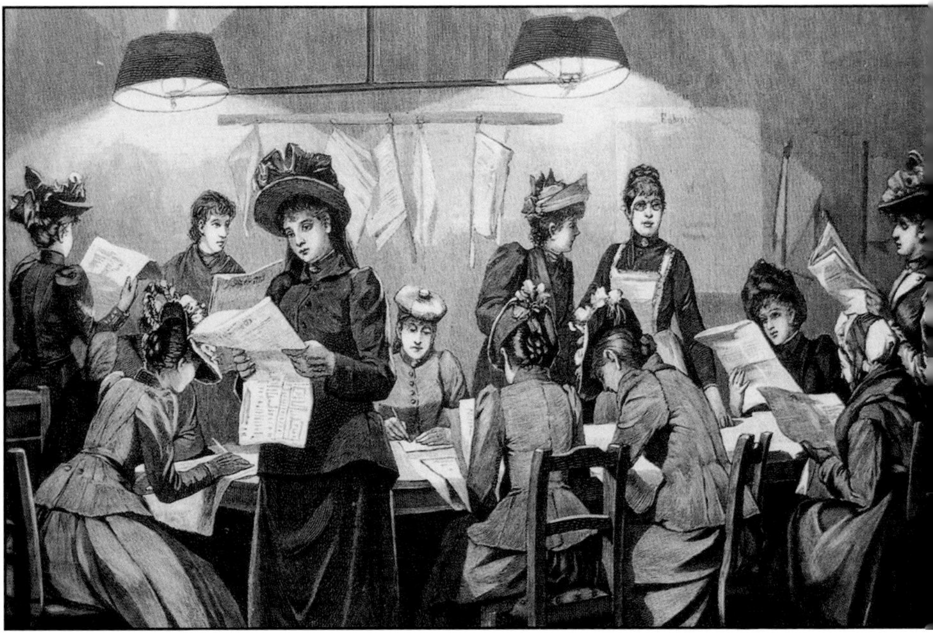

Damenlesehalle in Berlin. Zeichnung von Ernst Hosang, 1892

«Berliner Theater-Kritiker. Eine Kritik der Kritik» von Ed. Vollmer. Titelblatt der 2. Auflage, Berlin 1884

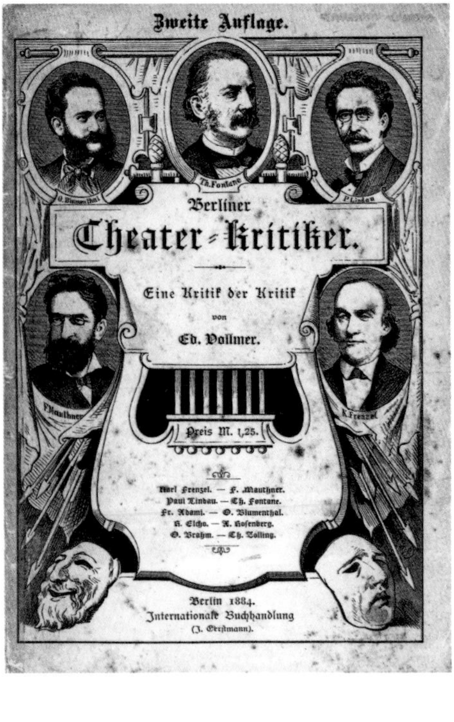

Titelblatt der «Gartenlaube» von 1885 mit Fontanes «Unterm Birnbaum»

Café Bauer.
Pastell auf Pappe
von Franz Skarbina,
1893

Friedrichstraße
an einem regnerischen
Abend. Gemälde von
Franz Skarbina, 1902

Hotel Zehnpfund in Thale im Harz. Photopostkarte, Ende 19. Jahrhundert

Hankels Ablage. Postkarte, um 1899

Gartenlokal an der Havel – Nikolskoe. Gemälde von Max Liebermann, 1916

Abendstimmung am Schlachtensee. Gemälde von Walter Leistikow, um 1895

Paul Schlenther und Otto Brahm. Ausschnitt aus
«Die Zwanglosen». Radierung von Karl Stauffer-Bern, 1886

«Auch 'n Kuss unterm Mistel-Zweig».
Widmungsblatt von Adolph Menzel
zu Fontanes 70. Geburtstag

Effi auf der Schaukel (Illustration
zu «Effi Briest»). Lithographie
von Max Liebermann, 1926

Bühnenbild zu
Henrik Ibsens
«Gespenstern».
Aquarell von
Edvard Munch,
1906

«PAN». Umschlag
des 1. Jahrgangs
1895–96, Heft 3 bis 5

Theodor Fontane
an seinem Schreibtisch,
etwa 1896

Thomas Mann
liest Fontanes
«Briefe an Georg
Friedlaender»,
1955

terbrochen trommelte sie aus einer konservativen orthodox-protestantischen Sicht gleichermaßen gegen «Mischehen», bürgerlichen Liberalismus und die Kapitalisierung der alten Agrarverhältnisse. George Hesekiel und Hermann Goedsche, mit denen Fontane zehn Jahre lang Tag für Tag ein Redaktionszimmer teilte, malten in ihren Sensationsromanen Untergangsszenarien von der jüdischen Weltverschwörung oder der Übernahme Berlins durch die Juden in nicht mehr ferner Zukunft aus.[29] Auf einer der in den 1890er Jahren verbreiteten Karikaturen des *Politischen Bilderbogens* wurde dies aufgegriffen. Auf dem Bilderbogen Nr. 14 *(Im 20. Jahrhundert)* von 1894 sieht man eine orientalisch umgestaltete Reichshauptstadt, in der die «deutschen» Bewohner an allen Ecken und Enden von Juden geknechtet werden.[30] Im positiv markierten Gegenbild werden wiederum die Juden vertrieben, während die verbleibenden Bewohner «Heil Wilhelm III.» rufen. Stöcker und Treitschke («Die Juden sind unser Unglück») handelten als Staatsangestellte. Kaiser Wilhelm II., der nach eigener Aussage ausschließlich die *Kreuzzeitung* las, gebärdete sich schon als Kronprinz zeitweise so antisemitisch, dass seine Eltern sich schämten und demonstrativ am Gottesdienst in der Berliner Synagoge teilnahmen.[31]

Aber selbst die Leitung der liberalen *Vossischen Zeitung* war – der Fall Paul Marx hat es aktenkundig gemacht – nicht frei von weiterhin konfessionell-kulturell verankerten antijüdischen Ressentiments. Und die Bourgeoisie- und Kapitalismuskritik der Zeit formulierte sich selbst bei erklärten Gegnern des politischen Antisemitismus in – auch bei Fontane allgegenwärtigen – antijüdischen Sprachschablonen wie «Herrschaft der Börse», «das goldene Kalb» oder «Judenpresse». Dies ist der Hintergrund, vor dem Fontanes antisemitische Äußerungen zu lesen sind.

Fontanes Altersbrief an Friedlaender vom 15. März 1898, in dem er sich abfällig über dessen Befürchtungen der kommenden «Demüthigungen und Enttäuschungen» seines jüdischen Referendars äußert, um sich dann in einer Suada gegen Gerson von Bleichröder und die «Judenmacht» der europäischen Presse zu ergehen, ist schlimm genug, aber zunächst in erster Linie als tägliche *Kreuzzeitungs*-Diktion zu lesen, die offenkundig im Alter von Zeit zu Zeit bei Fontane wieder durchbrach.[32]

Hinzu kommt die ungesicherte und sehr bruchstückhafte Quellenlage. Da Friedlaenders Gegenbriefe vernichtet wurden, fehlt dessen Stimme. Wie hat der durch Diskriminierungserfahrungen leidgeprüfte Friedlaender auf Fontanes Ausfälle reagiert? In welchem Zusammenhang steht damit der immer wieder zitierte Brief Fontanes an Friedrich Paulsen vom 12. Mai 1898, der seine krassesten antisemitischen Äußerungen überhaupt enthält und in dem er sich zu allem auch noch über den Freund Friedlaender als «Stockjuden» auslässt?[33] Wie passt die daraus häufig abgeleitete Schlussfolgerung, dass sich Fontane in seinem Alters-Antisemitismus sogar noch von seinem «jüdischen» Freund Friedlaender losgesagt habe, zum am 14. Juli folgenden Brief, in dem Fontane Friedlaender fragt, ob man wie gewohnt den Urlaub im August gemeinsam in Karlsbad verbringen werde, und ihn bittet, seinen Urlaub entsprechend einzurichten?[34]

Wenn Fontane am Kurort oder bei der Sommerreise in allen internationalen Gästen nur noch Juden gesehen haben will, ist das bei einem jahrelangen *Kreuzzeitungs*-Mitarbeiter nicht übermäßig überraschend. Fontane-spezifisch ist hingegen eher, dass – jedenfalls meistens – auf dumpfeste antisemitische Tiraden auch die Gegenposition folgt, dass «die Juden» doch die eigentlichen Kulturträger und Zivilisationsbeförderer seien: «Sie kümmern sich um alles, nehmen an allem Theil, erwägen alles, berechnen alles, sind voll Leben und bringen dadurch Leben in die Bude. Wie stumpf, wie arm, auch geistig arm, wirkt daneben der Durchschnittschrist!»[35] Besser macht es das nicht, aber es sind andererseits Sätze, die man weder in der *Kreuzzeitung* noch in der weithin protestantischen nationalliberalen Presse lesen konnte.

Internalisierten antijüdischen Ressentiments stehen bei Fontane durchaus Akte gegenüber, die Konventionen seiner Zeit durchbrechen. Sein Engagement bei der Eheschließung des Jugendfreunds Wilhelm Wolfsohn mit Emilie Gey wiederholte sich im hohen Alter bei seiner Unterstützung der Heirat von Clara Viebig und Friedrich Cohn. Wie Viebig berichtet, war Fontane der entscheidende Mittler, um den Widerstand ihrer streng protestantischen Mutter gegen die Heirat mit einem bekennenden jüdischen Partner zu überwinden. Erst durch seine Intervention sei es schließlich gelungen, ihre Mutter zu überzeugen. Als das Paar am 24. November 1896 heiratete, hielt Fontane die Tischrede.[36]

Vor allem aber, und das ist der entscheidende Unterschied zu den nach Fontanes Tod folgenden Vereinseitigungen, suchte er geradezu das Gespräch – nicht zuletzt über die eigenen Vorurteile und Ansichten – mit seinen Freunden Paul Meyer und Georg Friedlaender. Auch wenn das nicht die Auseinandersetzung mit der Frage von Fontanes Antisemitismus aus heutiger Sicht erübrigt: Für die Freunde von den *Zwanglosen* und die Familien Sternheim und Friedlaender repräsentierte er ungeachtet seiner von ihnen durchaus wahrgenommenen und auch kritisierten internalisierten Stereotypen das Gegenbild zu einem exkludierenden, sich gar auf vermeintliche Kulturüberlegenheit berufenden germanisch-christlichen Antisemitismus.

Gemeinsam mit Fontanes Tochter Martha und deren Ehemann waren sie es, die 1910 die Errichtung des Fontane-Denkmals im Tiergarten initiierten und privat finanzierten. Die feierliche Eröffnung wurde von Brahm und Schlenther organisiert und in der Presse begleitet. Als Komitee-Vorsitzender wurde der Literatur- und Sprachwissenschaftler Konrad Burdach gewonnen, der die Eröffnungsrede nutzte, um das Denkmal als Zeichen transnationaler Kultur gegen die inzwischen unübersehbaren internationalen militärisch-imperialistischen Spannungen und den chauvinistischen Nationalismus des Kaiserreichs zu positionieren. Wie es Burdach in der biologistischen Sprache der Zeit formulierte, sei Fontanes

Literatur eine Widerlegung zweier nationaler Mythen: «Dieser [...] Sprößling alten tapferen Hugenottenbluts hat durch sein Schaffen das Märchen widerlegt von der Erbfeindschaft der französischen und der deutschen Nation und das jüngere Märchen von der Gegnerschaft englischer und deutscher Kultur. Sein bestes dankt er der Mischung deutscher, englischer, französischer Bildung.»[37]

In einer zur Denkmaleröffnung von der *BZ am Mittag* am 7. Mai 1910 veröffentlichten Umfrage unter zeitgenössischen Schriftstellerinnen und Schriftstellern über ihr Verhältnis zu Theodor Fontane, an der sich neben Clara Viebig, Richard Dehmel, Paul Heyse und anderen auch Thomas Mann beteiligte, zielte dieser in die gleiche Richtung: «Unendliche Liebe, unendliche Sympathie und Dankbarkeit, ein Gefühl tiefer Verwandtschaft» empfinde er angesichts Fontanes Literatur, «vielleicht beruhend auf ähnlicher Rassenmischung», fügt er mit Bezug auf seine brasilianische Mutter Julia da Silva-Bruhns hinzu, wobei er die Parallele dieser Wahlverwandtschaft zwischen dem Preußen mit französischem Migrationshintergrund und dem halbbrasilianischen Lübecker wohl in einer Art Nord-Süd-Mischung sieht. Und in ähnlichem Vokabular begründet er später einen Aspekt der Vergleichbarkeit zwischen Fontane und Max Liebermann: Fontanes «Berlinertum» sei «durch das Gascognische sublimiert, raffiniert, europäisiert» worden «wie dasjenige Liebermanns durch das Jüdische».[38]

Nach dem Ersten Weltkrieg, anlässlich von Fontanes hundertstem Geburtstag am 30. Dezember 1919, nahm der Verein zur Abwehr des Antisemitismus in seinen Mitteilungen unter der Überschrift *Fontane und die Juden* den Dichter gegen Vereinnahmungsversuche des antisemitischen und reaktionär-völkischen Literaturhistorikers Adolf Bartels in Schutz, der in seiner *Geschichte der deutschen Literatur* (1901/02) Fontane als märkisch-konservativen Heimatdichter und Antisemiten dargestellt hatte. In seiner Literaturgeschichte schied Bartels rund 9000 Autoren reinlich in Juden und Nichtjuden, wobei er glaubte, auch aus Stil und Inhalt der Werke auf

Religion und «Rasse» schließen zu können. So galt für Bartels etwa auch Thomas Mann als jüdischer Autor. Bartels, obwohl von seriösen Wissenschaftlern wegen seiner fragwürdigen Methode nicht ernst genommen, wurde für seine «Verdienste» um die deutsche Literatur 1905 vom Großherzog von Weimar Wilhelm Ernst mit dem Professorentitel ausgezeichnet und hatte beim rechtskonservativen Bürgertum im Land Thüringen durchaus seine Anhängerschaft.[39]

In den Mitteilungen aus dem Verein zur Abwehr des Antisemitismus heißt es hingegen, dass man aus der Tätigkeit des ehemaligen *Kreuzzeitungs*-Redakteurs Fontane weder auf dessen politische Gesinnung schließen («war alles andere eher als konservativ im Parteisinne») noch gar eine antisemitische Haltung ableiten könne («gewiß kein Antisemit»). Alle seine Werke stünden solchen mit «zwei Stellen aus Privatbriefen» begründeten Vereinnahmungsversuchen entgegen. Und dass sich das Gedicht mit der Schlusszeile «Kommen Sie, Cohn» «gegen jüdische Zudringlichkeit» gerichtet habe, sei «ein Fälschungsversuch, der zu dumm ist, als daß man darüber streiten brauchte». Bei der historischen Erfindung geistiger Vorbereiter für die «völkischen Generalpächter des Deutschtums», so schließt der Artikel, solle man Fontane bitte «unangetastet lassen».[40]

Fontanes Patensohn Hans Sternheim, inzwischen Direktor der Druckerei Büxenstein, gehörte 1927 zu den Mitbegründern des bibliophilen «Fontane-Abends», der bis 1933 bestand und sich unter anderem um den Erhalt des Fontane-Nachlasses verdient gemacht hat. (Fontanes Sohn Friedrich wurde zum Ehrenmitglied ernannt.) So erwarb der Fontane-Abend 1930 die Handschriften-Sammlung des in der Wirtschaftskrise bankrottgegangenen Bankiers Paul Emden, die rund zweihundert Briefe (darunter die Lepel-Briefe) sowie Manuskripte von *Unwiederbringlich* und Fontanes Hamlet-Übersetzung enthielt, und vermachte die Sammlung der Berliner Universität. Die Vereinsmitglieder brachten dafür 7000 Reichsmark auf, den Rest des Verkaufspreises von 10000 RM teilten sich das Ministerium für Wissenschaft, Kunst und Volksbildung (2000 RM) und die Kasse der Universitätsbibliothek (1000 RM). Zum Vergleich: Die Staatsbibliothek Berlin war nur kurze Zeit später nicht bereit, für Fontanes gesamten Nachlass mehr als 8000 RM zu zahlen.[41]

Von Wahlverwandtschaften und Mischverhältnissen wollte man dann im Nationalsozialismus nichts mehr wissen. Der Antisemitismus, das Stammesdenken und die Vererbungslehren des 19. Jahrhunderts wurden zur mörderischen Rassenideologie. Für die Wahlverwandten des alten Fontane bedeutete dies: Paul Meyer verlor 1934 seine Anwaltszulassung und starb ein Jahr darauf im Alter von 78 Jahren. Sein Sohn und Fontanes Patensohn Otto Meyer flüchtete sich ins US-amerikanische Exil.[42] Fontanes zweiter Patensohn Hans Sternheim wurde 1942 im Alter von 62 Jahren mit seiner Frau Ida nach Theresienstadt deportiert und 1944 in Auschwitz ermordet.[43]

Friedrich Cohn, der bis zum Schluss seinen Bart nach Kaiser-Wilhelm-Art frisierte, starb völlig verzweifelt am 14. Februar 1936 an einem Herzschlag – wenige Tage bevor sich sein Sohn Ernst Viebig mit seinen Enkeln nach Brasilien retten konnte.[44] Von den vierzig im Jahr 1933 eingetragenen Mitgliedern des Fontane-Abends wurden sechzehn in den Suizid getrieben, deportiert und umgebracht oder konnten sich durch Flucht ins Ausland retten. Der Büchersammler und Bankier Paul Wallich, der die Fontane-Tagebücher erworben hatte und im Safe seiner Villa an der Glienicker Brücke zwischen Berlin und Potsdam lagerte, nahm sich in der Pogromnacht 1938 das Leben, seine Frau ließ alles zurück und flüchtete nach England. Ein Teil der Tagebücher ist bis heute verschollen, in der heutigen Villa Schöningen – einem regelmäßigen Treffpunkt von hochrangigen Vertretern aus Politik und Medien – erinnert nichts an den bibliophilen Vorbesitzer und dessen Geschichte.

Thomas Mann floh 1933 zunächst ins Schweizer Exil, gegen ihn wurde ein Schutzhaftbefehl erlassen und ein Ausbürgerungsverfahren eingeleitet, woraufhin er 1936 die tschechoslowakische Staatsbürgerschaft annahm. Nach dem diese durch das Münchner

Abkommen von 1938 auch keine Sicherheit mehr bot, ging er mit seiner Familie ins US-amerikanische Exil. Heinrich Mann, der wegen seines offenen Widerstands gegen die neuen Machthaber auf der ersten Ausbürgerungsliste stand, flüchtete sich nach Südfrankreich, bevor er seinem Bruder 1940 in die USA folgte.[45] Gegen den Fischer-Lektor Ernst Heilborn, ein Förderer von Fontanes Werken, wurde 1936 wegen seiner jüdischen Herkunft ein Schreibverbot verhängt. Als dem mittlerweile Fünfundsiebzigjährigen trotz eines Visums 1942 die Ausreise in die Schweiz verweigert wurde, wurden seine Frau und er bei einem Fluchtversuch aus Deutschland verhaftet. Ernst Heilborn wurde erschossen, seine fünfundfünfzigjährige Frau nahm sich vor der Deportation ins Vernichtungslager das Leben.[46] Georg Friedlaenders Sohn Hans zog sich nach Entzug der Anwaltszulassung und Berufsverbot 1935 nach Schmiedeberg zurück, überlebte den Krieg, nicht aber die psychischen Verletzungen und nahm sich 1948 das Leben.[47]

VON NEURUPPIN NACH NEURUPPIN

Unter Fontanes leiblichen Kindern hatte, wenig überraschend, vor allem Friedrich das Testament als Benachteiligung gegenüber seiner Schwester empfunden und zeit seines Lebens nicht akzeptiert. Zugleich war er derjenige unter den Kindern, der sich – allein schon weil seine wirtschaftliche Existenz vom Werk des Vaters abhing – am meisten um die Erschließung, Katalogisierung und Verwertung des Nachlasses gekümmert hat.[48]

Das Gefühl der Zurücksetzung mischte sich bei Friedrich auch mit antijüdischen Ressentiments. Diese richteten sich vor allem gegen Paul Meyer, den er für das Testament verantwortlich machte. Sein Handexemplar von Meyers 1936 erschienenen Lebenserinnerungen ist mit bissigen Randbemerkungen übersät. In einem von

Hermann Fricke im Jahr 1966 veröffentlichten Aide-Mémoire, das Friedrich Fontane 1937 für ihn erstellt habe, wird dies explizit ausgesprochen. Meyers Erinnerungen seien ein einziges «Lügengewebe», in Wirklichkeit sei das «äußerst schlecht gemachte Testament» ursächlich für die Zerstreuungen des Nachlasses des Vaters gewesen.[49] Die Beziehungen seines Vaters zu den *Zwanglosen* seien ohnehin «nur ganz lose» gewesen. Sein Vater habe «überhaupt keine Freundschaften mit Juden» gepflegt. Innerlich habe bei seinem Vater «schon damals eine Abkehr vom Judentum» stattgefunden, «was ja dann in den beiden Gedichten und dem Brief an Paulsen auch später öffentlich zum Ausdruck» gekommen sei (dass beides durch ihn selbst veröffentlicht wurde, sagt er nicht).[50]

Auch wenn dies Äußerungen des Jahres 1937 sind, zeichnet sich eine gezielte Veröffentlichungspraxis von antijüdischen Schriften aus dem Nachlass des Vaters durch Friedrich schon unmittelbar nach Fontanes Tod ab. Noch bevor die Nachlasskommission ihre Arbeit aufnahm, veröffentlichte Friedrich gegen den ausgesprochenen Willen des Vaters, aber vor allem gegen ein mit Sicherheit abzusehendes Veto der laut Testament allein über Veröffentlichungen entscheidungsbefugten Nachlasskommission, im Juli-Heft 1899 der in seinem Verlag erscheinenden Zeitschrift *PAN* die beiden Gelegenheitsgedichte von Fontanes 75. Geburtstag.[51] Die Veröffentlichung lag durchaus auf der Linie konservativer Aufsichtsratsmitglieder von *PAN*, die die Zeitschrift in «ein deutsches Kunstblatt» umwandeln wollten, das die «Keime der heimischen Kunst» repräsentieren sollte. Das so nationalisierte Blatt verlor sein Publikum (viel «zu zahm», urteilte etwa Max Beckmann) und ging binnen Jahresfrist pleite. Die letzte Ausgabe von *PAN* erschien am 15. Juni 1900.[52]

Auch um die Briefe des Vaters kam es sofort zum Streit mit Schwester Martha und der Nachlasskommission. Emilie war nach dem Tod ihres Mannes und der Heirat Marthas mit Karl Emil Otto Fritsch mitsamt den Manuskripten und Briefen zu ihrem Sohn Friedrich gezogen; sie lebte dort bis zu ihrem Tod am 18. Februar

1902.[53] In diese Phase fallen die weitestgehenden Vernichtungsaktionen der Fontane-Korrespondenz, ohne dass die Nachlasskommission eingeweiht wurde. Auffällig ist, dass Emilie nicht nur Privatbriefe aus der Verlobungszeit vernichtet hat, sondern auch die Briefe Friedlaenders, Wolfssohns oder Brahms. Otto Pniower, der Assistent und spätere Direktor am Märkischen Museum, dem Emilie den Schreibtisch ihres Mannes, einige Möbelstücke und Manuskripte überlassen hatte, wo sie sich noch heute befinden («Das hat der Alte so gewollt», machte Emilie von ihrem Erstverfügungsrecht Gebrauch), warf Friedrich Fontane vor, er hätte seine «Mutter zu dem Vernichtungsakt bestimmt».[54] Auch Paul Schlenther warnte im Namen der Nachlasskommission nachdrücklich vor weiteren Vernichtungsaktionen: «Soweit dieser Nachlaß Eigenthum ist, gehört er den Erben, soweit er ein öffentliches Interesse hat, unterliegt er den Bestimmungen der Commission [...] ohne ihre Genehmigung darf er weder verbreitet noch vernichtet werden. Keineswegs aber ist der literarische Nachlaß eines Dichters vom Range Th. Fontanes ausschließlich Familienpapier, sondern er gehört auch zur Geschichte der Cultur seiner Zeit und seines Volkes.»[55] Nach dem Tod Emilies verschärfte sich der Streit zwischen Martha und Friedrich um den angemessenen Umgang mit dem Nachlass. Die Geschwister verkehrten nur noch per förmlichem «Sie», Rechtsanwälte wurden eingeschaltet, zeitweise wurde der Kontakt ganz abgebrochen.[56]

Das Aus für die Avantgardezeitschrift *PAN* wirkt wie ein Vorbote für den rasanten Niedergang des Verlags. Trotz bester Marktvoraussetzungen – im Jahr 1900 lag die Zahl von Neuerscheinungen auf dem Buchmarkt in Deutschland mit 25000 Titeln höher als in jedem anderen Land der Welt – geht es nach dem Tod des Vaters für den Friedrich Fontane Verlag nur noch bergab.[57] Zu unlauteren Geschäftspraktiken – bei *Effi Briest* täuschte Friedrich durch manipulierte Zahlen hohe Folgeauflagen vor; eine fälschlicherweise als «einzig autorisierte, einzig vollständige Ausgabe» angekündigte Übersetzung von Lew Tolstois *Auferstehung* brachte ihm eine Klage eines Petersburger Verlegers ein[58] – gesellten sich persönliche Turbulenzen.

Bereits 1892 hatte Friedrich Fontane mit der Berliner Modistin Agnes Hett ein erstes Kind (Georg Hett) gezeugt. Nach einer kurzen, wohl auch auf Druck der Eltern schnell wieder geschiedenen Ehe mit Frieda Lehmann im Jahr 1897 folgte am 15. Januar 1901 das zweite gemeinsame Kind mit Agnes Hett (Thea Hett). Während Friedrich Fontane noch mit Agnes Hett und seinen Geschwistern um die rechtliche Anerkennung der beiden unehelichen Kinder verhandelte, lernte er im Herbst 1901 bei einer Kurreise die wohlhabende Witwe Dina Toerpisch kennen, deren ansehnliches Vermögen den Verlag wieder liquide machen sollte. Statt Agnes Hett heiratete er Dina Toerpisch und machte sie kurz darauf zur einzigen Kommandantistin des Verlags.[59]

Ob Friedrich Fontane sich, befeuert durch das frische Geld, von seinen Partnern Egon Fleischel und Friedrich Cohn trennte oder diese von sich aus gingen, bedarf weiterer Untersuchungen. Tatsache ist, dass Cohn und Fleischel 1903 zusammen mit beinahe allen Erfolgsautorinnen und -autoren die Firma Friedrich Fontane & Co. verließen und ihren eigenen Verlag gründeten, für den sie sehr erfolgreich auch neue Autoren wie Stefan Zweig oder Georg Hermann gewannen.[60] Für den Friedrich Fontane Verlag dagegen leitete Cohns Gehen 1903 den Anfang vom Ende ein, so wie mit Cohns Kommen 1893 seine kurze Erfolgsgeschichte begonnen hatte.

Wie von Theodor Fontane befürchtet, wurde der Verlag des Sohnes ein reiner Familienverlag. Das Portfolio wurde mit immer demselben Namen auf dem Buchdeckel extrem monoton. Nach 1903 erschienen: *Fontanes Briefe an seine Familie* (1905, herausgegeben von Martha beziehungsweise pro forma von ihrem Ehemann), *Fontanes Briefe an die Freunde* (1909, herausgegeben von Otto Pniower und Paul Schlenther), Theaterkritiken (*Causerien über Theater*, herausgegeben von Paul Schlenther und Otto Pniower, 1904), Vermischte Schriften aus dem Nachlass Theodor Fontanes (inklusive *Mathilde

Möhring, herausgegeben von Josef Ettlinger, 1908), Zweitverwertungen der Romane und autobiographischen Schriften (1904, 1910), weitere Editionen von Briefen Theodor Fontanes. Hinzu kamen ein von den beiden Fontane-Schwestern Jenny Sommerfeldt und Elise Weber herausgegebenes Kochbuch mit Rezepten der Urgroßmutter *(Wie man in Berlin zur Zeit der Königin Luise kochte)*, Lebenserinnerungen des Urgroßvaters mütterlicherseits, Jean Pierre Barthélemy Rouanet (*Von Toulouse bis Beeskow*, 1904), *Fontane's neueste Spezial-Karten* mit Wanderrouten durch die Mark Brandenburg sowie schließlich als letzte Publikation zu Beginn des Ersten Weltkriegs die Feldpostbriefe des älteren Bruders George aus dem 1870/71er-Krieg.[61]

Der Verkaufserfolg blieb mehr als mäßig. 1908 wurden erste Rechte an den Romanen des Vaters *(L'Adultera)* an den S. Fischer Verlag veräußert, der damit seine Bibliothek zeitgenössischer Romane eröffnete. Es folgten *Cécile* und *Irrungen, Wirrungen*, anschließend *Frau Jenny Treibel* und *Mathilde Möhring*. Fischer verkaufte die Bücher zu einem Preis von einer Mark, während sie im Fontane Verlag zwischen 3 und 7 Mark kosteten, und erzielte so ganz andere Verkaufszahlen: *Irrungen, Wirrungen* wurde in 150 000 Exemplaren unter die Leserinnen und Leser gebracht. Als die Geschwister sahen, dass die Tantiemen flossen, beschloss man 1914 gemeinsam, alle Rechte am Werk des Vaters Fischer zu überlassen. Nach der Unterbrechung durch den Ersten Weltkrieg gingen diese am 1. November 1918 an Fischer über. Der Verlag F. Fontane & Co. existierte fortan nur noch auf dem Papier, bis 1928 mit dem Ablauf der gesetzlichen Schutzfrist der Autorenrechte dreißig Jahre nach Fontanes Tod auch Fischers Tantiemen versiegten und der Verlag aus dem Gewerberegister gelöscht wurde; die Nachlasskommission hatte sich bereits mit dem Tod von Paul Schlenther (1916) und dem Suizid von Martha Fontane-Fritsch (1917) de facto aufgelöst.[62]

Im Jahr 1919, genau hundert Jahre nachdem Henri Fontane und die schwangere Emilie Labry-Fontane sich von Berlin nach Neuruppin aufgemacht hatten, schlug ihr Enkel denselben Weg ein. Friedrich Fontane, der sich das Leben in der Großstadt nicht mehr leisten konnte, zog – die Manuskripte und Briefe seines Vaters im Gepäck – nach Neuruppin. Weiterhin versuchte er die Handschriften des Vaters irgendwie zu Geld zu machen. Teile des Nachlasses verkaufte er bereits unmittelbar nach dem Ersten Weltkrieg und während der Inflationszeit unter anderem an den bereits erwähnten Paul Emden.[63]

1929, nur die beiden Söhne Theodor junior (73 Jahre alt) und Friedrich (65) waren noch erbberechtigt, wurde der gesamte verbliebene Nachlass zu einem Preis von 50000 Reichsmark der Preußischen Staatsbibliothek angeboten. Da die Bibliothek das Angebot mitten in der schweren Weltwirtschaftskrise ablehnte, reduzierten die beiden Brüder den Preis immer weiter, bis sie schließlich 1933 ein letztes Angebot für 20000 RM unterbreiteten, während die Staatsbibliothek für alles, zahlbar in zehn Jahresraten, 8000 RM bot – so wenig, dass selbst der notleidende Friedrich das Angebot nicht annehmen konnte, weil es nicht einmal ein subsistenzsicherndes monatliches Einkommen bedeutet hätte. Schließlich wurde der Nachlass im Oktober 1933 über eine Autographenhandlung zum freien Verkauf gestellt. Der Erlös blieb weit unter den Erwartungen, es konnte nur rund ein Viertel der Bestände an unterschiedliche Käufer gebracht werden, am Ende stand mit 8300 RM ein Ertrag, der nur knapp über dem Angebot der Staatsbibliothek lag.[64]

Im selben Jahr starben Friedrichs Bruder Theodor und seine Frau Dina.[65] Als es buchstäblich ganz eng geworden war und Friedrich Fontane mit den Karteikästen, Abschriften und Manuskripten seines Vaters vereinsamt in seiner Neuruppiner Wohnung hauste, kam es zur ersten Kontaktaufnahme durch die neuen Machthaber. Der verarmte Dichtersohn, nach allen Zeugnissen weniger ein überzeugter Nazi als eine tragisch gescheiterte Existenz, war ein leichtes Ziel, um über ihn den berühmten Vater und märkischen Heimatdichter für die NS-Propaganda zu missbrauchen. Der achtundzwanzigjährige Pressereferent der brandenburgischen Provinzialverwaltung Dr. Hermann Fricke, der pünktlich zum 1. April 1933 von der national-konservativen DVP zur NSDAP gewechselt war, stattete im Frühsommer 1933 einen ersten Besuch bei Friedrich Fontane ab. «Unsere Gespräche knüpften zwanglos an den katastrophalen Ausgang der Versteigerung des Fontanenachlasses an», erinnert sich Fricke später.[66]

Was «zwanglos» besprochen wurde, verrät Fricke in seinen 1966 veröffentlichten Darlegungen, die mehr verschleiern als offenlegen, nicht. Allerdings erscheint unmittelbar darauf, am 8. Juli 1933 im *Neuruppiner Stürmer*, dem örtlichen Kampfblatt der SA, unter der Überschrift «Theodor Fontane und die Judenfrage» der Abdruck eines «ungehaltenen Vortrags von Friedrich Fontane, Archivar der Stadt Neuruppin». Der Untertitel legt nahe, dass Friedrich Fontane die übliche Unterstützung notleidender Literaten als Stadtarchivar zugesagt worden ist und er dafür den berühmten Ruppiner Fontane, dessen Denkmal seit 1907 unübersehbar die Stadt schmückte, mit Hilfe seiner Familienautorität und des verborgenen Nachlasses für die Ideologie des Nationalsozialismus umdeutete. Dass der Vortrag «ungehalten» blieb, mag ebenso für letzte Skrupel Friedrich Fontanes sprechen wie Frickes Erinnerung, dass dieser erst zwei Jahre später «volles Vertrauen» zu ihm gefasst habe.[67]

In dem ungehaltenen Vortrag wird Theodor Fontane als Vordenker der rassistischen NS-Ideologie dargestellt, und zwar «früher schon, als Worte wie ‹Rassenverbesserung›, ‹Abstammung› noch nicht in aller Leute Munde waren».[68] Wie zum Beweis führt Friedrich die beiden «inzwischen gedruckten Rassengedichte» *Veränderungen in der Mark* mit dem Untertitel «1000 Jahre deutsche Geschichte» und *An meinem Fünfundsiebzigsten* an. Als «Mann [...], der auf den Ertrag seiner Feder angewiesen war», habe er es sich lediglich nicht leisten können, diesen Antisemitismus auch offen zu äußern, wie Friedrich (oder sein Ghostwriter) mit Blick auf die angebliche damalige Herrschaft der Juden begründet: «Man vergegenwärtige sich die damalige Epoche. Kaiser und Könige beugten sich dem jüdischen Mammon, verliehen seinen prominenten Vertretern höchste Ehrungen und Auszeichnungen. – Man darf sagen: Wer hätte damals nicht auf die Juden Rücksicht nehmen müssen! Auf ihr Geld, ihren lawinenhaft wachsenden Einfluß!»

«Innerlich» aber sei sein Vater immer ein Antisemit gewesen. Zum krönenden Abschluss wird ein «sehr wichtiges, bisher ungedrucktes Dokument» präsentiert, «worin Fontanes Urteil über die jüdische Rasse, rückblickend auf das eigene, lange Leben, wie in einer Generalbeichte» sozusagen testamentarisch bekundet sei. Was Friedrich Fontane aus seinem Schlafzimmerschrank an das Licht der Öffentlichkeit gebracht hat, ist jener bereits erwähnte Brief Fontanes an Friedrich Paulsen vom 12. Mai 1898, der im *Neuruppiner Stürmer* erstmals veröffentlicht wurde und seither in allen Debatten um Fragen zu Fontanes Antisemitismus neben dem Geburtstagsgedicht immer an erster Stelle zitiert wird. Paulsen, eigentlich Reformpädagoge, hatte im Kaiserreich den akademischen Antisemitismus öffentlich propagiert. Sein Sohn Rudolf wurde erst expressionistischer, dann esoterischer Schriftsteller und trat bereits 1931 in die NSDAP und SA ein. Seitdem schrieb er regelmäßig für die nationalsozialistische Presse, die ihn ihrerseits als «Dichter der Nation» feierte.[69]

Für die Berliner Universität leistete der Erich-Schmidt-Nachfolger auf dem Lehrstuhl für Germanistik Julius Petersen in seiner Schrift *Die Sehnsucht nach dem Dritten Reich in deutscher Sage und Dichtung* von 1934 den gleichen Dienst. Im Sinne der völkischen Heimatliteratur wurden Fontane und Wilhelm Raabe als Autoren präsentiert, die bei den Gegenpolen der Moderne «zwischen Stadt und Land», «zwischen Asphalt und Scholle, zwischen Großstadtnaturalismus und Heimatkunst, zwischen Dekadenz und Aufbau, zwischen europäischer und deutscher Richtung» immer auf der richtigen, das heißt aus der Sicht Petersens, zweitgenannten Seite gestanden hätten. Folgerichtig gelte für beide: «Und wir dürfen die

Vertreter des Bodenständigen [...] als Wegbereiter des gegenwärtigen Dritten Reiches betrachten.»[70] Für Fontane im Besonderen gelte: «Dabei ist der Wanderer durch die Mark im Gefühl eigener Blutmischung mit besonders feinem Unterscheidungsvermögen den Zusammenhängen von Blut und Boden nachgegangen und hat in den Charakteren seiner Romane von ‹Vor dem Sturm› bis zum ‹Stechlin› mit einer von Unduldsamkeit freien, aber entschiedenen Vorliebe die Rassenwerte gekennzeichnet.» Als einziges Fontane-Zitat zum Beleg seiner Thesen führt Petersen einen Auszug aus einem zu Lebzeiten unveröffentlichten Brief Fontanes an seinen Sohn an: «Das Richtige ist: verbleib innerhalb der eigenen Sphäre, dieselbe Nationalität, dieselbe Religion, dieselbe Lebensstellung.»[71]

«Literarische Leichenschändung», kommentierten deutsche Emigrantenzeitungen in Paris Petersens 90-Seiten-Durchmarsch durch 500 Jahre deutscher Literaturgeschichte mit dem Ziel «Drittes Reich» und machten den Inhaber des renommiertesten Germanistiklehrstuhls in Deutschland, Präsident der Goethe-Gesellschaft und Ordentliches Mitglied der Preußischen Akademie der Wissenschaften bei allen diskutablen Widersprüchen in Fontanes Leben auf den Unterschied zwischen Literatur und politischer Propaganda sowie gewisse Mindeststandards historisch angemessener Interpretation aufmerksam: «Das stärkste Stück aber ist wohl, daß der Petersen auch Theodor Fontane enthert, indem er ihm heimliche Sehnsucht nach dem ‹Dritten Reich› nachsagt. Nun war Fontane kein Politiker, sondern ein Poet, kein Parteimann, sondern ein Künstler, kein Prinzipienreiter, sondern ein Ironiker, und in einem langen Leben machte er auch von dem Recht, ein Mensch mit seinem Widerspruch zu sein, Gebrauch. Wie es denn leicht wäre, bei Heinrich Heine, bei Karl Marx oder Walther Rathenau Aeußerungen zusammenzuklauben, die sie zu Antisemiten stempelten, läßt sich aehnliches für primitive Gehirne auch mit Fontane zuwege bringen. Hat er nicht einmal erklärt, er wolle nicht von Juden regiert sein?

Na also! Er hat es nur nicht erlebt, sonst riefe auch er jetzt voll Begeisterung: Heil Hitler!»[72]

Unmittelbar im Zusammenhang mit der propagandistischen Begleitung der Nürnberger «Rassegesetze» vom 15. September 1935 wurde dann nachgelegt. Auf dem Parteitag der NSDAP war das «Gesetz zum Schutz des deutschen Blutes und der deutschen Ehre» beschlossen worden, mit dem der Nachweis der «arischen» Abstammung («Deutschreinblütigkeitserklärung») zur Vorbedingung für jede öffentliche Anstellung und gesellschaftliche Partizipation gemacht wurde. «Mischehen» mit Juden wurden verboten, im Sinne der Rassenideologie wurden «jüdisch Versippte» aus allen öffentlichen Ämtern entlassen, weitgehende Berufsverbote ausgesprochen. Der nach zwei Jahren Nationalsozialismus noch nicht durchweg an die neuen Gewaltverhältnisse gewohnten Bevölkerung musste man das erklären, und Joseph Goebbels' Propagandaministerium wurde umfassend tätig.

Wieder wandte sich Fricke an den Dichtersohn. Noch im selben Monat stellte Friedrich Fontane für Fricke einen Katalog der Bestände zusammen, damit dieser mit seinen Vorgesetzten über eine Übernahme verhandeln konnte. Für ein Handgeld von 1000 Reichsmark und einen kleinen monatlichen Betrag für seine Archivarbeiten sowie eine Zahlung von 7000 Mark an die Erbengemeinschaft übernahm die Brandenburgische Provinzialverwaltung per Kaufvertrag vom 18. Dezember 1935 die Bestände.[73] Zuvor verkündete die *Märkische Zeitung* am 30. November 1935, dass es durch das Zusammenwirken der Gauleitung, des NSDAP-Landeshauptmanns Dietloff von Arnim und des SS-Obersturmbannführers und Oberbürgermeisters von Neuruppin Kurt Krüger gelungen sei, das persönliche Geldgeschenk an Friedrich Fontane zu ermöglichen.[74] Laut Akten des Brandenburgischen Landeshauptarchivs reklamierte aber auch der Lokaldichter Wilhelm Kotzde-Kottenrodt seinen Anteil, da er sich schon am «14. Neblung» 1935 («Nebelung» oder «Neblung» war in der NS-Sprache der Monat November) für die Gabe an den Literatensohn starkgemacht habe.⁷⁵ Friedrich Fontane bedankte sich am 2. Dezember 1935 bei Fricke für die «Ehrengabe» und fügte hinzu, dass er seinen Auftrag nun als erfüllt ansehe: «Wenn ich in etwas dazu beitragen durfte, daß der ‹Mann› und das ‹Werk› eines durch und durch echt deutsch empfindenden Heimatdichters unserm Volk erhalten blieb, dann habe ich meine Aufgabe erfüllt.»⁷⁶

Und wie bereits nach der ersten Kontaktaufnahme 1933 erschien auch jetzt wieder in der NS-Presse der entsprechende Begleitartikel mit «Funden» aus dem Nachlass Fontanes, diesmal in der überregionalen SS-Zeitung *Das schwarze Korps*.⁷⁷ Nur vier Tage nach dem Erlass der «Rassegesetze» hatte man «unter den zahlreichen noch ungedruckt schlummernden Briefen Fontanes» Passendes «entdeckt». Unter der Überschrift «Briefwechsel über die Judenfrage» folgt noch einmal der Abdruck des Briefs an Paulsen aus dem *Neuruppiner Stürmer*, ergänzt um das Antwortschreiben Paulsens. Tenor des Begleitartikels: Der Antisemitismus, der «in der Auslandspresse mit Vorliebe als eine ‹neue barbarische Erfindung› hingestellt» werde, sei schon im vergangenen Jahrhundert eine angemessene Reaktion gewesen. Wenn selbst ein so weltgewandter und toleranter Autor wie Fontane, der von sich betont, «er sei von den Juden stets gut behandelt worden», gleichsam als sein Testament «ein so vernichtendes Urteil über die [jüdische] Rasse als solche als Niederschlag der in einem langen Leben gemachten Erfahrungen fällt», werde «einem erst recht klar, wie sehr die Erkenntnis von der drohenden Gefahr der sich immer mehr breitmachenden Eindringlinge schon im vergangenen Jahrhundert Wurzel geschlagen hatte».

Den «genauen Fontane-Kenner» könnten jedoch die Äußerungen nicht überraschen, sondern der Antisemitismus zöge sich im Gegenteil «wie ein roter Faden [...] durch die intimsten brieflichen Äußerungen an seine Angehörigen und gute Freunde». Der Schlafzimmerschrank des Sohnes leistete beste Dienste. Da sich in Fontanes Werken und Veröffentlichungen zu Lebzeiten beim besten

Willen nichts Verwertbares finden ließ, um die «Rassegesetze» zu rechtfertigen, endet der Artikel mit einem Raunen: «Und wie erst mögen die mündlichen Aussprachen zum Thema ‹Judenfrage› gelautet haben! ...»[78] In seinem eingangs zitierten Aide-Mémoire an Hermann Fricke von 1937 hat Friedrich Fontane dann noch die gewünschten «mündlichen Aussprachen» seines Vaters nachgeliefert. Am 22. September 1941 starb mit Friedrich Fontane der letzte leibliche Sohn Theodor Fontanes, wenige Monate nach dem Exkaiser und Namensgeber der Epoche des Wilhelminismus.

EPILOG:
FONTANE-RETTERINNEN

Am Fontane-Oberseminar von Julius Petersen im Wintersemester 1935/36 an der Berliner Universität nahmen neben zweiundzwanzig weiteren Studierenden die beiden Doktorandinnen Charlotte Jolles und Jutta Fürstenau teil. Die Seminargruppe kam regelmäßig im neugegründeten Theodor-Fontane-Archiv zusammen, das nach dem Erwerb des Dichter-Nachlasses zum Jahresbeginn 1936 seinen Sitz in Berlin genommen hatte. Hermann Fricke wurde zum ersten Direktor des Archivs und blieb dies bis zum Kriegsende. Petersen und Fricke, deren problematische Rolle im Nationalsozialismus deutlich geworden sein sollte, haben nicht nur Propaganda-Artikel verfasst, sondern auch die wissenschaftliche Beschäftigung mit Fontane befördert beziehungsweise mit dem Theodor-Fontane-Archiv eine Institution begründet, die alle wechselvollen Phasen der deutschen Geschichte des 20. Jahrhunderts bis in die Gegenwart überdauern sollte.[79] Jolles und Fürstenau wurden als wissenschaftliche Mitarbeiterinnen im Archiv angestellt und haben den Bestand gemeinsam mit Fricke bis zum Beginn des Zweiten Weltkriegs erstmals methodisch fundiert gesichtet und geordnet.

Jolles, geboren am 5. Oktober 1909 in Berlin, promovierte seit 1932 mit einer Arbeit über den politischen Journalisten Fontane. Sie sichtete dazu zahlreiche heute verlorene Quellenbestände, unter anderem die große Zeitungssammlung der Reichstagsbibliothek. Der von Wilhelm II. als «Reichsaffenhaus» verspottete Parlamentssitz, den der mit Theodor Fontane gut bekannte Architekt Paul Wallot entworfen hatte, war 1933 mutmaßlich von den Nationalsozialisten in Brand gesteckt worden.[80] Wegen ihres jüdischen Vaters wurde Jolles' Studienbuch noch im selben Jahr mit einem dicken gelben Strich quer über die erste Seite stigmatisiert.[81] Sie hat die Arbeit 1936 abgeschlossen und auch alle anschließenden Prüfungen des Rigorosums erfolgreich absolviert. Allerdings wurde ihr nahegelegt, der feierlichen Verleihung der Promotionsurkunde fernzubleiben. Jolles' bis heute grundlegende Dissertation konnte in Deutschland nicht mehr publiziert werden und ist erstmals vollständig unter dem Titel *Fontane und die Politik* erst 1983 von Gotthard Erler im Aufbau Verlag Berlin und Weimar veröffentlicht worden.[82]

Nur durch ihren kranken Vater noch in Deutschland gehalten, floh sie nach dessen Tod und den Novemberpogromen 1938 im Januar 1939 über Amsterdam nach London. Nach dem Krieg wurde sie britische Staatsbürgerin, gab an einer Mädchenschule Deutschunterricht und erwarb 1947 mit einer Arbeit zu den deutsch-britischen Literaturbeziehungen des 19. Jahrhunderts am Beispiel Theodor Fontanes einen Master-Abschluss. 1955 nahm sie eine Dozentenstelle am Birkbeck College an, das – Fontane hätte es gefallen – auf Erwachsenenbildung und lebenslanges Lernen spezialisiert war. Im Pensionierungsalter von 67 Jahren wurde sie dort 1977 zur Professorin für deutsche Sprache und Literatur ernannt. Ein ähnlicher Workaholic wie ihr lebenslanger Forschungsgegenstand Theodor Fontane, hat sie bis zu ihrem Tod am Silvestertag 2003 noch ein Vierteljahrhundert lang grundlegende Studien und Artikel zu Fontanes Werk vorgelegt.[83]

Die zur Flucht gezwungene Jolles, die nur mit einer Schreibmaschine und 10 Mark in der Tasche ihre Heimat verlassen musste, begründete nicht nur die internationale Fontane-Forschung in Großbritannien und Irland sowie im weiteren englischsprachigen Raum. Nebenbei vermittelte sie in der Zeit der deutschen Teilung zwischen den beiden getrennten Wissenschaftlergemeinschaften, wobei sie durch ihren Blick «von außen» manche durch wissenschaftsexterne Faktoren begründeten Spannungen und Perspektiv-Verengungen überwand.[84] Gleichermaßen in der wichtigen DDR-Forschung, wo sich auch die meisten Quellenbestände befanden, wie bei Fontane-Forscherinnen und -Forschern in der Bundesrepublik anerkannt, trug sie dazu bei, dass das Theodor-Fontane-Archiv in Potsdam zu einer internationalen Anlaufstelle für Interessierte aus beiden Blöcken werden konnte. An allen heute vorliegenden wissenschaftlichen Fontane-Editionen war sie entweder direkt als Bandherausgeberin beteiligt oder hat durch ihren immensen Wissensfundus zu ihnen beigetragen. Günter Grass, der ihr in seinem Roman *Ein weites Feld* ein literarisches Denkmal gesetzt hat, lässt seine Hauptfigur Fonty über Jolles mutmaßen: «Sie weiß beinahe alles. Und vielleicht weiß sie sogar mehr, als sie offengelegt hat ...»

Nach dem Krieg traf Jolles auch wieder auf ihre Kommilitonin aus den 1930er Jahren, Jutta Fürstenau. Fürstenau, geboren am 21. März 1913 in Berlin, promovierte 1941 mit einer Arbeit über Fontanes *Wanderungen durch die Mark Brandenburg*. Die im selben Jahr unter dem Titel *Fontane und die märkische Heimat* als Buch erschienene Dissertation stellt, wenn auch Jargon und Begrifflichkeit der Entstehungszeit der Arbeit verhaftet sind, wegen ihres Materialreichtums immer noch eine grundlegende Studie zu Fontanes großem *Wanderungen*-Projekt dar. Auch Fürstenau war während der deutschen Teilung eine Grenzgängerin. Obwohl sie ihren Wohnsitz in Westberlin hatte, war sie an der Arbeitsstelle des Goethe-Wörterbuchs an der Akademie der Wissenschaft im Ostteil der Stadt beschäftigt: zunächst von 1947 bis 1956 als Mitarbeiterin, anschließend als Leiterin der Arbeitsstelle. Diese Tätigkeit setzte sie auch nach dem Mauerbau noch bis 1967 fort. Jolles und Fürstenau, die Geflüchtete und die Dagebliebene, begegneten sich nach dem Krieg auf vielen Tagungen und kooperierten in ihrer gemeinsamen Mitarbeit an den beiden in der Bundesrepublik entstandenen wissenschaftlichen Fontane-Ausgaben. Einer der wenigen akademischen Nachrufe auf Jutta Fürstenau stammt von Charlotte Jolles.[85]

Dass Fontanes Erbe das «Jahrhundert der Extreme» (Eric Hobsbawm) überstand und trotz aller Verheerungen weitergetragen wurde, liegt aber auch an vielen heute unbekannten und nichtakademischen Wahlverwandten des Dichters. Ganz im Anschluss an Fontanes nicht nur mit den *Wanderungen* verfolgtes Modell der Schwarmintelligenz und sein Misstrauen gegen die akademische Welt als alleinige oder auch nur privilegierte Trägerin von Wissen wurde und wird es in überproportionalem Ausmaß von Liebhaberinnen, Lehrerinnen, Lokalexpertinnen oder Museumsmitarbeiterinnen (die jeweiligen männlichen Formen darf man mitlesen) am Leben erhalten.

Repräsentativ für viele weitere sei abschließend Lotte Engel genannt. Geboren am 20. Mai 1897 in Berlin, bekam sie 1926 von ihrem Onkel Arthur Pakscher das Konvolut der Briefe Fontanes an Wilhelm Wolfsohn zum Geburtstag geschenkt, weil er wusste, dass sie «eine große Verehrerin und Kennerin Fontane's» war. Auf ihrer Flucht vor dem Naziterror rettete sie sich und die Briefe bis nach Guatemala. Da ihre Töchter verständlicherweise in ihren völlig anderen Lebensumständen weder Interesse noch Geduld für die in der alten Kurrentschrift verfassten und inzwischen vergilbten Briefe hatten, wandte sich Lotte Engel Jahrzehnte später an ihren alten Bekannten aus Berliner Tagen Kurt Blumenfeld, der inzwischen in Jerusalem lebte und mit dem sie über die Jahre und Erdteile hinweg in Briefkontakt geblieben war. Über Blumenfeld gelangte das Konvolut zunächst an das dortige Leo Baeck Institut, bevor es 2002 vom

Theodor-Fontane-Archiv Potsdam erworben und mit den dort aufbewahrten Briefen Wilhelm Wolfsohns zusammengeführt wurde. Lotte Engel ist 1981 in Guatemala verstorben.[86] Wie Lotte Engel hatten viele deutsche Geflüchtete Briefe und Dokumente ihrer Vorfahren aus dem Umfeld Theodor Fontanes im Gepäck und retteten diese an ihre Zufluchtsorte von Buenos Aires bis Teheran, von Tel Aviv bis Sydney.

Sie alle haben, häufig nicht freiwillig und unter größtem menschlichen Leid, dazu beigetragen, dass Fontanes Werke heute in mehr Sprachen der Welt übersetzt vorliegen als jemals zuvor und zu den internationalen Klassikern der Literatur des bürgerlichen Realismus zählen.

ANHANG

DANK

Dieses Buch hätte ohne die Mithilfe vieler Ratgeberinnen und Unterstützer nicht geschrieben werden können. Mein Dank gilt Peer Trilcke, Klaus-Peter Möller, Ursula Wallmeier, Peter Schaefer und allen Kolleginnen und Kollegen vom Theodor-Fontane-Archiv Potsdam, Bettina Machner vom Stadtmuseum Berlin, Heike Gfrereis und Birgit Slenzka vom Deutschen Literaturarchiv Marbach. Petra McGillen und Alice Hipp danke ich dafür, dass sie mir ihre demnächst erscheinenden Promotionsarbeiten zur Verfügung gestellt haben, mit denen sie neue Perspektiven der Fontane-Forschung aufzeigen. Wertvolle Hinweise und inspirierende Diskussionen verdanke ich Roland Berbig, Judith Coffey, Lars Eckstein, Gustav Frank, Atina Grossmann, Christine Haug, Sophie Heymann, Bärbel Holtz, Erika Kontulainen, Frank Mecklenburg, Annette Meyer, Lothar Müller, Hans Pelger, Dieter Stolz, Burkhard Talebitari-Tewes, Gerd-Christian Treutler, Liliane Weissberg, Dirk Wiemann und Hanna Delf von Wolzogen. Vinzenz Hoppe und Truc VuMinh haben mir als Mitarbeiter/-innen am Institut durch ihr Engagement den Rücken freigehalten. Den Studierenden der Universität Potsdam danke ich für ihre anregenden Seminarbeiträge.

Ohne meine Lektorin Clara Polley wäre das Buch nicht geschrieben worden. Sie hat es von der Idee bis zur Endredaktion professionell begleitet. Kristian Wachinger hat dem Text mit all seiner Erfahrung und als intimer Fontane-Kenner mehr als den Feinschliff gegeben. Jule Herrmann hat die Mühen der

Prüfung von Zitaten und bibliographischen Nachweisen auf sich genommen. Katrin Finkemeier und Ingrid König danke ich für die wunderschöne Gestaltung des Bildteils und des Buchs.

Dorothee D'Aprile und Helmut Peitsch schließlich haben das gesamte Manuskript Kapitel für Kapitel gelesen und zahlreiche inhaltliche und stilistische Hinweise gegeben. Ihr Anteil am Zustandekommen des Buches ist unschätzbar.

Wie erwartet hat sich die Gemeinde der Fontane-Kenner als unschlagbar erwiesen. Für Hinweise auf kleinere Ungenauigkeiten und Fehler, die in der zweiten und dritten Auflage korrigiert wurden, danke ich Hajo Cornel, Andreas Graf, Barbara M. Henke, Tilman Krause, Martin Lowsky, Klaus-Peter Möller, Lothar Müller, Gerke Pachali, Wolfgang Rasch, Peter Schaefer, Gerd Schwieger, Gerhard Stadelmaier und Peter Trotier.

KURZTITEL

AFA Theodor Fontane: Romane und Erzählungen in 8 Bänden. Hrsg. von Gotthard Erler, Peter Goldammer, Anita Goltz und Jürgen Jahn. Berlin, Weimar 1969. (Aufbau Fontane-Ausgabe).

AFA Autobiogr. Schriften Theodor Fontane: Autobiographische Schriften. Hrsg. von Gotthard Erler, Peter Goldammer und Joachim Krueger. 3 Bde. Berlin, Weimar 1982.

Aus der Au Carmen aus der Au: Theodor Fontane als Kunstkritiker. Berlin, Boston 2017.

Berlins 19. Jahrhundert Roland Berbig, Iwan-Michelangelo D'Aprile, Helmut Peitsch, Erhard Schütz (Hrsg.): Berlins 19. Jahrhundert. Ein Metropolen-Kompendium. Berlin 2011.

BW Decker Theodor Fontane: Briefe an den Verleger Rudolf von Decker. Mit sämtlichen Briefen an den Illustrator Ludwig Burger und zahlreichen weiteren Dokumenten, hrsg. von Walter Hettche. Heidelberg 1988.

BW Eggers Theodor Fontane und Friedrich Eggers. Der Briefwechsel. Mit Fontanes Briefen an Karl Eggers und der Korrespondenz von Friedrich Eggers mit Emilie Fontane, hrsg. von Roland Berbig. Berlin, New York 1997.

BW Friedlaender 1954 Theodor Fontane: Briefe an Georg Friedlaender, hrsg. und erl. von Kurt Schreinert. Heidelberg 1954.

BW Friedlaender 1994 Theodor Fontane. Briefe an Georg Friedlaender. Aufgrund der Edition von Kurt Schreinert und der Handschriften neu hrsg. und mit einem Nachwort vers. von Walter Hettche. Mit einem Essay von Thomas Mann. Frankfurt a.M., Leipzig 1994.

BW Hertz Theodor Fontane: Briefe an Wilhelm und Hans Hertz 1859–1898, hrsg. von Kurt Schreinert, vollendet und mit einer Einführung versehen von Gerhard Hay. Stuttgart 1972.

BW Heyse Der Briefwechsel zwischen Theodor Fontane und Paul Heyse, hrsg. von Gotthard Erler. Berlin, Weimar 1972.

BW Lepel 1–2 Theodor Fontane und Bernhard von Lepel. Der Briefwechsel, hrsg. von Gabriele Radecke. 2 Bde. Berlin, New York 2006.

BW Merckel 1–2 Die Fontanes und die Merckels. Ein Familienbriefwechsel 1850–1870, hrsg. von Gotthard Erler. 2 Bde. Berlin, Weimar 1987.

Bd. 1: 30. Juli 1850-15. März 1858.
Bd. 2: 18. März 1858-15. Juli 1870.
BW Rohr Theodor Fontane: Briefe in vier Bänden. Bd. 3: Briefe an Mathilde von Rohr, hrsg. von Kurt Schreinert (zu Ende geführt und mit einem Nachwort versehen von Charlotte Jolles). Berlin 1971.
BW Tochter/Schwester Theodor Fontane: Briefe in vier Bänden. Bd. 2: Briefe an die Tochter und an die Schwester, hrsg. von Kurt Schreinert (zu Ende geführt und mit einem Nachwort versehen von Charlotte Jolles). Berlin 1969.
BW Wolfsohn 1910 Theodor Fontanes Briefwechsel mit Wilhelm Wolfsohn, hrsg. von Wilhelm Wolters. Berlin 1910.
BW Wolfsohn 1988 Theodor Fontanes Briefwechsel mit Wilhelm Wolfsohn, hrsg. von Christa Schultze. Berlin, Weimar 1988.
BW Wolfsohn 2006 Theodor Fontane und Wilhelm Wolfsohn – eine interkulturelle Beziehung. Briefe, Dokumente, Reflexionen, hrsg. von Hanna Delf von Wolzogen, Itta Shedletzky. Tübingen 2006.
Clark Christopher Clark: Preußen. Aufstieg und Niedergang. 1600-1947. München 2007.
Craig Gordon A. Craig: Über Fontane. Aus dem Amerikanischen von Jürgen Baron von Koskull. München 1997.
Der frühe Fontane Helmuth Nürnberger: Der frühe Fontane. Politik, Poesie, Geschichte 1840-1860. Hamburg 1967.
Drude Otto Drude: Fontane und sein Berlin. Personen, Häuser, Straßen, Frankfurt a. M. 1998.
EBW 1-3 Emilie und Theodor Fontane. Der Ehebriefwechsel, hrsg. von Gotthard Erler unter Mitarbeit von Therese Erler. 3 Bde. Berlin 1998. (GBA XII, 1-3).
Bd. 1: Dichterfrauen sind immer so. Der Ehebriefwechsel 1844-1857.
Bd. 2: Geliebte Ungeduld. Der Ehebriefwechsel 1857-1871.
Bd. 3: Die Zuneigung ist etwas Rätselvolles. Der Ehebriefwechsel 1873-1898.
Erinnerungen Wolfgang Rasch, Christina Hehle (Hrsg.): «Erschrecken Sie nicht, ich bin es selbst». Erinnerungen an Theodor Fontane. Berlin 2006.
Evans Richard Evans: The Pursuit of Power. Europe 1815-1914. Toronto 2016.
Exilanten Rudolf Muhs, Peter Alter (Hrsg.): Exilanten und andere Deutsche in Fontanes London. Stuttgart 1996.
Familienbriefnetz Regina Dieterle (Hrsg.): Theodor Fontane und Martha Fontane. Ein Familienbriefnetz. Berlin, New York 2002.
FBiblio 1-3 Wolfgang Rasch: Theodor Fontane Bibliographie. Werk und Forschung. In Verbindung mit der Humboldt-Universität zu Berlin und dem Theodor-Fontane-Archiv in Potsdam hrsg. von Ernst Osterkamp und Hanna Delf von Wolzogen. Berlin, New York 2006.

FBl Fontane-Blätter
FChronik 1–5 Roland Berbig: Theodor Fontane Chronik. (Projektmitarbeit 1999–2004: Josefine Kitzbichler). 5 Bde. Berlin, New York 2010.
FHandbuch Fontane-Handbuch, hrsg. von Christian Grawe und Helmuth Nürnberger. Stuttgart 2000.
FLexikon Fontane-Lexikon. Namen – Stoffe – Zeitgeschichte, hrsg. von Helmuth Nürnberger und Dietmar Storch, München 2007.
Fontane am Ende des Jahrhunderts 1–3 Hanna Delf von Wolzogen, Helmuth Nürnberger (Hrsg.): Theodor Fontane. Am Ende des Jahrhunderts. 3 Bde. Würzburg 2000.
Fontane im lit. Leben Roland Berbig: Theodor Fontane im literarischen Leben. Zeitungen und Zeitschriften, Verlage und Vereine, unter Mitarbeit von Bettina Hartz. Berlin, New York 2000.
Fontane und die Akademie Walther Huder (Hrsg.): Theodor Fontane und die preußische Akademie der Künste. Ein Dossier aus Briefen und Dokumenten des Jahres 1876. Berlin 1971.
Fontane und die bildende Kunst Claude Keisch, Peter-Klaus Schuster, Moritz Wullen (Hrsg): Fontane und die bildende Kunst. Berlin 1998
Fontane und die Welt Hanna Delf von Wolzogen, Richard Faber, Helmut Peitsch (Hrsg.): Theodor Fontane. Berlin, Brandenburg, Preußen, Deutschland, Europa und die Welt. Würzburg 2014.
Fontane und sein Jahrhundert Fontane und sein Jahrhundert, hrsg. von der Stiftung Stadtmuseum Berlin, Berlin 1998.
Fontane-Archiv Manfred Horlitz (Hrsg.): Theodor-Fontane-Archiv Potsdam 1935–1995. Berichte, Dokumente, Erinnerungen. Berlin 1995.
Fontanes Gesellschaftsromane Peter-Uwe Hohendahl, Ulrike Vedder (Hrsg.): Herausforderungen des Realismus. Theodor Fontanes Gesellschaftsromane, Freiburg i.Br., Berlin, Wien 2018.
Fragmente 1–2 Theodor Fontane: Fragmente. Erzählungen, Impressionen, Essays. Im Auftrag des Theodor-Fontane-Archivs hrsg. von Christine Hehle und Hanna Delf von Wolzogen. 2 Bde. Berlin, Boston 2016.
Bd. 1: Texte
Bd. 2: Kommentare
Fürstenau Jutta Fürstenau: Fontane und die märkische Heimat. Berlin 1941.
GBA Theodor Fontane: Große Brandenburger Ausgabe. Begründet und herausgegeben von Gotthard Erler. Fortgeführt von Gabriele Radecke und Heinrich Detering. Berlin 1994 ff.
I. Abteilung: Das erzählerische Werk. 21 Bde. Berlin 1997 ff. Hrsg. in Zusammenarbeit mit dem Theodor-Fontane-Archiv Potsdam. Editorische Betreuung: Christine Hehle.
II. Abteilung: Gedichte. 3 Bde. Zweite, durchgesehene und erweiterte Auflage Berlin 1995. Hrsg. von Joachim Krueger und Anita Golz.

III. Abteilung: Das autobiographische Werk. Berlin 2014 ff. Hrsg. von Gabriele Radecke und Heinrich Detering.
IV. Abteilung: Das reiseliterarische Werk. Berlin 2017 ff. Hrsg. von Gabriele Radecke und Heinrich Detering.
V. Abteilung: Wanderungen durch die Mark Brandenburg. 8 Bände. Berlin 1994–1997. Hrsg. von Gotthard Erler und Rudolf Mingau, unter Mitarbeit von Therese Erler.
XI. Abteilung: Tage- und Reisetagebücher. 3 Bände. Berlin 1994–2012. Hrsg. von Gotthard Erler, Christine Hehle und Charlotte Jolles unter Mitarbeit von Rudolf Muhs und Therese Erler.

Geschichte und Geschichten Hanna Delf von Wolzogen (Hrsg.): «Geschichte und Geschichten aus Mark Brandenburg». Fontanes «Wanderungen durch die Mark Brandenburg» im Kontext der europäischen Reiseliteratur. Würzburg 2003.

Grätz Katharina Grätz: Alles kommt auf die Beleuchtung an. Theodor Fontane – Leben und Werk. Stuttgart 2015.

Handbuch Vereine Wulf Wülfing, Karin Bruns, Rolf Parr (Hrsg.): Handbuch literarisch-kultureller Vereine, Gruppen und Bünde 1825–1933. Stuttgart, Weimar 1998.

HFA Theodor Fontane: Werke, Schriften und Briefe. Hrsg. von Walter Keitel und Helmuth Nürnberger. 22. Bde. 2. Aufl. München 1971–1997. (Hanser Fontane-Ausgabe)

Hipp Alice Hipp: Spätrealistische Positionierungspraktiken in Kulturzeitschriften der Gründerzeit (1870/71–1890). Geschäftsverhältnisse und Werkgestaltung vom Zeitschriftenabdruck zur Buchausgabe bei Fontane, Storm und C.F. Meyer. Diss. phil., Karlsruhe 2017.

Jolles Charlotte Jolles: Fontane und die Politik. Ein Beitrag zur Wesensbestimmung Theodor Fontanes. Berlin 1983.

Jolles – ein Leben für Theodor Fontane Charlotte Jolles – ein Leben für Theodor Fontane. Gesammelte Aufsätze und Schriften aus sechs Jahrzehnten, hrsg. von Gotthard Erler unter Mitarb. von Helen Chambers. Würzburg 2010.

Lebensraum und Phantasiewelt Edda Ziegler, Gotthard Erler: Theodor Fontane. Lebensraum und Phantasiewelt. Eine Biographie. Berlin 1996.

Lewald/Stahr 1–2 Gabriele Schneider, Renate Sternagel (Hrsg.): Ein Leben auf dem Papier. Fanny Lewald und Adolf Stahr. Der Briefwechsel 1846 bis 1852. 2 Bde. Bielefeld 2015.
Bd. 1: 1846/47
Bd. 2: 1848/49

McGillen Petra Spies McGillen: Original Compiler. Notation as Textual Practice in Theodor Fontane. Diss. phil., Princeton 2012.

NFA Theodor Fontane: Sämtliche Werke. Hrsg. von Edgar Gross, Kurt Schreinert u.a. 24 Bde. München 1959–1975 (Nymphenburger Fontane-Ausgabe).

Nürnberger Helmuth Nürnberger: Fontanes Welt. Berlin 1997.
Osterhammel Jürgen Osterhammel: Die Verwandlung der Welt. Eine Geschichte des 19. Jahrhunderts. München 2009.
Realien Stephan Braese, Anne Kathrin Reulecke (Hrsg.): Realien des Realismus. Wissenschaft – Technik – Medien in Theodor Fontanes Erzählprosa. Berlin 2010.
Reuter 1–2 Hans-Heinrich Reuter: Fontane. 2 Bde. Berlin 1968.
Sagarra Eda Sagarra: Germany in the Nineteenth Century. History and Literature. New York 2001.
Tochter Regina Dieterle: Die Tochter. Das Leben der Martha Fontane. München, Wien 2006.
Unechte Korrespondenzen 1–2 Theodor Fontane: «Unechte Korrespondenzen», hrsg. von Heide Streiter-Buscher. 2. Bde. Berlin, New York 1996.
Wehler Hans-Ulrich Wehler: Deutsche Gesellschaftsgeschichte, 1750–1949. 4 Bde. München 1987–2003.

ANMERKUNGEN

EINLEITUNG

1 Max Schneidewin: Vorrede. In: Die besten Bücher aller Zeiten und Litteraturen. Ein deutsches Gegenstück zu den englischen «Listen der 100 besten Bücher». Zur Beratung des lesenden Publikums zusammengestellt, Berlin 1889, 2.
2 Ebd.
3 Ebd., 13 f.
4 An Ludovika Hesekiel, 28. Mai 1878, HFA IV, 2, 572.
5 Petra Spies McGillen: Per Liste durch den Papier-Kosmos. Theodor Fontanes bewegliche Textproduktion – Beobachtungen zu «Allerlei Glück». In: Heike Gfrereis, Ellen Strittmatter (Hrsg.): Zettelkästen. Maschinen der Phantasie. Marbach a. N. 2013, 96–106.
6 Matt Erlin: Sammlung, Inventar, Archiv. Epistemologien der Liste im Roman des 19. Jahrhunderts. In: Daniela Gretz, Nicolaus Pethes (Hrsg.): Archiv/Fiktionen. Verfahren des Archivierens in Literatur und Kultur des langen 19. Jahrhunderts. Freiburg i. Br., Berlin, Wien 2016, 363–384.
7 Osterhammel: Verwandlung.
8 McGillen: Original Compiler.
9 Manuela Günter: Realismus in Medien. Zu Fontanes Frauenromanen. In: Daniela Gretz (Hrsg.): Medialer Realismus, Freiburg i. Br., Berlin, Wien 2011, 167–190.
10 An Friedrich Stephany, 8. Juni 1983, HFA, IV, 4, 260.
11 An Georg Friedlaender, 5. Dezember 1884, BW Friedlaender 1994, 11.

GLANZ UND ELEND DES APOTHEKERS

1 An Gustav Karpeles, 3. April 1879, HFA IV, 3, 19.
2 Fragmente 1, 117.
3 An Gustav Karpeles, 3. April 1879: «Das Ganze: der Roman meines Lebens oder richtiger die Ausbeute desselben», HFA IV, 3, 19.

4   Von Zwanzig bis Dreißig, GBA III, 3, 10.
5   Fragmente 1, 106.
6   So Fontanes Randbemerkung am Manuskript, ebd., 135 f.
7   Ebd., 135–137. Sämtliche Hervorhebungen durch Kursivierung, Sperrung oder Fettdruck werden hier und im Folgenden kursiv, von den Editoren vorgenommene Auszeichnungen und diakritische Zeichen werden nicht wiedergegeben.
8   Fragmente 1, 135 f.
9   Julius Petersen: Fontanes erster Berliner Gesellschaftsroman. Berlin 1929, 24.
10 Zitiert nach Theo Buck: Zwei Apotheker-Figuren in «Madame Bovary» und «Effi Briest». Anmerkungen zur realistischen Schreibweise bei Flaubert und Fontane. In: Jahrbuch der Raabe-Gesellschaft, Bd. 17 (1976), 33–59, hier 45 f.
11 Lothar Müller: Weiße Magie. Die Epoche des Papiers. München 2012, 219–228.
12 Fragmente 1, 141–144.
13 Bettina Eisbrenner: Über das Verlangen, die Welt zu erforschen. Zur Biographie des Dichters und Botanikers Adelbert von Chamisso. In: Mit den Augen des Fremden. Adelbert von Chamisso – Dichter, Naturwissenschaftler, Weltreisender, hrsg. von der Gesellschaft für Interregionalen Kulturaustausch und dem Kreuzberg Museum Berlin. Berlin 2004, 43–56.
14 Fragmente 1, 147 f.
15 Petersen: Gesellschaftsroman (wie Anm. 9), 4.
16 Fragmente 1, 129.
17 NFA XXI/1, 393.
18 Laurence Sterne: Tristram Shandy. Roman. Zürich 1982, 383 (engl. Original: The Life and Opinions of Tristram Shandy, Gentleman, 1759–1767).
19 EBW 3, 79.
20 Ebd., 83 f.; Fragmente 2, 68.
21 Victoria Gardner: The Business of News in England, 1760–1820. Houndmills, Basingstoke 2016.
22 Studien über England 1860, NFA IXX, 186.
23 An Gustav Karpeles, 21. März 1880 und 3. April 1879, HFA IV, 3, 66 und 19.
24 Erich Auerbach: Mimesis. Dargestellte Wirklichkeit in der abendländischen Literatur. 6. Aufl. Bern und München 1977, 478 f.
25 NFA XXI/1, 335–339.
26 Petra Spies McGillen: Per Liste durch den Papier-Kosmos. Theodor Fontanes bewegliche Textproduktion – Beobachtungen zu «Allerlei Glück». In: Heike Gfrereis, Ellen Strittmatter (Hrsg.): Zettelkästen. Maschinen der Phantasie Liste. Marbach a. N. 2013, 96–107, hier 106.

27 Effi Briest, GBA I, 15, 221.
28 Ebd., 147.
29 Ebd., 269.
30 Vgl. Kapitel 8.
31 An Martha Fontane, 14. September 1889, Familienbriefnetz, 372.
32 An Friedrich Stephany, 30. September 1889, HFA IV, 3, 728.
33 Ottomar Beta: Er hat mich bis zuletzt geottomart. Gespräche in London und Berlin. In: Erinnerungen, 36–45, hier 40.
34 Friedrich Fontane: Potsdamer Straße 134c$^{III\ 1.}$. In: Erinnerungen, 82–88, hier 82–86.
35 An Ludovika Hesekiel, 28. Mai 1878, HFA IV, 2, 572.
36 Von Zwanzig bis Dreißig, GBA III, 3, 59.
37 An Mathilde von Rohr, 4. Juli 1864, BW Rohr, 45; An Emilie Fontane, 10. Oktober 1869, HFA IV, 2, 250. McGillen, 49.
38 An Paul Lindau, 24. November 1878, HFA IV, 2, 635.
39 An Gustav Karpeles, 3. März 1881, HFA IV, 3, 120.
40 Lothar Müller: Gelbe Immortellen, Gräber, Tod und Totengedenken bei Theodor Fontane. In: Hanna Delf von Wolzogen (Hrsg.): Theodor Fontane. Dichter und Romancier. Seine Rezeption im 20. und 21. Jahrhundert. Würzburg 2015, 141–163, hier 162 f.
41 Vgl. Wolfgang Rasch: Familienanzeigen – wie Fontane vor 200 Jahren erstmals in die Berliner Presse kam. Erscheint in: Fontane Blätter 107 (2019).
42 Jürgen Luh: Der kurze Traum der Freiheit. Preußen nach Napoleon. München 2015.
43 Macht und Freundschaft. Berlin – St. Petersburg 1800–1860. Katalog zur gleichnamigen Ausstellung im Martin-Gropius-Bau Berlin vom 13. März bis 26. Mai 2008, hrsg. von der Generaldirektion der Stiftung Preußische Schlösser und Gärten Berlin-Brandenburg. Berlin 2008.
44 Evans, 153.
45 Wehler 2, 4.
46 Rudolf von Thadden: Vom Glaubensflüchtling zum Patrioten. In: ders., Michele Magdelaine (Hrsg.): Die Hugenotten. München 1986, 186–197, hier 191.
47 Wolfgang Hädecke: Theodor Fontane. Biographie. München 1998, 15.
48 Eric Hobsbawm, Terence Ranger: The Invention of Tradition. Cambridge 1992; Benedict Anderson: Die Erfindung der Nation. Zur Karriere eines folgenreichen Konzepts. Berlin 1998.
49 Vgl. Iwan-Michelangelo D'Aprile: Die Erfindung der Zeitgeschichte. Geschichtsschreibung und Journalismus zwischen Aufklärung und Vormärz. Berlin 2013.
50 Von Zwanzig bis Dreißig, GBA III, 3, 131.

51 Kinderjahre, NFA XIV, 123.
52 Hartmut Steinecke: Unterhaltsamkeit und Artistik. Neue Schreibarten in der deutschen Literatur von Hoffmann bis Heine. Berlin 1998, 78.
53 Zit. nach ebd., 77.
54 Kinderjahre, NFA XIV, 21.
55 Die Grafschaft Ruppin (Wanderungen, Bd. 1), GBA V, 1, 52.
56 An Martha Fontane, 8. Juni 1888, Familienbriefnetz, 314.
57 Die Grafschaft Ruppin, GBA V, 1, 135.
58 Ebd., 134.
59 Theodor Fontane: Nachwort [1878]. In: Felix Eberty: Jugenderinnerungen eines alten Berliners, neu hrsg. von Werner Graf, Berlin 2015, 360.
60 Kinderjahre, NFA XIV, 22.
61 Ebd., 30.
62 Anonym: Rezension (T. 2) zu Ernst Horn: Oeffentliche Rechenschaft über meine zwölfjährige Dienstführung als zweiter Arzt des königl. Charité-Krankenhauses zu Berlin [...] Berlin 1818. In: Heidelberger Jahrbücher der Literatur, Jg. 12, Nr. 25 (1819), 385–389, hier 385; Olaf Briese: Angst in den Zeiten der Cholera. Bd. 1: Über kulturelle Ursprünge des Bakteriums. Seuchen-Cordon I. Berlin 2003, 114.
63 Ernst Horn: Oeffentliche Rechenschaft über meine zwölfjährige Dienstführung als zweiter Arzt des königl. Charité-Krankenhauses zu Berlin, nebst Erfahrungen über Krankenhäuser und Irrenanstalten. Berlin 1818, Tafel 1–2, ohne Paginierung.
64 Kinderjahre, NFA XIV, 56 f.
65 Hädecke: Fontane (wie Anm. 45), 38.
66 Kinderjahre, NFA XIV, 53–55.
67 Ebd., 114.
68 «In meinem fünfzehnten Jahre schrieb ich mein erstes Gedicht, angeregt durch Chamissos ‹Salas y Gomez›». Fontane an Theodor Storm, 14. Februar 1854, HFA IV, 1, 375. Vgl. Fragmente 2, 150.
69 An Friedrich Fontane, 6. Juni 1885, HFA IV, 3, 392.
70 Kinderjahre, NFA XIV, 51.
71 FLexikon, 141.
72 Kinderjahre, NFA XIV, 28.
73 Ebd., 16, 24, 163, 170.
74 Ebd., 75.
75 Von Zwanzig bis Dreißig, GBA III, 3, 401.
76 Ebd., 410.
77 Alexander Kluge: Das Politische als Intensität alltäglicher Gefühle. Theodor Fontane. In: ders.: Fontane – Kleist – Deutschland – Büchner. Zur Grammatik der Zeit. Berlin 2004, 7–20, hier 8.

78 Theodor Fontane: Theodor Fontane hat es aus geschrieben gans allein ... Fontanes erstes «Geschichten Buch». Faksimileausgabe nach der Handschrift Nachl. Fontane 11 der Staatsbibliothek zu Berlin, Preußischer Kulturbesitz, hrsg. von Helmuth und Elisabeth Nürnberger. Wiesbaden 1995, 88.

79 Shakespeare: Hamlet, in der Fontane-Übersetzung mit Genitiv-s, GBA II, 3, 303. Vgl. bspw. auch Theodor an Martha Fontane am 29. April 1891, Familienbriefnetz, 406.

80 Lepel, 164. Doppelunterstreichungen im Brieftext werden hier und im Folgenden als einfache Unterstreichung wiedergegeben.

81 FChronik 1, 220.

82 FLexikon, 36.

83 Uta Motschmann: Handbuch der Berliner Vereine und Gesellschaften 1786–1815, Berlin, Boston 2015.

84 Theodor Fontane: Art. «Gustav Rose». In: Männer der Zeit. Biographisches Lexikon der Gegenwart. Bd. 2. Leipzig 1862, Sp. 269 f.; ders.: Art. «Heinrich Rose». In: ebd., Sp. 332.

85 An Elise Fontane, 30. Oktober 1868, HFA IV, 2, 223.

86 Herbert Roch: Fontane, Berlin und das 19. Jahrhundert, Berlin 1962, 45 f.

87 Anzeige in Pearce's illustrated Brighton Guide. A book for visitors with map of the town. Brighton 1861. Zit. nach Paul Jordan: Pearce's Brighton Guide 1861. (14. November 2011). URL: http://brightonmuseums.org.uk/discover/2011/11/14/object-of-the-month-pearces-brighton-guide-1861/ (Zugriff: 8. August 2018).

88 Erste englische Reise, NFA XVII, 491–498.

89 Ebd., 496.

90 Ebd., 496 f.

91 Ebd., 498.

92 Ebd.

93 Vgl. die vielen Einträge in FChronik, bes. Bd. 1 f.

94 Vgl. GBA XI, 1, 714 f.

95 Vgl. bspw. die Mitteilungen Fontanes an Emilie Fontane HFA IV, 1, 283, 291 f., 312, 314 sowie Fontanes Briefe an James Morris von 1895 bis 1898 in HFA IV, 4, passim.

96 Vgl. Regina Dieterle: Einführung, Familienbriefnetz, 17–19.

97 Wolfgang Rasch: Erweiterter Anhang zu Fontanes «Von Zwanzig bis Dreißig», GBA III, 3, 348. In: Website der Theodor-Fontane-Arbeitsstelle, URL: https://www.uni-goettingen.de/de/490500.html, hrsg. von Gabriele Radecke. (Zugriff: 10. August 2018).

98 Victor J. und Carol Horton Tremblay: Industry and Firm Studies. 4. Aufl. New York, London 2007, 210.

ANMERKUNGEN

99   An Martha Fontane, 4. August 1883 und 5. März 1884, Familienbriefnetz, 261. Vgl. Tochter, 97–104.
100 Irene Lauterbach: Friedrich Witte (1829–1893). Apotheker, pharmazeutischer Unternehmer und Reichstagsabgeordneter. Unter Berücksichtigung seiner Tagebücher. Stuttgart 2011; vgl. a. Tochter, 283.
101 Tagebuch, 1893, GBA XI, 2, 259.
102 Ulrike Vedder: Münzen, Bilder, Frauen, Romane. Fontanes Erbstücke. In: Realien, 79–95, hier 79.
103 Die Poggenpuhls, GBA I, 16, 112.
104 Erste englische Reise, NFA XVII, 462.
105 An Wilhelm Wolfsohn, 10. November 1847, BW Wolfsohn 2006, 28.
106 Havelland (Wanderungen, Bd. 3), GBA V, 3, 8.
107 Jörg Requate: Journalismus als Beruf. Göttingen 1995, 143.
108 An Emilie Fontane, 15. Juni 1879.
109 An Wilhelm Wolfsohn, 19. November 1850, BW Wolfsohn 2006, 65.
110 Kinderjahre, NFA XIV, 126.
111 Die Grafschaft Ruppin (Wanderungen, Bd. 1), GBA V, 1, 191.
112 Hubertus Fischer: Theodor Fontane, der «Tunnel», die Revolution. Berlin 1848/49. Berlin 2009, 33.
113 Frauen waren zum Gymnasium nicht einmal zugelassen; Corinna Maria Dartenne: Die Langen Wellen in der Entwicklung des Bildungs- und des Wirtschaftssystems. Marburg 2016, 117.
114 An die Redaktion der *Gartenlaube*, 15. November 1889, HFA IV, 3, 737.
115 Iwan-Michelangelo D'Aprile: Der Faktor «öffentliche Meinung». Die sächsisch-preußische Frage 1814/15 als europäisches Medienereignis. In: Heinz-Dieter Heimann, Klaus Neitmann und Thomas Brechenmacher (Hrsg.): Die Nieder- und Oberlausitz. Konturen einer Integrationslandschaft. Bd. 3: Frühes 19. Jahrhundert. Berlin 2014, 38–54, hier 42, Anm. 24.
116 Die Grafschaft Ruppin, GBA V, 1, 131.
117 Holger Böning: Die preußischen Intelligenzblätter. In: Bernd Sösemann (Hrsg.): Kommunikation und Medien in Preußen vom 16. bis zum 19. Jahrhundert. Stuttgart 2002, 207–238, hier 231.
118 Von Zwanzig bis Dreißig, GBA III, 3, 15.
119 Ebd.
120 Ebd.

EISENBAHN IM TUNNEL

1 Theodor Fontane: Zwei Post-Stationen. Nach dem bisher unveröffentlichten Manuskript aus dem Redaktionsarchiv des «Morgenblatts für gebildete Leser». Eine Veröffentlichung des Cotta-Archivs Stiftung der «Stuttgarter Zeitung». Marbach a.N. 1991.
2 Theodor Fontane: Zwei Post-Stationen. In: GBA I, 18, 41–59, hier 41.
3 Ebd., 44 f.
4 Ebd., 48 f., 51.
5 Ebd., 55, 57.
6 Ebd., 58.
7 GBA I, 18, 177.
8 Ludwig Börne: Monographie der deutschen Postschnecke. Beitrag zur Naturgeschichte der Mollusken und Testaceen (1821). In: ders.: Sämtliche Schriften, hrsg. von Inge und Peter Rippmann. Bd. 1. Düsseldorf 1964, 639–667, hier 665.
9 Anastasius Grün: Poesie des Dampfes. In: ders.: Schutt. Dichtungen. Leipzig 1835, 237–241, hier 237.
10 Wolfgang Schivelbusch: Geschichte der Eisenbahnreise. Zur Industrialisierung von Raum und Zeit im 19. Jahrhundert. Frankfurt a.M. 2000, 11 f.
11 Ebd., 14.
12 Georg Herwegh: Leicht Gepäck. In: Georg Herwegh: Werke und Briefe, hrsg. von Ingrid Pepperle. Bd. 1. Bielefeld 2006, 9 f.; ders.: Der Freiheit eine Gasse! In: Ebd., 29 f., hier 30.
13 Georg Herwegh: Bundeslied für den Allgemeinen deutschen Arbeiterverein. In: Rudolf Lavant (Hrsg.): Vorwärts. Eine Sammlung von Gedichten für das arbeitende Volk. Zürich 1886, 472 f., hier 473.
14 Herwegh: Werke und Briefe (wie Anm. 12), IX.
15 Georg Herwegh: An den Verstorbenen. In: Herwegh: Werke und Briefe (wie Anm. 12), 6–8, hier 6.
16 Von Zwanzig bis Dreißig, GBA III, 3, 89.
17 Fontane: Christian Friedrich Scherenberg und das literarische Berlin von 1840 bis 1860, HFA III, 1, 723.
18 Christian Friedrich Scherenberg: Eisenbahn und immer Eisenbahn. In: ders.: Gedichte, Berlin 1845, 26–30.
19 Fontane: Christian Friedrich Scherenberg und das literarische Berlin von 1840 bis 1860, HFA III, 1, 723.
20 Friedrich List: Über Eisenbahnen und das deutsche Eisenbahnsystem. In: Das Pfennig-Magazin der Gesellschaft zur Verbreitung gemeinnütziger Kenntnisse, Jg. 3, Nr. 101 (1835), 73–79.

21 Ferdinand Gustav Kühne: Der Zeitgeist auf Reisen. In: Zeitung für die elegante Welt, Jg. 36, Nr. 44 (1836), 173–175, hier 174; Karl Marx, Friedrich Engels: Manifest der Kommunistischen Partei. London 1848, 5.
22 Anonym: Art. «Eisenbahnen». In: Conversations-Lexikon der Gegenwart. Bd. 1: A-E, H. 7f. Leipzig 1838, 1115–1136.
23 Helmuth von Moltke: Welche Rücksichten kommen bei der Wahl der Richtung von Eisenbahnen in Betracht? In: Deutsche Vierteljahrs Schrift, H. 1 (1843), 301–331; vgl. Sagarra, 40.
24 An Wilhelm Wolfsohn, 25. Juni 1854, BW Wolfsohn 2006, 107.
25 Ernst Dronke: Berlin. Berlin 1987 (zuerst 1846), 9–12; Kerstin Wilhelms: Literatur und Revolution. Schauplätze und Geschlechterdramaturgie in Romanen der 1848er Revolution. Köln, Weimar, Wien 2000, 48–60.
26 Herbert Schwenk: Lexikon der Berliner Stadtentwicklung, hrsg. von Hans-Jürgen Mende und Kurt Wernicke. Berlin 2002, 163–166.
27 Wolfgang Rasch: Nachrichten aus der Provinz. Berlin-Korrespondenzen des jungen Gutzkow für das Morgenblatt und andere süddeutsche Journale. In: Berlins 19. Jahrhundert, 337–348, hier 338.
28 Louise Otto in einem Leserbrief, in: Sächsische Vaterlands-Blätter, Jg. 3, Nr. 142 (1843), 633f.
29 Max Stirner: Der Einzige und sein Eigentum. Ausführlich kommentierte Studienausgabe, hrsg. von Bernd Kast. Freiburg, München 2009, 15.
30 John Henry Mackay: Max Stirner. Sein Leben und sein Werk. Berlin 1898, 198.
31 Ebd., 126.
32 An Wilhelm Wolfsohn, Anfang August 1846, BW Wolfsohn 2006, 25.
33 Wulf Wülfing: Art. «Die Freien». In: Handbuch Vereine, 102–111, bes. 106.
34 Michael Hettinger: Jodocus Temme (1798–1881). Richter, Staatsanwalt und Professor, Abgeordneter, Häftling und Emigrant. Ein Juristenleben im 19. Jahrhundert. In: Westfälische Zeitschrift. Zeitschrift für vaterländische Geschichte und Altertumskunde, Nr. 149 (1999), 345–360, hier 350.
35 Dirk Blasius: Ehescheidung in Deutschland im 19. und 20. Jahrhundert, Frankfurt a.M. 1992, 39f., 61f.
36 Fontane (anonym): Correspondenz. Dresden, im September. In: Die Eisenbahn. Unterhaltungsblatt für Volk und Haus. Zeitschrift zur Beförderung geistiger und geselliger Tendenzen, Jg. 5, Nr. 113 (22. September 1842), 451f.; vgl. BW Wolfsohn 1988, 20f.
37 An Wilhelm Wolfsohn 10. November 1849 und 19./21. November 1850, BW Wolfsohn 2006, 37, 67.
38 Manuel Bauer: Ökonomische Menschen. Literarische Wirtschaftsanthropologie des 19. Jahrhunderts. Göttingen 2016, 296f.

39 Joseph von Eichendorff: Aus dem Leben eines Taugenichts. In: ders.: Aus dem Leben eines Taugenichts und das Mamorbild. Zwei Novellen nebst einem Anhange von Liedern und Romanzen. Berlin 1826, 3.
40 Hans Jürg Lüthi: Der Taugenichts. Versuche über Gestaltungen und Umgestaltungen einer poetischen Figur in der deutschen Literatur des 19. und 20. Jahrhunderts. Tübingen, Basel 1993, 2.
41 Georg Herwegh: Leicht Gepäck. In: Herwegh: Werke und Briefe (wie Anm. 12), 9f., hier 10.
42 Der Taugenichts, GBA II, 2, 276f.
43 Zwei Preußen, GBA II, 2, 258f.; An Georg Herwegh, ebd., 260f.
44 Berliner Republikaner, GBA II, 2, 50f.
45 Jacob und Wilhelm Grimm: Deutsches Wörterbuch. Bd. 2. Leipzig 1860, Sp. 516, s. v. «bummler».
46 Robert Springer: Berlin's Strassen, Kneipen und Clubs im Jahre 1848. Berlin 1850, 8.
47 Reuter 1, 155.
48 Theodor Fontane: Gedichte eines Taugenichts. (An Georg Herwegh. – Der Taugenichts. – Berlin 1850. – Der Lederriemen.) In: Vossische Zeitung, Nr. 510 (26. Oktober 1924), ohne Paginierung.
49 Manuel Bauer: Ökonomische Menschen: Literarische Wirtschaftsanthropologie des 19. Jahrhunderts. Göttingen 2016, 316, 325.
50 Herbert Knoor: Fontane und England. Göttingen 1961, Bd. 2: Anhang.
51 Dorothy Thompson: The Chartists. Popular Politics in the Industrial Revolution. Aldershot 1986.
52 John A. S. Abecasis-Phillips: Ein Theodor-Fontane-Notizheft. Bayreuth, Okayama 2012, 118; Raymond Williams: Culture and Society 1780–1950. Harmondsworth 1961, 99–119.
53 Fontane: Das John Prince-Manuskript, HFA III, 1, 208.
54 Norbert Bachleitner: Der englische und französische Sozialroman des 19. Jahrhunderts und seine Rezeption in Deutschland. Amsterdam, Atlanta 1993, 2; John Prince-Manuskript, HFA III, 1, 208.
55 Das John Prince-Manuskript, HFA III, 1, 208.
56 Ebd., 220f.
57 Ebd., 224.
58 Ebd., 225.
59 Max Müller: Alte Zeiten – Alte Freunde. Gotha 1901, 54.
60 Erste Englische Reise, NFA XVII, 466.
61 Wolfgang Menzel: Walter Scott und sein Jahrhundert, T. 2. In: Morgenblatt für gebildete Stände, Literatur-Blatt, Nr. 2 (5. Januar 1827), 5–8, hier 7.
62 Wilhelm Wolfsohn an Fontane, 16./28. Oktober 1843, BW Wolfsohn 2006, 17.

63 An Wilhelm Wolfsohn, Anfang Juli 1842, BW Wolfsohn 2006, 3.
64 An Wilhelm Wolfsohn, um 1843, BW Wolfsohn 2006, 259.
65 BW Wolfsohn 1910, 135f.
66 Von Zwanzig bis Dreißig, GBA III, 3, 96; zu Wolfsohns Biographie vgl. die Beiträge in BW Wolfsohn 2006, 269–436.
67 Von Zwanzig bis Dreißig, GBA III, 3, 97.
68 Ebd., 98.
69 An Wilhelm Wolfsohn, 20. Februar 1851, BW Wolfsohn 2006, 78.
70 An Wilhelm Wolfsohn, 10. November 1849, BW Wolfsohn 2006, 37; Gabriele Radecke: Theodor Fontanes literarische Briefgespräche mit Wilhelm Wolfsohn und Bernhard von Lepel. In: ebd., 373–388, hier 373.
71 An Wilhelm Wolfsohn, 28. November 1859, BW Wolfsohn 2006, 121; BW Wolfsohn 1988, 47f., 247.
72 BW Wolfsohn 1988, 243.
73 An Wilhelm Wolfsohn, Anfang Juli 1842, BW Wolfsohn 2006, 4.
74 EBW 1, XII.
75 Von Zwanzig bis Dreißig, GBA III, 3, 354.
76 Ebd., 352.
77 EBW 1, VIII.
78 Ebd., 6.
79 An Bernhard von Lepel, 1. März 1849, BW Lepel 1, 117.
80 Bernd Seiler: Theodor Fontanes uneheliche Kinder und ihre Spuren in seinem Werk. In: Wirkendes Wort, Jg. 48, H. 2 (1998), 215–233.
81 BW Wolfsohn 1988, 196.
82 BW Wolfsohn 1988, BW Wolfsohn 2006.
83 Emilie Rouanet-Kummer an Wilhelm Wolfsohn, 14. April 1850, BW Wolfsohn 2006, 60.
84 Sophie von Melgunow (Melgunoff): Aus der Einsamkeit. Gedichte. Braunschweig 1898.
85 Ebd., 112.
86 BW Wolfsohn 1988, 213; Ingolf Schwan: Wilhelm Wolfsohn als Student in Leipzig. Zwischen Handelsstadt und «Herwegh-Klub». In: BW Wolfsohn 2006, 309–324, hier 323.
87 An Wilhelm Wolfsohn, 10. November 1847, BW Wolfsohn 2006, 31.
88 BW Wolfsohn 1988, 224; vgl. Fontane an Emilie Rouanet-Kummer, 15. Oktober 1849, EBW 1, 8.
89 Bernhard von Lepel an Fontane, vor dem 16. Februar 1849, BW Lepel, 1, 114; 6. April 1849, ebd., 121.
90 Wilhelm Wolfsohn an Fontane, 13. November 1849, und Fontane an Wolfsohn, 15. November 1849, BW Wolfsohn 2006, 42, 44.

91 Georg Herwegh: Werke und Briefe, hrsg. von Ingrid Pepperle. Bd. 6. Bielefeld 2010, 146, 158 f.
92 Vgl. Edward Hallett Carr: Romantiker der Revolution. Ein russischer Familienroman aus dem 19. Jahrhundert. Aus dem Englischen von Reinhard Kaiser. Frankfurt a. M. 2004 (engl. Originalausgabe 1933).
93 Zu den Zahlen und juristischen Regelungen: Dirk Blasius: Ehescheidung in Deutschland im 19. und 20. Jahrhundert. Durchges. Ausg. Frankfurt a. M. 1992, 98–112; Wiebke Mund: Das preußische Ehescheidungsrecht in der Judikatur des Berliner Obertribunals von 1835 bis 1879. Frankfurt a. M. 2008.
94 Wilhelm Wolfsohn an Karl August Varnhagen von Ense, 31. Dezember 1850, BW Wolfsohn 2006, 247 f.
95 Von Zwanzig bis Dreißig, GBA III, 3, 98 f.
96 Ebd., 99, 86.
97 An Wilhelm Wolfsohn, 21. Januar 1852, BW Wolfsohn 2006, 87.
98 BW Wolfsohn 1988, 58.
99 Ebd., 242.
100 Ebd., 12 f.
101 Ute Frevert: Die kasernierte Nation. Militärdienst und Zivilgesellschaft in Deutschland. München 2001, 64 f.; Bernhard Schmitt: Armee und staatliche Integration. Preußen und die Habsburgermonarchie 1815–1866. Rekrutierungspolitik in den neuen Provinzen: Staatliches Handeln und Bevölkerung. Paderborn 2007, 79.
102 Ebd., 89.
103 Jolles, 19.
104 BW Wolfsohn 1988, 28.
105 Der frühe Fontane, 105.
106 Wehler 3, 882; Frevert: kasernierte Nation (wie Anm. 101).
107 Philippine Fontane an Wilhelm Wolfsohn, 26. August 1843, BW Wolfsohn 2006, 11.
108 FChronik 1, 60, 1. April 1843; BW Wolfsohn 1988, 28, 208.
109 An Gustav Schwab, 18. April 1850, HFA IV, 1, 116.
110 Als Grenadier, GBA II, 2, 356.
111 Zwei Lieder vom Lederriem, GBA II, 2, 269 f.
112 An Emilie Fontane, 11. Juni 1879, EBW 3, 171.
113 NFA XVII, 455.
114 BW Lepel 2, 856 f.
115 Christian Friedrich Scherenberg, HFA III, 1, 671.
116 BW Lepel 2, 859 f.
117 Ebd., 863 f.
118 Fanny Lewald an Adolf Stahr, 17. Dezember 1848, Lewald/Stahr 2, 382.

119 Bernhard von Lepel an Fontane, 18. September 1847, BW Lepel 1, 64; am 23. September 1847, ebd., 68.
120 Von Zwanzig bis Dreißig, GBA III, 3, 321; FChronik, 1, 125, 12. Oktober 1847.
121 Fragmente 1, 176-228.
122 BW Lepel 2, 857.
123 Emilie an Theodor Fontane, 6. März 1857, EBW 2, 27; 25. Mai 1856, EBW 1, 287; Theodor an Emilie Fontane, 19. März 1857, EBW 2, 31; vgl. BW Lepel 2, 864.
124 Zitiert nach BW Lepel 2, 863.
125 Ebd., 858.
126 Siehe bspw. BW Lepel 1, 57-59, 190.
127 Rudolf Muhs: Massentourismus und Individualerlebnis. Fontane als Teilnehmer der ersten Pauschalreise von Deutschland nach London 1844. In: Alan Bance, Helen Elizabeth Chambers, Charlotte Jolles (Hrsg.): Theodor Fontane. The London Symposium. Stuttgart 1995, 159-193.
128 Petra Krempien: Geschichte des Reisens und des Tourismus. Ein Überblick von den Anfängen bis zur Gegenwart. Limburgerhof 2000, 108.
129 Ebd., 109.
130 Rüdiger Hachtmann: Tourismus-Geschichte. Göttingen 2007, 67.
131 Krempien: Geschichte des Reisens (wie Anm. 128), 112.
132 Ebd.
133 Muhs: Massentourismus (wie Anm. 127), 159, 188.
134 Ebd., 167; Erste Englische Reise, NFA XVII, 459.
135 Erste Englische Reise, NFA XVII, 500.
136 Hachtmann: Tourismus-Geschichte (wie Anm. 130), 70.
137 Erste Englische Reise, NFA XVII, 480.
138 Von Zwanzig bis Dreißig, GBA III, 3, 151f.
139 Erste Englische Reise, NFA XVII, 455f., Sommer in London, ebd., 8f.
140 Winfried Siebers: Die romantische Hälfte Schottlands. Theodor Fontanes Reisebuch «Jenseit des Tweed» (1860). In: ders., Uwe Zagratzki (Hrsg.): Deutsche Schottlandbilder. Beiträge zur Kulturgeschichte. Osnabrück 1998, 59-66.
141 An Wilhelm Hertz, 15. Dezember 1861, BW Hertz, 64; Susanne Müller: Die Welt des Baedeker. Eine Medienkulturgeschichte des Reiseführers 1830-1945. Frankfurt a. M. 2012, 34-41.
142 Peter Bahl: Die Vereinsgeschichte im Zeitraffer. Ein einführender Überblick. In: ders. (Hrsg.): Die Landesgeschichtliche Vereinigung für die Mark Brandenburg in Vergangenheit und Gegenwart. Aus Anlass ihres 125jährigen Bestehens. Berlin 2009, 13-42.
143 Gotthard Erler: Art. «Die Tagebücher». In: FHandbuch, 763-772.
144 Joseph Vogl: Telephon nach Java: Fontane. In: Realien, 117-128, hier 123.

145 Eda Sagarra: Art. «Von, vor und nach der Reise. Plaudereien und kleine Geschichten». In: FHandbuch, 627–632.
146 NFA XVIIIa, 7.
147 An Ernst Heilborn, 17. November 1896, HFA IV, 4, 611; Fontane im literarischen Leben, 297.
148 Christine Haug: Reisen und Lesen im Zeitalter der Industrialisierung. Die Geschichte des Bahnhofs- und Verkehrsbuchhandels in Deutschland von seinen Anfängen um 1850 bis zum Ende der Weimarer Republik. Wiesbaden 2007.
149 NFA XVIIIa, 39 f.
150 Christian Friedrich Scherenberg, HFA III, 1, 601; Wulf Wülfing: Art. «Tunnel über der Spree». In: Handbuch Vereine, 430–455; Hubertus Fischer: Theodor Fontane, der «Tunnel», die Revolution. Berlin 1848/49. Berlin 2009.
151 An Georg Friedlaender, 3. Oktober 1893, BW Friedlaender 1994, 319; Fontane im literarischen Leben, 418.
152 Fontane im literarischen Leben, 421.

BARRIKADE UND BALLADE

1 Adolf Stahr an Fanny Lewald, 15. Juli 1848, Lewald/Stahr 2, 156 f.
2 Bernhard von Lepel an Fontane, 23. April 1847, BW Lepel 1, 39; vgl. Lewald/Stahr 1, 274.
3 Zit. nach Lewald/Stahr 1, 274.
4 Adolf Stahr an Fanny Lewald, 26. Juli 1848, Lewald/Stahr 2, 188.
5 Adolf Stahr an Fanny Lewald, 21. November 1848, Lewald/Stahr 1, 313.
6 Olaf Briese: Moment-Architektur. Die Kunst der Barrikade und die Kunst ihrer medialen Mythisierung. In: Berlins 19. Jahrhundert, 433–448.
7 Evans, 189.
8 Sagarra, 76.
9 An Moritz Lazarus, 5. Januar 1897, HFA IV, 4, 636.
10 Evans, 201.
11 Wehler 3, 204.
12 Clark, 574.
13 Von Zwanzig bis Dreißig, GBA III, 3, 374, 376.
14 Ebd., 378–381.
15 Ebd., 388.
16 Clark, 542.
17 Wolfgang Rasch: Anhang, Von Zwanzig bis Dreißig, GBA III, 3, 826.
18 Manfred Görtemaker: Deutschland im 19. Jahrhundert. Entwicklungslinien. Opladen 1983, 104 f.

19 Gotthard Erler: Das Herz bleibt immer jung. Emilie Fontane. Biographie. Berlin 2002, 48 f.
20 Von Zwanzig bis Dreißig, GBA III, 3, 408; Fontane und sein Jahrhundert, 74.
21 Von Zwanzig bis Dreißig, GBA III, 3, 407. Hubertus Fischer: «Mit Gott für König und Vaterland!» Zum politischen Fontane der Jahre 1861 bis 1863. In: FBl 58 (1994), 62–88 und FBl 59 (1995), 59–84.
22 Clark, 544.
23 Ebd.
24 Bernard von Lepel an Fontane, 1. Juni 1848, BW Lepel 1, 78.
25 Fontane an Bernard von Lepel, 21. September 1848, BW Lepel 1, 83.
26 Fontane an Bernard von Lepel, 24. September 1848, BW Lepel 1, 88.
27 Rüdiger Hachtmann: Berlin 1848. Eine Politik- und Gesellschaftsgeschichte der Revolution. Bonn 1997, 39 f.
28 Hubertus Fischer: Theodor Fontane, der «Tunnel», die Revolution. Berlin 1848/49. Berlin 2009, 29; Stenographischer Bericht des Processes gegen den Dichter Ferdinand Freiligrath, angeklagt der Aufreizung zu hochverrätherischen Unternehmungen durch das Gedicht: Die Todten an die Lebenden, verhandelt vor dem Assisenhofe zu Düsseldorf am 3. October 1848. Düsseldorf 1848.
29 Der Prozess gegen Waldeck und andere politische Berichte aus der «Dresdner Zeitung», HFA III, 1, 16–70, hier 16.
30 Vgl. Kapitel 5.
31 HFA III, 1, 18.
32 HFA III, 1, 30 f.
33 HFA III, 1, 38, 27.
34 HFA III, 1, 22 f.
35 HFA III, 1, 62.
36 Preußens Zukunft, HFA III, 1, 9 f., hier 9.
37 Karl August Varnhagen von Ense: Tagebücher, aus dem Nachlass herausgegeben. Bd. 5. Leipzig 1862, 31. August 1848, 178.
38 Ebd.
39 Heute verwendet man besser den ebenfalls zeitgenössischen, aber historisch weniger belasteten Begriff der «Popularität».
40 GBA II, 1, 550; An Hermann Hauff, 18. Mai 1847, HFA IV, 1, 34.
41 Dirk Sangmeister: August Lafontaine oder Die Vergänglichkeit des Erfolges. Leben und Werk eines Bestsellerautors der Spätaufklärung. Tübingen 1998, 527 f. Ich danke Dirk Sangmeister für diesen Hinweis.
42 Winfried Woesler: Die Ballade. In: Otto Knörrich (Hrsg.): Formen der Literatur. Stuttgart 1991, 28–37, hier 28.
43 Rüdiger Görner: «Immer bloß Zaungast?» Theodor Fontanes balladeskes

Weltbild und ‹tapfere Modernität›. In: Hanna Delf von Wolzogen, Richard Faber (Hrsg.): Theodor Fontane. Dichter und Romancier. Seine Rezeption im 20. und 21. Jahrhundert. Würzburg 2015, 17–30, hier 22.

44 Ernst Kohler: Balladendichtung im Berliner «Tunnel über der Spree». Berlin 1940, 249.
45 Craig, 25; Kohler: Balladendichtung (wie Anm. 44), 341.
46 Görner: «Immer bloß Zaungast?» (wie Anm. 43).
47 Karl Marx: Zur Kritik der Hegel'schen Rechtsphilosophie. Einleitung. In: Karl Marx, Friedrich Engels: Werke. Bd. 1., 10. Aufl. Berlin 1976, 378–391, hier 381.
48 Der Tower-Brand, GBA II, 1, 149.
49 An Theodor Storm, 14. Februar 1854, HFA, IV, 1, 376.
50 Handbuch Vereine, 206; Kohler: Balladendichtung (wie Anm. 44), 227 f.
51 Vgl. Craig, 25–28.
52 Grätz, 20.
53 Vgl. Christian Friedrich Scherenberg, HFA III, 1, 617.
54 Ebd., 699, 723.
55 Bernhard von Lepel an Fontane, 15. Mai 1847, BW Lepel 1, 48.
56 Bernhard von Lepel an Fontane, 20. Mai 1847, BW Lepel 1, 49.
57 Fontane im lit. Leben, 341; GBA II, 1, 387; AFA Autobiogr. Schriften 3, 1, 115.
58 So beispielsweise in Fontanes von der Dresdner Zeitung zurückgewiesenen Artikel: «Preußen – ein Militair- oder Polizeistaat?». Siehe dazu: Hubertus Fischer: Theodor Fontane: «Preußen – ein Militär oder Polizeistaat?» Anmerkungen zu einer postrevolutionären Apologie. In: BW Wolfsohn 2006, 357–372.
59 Jens Bisky: Unser König. Friedrich der Große und seine Zeit. Ein Lesebuch. Berlin 2011, 380 f.
60 Ferdinand Freiligrath: Im Himmel. In: ders.: Ein Glaubensbekenntniß. Zeitgedichte. Mainz 1844, 129–137, hier 131–133.
61 Anne Baillot: Intellektuelle Öffentlichkeit. Friedrich von Raumers Weg zwischen Politik und Wissenschaft. In: Berlins 19. Jahrhundert, 135–146, hier 143 f.
62 Kohler: Balladendichtung (wie Anm. 44), 239.
63 Ebd., 217.
64 Ebd., 218–222.
65 Christian Friedrich Scherenberg, HFA III, 1, 632; An Bernhard von Lepel 5. Juli 1849, BW Lepel 1, 138.
66 Wulf Wülfing: Der «Tunnel über der Spree» im Revolutionsjahr 1848. Auf der Grundlage von «Tunnel»-Protokollen und unter besonderer Berücksichtigung Theodor Fontanes. In: FBl 50 (1990), 46–84, 49.

ANMERKUNGEN 495

67 Friedrich Engels: Letter from Germany. The War in Schleswig-Holstein. In: Karl Marx, Frederick Engels: Collected Works, Bd. 10: Marx and Engels: 1849–1851. New York 1978, 392–395.
68 Bernhard von Lepel an Fontane, 21. Oktober 1850, BW Lepel 1, 222; Fontane an Wilhelm Wolfsohn, 3. Januar 1851, BW Wolfsohn 2006, 70.
69 An Bernhard von Lepel, 24. Februar 1851, BW Lepel 1, 235.
70 Kohler: Balladendichtung (wie Anm. 44), 305; Fontane an Friedrich Witte, 19. März 1851, HFA IV, 1, 161.
71 GBA II, 1, 537 GBA II, 2; an Friedrich Witte, 1. Mai 1851, HFA IV, 1, 166.
72 Von Zwanzig bis Dreißig, GBA III, 3, 179.
73 An Friedrich Witte, 1. Mai 1851, 64. HFA IV, 1, 166.
74 An Wilhelm Wolfsohn, 8. März 1851, BW Wolfsohn 2006, 82f.
75 Paul Heyse an Fontane, 1. Dezember 1859, BW Heyse, 75.
76 Archibald Douglas, GBA II, 1, 110, 504f.; Bornemann (d.i. Fontane): Archibald Douglas. Ballade. In: Deutsche Jugendzeitung, Jg. 4, Nr. 2 (1856), 31f.; Fontane: Archibald Douglas. In: Argo. Album für Kunst und Dichtung. Breslau 1847, 14f.
77 Schillers Ballade *Ritter Toggenburg*: «Und ein Jahr hat er's getragen. / Trägt's nicht länger mehr.» (GBA II, 1, 507).
78 Gerhard Höhn: Heine-Handbuch. Zeit, Person, Werk. 2. aktualisierte und erw. Aufl. Stuttgart, Weimar 1997, 137f.
79 GBA II, 1, 505 (Kommentar).
80 Merckel im *Tunnel*-Protokoll zum 10. Mai 1846 anlässlich Fontanes Vortrag der Ballade *Der sterbende Douglas*. Zit. n. Kohler: Balladendichtung (wie Anm. 44), 245.
81 Ein Sommer in London, NFA XVII, 17.
82 Christian Friedrich Scherenberg, HFA III, 1, 724f.
83 NFA XXI/1, 21–23.
84 Ebd.
85 Moritz Baßler: Populärer Realismus. In: Roger Lüdecke (Hrsg.): Kommunikation im Populären. Interdisziplinäre Perspektiven auf ein ganzheitliches Phänomen. Bielefeld 2011, 91–103.
86 Roland Berbig: Der Dichter Firdusi – «sehr gut». Zu Theodor Fontanes Lektüre des *Romanzero* von Heine. Begleitumstände mit einem detektivischen Diskurs. In: FBl 65f. (1998), 10–53; Hans Otto Horch: «Das Schlechte ... mit demselben Vergnügen wie das Gute». Über Theodor Fontanes Beziehungen zu Heinrich Heine. In: Heine Jahrbuch 18 (1979), 139–176.
87 Walter Hinck: Die deutsche Ballade von Bürger bis Brecht. Kritik und Versuch einer Neuorientierung. 2. Aufl. Göttingen 1972, 64.
88 NFA XXI/1, 29.
89 Fontane an Bernhard von Lepel, 15. Januar 1850, BW Lepel 1, 185.

90 An Wilhelm Wolfsohn, 10. November 1849, BW Wolfsohn 2006, 37.
91 Emilie Rouanet-Kummer an Wilhelm Wolfsohn, 14. April 1850, BW Wolfsohn 2006, 59f.
92 Manfred Pfister: Hamlets made in Germany, East and West. In: Michael Hattaway, Boika Sokolova, Derek Roper (Hrsg.): Shakespeare In The New Europe. Sheffield 1994, 76–91.
93 Bernhard von Lepel an Fontane, 22. Oktober 1849, BW Lepel 1, 168; vgl. Fontane an Lepel, 24. Oktober 1849, ebd., 170.
94 Te. [d.i. Fontane]: Die Blumen-Ausstellung im Englischen Hause zu Berlin, am 1. April. In: Neue Preußische [Kreuz-]Zeitung, Nr. 81 (4. April 1860). Vgl. auch NFA XVIIIa, 1073.
95 An Wilhelm Wolfsohn, 10. November 1849, BW Wolfsohn 2006, 37.
96 Bernhard von Lepel an Fontane, 12. Januar 1850, BW Lepel 1, 178.
97 An Bernhard von Lepel, 23. Juli 1851, BW Lepel 1, 261.
98 An Gustav Schwab, 18. April 1850, HFA IV, 1, 117.
99 Fontane im lit. Leben, 24.
100 Fanny Lewald an Adolf Stahr, 30. Oktober 1849, Lewald/Stahr 2, 674.
101 Fanny Lewald an Adolf Stahr, 22. Dezember 1849, Lewald/Stahr 2, 767.
102 Bernhard von Lepel an Fontane, 17. Mai 1849, BW Lepel 1, 131–133.
103 An Gustav Schwab, 18. April 1850, HFA IV, 1, 117.
104 An Bernhard von Lepel, 5. Oktober 1849, BW Lepel 1, 163.
105 Tagebuch, 25. Oktober 1856, GBA XI, 1, 190.
106 An Bernhard von Lepel, 15. Januar 1850, BW Lepel 1, 182.
107 An Bernhard von Lepel, 11. Februar 1850, BW Lepel 1, 189.
108 Eduard Kiehnbaum: Der letzte Zensor der Rheinischen Zeitung: Wilhelm von Saint Paul. In: Beiträge zur Marx-Engels-Forschung, N. F. (2008), 171–198, hier 174.
109 Christian Friedrich Scherenberg, HFA III, 1, 662.
110 Kiehnbaum: Der letzte Zensor (wie Anm. 108), 187f.
111 Eduard Schmidt-Weißenfels: Vier Jahre Memoiren: Porträts und Erlebnisse. Prag, Leipzig 1857, 139.
112 Franz Mehring: Karl Marx. Geschichte seines Lebens [1918], Berlin 1960; Kiehnbaum: Der letzte Zensor (wie Anm. 108), 184.
113 Christian Friedrich Scherenberg, HFA III, 1, 662.
114 Schmidt-Weißenfels: Vier Jahre Memoiren (wie Anm. 111), 140f.
115 Elmar Krekeler: Der gefährlichste Deutsche des 19. Jahrhunderts. Besprechung von Peter Matthews: Harro Harring (Rebell der Freiheit, Berlin 2017). In: Die Welt. (11. September 2017), URL: https://www.welt.de/kultur/article168515918/Der-gefaehrlichste-Deutsche-des-19-Jahrhunderts.html (Zugriff: 19. August 2018).
116 Christian Friedrich Scherenberg, HFA III, 1, 662f.

117 An Bernhard von Lepel, 31. Oktober 1851, BW Lepel 1, 302.
118 An Bernhard von Lepel, 3. November 1851, BW Lepel 1, 302; an Wilhelm Wolfsohn, 3. Mai 1850, BW Wolfsohn 2006, 62.
119 An Bernhard von Lepel, 3. November 1851, BW Lepel 1, 302 f.
120 Jolles, 90.
121 Vgl. auch FChronik 1, 213, 28. Juli 1850.
122 An Bernhard von Lepel, 28. Juli 1850, BW Lepel 1, 214.
123 An Emilie Rouanet-Kummer, vermutlich 30. Juli 1850, EBW 1, 10.
124 Am 14. August 1851 wird Georg Fontane geboren. Familienbriefnetz, 962.
125 AFA Autobiogr. Schriften 3, 1, 438.
126 Das Wangenheim-Kapitel, AFA Autobiogr. Schriften 3, 1, 392 f.; FChronik 1, 228, 31. Dezember 1850.
127 Jolles, 89.
128 An Bernhard von Lepel, 6. November 1851, BW Lepel 1, 307.
129 An Bernhard von Lepel, 31. Oktober 1851, BW Lepel 1, 302.
130 FChronik 1, 262, 23. November 1851.
131 Jolles, 96.
132 FChronik 1, 428, 9. Juni 1854.
133 FChronik 1, 338, 5. Dezember 1852.
134 Ludwig Metzel, zit. nach FChronik 1, 477, 19. August 1855.

NACHRICHTENWELTEN UND WELTNACHRICHTEN

1 Siehe weiterführend Unechte Korrespondenzen; Aus der Au; Michael Homberg: Reporter-Streifzüge. Metropolitane Nachrichtenkultur und die Wahrnehmung der Welt 1870–1918. Göttingen 2017.
2 Unechte Korrespondenzen 1, 25.
3 An Friedrich Stephany, 31. Dezember 1896, FBl 59 (1995), 29.
4 Gertrud Nöth-Greis: Das Literarische Büro als Instrument der Pressepolitik. In: Jürgen Wilke (Hrsg.): Pressepolitik und Propaganda. Historische Studien vom Vormärz bis zum Kalten Krieg. Köln 1997, 3.
5 Heinz Ohff: Theodor Fontane. Leben und Werk. München, Zürich 1995, 156.
6 Jörg Requate: Journalismus als Beruf: Entstehung und Entwicklung des Journalistenberufs im 19. Jahrhundert. Göttingen 1995.
7 Heinrich Wuttke: Die deutschen Zeitschriften und die Entstehung der öffentlichen Meinung. Ein Beitrag zur Geschichte des Zeitungswesens. 3. Aufl. Leipzig 1875, 138.
8 NFA XV, 416 f.
9 Ebd.
10 Nöth-Greis: Das Literarische Büro (wie Anm. 4), 5.

11 An Bernhard von Lepel, 31. Oktober 1851, BW Lepel, 1, 302.
12 An Bernhard von Lepel, 6. November 1851, BW Lepel, 1, 307.
13 Vgl. Fontane im lit. Leben, 1–8.
14 An Friedrich Witte, 16. Februar 1853, HFA IV, 1, 331.
15 Manuela Günter, Michael Homberg: ‹cut&paste› im ‹Archiv der Massenmedien›? Theodor Fontanes «Unechte Korrespondenzen» und die Poesie der Zeitung. In: Daniela Gretz, Nicolas Pethes (Hrsg.): Archiv/Fiktionen. Verfahren des Archivierens in Literatur und Kutur des langen 19. Jahrhunderts. Freiburg i.Br. 2016, 233–254.
16 Zit. nach Eduard Kiehnbaum: Der letzte Zensor der Rheinischen Zeitung: Wilhelm von Saint Paul. In: Beiträge zur Marx-Engels-Forschung, N.F. (2008), 171–198, hier 176.
17 Wilhelm von Merckel: Kleine Studien. Novellen und Skizzen. Nebst einem Vorwort von Theodor Fontane. Berlin 1863, 65–78.
18 Rudolf Muhs: Max Schlesinger und Jakob Kaufmann. Gegenspieler und Freunde Fontanes. In: Exilanten, 292–326, hier 309.
19 So die Instruktion seines Vorgesetzten Metzel, zit. nach FChronik 1, 479, 5. September 1855.
20 FChronik 1, 491, 19. Oktober 1855; FChronik 1, 516, 31. Dezember 1855; Jolles, 109.
21 Zit. nach FChronik 1, 501, 21. November 1855.
22 An Ludwig Metzel, 1. Dezember 1855, HFA IV, 1, 448–455, bes. 449f.; Der frühe Fontane, 215.
23 Tagebuch, 17. Januar 1856, GBA XI, 1, 77.
24 An Emilie Fontane, 10. März 1857, EBW 2, 29.
25 Edgar Bauer: Konfidentenberichte über die europäische Emigration in London 1852–1861, hrsg. von Erik Gamby. Trier 1989, 233, 322; Peter Barker: Edgar Bauer, Refugee, Journalist and Police Informer. In: Exilanten, 370–384, hier 376f.
26 Der frühe Fontane, 218.
27 Bauer: Konfidentenberichte (wie Anm. 25), 322; FChronik 1, 508, 11. Dezember 1855.
28 Kurt Koszyk: Geschichte der deutschen Presse. T. 2: Deutsche Presse im 19. Jahrhundert. Berlin 1966, 234.
29 Nöth-Greis: Das Literarische Büro (wie Anm. 4), 7; Albrecht Hoppe, Rudolf Stöber: DFG-Projekt Digitalisierung der Amtspresse Preußens in der zweiten Hälfte des 19. Jahrhunderts und Erstellung eines Sachkommentars. In: Jahrbuch für Kommunikationsgeschichte, Bd. 8 (2006), 220–246, 221f., 242, Anm. 13; Rudolf Stöber: Deutsche Pressegeschichte. Von den Anfängen bis zur Gegenwart. 2. überarb. Aufl. Konstanz 2005, 239–241.

30 Nöth-Greis: Das Literarische Büro (wie Anm. 4), 7.
31 Gotthard Erler: Theodor Fontane, Ein unveröffentlichter Brief aus dem Jahre 1870 und seine Hintergründe. In: FBl 29 (1979), 345 f.
32 Der frühe Fontane, 219 f.
33 Ebd., 225.
34 Die Londoner Presse, in: NFA XIX, 129–248; Überblick über die Erscheinungsorte (Zeitschriften) der Erstveröffentlichungen, ebd., 817.
35 Deutsches Museum, Jg. 11 (1861), 206 f.; Robert Prutz: Geschichte des deutschen Journalismus. Hannover 1845.
36 NFA XIX, 130 f.
37 Instruktion Ludwig Metzel in: Der frühe Fontane, 219–222, hier 220.
38 NFA XIX, 166 f.
39 Ebd., 229 f.
40 Ebd., 168 f.; Dieter Basse: Wolff's telegraphisches Bureau 1849 bis 1933. Agenturpublizistik zwischen Politik und Wirtschaft. München 1991, 24.
41 NFA XIX, 238.
42 Ebd., 163.
43 Ebd., 186.
44 Ebd., 231 f.
45 Instruktion Ludwig Metzel in: Der frühe Fontane, 219–222, hier 220.
46 NFA XIX, 173.
47 Ebd., 177.
48 Ebd., 182–184.
49 Ebd., 238 f.
50 Ebd., 242 f.
51 Der frühe Fontane, 357.
52 Günter Oesterle: «Unter dem Strich». Skizze einer Kulturpoetik des Feuilletons im neunzehnten Jahrhundert. In: Jürgen Barkhoff, Gilbert Carr, Roger Paulin (Hrsg.): Das schwierige 19. Jahrhundert. Germanistische Tagung zum 65. Geburtstag von Eda Sagarra im August 1998. Tübingen 2000, 229–250, hier 244.
53 Christiane Schwab: Die journalistische Gesellschaftsskizze (1830–1860) als ethnographisches Wissensformat. In: Zeitschrift für Volkskunde 112/1 (2016), 37–56.
54 Wolfgang Kaschuba: Erkundung der Moderne. Bürgerliches Reisen nach 1800. In: Zeitschrift für Volkskunde, Bd. 87 (1991), 29–52.
55 Michael Maurer: Skizzen aus dem sozialen und politischen Leben der Briten. Deutsche Englandreiseberichte des 19. Jahrhunderts. In: Peter J. Brenner (Hrsg.): Der Reisebericht. Die Entwicklung einer Gattung in der deutschen Literatur. Frankfurt a. M. 1989, 406–433.

56 Jana Kittelmann: Fontanes Berichte aus England im Kontext des zeitgenössischen Kunst- und Reisefeuilletons. In: Patricia Howe (Hrsg.): Theodor Fontane. Dichter des Übergangs. Würzburg 2013, 147–165; Fritz Werfelmeyer: «Bei den money-makern am Themsefluß». Theodor Fontanes Reise in die moderne Kultur im Jahre 1852. In: Text und Kritik. Sonderband Fontane, München 1989, 55–70.
57 An Wilhelm Wolfsohn, 16. November 1852, BW Wolfsohn 2006, 103.
58 Exilanten, 210, 238.
59 NFA XVII, 10–12; Lothar Bucher: Ein Tag im Glaspalast. In: Kulturhistorische Skizzen aus der Weltausstellung aller Völker. Frankfurt a.M. 1851, 208–215.
60 Fontane im lit. Leben, 134–144;
61 Fontane (anonym): Unsere lyrische und epische Poesie seit 1848. In: Deutsche Annalen zur Kenntnis der Gegenwart und Erinnerung an die Vergangenheit, Bd. 1. Leipzig 1853, 353–377, hier 359; NFA XXI/1, 7–15, hier 13.
62 Erschienen im vom *Tunnel-* und *Argo*-Freund Friedrich Eggers herausgegebenen *Literaturblatt des deutschen Kunstblattes*, Nr. 15 (26. Juli 1855), 59–63, hier 59. Auch in: HFA III, 1, 293–308, hier 294.
63 Ebd., 294.
64 An Friedrich Eggers, 25. April 1856, BW Eggers, 178.
65 An Emilie Fontane, 18. März 1857, EBW 2, 35.
66 Osterhammel, 788–790.
67 Lothar Bucher: Kulturhistorische Skizzen aus der Industrieausstellung aller Völker. Frankfurt 1851, 133; Stechlin, GBA I, 17, 137 u.ö.
68 NFA XVIIIa, 791; Roland Berbig: 1. Mai bis 8. Mai 1858. Eine globale Woche in Fontanes Lebenschronik. In: Fontane und die Welt, 41–58, hier 54.
69 FChronik 1, 575, 2. Juni 1856; Ebd., 673, Januar 1857.
70 William Howard Russell: Meine sieben Kriege. Frankfurt 2000, 14; Christopher Coker: Ethics and War in the 21st Century. London 2008, 32.
71 NFA XVIIIa, 789f.
72 NFA XVIIIa, 789; Russell: Meine sieben Kriege (wie Anm. 70), 9.
73 Ebd., 17.
74 Ebd., 18, 26.
75 Charles Baudelaire: Œuvres complètes. Bd. 2: Curiosités esthétiques. Paris 1868, 261f.
76 Jennifer Green-Lewis: Victorian Photography and the Novel. In: Lisa Rodensky (Hrsg.): The Oxford Handbook of the Victorian Novel. Oxford 2013, 313–334, hier 320.
77 Russell: Meine sieben Kriege (wie Anm. 70), 194.
78 Claudia Reichel: German Responses. Theodor Fontane, Edgar Bauer, Wilhelm Liebknecht. In: Shaswati Mazumdar: Insurgent Sepoys. Europe

views the Revolt of 1857. London, New Delhi 2011, 19–42, hier 20; Der frühe Fontane, 242.
79 Shaswati Mazumdar: Insurgent Sepoys. Europe views the Revolt of 1857. London, New Delhi 2011.
80 Reichel: German Responses (wie Anm. 78), 27.
81 Ebd., 29; Fontane an Tuiscon Beutner, 23. November 1857, HFA IV, 1, 596f.
82 NFA XVIIIa, 738f.
83 Ebd.; Karl Marx: Der Aufstand in der indischen Armee. In: Karl Marx, Friedrich Engels: Werke. Bd. 12. Berlin 1961, 231.
84 NFA XVIIIa, 738.
85 Osterhammel, 789.
86 Helen Chambers: Fontanes Übersetzung des Tennyson-Gedichtes «The Charge of the Light Brigade». In: dies.: Fontane-Studien. Gesammelte Aufsätze zu Romanen, Gedichten und Reportagen. Würzburg 2014, 141–168.
87 Von Zwanzig bis Dreißig, GBA III, 3, 328; vgl. Der frühe Fontane, 240;
88 GBA II, 1, 61f.
89 GBA II, 1, 476.
90 Rolf Parr: Kleine und große Weltentwürfe. Theodor Fontanes mentale Karten. In: Fontane und die Welt, 17–40, hier 17; Hans-Heinrich Reuter: Die englische Lehre. Zur Bedeutung und Funktion Englands für Fontanes Schaffen. In: Jörg Thunecke, Eda Sagarra (Hrsg.): Formen realistischer Erzählkunst. Festschrift for Charlotte Jolles in honour of her 70. Birthday. Nottingham 1979, 282–299, hier 286.
91 Berbig: 1. Mai bis 8. Mai 1858. (wie Anm. 68), Fontane und die Welt, 56.
92 An Mathilde von Rohr, 15. April 1870, BW Rohr, 89f.
93 FChronik 2, 927, 7. Oktober 1858.
94 Frank Lorenz Müller: Der 99-Tage-Kaiser. Berlin 2013.
95 Exilanten, 284.
96 Exilanten, 92.
97 An Wilhelm von Merckel, 1. März 1858, BW Merckel 1, 289.
98 An Henriette von Merckel, 5. Oktober 1858, BW Merckel 2, 131f.
99 Tagebuch, 6. April 1858, GBA XI, 1, 318.
100 An Bernhard von Lepel, 21. Juli 1858 und vor dem 28. Juli 1858, BW Lepel 1, 513.
101 An Wilhelm von Merckel, 20. September 1858, BW Merckel 2, 122.
102 FChronik 2, 930, 30. Oktober 1858.
103 Immanuel Hegel an Fontane, 26. November 1858, FChronik 2, 934; Fontane an Henriette von Merckel, 5. Oktober 1858, BW Merckel 2, 131.
104 Maren Ermisch: Anhang, Jenseit des Tweed, GBA IV, 2, 270.
105 Winfried Siebers: Die romantische Hälfte Schottlands. Theodor Fontanes Reisebuch «Jenseit des Tweed» (1860). In: ders., Uwe Zagratzki (Hrsg.):

Deutsche Schottlandbilder. Beiträge zur Kulturgeschichte. Osnabrück 1998, 59–66, hier 60.
106 An Bernhard von Lepel, 21. Juli 1858, BW Lepel 1, 512.
107 Bernhard von Lepel an Fontane, vor dem 28. Juli 1858, BW Lepel 1, 515; Siebers: Die romantische Hälfte Schottlands (wie Anm. 105), 59.
108 Jenseit des Tweed, GBA IV, 2, 7.
109 Kristin Ott: Sublime Landscapes and Ancient Traditions. Eighteenth-Century Tourism in Scotland. In: Christoph Bode, Jacqueline Labbe (Hrsg.): Romantic Localities: Europe Writes Place. London 2010, 39–50.
110 Jana Kittelmann: Nordische Natur(en)? Fanny Lewald und Theodor Fontane in Schottland, in: FBl 89 (2010), 69–87, 77.
111 Ermisch: Anhang, Jenseit des Tweed, GBA IV, 2, 303 f.
112 Jenseit des Tweed, GBA IV, 2, 4.
113 Ebd., 227.
114 Ebd., 83
115 Ebd., 83 f., 13, 84.
116 Siebers: Die romantische Hälfte Schottlands (wie Anm. 105), 63.
117 Jenseit des Tweed, GBA IV, 2, 114 f.
118 Ebd., 186.
119 Ebd., 18.
120 Ebd., 255; Fontanes Walter-Scott-Essay, zit. nach ebd., 274.
121 Ebd., 256; Reuter 1, 320.
122 Ermisch: Anhang, Jenseit des Tweed, GBA IV, 2, 278 f.
123 Tagebuch, 19. August 1856, GBA XI, 1, 161; vgl. FChronik 1, 614, 19. August 1856.
124 Exilanten, 334.
125 FChronik 2, 980, 13. Juli 1859.
126 An Louis Schneider, 13. Juli 1859, HFA IV, 1, 675; FChronik 2, 981, 18. Juli 1859.
127 Fontane: Rezension zu Die Ostsee und ihre Küstenländer. Geschildert von Anton von Etzel. In: GBA V, 7, 311–314, hier 312.
128 Jenseit des Tweed, GBA IV, 2, 108 f.; Die Grafschaft Ruppin (Wanderungen, Bd. 1), GBA V, 1, 1 f.
129 An Wilhelm Hertz, 31. Oktober 1861, BW Hertz, 52, vgl. auch den Brief an Ernst von Pfuel, 18. Januar 1864, HFA IV, 2, 145.

KORRESPONDENZEN DES KRIEGSJAHRZEHNTS

1 Wehler 3, 232.
2 Juliane Fiedler: Konstruktion und Fiktion der Nation. Literatur aus Deutschland, Österreich und der Schweiz in der zweiten Hälfte des 19. Jahrhunderts. Wiesbaden 2018, 121 f.; siehe weiterführend auch das Kapitel «Nationale Festkultur im 19. Jahrhundert: Das Schillerfest 1859», ebd., 183–209.
3 Anike Rössig: Juden und andere «Tunnelianer». Gesellschaft und Literatur im Berliner Sonntags-Verein. Heidelberg 2008, 284.
4 Toast auf Schiller, GBA II, 2, 84 f.
5 Tagebuch, 19. August 1856, GBA XI, 1, 161.
6 Moritz Lazarus, Heyman Steinthal: Einleitende Gedanken über Völkerpsychologie, als Einladung zu einer Zeitschrift für Völkerpsychologie und Sprachwissenschaft. In: Zeitschrift für Völkerpsychologie und Sprachwissenschaft, Bd. 1 (1860), 1–73, hier 34 f. Vgl. auch Gerhart von Graevenitz: Theodor Fontane. Ängstliche Moderne. Über das Imaginäre. Padernborn, Konstanz 2014, 252 f.
7 Lazarus, Steinthal: Gedanken über Völkerpsychologie (wie Anm. 6), 36.
8 Moritz Lazarus: Was heißt national? Ein Vortrag. Berlin 1880, 14; Graevenitz: Ängstliche Moderne (wie Anm. 6), 250.
9 Ebd.
10 Eric Hobsbawm, Terence Ranger: The Invention of Tradition. Cambridge 1992; Benedict Anderson: Die Erfindung der Nation. Zur Karriere eines folgenreichen Konzepts, Berlin 1998.
11 Tagebuch, 1874, GBA XI, 2, 50.
12 An Emilie Fontane, 12. Juni 1878, EBW 3, 116.
13 Paul Irving Anderson: Ehrgeiz und Trauer. Fontanes offiziöse Agitation 1859 und ihre Wiederkehr in «Unwiederbringlich». Stuttgart 2002, 52.
14 Michael Kunczik: Geschichte der Öffentlichkeitsarbeit in Deutschland. Köln 1997, 86.
15 Von Zwanzig bis Dreißig, GBA III, 3, 290.
16 An Emilie Fontane, 4. Juni 1862, EBW 2, 197.
17 An die Mutter Emilie Fontane, 3. März 1864. In: Gotthard Erler (Hrsg.): Fontanes Briefe in zwei Bänden. Bd. 1. Berlin 1968, 328.
18 Peter Wruck: Fontane als Erfolgsautor. Zur Schlüsselstellung der Makrostruktur in der ungewöhnlichen Produktions- und Rezeptionsgeschichte der «Wanderungen durch die Mark Brandenburg». In: Geschichte und Geschichten, 373–393.

19 FChronik 2, 1013, mit Anm., 7. Februar 1860.
20 Friedrich Albrecht Graf zu Eulenburg an Fontane, 30. April 1870, FBl 29 (1979), 345; Theodor an Emilie Fontane, 11. Mai 1870, EBW 2, 477.
21 Vgl. bspw. FChronik 2, 1413, Anfang August und 3. August 1866, FChronik 2, 1418, 25. August 1866, FChronik 2, 1421, 28. September und 1. Oktober 1866 u.ö.; Peter Wruck: Theodor Fontane in der Rolle des vaterländischen Schriftstellers. Bemerkungen zum schriftstellerischen Sozialverhalten. In: FBl 44 (1987), 644–667, hier 661.
22 Wruck: Fontane als Erfolgsautor (wie Anm. 18), 377.
23 Wruck: Theodor Fontane in der Rolle des vaterländischen Schriftstellers (wie Anm. 21), 661f.
24 An Henriette von Merckel, 30. April 1858, BW Merckel 2, 48.
25 FChronik 2, 1225, 1863; ebd., 1302, Sommer 1864.
26 Der Preußische Landtag. Bau und Geschichte, hrsg. von der Präsidentin des Abgeordnetenhauses von Berlin. Berlin 1993, 45ff.
27 An Ernst Gründler, 11. Februar 1896, HFA B IV, 531.
28 Unechte Korrespondenzen 1, 23, Anm. 72.
29 Wangenheim-Kapitel, AFA Autobiogr. Schriften 3, 1, 401.
30 Unechte Korrespondenzen 1, 19.
31 Karl August Varnhagen von Ense: Tagebücher. Bd. 8. Zürich 1865, 106.
32 Der Arnim'sche Prozeß in erster Instanz verhandelt vor dem Königl. Preuß. Stadtgerichte zu Köln am 21. Februar 1852. Braunschweig 1852, Beilage II, S. 38; Volker Neuhaus: Der zeitgeschichtliche Sensationsroman in Deutschland 1855–1878. ‹Sir John Redcliffe› und seine Schule. Berlin 1980, 22.
33 An Bernhard von Lepel, 18. April 1849, BW Lepel 1, 126.
34 Henning Albrecht: Antiliberalismus und Antisemitismus. Hermann Wagener und die preußischen Sozialkonservativen 1855–1873. Paderborn u.a. 2010.
35 Neue Preußische Zeitung, Nr. 33 (9. Februar 1849); Robert Springer: Berlin's Straßen, Kneipen, Klubs im Jahr 1848. Berlin 1850, 8.
36 Paul Irving Anderson: Der Stechlin. Eine Quellenanalyse. In: Christian Grawe (Hrsg.): Interpretationen. Fontanes Novellen und Romane. Stuttgart 1991, 243–274, hier 252.
37 Dagmar Bussiek: «Mit Gott für König und Vaterland!» Die Neue Preußische Zeitung (Kreuzzeitung) 1848–1892. Münster 2002, 163.
38 Zit. nach Unechte Korrespondenzen 1, 17f.
39 Heide Streiter-Buscher: Randbemerkungen eines «harmlosen» Korrespondenten. Zum Thema Fontane und Bismarck. In: FBl 60 (1995), 63–82.
40 George Hesekiel: Das Buch vom Grafen Bismarck. 2. unveränd. Aufl., Bielefeld, Lepizig 1869, 85.

41 Heide Streiter-Buscher: Gebundener Journalismus oder freies Dichterleben? Erwiderung auf ein Mißverständnis. In: FBl 64 (1997), 221–238, hier 224.
42 Fontane spielt in dem späten Gedicht «Zeitung» auf den Skandal an. GBA II, 2, 472.
43 Bernhard Studt: Bismarck als Mitarbeiter der «Kreuzzeitung» in den Jahren 1848 und 1849. Blankenese 1903, 6.
44 An Emilie Fontane, 24. Juni 1881, EBW 3, 248.
45 Von Zwanzig bis Dreißig, GBA III, 3, 289 f.
46 Unechte Korrespondenzen 1, 12; Tagebuch, 26. September 1856, GBA XI, 1, 172; Fontane im lit. Leben, 63.
47 Paul Schlenther: Vorwort. In: ders. (Hrsg.): Theodor Fontane. Causerien über Theater. Berlin 1905, VI; Übersicht Kunstkritiken: Aus der Au, 359 f.
48 An Emilie Fontane, 11. Mai 1870, EBW 2, 475.
49 Von Zwanzig bis Dreißig, GBA III, 3, 293.
50 Vgl. die Debatte zwischen Muhs und Streiter-Buscher, in: FBl 64 (1997), 220–238.
51 FChronik 2, 1228, 24. Januar 1863.
52 Heinrich August Winkler: Der lange Weg nach Westen. Bd. 1. München 2010, 153.
53 Tagebuch, 28. April 1862, GBA XI, 2, 276 (dort entziffert als «Phantone»). Ich folge der Lesart von Hubertus Fischer: «Mit Gott für König und Vaterland», 2. Teil, FBl 59 (1995), 74 f. für die auch Fontanes Kommentar spricht. Die Original-Handschrift ist verloren.
54 Fürstenau, 193.
55 Von Zwanzig bis Dreißig, GBA III, 3, 282.
56 Sonja Hillerich: Deutsche Auslandskorrespondenten im 19. Jahrhundert. Die Entstehung einer transnationalen journalistischen Berufskultur. Berlin 2018, 104 f., 137, 159–161.
57 Dieter Basse: Wolff's Telegraphisches Bureau 1849 bis 1933. Agenturpublizistik zwischen Politik und Wirtschaft. München 1991, 23.
58 Karl Marx: Herr Vogt. In: Karl Marx, Friedrich Engels: Werke. Bd. 14, 4. Aufl. (unveränd. Nachdruck der 1. Aufl. 1961). Berlin 1972, 381–686, hier 603, 606.
59 Von Zwanzig bis Dreißig, GBA III, 3, 282.
60 Unechte Korrespondenzen, 1, 37.
61 Julius Stahl in den Mund gelegt, Von Zwanzig bis Dreißig, GBA III, 3, 291.
62 Von Zwanzig bis Dreißig, GBA III, 3, 308; Bussiek: «Mit Gott für König und Vaterland!» (wie Anm. 37), 73.
63 Von Zwanzig bis Dreißig, GBA III, 3, 308.
64 An Emilie Fontane, 11. Mai 1870, 16. Mai 1870, EBW 2, 476, 481.

65 Hesekiel: Das Buch vom Grafen Bismarck (wie Anm. 40), 163f.; Unechte Korrespondenzen 1, 95, 64f.
66 Unechte Korrespondenzen 1, 28f.; Der Preußische Landtag. Bau und Geschichte, hrsg. von der Präsidentin des Abgeordnetenhauses von Berlin. Berlin 1993, 47.
67 Von Zwanzig bis Dreißig, GBA III, 3, 296.
68 Albrecht: Antiliberalismus und Antisemitismus (wie Anm. 34), 54f.
69 Rudolf Stöber: Deutsche Pressegeschichte. Von den Anfängen bis zur Gegenwart. 2. überarb. Aufl. Konstanz 2005, 240; Albrecht Hoppe, Rudolf Stöber: DFG-Projekt Digitalisierung der Amtspresse Preußens in der zweiten Hälfte des 19. Jahrhunderts und Erstellung eines Sachkommentars. In: Jahrbuch für Kommunikationsgeschichte, Bd. 8 (2006), 220–246, hier 223.
70 Hurrah Preußen!, Nr. 8 (Oktober 1870), 7.
71 Zu den Auflagenzahlen der Kreuzzeitung: Meinolf Rohleder, Burkhard Treude: Neue Preußische (Kreuz-)Zeitung. Berlin (1848–1939). In: Heinz-Dietrich Fischer (Hrsg.): Deutsche Zeitungen des 17. bis 20. Jahrhunderts. Pullach bei München 1972, 209–224.
72 Vgl. bspw. Fontane: Kopenhagen, 19. Juni. Der Scandinavismus; sein Ernst und sein Spiel. Was ist ihm Hekuba? In: Neue Preußische Zeitung, Nr. 147 (26. Juni 1862), auch abgedruckt in: Unechte Korrespondenzen 1, 232f.
73 Fontane: Der Krieg gegen Frankreich 1870–1871. Bd. 1: Der Krieg gegen das Kaiserreich. Bis Gravelotte, 18. August 1870. Zürich 1985, 484.
74 An Emilie Fontane, 20. September 1859, EBW 2, 175f.; Wruck: Fontane als Erfolgsautor (wie Anm. 18), 386.
75 An Wilhelm Hertz, 31. Dezember 1861 BW Hertz, 68; Wruck: Fontane als Erfolgsautor (wie Anm. 18), 381.
76 Verlagsanzeige Hertz 1863; Wruck: Fontane als Erfolgsautor (wie Anm. 18), 382; Bussiek: «Mit Gott für König und Vaterland!» (wie Anm. 37), 5.
77 An Wilhelm Hertz, 6. Dezember 1861, BW Hertz, 61.
78 BW Hertz, 377.
79 BW Hertz, 376.
80 An Wilhelm Hertz, 16. Januar 1861, BW Hertz, 29.
81 An Wilhelm Hertz, 21. Mai 1861, BW Hertz, 34.
82 An Wilhelm Hertz, 6. Dezember 1861 und 9. Dezember 1863, BW Hertz, 61 und 107; Anhang, Die Grafschaft Ruppin (Wanderungen, Bd. 1), GBA V, 1, 590–592.
83 Adolf Stahr an Wilhelm Hertz, Ebd., 590f.
84 An Wilhelm Hertz, 9. Dezember 1863, BW Hertz, 107.
85 Fontane im lit. Leben, 359.

86 Fontane im lit. Leben, 357; Rudolf Schmidt: Deutsche Buchhändler. Deutsche Buchdrucker. Beiträge zu einer Firmengeschichte des deutschen Buchgewerbes. Bd. 3: Hartung-Kröner. Berlin 1904 [1905], 431f., Roland Berbig: Zur Rezeptionssteuerung der Wanderungen durch Fontane. In: Berliner Hefte zur Geschichte des literarischen Lebens, 2 (1998), 75–94; Wruck: Fontane als Erfolgsautor (wie Anm. 18), 888; Rolf Parr, Wulf Wülfing: Literarische und schulische Praxis (1854–1890). In: Edward McInnes, Gerhard Plumpe (Hrsg.): Bürgerlicher Realismus und Gründerzeit 1848–1890. München 1996, 176–210, hier 206f.
87 Fürstenau, 57.
88 Henrik Karge: Theodor Fontane und Karl Schnaase. Ein neugefundenes Gutachten beleuchtet die Anfänge der «Wanderungen durch die Mark Brandenburg». In: FBl 67 (1999), 10–34, hier 27.
89 Ebd., 14, 27.
90 Lothar Müller: Gelbe Immortellen, Gräber, Tod und Totengedenken bei Theodor Fontane. In: Hanna Delf von Wolzagen (Hrsg.): Theodor Fontane. Dichter und Romancier. Seine Rezeption im 20. und 21. Jahrhundert. Würzburg 2015, 141–163, hier 144f.; Karge: Theodor Fontane und Karl Schnaase (wie Anm. 88), 27f.
91 An Wilhelm Hertz, 31. Oktober 1861, BW Hertz, 51f.
92 Spreeland, (Wanderungen, Bd. 4), GBA V, 4, 439.
93 Müller: Gelbe Immortellen (wie Anm. 90), 143.
94 Andrew Cusack: «Civibus aevi futuri». Geschichtsschreibung als Panorama in Fontanes Wanderungen durch die Mark Brandenburg. In: Patricia Howe (Hrsg.): Theodor Fontane. Dichter des Übergangs. Würzburg 2013, 165–182. Ders.: The Wanderer in Nineteenth-Century German Literature. Intellectual History and Cultural Criticism, New York 2008.
95 Richard M. Meyer: Die deutsche Litteratur des Neunzehnten Jahrhunderts. 2. Aufl., Berlin 1900, 443; Wruck: Fontane als Erfolgsautor (wie Anm. 18), 383.
96 Rudolf von Gottschall: Gustav Freytag. In: Die Gartenlaube, Jg. 42 (1895), 330; vgl. Martin Nissen: Populäre Geschichtsschreibung. Historiker, Verleger und die deutsche Öffentlichkeit (1848–1900). Köln, Weimar, Wien 2009, 276f.
97 Von Zwanzig bis Dreißig, GBA III, 3, 305f.
98 Nissen: Populäre Geschichtsschreibung (wie Anm. 96), 274.
99 Karge: Theodor Fontane und Karl Schnaase (wie Anm. 88), 28; Benedict Schofield: «Die Historie rückwärts durchmessen». Geschichtsbilder und Geschichtsauffassungen bei Theodor Fontane und Gustav Freytag. In: Patricia Howe (Hrsg.): Theodor Fontane. Dichter des Übergangs. Würzburg 2013, 57–70.

100 Digital ediert unter: URL https://www.uni-goettingen.de/de/303691.html.
101 Nissen: Populäre Geschichtsschreibung (wie Anm. 96), 285.
102 Unechte Korrespondenzen 1, 211, 433 f.; Unechte Korrespondenzen 2, 1134.
103 Nissen: Populäre Geschichtsschreibung (wie Anm. 96), 286.
104 Wolfgang Rasch: Zeitungstiger, Bücherfresser. Die Bibliothek Theodor Fontanes als Fragment und Aufgabe betrachtet. In: Imprimatur, NF XIX (2005), 103–144, hier 103 (mit Bestandsverzeichnis).
105 An Emilie Fontane, 18. Juli 1887, EBW 3, 492.
106 Tagebuch, 16. Februar 1881, GBA XI, 2, 91.
107 Ute Frevert: «Mann und Weib und Weib und Mann». Geschlechter-Differenzen in der Moderne. München 1995, 61; Wilhelm Heinrich Riehl: Die Naturgeschichte des Volkes als Grundlage einer deutschen Social-Politik. Bd. 4: Wanderbuch. Stuttgart 1869; Jerzy Kalazny: «Das landschaftliche Auge». Zum Sehen und Wandern in Wilhelm Heinrich Riehls «Wanderbuch» im Vergleich mit Fontanes «Wanderungen durch die Mark Brandenburg». In: Geschichte und Geschichten, 159–174, hier 163 f.
108 Fürstenau, 46.
109 An Emilie Fontane, 9. August 1875, EBW 3, 39; an Emilie Fontane, 5. September 1868, EBW 2, 356.
110 Vgl. Hubertus Fischer: Ein Versuch über Fontanes «Wanderungen durch die Mark Brandenburg», ihre Bilder und ihre Bildlichkeit. In: FBl 67 (1999), 117–142, 124.
111 Walter Erhard: Wanderungen durch die Mark Brandenburg. In: FHandbuch 818–849, hier 827 f.
112 Die Graftschaft Ruppin (Wanderungen Bd. 1), GBA V, 1, 265.
113 Cusack: «Civibus aevi futuri» (wie Anm. 94), 168; an Wilhelm Friedrich, 19. Januar 1883, HFA, IV, 3, 230.
114 Wruck: Fontane als Erfolgsautor (wie Anm. 18), 388.
115 Fürstenau, 59 f.; McGillen, 25.
116 Klaus-Peter Möller: Eduard Handtmann – der Pfarrer von Seedorf. In: Jahrbuch Ostprignitz-Ruppin. Karwe 2005, 52; Dorothee Krings: Theodor Fontane als Journalist. Selbstverständnis und Werk. Köln 2008, 172.
117 An Emilie Fontane, 16. September 1859, EBW 2, 173; Fürstenau, 61.
118 Fürstenau, 59, 70.
119 Ebd., 71.
120 Spreeland, GBA V, 4, 445; Brief an Theodor Fontane jun., 8. September 1887, HFA IV, 3, 559.
121 An Elise Fontane, 17. Juli 1861, BW Tochter/Schwester, 286.
122 An Wilhelm Hertz, 9. Mai 1872, BW Hertz, 144; Wruck: Fontane als Erfolgsautor (wie Anm. 18), 392 f.
123 An Mathilde von Rohr, 4. Juli 1864, BW Rohr, 45.

124 Grundlegend: McGillen.
125 Zur «Montagetechnik» siehe Alexander Kluge: Das Politische als Intensität alltäglicher Gefühle. Theodor Fontane. In: ders.: Fontane – Kleist – Deutschland – Büchner. Zur Grammatik der Zeit. Berlin 2004, 7–20. hier 13.
126 McGillen, 49f., an Georg Friedlaender, 12. Januar 1887, BW Friedlaender 1994, 93f.
127 Spreeland, GBA V, 4, 26.
128 Müller: Gelbe Immortellen (wie Anm. 90), 142.
129 Cusack: «Civibus aevi futuri» (wie Anm. 94), 168.
130 Havelland, GBA V, 3, 404.
131 Matthias Haft: Aus der Mark in die Welt. Koloniales in Theodor Fontanes «Wanderungen durch die Mark Brandenburg». MA masch. am Institut für Germanistik der Universität Potsdam. März 2015.
132 Kirsten Wiese: Erwanderte Kulturlandschaften. Die Vermittlung von Kulturgeschichte in Theodor Fontanes «Wanderungen durch die Mark Brandenburg» und Wilhelm Heinrich Riehls «Wanderbuch». München 2006, 44; Kalazny: «Das landschaftliche Auge» (wie Anm. 107).
133 Cusack: «Civibus aevi futuri» (wie Anm. 94), 179.
134 Michael Ewert: Heimat und Welt. Fontanes Wanderungen durch die Mark. In: Konrad Ehlich (Hrsg.): Fontane und die Fremde. Fontane und Europa. Würzburg 2002, 167–177.
135 An Theodor Storm, 12. September 1854, HFA IV, 1, 390.
136 An Wilhelm Hertz, 17. Juni 1866, BW Hertz, 130.
137 John Osborne: Theodor Fontane: vor den Romanen. Krieg und Kunst. Göttingen 1999, 122.
138 Clark, 775, 778; Rainer E. Zimmermann: Fontanes konkrete Utopie eines Brandenburgisch Preußen. In: Fontane und die Welt, 121–138.
139 Friedrich Eggers «Wochenzettel», zit. nach FChronik 2, 1312, 13. August 1864.
140 Osborne: Fontane vor den Romanen (wie Anm. 137), 11.
141 An Ludwig Pietsch, 21. Februar 1874, HFA IV, 2, 455; Fontane vor den Romanen, 14.
142 Fürstenau, 79.
143 Craig, 101, 120; Fontane: Der Deutsche Krieg. Bd. 1: Der Feldzug in Böhmen und Mähren. 2. Aufl. Berlin 1871, 448.
144 Reuter 1, 456f.
145 Craig, 114.
146 Reuter 1, 450f.; Osborne: Fontane vor den Romanen (wie Anm. 137), 11.
147 An Rudolf von Decker, 1. Januar 1871, BW Decker, 180.
148 Frank Becker: Bilder von Krieg und Nation. Die Einigungskriege in der bürgerlichen Öffentlichkeit Deutschlands 1864–1913. München 2001, 43.

149 Ebd., 44.
150 Zu Heffter vgl. Bussiek: «Mit Gott für König und Vaterland!» (wie Anm. 37), 134; an Rudolf von Decker, 11. September 1870, BW Decker, 159.
151 Osborne: Fontane vor den Romanen (wie Anm. 137), 35.
152 An Emilie Fontane, 17. August 1882, EBW 3, 279.
153 Osborne: Fontane vor den Romanen (wie Anm. 137).
154 Rudolf von Decker, 16. März 1869, BW Decker, 112 f.
155 An Hermann Klettke, 29. August 1870, HFA IV, 2, 331.
156 Kinderjahre, NFA XIV, 119.
157 Kluge: Das Politische als Intensität alltäglicher Gefühle (wie Anm. 125), 8.
158 FChronik 2, 1654, 27. September 1870.
159 Vgl. hingegen Jana Kittelmann: «Kriegsgefangen. Erlebtes 1870 (1871). In Hermann Gätje, Sikander Singh (Hrsg.): Übergänge, Brüche, Annäherungen. Beiträge zur Geschichte der Literatur im Saarland, in Lothringen, im Elsass, in Luxemburg und Belgien. Saarbrücken 2015, 103–116.
160 An Emilie Fontane, 6. Oktober 1870, EBW 2, 521.
161 Carsten L. Wilke: Das deutsch-französische Netzwerk der Alliance Israélite Universelle, 1860–1914. Eine kosmopolitische Utopie im Zeitalter der Nationalismen. In: Frankfurter Judaistische Beiträge, H. 34 (2007/2008), 173–199, hier 183.
162 An Emilie Fontane, 3. Oktober 1869, EBW 2, 399–401.
163 Nahida Ruth Lazarus (Hrsg.): Moritz Lazarus' Lebenserinnerungen. Berlin 1906, 589.
164 René Cheval: Anstösse und Rückwirkungen. Literarische Begegnungen zwischen Frankreich und Deutschland. Bonn 1990, 43.
165 BW Decker, 284.
166 An Rudolf von Decker, 26. Oktober 1870, BW Decker, 162 f.
167 An Rudolf von Decker, 29. Oktober 1870, BW Decker, 164.
168 Lazarus: Moritz Lazarus' Lebenserinnerungen (wie Anm. 163), 551.
169 An Rudolf von Decker, 20. November 1870, BW Decker, 168.
170 Reisetagebücher, GBA XI, 3, 162 f.
171 Der Stechlin, GBA I, 17, 29; Wulf Wülfing: Fontane, Bismarck und die Telegraphie. In: FBl 54 (1992), 18–31, hier 22.
172 Friedrich Eggers an Moritz Lazarus, 21. November 1870;. Moritz Lazarus' Lebenserinnerungen, 551 f.
173 Lazarus: Moritz Lazarus' Lebenserinnerungen (wie Anm. 163), 552
174 Tagebuch, 1870, GBA XI, 2, 38.
175 FChronik 3, 2030, 26. Juli 1876; Brockhaus Konversations-Lexikon. 14. Aufl. Bd. 6: Elektrodynamik-Forum. Leipzig 1893, 959.
176 An Emilie Fontane, 18. November 1870, EBW 2, 548; Cheval: Anstöße und Rückwirkungen (wie Anm. 164), 45; Fontane: Wanderungen durch Frank-

ANMERKUNGEN 511

reich. Erlebtes 1870–1871. Kriegsgefangen. – Aus den Tagen der Okkupation. – Briefe. Mit einer Einleitung von Günter Jäckel. Berlin 1970, 582.
177 Ohff: Theodor Fontane (wie Kap. 4, Anm. v), 250 f.
178 Rössig: Juden und andere «Tunnelianer» (wie Anm. 3), 279.
179 Zit. nach ebd., 77.
180 Albrecht: Antiliberalismus und Antisemitismus (wie Anm. 34), 418; Neuhaus: Sensationsroman (wie Anm. 32), 161.
181 «Ich bezweifle keinen Augenblick die Korrektheit dieses Verfahrens, wende mich aber doch in einem Gefühl persönlichen Verschuldetseins für viel empfangene Nachsicht mit der nochmaligen Frage direkt an Ew. Excellenz, ob es nicht vielleicht ausnahmsweise sich ermöglichen möchte, einem der vorstehend genannten Herren die Freiheit zu geben.» – Fontane an Graf Albrecht von Roon, 20. Dezember 1870, HFA, IV, 2, 368.
182 An Rudolf von Decker, 23. Januar 1871, BW Decker, 182.
183 Freytag: Auf der Höhe der Vogesen. Kriegsberichte von 1870/71. Leipzig 1914, 51 f.; Becker: Bilder von Krieg und Nation (wie Anm. 148), 261; Nissen: Populäre Geschichtsschreibung (wie Anm. 96), 313.
184 Kriegsgefangen, NFA XVI, 47 f.
185 Ebd., 48.
186 George an Theodor Fontane, 2. Februar 1871, zit. nach BW Decker, 285.
187 An Mathilde von Rohr, 19. Dezember 1871, BW Rohr 112 f.
188 An Otto Neumann-Hofer, 24. März 1896. In: Gotthard Erler (Hrsg.): Fontanes Briefe in zwei Bänden. Bd. 2. Berlin, Weimar 1980, 388 f.
189 Osborne: Fontane vor den Romanen (wie Anm. 137), 11; an einen Mitarbeiter des Verlags, 17. September 1894, BW Decker, 243.
190 FChronik 3, 1709, 4. Februar 1871.
191 An Maximilian Harden, 4. März 1894, HFA IV, 4, 336.; Wulf Wülfing: Fontane, Bismarck und die Telegraphie. In: FBl 54 (1992), 18–30, hier 19 f.; an Georg Friedlaender, 1. Februar 1894, BW Friedlaender 1994, 336–338.

KÜNDIGUNG IM KAISERREICH

1 Anton von Werner: Erlebnisse und Eindrücke 1870–1890. Berlin 1913, 56.
2 Irina Rockel: Wilhelm Gentz. Berlin 1997, 180 f.
3 An Mathilde von Rohr, 1. November 1876, BW Rohr, 171.
4 Vgl. die Dokumentation in: Fontane und die Akademie; Hubertus Fischer: «... so ziemlich meine schlechteste Lebenszeit». Unveröffentlichte Briefe von und an Theodor Fontane aus der Akademiezeit. In: FBl 63 (1997), 26–47.

5   An Martha Fontane, 13. Mai 1889, Familienbriefnetz, 343.
6   An Friedrich Hitzig (Konzept), Ende Mai 1876, HFA IV, 522f.
7   HFA IV, 5, 2, 422.
8   Fischer: «... so ziemlich meine schlechteste Lebenszeit» (wie Anm. 4), 42f.
9   An Kaiser Wilhelm I., 19. Juni 1876, HFA IV, 2, 530–532.
10 An Mathilde von Rohr, 1. November 1876, BW Rohr, 170.
11 Kultusminister Falk an Fontane, 31. Oktober 1876. In: Fontane und die Akademie, 83.
12 An Wilhelm Hertz, 31. Oktober 1876, BW Hertz, 183f.; FChronik 3, 2049, 2. November 1876.
13 An Mathilde von Rohr, 30. November 1876, BW Rohr, 174.
14 An Wilhelm Hertz, 18. Oktober 1879, BW Hertz, 320.
15 Werner: Erlebnisse und Eindrücke (wie Anm. 1), 171f.
16 An Elise Fontane, 15. Mai 1868, BW Tochter/Schwester, 299; Tagebuch, 1869, GBA XI, 2, 35.
17 Siehe bspw. den Brief an Emilie Fontane vom 4. Dezember 1869, EBW 2, 437–439.
18 An Wilhelm Hertz, 24. März 1870, BW Hertz, 139.
19 An Mathilde von Rohr, 15. April 1870, BW Rohr, 90f.
20 An Karl Zöllner, 9. Juni 1891, B IV, 126.
21 An Emilie Fontane, 6. Mai 1870, EBW 2, 468.
22 An Mathilde von Rohr, 10. Juni 1870, BW Rohr, 94.
23 An Mathilde von Rohr, 17. März 1872, BW Rohr, 118f.
24 BW Eggers, 57.
25 Ekkehard Mai: Die deutschen Kunstakademien im 19. Jahrhundert. Künstlerausbildung zwischen Tradition und Avantgarde. Köln, Weimar, Wien 2010, 283f.
26 BW Eggers, 246f.
27 BW Eggers, 248.
28 An Emilie Fontane, 29. November 1869, EBW 2, 427f.
29 An Mathilde von Rohr, 7. Mai 1868, BW Rohr, 76.
30 Ebd., 74f.
31 Aus der Au, 374; Fontane: Ausstellung im Schloss Monbijou NFA XVIII, 545–547.
32 Übersicht Aus der Au, 359f.
33 An Hermann Klettke, 23. Januar 1871, HFA IV, 2, 373.
34 An Paul Lindau, 28. Dezember 1876, HFA IV, 522.
35 An Emilie Fontane, 26. August 1874, EBW 3, 20f.
36 Hella Riedel: «Das schöne Land Italia». Texte und Kontexte der Italienreisen Fontanes. Düsseldorf 1991.
37 Hingegen: Reisetagebücher, GBA XI, 3, 679.

38 FChronik 3, 1922, 30. September 1874.
39 Emilie Fontane, Tagebucheintrag, 31. Oktober 1874, GBA XI, 3, 360; Aus der Au, 86.
40 An Friedrich Stephany, 24. September 1896, HFA IV, 595 f.
41 Reisetagebücher, GBA XI, 3, 684, 688.
42 NFA XXIII/2, 422.
43 Franz Schüppen: Paradigmawechsel im Werk Theodor Fontanes. Von Goethes Italien- und Sealsfields Amerika-Idee zum preußischen Alltag. Stuttgart, Freiburg i.Br. 1993, 84.
44 FChronik 3, 2009, 17. Februar 1876.
45 Tagebuch, 1876, GBA XI, 2, 58.
46 An Karl Zöllner, 17. Juli 1878, HFA IV, 2, 607.
47 Lebensraum und Phantasiewelt, 147 (berichtigt nach dem Faksimile, ebd.).
48 Tagebuch, 1876, GBA XI, 2, 59.
49 FChronik 3, 3061, 31. Dezember 1889.
50 An Mathilde von Rohr, 15. April 1870, BW Rohr, 90.
51 FChronik 3, 1905, 11. Juni 1874.
52 Peter Wruck: Fontanes Berlin. Durchlebte, erfahrene und dargestellte Wirklichkeit. In: ders.: Literarisches Leben in Berlin 1871–1933. Berlin 1987, 22–87, hier 68.
53 FChronik 3, 1899, 1874; Tagebuch, 1898, GBA XI, 2, 268.
54 Ahrend Buchholtz: Die Vossische Zeitung. Geschichtliche Rückblicke auf drei Jahrhunderte. Berlin 1904.
55 «Voß, Georg» in: Allgemeine Deutsche Biographie, Online-Version; URL: https://www.deutsche-biographie.de/pnd117495301.html#adbcontent (Zugriff: 2. September 2018).
56 Peter de Mendelssohn: Zeitungsstadt Berlin. Menschen und Mächte in der Geschichte der deutschen Presse. Überarb. und erw. Aufl. Frankfurt. a.M., Berlin, Wien, 610.
57 Luise Berg-Ehlers: Fontane und die Literaturkritik. Zur Rezeption eines Autors in der zeitgenössischen konservativen und liberalen Berliner Tagespresse. Bochum 1990, 239 f.
58 Wolfgang Rasch, Bernhard Zand: Ein unbekannter Brief Gutzkows über Theodor Fontane. In: FBl 60 (1995), 47–60, hier 53.
59 Beilage zur Allgemeinen Zeitung, Nr. 20 (20. Januar 1872), zit. nach Wulf Wülfing: «Dilettatismus fürs Haus». Zu Gutzkows Kritik in den Unterhaltungen am häuslichen Herd an Fontanes und Kuglers Argo. In: Martina Lauster (Hrsg.): Deutschland und der europäische Zeitgeist. Kosmopolitische Dimensionen in der Literatur des Vormärz. Bielefeld 1994, 115–149, hier 149.
60 An Ludovica Hesekiel, 10. Februar 1873, HFA IV, 2, 427.

61 Eggers BW, 57; Lothar Schirmer: «Der Herr hat heut Kritik». Theodor Fontane und das Theater seiner Zeit. In: Fontane und sein Jahrhundert, 101–137, hier 104.
62 Tagebuch, 23. März 1881, GBA XI, 2, 103; Christine Hehle: Anhang, Unwiederbringlich, GBA I, 13, 334.
63 Georg Brandes: Berlin als deutsche Reichshauptstadt. Erinnerungen aus den Jahren 1877–1883. Aus dem Dänischen von Peter Urban-Halle, hrsg. von Erik M. Christensen, Hans-Dietrich Loock. Berlin 1989, 52.
64 Fontane: Causerien über Theater, NFA XXII/2, 752.
65 Lebensraum und Phantasiewelt, 112; Schirmer: «Der Herr hat heut Kritik» (wie Anm. 60), 102.
66 Lebensraum und Phantasiewelt, 112; Dorothee Krings: Theodor Fontane als Journalist. Selbstverständnis und Werk. Köln 2008, 77f.
67 Schirmer: «Der Herr hat heut Kritik» (wie Anm. 60), 108.
68 Krings: Theodor Fontane als Journalist (wie Anm. 65), 243.
69 Ebd., 309.
70 Lebensraum und Phantasiewelt, 111.
71 Causerien über Theater, NFA XXII/1, 350.
72 Ebd., 353f.
73 Ebd., 238.
74 An Hermann Kletke, 3. März 1871. In: Fontane: Briefe an Hermann Kletke, hrsg. von Helmuth Nürnberger. München 1969, 30.
75 Lebensraum und Phantasiewelt, 111; Krings: Theodor Fontane als Journalist (wie Anm. 65), 258.
76 Der Stechlin, GBA I, 17, 178.
77 An Julius Rodenberg, 6. Juli 1871, HFA IV, 2, 383.
78 An Julius Rodenberg, 8. Juni 1874, zit. nach FChronik 3, 1905.
79 Fontane im lit. Leben, 215.
80 Fragmente 2, 353.
81 Fragmente 1, 423.
82 NFA XXII/1, 239.
83 Ebd., 244.
84 Ebd., 246.
85 Anmerkungen zu: Vor dem Sturm I und II, AFA 1, 355.
86 Ebd., 350.
87 An Ernst Gründler, 11. Februar 1896, HFA IV, 4, 531.
88 Zit. nach Dieter Barth: Das Familienblatt. Ein Phänomen der Unterhaltungspresse des 19. Jahrhunderts. Beispiele zur Gründungs- und Verlagsgeschichte. Frankfurt a.M. 1997, 226.
89 An Wilhelm Hertz, 5. November 1878, BW Hertz, 196.
90 Ebd., 197.

ANMERKUNGEN 515

91 An Ludovica Hesekiel, 6. November 1878, HFA IV, 2, 631.
92 An Ludovica Hesekiel, 11. Dezember 1878, HFA IV, 2, 641.
93 An Wilhelm Hertz, 24. November 1878, BW Hertz, 198.
94 Ebd.; Frank Becker: Bilder von Krieg und Nation. Die Einigungskriege in der bürgerlichen Öffentlichkeit Deutschlands 1864–1913. München 2001, 43.
95 An Ludwig Pietsch, 24. April 1880, HFA IV, 3, 80.
96 An Paul Heyse, 9. Dezember 1878, BW Heyse, 133.
97 An Wilhelm Hertz, 17. Juni 1866, BW Hertz, 130.
98 Briefentwurf an Adolf Hoffmann, Mai/Juni 1897, HFA IV, 4, 650.
99 Paul Heyse an Wilhelm Hertz, 27. November 1878. In: Erich Petzet (Hrsg.): Der Briefwechsel von Theodor Fontane und Paul Heyse 1850–1897. Berlin 1929, 132.
100 Vor dem Sturm, AFA 1, 371 f.
101 Tagebuch, 1877–1878, GBA XI, 2, 65–67.
102 Nürnberger, 282.
103 An Gustav Karpeles, 24. Juni 1881, HFA, 3, 146 f.
104 Fragmente, 1 195.
105 Hubertus Fischer: Fontanes «Storch von Adebar» (miscellanea zoologica). In: FBl 70 (2000), 142–145.
106 Fragmente 1, 199.
107 An Mathilde von Rohr, 17. März 1872, BW Rohr, 119.
108 Fragmente 1, 201.
109 Fragmente 1, 201.
110 Fragmente 1, 198.
111 Fragmente 2, 114.
112 Fragmente 1, 220.
113 An Julius Grosser, 31. Januar 1882, HFA IV, 3, 176.
114 Lewald/Stahr 1, 477; AFA 3, 598–600.
115 Schach von Wuthenow, GBA I, 6, 6.
116 Ebd., 103, 106.
117 Ebd., 125, 136.
118 Ebd., 145; Regelind Heimann: Wilhelm Gentz (1822–1890). Ein Protagonist der deutschen Orientmalerei zwischen realistischer Anschauung und poesievoller Erzählkunst. Berlin 2010, 84 ff.
119 An Ludovica Hesekiel, 10. Dezember 1882, HFA IV, 3, 224 f.
120 Lebensraum und Phantasiewelt, 157.
121 An Emilie Fontane, 15. Juni 1879, EBW 3, 173 f.
122 An Emilie Fontane, 14. Juni 1879, EBW 3, 173.

ROMANE IN SERIE

1 Erreicht, Fragmente 1, 232f.
2 Fragmente 1, 232 f.
3 An Ludovika Hesekiel, 28. Mai 1878, HFA IV, 2, 572.
4 Fragmente 1, 232; Elisabeth Bartel: Donnerwetter tadellos! Kaiser, Hoffriseur und Männerbärte, hrsg. von Fraziska Nentwig. Berlin 2013, 11, 15.
5 Fragmente 2, 123.
6 Quitt, GBA I, 12, 286f.
7 Quitt, GBA I, 12, 298.
8 Rolf Zuberbühler: Theodor Fontane. Der Stechlin. Fontanes politischer Altersroman im Lichte der «Vossischen Zeitung» und weiterer zeitgenössischer Publizistik. Berlin 2012, 7; Manuela Günter: Die Medien des Realismus. In: Christian Begemann (Hrsg.): Realismus. Epoche – Autoren – Werke. Darmstadt 2007, 45–62.
9 An Mathilde von Rohr, 15. Mai 1878, BW Rohr, 184; an Gustav Karpeles, 30. Juni 1879, HFA IV, 3, 35.
10 Petra Spies McGillen: Per Liste durch den Papier-Kosmos. Theodor Fontanes bewegliche Textproduktion – Beobachtungen zu «Allerlei Glück». In: Heike Gfrereis, Ellen Strittmatter (Hrsg.): Zettelkästen. Maschinen der Phantasie. Marbach a.N. 2013, 96–106.
11 Lillian Nayder: Unequal Partners. Charles Dickens, Wilkie Collins, & Victorian Authorship. Ithaka, London 2002.
12 Ursula Keller, Natalja Sharandak: Sofja Andrejewna Tolstaja. Ein Leben an der Seite Tolstojs. Frankfurt a.M., Leipzig 2009.
13 Gotthard Erler: Das Herz bleibt immer jung. Emilie Fontane. Biographie. Berlin 2002, 48f.; Gisela Heller: «Geliebter Herzensmann». Emilie und Theodor Fontane. Berlin 1998, 277; Fontane an Paul Schlenther, 17. Juni 1888, HFA IV, 3, 617.
14 An Julius Rodenberg, 31. Dezember 1878, HFA IV, 2, 647.
15 Kaufkraftäquivalente historischer Beträge in deutschen Währungen bereitgestellt von der Deutschen Bundesbank, URL: https://www.bundesbank.de/Redaktion/DE/Downloads/Statistiken/Unternehmen_Und_Private_Haushalte/Preise/kaufkraftaequivalente_historischer_betraege_in_deutschen_waehrungen.pdf?__blob=publicationFile, (Zugriff: 2. September 2018).
16 Hipp, 166f.
17 In der Leseforschung geht man von einem Faktor 10 aus, um von der Zahl der Abonnenten auf die der Leser zu schließen, Lebensraum und Phantasiewelt, 163.

ANMERKUNGEN 517

18 Hipp, 198; Andreas Graf mit einem Beitrag von Susanne Graf: Die Ursprünge der modernen Medienindustrie: Familien- und Unterhaltungszeitschriften der Kaiserzeit (1870–1918). In: Georg Jäger (Hrsg.): Geschichte des deutschen Buchhandels im 19. und 20. Jahrhundert. Bd. 1: Das Kaiserreich 1871–1918. T. 2. Frankfurt a.M. 2003, 409–522, korrigiert und erweitert: http://www.zeitschriften.ablit.de/graf/g1.pdf (Zugriff: 2. September 2018).
19 An Gustav Karpeles, 17. Mai 1885, HFA IV, 3, 385.
20 An Gustav Karpeles, 3. April 1879, HFA IV, 3, 18 f.; an Adolf Kröner, 12. Mai 1886, HFA IV, 3, 471; an Julius Rodenberg, 2. Juli 1891, HFA IV, 4, 133.
21 An Gustav Karpeles, 24. Juni 1881, HFA IV, 3, 146 f.
22 An Gustav Karpeles, 30. Juli 1881, HFA IV, 3, 158.
23 Hipp, 175, 244.
24 Zit. nach: Gotthard Erler: Anhang, Irrungen, Wirrungen, GBA I, 10, 210.
25 An Wilhelm Hertz, 30. September 1888, BW Hertz, 301–303; Wolfgang Rasch: Homer schläft! Der «Berliner Börsen-Courier» moniert einen Passus in «Irrungen, Wirrungen». In: FBl 105 (2018).
26 Zit. nach Rudolf Helmstetter: Die Geburt des Realismus aus dem Dunst des Familienblattes. Fontane und die öffentlichkeitsgeschichtlichen Rahmenbedingungen des Poetischen Realismus. München 1998, 71.
27 Der Stechlin, GBA I, 17, 356.
28 Ebd., 351.
29 An Friedrich Stephany, 2. Juli 1894, HFA IV, 4, 370.
30 An Gustav Karpeles, 30. Juni 1879, HFA IV, 3, 35.
31 An Adolf Kröner, 12. Mai 1886, HFA IV, 3, 471.
32 Ebd.
33 Hipp, 193.
34 Vgl. a. zeitgenössisch dazu: Friedrich Engels: Der Ursprung der Familie, des Privateigentums und des Staats. In: Karl Marx/Friedrich Engels – Werke. Bd. 21. Berlin 1975, 36–84, 73.
35 Adolf Glaser an Fontane, 29. April 1885, zit. nach Hipp, 214.
36 An Gustav Karpeles, 30. Juli 1881, HFA IV, 3, 159.
37 Tagebuch, 23. November bis 22. Dezember 1881, GBA XI, 2, 137–144; an Joseph Kürschner, 6. Juni 1883, zit. nach Günter Effler: Theodor Fontanes Briefwechsel mit Joseph Kürschner. In: FBl 51 (1991), 21.
38 An Joseph Kürschner, 20. Januar 1888, HFA IV, 3, 580.
39 Tagebuch, 1. Januar bis 3. März 1888, GBA XI, 2, 241.
40 An Paul Schlenther, 4. Juni und 17. Juni 1888, HFA, IV, 3, 609 und 616.
41 An Paul Schlenther, 22. Juni 1888, HFA IV, 3, 618.
42 Fontane im lit. Leben, 279–281.
43 An Fritz Mauthner, 24. Juli 1889. In: Frederick Betz, Jörg Thunecke: Die

Briefe Theodor Fontanes an Fritz Mauthner, T. 1, FBl 38 (1982), 507–560, hier 518.
44 An Fritz Mauthner, 14. August 1889, ebd., 519
45 An Fritz Mauthner, 3. September 1889, ebd., 521.
46 Fontane im lit. Leben, 282.
47 An Emil Dominik, 3. Januar 1888, HFA IV, 3, 578.
48 An Maximilian Harden, 20. August 1890, HFA IV, 4, 58.
49 Überschrieben «Für die Tombola des Pressefestes am 31. Januar 1891», GBA II, 3, 267f., hier 268.
50 An Emilie Fontane, 28. August 1874, EBW 3, 22.
51 An Mathilde von Rohr, 3. Juni 1879, BW Rohr, 190.
52 An Mathilde von Rohr, 6. Juni 1881, BW Rohr, 200.
53 Lebensraum und Phantasiewelt, 170.
54 Gabriele Radecke: Anhang, Mathilde Möhring, GBA I, 20, 130.
55 Paul Meyer: Erinnerungen an Theodor Fontane 1819–1898, Berlin 1936, 35.
56 Emilie an Theodor Fontane jun., 3. Juni 1892, Familienbriefnetz, 425.
57 Martha Fontane an Anna Witte, 13. Januar 1895, Familienbriefnetz, 562.
58 Max Tau: Epische Gestaltung. Landschafts- und Ortsdarstellung Theodor Fontanes. Oldenburg 1928, 20.
59 Frau Jenny Treibel oder ‹Wo sich Herz zum Herzen find't›, GBA I, 14, 6.
60 Mathilde Möhring, GBA I, 20, 1, 42.
61 Ebd., 8–10.
62 Ebd., 28, 82, 73.
63 Samuel Frederick: Möblierte Zwecklosigkeit. Einrichtung und Gegenstände in Mathilde Möhring. In: Fontanes Gesellschaftsromane, 297–326, hier 307f.
64 Lothar Müller: Freuds Dinge. Der Diwan, die Apollokerzen und die Seele im technischen Zeitalter, Berlin 2019.
65 Grätz, 63.
66 Die Poggenpuhls, GBA I, 16, 5.
67 An Fritz Mauthner, 4. Mai 1897. In: Frederick Betz, Jörg Thunecke: Die Briefe Theodor Fontanes an Fritz Mauthner. T. 2, FBl 39 (1985), 7–53, hier 19.
68 Die Poggenpuhls, GBA I, 16, 64.
69 Der Stechlin, GBA I, 17, 304f., 146f.
70 Frau Jenny Treibel oder ‹Wo sich Herz zum Herzen find't›, GBA I, 14, 111f.
71 Charlotte Jolles: «Berlin wird Weltstadt». Theodor Fontane und der Berliner Roman seiner Zeit. In: Jolles – ein Leben für Theodor Fontane, 209–228.
72 Regina Dieterle: Fontane und Böcklin. Eine Recherche. In: Fontane am Ende des Jahrhunderts 1, 269–283.

73 Irrungen, Wirrungen, GBA I, 10, 97.
74 Frau Jenny Treibel oder ‹Wo sich Herz zum Herzen find't›, GBA I, 14, 215.
75 Stine, GBA I, 11, 5f.
76 Ebd., 6f.
77 Ebd., 77.
78 Peter Uwe Hohendahl: Eindringliche Beobachtung. Zur Konstitution des Sozialen in «Unwiederbringlich». In: Fontanes Gesellschaftsromane, 161–186, hier 169.
79 Ebd., 172.
80 Richard M. Meyer: Geschichte der Deutschen Literatur des 19. Jahrhunderts. Berlin 1900, 34.
81 Ebd., 35f.
82 Ebd., 43.
83 Ebd., 47.
84 Ebd., 52.
85 «Entwurf einer Charakteristik» Henrik Ibsens, NFA XXI/2, 358. Vgl. Kapitel 8.
86 Irrungen, Wirrungen, GBA I, 10, 151.
87 Mathilde Möhring, GBA I, 20, 8.
88 Vgl. z.B. FChronik, 25. Januar 1897, sowie Kommentar zum Brief an Martha Fontane, 28. März 1891, Familienbriefnetz, 808.
89 Clara Viebig: Rotwein und Geschreibsel. Theodor Fontane in unbekannten Aufzeichnungen. In: Die Welt, Nr. 244 (19. Oktober 1974).
90 Konrad Alberti: Theodor Fontane. Ein Festblatt zu seinem siebzigsten Geburtstag. In: Die Gesellschaft, H. 12 (1890), 1753–1760, hier 1758.
91 An Moritz Necker, 9. April 1894, HFA VI, 4, 340.
92 Alberti: Festblatt (wie Anm. 89), 1755f.
93 An Paul Schlenther, 20. September 1887, HFA IV, 3, 566.
94 Ernst Heilborn: Fontanopolis. In: Velhagens & Klasings Monatshefte, H. 8 (April 1909), 580–585.
95 An Georg Friedlaender, 18. August 1884, BW Friedlaender 1994, 9.
96 BW Friedlaender 1954, XVIf.
97 Vgl. die Beiträge von Wolfgang Benz, Hans Otto Horch, Henry H.H. Remak, Bernd Balzer in: Fontane am Ende des Jahrhunderts, sowie: Hans Otto Horch: Theodor Fontane, die Juden und der Antisemitismus. In: FHandbuch, 281–305.
98 Julius Schoeps: David Friedländer. Freund und Schüler Moses Mendelssohns. Zürich 2012.
99 An Julius Friedlaender, 19. Januar 1877, siehe FChronik 3, 2061.
100 BW Friedlaender 1954, XIIf.
101 BW Friedlaender 1954, XIII.

102 Walter Hettche: Nachwort, BW Friedlaender 1994, 438.
103 Wolfgang E. Rost: Örtlichkeit und Schauplatz in Fontanes Werken. Berlin 1931, 115 f.
104 Georg Friedlaender: Aus den Kriegstagen 1870. Berlin 1886.
105 Peter Dieners: Das Duell und die Sonderrolle des Militärs. Zur preußisch-deutschen Entwicklung von Militär- und Zivilgewalt im 19. Jahrhundert. Berlin 1992, 207 ff.
106 Ebd., 209.
107 Ebd., 211.
108 An Georg Friedlaender, 8. November 1886, BW Friedlaender 1994, 88 f.
109 An Georg Friedlaender, 15. November 1886, BW Friedlaender 1994, 89.
110 Tagebuch, 1. Januar bis Ende Februar 1887 und 1. März bis 6. Juli 1887, GBA XI, 2, 237 f.
111 An Georg Friedlaender, 3. April 1887, BW Friedlaender 1994, 100.
112 An Georg Friedlaender, 6. Mai 1887, BW Friedlaender 1994, 103.
113 An Karl Zöllner, 30. Juli 1874, HFA IV, 2, 463–467.
114 An Karl Zöllner, 22. Februar 1887, HFA IV, 3, 518.
115 An Georg Friedlaender, 26. Januar 1887, BW Friedlaender 1994, 95.
116 An Martha Fontane, 8. Juni 1888, Familienbriefnetz, 314.
117 An Theodor Fontane jun., 17. Juni 1888. In: Hanna Delf von Wolzogen: «Mein lieber alter Theo» – Fontanes Briefe an seinen Sohn. Zur gemeinsamen Erwerbung des prominenten Briefkonvoluts durch das Theodor-Fontane-Archiv und die Staatsbibliothek zu Berlin Preußischer Kulturbesitz. In: FBl 84 (2007), hier 15.
118 Georg Friedlaender an Hans von Borwitz, 10. Januar 1904, zit. nach Kai Drewes: Leiden am jüdischen Namen. Ein Brief des Fontane-Freundes Georg Friedlaender an den Chef des Preußischen Heroldsamtes. In: Medaon. Magazin für Jüdisches Leben in Forschung und Bildung, 5 (2009), 3 f. (Onlineressource) URL: http://www.medaon.de/de/artikel/leiden-am-juedischen-namen-ein-brief-des-fontane-freundes-georg-friedlaender-an-den-chef-des-preussischen-heroldsamtes/ (Zugriff: 3. September 2018).
119 Hans von Borwitz an Georg Friedlaender (Konzept), 14. Januar 1904, ebd., 5 f.
120 Ebd., 7, Anm. 8.
121 Zum Folgenden: Bernd Seiler, Jan-Torsten Milde: Fontanes «Effi Briest». Ein Kommentar mit Texten, Bildern, Tönen. Bamberg 2003. (Onlineressource) URL: https://www.ub.uni-bielefeld.de/diglib/seiler/effi_briest/genese.htm (Zugriff: 3. September 2018).
122 FChronik 3, 2252, 11. April 1880.
123 Seiler, Milde: Fontanes «Effi Briest» (wie Anm. 120).

124 Ebd.
125 Ebd.
126 Ebd.
127 Effi Briest, GBA I, 15, 348, 77, 90.
128 Grätz, 165.
129 Grätz, 115.
130 Quitt, GBA I, 12, 84, 63, 7.
131 Ebd., 23, 29.
132 Christina Brieger: Anhang, Quitt, GBA I, 12, 305.
133 Ebd., 302.
134 Mark Jantzen: «Wo liegt das Glück?» Reflections on America and Menonites as Symbols and Setting in «Quitt». In: FBl 104 (2017), 91–116.
135 Le Temps des cerises. La Commune de Paris en photographies. Katalog des Musée de la Photographie à Charleroi, 24. September 2011–15. Januar 2012. Paris 2012.
136 Quitt, GBA I, 12, 297f.
137 Quitt, AFA 5, 616.
138 An Georg Friedlaender, 2. Mai 1890, BW Friedlaender 1994, 174.
139 FChronik 3, 2252, 11. April 1880.
140 Effi Briest, GBA I, 15, 7.
141 Effi Briest, GBA I, 15, 325f.
142 Quitt, GBA I, 12, 352.
143 An Adolf Kröner, 28. Juli 1890, HFA IV, 4, 55.
144 An Georg Friedlaender, 19 Mai und 21. September 1892, BW Friedlaender 1994, 245 und 253.
145 FChronik 4, 3240f., 3. Juni 1892.
146 Königlich privilegirte Berlinische Zeitung von Staats- und gelehrten Sachen (Vossische Zeitung), Nr. 276 (16. Juni 1892), Beilage zur Abendausgabe.
147 Bruno Wille: Theodor Fontanes «Quitt». In: Freie Bühne für modernes Leben (13. Februar 1891), 142–144; Wilhelm Bölsche: Neue Romane und Novellen. In: Deutsche Rundschau 68 (1891), 151f.
148 Zuberbühler: Theodor Fontane (wie Anm. 8), 43.
149 FHandbuch, 590.
150 Vgl. Kap. 6, Anm. LVIII (Beilage zur Allgemeinen Zeitung, Nr. 20 [20. Januar 1872], zit. nach Wulf Wülfing: «Dilettatismus fürs Haus». Zu Gutzkows Kritik in den Unterhaltungen am häuslichen Herd an Fontanes und Kuglers Argo. In: Martina Lauster [Hrsg.]: Deutschland und der europäische Zeitgeist. Kosmopolitische Dimensionen in der Literatur des Vormärz. Bielefeld 1994, 115–149, hier 149).

ALTER UND AVANTGARDE

1 Fontane: Auf der Suche. In: Freie Bühne für modernes Leben, Jg. 1, H. 14 (7. Mai 1890), 396–398.
2 Kerstin Wilhelms: My Way. Der Chronotopos des Lebenswegs in der Autobiographie (Moritz, Fontane, Dürrenmatt und Facebook). Heidelberg 2017, 145–214.
3 Der Band erschien 1894 im Verlag von Friedrich Fontane; NFA XVIII, 81–86, und Kommentar NFA XVIIIa, 823, 859–864; auch in: GBA I, 19, 97–103.
4 Otto Brahm: Zum Beginn. In: Freie Bühne für modernes Leben, Jg. 1, H. 1 (29. Januar 1890), 1 f., zit. nach Jürgen Schutte, Peter Sprengel (Hrsg.): Die Berliner Moderne 1885–1914. Stuttgart 1987, 191–194.
5 Hubert Kulick, «Brahm, Otto», in: Neue Deutsche Biographie, 2 (1955), 507–508 (Onlinefassung); URL: http://www.deutsche-biographie.de/pnd118514245.html (Zugriff: 4. September 2018).
6 Cecil W. Davies: Theatre for the People. The Story of the Volksbühne. Manchester 1977.
7 Peter de Mendelssohn: S. Fischer und sein Verlag, Frankfurt a. M. 1970; Barbara Hoffmeister: S. Fischer, der Verleger. Eine Lebensbeschreibung, Frankfurt a. M. 2009.
8 Gabriele Radecke: Anhang, Mathilde Möhring, GBA I, 20, 168.
9 Frederick Betz: Die Zwanglose Gesellschaft zu Berlin. Ein Freundeskreis um Theodor Fontane. In: Jahrbuch für Brandenburgische Landesgeschichte, Bd. 27 (1976), 86–104.
10 Paul Schlenther: Otto Brahm (1856–1912). In: Die neue Rundschau 24 (1913), 186–201 und 323–338, hier 197.
11 Jeanette Malkin: Der Theatermann Otto Brahm. Ein widerwilliger Jude. In: Aschkenas, Bd. 24, H. 2 (2014), 215–242, hier 217.
12 Paul Schlenther: Der Verein Berliner Presse und seine Mitglieder 1862–1912. Berlin 1912; Jört Requate: Journalismus als Beruf: Entstehung und Entwicklung des Journalistenberufs im 19. Jahrhundert. Göttingen 1995, 353.
13 Handbuch Vereine, 501.
14 An Theodor Fontane jun., 9. Mai 1888, HFA IV, 3, 603.
15 Reuter 2, 736.
16 Pierre Bourdieu: Die Ökonomie der symbolischen Güter. In: Frank Adloff und Steffen Mau (Hrsg.): Vom Geben und Nehmen. Zur Soziologie der Reziprozität, Frankfurt am Main 2005, 139–155, 144.
17 Gerhard von Graevenitz: Theodor Fontane. Ängstliche Moderne. Über das Imaginäre. Paderborn, Konstanz 2014, 336.
18 «Entwurf einer Charakteristik» Henrik Ibsens, NFA XXI/2, 358.

19 Fontane: Causerien über Theater, NFA XXII/2, 707, 713f.
20 An Friedrich Stephany, 6. Juni 1893, HFA IV, 4, 259.
21 Lou Andreas-Salomé: Henrik Ibsens Frauen-Gestalten. Psychologische Bilder nach seinen sechs Familiendramen [Berlin 1892], in Zusammenarbeit mit dem Salomé-Archiv Göttingen neu hrsg. und mit einem Nachwort vers. von Cornelia Pechota. Taching am See 2012.
22 Stanislaw Przybyszewski: Totenmesse. Berlin 1893, Vorrede; Wienczyslaw A. Niemirowski: Stanislaw Przybyszewski in Berlin (1889–1898). In: Literarisches Leben in Berlin 1871–1933, hrsg. von Peter Wruck. Bd. 1. Berlin 1987, 254–298.
23 Causerien über Theater, NFA XXII/2, 710f.
24 Philip Ajouri: Literatur um 1900. Naturalismus – Fin de Siècle – Expressionismus. Berlin 2009, 111.
25 HFA IV, 5, 698.
26 Causerien über Theater, NFA XXII/2, 733f.
27 Maximilian Harden: Literatur und Theater. Berlin 1896, 92.
28 Alfred Kerr: Wo liegt Berlin? Briefe aus der Reichshauptstadt 1895–1900, hrsg. von Günther Rühle. 2. Aufl. Berlin 1997, 6.
29 An Georg Friedlaender, 5. Februar 1890, BW Friedlaender 1994, 165f.
30 Causerien über Theater, NFA XXII/2, 742f.
31 Ajouri: Literatur um 1900 (wie Anm. 24), 20.
32 Ebd., 182.
33 An Friedrich Stephany, 8. Juni 1983, HFA, IV, 4, 260.
34 Rolf Zuberbühler: Theodor Fontane. Der Stechlin. Fontanes politischer Altersroman im Lichte der «Vossischen Zeitung» und weiterer zeitgenössischer Publizistik. Berlin 2012, 44f.
35 Schutte, Sprengel: Die Berliner Moderne (wie Anm. 4), 87f.
36 An August von Heyden, 27. Februar 1895, HFA IV, 4, 428.
37 An Otto Brahm, 4. April 1891, HFA IV, 4, 108f.
38 Bernhard Zand: Fontane und Friedrich Stephany. Vierzehn unveröffentlichte Briefe Fontanes aus den Jahren 1883 bis 1898. In: FBl 59 (1995), 16–37, hier 23; Franz Mehring: Der Fall Marx. In: Die Neue Zeit, Jg. 10, Bd. 1, Nr. 16 (1892), 481–485, hier 482.
39 Otto Brahm in der Freien Bühne, Jg. 2 (1891), 645.
40 Mehring: Der Fall Marx (wie Anm. 38), 483.
41 Zand: Fontane und Stephany (wie Anm. 38), 23.
42 Der Prozessbericht wurde wortgleich im *Vorwärts* und in der *Vossischen Zeitung* vom 31. März 1892 veröffentlicht; Zand: Fontane und Stephany (wie Anm. 38), 16–37.
43 Mehring: Der Fall Marx (wie Anm. 38), 484.
44 Zand: Fontane und Stephany (wie Anm. 38), 33.

45 Ebd., 23.
46 Mehring: Der Fall Marx (wie Anm. 38), 484.
47 Ebd., 482, 485.
48 An Carl Robert Lessing, 23. Mai 1892, HFA IV, 4, 197.
49 An Martha Fontane, 25. Juni 1891, Familienbriefnetz, 411.
50 Zand: Fontane und Stephany (wie Anm. 38), 23 f.
51 An Carl Robert Lessing, 8. Juni 1896, HFA IV, 4, 562; Klaus-Peter Möller: Anhang, Der Stechlin, GBA I, 17, 480, 491 f.
52 Ebd., 280.
53 An Georg Friedlaender, 22. April 1892, BW Friedlaender 1994, 237.
54 An Elisabeth Friedlaender, 15. Juli 1886, BW Friedlaender 1994, 62 f.
55 Tochter, 332 f.
56 Emilie an Theodor Fontane jun., 3. Juni 1892, Familienbriefnetz, 425.
57 An Georg Friedlaender, 26. September 1892, BW Friedlaender 1994, 256.
58 An Martha Fontane, 24. August 1892, Familienbriefnetz, 430, 829.
59 Barbara I. Tshisuaka: Brown-Séquard, Charles Édouard. In: Werner E. Gerabek u. a. (Hrsg.): Enzyklopädie Medizingeschichte. Berlin, New York 2005, 214.
60 An Martha Fontane, 24. August 1892, Familienbriefnetz, 430, 829.
61 Emilie an Friedrich Fontane, 28. Juni 1892, Familienbriefnetz, 426.
62 Emilie an Friedrich Fontane, 21. Juli 189, Familienbriefnetz, 428.
63 Siegmund Freud: Über die Berechtigung von der Neurasthenie einen bestimmten Symptomenkomplex als ‹Angstneurose› abzutrennen (1895). In: ders.: Gesammelte Werke. Bd. 1. 6. Aufl., Frankfurt a. M. 1991, 315–342.
64 Wolfgang Rasch: Anhang, Von Zwanzig bis Dreißig, GBA III, 3, 444.
65 An Friedrich Holtze, 16. März 1895, und an Hans Hertz, 16. März 1895, HFA IV, 4, 434 und 433.
66 An Paul Heyse, 5. Dezember 1890, in: HFA IV, 4, 74 f.
67 Theodor Fontane an Wilhelm Hertz, 11. Dezember 1897, BW Hertz, 370.
68 GBA II, 2, 472 f.
69 Tina Theobald: Presse und Sprache im 19. Jahrhundert. Eine Rekonstruktion des zeitgenössischen Diskurses. Berlin 2012, 154; Günter Oesterle: «Unter dem Strich». Skizze einer Kulturpoetik des Feuilletons im neunzehnten Jahrhundert. In: Jürgen Barkhoff, Gilbert Carr, Roger Paulin (Hrsg.): Das schwierige 19. Jahrhundert. Germanistische Tagung zum 65. Geburtstag von Eda Sagarra im August 1998. Tübingen 2000, 229–250, hier 235; Christian Klug: Die Poesie der Zeitung. Fontanes poetische Rezeption der Tagespresse und die Entdeckung der neuen Wirklichkeiten. In: FBl 68 (1999), 74–117, hier 83.
70 Kinderjahre, NFA XIV, 163; an Emilie Fontane, 18. März 1857, 30. Oktober 1868, EBW 2, 35, 382.

ANMERKUNGEN 525

71 Die Grafschaft Ruppin (Wanderungen, Bd. 1), GBA V, 1, 132.
72 Theodor Fontane: Christian Friedrich Scherenberg und das literarische Berlin von 1840 bis 1860. Berlin 1885.
73 Wolfgang Rasch: Anhang, Von Zwanzig bis Dreißig, GBA III, 3, 452f., 455f.
74 Carola Stern, Ingke Brodersen: Kommen Sie, Cohn! Friedrich Cohn und Clara Viebig. Köln 2006, 42–46; Fontane im lit. Leben, 300–305.
75 Rasch: Anhang, Von Zwanzig bis Dreißig, GBA III, 3, 494f.
76 Zit. nach Dieter Kafitz: Theodor Fontanes Roman «Der Stechlin» aus der Perspektive des Décadence-Diskurses der 90er Jahre des 19. Jahrhunderts. In: Gabriele Radecke (Hrsg.): «Die Décadence ist da». Theodor Fontane und die Literatur der Jahrhundertwende. Würzburg 2002, 9–32, hier 27.
77 Margit Bröhan: Walter Leistikow. Maler der Berliner Landschaft. Berlin 1988.
78 Clark, 644.
79 Zit. n. Schutte, Sprengel: Die Berliner Moderne (wie Anm. 4), 572.
80 Fontane und die Bildende Kunst, 316.
81 Margit Bröhan: Franz Skarbina. Berlin 1995; Werner Busch: Adolph Menzel. Auf der Suche nach der Wirklichkeit. München 2015.
82 Angelika Wesenberg: «Daß Sie mich mit Fontane vergleichen, ist mir sehr schmeichelhaft». Vom Kritiker zum Künstlerkollegen. Der Romancier und der Maler. In: Fontane und die Bildende Kunst. Berlin 1998, 318–324, hier 318.
83 Ajouri: Literatur um 1900 (wie Anm. 24), 168; Fontane an Friedrich Stephany, 4. Juni 1894, HFA IV, 4, 363; an Friedrich Fontane, 29. Juni 1890, HFA IV, 4, 51.
84 NFA XXI/1, 484–486, hier 486.
85 Wesenberg: Vom Kritiker zum Künstlerkollegen (wie Anm. 82), 323.
86 An Karl Zöllner, 19. August 1889, HFA IV, 3, 713; an Georg Friedlaender, 20. August 1889, BW Friedlaender 1994, 152f.
87 Fontane: Der achtzehnte März. In: Cosmopolis, Bd. 4, Nr. 10 (Oktober 1896), 248–270.
88 Vgl. Kapitel 7.
89 Drude, 153–155.
90 Rasch: Anhang, Von Zwanzig bis Dreißig, GBA III, 3, 464.
91 Frank Becker: Bilder von Krieg und Nation. Die Einigungskriege in der bürgerlichen Öffentlichkeit Deutschlands 1864–1913. München 2001, 159f., 306f.
92 Von Zwanzig bis Dreißig, GBA III, 3, 389.
93 Franzjörg Baumgart: Die verdrängte Revolution. Darstellung und Be-

wertung der Revolution in der deutschen Geschichtsschreibung vor dem Ersten Weltkrieg. Düsseldorf 1976; Rüdiger Hachtmann: Berlin 1848. Eine Politik- und Gesellschaftsgeschichte der Revolution. Bonn 1997, 55.
94 Der achtzehnte März (wie Anm. 87), 268; Von Zwanzig bis Dreißig, GBA III, 3, 396.
95 Von Zwanzig bis Dreißig, GBA III, 3, 398.
96 Der achtzehnte März (wie Anm. 87), 252.
97 Ebd., 269.
98 Eric Hobsbawm: Europäische Revolutionen 1789 bis 1848. Köln 2004 (engl. Originalausgabe The Age of Revolution, London 1966).
99 Charlotte Jolles: Friedrich Max Müller und Theodor Fontane. Begegnung zweier Lebenswege. In: Jolles – ein Leben für Theodor Fontane, 140–160, hier 141 f.
100 Fontane: Die zehn Gebote aus dem russischen Katechismus (1840/41), GBA II, 2, 291.
101 HFA IV, 5, 922.
102 Kathryn Ledbetter: British Victorian Women's Periodicals: Beauty, Civilization, and Poetry. London 2009, 55 f.
103 An James Morris, 13. Mai 1898, HFA IV, 4, 716.
104 An James Morris, 22. Februar 1896, HFA IV, 4, 538 f.
105 Martha Fontane an Paul Heyse, 26. September 1898, Familienbriefnetz, 510.
106 Anonym: Nachruf auf Theodor Fontane. In: Königlich privilegirte Zeitung von Staats- und gelehrten Sachen (Vossische Zeitung), 21. September 1898.
107 Peter de Mendelssohn: Zeitungsstadt Berlin. Menschen und Mächte in der Geschichte der deutschen Presse. Überarb. und erw. Aufl. Frankfurt a. M., Berlin, Wien 1982, 154 f.
108 An Gustav Karpeles, 3. April 1879, HFA IV, 3, 19.
109 An Paul Schlenther, 21. Dezember 1895, HFA IV, 4, 512.
110 An Carl Robert Lessing, 8. Juni 1896, HFA IV, 4, 562.
111 An Ernst Heilborn, 12. Mai 1897, HFA IV, 4, 649.
112 Charlotte Jolles: «Der Stechlin». Fontanes Zaubersee. In: Jolles – ein Leben für Theodor Fontane, 121–139, 126; Hugo Aust: Theodor Fontane. Ein Studienbuch. Tübingen, Basel, Francke 1998, 185.
113 Zuberbühler: Der Stechlin (wie Anm. 34).
114 An Adolf Hoffmann (Konzept), Mai/Juni 1897, HFA IV, 4, 650.
115 Der Stechlin, GBA I, 17, 5, 64.
116 Eda Sagarra: Theodor Fontane: «Der Stechlin». München 1986, 82; Wulf Wülfing: Fontane, Bismarck und die Telegraphie. In: FBl 54 (1992), 18–31, hier 22.

117 Joseph Vogl: Telephon nach Java: Fontane. In: Realien, 117–128, hier 125f.
118 Charlotte Jolles: Theodor Fontane. 4. überarb. Aufl. Stuttgart 1993, 97f. mit weiterführenden Hinweisen.
119 Vogl: Telephon nach Java (wie Anm. 117), 118; Eric Downing: Sprachmagie, Stimmung und Geselligkeit. Überschreitungen des Realismus in Fontanes «Der Stechlin». In: Fontanes Gesellschaftsromane, 271–296, 277.
120 Ebd., 285.
121 Der Stechlin, GBA I, 17, 183.
122 Ebd., 136.
123 Ebd., 95.
124 Ebd., 167.
125 Ebd., 352–355; Anne-Kathrin Reulecke: Briefgeheimnis und Buchstabentreue. Fontanes literarische Mediologie. In: Realien, 129–156, hier 136.
126 Der Stechlin, GBA I, 17, 299, 226.
127 Ebd., 28, 228, 54.
128 Ebd., 8, 28.
129 Ebd., 415–420.
130 Ebd., 324.
131 Ebd., 320.
132 Ebd., 462.
133 Ebd., 53, 321.
134 Ebd., 323; Fontane an Georg Friedlaender, 8. Juli 1895, BW Friedlaender 1994, 383.
135 Der Stechlin, GBA I, 17, 324
136 Ebd., 437f.
137 Petra Spies McGillen: Per Liste durch den Papier-Kosmos. Theodor Fontanes bewegliche Textproduktion – Beobachtungen zu «Allerlei Glück». In: Heike Gfrereis, Ellen Strittmatter (Hrsg.): Zettelkästen. Maschinen der Phantasie. Marbach a.N. 2013, 96–107.
138 Matt Erlin: Sammlung, Inventar, Archiv. Epistemologien der Liste im Roman des 19. Jahrhunderts. In: Daniela Gretz, Nicolaus Pethes (Hrsg.): Archiv/Fiktionen. Verfahren des Archivierens in Literatur und Kultur des langen 19. Jahrhunderts. Freiburg i.Br., Berlin, Wien 2016, 363–384, hier 365; Umberto Eco: An Infinity of Lists. New York 2009.
139 Der Stechlin, GBA I, 17, 448.
140 Günter Grass: Ein weites Feld. München 2012, Kapitel 6 u.ö.

ERBE UND WAHLVERWANDTSCHAFTEN

1 Klaus-Peter Möller: Fontanes Testament. In: FBl 77 (2004), 16–36; Irene Lauterbach: Friedrich Witte (1829–1893). Apotheker, pharmazeutischer Unternehmer und Reichstagsabgeordneter. Unter Berücksichtigung seiner Tagebücher. Stuttgart 2011, 125; Familienbriefnetz, 969.
2 Möller: Testament (wie Anm. 1), 16; Paul Meyer: Erinnerungen an Theodor Fontane. In: Erinnerungen, 232–251, hier 244.
3 Ebd., 244f.
4 Möller: Testament (wie Anm. 1), 25; Meyer: Erinnerungen (wie Anm. 2), 245.
5 Möller: Testament (wie Anm. 1), 17f.
6 Ebd., 25.
7 Gabriele Radecke: «... möge die Firma grünen und blühn». Theodor Fontane: Briefe an den Sohn Friedrich. In: FBl 64 (1997), 10–63.
8 Theodor an Friedrich Fontane, 30. August 1888, ebd., 12.
9 Theodor an Friedrich Fontane, 27. Januar 1891, ebd., 13.
10 Möller: Testament (wie Anm. 1), 28.
11 Theodor an Friedrich Fontane, 27. Januar 1891, HFA IV, 4, 93.
12 Drude, 91f.
13 So nannte sie Victor Klemperer in seinem Artikel zu ihrem 80. Geburtstag (Klemperer: Die deutsche Jüngerin Zolas. In: Deutschlands Stimme [18. Juli 1948]), vgl. Carola Stern, Ingke Brodersen: Kommen Sie, Cohn! Friedrich Cohn und Clara Viebig. Köln 2006, 49, 56.
14 Theodor an Friedrich Fontane, 6. Mai 1895, HFA IV, 4, 448.
15 Ebd.
16 Tochter, 272.
17 GBA II, 3, 266, 553.
18 Zur Feier des zweihundertjährigen Bestehens der französischen Kolonie (1. November 1885), GBA II, 1, 249.
19 Kinderjahre, AFA Autobiogr. Schriften 3, 94; Causerien über Theater, NFA XXII/3, 652.
20 An Martha Fontane, 24. April 1891, Familienbriefnetz, 403.
21 Ebd.
22 Tochter, 325.
23 Veränderungen in der Mark. Die Mark und die Märker (390. 1890), GBA II, 2, 469.
24 Als ich 75 wurde. An meinem 75ten, GBA II, 2, 466f.
25 Emilie Fontane an Paula Schlenther-Conrad, September 1895, zit. nach: Anita Golz, Gotthard Erler: Die Fontanes und die Schlenthers. Neue Dokumente, FBl 34 (1982), 129–146, hier 136.

26 Emilie Fontane an Paula Schlenther-Conrad, 4. Januar 1895, ebd., 135.
27 Meyer: Erinnerungen (wie Anm. 2), 15.
28 Ebd., 13.
29 Henning Albrecht: Antiliberalismus und Antisemitismus. Hermann Wagener und die preußischen Sozialkonservativen 1855–1873. Paderborn u.a., 413–418 u.ö.
30 Max Bewer: Im 20. Jahrhundert. Politischer Bilderbogen, Nr. 14. Dresden 1894; Digitalisiert vom Center for Jewish History, Digital Collections, URL: http://digital.cjh.org/R/PSDCIH5299F95ARUKMFITTT-8XP58UBEV9EFHBJ2GRAE7A4GS8L-00985?func=dbin-jump-full&object%5Fid=526334&local%5Fbase=GEN01&pds_handle=GUEST (Zugriff: 6. September 2018).
31 John C.G. Röhl: Kaiser, Hof und Staat. Wilhelm II. und die deutsche Politik. München 2002, 208.
32 An Georg Friedlaender, 16. März 1898, BW Friedlaender 1994, 429f.
33 An Friedrich Paulsen, 12. Mai 1898, HFA IV, 4, 714.
34 An Georg Friedlaender, 14. Juli 1898, BW Friedlaender 1994, 433–435.
35 Theodor und Emilie Fontane an Martha Fontane, 30 August 1895, Familienbriefnetz, 473.
36 Stern: Kommen Sie, Cohn! (wie Anm. 13), 30–35.
37 Heike Rausch: Kultfigur und Nation. Öffentliche Denkmäler in Paris, Berlin und London 1848–1914. München 2006, 624.
38 Angelika Wesenberg: «Daß Sie mich mit Fontane vergleichen, ist mir sehr schmeichelhaft». Vom Kritiker zum Künstlerkollegen. Der Romancier und der Maler. In: Fontane und die Bildende Kunst. Berlin 1998, 318–324, hier 318.
39 Philip Ajouri: Literatur um 1900. Naturalismus –Fin de Siècle –Expressionismus. Berlin 2000, 111; Volkhard Knigge: Professor Bartels' Bücher. In: Die ZEIT (11. November 2004). URL: https://www.zeit.de/2004/47/A-Bartels (Zugriff: 8. September 2018).
40 [K.K.]: Fontane und die Juden. Zu des Dichters 100. Geburtstage. In: Mitteilungen aus dem Verein zur Abwehr des Antisemitismus, Jg. 29, Nr. 26 (24. Dezember 1919).
41 Lothar Sommer: Fontane-Abend, Berlin (1927–1933) – eine Dokumentation. In: FBl 49 (1990), 68–91.
42 Michael Fleischer: «Kommen Sie, Cohn». Fontane und die «Judenfrage». Berlin 1998, 361, Anm. 42.
43 Drude, 314–316; Fleischer: «Kommen Sie, Cohn» (wie Anm. 42), 332.
44 Stern: Kommen Sie, Cohn! (wie Anm. 13), 154.
45 Manfred Flügge: Heinrich Mann. Eine Biographie. Reinbek 2006, 284–392.
46 Drude, 153–155.

47 Drewes: Leiden am jüdischen Namen (wie S. 520, Anm. 117), 7.
48 Fontane im lit. Leben, 373–382.
49 Möller: Testament (wie Anm. 1), 28; Hermann Fricke: Der Sohn des Dichters. In memoriam Friedrich Fontane. In: Jahrbuch für Brandenburgische Landesgeschichte 17 (1966), 24–51, hier 31, 43; Fleischer: «Kommen Sie, Cohn» (wie Anm. 42), 329.
50 Fricke: Sohn des Dichters (wie Anm. 49), 31.
51 Aus dem Nachlass Theodor Fontanes. Veränderungen in der Mark: Die Mark und die Märker. (Anno 930 und 1890). – An meinem Fünfundsiebzigsten. In: PAN, H. 1 (15. Juli 1899), 5–8. Auch in: GBA II, 2, 468 f.
52 Stern: Kommen Sie, Cohn! (wie Anm. 13), 46.
53 Manfred Horlitz: Auf dem Weg zu einer zentralen Sammelstätte aller Archivalien von und über Theodor Fontane. In: Fontane-Archiv, 15–69, hier 22,
54 Möller: Testament (wie Anm. 1), 30; Fricke: Sohn des Dichters (wie Anm. 49), 31.
55 Paul Schlenther an Martha Fritsch, 4. März 1902, zit. n. Horlitz: Archivalien. In: Fontane-Archiv (wie Anm. 53), 17.
56 Möller: Testament (wie Anm. 1), 32.
57 Stern: Kommen Sie, Cohn! (wie Anm. 13), 63.
58 Klaus-Peter Möller: Der vorgetäuschte Erfolg. Zum Problem der Erstausgaben, Neuauflagen, Neudrucke bei Theodor Fontane. In: FBl 68 (1999), 192–216; Stern: Kommen Sie, Cohn! (wie Anm. 13), 64.
59 Helmuth Nürnberger: Georg Hett (1892–1956) und Thea Zimmermann-de Terra (1901–1939), zwei Enkel Theodor Fontanes. Zur Geschichte zweier unehelicher Kinder. Mit einem Lebensbericht von Georg Hett und Erinnerungen seiner Tochter Margret Hofmann. In: Jahrbuch für Brandenburgische Landesgeschichte 46 (1995), 144–158.
60 Stern: Kommen Sie, Cohn! (wie Anm. 13), 86.
61 Horlitz: Archivalien. In: Fontane-Archiv (wie Anm. 53), 22.
62 Ebd., 23; Tochter, 370 f.
63 Sommer: Fontane-Abend (wie Anm. 41), 70.
64 Horlitz: Archivalien. In: Fontane-Archiv (wie Anm. 53), 25–27.
65 Drude, 95.
66 Fricke: Sohn des Dichters (wie Anm. 49), 36.
67 Ebd., 38.
68 Fleischer: «Kommen Sie, Cohn» (wie Anm. 42), 315.
69 Rolf Parr: «Paulsen, Rudolf». In: Neue Deutsche Biographie 20 (2001), 129 f. (Onlineversion); URL: https://www.deutsche-biographie.de/pnd116066121.html#ndbcontent.
70 Julius Petersen: Die Sehnsucht nach dem Dritten Reich in deutscher Sage und Dichtung. Stuttgart 1934, 59.

71	Ebd.
72	Flavius [d.i. Erich Kaiser]: Literarische Leichenschändung. In: Pariser Tageblatt 2, Nr. 220 (20. Juli 1934); Karl Max: «Kommen Sie, Cohn ...». In: Neuer Vorwärts (Paris), Nr. 60 (5. August 1934), Beilage, 2, zit. nach Hiltrud Häntzschel: Fontane im Gepäck der Emigranten. In: Konrad Ehlich (Hrsg.): Fontane und die Fremde, Fontane und Europa. Würzburg 2002, 307–320, hier 309.
73	Horlitz: Archivalien. In: Fontane-Archiv (wie Anm. 53).
74	Fleischer: «Kommen Sie, Cohn» (wie Anm. 42), 328.
75	Ebd., 371.
76	Fricke: Sohn des Dichters (wie Anm. 49).
77	Fleischer: «Kommen Sie, Cohn» (wie Anm. 42), 325.
78	Ebd.
79	Siehe die Dokumentation von Manfred Horlitz (wie Anm. 53).
80	Benjamin Carter Hett: Der Reichstagsbrand. Wiederaufnahme eines Verfahrens, Reinbek 2016.
81	Gotthard Erler: Charlotte Jolles – ein Leben für Theodor Fontane. In: Jolles – ein Leben für Theodor Fontane, 9–24.
82	Charlotte Jolles: Fontane und die Politik. Ein Beitrag zur Wesensbestimmung Theodor Fontanes, Textredaktion und Nachwort von Gotthard Erler. Berlin, Weimar 1983.
83	Charlotte Jolles – ein Leben für Theodor Fontane. Gesammelte Aufsätze und Schriften aus sechs Jahrzehnten, hrsg. von Gotthard Erler unter Mitarbeit von Helen Chambers. Würzburg 2010.
84	Jolles, Nachwort, 258 f.
85	Charlotte Jolles: Zum Tod von Jutta Fürstenau-Neuendorff (1913–1997). In: Jolles – ein Leben für Theodor Fontane, 401 f.
86	Hanna Delf von Wolzogen: Einleitung. In: BW Wolfsohn 2006, XI–XXIV, hier XXII f.

PERSONENREGISTER

Abel, Carl 243
Alberti, Konrad 366f.
Alexandra Fjodorowna, Kaiserin von Russland 37
Alexis, Willibald 39, 311, 319
Allen, Woody 19
Andreas-Salomé, Lou 393, 397
Antoine, André 391
Anzengruber, Ludwig 253, 392
Ardenne, Armand Léon von 377–380, 383
Ardenne, Egmont Armand von 378
Ardenne, Elisabeth von 377f.
Ardenne, Margot von 378
Arnim, Achim von 253
Arnim, Bettina von 88, 97
Arnim, Dietloff von 464
Assing, Ludmilla 88
Aston, Louise (geb. Hoche) 86f.
Auerbach, Berthold 253
Auerbach, Erich 29
Auerswald, Rudolph von 174, 182f., 214, 216, 231, 249
Austen, Jane 206, 345

Baedeker, Karl 59, 123, 293
Bakunin, Michail 85, 107
Balzac, Honoré de 22, 27, 31, 170, 202, 339, 368
Bartels, Adolf 452f.
Baudelaire, Charles 206
Bauer, Bruno 166, 169
Bauer, Edgar 166, 170, 187, 189f., 214
Beard, Georg M. 409, 428

Bebel, August 9, 435, 453
Beck, Karl 81
Becker, Karl Friedrich 57, 72
Beckmann, Max 456
Béranger, Pierre-Jean de 151
Bernstein, Max 392, 404, 406
Bernstorff, Albrecht von 186, 190f., 215
Beta, Heinrich 170, 187, 189, 214f., 224
Bethmann-Hollweg, Moritz August von 249f., 251, 288
Beuth, Peter Christian Wilhelm 221
Beutner, Tuiscon 236, 239–241, 288
Bierbaum, Otto Julius 415
Binder, Robert 89f., 94
Bismarck, Otto von 9, 39, 98, 139, 182, 190f., 214, 234, 239, 245f., 264, 269, 272, 276, 279, 312, 327, 337, 374f., 402, 427, 435
Blechen, Carl 262
Bleichröder, Gerson 240, 327, 449
Blome, Dietrich 26
Blum, Robert 85, 89, 131f.
Blumenfeld, Kurt 469
Blumenthal, Oscar 310
Böcklin, Arnold 359
Boleyn, Anne 146
Bölsche, Wilhelm 385
Bölte, Amalie 200
Bondi, Georg 106
Börne, Ludwig 78, 199
Borsig, August 59, 84, 361
Borwitz, Hans von 375f.

PERSONENREGISTER 533

Bosse, Georg 102
Brachvogel, Albert Emil 71
Bradham, Caleb 67
Brahe, Tyho 24
Brahm, Otto 296, 306, 387, 391–396, 401, 403f., 406, 429, 433, 445f., 451, 457
Brandes, Georg 31, 304f.
Brentano, Clemens von 253
Brockhaus, Friedrich 43, 59, 82, 84, 192, 274, 413
Brontë, Emily 345
Brown-Séquard, Charles-Édouard 408
Bucher, Lothar 70, 187, 200f., 204, 214
Büchner, Georg 70
Buhl, Ludwig 166
Burckhardt, Jakob 293
Burdach, Konrad 451
Bürger, Gottfried August 8
Burns, Robert 221

Campe, Joachim Heinrich 8
Chambers, Robert 219
Chamisso, Adelbert von 25, 41, 51, 123f., 145, 249
Chanzy, Antoine Eugène Alfred 335, 337
Chopin, Frédéric 85, 100
Cobden, Richard 86
Cohn, Friedrich 441, 444, 447, 451, 454, 458
Conrad, Joseph 419
Conrad, Paula 309f., 442, 446
Cook, Thomas 118–120, 218
Cooper, James Fenimore 8, 72, 202, 381
Cotta, Johann Friedrich 51, 59, 75, 93, 98f., 112, 143, 150, 152, 200, 217f., 225, 393
Crémieux, Adolphe 227, 269–275

Dähnhardt, Marie 86f.
Danckwerts, Emmy 162
Darwin, Charles 335, 398
Decker, Rudolf von 234, 264, 266f., 272, 278, 289, 296, 301, 316
Dehmel, Richard 415f., 452
Delhaes, Wilhelm 409
Derfflinger, Georg von 148
Dessau, Leopold von 148, 221f.
Deus, João de 9, 434
Dickens, Charles 8, 95, 189, 196, 201f., 206, 339f., 343
Disraeli, Benjamin 189
Dohm, Hedwig 393
Dominik, Emil 348, 440
Dostojewski, Fjodor 49, 100, 339, 385
Doyle, Arthur Conan 423
Dreyfus, Alfred 424
Dronke, Ernst 97
Droste-Hülshoff, Annette von 146, 253
Droysen, Johann Gustav 370
Dubois-Reymond, Emil Heinrich du 335
Dubs, Jakob 270f., 273f.
Duncker, Max 230–232

Eco, Umberto 436
Eggers, Friedrich 117, 155, 201, 203, 264, 270, 272f., 278f., 290
Eichendorff, Joseph von 91
Elliott, Ebenezer 95
Emden, Paul 453, 460
Enemotto, Kamadiro 265
Engel, Lotte 469f.
Engels, Friedrich 82, 85, 97, 110, 155
Erhartt, Louise 307
Erler, Gottfried 467
Ernst II., Herzog von Sachsen-Coburg-Gotha 126
Ettlinger, Josef 459
Eulenburg, Friedrich zu 166f.

PERSONENREGISTER

Falk, Adelbert 290
Faucher, Julius 86, 138, 187–189
Fenton, Roger 205
Feuerbach, Ludwig 85, 152
Firdusi 51, 106, 124, 161, 281, 329
Fischer, Samuel 387, 392f., 395, 416, 419, 442, 459
Flaubert, Gustave 22, 27, 31, 35, 345, 382
Fleischel, Egon 444, 459
Fontane, August 54, 56, 164
Fontane, Elise 236, 259
Fontane, Emilie (geb. Rouanet-Kummer) 14, 24, 27f., 60, 82, 102–110, 116, 118, 128, 135, 156, 161f., 164, 172f., 181, 189, 203, 212, 230, 233, 240f., 248, 255f., 267, 269, 272–274, 280, 286–288, 292f., 294, 297, 299, 305, 325, 327, 332, 340, 351, 352, 366, 368, 385, 392, 407f., 439f., 442, 446, 456f., 460
Fontane, Emilie Louise (geb. Labry) 36–58, 109, 216, 233, 236, 287, 319, 459
Fontane, Friedrich 33, 52, 104, 212, 292, 340, 366, 394, 398, 415, 438–43, 453, 455–465
Fontane, George 173f., 212, 268, 277, 340, 394, 442
Fontane, Jenny 60, 235, 340, 459
Fontane, Louis Henri 36–58, 60, 62, 64, 67–69, 112, 114, 122, 161, 176, 287, 319, 459
Fontane, Martha Elisabeth (gen. Mete) 32, 45, 67f., 82, 212, 292, 299, 352, 366, 406–408, 424, 438–440, 442–444, 451, 456, 459
Fontane, Max 69
Fontane, Philippine 103, 111, 164
Fontane, Pierre Barthélemy 40
Fontane, Theodor (jun.) 45, 212, 292, 340, 352, 375, 394, 396, 408, 438–40, 442, 460

Förster, Ernst 293
Fournier, August 55, 172, 207
Franz Ferdinand, Erzherzog von Österreich-Ungarn 126
Franzos, Karl Emil 254
Freiligrath, Ferdinand 129, 139, 152, 160, 162, 215
Frenzel, Karl 310
Freud, Sigmund 356, 398, 409
Frey, Wilhelm 371
Freygang, Adelheid 104
Freytag, Gustav 70, 202, 230, 234, 254f., 266, 276, 290, 311, 314, 341
Fricke, Hermann 456, 461, 464–466
Friedel, Ernst 332
Friedlaender, Benoni 370
Friedlaender, David 370
Friedlaender, Elisabeth (Ehefrau von Georg Friedlaender) 370, 407
Friedlaender, Elisabeth (Mutter von Georg Friedlaender) 370, 375
Friedlaender, Elisabeth (Tochter von Georg Friedlaender) 368
Friedlaender, Emil Gottlieb 370
Friedlaender, Ernst 370f.
Friedlaender, Georg 126, 261, 368–377, 380, 382, 385, 408, 418, 434, 442, 448–451, 455, 457
Friedlaender, Hans 375, 455
Friedlaender, Julius 370
Friedrich II., König von Preußen 39, 77, 148, 151f., 239, 262
Friedrich III., Deutscher Kaiser 213f., 294, 435
Friedrich Wilhelm I., König in Preußen 134
Friedrich Wilhelm II., König von Preußen 40
Friedrich Wilhelm III., König von Preußen 37, 319
Friedrich Wilhelm IV., König von Preußen 37, 55, 80, 88, 92, 112,

132, 136, 150, 152, 163, 213, 237, 291, 315, 325f., 443
Friedrich Wilhelm, Kurfürst von Brandenburg 38f., 291
Fritsch, Karl Emil Otto 366, 438, 442, 456, 459f.
Fröbel, Friedrich 91, 93, 212
Fürstenau, Jutta 466, 468f.

Gambetta, Léon 271-274, 312, 335, 337
Garibaldi, Giuseppe 9, 435
Geibel, Emanuel 81
Gentz, Alexander 46
Gentz, Ismael 280
Gentz, Wilhelm 280, 331
Georg, Prinz von Preußen 309
Gerlach, Ernst Ludwig von 40, 89, 139f., 239
Gerlach, Leopold von (sen.) 40
Gerlach, Leopold von 40, 139f., 151
Gey, Emilie 107-109, 327, 451
Gladstone, William 189
Glaßbrenner, Adolf 92
Goebbels, Joseph 464
Goedsche, Hermann 140, 207f., 238, 246f., 275, 296, 324, 449
Goethe, Johann Wolfgang von 15, 41, 51, 144, 251, 303, 307, 402, 463, 469
Gogol, Nikolai 101
Gontscharow, Iwan 94
Gore, Catherine Grace 98
Goßler, Gustav von 396
Gottschall, Rudolf von 308, 384
Gottsched, Luise Adelgunde Victorie 395
Grass, Günter 104f., 186, 436, 468
Grimm, Jacob 93, 253
Grimm, Wilhelm 93, 253
Grosser, Julius 343
Grün, Anastasius 78f., 81
Gruppe, Otto Friedrich 289f., 294
Gubitz, Wilhelm von 301f.

Günther, Georg 89f., 94
Gutzkow, Karl 70, 74, 138, 301

Haase, Karl Eduard 255
Haby, François 336
Hahn, Ludwig Ernst 190f., 234, 239, 246, 251, 316
Hammerstein, Wilhelm von 240, 413
Handtmann, Eduard 255
Hanh-Hahn, Ida 88
Harden, Maximilian 350, 385, 392, 400
Hardenberg, Karl August von 36, 45, 141, 251, 448
Hardy, Keir 423
Harring, Harro 168
Hart, Heinrich 392
Hart, Julius 392
Harte, Bret 381
Hartmann, Eduard von 412
Hartwich, Emil 376-378
Hauff, Hermann 144, 152
Hauptmann, Gerhart 305, 392f., 395, 398-404, 428
Havelock, Henry 207
Haym, Rudolf 230
Hayn, Adolf Wilhelm 149f.
Hebbel, Friedrich 155
Heffter, Ernst Waldemar 247, 266, 316
Hegel, Georg Wilhelm Friedrich 41, 50, 146
Hegel, Immanuel 183, 216
Heiberg, Hermann 30
Heilborn, Ernst 367, 419f., 425, 455
Heimann, Moritz 416
Heine, Heinrich 44, 51, 70, 78, 97f., 145f., 158, 161, 199, 200, 253, 281, 306, 319, 422, 463
Heinrich VI., König von England 146
Helmholtz, Heinrich von 428
Henri IV., König von Frankreich und Navarra 443

PERSONENREGISTER

Hensel, Fanny 88
Herder, Johann Gottfried 143, 218
Hermann, Georg 458
Herrig, Hans 303
Hertz, Hans 394
Hertz, Wilhelm 39, 123, 223, 225, 233, 235, 248–252, 266, 284 f, 288, 315f., 318f., 322, 332, 344, 372, 412, 441
Herwegh, Emma Charlotte (geb. Siegmund) 88
Herwegh, Georg 70, 79f., 83, 88f., 91–93, 107, 228
Herzen, Alexander 100, 107
Herzen, Natalie 107
Hesekiel, George 149, 232, 234–239, 244–247, 254, 296, 302, 317, 324, 332, 449
Hesekiel, Ludovica 302, 317, 331f.
Hesse, Franz Hugo 165
Hesse, Hermann 393
Hett, Agnes 458
Hett, Georg 458
Hett, Thea 458
Heyden, August von 270, 273, 278, 289, 292, 295, 396, 403
Heynitz, Anton von 294
Heyse, Paul 70, 145, 155f., 201, 223, 230f., 233, 273, 303, 322, 411, 452
Hildebrandt, Eduard 387
Hirt, Ludwig 409
Hirzel, Salomon 254
Hitzig, Friedrich 282f., 289
Hitzig, Julius 39
Hobsbawm, Eric 469
Hoddis, Jakob von 413
Hoff, Johann 358
Hoffmann von Fallersleben, August Heinrich 91
Hoffmann, Adolf 426
Hofmannsthal, Hugo von 393, 416
Holtei, Karl von 51
Holz, Arno 392, 400
Horn, Ernst 47, 53

Hülsen, Botho von 303–305, 395
Humboldt, Alexander von 129, 141
Humboldt, Wilhelm von 370

Ibsen, Henrik 31f., 305, 356, 367, 391–402, 445
Iwanow, Dmitrij 328

Jacoby, Johann 80, 129
Jakob V., König von Schottland 157
Jens, Walter 366
Johann I., König von Dänemark 154f.
Jolles, Charlotte 110, 466–469
Jonas, Paul 392
Jul, Dagny 415
Julin-Fabricius, Christian 157
Jung, Johann August Ferdinand 60, 134

Kalakaua, David, König von Hawaii 328
Kanitz, Hans von 240, 413
Kant, Immanuel 133, 221
Kapp, Ernst 428
Karl I., König von England 222
Karl, Erzherzog von Österreich-Teschen 41
Karpeles, Gustav 29, 35, 296, 325, 338, 343, 346f.
Katte, Hans Hermann von 262
Katz, Moritz 101, 223
Kauffmann, Jakob 187f.
Keith, Jakob 148, 151, 153
Keller, Gottfried 91, 93, 169, 341, 363
Kepler, Johannes 24
Kerr, Alfred 306, 401
Kersting, Hermann 99
Klaproth, Martin Heinrich 43, 61
Kleist, Heinrich von 303
Kletke, Hermann 267, 296, 301, 309
Klinger, Max 415
Kluge, Alexander 267–269

PERSONENREGISTER

Kneipp, Sebastian 9, 358
Koberstein, Karl 303
Koch, Robert 24
Koenig, Robert 323f.
König, Friedrich 194
Kopernikus, Nikolaus 24
Köppen, Karl Friedrich 151
Kotzde-Kottenrodt, Wilhelm 464
Krause, Eduard 135
Krause, Friedrich Wilhelm 54
Kriege, Hermann 89, 138
Kröner, Adolf 346, 380, 384
Krüger, Kurt 464
Krupp, Alfred 59
Kugler, Franz 148, 151f., 155, 201, 239
Kühn, Gustav 73, 262, 413
Kummer, Karl Wilhelm 58, 102
Kummer, Marie Dorothee 103

Labry, Jean François 40
Lafontaine, August 144
Langbehn, Julius 418
Lassalle, Ferdinand 9, 85, 435
Lau, Hauslehrer 51
Lavoisier, Antoine 43, 61
Lazarus, Moritz 6, 39, 117, 131, 201, 227–231, 263f., 269–276, 396
Lebrun, Theodor 395
Ledebur, Leopold von 236
Lehmann, Frieda 458
Leistikow, Walter 416f.
Lenau, Nikolaus 51, 68
Lenné, Peter Joseph 48
Lepel-Wieck, Hedwig von 115–117, 327
Lepel, Bernhard von 58, 100, 104, 106f., 114–118, 128f., 137f., 150, 155, 159, 161, 163–165, 170–176, 216–218, 220, 225, 236, 270, 273, 296, 327, 368, 419, 453
Lermontow, Michail 101
Lessing, Carl Robert 301, 404, 406f., 425

Lessing, Gotthold Ephraim 15, 221, 269, 299f., 303, 392, 402–404
Lewald, Fanny 115, 128–130, 137, 163, 165f., 200, 329
Lichtenberg, Georg Christoph 49
Liebermann, Max 416–418, 441, 452
Liebig, Justus 61
Liebknecht, Wilhelm 9, 187, 435
Liliencron, Detlev von 416
Lind, Jenny 9, 310, 434
Lindau, Paul 292, 296, 310, 312, 318, 341, 372
Lindau, Rudolf 441
List, Friedrich 81
Liszt, Franz 85
Loewe, Carl 156
Louis Philippe I., König von Frankreich 130f.
Lucae, Richard 117, 289, 292, 294
Lüdicke, Felddiakon 272
Ludwig I., König von Bayern 282
Luise, Königin von Preußen 37, 40, 77
Luther, Martin 310f., 403
Lüttichau, Philipp von 135

MacPherson, James 217, 219
Mallarmé, Stéphane 416
Mann, Heinrich 336, 386, 455
Mann, Thomas 369, 386, 393, 417, 419, 452–454
Manteuffel, Otto von 141, 171, 174–176, 183, 213, 215f., 231, 240, 277
Marchamont, Nedham 192
Maria Stuart, Königin von Schottland 156, 219f.
Marlitt, Eugenie 71, 341, 343, 347
Maron, Hermann 86, 138
Marwitz, Friedrich Ludwig August von der 250, 316, 319
Marx, Karl 9, 36, 82, 89, 107, 146, 151,

167f., 170, 187, 207-209, 214, 243, 394, 435, 463
Marx, Paul 394, 403-406, 449
Mathieu, Césaire 271, 274
Maupassant, Guy de 441
Mauthner, Fritz 296, 310, 348-350, 357, 394, 396
Maximilian II., König von Bayern 256
Mayhews, Henry 196
Mazzini, Giuseppe 9, 107, 435
Mehring, Franz 167, 269, 405
Meie, Friedrich Wilhelm 372, 375
Meier-Graefe, Julius 415
Melgunow, Nikolaj Alexandrowitsch 106f.
Melgunow, Sophie (geb. Connermann) 105-107, 162
Melville, Herman 93, 186
Mendel, Emanuel 409
Mendelssohn, Peter de 424
Mendheim, Marie 370
Menzel, Adolph 148, 151f., 201, 239, 289, 396, 403, 417
Menzel, Wolfgang 98
Merckel, Henriette von 207, 212, 237, 288, 326, 368
Merckel, Wilhelm von 117, 145, 149, 153f., 158f., 161, 165, 171f., 183, 186, 212, 215f., 233, 288, 290, 368
Merington, Familie 212
Merington, Martha 212
Metternich, Klemens von 131, 134
Metzel, Ludwig 183, 190, 195, 215f., 224, 239
Meyen, Eduard 189, 301
Meyer, Conrad Ferdinand 341
Meyer, Otto 444, 454
Meyer, Paul 351, 394, 438f., 442-47, 451, 454ff.
Meyer, Richard Moritz 363f., 366
Mill, John Stuart Mill 196
Millais, John Everett 9

Mirabeau, Honoré Gabriel Victor de Riqueti 331
Moltke, Heinrich von 9, 82, 282, 349, 435
Mommsen, Theodor 370, 396
Montez, Lola 282
Moritz, Karl Philipp 294, 299
Morris, James 66, 188, 422f.
Mosse, Rudolf 300, 349, 412
Motte Fouqué, Friedrich de la 39
Mühler, Adelheid von 116, 288, 325f.
Mühler, Heinrich von 231, 231, 233, 237, 288-290, 326
Müller, Familie (Miteigentümer *Vossische Zeitung*) 344
Müller, Max 89, 97, 131, 422
Munch, Edvard 416
Murray, John 123
Mylius, Christlob 299

Namszanowski, Franz Adolf 271
Napoleon I., Kaiser der Franzosen 37, 41, 53, 76, 151, 443
Napoleon III., Kaiser der Franzosen 268f., 271
Neubert, Ludwig August 59f., 74
Newne, George 423
Nicholl, Robert 95
Nietzsche, Friedrich 36, 398, 412, 415f.
Nikolaus I., Zar von Russland 37, 122, 154, 187, 237
Nordau, Max 401f., 408
Nürnberger, Helmuth 94, 110

Orléans, Johanna von 269
Orsini, Felice 107
Ottensooser, David 99
Otto, Louise 85, 97

Pakscher, Arthur 469
Palmerston, Henry Temple 205
Pasteur, Louis 24

PERSONENREGISTER 539

Paulsen, Friedrich 450, 461f.
Paulsen, Rudolf 462
Percy, Thomas 146
Peters, Julia 378
Petersen, Julius 462f., 466
Pfeilstücker, Friedrich 7
Pfuel, Ernst von 137, 260, 445
Pietsch, Ludwig 265, 292, 296, 312, 318f., 375
Platen, August von 51, 115, 162
Platen, Aurelie von 162
Playfair, John 221
Pniower, Otto 457, 458
Prince, John Critchley 94-99, 118
Protzen, Michel 44f.
Prutz, Robert 100, 156, 192, 201
Przybyszweski, Stanislaw 398, 409, 415, 441
Pückler-Muskau, Hermann von 79
Puschkin 101
Putlitz, Gustav Gans Edler Herr zu 304, 413

Quehl, Ryno 175, 183f.

Raabe, Wilhelm 29, 186, 228, 253, 341, 462
Radowitz, Joseph von 174
Ranke, Leopold von 254
Rathenau, Walther 463
Raumer, Friedrich von 152
Ravené Jacob 30, 337
Ravené, Therese 30, 337
Reclam, Hans Heinrich 356
Redwitz, Oskar von 159
Reiter, Johann Baptist 87
Hans Heinrich Reuter 448
Reuter, Hans Heinrich 215, 299
Richelieu, Kardinal 303
Richter, Helmut 94
Riehl, Wilhelm Heinrich 231, 254, 256
Riem, Gerichtsassessor 107

Rieux, Louis de 183
Rilke, Rainer Maria 398
Ring, Max 71
Rittershaus, Emil 32
Rodenberg, Julius 39, 109, 224, 296, 311f., 323, 341f., 384, 410, 414, 424
Rohr, Mathilde von 236, 260, 278, 281, 284-286, 288, 291, 329, 338, 351, 368
Romanow, Familie 37
Rominger, Johannes 122
Ronge, Bertha 212
Ronge, Johannes 212
Roon, Albrecht von 275
Roquette, Otto 159
Rose, Gustav 21, 61
Rose, Heinrich 21, 61
Rose, Valentin 61
Rose, Wilhelm 20f., 23, 43, 59-63, 73
Rouanet, Jean-Pierre Barthelémy 459
Rouanet, Thérèse 102
Ruge, Arnold 85
Russell, William Howard 205-207, 265

Saint-Paul, Guillaume de (sen.) 166
Saint-Paul, Wilhelm von 166-171, 183, 186
Sand, George 85, 87f.
Saß, Friedrich 97
Savigny, Friedrich Carl von 89
Schack, Otto Friedrich Ludwig von 329
Schadwinkel, Gefreiter 135
Scheerbart, Paul 416
Scherenberg, Christian Friedrich 39, 80f., 123, 149, 159f., 167, 169, 171, 254, 414
Scherer, Wilhelm 394f.
Scherl, August 300, 412
Scherz, Ernst 44-46

Scherz, Hermann 45, 62, 120, 176, 266, 375
Schiller, Friedrich 8, 15, 72, 88, 143, 152, 158, 215, 219, 227-269, 229, 231, 269, 271, 278, 303, 310, 402f.
Schinkel, Karl Friedrich 61, 294, 303
Schlaf, Johannes 392, 400
Schlenther, Paul 296, 306, 348, 367, 392, 392, 394, 396, 404, 406, 425, 439, 442, 444-446, 451, 457, 458f.
Schlesinger, Max 70, 187-191, 200, 215, 224
Schliemann, Heinrich 26
Schmidt-Weißenfels, Eduard 167
Schmidt, Erich 394-396, 445, 462
Schmidt, Julian 70, 318
Schnaase, Karl 252, 289
Schneider, Louis 149f., 156, 172, 225, 233
Schnitzler, Arthur 393, 395, 429, 441
Schöne, Richard 290, 294
Schreinert, Kurt 368f.
Schultz, Ferdinand 54, 60, 170, 172
Schumann, Robert 156
Schwab, Gustav 112, 163f.
Schwartzkopff, Louis 361
Schwarzenberg, Felix von 132, 173
Schweitzer, Herrmann 62-66
Schweitzer, Julius 63, 66, 188
Schwerin, Christoph von 148, 151
Scott, Walter 8, 43f., 50f., 72, 98, 157f., 195, 202, 219f., 223, 311, 314
Seiler, Bernd 104f.
Semper, Gottfried 85
Seydlitz, Friedrich Wilhelm von 148
Shakespeare, William 8, 50, 65, 162, 303
Siegmund, Johann Gottfried 88
Siemens, Werner von 59, 84, 427, 434
Silva-Bruhns, Julia da 452
Skarbina, Franz 416f.

Skobelew, Michail 335, 337
Smidt, Heinrich 172
Soltmann, Conrad Heinrich 61f., 64
Sommerbrodt, Karoline 86
Sommerfeldt, Hermann 34, 60, 235
Sommerfeldt, Jenny (s. Jenny Fontane)
Springer, Julius 223
Springer, Robert 93
Stahr, Adolf 115, 128-130, 148, 163, 250f.
Stangen, Carl 120
Stephan, Heinrich von 9
Stephany, Friedrich 33, 348, 401f., 405-407
Sterne, Laurence 27, 31, 322
Sternheim (Familie) 451
Sternheim, Hans 444, 453f.
Sternheim, Ida 454
Sternheim, Marie 442, 447
Sternheim, Walter 443
Stevenson, Robert Louis 47
Stewart, Dugald 221
Stiehl, Ferdinand 251, 288
Stieler, Adolf 57
Stirner, Max 85, 87, 166
Stöcker, Adolf 240, 313, 394, 405, 413, 448
Storm, Theodor 29, 147, 200, 341
Störtebeker, Klaus 57, 72, 411
Strachwitz, Moritz von 149
Strindberg, August 305, 415
Struve, Friedrich Adolf August 59-62, 64

Taki, Fiune 265
Techow, Gustav Adolph 166
Thackeray, William 19, 201f., 206
Toerpisch, Dina 458, 461
Tolstaja, Sofja Andrejewna 340
Tolstoi, Lew 100, 339f., 345, 367, 392, 400f., 457
Toulouse-Lautrec, Henri de 416

PERSONENREGISTER 541

Tovote, Heinz 441
Treitschke, Heinrich von 394, 449
Trollope, John 95
Tucholsky, Kurt 413
Turgenjew, Iwan 100, 339, 367, 419

Uhland, Ludwig 51, 153
Ullstein, Leopold 300, 412, 424

Varnhagen von Ense, Karl August 129, 141f., 152, 167, 238
Verlaine, Paul 416
Verne, Jules 120
Verners, Horace 151
Victoria, Königin von England 206
Victoria, Prinzessin von England 213
Viebig, Clara 441, 451f.
Viebig, Ernst 454
Virchow, Rudolf 26, 428
Vogt, Wilhelm 293

Wagener, Hermann 246
Wagner, Richard 85, 230, 379, 418
Waldeck, Benedikt 140, 238
Wallich, Paul 454
Wallot, Paul 467
Walter, John 194
Wangenheim, Marie von 237, 269, 271, 274, 276, 374
Washburne, Elihu Benjamin 269, 272, 276
Weber, Elise 459
Weber, Max 229
Weerth, Georg 97
Wehler, Hans Ulrich 38, 111
Wentzel, Rudolf 188–190, 246
Werner, Anton von 70, 280, 282f., 286f., 303, 416
Westphalen, Ferdinand Otto Wilhelm von 171, 183

Westphalen, Jenny von 171
Wigand, Otto 85, 151
Wildenbruch, Ernst von 304, 335
Wilhelm I., Deutscher Kaiser 131, 136, 213–215, 232, 234, 237, 282–285, 294, 303–305, 336, 372
Wilhelm II., Deutscher Kaiser 240, 282, 402, 416f., 435, 449, 454, 466f.
Wilhelm Großherzog Ernst von Sachsen-Weimar-Eisenach 453
Wille, Bruno 385f.
Wilmowski, Karl von 285, 287f.
Winckelmann, Johann Joachim 221
Windisch-Graetz, Alfred I. 132
Witt, Jacob de 222, 260
Witte, Friedrich 24, 66–68, 156, 174, 438, 442
Witzleben, August von 51, 245
Wodzińska, Maria 85
Wolff, Bernhard 299
Wolff, Theodor 392
Wolfsohn, Wilhelm 88–90, 100–102, 105–109, 111, 115, 118, 139, 156, 162f., 170, 172, 223, 327, 368, 451, 457, 470
Wolters, Wilhelm 105, 109
Wolzogen, Ernst von 441
Wood, Nicholas 79
Wrangel, Friedrich von 132, 137f., 154, 175, 349
Wulffen, Otto von 372, 375, 382
Wuttke, Heinrich 183

Zieten, Hans Joachim von 148, 151, 377, 383
Zille, Heinrich 441
Zola, Émile 8, 35, 364, 368, 382, 419, 441
Zöllner, Karl 117, 289, 292, 295, 374
Zweig, Stefan 458

BILDNACHWEIS

TAFELTEIL I

Tafel 1 Theodor Fontane. Kreidezeichnung von Hermann Kersting, 1843: akg-images
Tafel 2 Innenansicht der Löwen-Apotheke in Neuruppin. Darstellung von Carl Zopf, 1877: akg-images
Das Obere Bollwerk in Swinemünde. Stahlstich von Friedrich Rosmäsler, 1884: Stiftung Stadtmuseum Berlin
Tafel 3 Walter Scott: «Ivanhoe; A Romance». Titelblatt der Erstausgabe, Edinburgh 1820: Art Collection 2/Alamy Stock Photo
Adelbert von Chamisso in der Südsee. Aquarell von Ludwig Choris, 1817: Stiftung Stadtmuseum Berlin, Reproduktion: Oliver Ziebe, Berlin
Johann Wolfgang Goethe: «West-oestlicher Divan». Titelblatt der Erstausgabe, Stuttgart 1819: Wikimedia: Photo H.-P. Haack, CC BY-SA 3.0
Tafel 4 Das Diakonissenkrankenhaus Bethanien. Photographie von Leopold Ahrendts, 1856: bpk/Staatsbibliothek zu Berlin/Leopold Ahrendts
Borsig's Maschinenbau-Anstalt zu Berlin. Gemälde von Carl Eduard Biermann, 1847: Stiftung Stadtmuseum Berlin, Reproduktion: Oliver Ziebe, Berlin
Tafel 5 Fanny Lewald. Zeichnung von Heinrich Lehmann, 1848. Privatbesitz: Eurhinosaurus, Creative Commons Attribution-Share Alike 4.0 International license
Emilie Rouanet-Kummer. Pastell von Theodor Hillwig, 1848. Privatbesitz: Photo: www.b-pictured.de//Bettina Paßmann-Möbis
Rosa Bonheur mit einem Stier. Gemälde von Edouard Louis Dubufe, 1857. Musée de l'Histoire de France, Château de Versailles: Heritage Images/Fine Art Images/akg-images
«Die Emanzipierte» (Bildnis Louise Aston). Gemälde von Johann Baptist Reiter, 1847. Linz, Oberösterreichisches Landesmuseum: Heritage Images/Fine Art Images/akg-images
Tafel 6 Eisenbahnfahrt/Auf der Fahrt durch die schöne Natur. Gemälde von Adolph Menzel, 1892: Art Collection 3/Alamy Stock Photo
Die Berlin-Potsdamer Eisenbahn. Gemälde von Adolph Menzel, 1847. Berlin, Nationalgalerie: Heritage Images/Fine Art Images/akg-images
Tafel 7 Titelseite der «London Illustrated News», 19. Oktober 1844: www.iln.org.uk

BILDNACHWEIS 543

Reproduktion des ersten Thomas-Cook-Tickets für eine Exkursion auf den europäischen Kontinent, 1850: Granger/Bridgeman Images
The German Spa in Queen's Park, Brighton. Kupferstich von J. Newman nach einer Zeichnung von F. W. Woledge, 1841: The Keep, Brighton
Tafel 8 Gustav Kühns Neuruppiner Bilderbogen: Barrikadenkämpfe in Berlin in der Breiten Straße am Rathaus, 18. März 1848: bpk
Aufbahrung der Märzgefallenen mit ausgekratztem König. Unvollendetes Gemälde von Adolph Menzel (1848). Hamburg, Hamburger Kunsthalle: bpk/Hamburger Kunsthalle/Elke Walford

TAFELTEIL II

Tafel 1 Theodor Fontane. Porträtphotographie von Loescher & Petsch, etwa 1869: Theodor-Fontane-Archiv, AI 158
Tafel 2 Queen Victoria bei der Eröffnung der Weltausstellung in London am 1. Mai 1851. Farblithographie: Everett Collection/Bridgeman Images
Zerstörter Palast in Lucknow nach Niederschlagung des Großen Indischen Aufstands. Photographie von Roger Fenton, 1857: ullstein bild – TopFoto
Tafel 3 Lesende Dame (lt. Auktionshaus Grisebach Emilie Fontane). Gouache von Adoph Menzel, um 1870/72. Privatbesitz: Photo: Fotostudio Bartsch, Karen Bartsch, Berlin/Auktionshaus Grisebach, Berlin
Tafel 4 Palmenhaus auf der Pfaueninsel. Gemälde von Carl Blechen, 1832. Berlin, Nationalgalerie: Heritage Images/Fine Art Images/akg-images
Banderole «Wanderungen durch die Mark Brandenburg», Bd. 3: Havelland, aus der «American Trade Review», 1872: Stiftung Stadtmuseum Berlin
Tafel 5 Märkische Landschaften. Gemälde von Carl Blechen, 1835. Privatbesitz: mit freundlicher Genehmigung von Ketterer Kunst
Wilhelm und Hans Hertz. Photographie, um 1875: Theodor-Fontane-Archiv, AI 324
Verlagsprospekt «Wanderungen durch die Mark Brandenburg»: Theodor-Fontane-Archiv, UB 23 (Leihgabe HU Berlin)
Tafel 6 Einzug der siegreichen Truppen in Berlin am 16. Juni 1871. Zeitgenössische Photographie: bpk/Geheimes Staatsarchiv, SPK/Bildstelle GstA PK
Das zerbombte Straßburg nach der Kapitulation am 28. September 1870. Photographie von Paul Sinner: Photo: Stadtarchiv Tübingen, Bestand D160 (Nachlass Paul Sinner)
Tafel 7 Léon Gambettas Flucht im Heißluftballon aus dem belagerten Paris am 7. Oktober 1870. Zeitgenössischer kolorierter Kupferstich: ullstein bild – Granger, NYC
Adolphe Crémieux, um 1860: bpk/André Adolphe Eugène Disderi
Moritz Lazarus, 1892: bpk/Loescher Petsch
Léon Gambetta, um 1870. Carte de visite. Photo von G. M. Legé: Wikimedia
Tafel 8 Orientalischer Junge mit dem roten Fez. Studie von Wilhelm Gentz. Privatbesitz: mutualart.com

Blick über die Spree auf das Alte Museum und die Stülerkolonnaden. Photographie, 1892: bpk/Zentralarchiv SMB

TAFELTEIL III

Tafel 1 Theodor Fontane. Porträtphotographie von Loescher & Petsch, vermutlich 1879: ullstein bild – Süddeutsche Zeitung Photo/Scherl
Tafel 2 Damenlesehalle in Berlin. Zeichnung von Ernst Hosang, 1892: aus: Bernd Seiler: «Fontanes Berlin». Berlin 2012. Zuerst in: «Das Buch für Alle. Illustrirte Familien-Zeitung», 1892
«Berliner-Theaterkritiker. Eine Kritik der Kritik» von Ed. Vollmer. Titelblatt der 2. Auflage, Berlin 1884, mit Porträts der Kritiker Oskar Blumenthal, Theodor Fontane, Paul Lindau, Fritz Mauthner und Karl Frenzel: akg-images
Titelblatt der «Gartenlaube» N° 33 von 1885 mit Fontanes «Unterm Birnbaum»: Theodor-Fontane-Archiv, 58/7239q
Tafel 3 Café Bauer. Pastell auf Pappe von Franz Skarbina, 1893. Privatbesitz: Photo: Martin Adam, Berlin/Bröhan-Museum
Friedrichstraße an einem regnerischen Abend. Farbdruck von Franz Skarbina, 1902. Privatbesitz: The Picture Art Collection/Alamy Stock Photo
Tafel 4 Hotel Zehnpfund in Thale im Harz. Photopostkarte, Ende 19. Jahrhundert: Privatbesitz
Hankels Ablage. Postkarte, um 1899: Privatbesitz
Tafel 5 Gartenlokal an der Havel – Nikolskoe. Gemälde von Max Liebermann, 1916. Berlin, Nationalgalerie: akg-images
Abendstimmung am Schlachtensee. Gemälde von Walter Leistikow, um 1895. Berlin, Berlin-Museum: bpk/Jürgen Liepe
Tafel 6 Paul Schlenther und Otto Brahm. Ausschnitt aus «Die Zwanglosen». Radierung von Karl Stauffer-Bern, 1886: Galerie Joseph Fach, Oberursel
«Auch 'n Kuss unter'm Mistel-Zweig». Widmungsblatt von Adolph Menzel zu Fontanes 70. Geburtstag: Theodor-Fontane-Archiv, 58/7109-2 (Repro aus: Ettlinger 1908)
Effi auf der Schaukel (Illustration zu «Effi Briest»). Lithographie von Max Liebermann, 1926: bpk/Staatsbibliothek zu Berlin
Tafel 7 Bühnenbild zu Henrik Ibsens «Gespenstern». Aquarell von Edvard Munch, 1906. Basel, Kunstmuseum: akg-images/De Agostini Picture Library
«PAN». Umschlag des 1. Jahrgangs 1895-96, Heft 3 bis 5: Universitätsbibliothek Heidelberg, PAN, Jg. 1 von 1895-96, Heft 3/4/5 (H 279-6-10 Folio RES::1.1895-96,2); Einband
Tafel 8 Theodor Fontane an seinem Schreibtisch, etwa 1896: Theodor-Fontane-Archiv, 58/7109-2 (Repro aus: Ettlinger 1908), AI 96
Thomas Mann liest Fontanes «Briefe an Georg Friedlaender», 1955: picture alliance/AP